(198.-)

Frédéric Chopin

Ernst Burger

FRÉDÉRIC CHOPIN

Eine Lebenschronik
in Bildern und Dokumenten

Hirmer Verlag München

Umschlagbild:
Frédéric Chopin, Ölgemälde, um 1844,
vermutlich von Teofil Kwiatkowski,
Sammlung Alfred Cortot

CIP-Titelaufnahme der Deutschen Bibliothek
Frédéric Chopin : eine Lebenschronik in Bildern und
Dokumenten / Ernst Burger. – München : Hirmer, 1990
ISBN 3-7774-5370-6
NE: Burger, Ernst [Mitarb.]

© 1990 Hirmer Verlag München
Layout: Ernst Burger
Lektorat: Dr. Veronika Birbaumer
Schutzumschlagentwurf: Dieter Vollendorf
Satz: Passavia Passau
Lithographie: Eurocrom 4, Villorba (Farbe)
Knopp, Inning (s/w)
Papier: Phönix-Imperial Elfenbein halbmatt
von Scheufelen, Oberlenningen
Druck und Bindung: Passavia Passau
Printed in Germany
ISBN 3-7774-5370-6

INHALT

Vorwort

Geleitworte
Daniel Barenboim · Krystian Zimerman

7
Kindheit und Jugend
1810–1826

37
Der junge Klaviervirtuose
1827–1831

81
Die ersten Jahre in Paris
1832–1837

161
George Sand · Mallorca · Nohant · Paris
1838–1845

283
Die letzten Lebensjahre
1846–1849

351
Quellenverzeichnis · Anmerkungen

354
Register

VORWORT

Dieses Buch versteht sich als Dokumentation. Daher habe ich mich bemüht, persönliche Werturteile weitgehend zu vermeiden und stattdessen Äußerungen von Künstlern des vorigen Jahrhunderts zu zitieren, die Chopin noch gekannt haben. Darüber hinaus könnten die Schilderungen, die etwa Robert Schumann, Franz Liszt, Anton Rubinstein oder Charles Hallé vom Werk, von der Persönlichkeit und vom Klavierspiel Frédéric Chopins gegeben haben, auch für heutige Interpreten von Nutzen sein. Kurze Erläuterungen zu einigen typischen Werkkategorien Chopins, z.B. *Mazurka*, *Polonaise* oder *Nocturne*, hielt ich hingegen für angebracht.

Wenn die deutschsprachigen Werkbesprechungen im Vordergrund stehen, so nicht deshalb, weil es sich hier um eine deutsche Publikation handelt, sondern weil es *deutsche* Zeitungen waren, in denen damals die Veröffentlichungen von Chopins Werken am meisten Beachtung fanden; in Frankreich und England, wo seine Kompositionen etwa um die gleiche Zeit erschienen, rezensierte man sie selten, in Polen nach Chopins Abreise so gut wie nie.

Mein Dank gilt in erster Linie Herrn Alfred Brendel und Herrn Wolfgang Dömling, die den Werdegang dieses Buches mit Anteilnahme verfolgten und die mir vielfache Anregungen gaben, Herrn Jean-René Bory, der mir auf Schloß Penthes in großzügigster Weise Einsicht in seine Archive gewährte, und Herrn Jean Cortot, der mir Dokumente seines Vaters Alfred Cortot zur Erstveröffentlichung überließ.

Die wichtigsten Quellen für das Buch, die Briefe Chopins und George Sands, Erinnerungen von Freunden und Schülern Chopins, sind in polnischer oder französischer Sprache abgefaßt. Für Übersetzungen aus dem Polnischen danke ich Frau Anne-Katrin Pelak, Herrn Tadeusz Nowakowski und Herrn Stanisław Deja, vor allem aber Frau Maria Lewkowicz, die mir stets behilflich war, besonders während meines Aufenthalts in Polen. Für Hilfe bei Übersetzungen aus dem Französischen danke ich Frau Fabienne Vauquet, Frau Brigitte Kessler und ganz besonders Herrn Gerhard Auer. Weiterhin danke ich Herrn Julian von Karolyi, in dessen Haus auf Ibiza ich einen wesentlichen Teil des Buches schrieb; Herrn Gabriel Quetglas (Palma/Valldemosa), der mir Gastfreundschaft im Kloster Valldemosa gewährte und mir einige bisher unbekannte Dokumente zur Einsicht bzw. zur Erstveröffentlichung gab; Familie Ferrà/Capllonch (Valldemosa), die mir ermöglichte, verschiedenes Bildmaterial aus ihrer bemerkenswerten Chopin-Sammlung zu reproduzieren, und meinem Freund Joan Moll (Palma); Frau Dalila Turło (Warschau), Herrn Dr. Gerd Nauhaus (Zwickau), Frau Gabriele Kohler (Berlin), der Bayerischen Staatsbibliothek (München), der Pierpont Morgan Library (New York), der Warschauer Chopin-Gesellschaft, der Bibliothèque Nationale und dem Institut de France (Paris) sowie der Société Historique et Littéraire Polonaise de Paris, wo mir Frau Sophie Zdziechowski auf liebenswürdige Weise behilflich war; Frau Dr. Monika Eberl, Herrn Karl Hartung, Herrn Peter Hamm, Herrn Dr. Robert Münster, Herrn Ulrich Hein, Herrn Johannes Bröckl und Herrn Paul Niggl (München); Lady Torphichen (Calder House) und Sir Archibald Stirling (Stirling); Herrn Peter Feuchtwanger und Herrn Stewart Spencer (London); Herrn Georges Lubin (Boulogne-sur-Seine); Herrn Marc Cioffi (Châteauroux); Herrn Robert Franco und Frau Anne Marie Gailhard (Nohant); Frau Cathérine Massip, Frau Marianne Grivel, Herrn Hubert Prouté, Herrn León Kostecki, Herrn Philippe Sorel und Herrn Pierre-Antoine Huré (Paris); Herrn Jacques Leiser (New York); schließlich den Photographen Günter und Eva von Voithenberg, Heinz Paukner und Anna-Maria Starringer (München), Johannes Wunner, Uta Meisinger und Siegfried Martin (Freising), Zbigniew Kapuścik (Warschau), Christian Poite (Genf) und Jacqueline Hyde (Paris). Herrn Albert Hirmer, Frau Dr. Veronika Birbaumer und Herrn Joachim Wiesinger danke ich für Aufgeschlossenheit und angenehme Zusammenarbeit.

Ich widme das Buch meinem kleinen Sohn Felix, mußte er es doch hinnehmen, daß ich jahrelang mehr in der Welt Chopins lebte als in seiner Kinderwelt.

ERNST BURGER

GELEITWORTE

»Mag es vielleicht auch größere Komponisten als Chopin geben, so gibt es doch keinen vollkommeneren.« Mit diesen ebenso schönen wie gedanklich reichen Worten deutet André Gide ein Problem an, das sich wohl jedem Kenner und Liebhaber der musikalischen Romantik einmal gestellt hat: Chopins Ruhm bezieht sich auf ein Œuvre, das von erstaunlicher Restriktion und äußerster Spezialisierung auf das Klavier geprägt ist; sein Lebenswerk scheint zumindest in dieser Hinsicht dem grenzüberschreitenden, ins Universelle strebenden Geist der Romantik fremd zu bleiben, wiewohl sein Schöpfer vom Typus her als *der* romantische Komponist schlechthin betrachtet wird.

Chopins Größe beruht nicht so sehr auf dem Prometheischen oder Provokanten in der Kunst, sondern auf äußerster Verfeinerung und Perfektion eines ästhetischen Systems, das selbst die Einflüsse zweitrangiger Meister adelt und noch die wildesten Eskapaden der romantischen Phantasie klassischen Formkonzeptionen unterwirft. Chopin gleicht da einem musikalischen Janus, dessen Visionen keineswegs bei Wagner oder Skrjabin ihr gedankliches Ende finden, sondern bis in Ligetis Etüden nachklingen, dessen subtiles Empfinden für musikalische Logik andererseits, ganz rückwärtsgewandt, in der Kontrapunktik Bachs die Erfüllung sah. Chopins Vollendung jedoch liegt in dem höchst kultivierten Bewußtsein des Maßes, der noblen Begrenzung der kompositorischen Mittel, mit denen er die Fülle seiner Inspirationen bändigte. Einem Brennspiegel gleich, vereint und verdichtet Chopins Musik Aristokratisches und Persönlich-Individuelles, Phantastik und Formbewußtheit, Nationalidiom und Abstraktion zu vollkommenen Kunstwerken, deren Wert nicht an ihrer Dimension, sondern an ihrer Konzentration gemessen werden muß. Denn sie verbinden, oft auf kleinstem Raum, einen geradezu beispiellosen Reichtum an Harmonik und Melodik, eine herrliche Mischung aus romantischer Expressivität und klassischer Strenge.

Chopins Kühnheiten (konservative Kritiker zeigten sich seinerzeit schockiert genug von so manchen Verstößen gegen alle Konvention der akademischen Harmonielehre) waren demgemäß nie Neuerungen um des bloßen Effekts willen, sondern logisch folgerichtige, auf der Basis von Bach und Mozart gründende Vorstöße in musikalisches Neuland, das Chopin mit seiner minutiösen Kompositionstechnik immer restlos zu beherrschen trachtete. Auch Ornament und Kolorit in Chopins Klaviersprache waren keineswegs Mittel zum gefälligen Selbstzweck, sondern Teil eines höchst individuellen und bis ins letzte kalkulierten Klangkosmos, aus dem so unterschiedliche Naturen wie Wagner, Skrjabin oder Debussy nicht wenige Anregungen bezogen. Was bei Wagner zur Emphase, bei Skrjabin zur Ekstase und bei Debussy zum farbigen Filigran geriet, ist bei Chopin schon vorhanden; er zügelte seine Anlagen jedoch durch ein unbestechliches Empfinden für die Grenzen des klassischen Maßes.

Chopin als Neuerer am Klavier: Zweifellos hat er mit seinen extremen technischen Anforderungen und Innovationen ein zukunftsweisendes Kapitel der Musikgeschichte geschrieben – und wurde doch in der Rezeption nicht selten entstellt und herabgewürdigt zum sentimentalen Salonkomponisten. Kaum minder entstellt begegnet uns in vielen Schriften die Biographie Chopins; an Ernst Burgers Dokumentation mag man ablesen, wie wenig die Legendenbildung um Chopin mit seiner Persönlichkeit, wie wenig gängige Klicheevorstellungen mit seinem Rang als Komponist gemeinsam haben. Diese Dokumentarbiographie ist zweifellos das schönste und meiner Meinung nach auch das bedeutendste und wichtigste Buch über Frédéric Chopin.

DANIEL BARENBOIM

GELEITWORTE

Seit meiner ersten Begegnung mit Chopins Musik hat mich in gleichem Maße auch der Mensch Chopin gefesselt. Lag es an der abstrakten Sprache seiner Tonkunst, die ohne den Umweg der Verbalisierung unmittelbar die Seele ihres Schöpfers darstellt, oder lag es an der Tiefe ihres Ausdrucks, daß ich es beinahe als Zwang empfand, mehr über seine Person zu erfahren?
Wann immer ich mich mit Chopin befasse, kreisen meine Gedanken vor allem um drei Punkte: um seine Menschlichkeit, seine Einsamkeit und seinen frühen Tod.
Der Mensch Chopin, das war ja nicht nur der elegante Gentleman, wie wir ihn aus Schilderungen und Porträts kennen, sondern vor allem ein ungewöhnlich warmherzig empfindender Mann, fähig zu tiefer Freundschaft, Zuneigung und Liebe. In seiner Beziehung zu George Sand, in seiner Freundschaft mit Tytus Woyciechowski oder mit George Sands Tochter Solange etwa spüre ich die ungeheure Intensität seines Gefühls für einen vertrauten Menschen.
Und dennoch war Chopin ein Einsamer, menschlich wie künstlerisch. Oft Mittelpunkt des gesellschaftlichen Lebens, betrachtete er die glanzvolle Welt der Bankette letztlich wohl doch eher als notwendiges Übel denn als innere Notwendigkeit; selbst in Nohant floh er nicht selten die Geselligkeit, es sei denn, eng befreundete Künstler wie Delacroix waren zu Gast. Eine scheue Zurückgezogenheit in sich selbst wird da erkennbar, die sich im kompositorischen Bereich vielleicht auch darin zeigt, daß Einflüsse von außen für sein Werk wenig zählten. So stellt beispielsweise die bei Schumann oder Liszt so unverzichtbare Anregung durch die Literatur für Chopin keine entscheidende Inspirationsquelle dar: Chopins Musik bedurfte keiner fremden Impulse und machte sich nicht abhängig von äußeren Bedingungen – sie kam aus seinem Innersten.
Alexander Skrjabin urteilte einmal (nicht ganz korrekt, wie ich meine), Chopin habe sich so gut wie überhaupt nicht entwickelt [vgl. S. 348]. Aber, so müßte man zunächst entgegnen, hat Chopin denn nicht, obwohl der allzu frühe Tod ihm nur einen Zeitraum von etwa zwanzig Jahren für sein kompositorisches Lebenswerk ließ, selbst in dieser kurzen Phase erstaunlich revolutionäre Werke geschrieben, hat er nicht, zumal in seinem letzten Lebensabschnitt, die Grenzen der romantischen Ästhetik neu gezogen? Und hat er nicht mit seiner von künstlerischer Verantwortung getragenen Beschränkung auf das Klavier das musikalische Spezialistentum unserer Epoche antizipiert? Eines jedenfalls ist sicher: Chopin irrte nicht umher, wie Skrjabin es getan hat.
Aus solchen Überlegungen heraus mischt sich in meine hilflose, beinahe wütende Trauer um Chopins vorzeitigen Tod auch die Spekulation, welchen Einfluß Chopin wohl bei einem längeren, kompositorisch aktiven Leben auf die dramatischen Veränderungen der Musik im späten 19. Jahrhundert gehabt hätte. Und wenn er diese Wandlungen kraft seiner Genialität noch mitbestimmt und mitgeprägt hätte – wie sähe dann wohl die Musik des 20. Jahrhunderts bei solchermaßen veränderten Grundlagen aus?
So betrachte ich einerseits Chopins frühes Ende als grausamen Verlust für die Menschheit – und könnte mir dennoch vorstellen, daß die Götter Chopin am liebsten ganz unter sich gehabt hätten, daß ein solches Genie eigentlich nicht für ein irdisches Dasein geschaffen war und sich nur durch ein Versehen, sozusagen aus Zerstreutheit der Götter, zu uns Menschen verirrt hat. Bei dieser künstlerischen Begnadung, die für zehn andere ausgereicht hätte, bei dieser Sublimierung seiner Kunst in den letzten Lebensjahren kann man fast sicher sein, daß seine besten Werke nicht geschrieben wurden – zumindest nicht während seines irdischen Aufenthalts. Der Gedanke, daß sie vielleicht in der Bibliothek einer anderen Welt auf uns warten, hat mir immer die Furcht davor genommen, aus diesem Leben fortzugehen...
Doch sind dies (der Leser möge verzeihen) äußerst persönliche Überlegungen, die nicht den Blick auf die Realien in Chopins Leben verstellen dürfen. Hier störte mich bei allen früheren Publikationen zweierlei: die Knappheit der Fakten zum einen, zum anderen die Fülle der Vorurteile. Ernst Burgers Buch fasziniert mich vor allem deshalb, weil es weder auf zweifelhaften Hypothesen gründet noch den Versuch unternimmt, dem Komponisten willkürlich ein bestimmtes »Gesicht« zu geben. Auch bei diffizilen Fragestellungen bietet es keine vereinfachende »Wahrheit der Mitte«, sondern eine kritische Sichtung und demütige Darstellung der Tatsachen in bisher nicht erreichter Vollständigkeit.
Dieses Buch ist eine der seriösesten Komponisten-Monographien, die ich kenne.

KRYSTIAN ZIMERMAN

KINDHEIT UND JUGEND · 1810–1826

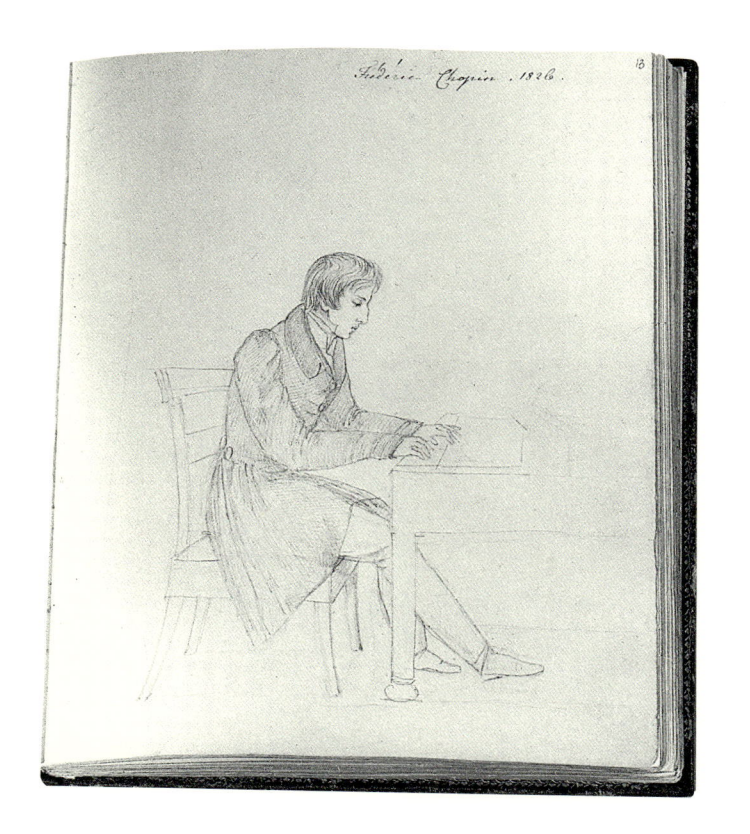

1 *Frédéric Chopin. Bleistiftzeichnung von Eliza Radziwiłł.*
Am oberen Bildrand der Vermerk »Frédéric Chopin. 1826«.
Diese Zeichnung – die früheste datierte Darstellung des Komponisten –
befindet sich in einem Album aus dem Besitz Eliza Radziwiłłs.
Vgl. Abb. 60.

2 *Urkunde über die Taufe von Chopins Mutter am 14. September 1782.*
Übersetzung aus dem Lateinischen: »Nr. 1192. Długie, 14. September. Ich, der Obengezeichnete, taufte das Kind auf die Namen Tekla Justyna, eheliche Tochter der edel geborenen Antonina und Jakub Krzyżanowski. Taufpaten: Im ersten Paare ihre Hochgeboren Justyna, geb. Dąmbska, Gräfin Skarbek von Góra aus Izbica und der Wohlgeboren Herr Mateusz Ko[r?]nowski aus Sarnowo, im zweiten Paare die edelbürtige Marcjanna Zaleska, Fräulein aus Skarbanowo, und seine Hochgeboren Herr Eugeniusz Graf Skarbek von Góra, Junker aus Izbica.«

3 *Urkunde über die Taufe von Chopins Vater am 16. April 1771.*
Übersetzung aus dem Französischen: »Nicolas, ehelicher Sohn von François Chopin, Stellmacher, und Marguerite Deflin, seiner Ehegattin, stammend aus Marainville, wurde geboren am fünfzehnten Tage und getauft am sechzehnten Tage des Monats April im Jahre tausendsiebenhunderteinundsiebzig; sein Taufpate war Jean Nicolas Deflin, Junggeselle aus Diarville, seine Taufpatin Thérèse Chopin, Jungfer aus Xirancourt, welche eigenhändig ein Kreuz zeichnete, worauf der Taufpate unterschrieb.
Nicolas Deflin, † (Zeichen der Taufpatin), P. Leclerc, Pfarrer von Diarville.«

4 *Tekla Justyna Chopin, geb. Krzyżanowska (1782–1861), Frédéric Chopins Mutter. Ölgemälde, 1829, von Ambrózy Mieroszewski.*

5 *Nicolas Chopin (1771–1844), Frédéric Chopins Vater. Ölgemälde, 1829, von Ambrózy Mieroszewski.*

Ebenso wie die Porträts von Frédéric, Ludwika und Izabela Chopin (vgl. S. 52, 53) gingen diese Bildnisse der Eltern im Jahre 1939 in Warschau verloren. 1959 wurden Kopien angefertigt (die Kopie von Frédérics Bild entstand 1968). Bei Wiedergaben in Farbe verwendet man gewöhnlich diese Kopien, meistens werden die Porträts jedoch in Schwarzweiß abgebildet.
Im Bemühen um Authentizität dienten bei den hier gezeigten Abbildungen die vermutlich einzigen Farbreproduktionen, die von den Originalgemälden gemacht wurden (um 1929), trotz der mangelhaften Qualität als Vorlage.[1]°

CHOPINS MUTTER

Tekla Justyna Krzyżanowska kam im September 1782 in Długie, Polen, zur Welt. Sie stammte aus verarmtem polnischen Adel und war später eine Art Kammerzofe der mit ihr entfernt verwandten Gräfin Skarbek in Żelazowa Wola. Hier lernte sie den Franzosen Nicolas Chopin kennen, den sie am 2. Juni 1806 in der benachbarten Kirche von Brochów heiratete. Das Paar hatte vier Kinder: Ludwika (1807–1855), Frédéric (1810–1849), Izabela (1811–1881) und Emilia (1812–1827).

Das Familienleben der Chopins scheint überaus harmonisch gewesen zu sein. Es wurde viel musiziert, die Mutter spielte gut Klavier, der Vater Geige und Flöte.

Die Eltern verabredeten sich im September 1835 mit ihrem damals schon berühmten Sohn Frédéric in Karlsbad. Es war die letzte Begegnung.

Tekla Justyna Chopin starb am 1. Oktober 1861. Sie ist an der Seite ihres Mannes auf dem Warschauer Powązki-Friedhof begraben.

CHOPINS VATER

Nicolas Chopin wurde am 15. April 1771 in Marainville, einem kleinen französischen Städtchen in der Nähe von Nancy, geboren. Viele Chopin-Biographen wollen in Mikołaj Szop (Szopen ist die polnische Schreibweise für Chopin), einem polnischen Edelmann, der sich mit dem Gefolge Stanisław Leszczyńskis, des ehemaligen Königs von Polen, seit 1736 Herzog von Lothringen, um 1740 in Lunéville bei Nancy niederließ, den Urahnen Frédéric Chopins sehen. Der Komponist wäre somit auch väterlicherseits polnischen Blutes. Es ist jedoch nachweisbar, daß seine Vorfahren bereits in den lothringischen Ortschaften Xirocourt, Ambacourt und Marainville lebten, lange bevor Stanisław Leszczyński und Mikołaj Szop nach Frankreich kamen.

Um 1787 ging Nicolas Chopin nach Polen, vermutlich weil ihm ein französischer Tabakfabrikant die Buchhalterstelle seiner eben in Warschau gegründeten Firma anvertraute. Die Fabrik löste sich infolge politischer Schwierigkeiten wieder auf, verschiedene Bemühungen von Chopins Vater, nach Frankreich zurückzukehren, scheiterten. Nicolas Chopin trat in die Nationalgarde ein, wo er schließlich zum Hauptmann avancierte. Später war er Hauslehrer bei der Starostin Łączyńska in Czerniejewo. Die nachmalige Maria Walewska, Napoleons Geliebte, war dort eine seiner Schülerinnen. Ab 1802 wurde er Erzieher bei der Gräfin Skarbek in Żelazowa Wola.

Nicolas Chopin verließ Żelazowa Wola, als er am 1. Oktober 1810 zum Lehrer am Warschauer Lyzeum und am 1. Juni 1814 zum Professor der französischen Sprache an der gleichen Anstalt ernannt wurde. Gleichzeitig war er seit 1. Januar 1812 Professor für Literatur und Französisch an der Schule für Artillerie und Ingenieurwesen und ab 1. November 1820 in den gleichen Fächern an der Lehranstalt für Heerespraktiken. Als das Lyzeum nach der Revolution von 1831 geschlossen wurde, amtierte er als Mitglied der Prüfungskommission für Schulamtskandidaten und später noch als Französisch-Professor an der Geistlichenakademie. Chopins Vater war intelligent und gebildet, wie seine Briefe beweisen. Graf Fryderyk Skarbek schildert ihn in seinen Memoiren[2] als ehrsamen, gewissenhaften Mann, als verdienten Pädagogen, bis ins hohe Alter von Schülern und Eltern geschätzt und geachtet. Nicolas Chopin starb am 3. März 1844.

° Die kleinen, hochgestellten Nummern in Hauptteil, »Leben«, »Werke« und Bildlegenden beziehen sich auf das Quellenverzeichnis s. S. 351 ff.

1810–1815

LEBEN

22. FEBRUAR (1. MÄRZ?) 1810: Frédéric Chopin wird in Żelazowa Wola (vgl. Abb. 6 und 8) als zweites Kind des Ehepaares Nicolas und Tekla Justyna Chopin geboren. Vgl. S. 9.
Der genaue Tag von Chopins Geburt ist seit jeher umstritten. Geburts- und Taufurkunde (vgl. Abb. 14 und 15) geben den 22. Februar an, die Familie hingegen feierte am 1. März; Chopin selbst nennt in einem Schreiben an die *Polnische Literarische Gesellschaft* den 1. März (vgl. Abb. 169), ebenso in einem Brief vom 28. März 1836 an François Fétis[3]; seine Mutter gratulierte ihm 1837 zum 1. März, und auch Jane Stirling bestätigte 1851 den gleichen Tag.
Da Chopins Vater die französische Staatsangehörigkeit besaß und da jedes von einem Franzosen im Ausland geborene Kind nach dem »Code civil« Franzose wurde, war Frédéric Chopin kraft »ius sanguinis« Franzose. (Chopins Mutter war Polin, sie hatte aber durch ihre Ehe mit einem Franzosen dessen Staatsangehörigkeit erworben [Art. 12 des »Code civil«]; abgesehen davon gab es damals für eheliche Kinder keine Staatsangehörigkeit »a matre«.) Da Frédéric Chopin durch seine Geburt auf dem Territorium des Herzogtums Warschau gem. Art. 1 Nr. 1 des Dekrets vom 19. Dezember 1807 »Bürger des Herzogtums Warschau« wurde, war er wegen Kumulation von »ius sanguinis« (Frankreich) und »ius soli« (Warschau) Doppelstaatler. Keine der beiden Staatsangehörigkeiten hat er im Laufe seines Lebens wieder verloren. – Hinzuzufügen ist noch, daß er von den 39 Jahren seines Lebens 20 Jahre in Polen und 19 Jahre in Frankreich verbrachte.[4]
23. APRIL 1810: Chopins Taufe. Vgl. Abb. 10 und 15.
SEPTEMBER 1810: Die Familie zieht nach Warschau.
1. OKTOBER 1810: Chopins Vater wird Lehrer am Warschauer Lyzeum.
9. JULI 1811: Geburt von Chopins Schwester Izabela. Vgl. Abb. 100.
1. JANUAR 1812: Chopins Vater tritt seinen Dienst als Professor für französische Sprache und Literatur an der Schule für Artillerie und Ingenieurwesen an.
20. NOVEMBER 1812: Geburt von Chopins Schwester Emilia. Vgl. Abb. 102.
1. JUNI 1814: Chopins Vater wird Professor für französische Sprache und Literatur am Warschauer Lyzeum.

6 *Polen, die Woiwodschaften Masowien (1, rotumrandetes Feld), Podlachien (6) und Płock (7). Altkolorierte Lithographie, 1828.*
Der Pfeil in der Bildmitte zeigt auf die Stelle, wo Chopins Geburtsort Żelazowa Wola liegt, der Pfeil links daneben kennzeichnet die Gegend um Sanniki, wo der Komponist 1828 seine Ferien verbrachte, der dritte Pfeil am linken oberen Bildrand deutet auf das Gebiet um Szafarnia, wo Chopin in den Jahren 1824 und 1825 seine Ferien verlebte.

7 *Żelazowa Wola, Wohnhaus der Familie Skarbek. Getönte Lithographie, 1881, von Maksymilian Fajans nach einer Zeichnung von Napoléon Orda.*
Das Haus existiert seit 1917 nicht mehr. Von dem gesamten herrschaftlichen Gut der Skarbeks blieb nur Chopins Geburtshaus, damals ein schlichtes Nebengebäude, erhalten.

1810–1815

8 *Chopins Geburtshaus in Żelazowa Wola,
ca. 50 km von Warschau entfernt. Photographie,
um 1890, von Jan Mieczkowski.*
Mit dem Anblick von Chopins Geburtshaus verbindet sich zumeist die Vorstellung einer unbeschwerten Kindheit des Komponisten in ländlicher Idylle. Der kleine Frédéric verbrachte hier jedoch nur die ersten sieben Monate seines Lebens, anschließend übersiedelte die Familie nach Warschau.
Die Aufnahme zeigt die älteste bekannte photographische Darstellung von Chopins Geburtshaus. Im Vordergrund (Mitte) der russische Komponist Milij Balakirew, rechts neben ihm der polnische Musikkritiker Aleksander Poliński.

9 *Chopins Geburtshaus (Rückseite). Aquarell,
um 1950, von Albert Colfs.*
Leider vermitteln die zahlreichen baulichen Veränderungen, die das Haus – heute eine Pilgerstätte für Chopin-Verehrer – im Lauf der Jahre erfuhr, kaum mehr einen Eindruck vom ursprünglichen Zustand.

1810–1815

10 *Die Kirche von Brochów, ca. 8 km von Chopins Geburtsort entfernt. Photographie, um 1930.*
In dieser 1662 erbauten Kirche fand am 2. Juni 1806 die Trauung von Chopins Eltern statt. Am 23. April 1810 wurde hier Frédéric Chopin getauft und am 22. November 1832 vermählte sich hier seine Schwester Ludwika mit Józef Kalasanty Jędrzejewicz.

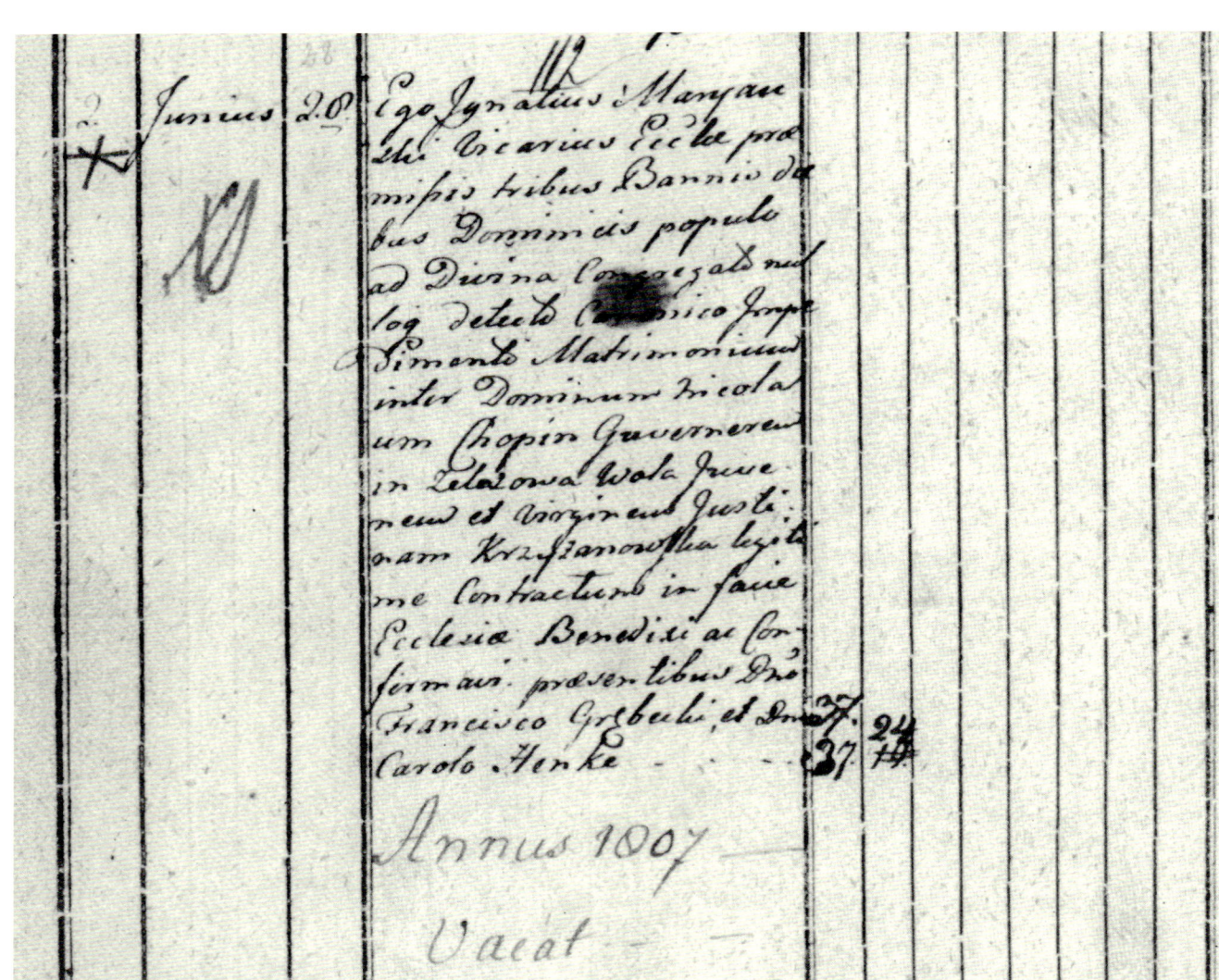

11 *Heiratsurkunde von Chopins Eltern.*
Übersetzung aus dem Lateinischen: »2. Juni 1806. Ich, Ignacy Maryański, Vikarius der Pfarrkirche, habe nach dreimalig an Sonntagen erfolgtem Aufgebot vor dem zum Gottesdienst versammelten Volk und nach Feststellung, daß keinerlei kanonische Hinderungsgründe vorliegen, die vor der heiligen Kirche geschlossene Ehe zwischen Herrn Nicolas Chopin, Hauslehrer in Żelazowa Wola, und Fräulein Justyna Krzyżanowska eingesegnet und in Gegenwart des Herrn Franz Grębecki und Herrn Karol Henke bestätigt.«
(Die Zahlen »37« bzw. »24« bezeichnen das Alter von Nicolas bzw. Tekla Justyna Chopin.)

1810–1815

12 *Das Zimmer von Chopins Mutter. Photographie, 1975.*
Im Hintergrund der Alkoven, in dem Frédéric Chopin geboren wurde. Mobiliar und Wölbung der Türöffnung sind nicht original.

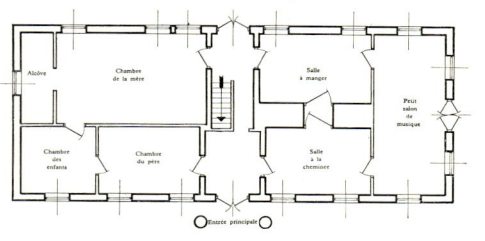

13 *Grundriß, um 1960, von Chopins Geburtshaus.*

14 *Geburtsurkunde Frédéric Chopins*
Übersetzung aus dem Polnischen: »Im Jahre Tausend Achthundertzehn, am dreiundzwanzigsten Tage des Monats April, um drei Uhr nachmittags. Vor uns, dem Pfarrer von Brochów, der die Befugnisse des Standesbeamten der im Kreise Sochaczew des Warschauer Departements gelegenen Brochówer Gemeinde hat, erschienen Nicolas Chopin als Kindsvater, vierzig Jahre alt, wohnhaft in Żelazowa Wola, und hat uns ein Kind männlichen Geschlechts vorgewiesen, das in seinem Hause, am zweiundzwanzigsten Tag des Monats Februar, um sechs Uhr abends laufenden Jahres zur Welt gekommen ist, und erklärte, daß es von ihm und von Justyna, geborene Krzyżanowska, seiner Ehegattin, achtundzwanzig Jahre alt, stamme und er wünsche, daß ihm die beiden Vornamen ›Frydrych Franciszek‹ gegeben werden. Nach Ablegung vorstehender Erklärung und Vorweisung des Kindes in Gegenwart des Ökonoms Józef Wyrzykowski, achtunddreißig Jahre alt, sowie Fryderyk Geszts, der das vierzigste Lebensjahr vollendet hat, beide wohnhaft in Żelazowa Wola, bekannten der Kindsvater und die zwei Zeugen, nachdem den Erschienenen vorliegende Geburtsurkunde vorgelesen war, daß sie des Schreibens kundig seien. Wir haben vorliegenden Akt unterzeichnet. Geistlicher Jan Duchnowski, Pfarrer in Brochów, befugter Beamter des Standesamts. [Darunter eigenhändig von Frédérics Vater:]
Nicolas Chopin, Vater«

13

15 *Taufurkunde Frédéric Chopins, 22. April 1810.* Übersetzung aus dem Lateinischen: »Nr. 2, 23. April. Ich, der oben Genannte [Józef Morawski, Vikar in Brochów], vollzog die Zeremonie an dem mit Wasser getauften Kind mit den beiden Vornamen ›Fridericus Franciscus‹, geboren am 22. Februar von den wohlgeborenen Nicolas Choppen [Chopin], Franzose, und Justyna, geborene Krzyżanowska, getrauten Ehegatten. Taufpaten: wohlgeborener Franciszek Gręm)becki aus dem Dorf Ci[e]pliny mit wohlgeborenem Fräulein Anna Skarbek, Gräfin aus Żelazowa Wola.«

1810–1815

16 Warschau. Kolorierte Xylographie, Mitte 19. Jahrhundert.

Nr. 5470. Warschau.

17 Warschau, das Sächsische Palais. Kupferstich (Originalgröße 12,9 × 4,3 cm), 1772, von Rizzi Zannoni.
Chopin wohnte vom September 1810 bis März 1817 im rechten Flügel dieses Gebäudes. Das Sächsische Palais wurde von 1838 bis 1842 im klassizistischen Stil umgebaut, 1944 wurde es zerstört.

18 Die einzigen Überreste des Sächsischen Palais', heute das »Grabmal des Unbekannten Soldaten«. Photographie, 1988.

Nr. 5471. Der Sächsische Platz in Warschau.

19 Warschau, der Sächsische Platz. Kolorierte Xylographie, Mitte 19. Jahrhundert.
Im Vordergrund Gebäudeteile des von der Familie Chopin bewohnten Sächsischen Palais'.

1816–1819

LEBEN

1816: Chopin beginnt seinen Klavierunterricht bei Wojciech (Albert) Żywny (vgl. Abb. 29). Mit seiner Schwester Ludwika (vgl. Abb. 99), die ebenfalls bei Żywny lernt, spielt er oft vierhändig.

MÄRZ 1817: Die Familie Chopin übersiedelt in das eben renovierte Kazimierzowski-Palais (vgl. Abb. 20); Nicolas Chopin leitet dort auch ein kleines Pensionat für einige ausgewählte Schüler.

Frédéric Chopin liefert mit seinen ersten Kompositionen Beweise einer erstaunlichen Musikalität.

NOVEMBER 1817: Die *g-Moll-Polonaise* (vgl. Abb. 22 und 23) erscheint bei Cybulski in Warschau.

JANUAR 1818: Die *Pamiętnik Warszawski* (*Warschauer Nachrichten*) erwähnen Chopins erste Werke.

24. FEBRUAR 1818: Anläßlich eines von der Gräfin Zofia Zamoyska veranstalteten Wohltätigkeitskonzertes hat Chopin im Radziwiłł-Palais seinen ersten großen öffentlichen Auftritt (vgl. Abb. 21). Von seiner Mutter nach dem Erfolg befragt, soll er geantwortet haben, sein weißer Kragen habe am meisten beeindruckt.

26. SEPTEMBER 1818: Maria T(F)eodorowna, die Mutter des regierenden Zaren Alexander I., besucht das Warschauer Lyzeum; Chopin überreicht ihr zwei polnische Tänze. Vgl. Abb. 23.

6. OKTOBER 1818: Die *Gazeta Korrespondenta Warszwaskiego i Zagranicznego* (*Zeitung des Warschauer- und Auslandskorrespondenten*) berichtet über das Ereignis vom 26. September.

1819: Chopin spielt häufig in den Salons des Warschauer Adels (z. B. bei den Familien Czartoryski, Sapieha, Lubeccy, Czetwertyńska, Radziwiłł).

21. NOVEMBER 1819: Die Sängerin Angelica Catalani kommt nach Warschau und gibt am 22. Dezember ihr erstes Konzert; Chopin ist vermutlich anwesend.

20 *Warschau, das Kazimierzowski-Palais, in dem ab 1817 das Warschauer Lyzeum untergebracht war. Getönte Lithographie, 1824, von Lassalle nach einer Zeichnung von Jan Feliks Piwarski.*
Chopin wohnte von 1817 bis 1827 im 2. Stock des rechten Hofgebäudes. Das 1944 zerstörte Palais wurde von 1946 bis 1948 rekonstruiert. Im Mitteltrakt befindet sich heute das Rektorat der Warschauer Universität.

21 *Warschau, das Palais des Fürsten Radziwiłł. Stahlstich, um 1835, von Traversier nach einer Zeichnung von Guillaumot.*
In diesem Gebäude fand am 24. Februar 1818 der erste große öffentliche Auftritt Chopins statt. Der Achtjährige spielte das *e-Moll-Klavierkonzert* von Adalbert Gyrowetz (vgl. Abb. 94).
Zur Zeit von Chopins Konzert hatte das Palais noch seine originale Barockfassade. 1818/1819 wurde es im klassizistischen Stil umgebaut, 1919 brannte es ab, wurde daraufhin wieder aufgebaut und blieb im Zweiten Weltkrieg vor Zerstörung bewahrt; heute ist es Amtssitz des Ministerrates.

1816–1819

WERKE

POLONAISE G-MOLL (OHNE OPUSZAHL). Entstanden 1817. Ersch.: Warschau (Cybulski) 1817. Vgl. Abb. 22 und 23.
POLONAISE B-DUR (OHNE OPUSZAHL) (POSTHUM). Entstanden 1817 oder 1818. Ersch.: Warschau (Nowości Muzyczne L. Chojecki) 1910.
VARIATIONEN. Im Januar 1818 in *Pamiętnik Warszawski* Jg. IV, Bd. X erwähnt. Verschollen.
MILITÄRMARSCH. Komponiert für den Großfürsten Konstanty. Wahrscheinlich 1817 entstanden. Verschollen.

22 *Titelblatt der Erstausgabe, 1817, von Chopins »g-Moll-Polonaise«.*
Der Vermerk »age de huit Ans« (»acht Jahre alt«) auf dem Titelblatt ist nicht zutreffend. Chopin komponierte das Stück 1817, als Siebenjähriger, es wurde im gleichen Jahr publiziert und war sein erstes veröffentlichtes Werk.

24 *Glückwunschblatt, vom sechsjährigen Chopin gezeichnet, beschriftet und seinem Vater zum Namenstag gewidmet.*
»Die ganze Welt kommt, um Deinen Namenstag zu feiern, mein lieber Papa. So komme auch ich mit meinen Glückwünschen zu Dir. Mögest Du nie Unannehmlichkeiten erfahren und möge Dir immer ein glückliches Los beschieden sein. Dies sind meine heißen Wünsche. – F. Chopin, 6. Dezember 1816.«

23 *Anfangsteil von Chopins »g-Moll-Polonaise« in der Erstausgabe von 1817.*
Nach einer Meldung in der Warschauer *Gazeta Korrespondenta* vom 6. Oktober 1818 überreichte der kleine Chopin der Zarin-Mutter Maria Teodorowna »zwei polnische Tänze für Klavier, die er selbst komponiert hat und die die Monarchin sehr freundlich entgegennahm, indem sie das so frühe Talent des Knaben lobte und ihn zum Weitermachen ermutigte«. Wahrscheinlich waren mit diesen Tänzen die vorliegende *g-Moll-Polonaise* sowie die *B-Dur-Polonaise* (vgl. »Werke«) gemeint.
Ein Verlags-Verzeichnis von 1818 über Veröffentlichungen des Jahres 1817 vermerkt über diese Polonaise: »Der Komponist dieses polnischen Tanzes ... ein wirkliches Musikgenie: er kann nicht nur mit größter Leichtigkeit und außerordentlichem Geschmack die schwierigsten Stücke auf dem Klavier spielen, sondern er hat bereits einige Tänze und Variationen komponiert, die Musikkenner in Verwunderung setzen ... möge also vorstehende Bemerkung als Beweis dienen, daß auch auf unserem Boden Genies erwachsen.«

1820

LEBEN

Eine goldene Taschenuhr, die Chopin von der Sängerin Angelica Catalani, der er vorgespielt hatte, als Geschenk erhielt, trägt das Datum »3. Januar 1820«. Vgl. Abb. 26 und 115.
Chopin zeigt erstaunliche Fortschritte im Klavierspiel und in der Komposition.

25 *Ignaz Moscheles (1794–1870). Lithographie, um 1825.*
Moscheles, Pianist und Komponist, war um 1820 einer der führenden Klaviervirtuosen. Chopin erwähnt ihn häufig in seinen Briefen, am 27. Mai 1825 spielt er eines der acht Klavierkonzerte Moscheles' in Warschau. Später lernt er ihn persönlich kennen. Moscheles und Chopin konzertierten zusammen am 29. Oktober 1839 vor Louis-Philippe am Königlichen Hof. Vgl. S. 221.

WERKE

DREI MÄRSCHE. 1. B-MOLL, 2. F-MOLL, 3. Tonart unbekannt. In einem Brief Julian Fontanas vom 14. März 1854 an Chopins Schwester Ludwika erwähnt. Entstehungszeit unbekannt, vermutlich um 1820. Verschollen.

26 *Goldene Taschenuhr mit einer Widmung vom 3. Januar 1820.* Geschenk Angelica Catalanis an Chopin.

27, 28 *Johann Baptist Cramer (1771–1858). Bronzemedaille, 1845, von B. Wyon.*
Cramer, um 1800 ein bekannter Pianist, schrieb Klavieretüden, die heute zu Unrecht etwas in Vergessenheit geraten sind. Chopin (übrigens auch Beethoven) schätzte sie sehr und verwendete sie auch im Unterricht, wie wir aus einem Chopin-Brief vom 17. April 1830 wissen.
Die abgebildete Rückseite der Medaille zeigt Kartuschen mit Inschriften und Embleme der Musik, Malerei und Dichtkunst. In der Mitte ein Athene-Kopf.

1821

LEBEN

23. APRIL: Chopin widmet seinem Lehrer Żywny anläßlich dessen Namenstag eine *Polonaise As-Dur*. Es handelt sich um sein frühestes erhalten gebliebenes Notenmanuskript. Vgl. Abb. 30.

29 Wojciech (Albert) Żywny (1756–1842), Chopins einziger Klavierlehrer. Kopie eines verlorengegangenen Ölgemäldes aus dem Jahre 1829 von Ambroży Mieroszewski, angefertigt von J. Kunicka-Bogacka.
Bereits 1822, als Zwölfjähriger, beendete Chopin seinen Klavierunterricht; er war letzten Endes Autodidakt.

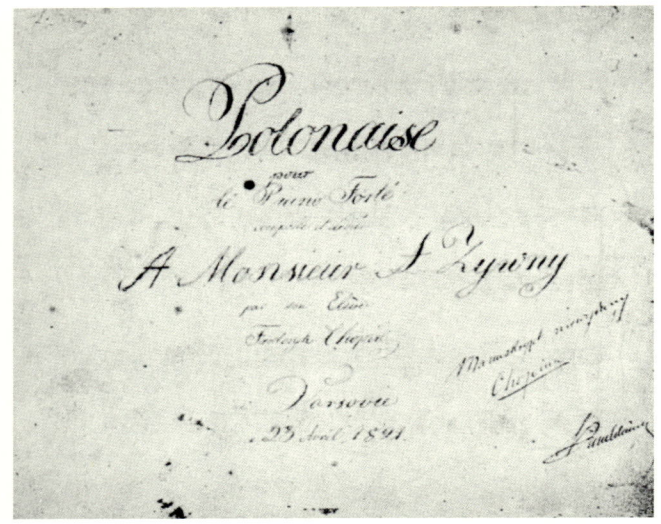

30 Manuskript einer »Polonaise As-Dur« von Frédéric Chopin aus dem Jahre 1821.
Das Manuskript – Chopin widmete und schenkte es seinem Lehrer Wojciech Żywny am 23. April 1821 zum Namenstag – besteht aus drei beschriebenen querformatigen Seiten (1. Seite Titel, 2. und 3. Seite Notentext).

31 Flügel, um 1820, aus Nadelholz, ahornfurniert, auf Mahagoni gebeizt. Ähnliche Instrumente, »Giraffen-Flügel« genannt, fand der junge Chopin bei seinen Auftritten gelegentlich vor. Das linke Pedal imitiert ein Fagott und (bei festem Druck) eine Pauke, das mittlere hebt die Dämpfung auf, das rechte ist ein Moderator.

WERKE

POLONAISE AS-DUR (OHNE OPUSZAHL) (POSTHUM). Ersch.: Warschau (Gebethner & Wolff) 1901, Berlin (Beilage zur Zeitschrift *Die Musik*, Jg. 1908 Nr. 1). Vgl. Abb. 30.

32 *Warschau, die Zygmunt-Säule in der Krakowskie-Przedmieście-Straße. Aquatinta, um 1823, von Friedrich Christoph Dietrich.*
Am entgegengesetzten Ende der Straße wohnte Chopin von 1827 bis 1830. Ganz links im Bild das 1821 gegründete Konservatorium, an dem er studierte; dieses Gebäude existiert heute nicht mehr.

33 *Warschau, die Kirche der Visitinerinnen. Aquarell, 1785, von Zygmunt Vogel.*
Die Kirche blieb im Zweiten Weltkrieg nahezu unversehrt, und auch die Orgel, auf der Chopin an den Sonntagen im November 1825 spielte, hat sich fast im Originalzustand erhalten.

1822

LEBEN

Chopin beendet seine Klavier-Lektionen bei Żywny und beginnt mit dem Privatunterricht in Theorie und Komposition bei Józef Elsner. Im Klavierspiel bildet er sich mehr oder weniger selbst aus. Möglicherweise erhielt er von dem Pianisten und Organisten Wilhelm Würfel, den die Presse um 1822 als den »ersten Klaviervirtuosen in Warschau« bezeichnete, einige Anweisungen. Würfel war von 1821 bis 1826 Professor für Musik an der Warschauer Universität. Ab 1826 Dirigent am Kärntnertortheater in Wien, unterstützte er Chopin wesentlich bei dessen Wiener Konzerten in den Jahren 1829 und 1831.
Der nun zwölfjährige Chopin ist oft Gast in den aristokratischen Warschauer Palais.
Chopin wohnte in seiner Kindheit im Sächsischen Palais (Abb. 17) und im Kazimierzowski-Palais (Abb. 20), in seiner Jugend im Krasiński-Palais (Abb. 61). Seine Freunde waren vorwiegend Söhne adeliger Familien. Vielleicht war dies alles mitbestimmend für die vornehme Attitüde seiner Musik.

34 *Warschau, das Große Theater. Stahlstich, um 1835.*
Als Chopin Warschau für immer verließ (November 1830), wurde bereits an diesem Theater gebaut; es wurde 1833 vollendet, im Zweiten Weltkrieg zerstört und 1965 wieder aufgebaut.

35 *Das Königliche Schloß in Warschau. Stahlstich, um 1835.*
Im Vordergrund die Zygmunt-Säule, in unmittelbarer Nähe – auf der Abbildung nicht zu sehen – das Konservatorium, in dem Chopin studierte (vgl. Abb. 32). Das im Zweiten Weltkrieg zerstörte Schloß wurde 1975 wieder aufgebaut.

1822

WERKE

POLONAISE GIS-MOLL (OHNE OPUSZAHL) (POSTHUM). Entstanden zwischen 1822 und 1824. Ersch.: Warschau (Kaufmann) 1864, Mainz (Schott) 1864.

36 *Schloß Wilanów bei Warschau. Stahlstich, um 1835.*
Wilanów, die prächtigste barocke Magnatenresidenz in Polen, gilt als die Perle der Warschauer Baudenkmäler. Die Außenmauern überstanden die schwere Zeit von 1939 bis 1945; das Innere des Palastes wurde ausgeplündert. Die Restaurierungen dauerten bis 1964.
Wilanów besitzt eine Galerie mit beachtenswerten Gemälden, darunter ein schönes Porträt der Maria Walewska, die von Chopins Vater in der französischen Sprache unterwiesen wurde, vielleicht eine der Voraussetzungen für ihre Liaison mit Napoleon.

37 *Das Łazienki-Palais in Warschau. Stahlstich, um 1835.*
Seit jeher sind die das Palais umgebenden Anlagen der beliebteste Erholungspark der Warschauer. Das Gebäude, 1944 erheblich beschädigt, wurde von 1960 bis 1965 wieder rekonstruiert. Sechs Positive von Chopins Totenmaske werden dort aufbewahrt, die vom Originalnegativ angefertigt wurden, ehe es im Zweiten Weltkrieg verlorenging.

1823

LEBEN

24. FEBRUAR: Konzert im Haus der Wohltätigkeitsgesellschaft in der Krakowski-Przedmieście-Straße, unweit vom Radziwiłł-Palais, veranstaltet von Józef Jawurek, Professor am Konservatorium und Leiter des Konservatorium-Orchesters. Chopin spielt ein Klavierkonzert von Ferdinand Ries.

26. FEBRUAR: Der *Kuryer dla Płci Pięknej* (*Kurier für das schöne Geschlecht*) berichtet über das Konzert vom 24. Februar; er schreibt u.a.: »Die entzückende Komposition von Ries wurde in angemessener Weise aufgeführt. Die letzte Leipziger Musikalische Zeitung informierte uns in einem Artikel aus Wien, daß auch dort ein junger Amateur namens *List* [Liszt] alle durch Genauigkeit des Spiels, Sicherheit und Stärke des Tones, mit der er ein Konzert *Humels* [Hummels] spielte, in Erstaunen versetzte. – Nach diesem 6. Musikalischen Abend werden wir ganz sicher nicht mehr *Wien* um den *Hochwohlgeborenen Herrn List* beneiden, unsere Hauptstadt besitzt nämlich einen ihm gleichen, oder vielleicht vollkommeneren, in der Person (wir sehen keinen Grund, weshalb wir den Namen des Jünglings verheimlichen sollen, der allgemein solches Lob erntet) des jungen *Hochwohlgeborenen Herrn Chopin*. –«

17. MÄRZ: Im Haus der Warschauer Wohltätigkeitsgesellschaft findet der »9. Musikalische Abend« statt. Chopin wirkt vermutlich mit.

22. MÄRZ: Der *Kuryer dla Płci Pięknej* berichtet über das Konzert vom 17. März; Chopins Name ist nicht genannt.

SEPTEMBER: Chopin tritt in die 4. Klasse des Warschauer Lyzeums ein (vgl. Abb. 20 und 45). Er besucht dieses Lyzeum bis 1826. Daneben nimmt er Gesangs- und Zeichenunterricht, vermutlich bei Józef Stefani bzw. Zygmunt Vogel.

38 *Warschau, Schloß Belvedere. Aquatinta, um 1823, von Friedrich Christoph Dietrich.* Hier trat Chopin mehrmals als Pianist auf. Das Schloß gehört neben der Visitinerinnen-Kirche (vgl. Abb. 33) zu den wenigen Warschauer Chopin-Stätten, die noch nahezu im Originalzustand erhalten sind.

39 *Warschau, Palais des Grafen Zamoyski. Aquatinta, um 1823, von Friedrich Christoph Dietrich.* Auch in diesem Gebäude, 1944 zerstört und sechs Jahre später wieder rekonstruiert, musizierte Chopin gelegentlich.

1823

WERKE

WALZER a-MOLL (OHNE OPUSZAHL) (POSTHUM). Entstehungsjahr unbekannt, vermutlich ein Jugendwerk Chopins. Ersch.: Paris (*La Revue musicale*) 1955, Krakau (Polskie Wydawnictwo Muzyczne) 1965. Vgl. Abb. 41.

40 *Samuel Bogumił Linde (1771–1847), Rektor des Warschauer Lyzeums, Freund der Familie Chopin. Kreidezeichnung, um 1825, von Frédéric Chopin.*

41 *Chopins »Walzer a-Moll«, möglicherweise bereits um 1823 entstanden. Erstausgabe, 1955.*

LEBEN

Freundschaft mit Eustachy Marylski, Dominik Dziewanowski und Jan Matuszyński, die Gäste im Pensionat von Chopins Vater sind.
AUGUST/SEPTEMBER: Chopin verbringt seine Ferien in Szafarnia, in der Nähe von Thorn (Toruń, vgl. Abb. 6), wo Juliusz Dziewanowski, der Vater seines Schulfreundes Dominik, ein Landgut besaß. Chopin besucht naheliegende Güter, z. B. Gulbiny und Sokołowo und erlebt erstmals Gutsbesitzerversammlungen, Hochzeiten auf dem Land, Erntefeste und Kapellen jüdischer Folklore-Musikanten.
10. AUGUST: Brief an die Eltern; abgesehen von Geburtstags- oder Namenstagsgratulationen ist dies der erste bekannte Brief Chopins an seine Eltern.[5]
15. AUGUST: Vor einem privaten Zuhörerkreis spielt Chopin in Szafarnia ein Klavierkonzert Kalkbrenners und »Der kleine Jude«. Vgl. »Werke 1824«.
16. AUGUST: Datum des ersten *Kuryer Szafarski* (vgl. Abb. 42). Daten weiterer *Kuriere*: 19., 24., 27. und 31. August sowie 3. September.
Nach Warschau zurückgekehrt, schreibt Chopin zusammen mit seiner Schwester Emilia die Komödie *Omylka czyli Mniemany filut* (Irrtum oder der vermutete Schelm) und gründet einen »Literarischen Verein für Unterhaltung«.
6. DEZEMBER: Anläßlich des Geburtstages ihres Vaters führen Frédéric, Ludwika, Izabela und Emilia Chopin ein Theaterstück auf.

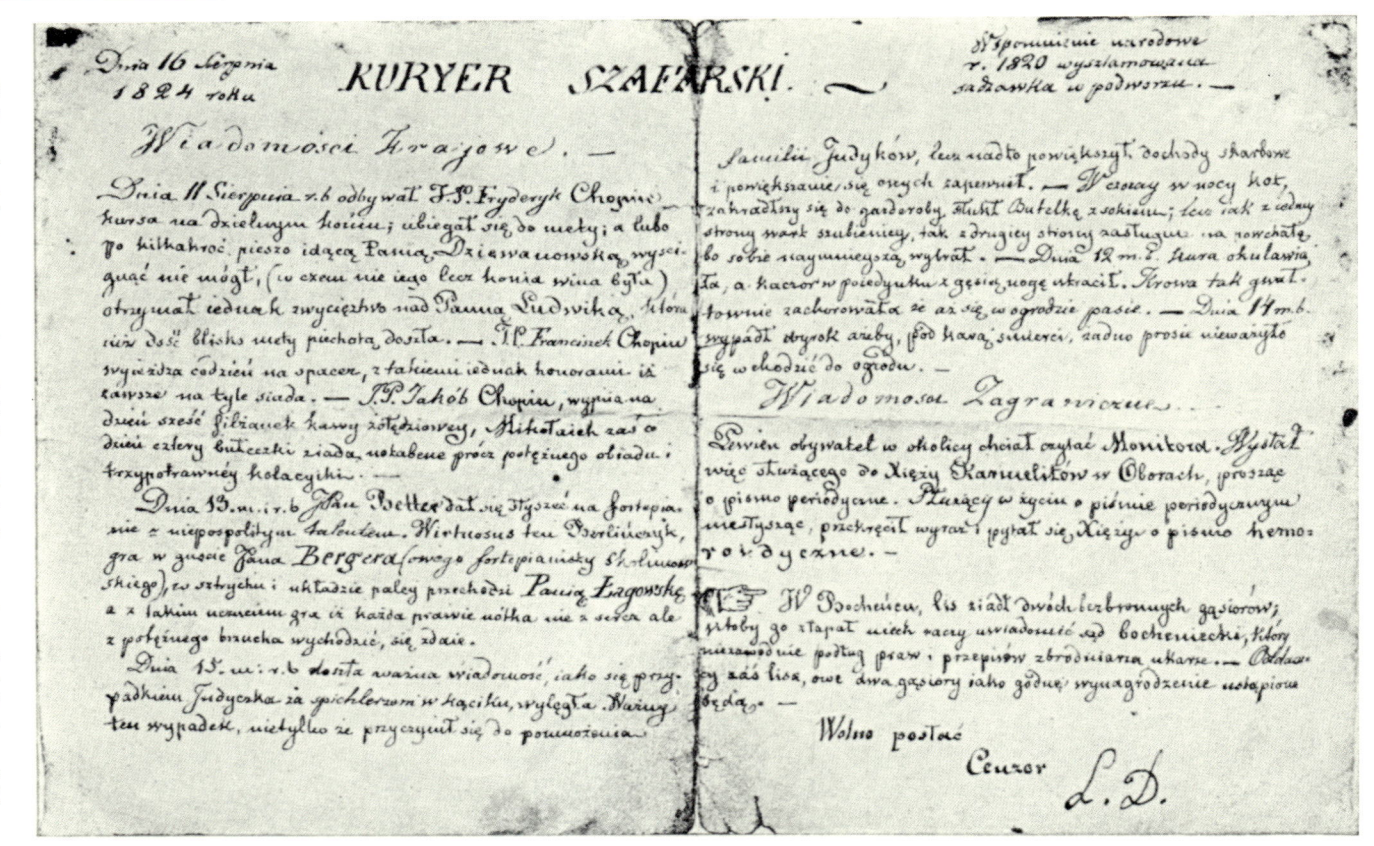

42 »Kuryer Szafarski«, ein handgeschriebenes Mitteilungsblatt Chopins vom 16. August 1824 an seine Angehörigen.

Während seiner Sommerferien im August/September 1824 in Szafarnia berichtete Chopin den Angehörigen seine Erlebnisse in Form einer Parodie des *Kurier Warszawski* und nannte seine Mitteilungen, die den Zeitungsstil imitierten, *Kuryer Szafarski*. Sich selbst bezeichnet er dabei häufig als »Herr Pichon« (Anagramm von »Chopin«), Franciszek oder Jakob Chopin.

»Inlandsnachrichten
Am 11. August ging Herr Fryderyk Chopin auf einem feurigen Pferd ins Rennen, zu wiederholten Malen konnte er Frau Dziewanowska, die zu Fuß ging, nicht überholen (das war nicht seine Schuld, sondern die Schuld seines Pferdes), er trug jedoch schließlich den Sieg über Fräulein Ludwika davon, die schon ganz nahe am Zielpfosten war. – Herr Franciszek Chopin macht täglich Spazierfahrten, dabei wird ihm die Ehre zuteil, auf der hinteren Sitzbank Platz nehmen zu dürfen. – Herr Jakob Chopin trinkt täglich sechs Tassen Kaffee aus gebrannten Eicheln und der kleine Nikolaus [Chopin meint sich selbst] ißt auch vier ganz kleine Brötchen, wohlgemerkt: abgesehen von einem großartigen Mittagessen und einem Abendessen mit drei Gängen. – Am 13. des Monats des laufenden Jahres ließ sich Herr Better mit ungewöhnlichem Talent auf dem Klavier hören. Dieser Virtuosus aus Berlin spielt nach Art des Herrn Berger (Pianist aus Skolimow). Im Mienenspiel überflügelt er Frau Lagowska, und das mit einem solchen Hang zur Rührung, als käme ihm beinahe jede kleine Note nicht aus dem Herzen, sondern aus einem enormen Bauch.
Am 15. des Monats des laufenden Jahres ist etwas wichtiges Neues passiert: im Speicher ist eine Truthenne ausgeschlüpft. Dieses Ereignis trägt nicht nur dazu bei, die Familie der Truthennen zu vergrößern, sondern auch die finanziellen Erträge und festigt ihre Entwicklung. – Gestern, nachts, hat sich eine Katze in die Garderobe geschlichen und eine Flasche Sirup zerbrochen, aber wenn sie einerseits dafür auch den Galgen verdient, so sollte man sie andererseits doch loben, da sie sich die kleinste Flasche ausgesucht hat. – Am 12. des Monats ist ein Huhn lahm geworden, die Ente hat in ihrem Duell mit der Gans ein Bein verloren, die Kuh ist plötzlich von einer solchen Krankheit befallen worden, daß sie fortan im Garten weiden wird. – Am 14. des Monats ist eine Verfügung eingetroffen, den Ferkeln bei Todesstrafe den Zutritt zum Garten zu verwehren. –

Auslandsnachrichten
Ein Gutsherr aus der Umgebung wollte den Monitora lesen. Er schickte deshalb seinen Angestellten zu den Karmelitern in Obory, um die Zeitschrift zu holen. Da der Angestellte noch nie in seinem Leben etwas von dieser Zeitschrift [pismo periodyczne] gehört hatte, verlangte er von den Patres eine Schrift über Hämorrhoiden [pismo hemoroidyczne]. –
In Bocheniec hat ein Fuchs zwei wehrlose Gänseriche gefressen. Wer ihn erwischt, möge es beim Gericht von Bocheniec melden, dieses wird ohne Zweifel den Verbrecher den Gesetzen und Verordnungen gemäß bestrafen, und wer den Fuchs einliefert, bekommt als Belohnung die zwei Gänse.
Es erlaubt sich abzusenden
                    Der Rezensent   L. D.«

WERKE

WALZER C-DUR. In einem Verzeichnis von Chopins Schwester Ludwika mit Incipit-Angabe erwähnt, dazu der Vermerk »1824« und – über den Takten – »ein ungewisses frühes Datum«. Verschollen.

WALZER A-MOLL. Gräfin Łubieńska gewidmet, datiert »24 sierpnia [August] 1824«. In einem – heute nicht mehr auffindbaren – Notenheft, das einst Izabela Radziwiłł Grabowska gehörte, um 1910 von Aleksander Koptiajew entdeckt. Verschollen.

MAZURKA AS-DUR, OP. 7 NR. 4 (Erstfassung). Vgl. »Werke 1830«.

Chopin erwähnt in einer Ausgabe des *Kuryer Szafarski* vom 3. September 1824, er habe »Zydek« (»Der kleine Jude«) gespielt. Es hat sich eingebürgert, dieses Stück als die »Erstfassung« der *Mazurka a-Moll*, op. 17 Nr. 4 zu bezeichnen. Diese Identifizierung entbehrt jeglicher Quellen.

43 *Józef Elsner (1769–1854). Rück- und Vorderseite einer Medaille, um 1824, von Józef Meinert.*
Elsner, Komponist zahlreicher Opern, Oratorien, symphonischer und kammermusikalischer Werke, Gründer und Rektor des Warschauer Konservatoriums, war Chopins wesentlicher Lehrer. Er unterrichtete ihn von 1822 bis 1829 in Musiktheorie und Komposition.

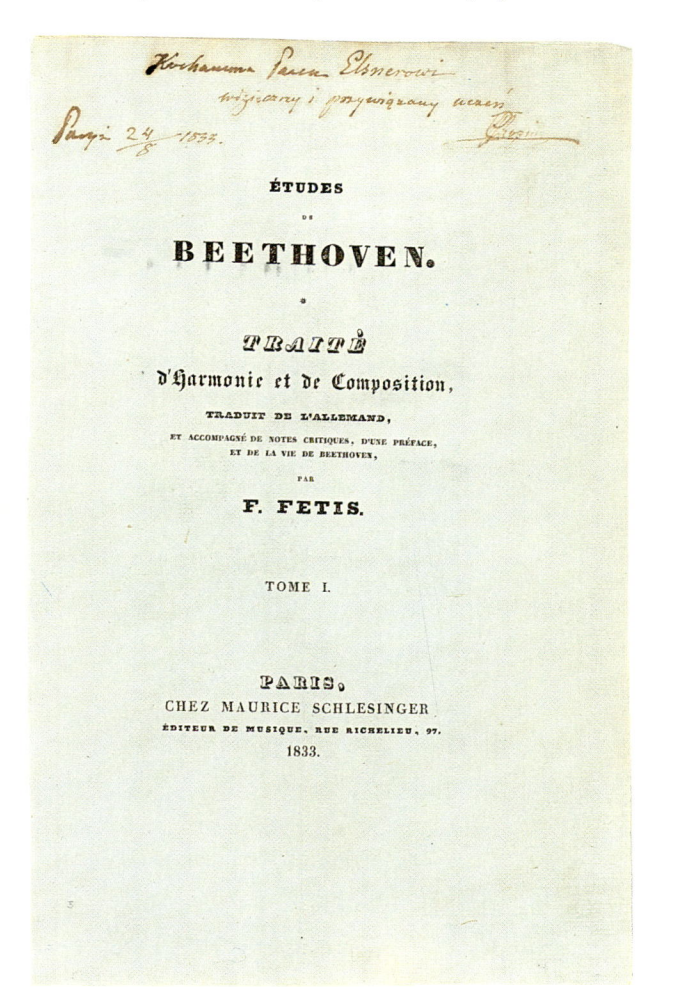

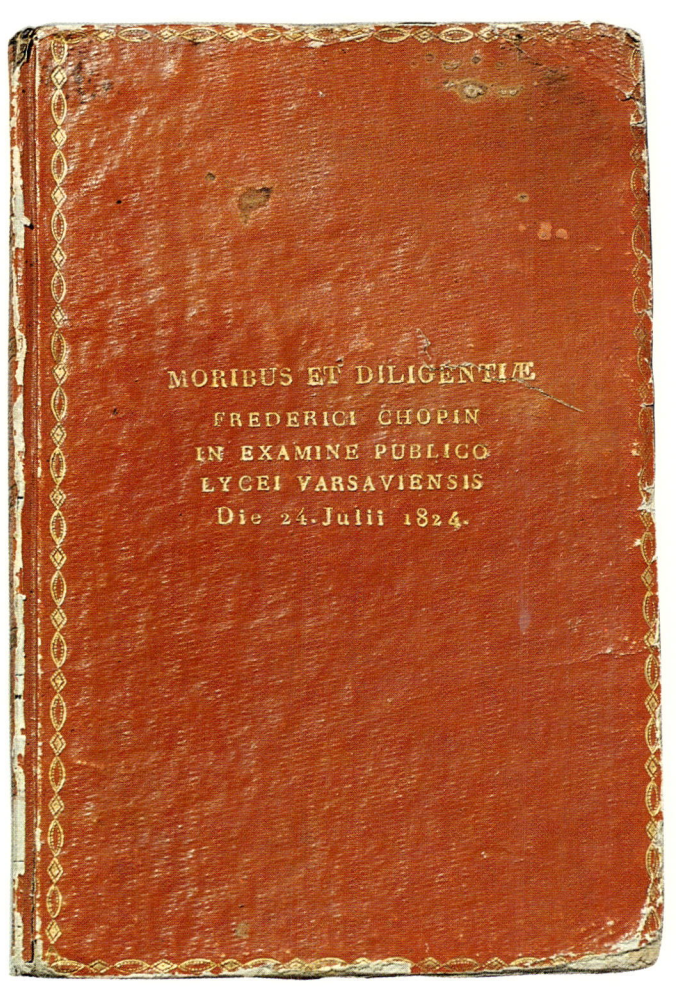

44 *Beethovenstudien. Über dem Titel die Widmung »Meinem lieben Herrn Elsner, sein dankbarer und anhänglicher Schüler F. F. Chopin. Paris, 24. 8. 1833.«*
Am Schluß des zweibändigen Werkes befindet sich eine Subskribentenliste mit faksimilierten Unterschriften fast aller damaligen Musikgrößen, z. B. Cherubini, Meyerbeer und Berlioz. Chopins Name nimmt eine der ersten Stellen ein, ein Zeichen für das Ansehen, das der Komponist bereits nach zweijährigem Aufenthalt in Paris genoß.

45 *Ein Buch mit der Widmung »Frédéric Chopin für gute Führung und Fleiß, öffentliche Prüfung am Warschauer Lyzeum, 24. Juli 1824.«*
Chopin erhielt diese Auszeichnung nach einjährigem Studium anläßlich seiner Versetzung in die 5. Klasse. Das Buch ist eine *Statiklehre für den Gebrauch in Bereichs- und Woiwodschaftsschulen* aus dem Jahr 1820 von Gaspard Monge.

1825

LEBEN

Mai: In der Evangelischen Kirche von Warschau spielt Chopin vor Zar Alexander I. auf dem Äolomelodikon (orgelähnliches Instrument).

27. Mai: Wohltätigkeitskonzert im Warschauer Konservatorium; Chopin spielt den 1. Satz des *f-Moll-Klavierkonzertes* von Moscheles und Improvisationen auf dem Äolopantaleon. Vgl. Abb. 46 und 48.

28. Mai: Der *Kurier Warszawski* berichtet, daß Chopin vom Zaren Alexander I. für sein Spiel auf dem Äolomelodikon einen Brillantring erhalten habe.

2. Juni: Hinweis im *Kurier Warszawski* über die Veröffentlichung von Chopins *c-Moll-Rondo* in der lithographischen Anstalt von Brzezina. Vgl. Abb. 51.

7. Juni: Besprechung des Konzertes vom 27. Mai im *Kurier Warszawski*. Chopin ist nicht namentlich genannt, er wird als »junger Amateur« bezeichnet.

10. Juni: Wiederholung des Konzertes vom 27. Mai mit etwas abgeändertem Programm. Es treten zusätzlich der Flötist Otto Kresner und die Sängerin Antonia Bianchi (die sechs Wochen später Paganinis einzigen Sohn Achille zur Welt brachte) auf. Chopins Programmnummern bleiben die gleichen.

11. Juni: Besprechung des Konzertes vom 10. Juni im *Kurier Warszawski*.

Juli/August: Chopin verbringt seine Ferien in Szafarnia. Ausflüge nach Kowalewo, Płock, Rościszewo, Kikół, Turzno, Kozłowo und Gdańsk (Danzig). Besuch von Kopernikus' Geburtshaus in Toruń.

29. Oktober: Chopin besucht Rossinis *Barbier von Sevilla*.

November: Chopin wird Organist am Lyzeum, auch in der Kirche der Visitinerinnen (vgl. Abb. 33) spielt er an den Sonntagen die Orgel.

16. November: In der *Allgemeinen Musikalischen Zeitung* erscheint eine Besprechung der Konzerte vom 27. Mai und 10. Juni (vgl. Abb. 48).

24. Dezember: Chopin reist nach Żelazowa Wola und verbringt dort den Heiligen Abend.

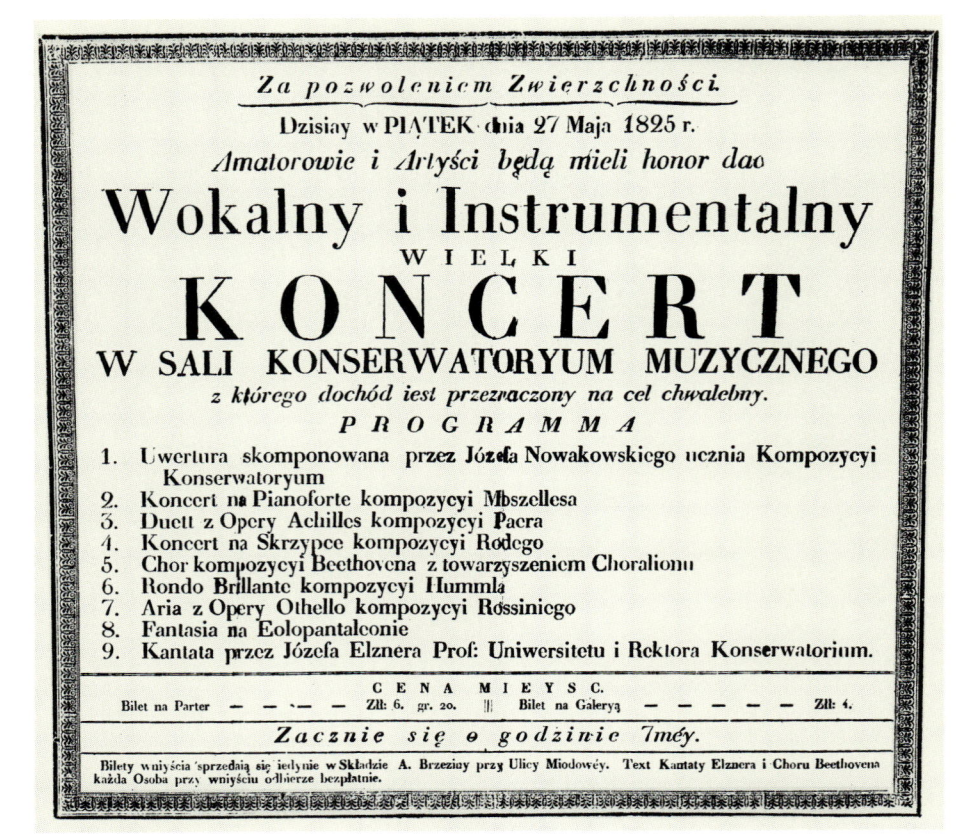

---

46 *Programm des Konzertes vom 27. Mai 1825.*

47 *Geburtstagswünsche für Chopins Vater.* (Der nicht abgebildete Teil des Gedichtes ist in eckigen Klammern wiedergegeben.)
[»Teurer Vater!
Kaum war die Nacht entwichen, kaum graute der Tag, da empfand schon ein jedes Deiner Kinder das innige Verlangen: die herzlichsten Wünsche in den väterlichen Schoß zu legen, die unser aller Herzen für Dich erfüllen. – Doch was sollen wir Dir, teurer Vater, heute wünschen, wenn nicht nur dies, was wir alljährlich wiederholen? Freilich, mit dem Alter wachsen auch Dankbarkeit und Erkenntnis, doch die Liebe wird stets und in alle Ewigkeit dieselbe bleiben; also lassen wir hier all die leeren Worte beiseite, vielfältig sind die Wohltaten Gottes des Allmächtigen.«]
»Nie verläßt Er die Waisen, Er unterstützt die Elenden, tröstet die Bedrückten, trocknet die Tränen im Unglück, wird also wohl auch gnädig in die Herzen Deiner Kinder blicken, dann wird ein lieber Hoffnungsstrahl aufleuchten, dann wirst auch Du Ruhe und Wohlergehen mit uns und der lieben Mama teilen.

Emilia Chopin
Izabella Chopin
F. F. Chopin
Den 17. April 1825   Ludwika Chopin«

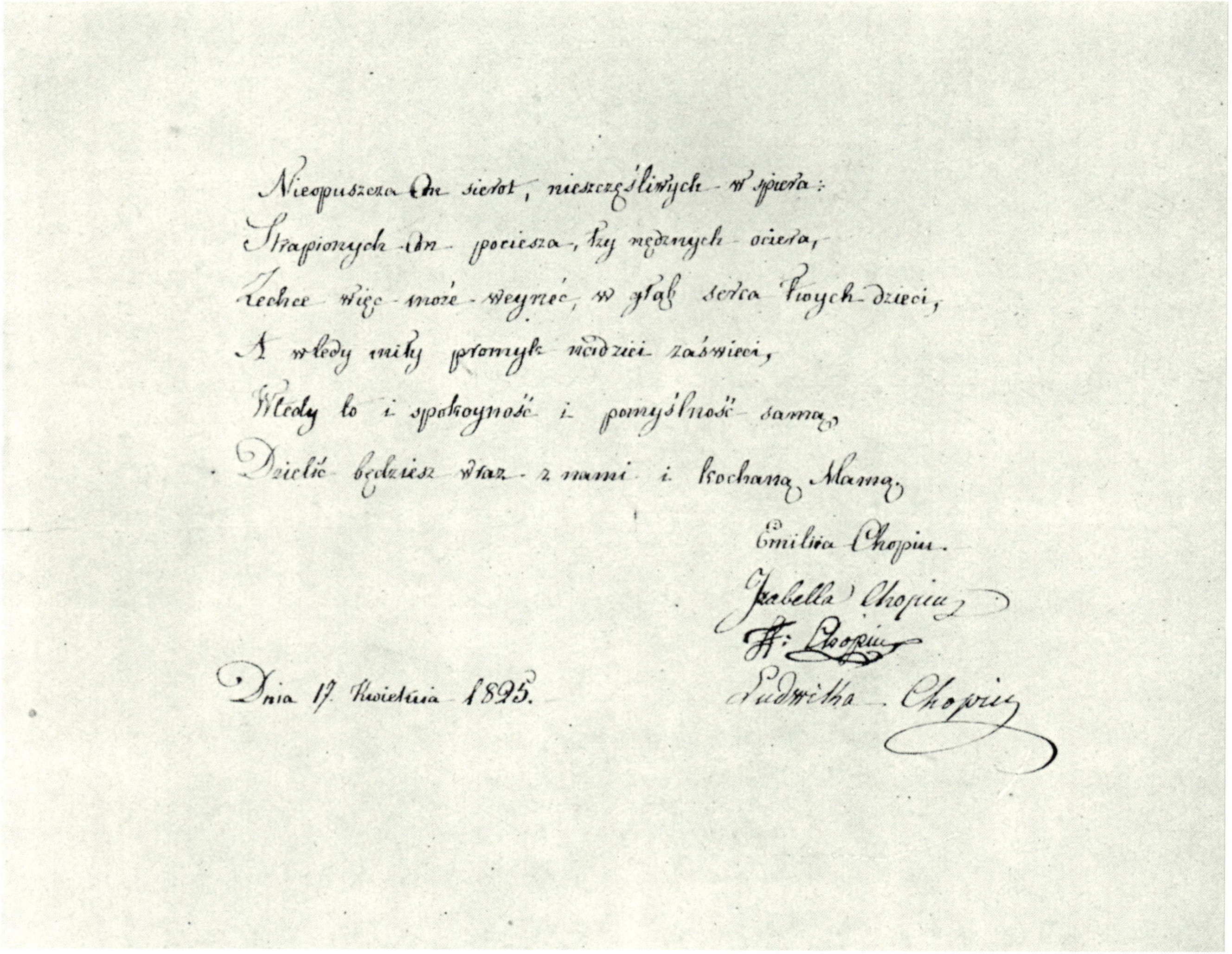

48 *Besprechung (Ausschnitt) der Konzerte vom 27. Mai und 10. Juni in der »Allgemeinen Musikalischen Zeitung« vom 16. November 1825.*

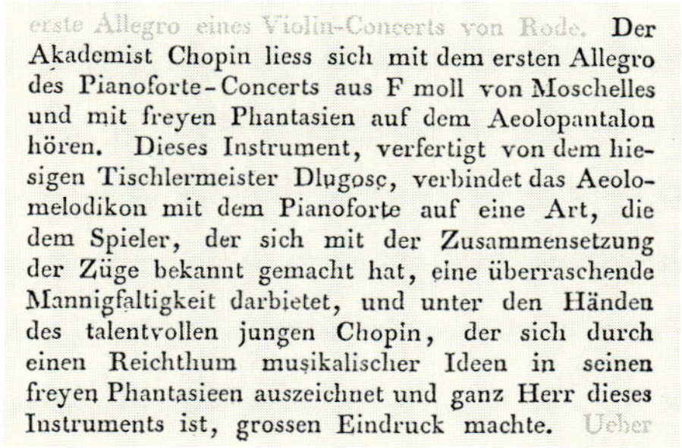

erste Allegro eines Violin-Concerts von Rode. Der Akademist Chopin liess sich mit dem ersten Allegro des Pianoforte-Concerts aus F moll von Moscheles und mit freyen Phantasien auf dem Aeolopantalon hören. Dieses Instrument, verfertigt von dem hiesigen Tischlermeister Długosz, verbindet das Aeolomelodikon mit dem Pianoforte auf eine Art, die dem Spieler, der sich mit der Zusammensetzung der Züge bekannt gemacht hat, eine überraschende Mannigfaltigkeit darbietet, und unter den Händen des talentvollen jungen Chopin, der sich durch einen Reichthum musikalischer Ideen in seinen freyen Phantasieen auszeichnet und ganz Herr dieses Instruments ist, grossen Eindruck machte. Ueber

WERKE

Rondo c-Moll, op. 1. Ersch.: Warschau (Brzezina) 1825, Berlin (A. M. Schlesinger) 1835, Paris (Schlesinger) 1836, London (Wessel) 1836. Das Stück wurde auch in einer vierhändigen Fassung veröffentlicht (erschienen bei Hofmeister in Leipzig, 1834), wobei nicht nachzuweisen ist, ob diese Fassung tatsächlich von Chopin selbst stammt. Vgl. Abb. 49, 50 und 51.
Polonaise über Themen aus Rossinis »Barbier von Sevilla«. In einem Brief Chopins vom November 1825 an Jan Białobłocki erwähnt. Verschollen.
Zwei Stücke für Äolopantaleon (Äoline). Jugendwerke, um 1825. Manuskripte einst im Besitz des Pantaleonbauers Kazimierz Tarczyński. Verschollen.

49, 50 *Anfangsteil des »c-Moll-Rondos, op. 1« in der deutschen Erstausgabe von 1835.*

51 *Titelblatt der polnischen Erstausgabe, 1825, von Chopins »c-Moll-Rondo, op. 1«.*

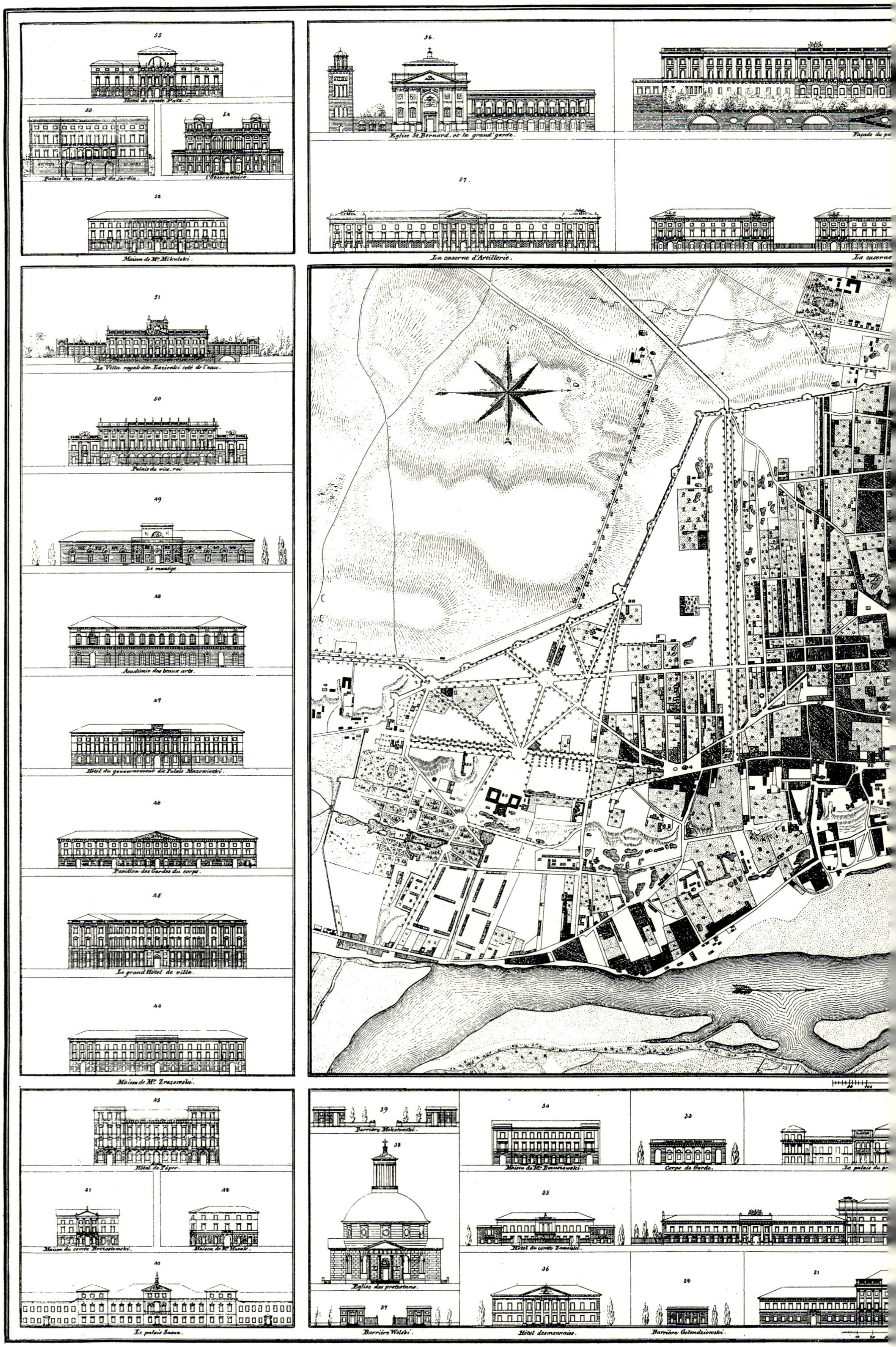
Hotel du comte Paz.
Palais du vice roi coté du jardin.
l'Observatoire.
Maison de Mr. Mikulski.
La Villa royale dite Lazienki coté de l'eau.
Palais du vice roi.
Le manège.
Académie des beaux arts.
Hôtel du gouvernement dit Palais Mazowiecki.
Pavillon des Gardes du corps.
Le grand Hôtel de ville.
Maison de Mr. Zrazowski.
Hôtel de Täper.
Maison du comte Brzostowski.
Le palais Saxon.
Eglise St. Bernard, et la grand' garde.
La caserne d'Artillerie.
Eglise des protestans.
Barrière Wolski.
Hôtel du comte Zamoiski.
Corps de Garde.
Hôtel desmonnaies.
Barrière Golendziowski.

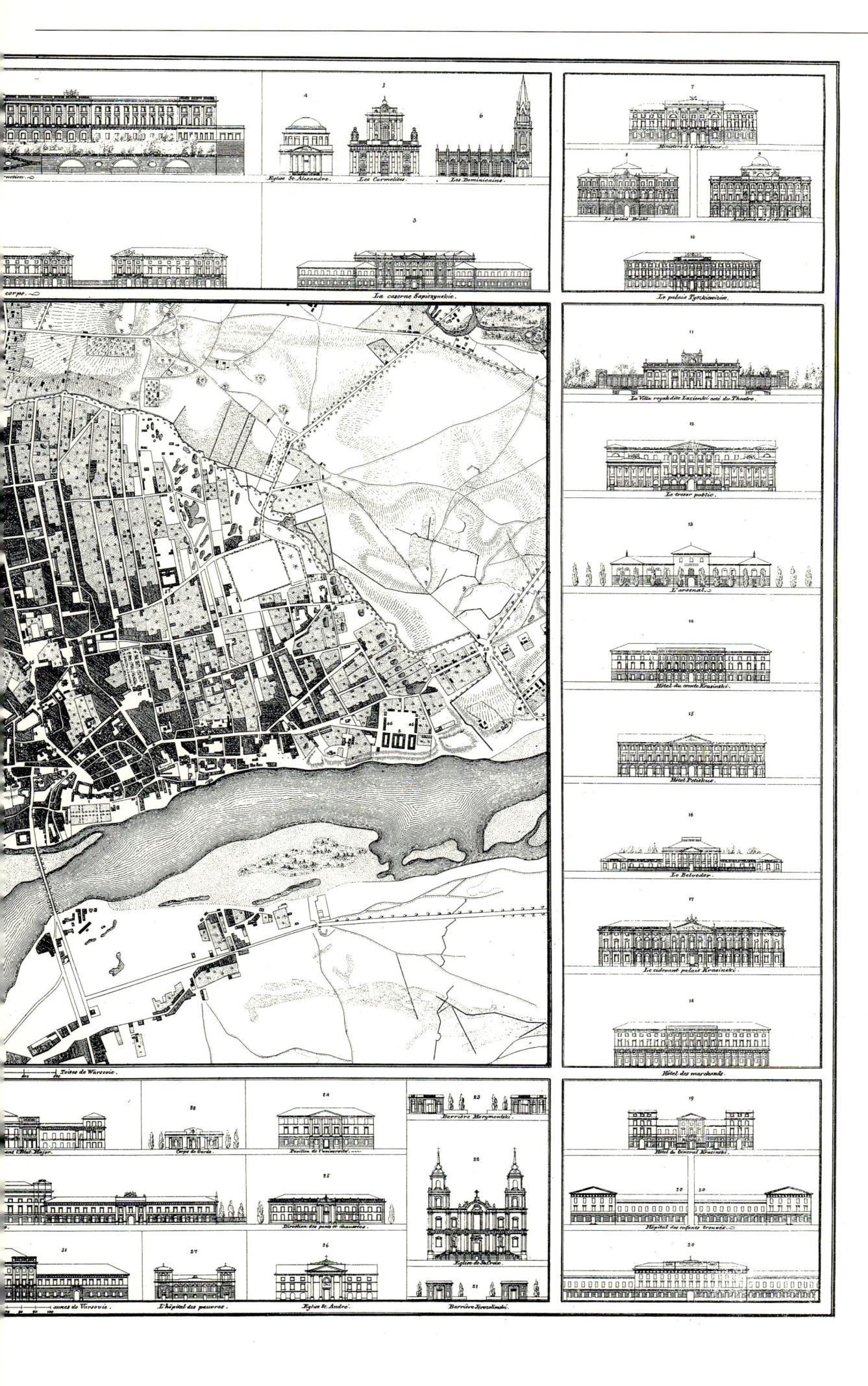

52 Plan von Warschau aus dem Jahr 1825, gezeichnet und lithographiert von Leonhard Schmidtner.
Die Gebäude, die an Chopin erinnern:
Rechte Randspalte:
Łazienki-Palais (11), vgl. Abb. 37.
Schloß Belvedere (16), vgl. Abb. 38.
Untere Randspalte:
General Krasiński-Palais (19), vgl. Abb. 61.
Heiligkreuz-Kirche (22), vgl. Abb. 61.
Universitätspavillon (24), vgl. Abb. 20.
Zamoyski-Palais (35), vgl. Abb. 39.
Evangelische Kirche (38), vgl. »Leben« S. 28.
Sächsisches Palais (40), vgl. Abb. 17.
Linke Randspalte:
Radziwiłł-Palais (50), vgl. Abb. 21.
Łazienki-Palais (51), vgl. Abb. 37.

1826

LEBEN

12. FEBRUAR: Chopin schreibt seinem Freund Jan Białobłocki, daß er an der Beerdigung des bedeutenden politischen Schriftstellers Stanisław Staszic (Stasich) teilgenommen habe. Er berichtet über seinen labilen Gesundheitszustand, insbesondere über »katarrhalische Infektionen«.[6]

JUNI: Chopin äußert sich – für einen Sechzehnjährigen in erstaunlicher Reife – über die bevorstehende Warschauer Aufführung des *Freischütz*: »Bedenkt man jedoch das Ziel, das Weber im *Freischütz* anstrebte, dessen deutsches Sujet, die ungewöhnliche Romantik, die überaus gesuchte, dem deutschen Geschmack ganz besonders zusagende Harmonik, so darf man annehmen, daß das Warschauer Publikum, das an Rossinis leichte Gesänge gewöhnt ist, Weber nicht so sehr aus Überzeugung als vielmehr – der Meinung der Kenner folgend – von vornherein nur deshalb loben wird, weil er überall gelobt wird.«[7]

3. JULI: *Freischütz*-Premiere in Warschau. Chopin ist wahrscheinlich anwesend.

27. JULI: Chopin besucht Rossinis *Diebische Elster*; das Trio seiner 1826 komponierten *b-Moll-Polonaise* behandelt das Thema der 4. Kavatine aus dem 1. Akt.

28. JULI: Mit seiner Mutter und mit seinen Schwestern Ludwika und Emilia reist Chopin über Błonie, Sochaczew, Łowicz, Kutno, Kłodawa, Koło (masowische Ortschaften, vgl. Abb. 6), weiter über Turek, Kalisz (Kalisch), Ostrów, Międzybórz, Oleśnica, Wrocław (Breslau), Niemcza (Niemptsch), Ząbkowice Śl. (Frankenstein) und Kłodzko (Glatz) nach Duszniki (Bad Reinerz), damals ein idyllisches niederschlesisches Heilbad.

2. (3.?) AUGUST – 11. September: Aufenthalt in Bad Reinerz (vgl. Abb. 54 und S. 34).

11. und 16. AUGUST: Chopin spielt in Bad Reinerz zugunsten von Waisenkindern; der *Kurier Warszawski* vom 22. August berichtet darüber.

SEPTEMBER: Nach Warschau zurückgekehrt, beginnt Chopin sein Studium am Konservatorium (genauer gesagt an der »Hauptschule für Musik«, denn das Konservatorium war wegen einer Feindschaft zwischen Carlo Soliva und Józef Elsner damals in zwei Abteilungen gegliedert).

OKTOBER: Chopin erhält von Elsner wöchentlich sechs Stunden in Kontrapunkt, außerdem besucht er die Vorlesungen einiger Professoren (z. B. Brodziński und Bentkowski) an der Warschauer Universität.

7. DEZEMBER: In Warschau wird Rossinis *Italienerin in Algier* aufgeführt; Chopin ist vermutlich anwesend.

16. DEZEMBER: Chopin improvisiert auf dem von J. F. Hoffmann erfundenen und von F. Brunner erbauten Choralion (identisch mit dem Äolomelodikon).

17. DEZEMBER: Die *Gazeta Polska* berichtet über Chopins Improvisationen auf dem Choralion.

53 *Schloß Antonin. Lithographie, um 1830, von Anastase Raczyński.*
Das nach den Plänen des bedeutenden Berliner Architekten Karl Friedrich Schinkel von 1821 bis 1826 ganz aus Holz erbaute Jagdschloß des Fürsten Radziwiłł liegt zwischen Kalisch und Breslau. Chopin verbrachte hier Ende Oktober/Anfang November 1929 eine Woche.
Aus einem mit »1826« datierten Chopin-Porträt Eliza Radziwiłłs (vgl. Abb. 1) könnte man schließen, daß Chopin auch 1826, etwa auf der Reise nach Bad Reinerz oder auf der Rückreise von dort, z. B. von Kalisch oder Ostrów aus, in Antonin war, jedoch ist ein solcher Aufenthalt nicht nachweisbar. Das erwähnte Porträt könnte auch falsch datiert sein. Vgl. Abb. 60.

54 *Das »Bürgel-Haus« in Bad Reinerz. Lithographie, 19. Jahrhundert.*
Dieses Haus in dem an der schlesisch-böhmischen Grenze gelegenen Bad Reinerz bewohnte Chopin von Anfang August 1826 sechs Wochen lang. »Man sagte mir, ich müßte vielleicht nächstes Jahr wieder den Laubrunn trinken, wenigstens pro forma, aber bis dahin ist noch lange, und besser als an die böhmische Grenze, wäre es vermutlich, nach Paris zu gehen«, schreibt er an einen Freund.[8] Vgl. S. 34/35.

WERKE

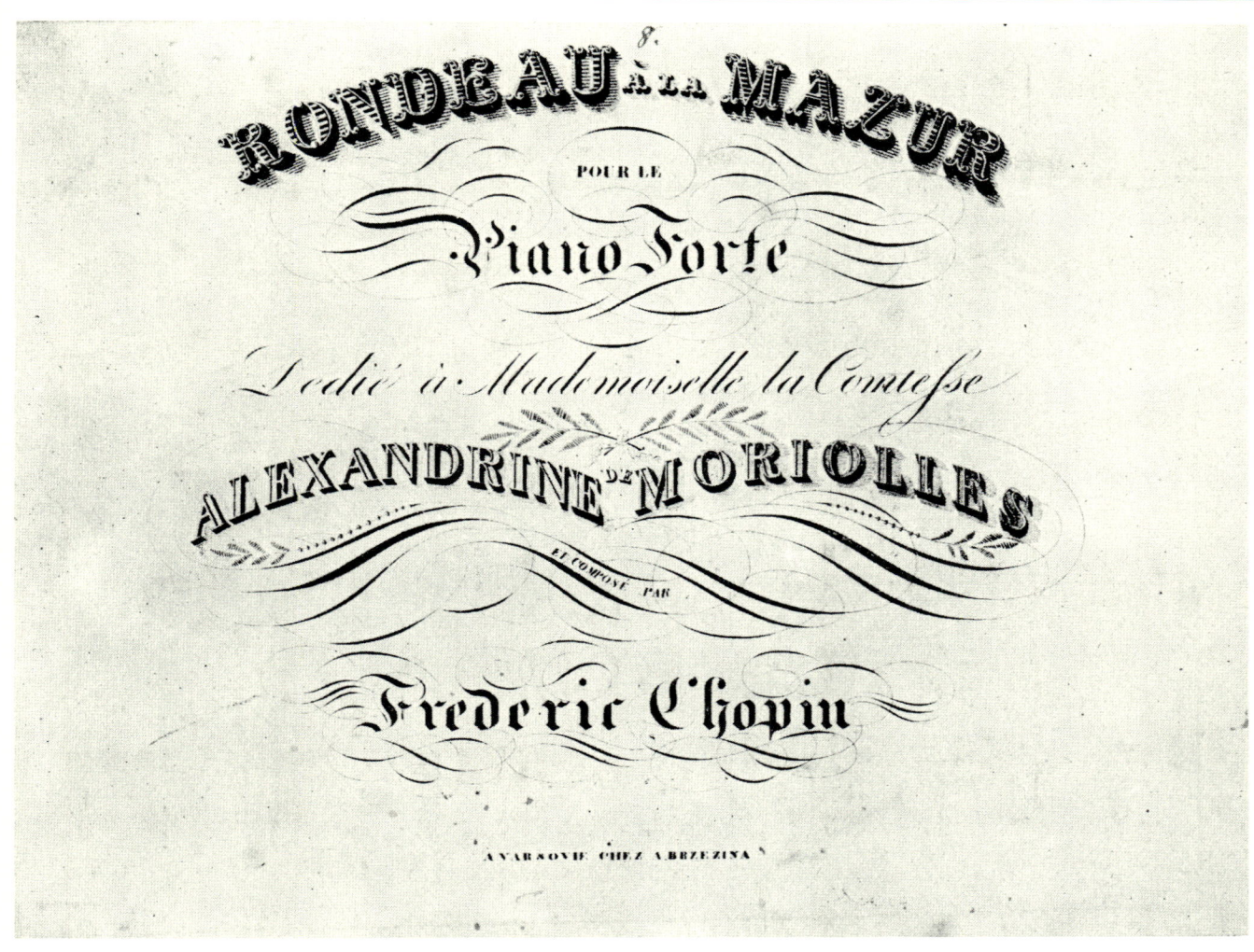

RONDEAU À LA MAZUR F-DUR, OP. 5. Ersch.: Warschau (Brzezina) 1828, Leipzig (Hofmeister) 1836, Paris (Schonenberger) 1836, London (Wessel) 1837. Vgl. Abb. 55.
MAZURKA A-MOLL, OP. 68 NR. 2 (POSTHUM). Entstanden 1826 oder 1827. Ersch.: Berlin (A. M. Schlesinger) 1855, Paris (Meissonier) 1855.
ECOSSAISE D-DUR, OP. 72 NR. 3,1 (POSTHUM), ECOSSAISE G-DUR, OP. 72 NR. 3,2 (POSTHUM), ECOSSAISE DES-DUR, OP. 72 NR. 3,3 (POSTHUM). Entstanden 1826 oder 1830. Ersch.: Berlin (A. M. Schlesinger) 1855, Paris (Meissonier) 1855.
ECOSSAISE ES-DUR. Entstehungsjahr unbekannt, vermutlich ein Jugendwerk. Von Oskar Kolberg in einem Brief vom 15. Dezember 1874 an M. A. Szulc erwähnt. Verschollen.
MAZURKA G-DUR (OHNE OPUSZAHL), MAZURKA B-DUR (OHNE OPUSZAHL). Ersch.: Warschau (ohne Verlagsangabe und ohne Titel, lithographiert von Wilhelm Kolberg; es wurden nur 30 Exemplare angefertigt) 1826, Leipzig (Breitkopf & Härtel) 1880.
POLONAISE B-MOLL (OHNE OPUSZAHL) (POSTHUM). Ersch.: Leipzig (Breitkopf & Härtel) 1879, Warschau (Beilage zur Zeitschrift *Echo Muzyczne* Nr. 12) 1881.
VARIATIONEN D-DUR ÜBER EIN ITALIENISCHES LIED (OHNE OPUSZAHL) (POSTHUM), vierhändig. Ersch.: Krakau (Polskie Wydawnictwo Muzyczne) 1965. Das unvollendete Stück wurde von Jan Ekier ergänzt.
MAZURKA D-DUR (OHNE OPUSZAHL) (POSTHUM). Entstanden um 1826, möglicherweise auch erst 1829. Ersch.: Posen (Leitgeber) 1875, Leipzig (Breitkopf & Härtel) 1880. Vgl. »Werke 1832«.
WALZER C-DUR. In einem Verzeichnis von Chopins Schwester Ludwika mit Incipit-Angabe erwähnt. Verschollen.

55 *Titelblatt der Erstausgabe, 1828, von Chopins »Rondeau à la Mazur F-Dur, op. 5«.*
56 *Beurteilung Chopins in einer Schülerliste der Warschauer »Musikhauptschule« aus dem Jahr 1829.* Józef Elsner, Rektor der Schule, vermerkt unter Nr. 9: »Szopen Friderik. Szczegulna zdatność geniusz muzyczny« (»Chopin Frédéric. Besondere Begabung, musikalisches Genie«).

57 *Bad Reinerz, 1842 gezeichnet und lithographiert von Rosmäsler.*
In diesem niederschlesischen Heilbad hielt sich Chopin im Sommer 1826 sechs Wochen lang auf. In dem Gebäude ganz rechts im Bild gab er zwei Wohltätigkeitskonzerte. Vgl. Abb. 54.

Text des auf der rechten Seite abgebildeten Briefes Chopins.

»Reinertz, 29. August 1826
Verehrter Herr!

Seit dem Augenblick unserer Ankunft in Reinertz habe ich mir das Vergnügen in Aussicht gestellt, Ihnen zu schreiben, da jedoch meine Zeit völlig von der Kur in Anspruch genommen wird, war es mir bis jetzt nicht möglich, es zu tun, und erst heute kann ich mir einen Augenblick abstehlen, um mich dem Vergnügen einer Plauderei mit Ihnen zu widmen und Ihnen gleichzeitig darüber Rechenschaft zu geben, wie ich die Aufträge erledigt habe, die Sie mir zu geben die Güte hatten. Ich habe mich bemüht, sie mit bestem Erfolg auszuführen; ich habe den an Herrn Latzel adressierten Brief übergeben, er hat sich sehr darüber gefreut, was Herrn Schnabel und Herrn Berner betrifft, so werden sie Ihre Briefe erst bei meiner Rückkehr über Breslau erhalten. [Der erwähnte Latzel, möglicherweise ein Bürger oder Kurgast von Bad Reinerz, ist weiter nicht bekannt. Joseph Ignaz Schnabel (1767–1831), Komponist, Geiger, Organist und Dirigent, war maßgebend für das Breslauer Musikleben tätig. Friedrich Wilhelm Berner (1780–1827) war Organist, Komponist kirchenmusikalischer Werke und Autor musiktheoretischer Schriften.] – Ihre Güte und das lebhafte Interesse, das Sie mir entgegengebracht haben, lassen mich glauben, daß es Ihnen nicht gleichgültig sein wird, wenn ich Ihnen über meinen Gesundheitszustand berichte. Die frische Luft und die Molke, die ich sehr gewissenhaft trinke, haben mich dermaßen wieder hergestellt, daß ich ein völlig anderer bin, als ich es in Warschau war. – Die herrlichen Aussichten, die das schöne Schlesien bietet, entzücken und bezaubern mich, jedoch fehlt mir etwas, das alle Schönheiten von Reinertz nicht ersetzen können, nämlich ein gutes Instrument. – Stellen Sie sich bitte vor, daß es hier kein einziges gutes Klavier gibt, und alle, die ich hier zu sehen bekam, sind Instrumente, die mir mehr Qualen als Vergnügen bereitet haben; glücklicherweise wird dieses Martyrium nicht mehr lange dauern, der Zeitpunkt, da wir von Reinertz Abschied nehmen, naht, denn am 11. des kommenden Monats gedenken wir aufzubrechen. Einstweilen, ehe ich das Vergnügen haben werde, Sie wiederzusehen, gestatten Sie mir, Sie meiner aufrichtigen Verehrung zu versichern.

F[rédéric] F[rançois] Chopin.

Mama empfiehlt sich Ihnen.
Wollen auch Sie mich bei Ihrer Gattin in Erinnerung bringen.«

Reinertz ce 29 Aout

Monsieur!

Depuis le moment de votre arrivée a Reinertz, je me promettais le plaisir de Vous écrire, mais comme mon temps est entierement pris par la cure il m'était impossible de le faire jusqu'à présent, et ce n'est qu'aujourd'hui que je puis me derober un moment, et consacrer au plaisir de m'entretenir avec Vous, et Vous rendre en même temps compte de ce que j'ai fait avec les commissions que Vous avez bien voulu me donner. J'ai tâché de m'en acquiter de mon mieux; j'ai rendu la lettre adressée a Mr. Hatzel, elle l'à bien rejoui; quand à Mr. Schnabel et Mr. Berner, ils ne recevront Vos lettres qu'à mon retour par Breslau. — Votre bonté et les vifs interêts que Vous m'avez porté, me font croire qu'il ne Vous sera point indifferent si je Vous dis quel est l'état de ma santé. L'air frais, et le petit lait que je prends bien soigneusement, m'ont tellement remis, que je suis tout a fait autre que je l'etais à Varsovie. — Les vues magnifiques qu'offre la belle Silesie, m'enchantent et me charment, cependant il me manque quelque chose que toutes les beautés de Reinertz ne peuvent pas me recompenser, c'est un bon instrument. —
Imaginez Vous Monsieur qu'il n'y a pas un seul bon Piano, et tout ce que j'y ai vu, ce sont des instruments qui me font plus de peine que de plaisir; heurosesement ce martyr ne durera plus longtemps, l'époque de nos adieux à Reinertz, s'approche, et le 11 du mois prochain nous comptons, nous mettre en route, cependant, avant que j'aie le plaisir de Vous voir, permettez Monsieur de Vous assurer de
mon parfaite estime

Maman Vous presente son respect
F. Chopin
Veuillez aussi me rappeler au souvenir de Mme votre Epouse

a Monsieur
Monsieur Elsner
à Varsovie

58, 59 *Eigenhändiger Brief Chopins an seinen Lehrer Józef Elsner vom 29. August 1826 aus Bad Reinerz.*
Dieses Schreiben ist der erste bekannte Brief Chopins in französischer Sprache. Es hat den respektvollen, förmlichen Ton eines Schülers gegenüber seinem Lehrer. Die übrigen Briefe aus Chopins Kindheit und Jugend sind geprägt von echtem Gymnasiastenübermut, scharfer Beobachtungsgabe und erstaunlich frühreifer Menschenkenntnis. Sie haben bereits jenen schalkhaften, fast spöttischen Witz, der auch für den gereiften Komponisten so charakteristisch ist. Selbst noch die Briefe des todkranken Chopin aus dem Jahr 1848 sind von humorvoller, wenngleich wehmütiger Resignation.

DER JUNGE KLAVIERVIRTUOSE · 1827–1831

60 *Frédéric Chopin. Bleistiftzeichnung, 4. November 1829, von Eliza Radziwiłł.*
Das Porträt entstand während Chopins Aufenthalt Anfang November 1829 in Antonin (vgl. Abb. 53). Chopin an Tytus Woyciechowski, 14. November 1829: »Du möchtest mein Bildnis haben – hätte ich der Prinzessin Eliza eines stehlen können, so hätte ich es Dir gesandt; zweimal hat sie mich in ihr Stammbuch gezeichnet und, wie allgemein behauptet, gut getroffen ...« Bei der zweiten hier erwähnten Zeichnung handelt es sich vermutlich um das unter Abb. 1 gezeigte Porträt, dessen Datierung »1826« möglicherweise falsch ist.

1827

LEBEN

15. JANUAR: Die polnische Pianistin Maria Szymanowska (1789–1831) konzertiert nach längerem Auslandsaufenthalt wieder in Warschau. Sie galt um 1820 als bedeutendste Klaviervirtuosin Europas und war die erste Frau, die diesen Beruf professionell ausübte. Chopin, der bereits am 8. Januar angekündigt hatte »ich werde mit Sicherheit hingehen«[9], hat das Konzert wahrscheinlich besucht.

10. APRIL: Chopins Schwester Emilia stirbt fünfzehnjährig an Lungentuberkulose; möglicherweise schrieb Chopin daraufhin seinen *Trauermarsch c-Moll*.

17. JULI: Elsner vermerkt im Rapport der »Hauptschule für Musik«: »Unterricht in Kompositionslehre oder Kontrapunkt. 1. Studienjahr: Chopin Frédéric (besondere Begabung)«.

JULI/AUGUST: (?) Aufenthalt in Strzyżewo bei Familie Wiesiołowski und von dort möglicherweise Besuch im ganz in der Nähe liegenden Schloß Antonin.

Umzug in die Krakowskie-Przedmieście-Straße Nr. 411 (heute Nr. 5). Vgl. Abb. 61 und 62.

Freundschaft mit Julian Fontana (vgl. Abb. 175 und 653) und insbesondere mit Tytus Woyciechowski, die er beide schon seit Jahren kennt.

61 *Warschau, Krakowskie-Przedmieście-Straße. Aquatinta, um 1827, von Friedrich Ch. Dietrich.*
Im Hintergrund die Heiligkreuz-Kirche, wo Chopins Herz aufbewahrt wird. Ganz rechts im Bild das Krasiński-Palais, in dem Chopin von 1827 bis zu seiner Abreise am 2. November 1830 wohnte. Die Chopins bewohnten den 2. Stock (Pfeil), Frédéric hatte im 3. Stock noch ein kleines Studio; hier entstanden die beiden Klavierkonzerte und ein Großteil der *Etüden op. 10*. Im Erdgeschoß lernte der Dichter Norwid (vgl. S. 320 und Abb. 652) von 1837 bis 1839 bei Alexandr Kokular die Malerei. Das im Zweiten Weltkrieg zerstörte Palais wurde von 1951 bis 1959 wieder aufgebaut, den Salon der Chopins hat man rekonstruiert. Das Gebäude ist heute Sitz der Akademie der Schönen Künste.

62 *Salon der Familie Chopin im Krasiński-Palais, Warschau, Przedmieście-Straße Nr. 5. Federzeichnung (Skizze), teilweise mit Tusche untermalt und aquarelliert, 1832, von Antoni Kolberg.*
Um den Tisch Chopins Eltern und seine Schwestern Ludwika und Izabela. Unter dem Bild von Kolbergs Hand in polnischer Sprache: »1832 Salon der Familie Chopin im Krasiński-Palais, Offizin des linken Seitenflügels, 2. Stock auf die Frontseite – nach Frédérics Abreise – das Original habe ich ihm nach Paris gesandt.«

WERKE

VARIATIONEN B-DUR, OP. 2 ÜBER »LÀ CI DAREM LA MANO« (»Reich mir die Hand mein Leben«) aus Mozarts Oper *Don Giovanni* für Klavier und Orchester. Ersch.: Wien (Haslinger) 1830, Paris (Schlesinger) 1833, London (Wessel) 1833. Vgl. S. 40, 41.
VARIATIONEN E-DUR (OHNE OPUSZAHL) ÜBER DAS LIED »DER SCHWEIZERBUB«. Entstanden um 1827, möglicherweise auch schon wesentlich früher. Auf dem Autograph »Œuvre 4«. (Chopins *c-Moll-Sonate*, im Autograph mit »Œuvre 3« versehen, erhielt dann später die Opuszahl »4«.) Ersch.: Wien (Haslinger) 1851, Paris (Richault) um 1851, London (Cocks) um 1852, Warschau (*Echo Muzyczne*) 1880. Vgl. Abb. 63.
POLONAISE D-MOLL, OP. 71 NR. 1 (POSTHUM). Der Chopin-Forscher Arthur Hedley weist sie dem Jahr 1817 (!) zu. Ersch.: Berlin (A. M. Schlesinger) 1855, Paris (Meissonnier) 1855.
NOCTURNE E-MOLL, OP. 72 NR. 1 (POSTHUM). Ersch.: Berlin (A. M. Schlesinger) 1855, Paris (Meissonnier) 1855.
TRAUERMARSCH C-MOLL, OP. 72 NR. 2 (POSTHUM). Entstanden um 1827. Ersch.: Berlin (A. M. Schlesinger) 1855, Paris (Meissonnier) 1855.
WALZER AS-DUR (OHNE OPUSZAHL) (POSTHUM). Vgl. Abb. 64. Möglicherweise erst 1830 entstanden, WALZER ES-DUR (OHNE OPUSZAHL) (POSTHUM). Ersch.: Leipzig (Breitkopf & Härtel) 1902.
KLAVIERSTÜCK B-MOLL »ANDANTE DOLENTE«. In einem Verzeichnis von Chopins Schwester Ludwika mit Incipit-Angabe erwähnt. Verschollen.
VARIATIONEN F-DUR, vierhändig. In einem Verzeichnis von Chopins Schwester Ludwika mit Incipit-Angabe erwähnt. Verschollen.
WALZER AS-DUR. In einem Verzeichnis von Chopins Schwester Ludwika mit Incipit-Angabe erwähnt. Verschollen.
ECOSSAISE B-DUR. In einem Verzeichnis von Chopins Schwester Ludwika mit Incipit-Angabe erwähnt. Verschollen.
PRECZ Z MOICH OCZU (MIR AUS DEN AUGEN). Lied für Singstimme mit Klavierbegleitung. Erstfassung. Vgl. »Werke 1830«.

63 *Manuskriptseite von Chopins »Schweizerlied-Variationen«.*
Das gesamte Manuskript (Titelseite und 6½ Seiten Musiktext) war 1987 im Besitz von Dr. Hans Schneider, Tutzing. Es zeigt gegenüber den heute gedruckten Ausgaben annähernd hundert mehr oder weniger bedeutende Abweichungen, da für diese Ausgaben nicht die Erstausgabe, 1851, von Haslinger (der nach dem Originalmanuskript druckte) als Vorlage diente, sondern ein Manuskript (vermutlich eine Abschrift) in der polnischen Akademie der Wissenschaften, das offensichtlich nicht authentisch ist.

64 *Manuskript eines wahrscheinlich im Jahre 1827 komponierten Walzers.*

65 *Manuskript der 5. Variation von Chopins »Variationen B-Dur, op. 2, über Là ci darem la mano« (»Reich mir die Hand mein Leben«) aus Mozarts Oper »Don Giovanni«.*
Mit diesem 1827 komponierten und 1830 erschienenen Werk für Klavier und Orchester erwarb sich der junge Virtuose Chopin auch außerhalb Polens erste wesentliche Beachtung als Komponist. Das abgebildete Manuskript war 1986 im Besitz von Dr. Hans Schneider, Tutzing.

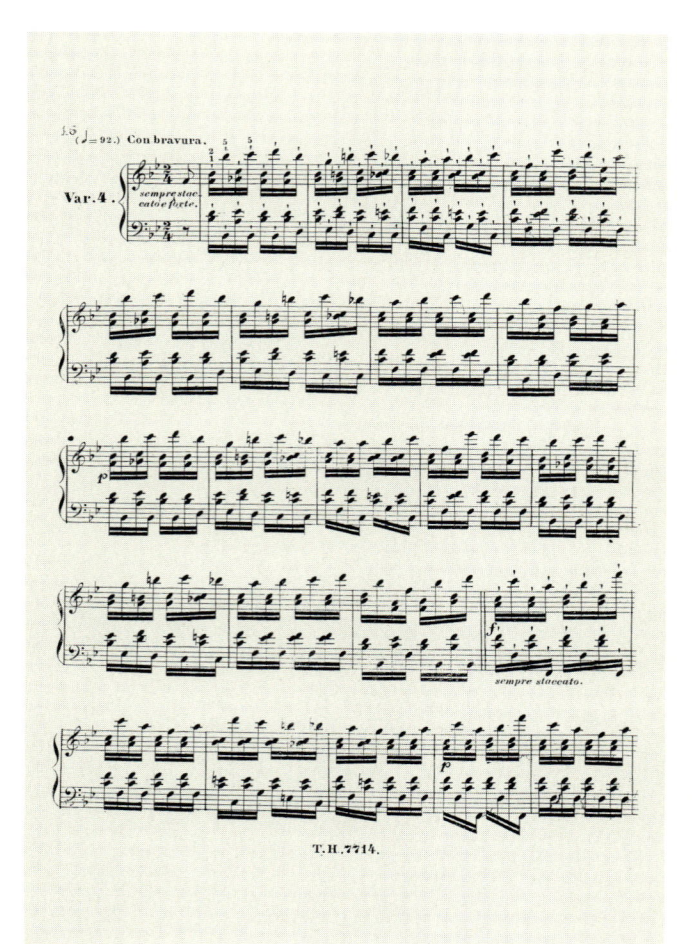

66, 67 *Die 4. Variation von Chopins »Variationen B-Dur, op. 2 über Là ci darem la mano« in einer bei Tobias Haslinger, Wien, erschienenen Ausgabe von 1834.*

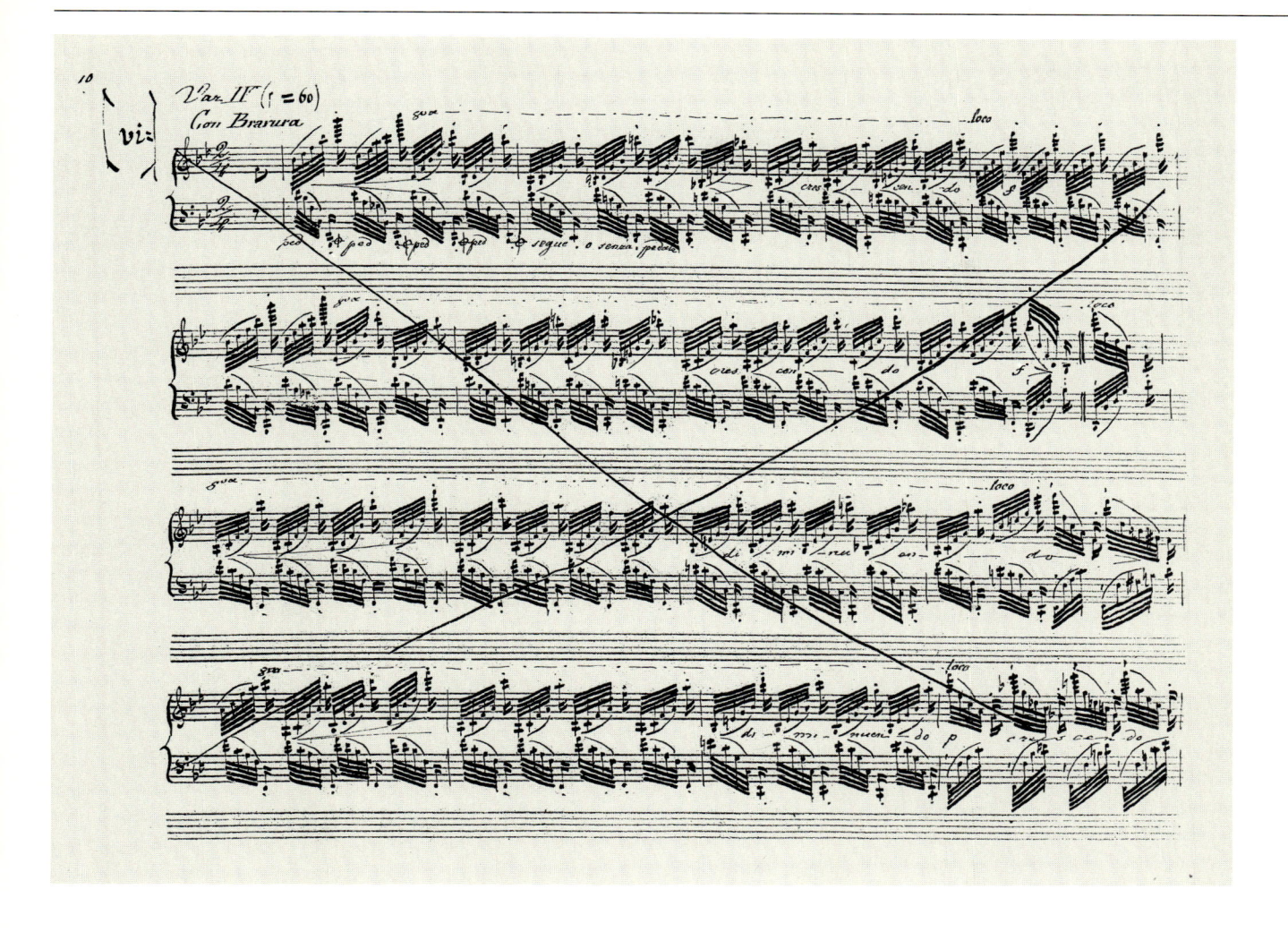

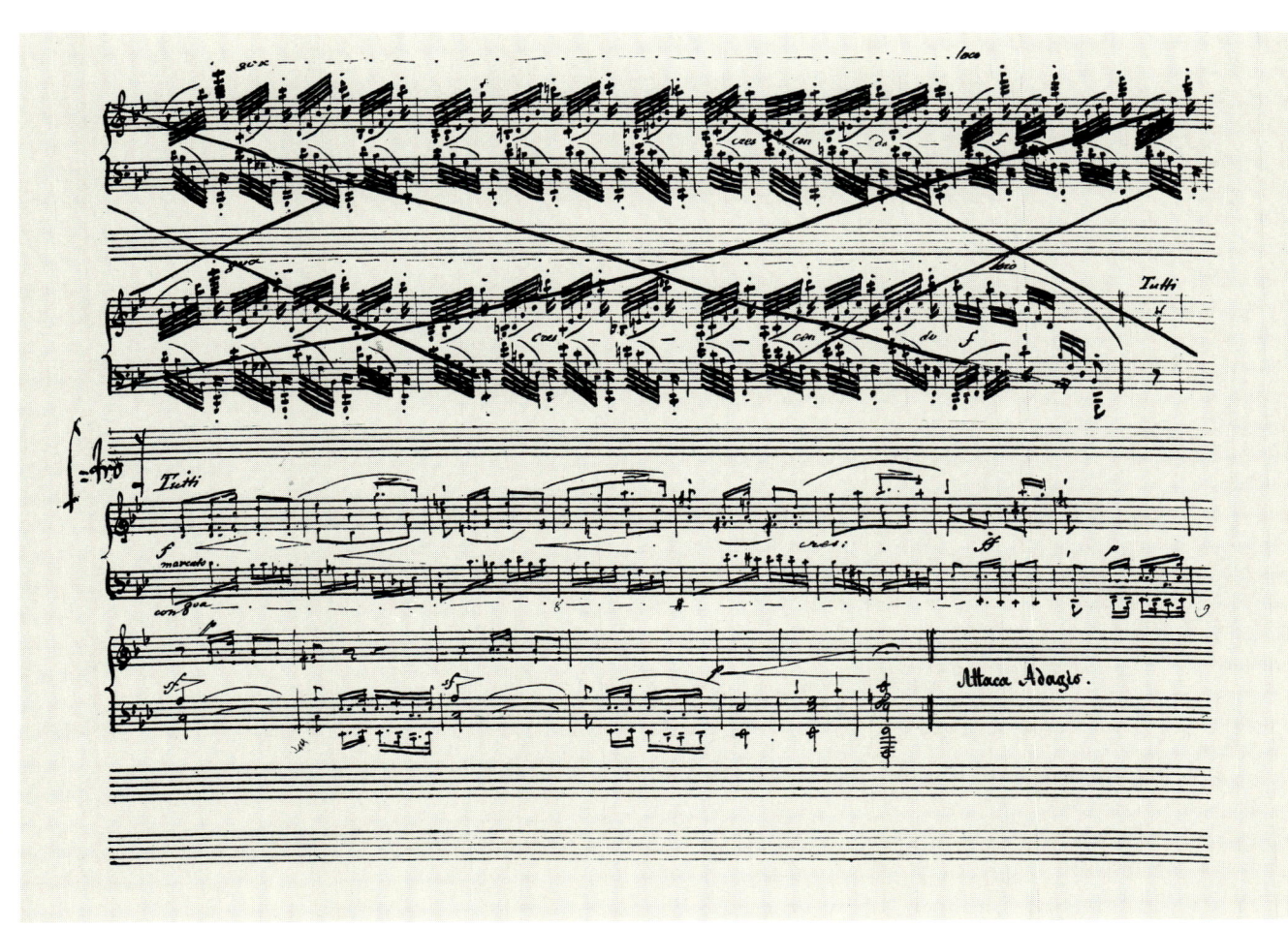

68, 69 *Eine unbekannte Fassung der 4. Variation von Chopins »Variationen über Là ci darem la mano«.*
Der Komponist strich diese Fassung wieder aus; sie blieb ungedruckt.

70 *Das Haslingersche »Odeon«.*
Robert Schumann erwähnt es in seinem hier abgebildeten Bericht. Dieser Umschlag schmückte die Erstausgabe von Chopins *Variationen über Là ci darem la mano.*

ALLGEMEINE MUSIKALISCHE ZEITUNG.

Den 7ten December. N°. 49. 1831.

Vorbemerkung.

Wir geben hier einmal über Ein Werk zwey Beurtheilungen; die erste von einem jungen Manne, einem Zöglinge der neusten Zeit, der sich genannt hat; die andere von einem angesehenen und würdigen Repräsentanten der ältern Schule, der sich nicht genannt hat: allein, wir versichern und haben es kaum nöthig, von einem durchaus tüchtigen, vollgeübt und umsichtig kenntnissreichen.

Wir meinen, durch diese Zusammenstellung nicht nur unsere Aufmerksamkeit auf den Verf. des zu besprechenden Werkes hier auf ungewöhnliche Weise an den Tag zu legen, sondern auch zugleich, und ganz besonders, unseren geehrten Lesern zu mancherley eigenen und höchst nützlichen Vergleichungen Veranlassung zu bieten, die mit ihrem grossen Nutzen eine Unterhaltung gewähren, die zu viel Anziehendes hat, als dass sie irgend einem denkenden Musikfreunde anders als höchst willkommen seyn könnte. Mit dem Werke in der Hand wird es wohl am glücklichsten gelingen.

Die Redaction.

I. *Von K. Schumann.*

Ein Opus II.

— — — Eusebius trat neulich leise zur Thüre herein. Du kennst das ironische Lächeln auf dem blassen Gesichte, mit dem er zu spannen sucht. Ich sass mit Florestan am Klavier. Florestan ist, wie Du weisst, einer von den seltenen Musikmenschen, die alles Zukünftige, Neue, Ausserordentliche schon wie lange vorher geahnt haben; das Seltsame ist ihnen im andern Augenblicke nicht seltsam mehr; das Ungewöhnliche wird im Momente ihr Eigenthum. Eusebius hingegen, so schwärmerisch als gelassen, zieht Blüthe nach Blüthe aus; er fasst schwerer, aber sicherer an, geniesst seltener, aber langsamer und länger; dann ist auch sein Studium strenger und sein Vortrag im Klavierspiele besonnener, aber auch zarter und mechanisch vollendeter, als der Florestans. — Mit den Worten: „Hut ab, ihr Herren, ein Genie," legte Eusebius ein Musikstück auf, das wir leicht als einen Satz aus dem Haslinger'schen Odeon erkannten. Den Titel durften wir weiter nicht sehen. Ich blätterte gedankenlos im Buche, diess verhüllte Geniessen der Musik ohne Töne hat etwas Zauberisches. Ueberdiess scheint mir, hat jeder Componist seine eigenthümlichen Notengestaltungen für das Auge: Beethoven sieht anders auf dem Papier, als Mozart, etwa wie Jean Paul'sche Prosa anders, als Göthe'sche. Hier aber war mir's, als blickten mich lauter fremde Augen, Blumenaugen, Basiliskenaugen, Pfauenaugen, Mädchenaugen wundersam an: an manchen Stellen ward es lichter — ich glaubte Mozart's „Là ci darem la mano" durch hundert Accorde geschlungen zu sehen, Leporello schien mich ordentlich wie anzublinzeln und Don Juan flog im weissen Mantel vor mir vorüber. „Nun spiel's," meinte Florestan lachend zu Eusebius, „wir wollen Dir die Ohren und uns die Augen zuhalten." Eusebius gewährte; in eine Fensternische gedrückt hörten wir zu. Eusebius spielte wie begeistert und führte unzählige Gestalten des lebendigsten Lebens vorüber; es ist, als wenn der frische Geist des Augenblicks die Finger über ihre Mechanik hinaushebt. Freylich bestand Florestan's ganzer Beyfall, ein seliges Lächeln abgerechnet, in nichts als in den Worten: dass die Variationen etwa von Beethoven oder Franz Schubert seyn konnten, wären sie nämlich Klavier-Virtuosen gewesen — wie er aber nach dem Titelblatte fuhr, weiter nichts las, als:

La ci darem la mano, varié pour le Pianoforte par Frédéric Chopin, Opus 2,

und wie wir beyde verwundert ausriefen: ein Opus zwey und wie Eusebius hinzufügte: Wien, bey Haslinger und wie die Gesichter ziemlich glühten vom ungemeinen Erstaunen, und ausser etlichen Ausrufen wenig zu unterscheiden war, als: „Ja, das ist wieder einmal etwas Vernünftiges — Chopin — ich habe den Namen nie gehört — wer mag er seyn — jedenfalls — ein Genie — lacht dort nicht Zerline oder gar Leporello" — — so entstand freylich eine Scene, die ich nicht beschreiben mag. Erhitzt vom Wein, Chopin und Hin- und Herreden, gingen wir fort zum Meister Raro, der viel lachte und wenig Neugier zeigte nach dem Opus zwey: „denn ich kenn' Euch schon und euren neumodischen Enthusiasmus von Herz und Hünten — nun bringt mir nun den Chopin einmal her." Wir versprachen's zum andern Tag. Eusebius nahm bald ruhig Gute Nacht: ich blieb eine Weile bey'm Meister Raro; Florestan, der seit einiger Zeit keine Wohnung hat, flog durch die mondhelle Gasse meinem Hause zu. Um Mitternacht fand ich ihn in meiner Stube auf dem Sopha liegend und die Augen geschlossen. Chopin's Variationen, begann er wie im Schlafe, gehen mir noch im Kopfe um: gewiss, fuhr er fort, ist das Ganze dramatisch und hinreichend Chopinisch, obgleich ich Paganini'schen Vortrag und Field'schen Anschlag in Eusebius Spiel vermisst habe; die Einleitung, so abgeschlossen sie in sich ist — (kannst Du Dich auf Leporello's Terzensprünge besinnen?) scheint mir am wenigsten in das Ganze einzuklappen; aber das Thema — (warum hat er's aber aus B geschrieben?) — die Variationen, der Schlusssatz und das Adagio, das ist freylich etwas und zu viel — da guckt der Genius aus jedem Tacte. Natürlich, lieber Julius, sind Don Juan, Zerline, Leporello und Masetto die redenden Charaktere (die Tutti nicht mitgerechnet) — Zerlinen's Antwort im Thema ist verliebt genug bezeichnet, die erste Variation wäre vielleicht etwas vornehm und kokett zu nennen — der spanische Grande schäkert darin sehr liebenswürdig mit der Bauernjungfer. Das gibt sich jedoch von selbst in der zweyten, die schon viel vertrauter, komischer, zänkischer ist, ordentlich als wenn zwey Liebende sich haschen und mehr als gewöhnlich lachen. Wie ändert sich aber schon Alles in der dritten! Lauter Mondschein und Feenzauber ist darin, sag' ich Dir; Masetto steht zwar von fern und flucht ziemlich vernehmlich, obgleich Don Juan sich wenig stören lässt. — Nun aber die vierte, was hältst Du davon, Julius? — (Eusebius spielte sie ganz rein) — springt sie nicht keck und frech und geht an den Mann, obgleich das Adagio (es scheint mir natürlich, dass Chopin den ersten Theil wiederholen lässt) aus B moll spielt, was nicht besser passen kann, da es den Don Juan wie moralisch an sein Beginnen mahnt — schlimm ist's freylich und schön, dass Leporello hinter dem Gebückten lauscht, lacht und spottet und dass Oboen und Clarinetten zauberisch locken und herausquellen und dass das aufgeblühte B dur den ersten Kuss der Liebe recht bezeichnet. Das ist nun aber Alles nichts gegen den letzten Satz — hast Du noch Wein, Julius? — das ganze Finale im Mozart: lauter springende Champagnerstöpsel (das Ganze geht aus Champagner), klirrende Flaschen — Leporello's Stimme dazwischen, dann die fassenden, haschenden Geister, der entrinnende Don Juan — und dann der kecke Schluss, der schön beruhigt und wirklich abschliesst. Er habe, so beschloss Florestan, in der Schweiz ein ähnliches Gefühl gehabt. Wenn nämlich an schönen Tagen die Abendsonne bis an die Gletscherspitzen roth und rosa hinaufklimme, dann zerflattere und zerfliege, so läge über alle Berge und Thäler ein leiser Duft, und der Gletscher stände ruhig, kalt und fest, wie ein Titane da, wie aus Träumen erwacht. — Nun erwache aber auch Du zu neuen Träumen, Julius, und schlafe! — Herzensflorestan, erwiederte ich, alle deine Privatgefühle sind vielleicht zu loben, da sie bunt sind; aber so subjectiv sie dennoch bleiben und so wenig Absicht Chopin seinem Genius abzulauschen braucht, so beug' ich doch mein Haupt seinem Genius, seinem festen Streben, seinem Fleisse und seiner Fantasie." Hierauf entschliefen wir.

„La ci darem la mano" varié pour le Pianof. avec acc. d'Orchestre etc. par Frédéric Chopin. Oeuvre 2. Vienne, chez T. Haslinger. Prix 2 Thlr. 16 gGr.

'S ist ein wunderlich Ding, wenn die verehrte Redaction Tonwerke von Gehalt und Form des oben angeführten zur beurtheilenden Anzeige unser einem zusendet! — Wer ist der „unser einem?" höre ich die Leser der musikal. Zeitung fragen. — Antwort: diessmal, ein Mann aus der wirklich guten alten Zeit; einer, der auch so ziemlich alles Gute und Tüchtige, das für das Pianoforte seit vierzig Jahren erschienen ist, zu kennen und selbst gespielt zu haben meint; der ferner seit seinen Jünglingsjahren redlich gestrebt hat, sich frey zu machen von Einseitigkeit und jetzt glaubt in der That so frey zu seyn, als uns schwachen Menschen das überhaupt irgend gelingen mag. Mindestens ist es seit ein paar Decennien schon, dass Rec. sich bewusst ist, nach dem Namen eines Componisten wenig gefragt zu haben (oder doch gewiss nicht mehr, als verständige Kunstfreunde überhaupt nach Namen zu fragen pflegen) — wenn es galt, ein Urtheil zu fällen über dessen Werk. — Es thut daher bey Rec. dem Herrn Chopin nicht den mindesten Eintrag, dass dessen Name demselben unbekannt war, bis das oben angeführte Werk ihm vor die Augen kam. Aber nach Gehalt und Form fragt Rec. allerdings und er glaubt mit besonderm Rechte, selbst wenn es sich nur um einen Satz Variationen handelt, über ein wohl funfzigmal schon sonst variirtes: La ci darem la mano. — Denn eben in solchen Fällen gilt es, vorzugsweise auszumitteln, ob dem gewählten Thema wesentlich neue Seiten abgewonnen wurden; nicht ob man einige neue Figuren- und Passagenwerke ersann, an welchem, Gott sey's geklagt, die neuste Zeit so grossen Ueberfluss hat, als an Schriften über die Cholera, deren Contagiosität mit besserm Grunde in Zweifel zu ziehen ist, als die jenes leidigen, in allen musikalischen Landen immer mehr und mehr aufflackernden leeren Passagenkrames.

Rec. hat die Gewohnheit, bevor er ein Urtheil zu fällen wagt, das zu beurtheilende Werk vor allen Dingen durchzulesen, und dann, so gut als das bey Bravoursachen möglich ist, im Zusammenhange durchzuspielen. Ueber den auf solche Weise empfangenen Eindruck bringt er schnell das Nöthigste zu Papier, lässt dann das Ganze mehre Tage — manchmal wohl, wie die Redaction ihm bezeugen wird — Monate ruhen, und nimmt dann das Werk wieder vor, um genau zu ergründen: was hat der Autor gewollt und wie und durch welche Mittel ist ihm sein Kunstbestreben gelungen oder nicht. — Nur sehr selten ereignete es sich, dass jenes skizzirte Urtheil durch das spätere Studium des Werkes um seine Autorität kam. Meistens wurde es, im Wesentlichen wenigstens, durch dasselbe bestätigt. Es bedurfte nur noch einer sorgsamern Ausführung des Einzelnen. Jener Entwurf aber blieb, vollständig gerechtfertigt vor dem Gewissen des Rec., die Basis der Beurtheilung. Fiat applicatio in dem concreten Falle auf das oben benahmte Werk. Des Rec. skizzirtes Urtheil nach dem ersten Eindrucke lautet:

„Eines der gewaltigsten Bravourstücke! Es erfordert ungeheuer grosse Hände. Alles ist, für beyde Hände, übervoll gepackt. Nur ganz tüchtige Spieler — so etwa Paganini's auf dem Pianof. — werden es bezwingen und ausführen, wie sich's gehört. Allenfalls kann man, auch mit Händen, die nicht ganz so gross sind als ein paar mässige Bratschen, einstudiren bis auf Var. 4 und insbesondere Var. 5, pag. 17, wo unter andern

Adagio. (man merke wohl, dass der dissonirende Accord nicht harpeggirt, sondern gebunden in das Ges dur überschleichen soll) vorkommt. Aber man wird doch nur unverhältnissmässig gering belohnt. — Nichts als Bravour- und Figurenwerk! — Uebrigens, Härten abgerechnet, wie z. B. pag. 9.

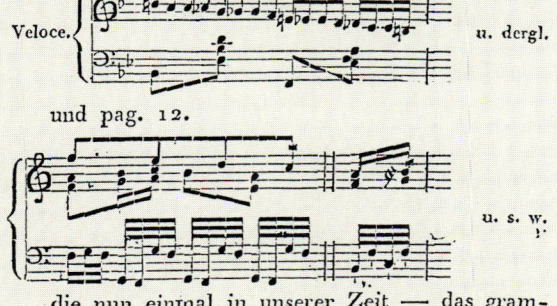

Veloce. u. dergl.

und pag. 12.

u. s. w.

die nun einmal in unserer Zeit — das grammatische Gewissen der Autoren nicht eben beschweren und von den Ohren der jetzigen Generation, wie es scheint, mit Leichtigkeit — sit venia verbo — verdaut werden, leidlich correct."

Rec. wüsste diesen Contouren, nach wiederholter mehrmaliger und gewissenhafter Durchsicht, keinen wesentlichen Strich hinzuzufügen oder an ihnen etwas auszulöschen. Allenfalls mag, für die Liebhaber solcher Compositionen, noch bemerkt seyn: das Orchester hat wenig mehr zu thun, als ritornellmässig einzugreifen. Nach einer Einleitung, die in der Principalstimme fünf Folioseiten einnimmt (Largo, B dur, späterhin ein klein wenig bewegter) folgen das Thema; diesem vier Variationen in raschem Zeitmaasse, eine Variation, Adagio B moll und endlich zum Schlusse ein à la polacca auf 8 Seiten in B dur.

In Bezug auf die äussere Ausstattung dieses, die 27ste Lieferung des Odeon ausmachenden Paradewerks, braucht wohl etwas Lobendes nicht gesagt zu werden. Der Haslinger'sche Verlag zeichnet sich stets durch deutliche Schrift, guten Druck und schönes Papier aus. Auffallende Druckfehler, deren Verbesserung nicht sogleich in die Augen fallen, sind dem Rec. nicht vorgekommen. Doch kann er nicht für die Orchesterstimmen stehen, da er das Werkchen mit dem Orchester nicht gehört hat.

Nachbemerkung.

Später wurde uns noch eine dritte Beurtheilung dieses Werkes von Hrn. Friedrich Wieck, Lehrer des Pianofortespiels allhier, eingesendet, deren Aufnahme uns nur der Raum nicht erlaubt. Sie ist im Sinne des Hrn. Schumann verfasst, der ein Schüler des Hrn. Wieck ist.

Die Redaction.

71–73 *Zwei Rezensionen von Chopins »Variationen über Là ci darem la mano, op. 2«.*
Vollständige Wiedergabe der beiden Berichte in der *Allgemeinen Musikalischen Zeitung* vom 7. Dezember 1831.
Die erste Besprechung, deren Zitat »Hut ab, ihr Herren, ein Genie« zur Genüge, deren Gesamtinhalt indessen weit weniger bekannt ist, laut *Vorbemerkung* »von einem jungen Manne, einem Zöglinge der neusten Zeit«, stammt aus der Feder Robert Schumanns, hier fälschlich mit »K. Schumann« bezeichnet. Die zweite, »von einem würdigen Repräsentanten der ältern Schule«, bei der sich der pedantisch kritisierende Rezensent wichtigtuerisch in den Vordergrund spielt, ist anonym. Die in der *Nachbemerkung* erwähnte Beurteilung Friedrich Wiecks erschien 1832 in der Musikzeitung *Cäcilia*.

LEBEN

28. FEBRUAR: Im *Kurier Warszawski* erscheint eine Notiz über die Veröffentlichung von Chopins *Rondeau à la Mazur*.

31. MÄRZ: Jan Białobłocki, einer der engsten Jugendfreunde Chopins und zwischen 1824 und 1828 Adressat der meisten Chopin-Briefe, stirbt dreiundzwanzigjährig an Knochentuberkulose.

APRIL: Chopin macht die Bekanntschaft von Johann Nepomuk Hummel (vgl. Abb. 74), der im April und Mai einige Konzerte in Warschau gibt.

22. JULI: Elsner vermerkt im Rapport der »Hauptschule für Musik«: »Kompositionsunterricht [...] Chopin Frédéric (besondere Befähigung, 2. Studienjahr; er ist zur Besserung seines Gesundheitszustandes verreist)«.

JULI/AUGUST: Chopin verbringt seine Ferien bei seinem Freund Konstantin Pruszak in Sanniki (in der Nähe von Płock); dort arbeitet er sein *C-Dur-Rondo (op. 73)* für 2 Klaviere um. Kurz vor seiner Abreise aus Warschau spielte er mit einem Geiger und einem Cellisten den bereits fertiggestellten 1. Satz seines *g-Moll-Trios*. Aus Sanniki reist er für einige Tage nach Warschau, um sich den 1. Akt von Rossinis *Barbier von Sevilla* anzuhören.

SEPTEMBER: Der in Paris lebende Pianist Wojciech Sowiński (vgl. Abb. 651), der zur Redaktion der von Fétis 1827 gegründeten *Revue musicale* gehört, bittet Chopin, für diese Zeitung über das Musikleben Polens zu schreiben; Chopin lehnt ab.

9. SEPTEMBER: Mit Moritz Ernemann, Professor am Warschauer Konservatorium, spielt Chopin beim Orgel- und Klavierfabrikanten Buchholtz sein *C-Dur-Rondo* auf 2 Klavieren. Am gleichen Tag in Begleitung des Warschauer Zoologen und Universitätsprofessors Feliks Jarocki Abreise nach Berlin.

14.–29. SEPTEMBER: Aufenthalt in Berlin; dort findet unter dem Vorsitz Alexander von Humboldts eine große Naturforscher-Tagung statt. Unterkunft im Gasthaus »Zum Kronprinzen«. Chopin hört die Opern *Fernando Cortez* von Spontini (16. September), *Il matrimonio segreto* von Cimarosa, *Le Colporteur* von G. Onslow, wahrscheinlich den *Freischütz* von Weber (21. September) und – am 26. September – *Das unterbrochene Opferfest* von Peter von Winter, außerdem Händels Oratorium *Cäcilienode*, das sich, wie er schreibt, am meisten dem Ideal nähere, das er sich von erhabener Musik mache[10]. Er besucht die große Bibliothek, das Zoologische Institut und sieht zum erstenmal Spontini, Zelter und Mendelssohn, wagt aber nicht, sich ihnen vorzustellen.

29. SEPTEMBER: Rückreise von Berlin. In Züllichau (Sulechów) improvisiert Chopin während des Pferdewechsels auf dem Klavier des Gastwirts und wird von begeisterten Zuhörern zur Postkutsche getragen. Zweitägiger Aufenthalt in Posen bei Erzbischof Wolicki und bei Fürst Radziwiłł.

6. OKTOBER: Ankunft in Warschau.

DEZEMBER: Chopin spielt mit Fontana sein *Rondo für 2 Klaviere* und beendet die Arbeit am *Krakowiak*.

27. DEZEMBER: Chopin spielt in den Warschauer Salons der Damen Wincengerod und Kicka.

---

74 *Johann Nepomuk Hummel (1778–1837). Ölgemälde, um 1800, von Katharina Escherich.*

75 *Impromptu in Kanonform. Autograph eines Klavierwerkes von Johann Nepomuk Hummel.*

76 *Carl Czerny (1791–1857). Lithographie, 1833, von Josef Kriehuber.*

HUMMEL UND CZERNY

Am 18. April 1828 konzertierte der Pianist Johann Nepomuk Hummel, um jene Zeit einer der berühmtesten Virtuosen und Komponisten seines Instrumentes, in Warschau. Chopin hörte ihn bei dieser Gelegenheit wahrscheinlich zum erstenmal. Aus Briefen wissen wir, daß er dessen Werke genau kannte (vierhändige Stücke und Sonaten Hummels spielte er in den letzten Septembertagen 1828 in Posen, das *E-Dur-Klavierkonzert* hörte er Anfang November 1829 in Warschau). Während die Musik der Klassiker Haydn, Mozart, Beethoven kaum jemals Berührungspunkte mit Chopins frühen Werken hat, sind Einflüsse von Komponisten »zweiten Ranges« wie Clementi, Cramer und vor allem Hummel eindeutig. Obwohl Chopin von Anfang an zu einer eigenen, individuellen Tonsprache findet, orientierte er sich auffallend am Stil und an der Harmonik Hummels, vor allem an dessen Klaviersatz mit dem eleganten Passagenwerk, der feinen Ornamentik. Man darf behaupten, daß der junge Chopin von keinem anderen Komponisten so sehr beeinflußt wurde.

Carl Czerny, dessen Name sich zu Unrecht fast ausschließlich mit endlosen Reihen von Fingerübungen, zumeist im nüchternen C-Dur, verbindet, war um 1825 eine führende Klavierautorität; auch seine Werke waren sehr geschätzt. Einflüsse auf Chopin, mit dem er sich 1829 anfreundete, lägen nahe, sind jedoch nicht nachweisbar, obwohl Teile des 1. Satzes von Czernys hübschem *a-Moll-Klavierkonzert, op. 124* verblüffende Ähnlichkeit mit entsprechenden Partien in Chopins *e-Moll-Konzert* haben. Chopin über Czerny: »Gefühlvoller als seine Werke[11]... ein guter Mensch, weiter nichts...«[12]

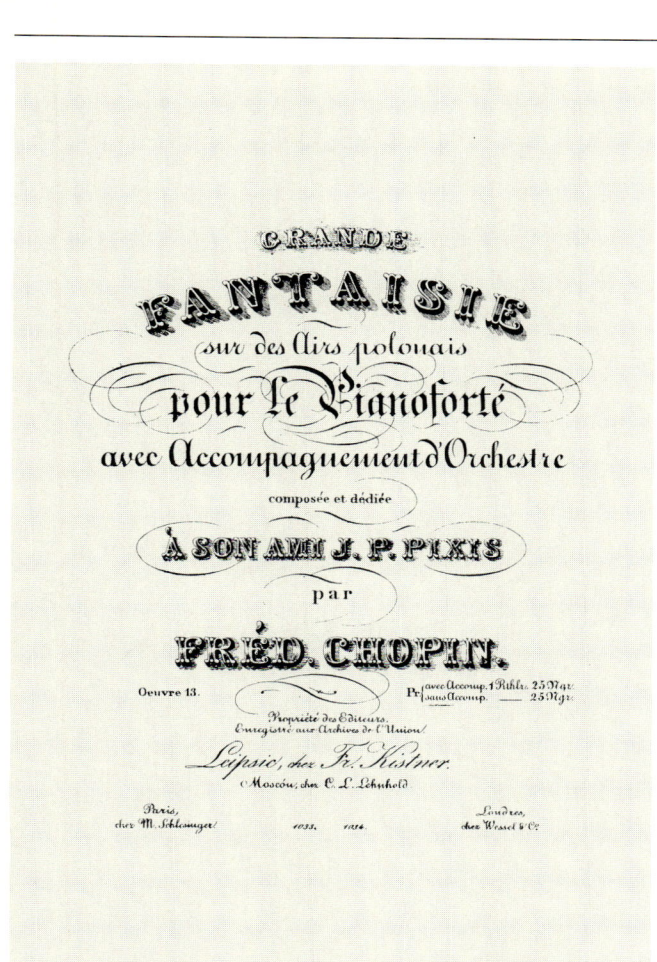

Wir möchten glauben Herr Chopin mache sich mitunter einen Scherz, d. h. er componire Dinge die er allein spielen kann und dedicire sie einem andern Klavierspieler, wie z. B. Herrn Pixis, gewissermaßen um demselben eine Uebungs-Aufgabe zu stellen. Das vorliegende Werk gleicht ganz den früheren, d. h. es ist außerordentlich schwer ohne irgend Dank dafür zu gewähren. Die Schwierigkeit besteht darin, daß Herr Chopin lauter nie vorgekommene, aufs unbequemste in der Hand liegende Passagen schreibt, die er mit eben so schwierigem Accompagnement versieht. Nicht nur in diesem Stück, sondern wir möchten behaupten, noch in keinem einzigen von Chopin haben wir z. B. eine Tonleiter gefunden, oder eine natürlich gebrochene Passage, so daß er es sich wahrhaft zum Gesetz gemacht zu haben scheint, von diesen beiden dem Instrumente angemessensten Passagen niemals Gebrauch zu machen, entweder weil schon andere vor ihm es gethan haben, oder weil er alles für unschön hält was nicht besonders schwierig ist. Aus demselben Grunde schreibt Chopin wahrscheinlich auch keinen melodischen Satz, als höchstens bisweilen etliche Takte. Denn Melodien spielt ja Jedermann leicht, (wenn auch häufig schlecht,) und folglich wäre es eine Schande dergleichen zu schreiben, da ja die Aufgabe der wahren Kunst darin besteht, solche Notenverbindungen zu setzen, daß man sie nur mit größter Mühe, oder wo möglich gar nicht ausführen kann. Eine Phantasie die uns zu solchen allgemeinen musikalischen Betrachtungen anregt und gar nichts anderes in uns erweckt, ist dadurch schon speciell beurtheilt. Uebrigens wollen wir es gar nicht in Abrede stellen, daß dieselbe flüssig gespielt, sehr gut klingen mag, und namentlich, nicht gerade glänzend, aber doch befremdend und bisweilen erstaunend wirken kann. Da dies aber das Höchste ist was die große Welt der Salons von einem Musikstück verlangt, so erklärt es sich auch, weßhalb Chopin's Arbeiten ohne eigentlich einen einzigen schönen musikalischen Gedanken zu enthalten, so in die Mode kommen können. Es bleibt ihm auch das Verdienst, dadurch, daß er beständig ganz neue, nie gebrauchte Passagen heraussucht oder rechnet, ihn und da auf solche zu stoßen, die neben der Neuheit auch wohlklingend und charakteristisch sind, und mithin als eine wahre Erweiterung der Mechanik des Instruments erscheinen. Unspielbar ist übrigens, wenn wir ernstlich sprechen wollen, Chopin nicht, denn obgleich wir selbst uns nie die Mühe genommen, eins seiner Stücke einzuüben, so haben wir doch mehrere schon selbst von ganz mittelmäßigen Spielern, die mit Sonaten von Dussek und Clementi noch sehr zu kämpfen hätten, vollkommen gut gehört. Denn die Schwierigkeit besteht ja nur in einer Kette unerwartet unnatürlicher Notenverbindungen, und die Aufgabe wird dennach derjenigen ähnlich, ein Stück in einer Sprache auswendig zu lernen oder nur geläufig zu lesen, wovon man kein Wort versteht. Wenn man aber auch hundert solcher Dinge lernt, so wird man dadurch weder ein besserer Leser oder Deklamator, noch bei Chopin ein besserer Spieler.

WERKE

SONATE C-MOLL, OP. 4. 1. Allegro maestoso. 2. Menuetto. Allegretto. 3. Larghetto. 4. Finale. Presto. Möglicherweise schon 1827 begonnen. Ersch.: Wien (Haslinger) 1851, Paris (Richault) 1851, London (Cocks) 1852. Vgl. Abb. 79.
TRIO G-MOLL, OP. 8. Für Klavier, Violine und Violoncello. Entstanden 1828/29. Ersch.: Leipzig (Kistner) Ende 1832 oder Anfang 1833, Paris (Schlesinger) 1833, London (Wessel) 1833. Vgl. Abb. 222.
FANTASIE ÜBER POLNISCHE THEMEN A-DUR, OP. 13 für Klavier und Orchester. Entstanden zwischen 1828 und 1830. Ersch.: Leipzig (Kistner) 1834, Paris (Schlesinger) 1834, London (Wessel) 1834. Vgl. Abb. 77.
KRAKOWIAK F-DUR, OP. 14 für Klavier und Orchester. Ersch.: Leipzig (Kistner) 1834, Paris (Schlesinger) 1834, London (Wessel) 1834. Vgl. Abb. 264.
POLONAISE B-DUR, OP. 71 NR. 2 (POSTHUM). Ersch.: Berlin (A. M. Schlesinger) 1855, Paris (Meissonnier) 1855.
POLONAISE F-MOLL, OP. 71 NR. 3 (POSTHUM). Entstanden 1828 oder 1829. Ersch.: Berlin (A. M. Schlesinger) 1855, Paris (Meissonnier) 1855.
RONDO C-DUR, OP. 73 (POSTHUM). Ersch.: Krakau (Polskie Wydawnictwo Muzyczne) 1953. Die 1855 von A. M. Schlesinger, Berlin, editierte zweihändige Fassung ist eine fremde Bearbeitung.
RONDO C-DUR, OP. 73 (POSTHUM). Fassung für 2 Klaviere von Chopin. Ersch.: Berlin (A. M. Schlesinger) 1855, Paris (Meissonnier) 1855.
POLONAISE GES-DUR (OHNE OPUSZAHL) (POSTHUM). Entstanden 1828 oder 1829. Ersch.: Warschau (Kaufmann) 1870. Mainz (Schott) 1870.
WALZER D-MOLL. In einem Verzeichnis von Chopins Schwester Ludwika mit Incipit-Angabe erwähnt. Verschollen.

77 Titelblatt der deutschen Erstausgabe, 1834, von Chopins »Fantasie über polnische Themen, op. 13«.

78 Besprechung Ludwig Rellstabs von Chopins »Fantasie über polnische Themen, op. 13« in der Zeitschrift »Iris im Gebiete der Tonkunst« vom 31. Oktober 1834.

79 Manuskript des 2. Satzes (»Menuetto«) von Chopins »Sonate c-moll, op. 4«. Erstveröffentlichung.

1810–1815

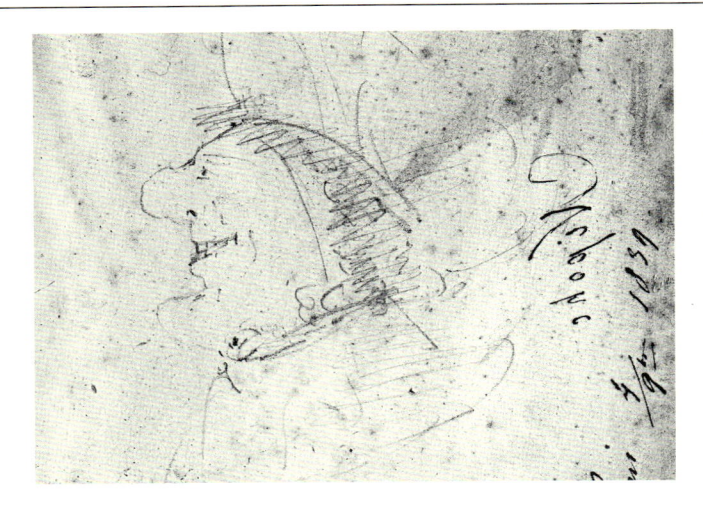

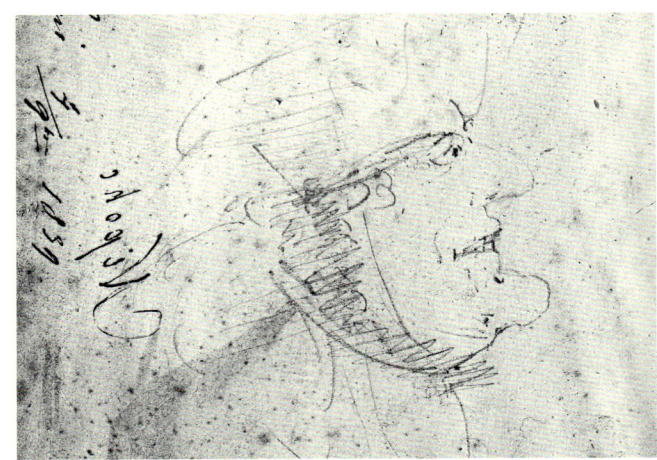

80, 81 *Karikaturen, gezeichnet von Chopin am 4. November 1839.*
Stellt man das obere Bild auf den Kopf, so ergibt sich das untere Bild.
Chopin hatte erstaunliches Zeichentalent. Seine Vorliebe galt der Karikatur.

82, 83, 84 *Undatierte Bleistiftzeichnungen Frédéric Chopins.*
Der Komponist zeichnete diese Karikaturen in seinen Jugendjahren. Im September 1828 berichtet er aus Berlin, daß seine Karikaturensammlung angewachsen sei; möglicherweise stammen diese Zeichnungen aus jenen Tagen.

46

1828

85 *Kreidezeichnung Chopins. Undatiert.*

86 *Bleistiftzeichnung Chopins. Undatiert.*
Die Zeichnung, früher im Besitz Leopold Binentals, ging um 1940 in Warschau verloren. Sie trug 5 cm vom Rand entfernt Chopins Unterschrift und seinen Vermerk: »w 2-im tygodniu nudów« (»in der zweiten Woche der Langeweile«).

1829

LEBEN

MÄRZ/APRIL: Beginn von Chopins heimlicher Liebe zu Konstancja Gładkowska. Vgl. Abb. 133 und 658.

13. APRIL: Chopins Vater bittet das Ministerium um ein Stipendium für ein Auslandsstudium seines Sohnes.[13] Das Gesuch wird abgelehnt.

23. MAI: Chopin besucht ein Konzert Paganinis, der sich bis 19. Juli in Warschau aufhält.

20. JULI: Abschluß des Studiums. Vgl. Abb. 56.

22. JULI: Um den 22. Juli reist Chopin durch Galizien, Oberschlesien und Mähren nach Wien. Aufenthalte in Krakau (etwa fünf Tage) und Ojców.

31. JULI–19. AUGUST: Chopin in Wien. Haslinger, Schuppanzigh, Würfel, Gyrowetz, Lachner, Kreutzer u. v. a. bedrängen ihn zu konzertieren.

11. AUGUST: Chopin gibt sein erstes Wiener Konzert (vgl. Abb. 96 und 97). Rezensionen: *Allgemeine Theaterzeitung* (20. August 1829, vgl. Abb. 95), *Wiener Zeitschrift für Kunst, Literatur, Theater und Mode* (22. August 1829), *Kurier Warszawski* (29. August 1829), *Gazeta Polska* (30. August 1829), *Allgemeine Musikalische Zeitung* (18. November 1829).

Bekanntschaft mit Graf Moritz von Dietrichstein (angeblich der Vater Thalbergs) und dem Beethoven-Freund Graf Moritz von Lichnowsky. Mit Czerny spielt er gelegentlich auf 2 Klavieren.

18. AUGUST: Zweites Wiener Konzert Chopins im Kärntnertortheater (*Krakowiak* und *Don-Giovanni-Variationen*). Rezensionen: *Der Sammler* (29. August 1829), *Wiener Zeitschrift für Kunst, Literatur, Theater und Mode* (29. August 1829, vgl. Abb. 93), *Gazeta Polska* (16. September 1829), *Allgemeine Theaterzeitung* (1. September 1829).

19. AUGUST (ABENDS): Abreise aus Wien.

21. AUGUST: Ankunft in Prag, Unterkunft im Hotel »Zum schwarzen Roß« (wo auch Glinka, Paganini, Liszt und Grieg bei ihren Prag-Besuchen absteigen), Begegnungen mit F. W. Pixis und J. Klengel, der Chopin seine Fugen vorspielt.

24. AUGUST: Abreise aus Prag, abends Ankunft in Teplitz, wo Chopin bei der Fürstin Clary improvisiert (25. August). Ausflug nach Dux (Duchcov).

26. AUGUST: Über Soběchleby und Chlum nach Dresden.

26. AUGUST–2. SEPTEMBER: Aufenthalt in Dresden (Hotel »Zur Stadt Berlin«). Chopin besucht die Gemäldegalerie und sieht Goethes *Faust*. Ausflug in die Sächsische Schweiz.

2. SEPTEMBER: Rückreise über Breslau nach Warschau.

SEPTEMBER: Mieroszewski porträtiert die Familie (vgl. S. 9, 52 und 53). Arbeit am *f-Moll-Konzert*, jeden Freitag Musikabende bei Kessler.

3. OKTOBER: In Gedanken an Konstancja komponiert Chopin seinen *Des-Dur-Walzer* (*op. 70*). Pläne, zum Studium über Wien nach Mailand zu reisen. Komposition der ersten Etüde (wahrscheinlich *op. 10 Nr. 1* oder *Nr. 2*).

20. OKTOBER: Abreise zu Familie Wiesiołowski in Posen. Besuch auf Schloß Antonin (vgl. Abb. 53). Rückreise mit einem Tag Aufenthalt in Kalisch.

NOVEMBER: Arbeit an weiteren Etüden (*op. 10*) und am 3. Satz des *f-Moll-Konzertes*.

19. DEZEMBER: Chopin improvisiert im Palais der Kaufmannsgilde. Rezensionen: *Kurier Polski* (20. Dezember 1829), *Kurier Warszawski* (23. Dezember 1829).

23. DEZEMBER: Der *Kurier Warszawski* würdigt Chopins Talent und sein neues *f-Moll-Konzert*.

87 *Paganinis erste Triumphe*. Xylographie, 19. Jahrhundert, nach einem Gemälde von G. Gatti.

88, 89 *Niccolò Paganini (1782–1840). Vorder- und Rückseite einer Medaille aus dem Jahr 1831 von Antoine Bovy.*
Paganini gab 1829 mehrere Konzerte in Warschau. Sein Spiel hinterließ bei Chopin wahrscheinlich den gleichen Eindruck wie bei Schumann, Liszt und fast allen Musikern, die ihn hörten. Briefliche Äußerungen sind nicht bekannt. Chopins Briefe aus jenen Monaten sind verschollen.

90, 91 *Anfang von Chopins »Souvenir de Paganini«, vermutlich unter dem Eindruck von Paganinis Spiel entstanden.*
Chopin variiert in dem unbedeutenden Klavierwerk eine jener sentimentalen Melodien, die wir häufig in Paganinis langsamen Sätzen finden. Seine ersten Etüden, entstanden unmittelbar nach Paganinis Konzerten, blieben unbeeinflußt; ihre edle Brillanz ist von anderer Art.

WERKE

(INTRODUKTION UND) POLONAISE C-DUR, OP. 3 für Klavier und Violoncello. (Die Introduktion entstand erst Anfang 1830.) Ersch.: Wien (Mechetti) um 1832, Paris (Richault) 1835, London (Wessel) 1836.

NOCTURNE B-MOLL, OP. 9 NR. 1, NOCTURNE ES-DUR, OP. 9 NR. 2, NOCTURNE H-DUR, OP. 9 NR. 3. Entstanden zwischen 1829 und 1832. Ersch.: Leipzig (Kistner) 1832, Paris (Schlesinger) 1833, London (Wessel) 1833. Vgl. Abb. 219 und 286.

12 ETÜDEN OP. 10. Die Etüden entstanden zwischen 1829 und 1832. Die Manuskripte der ersten vier Etüden tragen Datierungen von Chopins Hand: *op. 10 Nr. 1*: 2. November 1830, *op. 10 Nr. 2*: 2. November 1830, *op. 10 Nr. 3*: 25. August 1832, *op. 10 Nr. 4*: 6. August 1832. Die Datierungen der übrigen Etüden, denen man gelegentlich begegnet, sind nicht nachweisbar. Op. 10 Nr. 12 könnte im September 1831 entstanden sein. Ersch.: Leipzig (Kistner) 1833, Paris (Schlesinger) 1833, London (Wessel) 1833. Vgl. Abb. 135, 138, 158, 200, 201, 212, 243 und 306.

KLAVIERKONZERT F-MOLL, OP. 21. 1. Maestoso. 2. Larghetto. 3. Allegro vivace. Ersch.: Leipzig (Breitkopf & Härtel) 1836, Paris (Schlesinger) 1836, London (Wessel) 1836. Vgl. Abb. 104.

MAZURKA A-MOLL (EINLEITUNG A-DUR), OP. 7 NR. 2 (Erstfassung). Vgl. »Werke 1830«.

MAZURKA C-DUR, OP. 68 NR. 1 (POSTHUM), MAZURKA F-DUR, OP. 68 NR. 3 (POSTHUM). Entstanden 1829 oder 1830. Ersch.: Berlin (A.M. Schlesinger) 1855, Paris (Meissonnier) 1855.

WALZER H-MOLL, OP. 69 NR. 2 (POSTHUM). Ersch.: Krakau (Wildt) 1852, London (Wessel) 1853, Berlin (A.M. Schlesinger) 1855, Paris (Meissonnier) 1855.

WALZER DES-DUR, OP. 70 NR. 3 (POSTHUM). Ersch.: Berlin (A.M. Schlesinger) 1855, Paris (Meissonnier) 1855.

ŻYCZENIE (MÄDCHENS WUNSCH) G-DUR, OP. 74 NR. 1 (POSTHUM). Lied für Singstimme mit Klavierbegleitung. Ersch.: Kiew (Kocipiński) zwischen 1852 und 1859 (ohne Angabe des Komponisten), Berlin (A.M. Schlesinger) 1859 (transponiert nach A-Dur), Warschau (Gebethner & Wolff) 1859, London (Lucas, Weber & Co) 1874, Paris (*Le Journal de Musique*) 1876. Vgl. Abb. 106.

GDZIE LUBI (Was EIN JUNGES MÄDCHEN LIEBT) A-DUR, OP. 74 NR. 5 (POSTHUM). Lied für Singstimme mit Klavierbegleitung. Ersch.: Berlin (A.M. Schlesinger) 1857, Warschau (Gebethner & Wolff) 1859, London (Lucas, Weber & Co) 1874, Paris (Hamelle) 1879.

JAKIEŻ KWIATY, JAKIE WIANKI (WELCHE BLUMEN, WELCHE KRÄNZE ...) (OHNE OPUSZAHL) (POSTHUM). Lied für Singstimme ohne Klavierbegleitung. Ersch.: Warschau (Buch *Cmentarz Powązkowski pod Warszawą*, Bd. II) 1856, Prag (Zeitschrift *Dalibor* Nr. 6) 1879.

SOUVENIR DE PAGANINI A-DUR (OHNE OPUSZAHL). Ersch.: Warschau (*Echo Muzyczne* Nr. 5) 1881, Krakau (Polskie Wydawnictwo Muzyczne) 1954. Vgl. Abb. 90, 91.

WALZER E-DUR (OHNE OPUSZAHL) (POSTHUM). Entstanden 1829 oder (lt. Chopins Schwester Ludwika) 1830. Ersch.: Lwów (*Album Towarzystwa muzycznego*) 1861, Krakau (Chaberski) 1871, Leipzig (Breitkopf & Härtel) 1880.

WALZER AS-DUR, WALZER ES-DUR. Entstanden 1829 oder 1830. In einem Verzeichnis von Chopins Schwester Ludwika mit Incipit-Angabe erwähnt. Verschollen.

1829

92 Frédéric Chopin. Aquarellierte Zeichnung, um 1830, vermutlich von Eugen Hummel.

Concert.

Dinstags, den 18. Aug. spielte Hr. Friedrich Chopin abermals in diesem Theater, und trug ein neues Rondeau für das Fortepiano mit Orchesterbegleitung von seiner Composition vor. Dieß Tonstück ist durchaus im chromatischen Style gehalten, und erhebt sich wenig zur Freundlichkeit, hat aber Momente, die sich durch Tiefe und gedankenvolle Verwebung auszeichnen. Im Ganzen scheint ihm etwas mehr Mannigfaltigkeit zu fehlen. Der Meister zeigte seine große Gewandtheit als Clavierspieler darin vollkommen, und besiegte die größten Schwierigkeiten mit Glück. Eine längere Anwesenheit in Wien dürfte seinem Anschlage sowohl, als auch seinem Zusammenspielen mit dem Orchester von Nutzen seyn. Er erhielt reichlichen Beyfall und wurde wiederholt gerufen.

Nach ihm spielte der talentvolle, sehr junge Violinspieler, Hr. Joseph Khayll, Schüler des Hrn. Jansa, eine Polonaise für die Violine von Mayseder mit großem Beyfall. In so zartem Alter hat derselbe sich schon eine recht bedeutende Geschicklichkeit erworben, und zeichnet sich in seinen Doppelgriffen durch Reinheit, und besonders in seinem Staccato aus. Er verdient allgemeine Aufmunterung, und wird bei seinem Talent bald eine höhere Stufe der Virtuosität erwerben. Lauter Beyfall und wiederholtes Hervorrufen wurde auch ihm.

Zum Schlusse spielte Hr. F. Chopin heute noch die Variationen über ein Thema Mozart's, welche er schon in seinem ersten Concerte mit so viel Bravour und Glück vorgetragen hatte. Die freundliche und doch gehaltvolle Mannigfaltigkeit dieses Tonstücks, so wie das schöne, gelungene Spiel erwarben dem Clavierspieler auch heute wieder lauten, ausgezeichneten Beyfall. Kenner und Liebhaber gaben ihm ihre Anerkennung seines kunstfertigen Spiels froh und laut zu erkennen. Dieser junge Mann, der dem Vernehmen nach seine frühere Bildung dem Hrn. Würfel zu verdanken hat, zeigt ein ernstes Streben in seiner Composition, das Orchester durch interessante Verbindung mit dem Fortepiano zu verweben.

Das Orchester zeichnete sich zu Anfang durch die kraftvolle und feurige Aufführung der Lindtpaintner'schen Ouverture zum Bergkönig aus, und erhielt großen Beyfall.

93 Kritik über Chopins zweites Wiener Konzert am 18. August 1829. »Wiener Zeitschrift für Kunst, Literatur, Theater und Mode« vom 29. August 1829. (Abbildung etwa in Originalgröße)

94 Adalbert Gyrowetz (1763–1850). Lithographie, um 1825, von Bisenius.
Chopin lernte Gyrowetz, um jene Zeit Kapellmeister und 2. Direktor des Wiener Hoftheaters, Komponist zahlreicher, heute in Vergessenheit geratener Symphonien und Opern, am 8. August 1829 in Wien kennen. In seinem ersten öffentlichen Konzert (vgl. S. 16) hatte er dessen e-Moll-Klavierkonzert gespielt. Zusammen mit Lachner, Conradin Kreutzer und Schuppanzigh gehörte Gyrowetz zu den Wiener Bewunderern des jungen Chopin.

Allgemeine Theaterzeitung und Originalblatt für Kunst, Literatur und geselliges Leben.

Herausgeber und Redacteur: Adolf Bäuerle.

Wien, Donnerstag den 20. August 1829.

Zwey und zwanzigster Jahrgang.

Neuigkeiten.

Vor Kurzem ließ sich im k. k. Hofopernteater nächst dem Kärnthnerthore ein junger Mann auf dem Pianoforte hören dessen Nahme: Hr. Chopin, bisher in der musikalischen Welt gar nie ausgesprochen worden war. Desto mehr wurde man überrascht, da man nicht bloß ein schönes, sondern wirklich ein sehr ausgezeichnetes Talent in ihm entdeckte, dem man wegen der Eigenthümlichkeit seines Spieles, als seiner Composition, fast schon ein wenig Genialität beylegen dürfte, wenigstens in dem Sinne abweichender Formen, und hervorspringender Individualität.

Sein Spiel hat, wie seine Composition, von der man in dieser Production freylich nur Variationen hörte, einen gewissen Character von Bescheidenheit, vermög welcher dieser junge Mann es gar nicht darauf anzulegen scheint, brilliren zu wollen, obwohl sein Spiel Schwierigkeiten besiegte, deren Ueberwindung selbst hier, in der Heimath der Klavier-Virtuosität, auffallen mußte, sondern der mit fast ironischer Naivetät es sich einfallen läßt, ein größeres Publikum mit Musik, als Musik unterhalten zu wollen. Und siehe da! es gelang ihm; das unbefangene Publikum lohnte es mit reichem Beyfalle.

Sein Anschlag, obwohl nett und sicher, hat wenig von dem Glanze, durch den sich unsere Virtuosen sogleich mit den ersten Takten als solche ankündigen, er markirt nur schwach, wie ein Conversirender in einer Gesellschaft gescheidter Leute, nicht mit jenem rhetorischen à plomb, der bey den Virtuosen für unerläßlich gehalten wird. Er spielt ganz ruhig weg, ohne den kühnen Aufschwung, der den Künstler sonst sogleich von dem Dilettanten unterscheidet, und dennoch erkannte unser zartfühlendes und feinsinniges Publikum in dem fremden, noch unberühmten Jünglinge sogleich den wahren Künstler, und dieser Abend gab dem unbefangenen Beobachter das angenehme Schauspiel eines Publikums, das als moralische Person betrachtet, sich als Virtuose im Auffassen und Würdigen einer keineswegs pomphaften, dennoch höchst edlen und erfreulichen Kunstleistung, sich als ein wahrer Kenner zeigte.

Der junge Mann hat in seinem Spiele Fehler bemerken lassen, und sogar bedeutende Fehler, worunter vielleicht vorzüglich die Nichtbeachtung der Ankündigung beginnender musikalischer Constructionen durch den Accent, heraus zu heben wäre, und dennoch wurde er als ein Künstler erkannt, von dem man sich das Vorzüglichste versprechen kann, wenn er erst mehr und vielerley gehört haben wird. Er kommt von Warschau, und dieß ist sein erster Auszug aus seiner Vaterstadt. Er kam nicht, um sich hören zu lassen, sondern wurde zur aufmunternden Darlegung seiner Tüchtigkeit zu seiner eigenen Ueberraschung dazu veranlaßt. So wie er in seinem Spiele als ein frey dastehender, schöner, junger Baum voll duftiger Blüthen und reifender Früchte sich zeigte, so entwickelte er eben so viele würdige Eigenthümlichkeit in seiner Composition, in der neue Figuren, neue Passagen, neue Formen, in der Introduktion, in der ersten, zweyten und vierten Variation, und in der Gestaltung des Mozart'schen Thema's zur schließenden Polacca sich entwickelten. In seiner Unbefangenheit ließ der junge Virtuos es sich eingehen, zum Schlusse des Concertes mit einer freyen Phantasie vor unserem Publikum aufzutreten, vor dem, außer Beethoven und Hummel, noch wenig Improvisatoren Gnade gefunden haben. Wenn der junge Mann durch mehrfachen Wechsel der Themata es vorzüglich auf Amusement angelegt hatte, so war der ruhige Fluß der Gedanken, die sichere Verbindung derselben, und die reine Durchführung dennoch genügender Beweis, von seiner Fähigkeit für diese seltene Gabe. Hr. Chopin machte heute einem kleinen Publikum so viel Vergnügen, daß man wirklich wünschen muß, er möchte vielleicht bey einem nochmaligen Auftreten vor einem größeren sich hören lassen. – In diesem Concerte zeichnete sich auch Dem. Veltheim, königl. sächsische Kammersängerinn, durch angenehme, weiche, und gut gebildete Stimme und Bravour als tüchtige Künstlerinn im Vortrage einer Arie von Vaccaj, und einer Andern von Rossini aus.

95 Kritik über Chopins erstes Wiener Konzert am 11. August 1829. »Allgemeine Theaterzeitung und Originalblatt für Kunst, Literatur und geselliges Leben« vom 20. August 1829.
Der Titel der Zeitung und die Überschrift sind im Original an anderer Stelle; sie wurden hier über die Kritik gestellt.

1829

96 *Das Kärntnertortheater in Wien. Kolorierte Umrißradierung, um 1825.*
Chopin gab hier am 11. August 1829 sein erstes Wiener Konzert. Am 18. August 1829 spielte er im gleichen Haus den *Krakowiak* und wiederholte auf allgemeinen Wunsch seine *Variationen über Là ci darem la mano* aus Mozarts Oper *Don Giovanni*. Das Kärntnertortheater stand an der Stelle, an der sich heute das Hotel Sacher befindet.

97 *Programm von Chopins erstem Wiener Konzert am 11. August 1829.*
In Wirklichkeit lautete die Programmfolge:
1. Ouverture des Balletts *Prometheus*
2. Variationen über ein Thema Mozarts (Chopin)
3. Arie aus *Bianca e Faliero*
4. Freie Fantasie über Themen aus *La Dame Blanche* und über das Lied *Chmiel*
5. Rondo mit Variationen aus *Pietro il Grande*
Pause
»Der Maskenball«, Komisches Ballett in 2 Akten.

Am Tag nach dem Konzert berichtet Chopin nach Warschau: »Bei der Probe begleitete das Orchester so schlecht, daß ich das Rondo [*Krakowiak, op. 14*] durch eine freie Fantasie ersetzte.«[14]

1829

CHOPINS GESCHWISTER

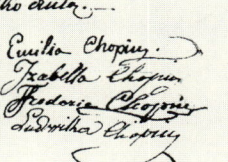

99 *Ludwika (Louise) Marianna Chopin (1807–1855). Ölgemälde, 1829, von Ambroży Mieroszewski.*
Chopins Lieblingsschwester Ludwika war literarisch begabt, spielte ausgezeichnet Klavier und erntete von ihrem Bruder Frédéric Lob für kleinere Kompositionen. 1832 heiratete sie Józef Kalasanty Jędrzejewicz, Doktor der Philosophie an der Warschauer Universität, Professor für Verwaltungsrecht, Friedensrichter des Bezirks und der Stadt Warschau, mit dem sie vier Kinder hatte. Ludwika besuchte ihren Bruder im Sommer 1844 in Nohant, kam auf seinen Wunsch im August 1849 nach Paris und war in seinen letzten Tagen und in seiner Todesstunde bei ihm (vgl. S. 330, 331 und Abb. 761).

100 *Justyna Izabela Chopin (1811–1881). Ölgemälde, 1829, von Ambroży Mieroszewski.*
Von den drei Schwestern war Izabela (sie schrieb ihren Namen häufig mit zwei »l«) ihrem Bruder am ähnlichsten (Chopin an seine Familie, Juli 1845: »Izabela und ich, beide blondhaarig …«[15]). Zusammen mit ihrer Schwester Ludwika veröffentlichte sie viele, zumeist anonym erscheinende Erzählungen, z. B. *Neujahrsbuch für Kinder* (Warschau 1834), *Herr Wojciech oder ein Muster an Arbeit und Sparsamkeit* (Warschau 1836). Seit 1834 war sie mit Anton Barciński, Mathematiklehrer und später Direktor der Weichsel-Dampfschiffahrt, verheiratet.
Hinsichtlich der Qualität der vorliegenden Farbreproduktionen vgl. Abb. 5.

101 *Von Emilia Chopin verfaßte und handgeschriebene Glückwunschkarte der Geschwister zum Geburtstag des Vaters.*
»Lieber Vater! –
Oh, was für eine Freude! Schon ist der schöne Tag angebrochen, dieser Tag – mögen wir ihn jedes Jahr erleben! Er, der uns Zeit und Gelegenheit bietet, aufrichtige und wahre Wünsche auszusprechen. Aber warum vergeht unsere Freude so schnell? Warum schwinden die glücklichen Hoffnungen? Du, Papa, kommst sicherlich dahinter, was Deinen Kindern die einzige Freude raubt. Entsinne Dich also Deines Willens, Deines unübertroffenen Willens, und drücke Deine geliebten Kinder ans Herz; mag Dir ihre Umarmung all das verkörpern, was sie ersehnen und empfinden. –
        Emilia Chopin
        Izabella Chopin
        Frederic Chopin
17. April 1826   Ludwika Chopin«

102 *Emilia Chopin (1812–1827). Miniatur, um 1826.*
Emilia war die begabteste von Chopins Schwestern; man prophezeite ihr eine literarische Zukunft. Sie starb am 10. April 1827 an Lungentuberkulose.

Linke Seite:
98 *Frédéric Chopin. Ölgemälde, 1829, von Ambroży Mieroszewski.*
Das Gemälde ging 1939 verloren, bis zu diesem Zeitpunkt wurde keine Farbaufnahme angefertigt. Falls die unter Abb. 1 gezeigte, mit »1826« datierte Zeichnung ebenfalls erst von 1829 ist (vgl. hierzu Abb. 1 und 60), handelt es sich bei Abb. 98 um das früheste bekannte Chopin-Porträt. Die Zeichnungen Eliza Radziwiłłs entstanden ungefähr zwei Monate später.

103 *Gräfin Delfina Potocka (1807–1877).*
Anonyme Lithographie, um 1830.
Die durch ihre auffallende Schönheit berühmte Polin gehört zusammen mit George Sand, Maria Wodzińska und der Jugendliebe Konstancja Gładkowska zu den wesentlichen Frauen in Chopins Leben. Wenngleich dessen Bemerkung in einem Brief vom 19. April 1847 an seine Familie »Ihr wißt, wie sehr ich sie liebe«[16] nicht allzuviel aussagt, dürfte sie seine »heimliche Liebe« gewesen sein. Er begegnete ihr mit großer Wahrscheinlichkeit im November 1830 in Dresden zum erstenmal, sah sie häufig in Paris, wo sie – neben Neapel und Nizza – bisweilen lebte, und rief sie im Oktober 1849 an sein Sterbebett.
Tagebucheintrag Delacroix' (30. März 1849): »Abends bei Chopin sah ich die Zauberin Mme Potocka. Ich hatte sie zweimal gehört; ich bin kaum je etwas Vollkommenerem begegnet. Vor allem am ersten Tag, es herrschte völliges Zwielicht, und ihre Toilette aus schwarzem Samt, ihre Frisur, alles, bis auf das, was ich nicht sah, ließen sie mich hinreißend in ihrer Schönheit finden, wie sie es tatsächlich in ihrer Anmut ist.«[94] Vgl. Abb. 656.

104 *Titelblatt der französischen Erstausgabe, 1836, von Chopins »f-Moll-Klavierkonzert«.*
Das 1829 komponierte und erst 1836 erschienene Werk ist Delfina Potocka gewidmet.

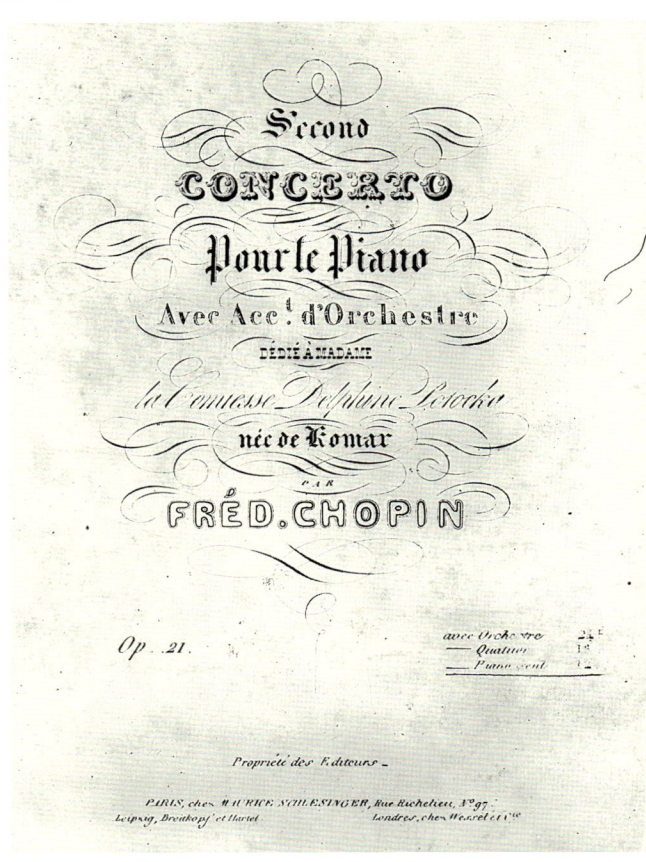

KLAVIERKONZERTE

Chopins Klavierkonzerte sind die Werke eines Neunzehn- bzw. Zwanzigjährigen. Obwohl diese Konzerte – ähnlich den etwa gleichzeitig entstandenen *Etüden op. 10* – Beweise einer erstaunlichen schöpferischen Frühreife sind, sollte man sich an das Alter des Komponisten erinnern, wenn man ihren romantischen Überschwang, die spielfreudige Brillanz und vor allem die dürftige Orchesterbegleitung kritisiert. Ein symphonisch gestaltetes Klavierkonzert im Sinne Mozarts oder Beethovens war Chopins Sache nicht. Er wollte als Solist brillieren, wie es eben damals bei komponierenden Virtuosen üblich war; seine Konzerte sind aber allen jenen typischen Virtuosenkonzerten um 1830 bei weitem überlegen an musikalischer Schönheit und individueller Gestaltung. Von den Pianisten wurden sie von Anfang an bewundert und geliebt, wobei die Vorliebe für das gerafftere *f-Moll-Konzert* oder das weiter ausgreifende *e-Moll-Konzert* seit jeher geteilt ist.
Wenn Chopin orchestriert, überträgt er lediglich typischen Klaviersatz auf verschiedene Instrumente. Er war zu sehr und ausschließlich Pianist. Dafür stattete er den Solopart mit einer Fülle harmonischer und spieltechnischer Neuerungen aus. Diese Konzerte sind, wie Ravel sich ausdrückte, »voller begnadeter Einfälle«. Hector Berlioz: »Bei Chopin konzentriert sich das ganze Interesse auf den Klavierpart; das Orchester ist in seinen Klavierkonzerten nichts anderes als eine kalte, fast überflüssige Begleitung«[17]. Der neunzehnjährige Chopin hatte keine Orchestererfahrung, abgesehen davon wies der Stil seiner Konzerte dem Orchester ohnedies nur eine zweitrangige Rolle zu. Der Orchesterpart des *f-Moll-Konzertes* hat neben der großen Besetzung (Streichinstrumente, doppeltes Holz, Hörner, Trompeten, Posaune und Pauke) auch eine Besetzung, die sich nur auf ein Streichquintett beschränkt, ebenso das *e-Moll-Konzert*. Chopin selbst spielte seine Konzerte äußerst selten mit vollem Orchester (vgl. Chronik S. 56). Vermutlich gab er der Streichquintett-Besetzung sogar den Vorzug, da er in der Instrumentalbegleitung wohl nur eine Art »Untermalung« sah. Daß er ein Gefühl für den Orchesterklang besaß, sieht man im *Larghetto* des *f-Moll-Konzertes*, wo das Klavier zu einer auffallend schön instrumentierten Stelle (Streichertremolo, Pizzicati-Bässe) dramatisch rezitiert. Virtuosen, Dirigenten und Komponisten (z. B. Enrique Granados) haben versucht, den Orchesterpart zu verbessern. Carl Tausig bearbeitete das *e-Moll-Konzert* und kein Geringerer als Richard Wagner revidierte diese Fassung.
Das *2. Konzert, f-Moll, op. 21* entstand 1829, das *1. Konzert, e-Moll, op. 11* im Jahre 1830. Als Begründung für die umgekehrte Numerierung wird häufig angeführt, Chopin habe die Orchesterpartitur des *f-Moll-Konzertes* »verlegt« oder bei seiner Abreise aus Warschau im November 1830 »vergessen«. Tatsache ist, daß er 1832 beide Konzerte zum Druck anbot. Schlesinger und Kistner veröffentlichten 1833 das *e-Moll-Konzert* (das durch Chopins Pariser Auftritte schon bekannt und geschätzt war) und erst 1836 erschien das früher entstandene *f-Moll-Konzert*; daher diese Reihenfolge der Opuszahlen. Robert Schumann sagte 1836 anläßlich dessen Veröffentlichung: »Chopin trat nicht mit einer Orchesterarmee auf, wie Großgenies es thun; er besitzt nur eine kleine Cohorte, aber sie gehört ihm ganz und gar bis auf den letzten Helden.«[18] Vgl. S. 56–59.

1829

105 *Chopin spielt im Salon des Fürsten Radziwiłł. Ölgemälde, 1887, von Henryk Siemiradzki.*
Fürst Antoni Radziwiłł (Bildmitte, im Lehnstuhl, neben ihm seine Tochter Eliza), Statthalter des Großherzogtums Posen, war ein großer Kunstmäzen und Chopin sehr gewogen. Er war ein anerkannt guter Cellist und Komponist, u. a. Schöpfer der ersten Musik zu Goethes *Faust*, die Chopin teilweise »geradezu genial«[19] fand. Chopin, der Ende Oktober/Anfang November 1829 einen glücklichen Aufenthalt bei den Radziwiłłs in Antonin verbrachte, widmete dem Fürsten sein *g-Moll-Trio, op. 8.*
Ganz rechts im Bild Alexander von Humboldt.

106 *Manuskript von Chopins 1829 entstandenem Lied »Życzenie« (»Mädchens Wunsch«).*
»Wäre ich die Sonne am Himmel, leuchten würde ich nur für Dich ganz allein. Wäre ich ein Vogel, ich würde mein schönstes Lied nur für Dich allein an Deinem Fenster singen.«
Chopin komponierte ungefähr zwanzig Lieder nach polnischen Gedichten, keines davon ließ er zu Lebzeiten veröffentlichen; er schrieb sie sozusagen nebenbei, ohne in ihnen sein melodisches Talent auszudrücken. Obwohl einige davon Aufmerksamkeit verdienen, werden sie kaum beachtet. Chopins Genie offenbart sich in seinen Liedern nicht, vergeblich sucht man nach der Schönheit seiner übrigen Werke.

1830

LEBEN

JANUAR: Beendigung des *f-Moll-Konzertes*.

7. FEBRUAR: Chopin spielt sein *f-Moll-Konzert* mit Orchesterbegleitung in seiner Wohnung. Die *Gazeta Polska* berichtet darüber am 12. Februar.

3. MÄRZ: Erneute Aufführung des *f-Moll-Konzertes* und *op. 13* in Chopins Wohnung. Kurpiński dirigiert das Orchester. *Powszechny Dziennik Krajowy* (4. März 1830) und *Kurier Warszawski* (5. März 1830) berichten darüber.

17. MÄRZ: Unter Leitung von Kurpiński spielt Chopin im Nationaltheater sein *f-Moll-Konzert* und sein *op. 13* (vgl. Abb. 117). Die Kritik lobt sein feines, wenngleich etwas mattes Spiel. (Chopin benutzte seinen eigenen Flügel.) Rezensionen: *Kurier Warszawski* und *Gazeta Warszawska* (18. März 1830), *Powszechny Dziennik Krajowy* und *Gazeta Korrespondenta Warszawskiego i Zagranicznego* (19. März 1830), *Kurier Polski* (20. März 1830), *Dekameron Polski* (31. März 1830), *Pamiętnik dla Płci Pięknej* (1830, II, Heft 1).

22. MÄRZ: Zweites Konzert im Nationaltheater unter Leitung Kurpińskis. Chopin spielt mit großem Erfolg auf einem Wiener Flügel, den ihm der russische General Diakow zur Verfügung stellte, sein *f-Moll-Konzert*, *Krakowiak* und Improvisationen über polnische Lieder. Rezensionen: *Kurier Warszawski* und *Gazeta Warszawska* (23. März 1830), *Kurier Polski* (24. März, Rezensent M. Mochnacki, vgl. Abb. 172), *Powszechny Dziennik Krajowy* (25. März 1830), *Kurier Polski* (26. März 1830), *Dekameron Polski* (10. April 1830).

APRIL: Der 1. Satz des *e-Moll-Konzertes* ist fertig, ebenso die Introduktion zur *Polonaise op. 3*.

JUNI: Begegnung mit Henriette Sontag (vgl. Abb. 116).

8. JULI: Chopin spielt im Nationaltheater seine *Don Giovanni-Variationen op. 2*, anschließend Aufenthalt bei Tytus Woyciechowski in Poturzyn (bei Lublin).

24. JULI: Reise nach Warschau. Vgl. Abb. 134.

22. AUGUST: Chopin spielt vor Elsner, Zywny u. a. seine *Polonaise op. 3* und sein *Trio op. 8*. Das *e-Moll-Konzert* ist vollendet.

SEPTEMBER: Chopin probt sein *e-Moll-Konzert* mit einem Quartett. Erste Entwürfe zur *Polonaise op. 22*.

22. SEPTEMBER: Probe des *e-Moll-Konzertes* mit vollem Orchester (ohne Trompeten und Pauken) in Chopins Wohnung. Der *Kurier Warszawski* (23. September 1830) und *Powszechny Dziennik Krajowy* (24. September 1830) berichten darüber.

11. OKTOBER: Chopins Abschiedskonzert; er spielt sein *e-Moll-Konzert* und *op. 13*. Vgl. Chronik S. 56.

2. NOVEMBER: Chopin verläßt Warschau für immer. Er versieht seine Etüden *op. 10 Nr. 1 und 2* mit diesem Datum. Über Kalisch (wo Tytus zusteigt) und Breslau (6.–9. November, Konzert am 8. November, vgl. Chronik S. 56) Reise nach Dresden.

5. NOVEMBER: Rezension von *op. 2* (Zeitung Iris).

11. (12.?)–19. NOVEMBER: Chopin in Dresden (vgl. Abb. 287). Über Prag (20./21. November) Reise nach Wien.

23. NOVEMBER–20. JULI 1831: Chopin in Wien. Begegnungen mit Czerny, Diabelli und anderen. Vgl. S. 72.

29./30. NOVEMBER: Beginn des Warschauer Aufstands.

24. DEZEMBER: Chopin geht um 12 Uhr nachts allein in den Stephansdom; er hat Sehnsucht nach der Heimat.

CHOPIN ALS INTERPRET SEINES »E-MOLL-KONZERTES«

Chopins wesentliche Konzerttätigkeit erstreckte sich auf die Jahre 1829 bis 1835. Für jene Auftritte wählte er fast immer eines seiner Werke für Klavier und Orchester, es sei denn, er wirkte in Konzerten anderer Musiker, z. B. Hillers oder Alkans, mit. Es ist bemerkenswert, daß er sein *f-Moll-Konzert* insgesamt nur zweimal öffentlich spielte (am 17. und 22. März 1830); sein *e-Moll-Konzert* hingegen spielte er – mit größter Wahrscheinlichkeit – elfmal, wobei nur zwei Aufführungen des *gesamten* Werkes mit *Orchesterbegleitung* absolut sicher zu identifizieren sind (am 11. Oktober 1830 und am 4. April 1835[60]). Nach 1835 konzertierte er nur noch ein einziges Mal mit Orchester, nämlich am 11. März 1838 in Rouen. Die Kritiken erwähnen nahezu übereinstimmend die elegante aber zurückhaltende Art und Weise, in der Chopin den Solopart spielte.

Chronik der öffentlichen Aufführungen, in denen Chopin sein »e-Moll-Konzert« spielte:

11. Oktober 1830
(Warschau, *Nationaltheater*, vgl. Abb. 117). Mit Orchesterbegleitung, Dirigent Karol Kurpiński. Rezension: *Kurier Warszawski*, Warschau, 12. Oktober 1830.

8. November 1830
(Breslau, *Resursa*). 3. Satz mit Orchesterbegleitung, Dirigent Josef Ignaz Schnabel. Keine Presserezension.

4. April 1831
(Wien, *Redoutensaal*). Chopin spielte wahrscheinlich Teile des *e-Moll-Konzertes* als Solofassung, d. h. Klavierpart und Tuttistellen. Keine Presserezension. (Vgl. Anmerkung zum Konzert vom 11. Juni 1831.)

11. Juni 1831
(Wien, *Kärntnertortheater*, vgl. Abb. 96). Kein Hinweis auf die Art der Aufführung. Da ein Orchester auftrat, ist anzunehmen, daß Chopin mit Orchesterbegleitung spielte. Rezension: *Allgemeine Theaterzeitung*, Wien, 18. Juni 1831. Eine Besprechung der *Allgemeinen Musikalischen Zeitung* vom 21. September 1831 (vgl. Abb. 144), die die Wiener Konzerte des 2. Quartals 1831 erwähnt (ohne deren Daten anzugeben), gilt wahrscheinlich für diesen Auftritt, möglicherweise aber auch für das Konzert am 4. April 1831.

28. August 1831
(München, *Odeon*, vgl. Abb. 148). Neben dem Programm (vgl. Abb. 150) existiert nur *eine* Rezension (vgl. Abb. 149), darin kein Hinweis über den Aufführungsmodus. Da offensichtlich ein Orchester zur Verfügung stand, ist es denkbar, daß Chopin mit Orchesterbegleitung spielte; andererseits erwähnt das Programm bei der abschließenden *Fantaisie op. 13* ausdrücklich »mit Orchesterbegleitung«, beim *e-Moll-Konzert* hingegen nicht. Möglicherweise spielte Chopin alleine oder er ließ sich vom Dirigenten des Abends, Joseph Stuntz – einem tüchtigen Pianisten, der sein Orchester mit Vorliebe vom Klavier aus dirigierte –, auf einem 2. Klavier begleiten. Rezension: *Flora. Ein Unterhaltungsblatt*, München, 30. August 1831.

26. Februar 1832
(Paris, *Salons Pleyel*, vgl. S. 82/83). Chopins briefliche Äußerung vom 12. Dezember 1831 »am 25. Dezember [später verschoben auf 26. Februar 1832] gebe ich ein Konzert [...] ich werde mein f-Moll spielen«, war vermutlich der Anlaß, daß bisher alle Chopin-Biographen annahmen bzw. übernehmen, Chopin habe damals sein *f-Moll-Konzert* gespielt. Folgende Punkte verweisen jedoch eindringlich darauf, daß Chopin seine Meinung änderte und schließlich das *e-Moll-Konzert* spielte: 1. Der Pariser Verleger Farrenc bietet seinem Kollegen Kistner in Leipzig am 17. April 1831 u. a. das »Konzert in e-Moll« an, »das Chopin in seinem Konzert spielte«. 2. Ferdinand Hiller bestätigt sowohl in seinem Buch *Felix Mendelssohn Bartholdy. Briefe und Erinnerungen* (Köln 1874) als auch in seinen *Erinnerungsblättern* (Köln 1884) das *e-Moll-Konzert*. 3. Chopin-Schüler Thomas Tellefsen spricht in seinen 1923 veröffentlichten *Familiebreve* vom *e-Moll-Konzert*. 4. François Fétis erinnert sich in seiner *Biographie universelle des musiciens*, III (Brüssel 1837), daß Chopin das *e-Moll-Konzert* aufführte. Ebenso weist er in der *Revue musicale* vom 26. Mai 1832 darauf hin, daß das Konzert, dessen 1. Satz am 20. Mai 1832 im *Conservatoire* gespielt wurde (*e-Moll*), »bereits im Konzert bei Pleyel zu hören war«. 5. Auf der Erstausgabe des *e-Moll-Konzertes* (September 1833) ist vermerkt: »Exécuté par l'Auteur dans ses Concerts à Paris« (vgl. Abb. 108). Aufführungsart: laut Programm keine Orchestermitwirkung. Möglichkeiten:

a) Chopin ließ sich von dem Streichquintett begleiten, das kurz vor seinem Auftritt gespielt hatte.
b) Einer der mitwirkenden Pianisten (z. B. Kalkbrenner) begleitete am 2. Klavier.
c) Chopin spielte allein.
Rezension: *Revue musicale*, Paris, 3. März 1832, vgl. S. 83.

20. Mai 1832
(Paris, Konzertsaal des *Conservatoire*, vgl. Abb. 249). 1. Satz mit Orchesterbegleitung, Dirigent Narcisse Girard. Rezension: *Revue musicale*, Paris, 26. Mai 1832.

25. April 1833
(Paris, *Hôtel de Ville*, vgl. Abb. 245, *Salle Saint-Jean*). 2. und 3. Satz mit Orchesterbegleitung. Dirigent Narcisse Girard. Ob dieses Konzert tatsächlich stattfand, ist nicht ganz sicher. Es existiert lediglich ein Programm, auf dem es heißt: »Adagio und Rondo eines Klavierkonzertes, komponiert und gespielt von Herrn Chopin aus Warschau.« Die Satzbezeichnungen verweisen auf das *e-Moll-Konzert*. (Chopin bezeichnet in seiner Korrespondenz den 2. Satz von *op. 11* meistens als »Adagio«.) Keinerlei Pressehinweise und Rezensionen.

14. Dezember 1834
(Paris, Konzertsaal des *Conservatoire*). 2. Satz mit Orchesterbegleitung, Dirigent Narcisse Girard. Das Konzert war ursprünglich für den 7. Dezember geplant. Rezensionen: *Gazette musicale de Paris*, 28. Dezember 1834 (vgl. S. 126). *Le Pianiste*, Paris, 20. Dezember 1834.

4. April 1835
(Paris, *Théâtre-Italien*, vgl. Abb. 247 und Quellenverzeichnis Nr. 60). Mit Orchesterbegleitung, Dirigent François Habeneck. Rezension: *Gazette musicale de Paris*, 12. April 1835 (vgl. S. 130).

11. März 1838
(Rouen, *Hôtel de Ville, Grande salle*). Mit Orchesterbegleitung, Dirigent Antoni Orłowski. Amédée de Méreaux weist in seinem Chopin-Nekrolog *Monument à la mémoire de Chopin* (*Journal de Rouen*, 1. Dezember 1849) darauf hin, daß Chopin damals in Rouen »sein großartiges e-Moll-Konzert« gespielt habe. Rezensionen: *Journal de Rouen*, 13., 14. und 15. März 1838, *Echo de Rouen*, 13. März 1838, *Revue et Gazette musicale de Paris*, 25. März 1838. Vgl. S. 163.

1830

WERKE

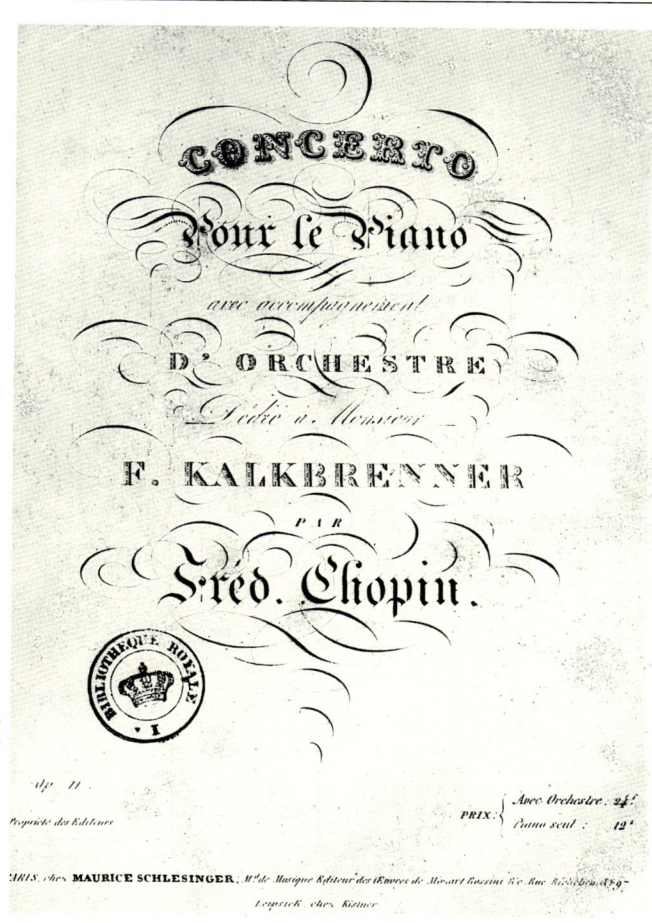

INTRODUKTION zur *Polonaise* op. 3. Vgl. »Werke 1829«.

MAZURKA fis-MOLL, OP. 6 NR. 1, MAZURKA cis-MOLL, OP. 6 NR. 2, MAZURKA E-DUR, OP. 6 NR. 3, MAZURKA es-MOLL, OP. 6 NR. 4. Ersch.: Leipzig (Kistner) 1832, Paris (Schlesinger) 1833, London (Wessel) 1833. Die französische Erstausgabe enthielt zusätzlich die *C-Dur-Mazurka*, op. 7 Nr. 5. Vgl. Abb. 118 und 225.

MAZURKA B-DUR, OP. 7 NR. 1, MAZURKA a-MOLL, OP. 7 NR. 2, MAZURKA f-MOLL, OP. 7 NR. 3, MAZURKA As-DUR, OP. 7 NR. 4, MAZURKA C-DUR, OP. 7 NR. 5. Entstanden 1830/1831. Ersch.: Leipzig (Kistner) 1832, Paris (Schlesinger) 1833, London (Wessel) 1833, Warschau (Klukowski – es erschien nur op. 7 Nr. 1) 1835. Op. 7 Nr. 5 fehlt in der französischen Erstausgabe; das Stück war in Frankreich bereits als op. 6 Nr. 5 erschienen. Von op. 7 Nr. 2 erschien eine um 1829 entstandene Erstfassung 1902 in Leipzig (Breitkopf & Härtel). Von op. 7 Nr. 4 existiert eine 1824 entstandene Erstfassung (Autograph in der Bibliothek der Warschauer Musikgesellschaft). Vgl. Abb. 118, 119 und 120.

ETÜDE C-DUR, OP. 10 NR. 1, ETÜDE A-MOLL, OP. 10 NR. 2. Vgl. »Werke 1829«. Vgl. Abb. 243.

KLAVIERKONZERT e-MOLL, OP. 11. 1. Allegro maestoso. 2. Romance Larghetto. 3. Rondo vivace. Ersch.: Leipzig (Kistner) 1833, Paris (Schlesinger) 1833, London (Wessel) 1834. Vgl. Abb. 107, 108.

NOCTURNE F-DUR, OP. 15 NR. 1, NOCTURNE Fis-DUR, OP. 15 NR. 2. Entstanden 1830/1831. Ersch.: Leipzig (Breitkopf & Härtel) 1833, Paris (Schlesinger) 1834, London (Wessel) 1834. Vgl. Abb. 265. (Op. 15 Nr. 3 entstand 1833.)

WALZER Es-DUR, OP. 18. Entstanden 1830 oder 1831. Ersch.: Leipzig (Breitkopf & Härtel) 1834, Paris (Schlesinger) 1834, London (Wessel) 1834.

GRANDE POLONAISE BRILLANTE Es-DUR, OP. 22 für Klavier und Orchester. Komponiert 1830/1831, das *Andante spianato* entstand wahrscheinlich 1834. Ersch.: Leipzig (Breitkopf & Härtel) 1836, Paris (Schlesinger) 1836, London (Wessel) 1836.

HULANKA (BACCHANAL) C-DUR, OP. 74 NR. 4 (POSTHUM), PRECZ Z MOICH OCZU (MIR AUS DEN AUGEN) F-MOLL, OP. 74 NR. 6, (POSTHUM), POSEŁ (DER BOTE) D-DUR, OP. 74 NR. 7 (POSTHUM), WOJAK (DER REITER VOR DER SCHLACHT) As-DUR, OP. 74 NR. 10 (POSTHUM). Lieder für Singstimme mit Klavierbegleitung. Ersch.: Berlin (A. M. Schlesinger) 1857, Warschau (Gebethner & Wolff) 1859, London (Lucas, Weber & Co) 1874, Paris (Hamelle) 1879. Op. 74 Nr. 4 erschien bereits, transponiert nach A-Dur, 1831 bei Żupański in Posen; op. 74 Nr. 10 wurde schon 1836 oder 1837 bei Kocipiński in Kiew veröffentlicht.

NOCTURNE cis-MOLL (LENTO CON GRAN ESPRESSIONE) (OHNE OPUSZAHL) (POSTHUM). Ersch.: Posen (Leitgeber) 1875, London (Aschenberg) 1894. Vgl. S. 66, 67.

WALZER e-MOLL (OHNE OPUSZAHL) (POSTHUM). Ersch.: Warschau (Kaufmann) 1868, Mainz (Schott) 1868.

CZARY (ZAUBER) d-MOLL (OHNE OPUSZAHL) (POSTHUM). Lied für Singstimme mit Klavierbegleitung. Ersch.: Krakau (Polskie Wydawnictwo Muzyczne) 1954.

VARIATIONEN ÜBER EINE UKRAINISCHE DUMKA für Singstimme mit Klavierbegleitung. Komponiert von Antoni Radziwiłł, ausgearbeitet von Chopin. In einem Brief Chopins vom 5. Juni 1830 an Tytus Woyciechowski erwähnt. Verschollen.

107 Titelblatt der französischen Erstausgabe, 1834, von Chopins 1830 komponiertem »e-Moll-Klavierkonzert, op. 11«.

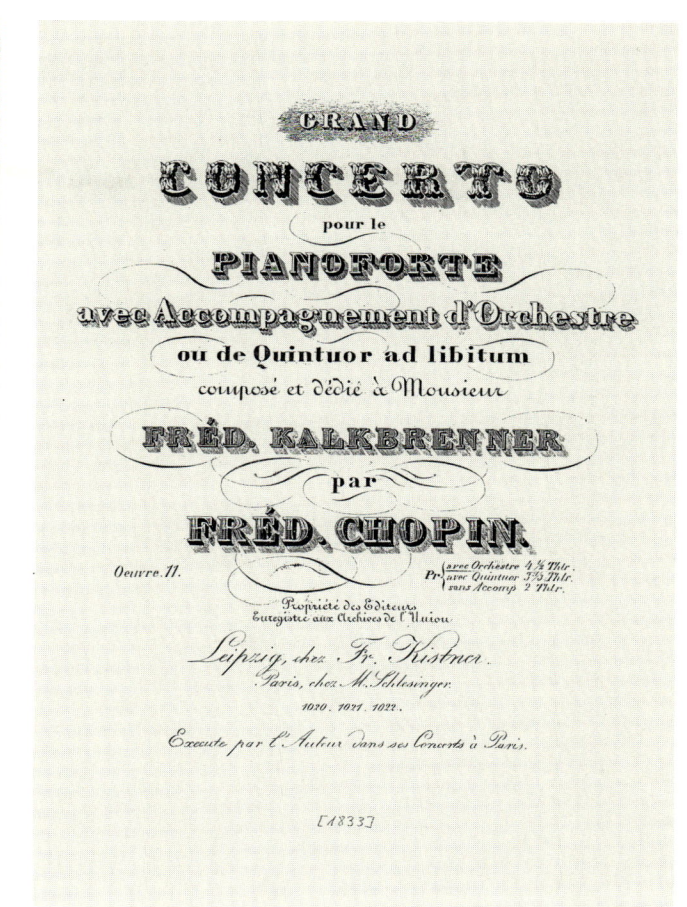

108 Titelblatt der deutschen Erstausgabe, 1833. Vgl. Chronik S. 56.

109, 110 Rezension von Chopins »e-Moll-Konzert«.

ALLGEMEINE MUSIKALISCHE ZEITUNG.

Den 17ten August. — N°. 33. — 1836.

Concerte für das Pianoforte.
Angezeigt von G. W. Fink.

Second Concerto pour le Pianof. avec accomp. de l'Orchestre ou avec Quatuor — par Fréd. Chopin. Oeuv. 21. Leipzig, chez Breitkopf et Härtel. Pr. av. Orchestre 4 Thlr.; av. Quat. 3 Thlr.; pour Pianof. seul 1 Thlr. 16 Gr.

Was das Eigenthümliche der Compositionsweise dieses Verfassers ausmacht, ist in frühern Beurtheilungen hinlänglich dargestellt worden, auch durch verbreiteten Gebrauch der Werke dieses Pianofortevirtuosen so allgemein bekannt, dass wir darüber nichts weiter hinzuzufügen haben. Wir geben also sogleich einen übersichtlichen Umriss des Werkes nach der Originalpartitur. Der erste Satz, Maestoso, 4/4, F moll, mit ♩ = 138 bezeichnet, beginnt in einer ziemlich ausgeführten Einleitung des vollen Orchesters mit folgendem Hauptgedanken:

Im Quintsextaccorde *pp.* nur mit Streichinstrumenten schliessend, setzt das Soloinstrument in demselben Accorde *ff* ein, in die Hauptmelodie bald u. wirksam übergehend:

An schicklichen Stellen wird natürlich die Melodie mit klaviermässigen Verzierungen in allerlei ungeraden oder nicht nach genauer Takteintheilung auszuführenden olen geschmückt, das Melodische abermals angenehm lange genug gehalten, um die Hauptmelodie gehörig einzuprägen, ehe zu stärkern Bravouren fortgeschritten wird. Eine solche, zwar nicht ungewöhnliche, aber sachgemässe Behandlung hilft der Klarheit des Satzes bedeutend u. macht die folgenden Virtuosenpassagen desto erwünschter. Nachdem diese Bravourgänge in Chopin's Weise weder zu kurze noch zu lange Zeit in grössere Spannung versetzt haben, kehrt beim con anima ein neuer, aus dem ersten genommener, melodischer Satz in gutem Wechsel wieder, angenehm verziert, nur mehr als der erste mit den dem Verf. gewohnten Fortschritten etwas dunkler gefärbt, doch weniger als sonst. Diese dunklern Schattirungen liegen in dieser Composition besonders weit mehr in Wechsel- u. Durchgangsnoten, als in massenhaften Accordbewegungen, die hier durchaus nicht vorwalten; man könnte es im Accordenwechsel sogar einfach nennen; Nebentöne u. Figurenverschiedenheiten wirken das Hauptsächlichste. Die Instrumentalbegleitung des ersten Abschnittes, der in C moll schliesst, ist so einfach als möglich; nur Streichinstrumente geben die Accorde ohne allen Nebenschmuck, so dass der Solospieler gewisslich nicht bedeckt wird. Diese Einrichtung waltet im ganzen Concerte vor; nur selten u. dann vereinzelt lässt sich ausser dem Streichquartett noch ein Blasinstrument zum Solo des Pianoforte vernehmen, noch seltener treten einige, und dann nicht lange, zusammen. Am meisten noch mischen sich einige Blasinstrumente in der Weiterführung zum ersten Hauptabschnitt in C dur verschönernd ein, worauf das volle Orchester einen einleitenden Zwischensatz hören lässt, auf welchen das Soloinstru-

111, 112 *Bericht Gottfried Wilhelm Finks über Chopins »f-Moll-Klavierkonzert« in der »Allgemeinen Musikalischen Zeitung« vom 17. August 1836.*

ment seine erste Melodie in F moll einfach wieder zu Gehör bringt; es versteht sich, dass die Zwischenverzierungen nicht fehlen. As dur herrscht bald mehr vor u. verliert sich im starken Wechsel u. vollen Bravouren in die Haupttonart, wo die Fortschreitung aus F moll nach G dur, durch die Septime auf C sogleich in F moll zurückgehend, zwar etwas Frappantes, aber natürlich nichts Unangenehmes hat, da es eben nur Durchgangsaccord ist. Im ersten Theile fand sich zwischen C moll u. D dur dasselbe. Die Wiederkehr gewinnt also noch das Symmetrische für sich, was in der Regel angenehm wirkt. Auch die Figuren stehen im Zusammenhange mit den frühern, so dass das Ganze für die Hörer nicht eben schwer aufzufassen ist.

Das Larghetto, $\frac{4}{4}$, As dur, $\wp = 56$, schliesst sich mit seiner 5taktigen Tutti-Einleitung genau an eine Idee des vorigen und beginnt sein Solo auf folgende einfach sangbare Weise:

Nach einiger Triolen- u. Sextolen-Weiterspinnung erneut sich der Gesang mit Zwischenschmuck in 29, 27, 15, 14 auf den halben Takt u. ergeht sich in ähnlichen Wendungen, bis sich das Anfangsspiel der Instrumente kurz einwebt u. zum Tremolo derselben ein sehr verziertes Recit. appassionato einen wirksamen Zwischengesang im Unisono mit beiden Händen bildet, wozu die Blasinstrumente nur die recitativischen Zwischenschläge u. ein paar Füllungsaccorde zur Einleitung in die Cadenzen bringen, worauf das Thema noch einmal anklingt und in kurzer Haltung das sanft eingängliche Ganze, leise verschwimmend, beendet.

Der Schlusssatz, All. vivace, $\frac{3}{4}$, F moll, ist in der Art eines Masurek mit folgendem Anfangsmotiv:

Der 13 gedruckte Seiten lang durchgeführte Satz bewegt sich in seinen Bravouren grösstentheils in Triolen u. schliesst mit einem brillanten Solo in F dur gleichfalls in Triolen.

Es ist seinem Grundbaue nach offenbar einfacher angelegt u. für die Hörer übersichtlicher, fasslicher gehalten, als das erste Concert. Eine Vergleichung beider in Hinsicht ihrer Schönheit würde vergeblich angestellt werden, weil man jetzt der Mehrzahl nach nicht nach dem Begriffe des Schönen, sondern nach willkürlichem Wohlgefallen zu urtheilen oder vielmehr zu schätzen beliebt, wobei freilich wenig oder nichts Begründetes gewonnen werden kann. Wir lassen uns daher auf eine solche Vergleichung auch nicht ein, meinen aber, es werde dieses zweite Concert um seiner leichtern Fasslichkeit willen höchst wahrscheinlich einen noch allgemeinern Eingang finden. Der Vortragende wird im Allgemeinen eben so viel zu thun haben, als im ersten Concerte. Allerdings lässt sich das mehr oder minder Schwere, wie jedes Bezügliche, nicht so genau, wie mit Waage und Elle, messen; dem Einen fallen diese Art Bravourgänge schwerer, dem Andern jene: dennoch wird im Ganzen die Lösung dieser Aufgabe mit nicht geringern Schwierigkeiten zu ringen haben. Es empfiehlt sich also allen tüchtigen Pianofortespielern zur Erstärkung ihrer Fertigkeiten von selbst, so dass es Keiner unbeachtet lassen wird, der mit der Zeit fortgehen und sich von allen Seiten vervollkommnen will.

1830

113 *Warschau, Blick in die Krakowskie-Przedmieście-Straße, die rechts weiter zur Zygmunt-Säule (im Hintergrund) führt. Aquatinta, um 1827, von Friedrich Ch. Dietrich.*
Links im Bild die Kozia-Straße. In der Mitte das Café Brzezińska, das Chopin häufig besuchte; dieses Café wurde 1944 zerstört und 1959 wieder aufgebaut.

114 *Warschau, Krasiński-Platz. Aquatinta, um 1827, von Friedrich Ch. Dietrich.*
Ganz rechts im Bild das Nationaltheater, in dem die großen Konzerte stattfanden, in denen Chopin seine Werke für Klavier und Orchester aufführte. Vgl. Abb. 117.

115 *Angelica Catalani (1780–1849). Stahlstich, um 1830.*
Die berühmte Sängerin – von 1814 bis 1817 war sie Leiterin des *Théâtre-Italien* in Paris – bewunderte bei einem Warschauer Aufenthalt das Klavierspiel Chopins. Vgl. Abb. 26.

116 *Henriette Sontag (1806–1854). Stahlstich, um 1830.*
Henriette Sontag war damals nicht weniger berühmt als ihre große Rivalin Angelica Catalani. Im Mai/Juni 1830 konzertierte sie im Warschauer Nationaltheater. Chopin an Tytus Woyciechowski, 5. Juni 1830: »Du glaubst nicht, wieviel Freude ich beim näheren Kennenlernen, das heißt im Zimmer auf dem Kanapee, denn Du weißt ja, daß wir uns auf nichts weiter einlassen, mit diesem Sendboten Gottes hatte, denn so nennen einige hiesige Enthusiasten sie. […] Fräulein Sontag ist nicht schön, aber im höchsten Grade hübsch. Sie bezaubert alle durch ihre Stimme, die nicht sehr umfangreich […] doch außerordentlich geschult ist; ihre Diminuendi sind non plus ultra, ihre Portamenti schön und die Tonleitern, insbesondere die chromatischen aufwärts, prächtig.«[20]

117 *Warschau, Nationaltheater. Aquatinta, 1791, von Zygmunt Vogel.*
Am 17. März 1830 spielte Chopin hier seine *Fantasie über polnische Themen, op. 13* und – zum erstenmal öffentlich – sein *f-Moll-Klavierkonzert*, am 22. März 1830 *Krakowiak*, *f-Moll-Konzert* und Improvisationen, am 8. Juli 1830 seine *Don Giovanni-Variationen op. 2*. Am 11. Oktober des gleichen Jahres war er hier Solist bei der öffentlichen Uraufführung seines *e-Moll-Klavierkonzertes*, außerdem spielte er in diesem Konzert seine *Fantasie über polnische Themen*.
Das Nationaltheater war bis 1833 in Betrieb, anschließend fanden die wesentlichen Konzerte im Großen Theater (Abb. 34) statt.

118 »Mazurka op. 7 Nr. 5«.
Diese kürzeste aller Chopin-Mazurken hat keinen festgelegten Schluß;
man kann in C-Dur oder G-Dur schließen.

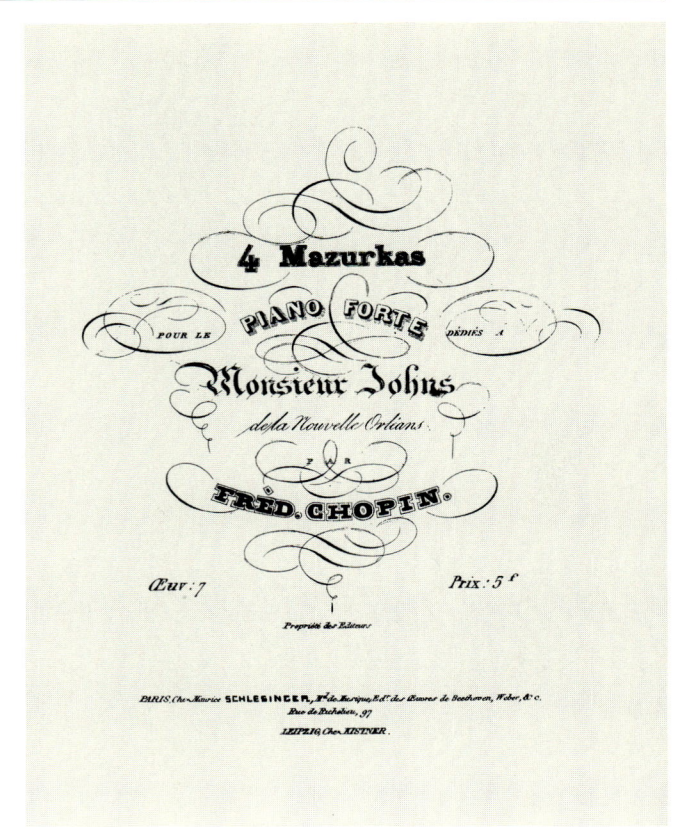

119 Titelblatt der französischen Erstausgabe, 1833,
von Chopins 1830/1831 entstandenen »Mazurken op. 7«.

Mazurken

Die Mazurka ist der eigentliche polnische Nationaltanz. Im Gegensatz zur Polonaise ist sie mehr in den Dörfern als in den vornehmen Ballsälen heimisch. Sie ist in gewissem Sinn eine stilistische Verschmelzung des *Mazur* (hauptsächlich in der Gegend um Warschau), des *Kujawiak* (ein langsamer, bisweilen schwermütiger Bauerntanz) und des *Oberek* (ein schneller Drehtanz – Chopin verwendete ihn auch im 3. Satz, Takt 141 ff. seines *f-Moll-Klavierkonzertes*). Von diesen Volkstänzen leitet Chopin seine annähernd 60 Mazurken ab, verfeinert und bereichert sie mit überraschenden Harmoniefolgen, reizvoll fremdartigen melodischen Wendungen und widmet ihnen seinen ganzen Erfindungs- und Empfindungsreichtum, seinen vollendeten Klaviersatz, die größte Sorgfalt in der Ausarbeitung von Melodie- und Stimmführung. Charakteristisch sind der Dreivierteltakt, oft mit verschobener Betonung und einem punktierten Viertel, gelegentliche »Dudelsackquinten« in der Begleitung, häufige Verwendung der Triole.

Chopin komponierte sein ganzes Leben lang Mazurken, nicht zuletzt als Ausdruck einer ständigen Verbundenheit mit dem Vaterland. Seine letzten beiden Werke waren Mazurken. Obwohl die Mazurken hinsichtlich Umfang und Aufbau den sogenannten »Kleinformen« angehören, zählen sie zu seinen kostbarsten Werken. Trotz seiner großartigen Préludes, Etüden, Balladen und Scherzi sind die Mazurken wohl die persönlichsten und originellsten seiner Kompositionen.

Während alle anderen Werke Chopins eigentlich von Anfang an ungeteilte Anerkennung fanden, stießen seine Mazurken gelegentlich auf heftige Kritik. Die Londoner *Musical World* schreibt 1841 über die *Mazurken op. 41*: »Monsieur Frédéric Chopin hat durch Mittel, die wir nicht erraten können, einen enormen Ruf erlangt, einen Ruf, den man nur zu oft Komponisten abspricht, welche zehnmal genialer sind als er. Chopin bewegt sich keineswegs in Gemeinplätzen, aber, was für viele noch schlimmer ist, er befleißigt sich der abgeschmacktesten und übertriebensten Extravaganzen. Es ist eine beißende Satire auf die Denkkraft der Berufsmusiker, daß ein so unreifer und beschränkter Komponist als klassischer Musiker gepriesen wird, wie dies ziemlich allgemein der Fall ist. Es fehlt Chopin nicht an Ideen, diese reichen aber niemals über höchstens acht oder sechzehn Takte hinaus, danach befindet er sich regelmäßig *in nubibus*. [...] Die Werke des Komponisten erinnern uns ohne Unterschied an die Begeisterung eines Schülers, die mit seinen Mitteln in keinerlei Einklang steht, eines Schülers, der um jeden Preis originell sein möchte. Seine Harmonien sind mit ihrer affektierten Fremdartigkeit plump und unbeholfen, seine Melodien sind trotz ihrer augenscheinlich forcierten Abweichung vom Gewöhnlichen nur krankhaft, eine völlige Planlosigkeit tritt überall in seinen übermäßig ausgedehnten Arbeiten zu Tage. [...] Sämtliche Arbeiten Chopins stellen eine bunte Fläche von schwülstigen Hyperbeln und peinigenden Kakophonien dar. Wenn er nicht auf diese Weise auffällt, so ist er nicht besser als Strauß oder irgend ein anderer Walzer-Fabrikant. [...] Die Bewunderer Chopins, und davon gibt es Legionen, werden auch diese in höchstem Maße Chopinschen Mazurken bewundern; wir tun es nicht.«[21]

Vgl. S. 63, 64, 65, 106, 275; Abb. 257, 267, 520, 561, 638.

120 Manuskript von Chopins »Mazurka op. 7 Nr. 3«.

121 *Die »Neue Zeitschrift für Musik« vom 30. September 1844 über Chopins »Mazurken op. 56«.*

122 *Rezension von Chopins »Mazurken op. 56«. »Allgemeine Musikalische Zeitung« vom 4. Dezember 1844.*

123 *Ludwig Rellstab über Chopins »Mazurken op. 7« (Zeitung »Iris im Gebiete der Tonkunst«, 12. Juli 1833. (Aus der 41. Textzeile geht hervor, daß die Mazurken op. 6 gemeint sind.)*
Robert Schumann äußert sich in der *Neuen Zeitschrift für Musik* vom 22. April 1836 zu dieser Rezension: »Sobald Ihr überhaupt Widersacher findet, junge Künstler, so sehr wollet Euch dieses Zeichens Eurer Talentkraft freuen und diese für um so bedeutender halten, je widerhaariger jene. Immerhin bleibt es auffallend, daß in den sehr trockenen Jahren vor 1830, wo man dem Himmel um jeden besseren Strohhalm hätte danken sollen, selbst die Kritik, die freilich immer hintennach kommen wird, wenn sie nicht von productiven Köpfen ausgeht, noch lange mit der Anerkennung Chopins achselzuckend anstand, ja daß Einer sich zu sagen erkühnte, Chopins Compositionen wären nur zum Zerreissen oder Zerrissenwerden gut. Genug davon. […] Denn was ist ein ganzer Jahrgang einer musikalischen Zeitung gegen ein Concert [*f-Moll, op. 21*] von Chopin? Was Magisterwahnsinn gegen dichterischen? Was zehn Redactionskronen gegen ein Adagio im zweiten Concert?«

Pianofortemusik.
(Schluß.)
Salonstücke.

F. **Chopin**, 2 Nocturnen. — Op. 55. — Leipzig, Breitkopf u. Härtel. — ⅔ Thlr.

— — 3 Mazurken. — Op. 56. — Ebendas. ⅚ Thlr. vollständig 3 Thlr. —

Th. **Kullak**, Portefeuille de Musique. Salonstücke. — Op. 20. — Berlin, Trautwein. 5 Hefte à 4/12 bis 1⅓ Thlr. —

Es ist nicht möglich, sieht man auch nur vier Tacte der beiden erstgenannten Werke, zumal der Mazurken, den Componisten zu verkennen. Das ist freilich Manier. Aber ist es nicht eine liebenswürdige? und ist nicht jede ein Beweis urkräftiger Lebensthätigkeit? Wenn aber dieselbe Naturkraft immer gleiche Früchte bietet, wer grollt ihr? Auch erhalten alle diese kleinen Stücke durch irgend einen besondern Charakterzug, durch wenige bezeichnende Pinselstriche bei aller Familienähnlichkeit immer doch die mannichfaltigste Verschiedenheit der Individualität. Die erste und dritte der Mazurken sind in breitere Form gegossen und die erstere hat einen Mittelgedanken, dessen gleichmäßig fließende Figur von dem scharfen rhythmischen Gepräge der übrigen Theile lebhaft sich abhebt, während die letzte einen gleichförmigern Ductus hat. Uebrigens ist den Mazurken wie den beiden Notturnen aller Reiz Chopin'scher Arbeit eigen und jene eigenthümliche Chromatik, die er in so reicher und mannichfaltiger Weise entfaltet. Die Notturnen, schon des mangelnden besondern rhythmischen Gepräges wegen, haben einen mehr allgemein lyrischen, aber aus demselben Grunde weniger manierirten Anstrich. Des erstern warme, sprechende Melodie und die feine, kunstvoll um die zarte Cantilene gewobene Harmonik des andern sind so echt Chopinisch als reizend. —

Tacte lang in ein räthselhaftes Gewand. Die Melodie selbst, größtentheils in eine Mittelstimme gelegt, verlangt in ihren zarten Umrissen sehr viele Pflege, wenn sie nicht verwischt werden soll. Das Alternativ in Es dur (so ist es zur Bequemlichkeit, da Dis dur schwer zu lesen ist, geschrieben), mehr figurirt, als melodisch, hebt sich gut von dem ersten Gedanken los. — No. 2 (C dur) wird schnell Freunde finden, weit fasslicher, als die anderen beiden, und an die Jugendzeit Chopin's erinnernd. Der liegende Grundton mahnt an die seltsame Instrumentation, die man in einer polnischen Bauerschenke zu hören bekommt. — No. 3 ist originell, doch von harmonischer Unruhe. Es wird mehr hin und her modulirt, als der Gesammtwirkung nützlich ist. Der Character des Mazureks geht in den einer freien Fantasie über. Der Grundgedanke, an sich klein, wird gleichsam zum Spielballe der Laune. Einzelne Wendungen, die bei dieser Gelegenheit vorkommen, sind geistreich und interessant.

F. **Chopin**: 3 Mazurkas pour Pianoforte. Op. 56. Leipzig, bei Breitkopf und Härtel. Preis 25 Ngr.

Der Rhythmus nationaler Tänze hat den neueren Componisten bereits reiche Ausbeute gewährt. Die polnischen zumal sind vor anderen durch rhythmische Eigenthümlichkeit ausgezeichnet, und der characteristische Schwung der Mazurka namentlich wurde von Chopin, als er aus seinem Vaterlande sich vor dreizehn Jahren nach Frankreich übersiedelte, in die Salonliteratur des Pianoforte's mit der ihm inwohnenden Poesie eingeführt, ja, er verdrängte die bis dahin von Virtuosen behandelte Polonaise. Er hat jenen scharfen Rhythmus lieb behalten, der ihm für seine weichen, träumerischen Motive einen willkommenen Rahmen bietet, und ist immer wieder zu ihm zurückgekehrt. Die feste Bestimmtheit des Rhythmus gestattet dem Componisten, der nach dieser Seite gebunden ist, nur in harmonischer Hinsicht Freiheit, die Chopin nun auf's Vollständigste benutzt. Die Wendungen sind zuweilen ganz ungewöhnlich, sogar hart, und werden nur durch seine weiche, elastische Spielart so weit gemildert, dass sie dem Ohre nicht verletzend erscheinen. Auf solchen Vortrag, worauf diese Musikstücke hingewiesen sind, kommt Alles an. Die vorliegenden drei Mazurka's liefern abermals für das hier Gesagte an vielen Stellen Beweise. Gleich die erste verhüllt seine Grundtonart H dur zwölf

---

Quatre Mazurkas pour le Pianoforte composées par *Ferd. Chopin.* Liv. I. u. II. Opus 7. Leipzig, bei Friedr. Kistner. Pr. à 10 gGr.

Wir haben neulich ein Trio von demselben Componisten recht günstig beurtheilen dürfen. Beim Anblick dieser Mazurkas aber möchten wir alles Lob, welches wir damals gespendet haben, zurückziehen und dagegen die Tadelsandeutungen in wahre Anklagen verwandeln. Denn nur zu sehr rechtfertigt es sich hier, was wir damals vermuthend aussprachen, daß der Verfasser eine Neigung habe, gesucht und unnatürlich zu schreiben; wenigstens in den vorliegenden Tänzen sättigt er sich in dieser Leidenschaft bis zum eklen Uebermaaß. In Aufsuchung ohrzerreißender Dissonanzen, gequälter Uebergänge, schneidender Modulationen, widerwärtiger Verrenkungen der Melodie und des Rhythmus, ist er ganz unermüdlich und wir möchten sagen unerschöpflich. Alles, worauf man nur verfallen kann, wird hervorgesucht, um den Effect bizarrer Originalität zu erzeugen, zumal aber die fremdartigsten Tonarten, die unnatürlichsten Lagen der Accorde, die widerhaarigsten Zusammenstellungen in Betreff der Fingersetzung. Weiß denn der Verfasser nicht, daß der Maaßstab der Armuth an Genie mit den Mitteln wächst, die man hervorsucht, um eine Wirkung zu erzeugen? Weiß er nicht, daß gerade die häßlichen Frauenzimmer sich am meisten mit Flören und Bändern und Culs de Paris behängen, ihre mageren Arme in die gepufftesten Gigots stecken und die fahle Haut mit der dichtesten Schminke übertünchen? Hat er denn jemals geglaubt, daß die geschmacklosen Muttergottesbilder in Kleidern von Drap d'Or und Drap d'argent mit Perlen und Brillanten beladen dadurch zu Kunstwerken würden? Sollte er nie gesehen haben, in wie einfacher Gewande Raphael seine Gestalten hüllt, wie viel einfacher noch die Gewandung der Antike ist? Aber es verlohnt wahrlich nicht der Mühe, daß ich der verdrehten Masurek's des Herrn Chopin wegen so lange Philippiken halte. Er ist aber auch nur das Vehikel meines Zorns, möge er, blitze und wettere hier gegen die ganze Verirrung, gegen diesen abtrünnigen Götzendienst der Kunst los, wodurch die Heilige zur Buhlerin oder zur Fratze entwürdigt wird. — Nachdem wir unsern Zorn ausgetobt haben, wollen wir einige gelindere Worte der Ermahnung nachfließen lassen, wie Mütter nach einer Züchtigung pflegen. Wir geben zu, daß eine Seltsamkeit hie und da einen gewissen Reiz ausübt, und daß es bisweilen in der Laune eines Genies liegen kann barock zu sein. Daher vergeben wir auch Herrn Chopin seinen ersten Masurka, denn warum sollte er nicht einmal auf einen recht seltsamen Einfall gerathen sein und die Laune haben ihn auszuführen? Da aber der folgende noch ärger ist, der dritte sich wieder steigert und so fort, so läßt sich daraus ersehen, daß der Componist das Seltsame sucht, weil er nichts Natürliches zu geben vermag. Und sieht er denn nicht wie sehr er sich über die Erfindung täuscht, wie oft alles nur in einzelnen Hülfsmitteln, durchaus nicht in der Sache selbst liegt? Er spiele einmal seinen Masurka № 4. in Es moll, in E moll, und er wird sehen, wie unbedeutend das ist, was er eigentlich erfunden zu haben glaubte. Aber woher kommt es, daß wir jetzt so häufig auf solche grobe Verirrungen stoßen? Antwort: Weil kein Schüler mehr unter der Aufsicht eines Meisters reif wird, weil seine Studien absolvirt glaubt, wenn er gelernt hat, daß man keine Quinten machen soll. Das höchste und schwierigste Studium, die eigentliche Bildung des Kunstsinns und Geschmacks halten die Herren für überflüssig, denn wie Schiller singt: "dem genialen Geschlecht wird Alles im Traum beschert." Hätte Herr Chopin diese Composition einem Meister vorgelegt, so würde dieser sie ihm hoffentlich zerrissen vor die Füße geworfen haben, was wir hiermit symbolisch thun wollen.

Die Mazurek hat Chopin gleichfalls zur kleinen Kunstform emporgehoben; so viele er geschrieben, so gleichen sich nur wenige. Irgend einen poetischen Zug, etwas neues in der Form oder im Ausdruck hat fast jede. So ist es in der zweiten der obengenannten das Streben der H-Moll-Tonart nach Fis-Moll, wie sie denn auch (man merkt es kaum) in Fis schließt; in der zweiten das Schwanken der Tonarten zwischen weicher und harter, bis endlich die große Terz gewinnt; so in der letzten, die jedoch eine matte Strophe (auf S. 13) hat, der plötzliche Schluß mit den Quinten, über die die deutschen Cantoren die Hände über die Köpfe zusammenschlagen werden. Eine Bemerkung beiläufig: die verschiedenen Zeitalter hören auch verschieden. In den besten Kirchenwerken der alten Italiener findet man Quintenfortschreitungen, sie müssen ihnen also nicht schlecht geklungen haben. Bei Bach und Händel kommen ebenfalls welche vor, doch in gebrochener Weise; und überhaupt selten; die große Kunst der Stimmenverflechtung mied alle Parallelgänge. In der Mozart'schen Periode verschwinden sie gänzlich. Nun trabten die großen Theoretiker hinterher und verboten bei Todesstrafe, bis wieder Beethoven auftrat und die schönsten Quinten einfließen ließ, namentlich in chromatischer Folge. Nun soll natürlich ein so chromatischer Quintengang, wird er etwa zwanzig Tacte lang fortgesetzt, nicht als etwas Treffliches, sondern als etwas äußerst Schlechtes ausgezeichnet werden, gleichfalls soll man dergleichen aber auch nicht einzeln aus dem Ganzen herausheben, sondern in Bezug zum Vorhergehenden, im Zusammenhang hören, und dann wüßte ich nicht, wer es uns verwehren könnte, nach einer Figur wie diese:

gegen den Schluß hin so zu schreiben:

und dann etwa zu schließen wie folgt:

Und so seid mir gegrüßt, liebe Quinten! Dem Schüler streichen wir weg, was schülerhaft; dem schwärmerischen Jüngling hören wir gern zu und vom Meister lassen wir uns gar Alles gefallen, was schön klingt und singt.

124 *Robert Schumann über Chopins »Mazurken op. 30«. »Neue Zeitschrift für Musik« vom 4. Dezember 1838.*

F. Chopin: Trois Mazourkas pour le Piano. Op. 50. Prix 1 Fl.

Ein neues Stück von Chopin ist uns immer eine willkommene Gabe. Besonders in diesen Mazurken steht er wieder so eigenthümlich da. Sie sind vortrefflich, und recht eigentlich zum Genuss bestimmt, denn sie sind nicht schwer. Wie reizend ist No. 1! Wie prächtig schreiten die Bässe! wie sinnig und wonnig sind die folgenden Takte:

und

gerade an dem Platze, wo sie stehen! Nicht weniger schön ist No. 2 in As dur. Am genialsten ist aber No. 3, wenn sie gleich nicht eben so ansprechend sein dürfte. Referent freut sich über diese köstliche Gabe und empfiehlt sie dringend.

125 *Rezension von Chopins »Mazurken op. 50«. »Allgemeine Musikalische Zeitung« vom 23. November 1842.*

Quatre Mazurka's pour le Pfte. composées par Fréd. Chopin. Oeuv. 17. Leipzig chez Breitkopf et Härtel. Pr. 16 gGr.

Der Componist scheint mit seinen fortrückenden Arbeiten einzusehen, daß Schwierigkeit nicht das Ziel der wirklich musikalischen Compositionen sein soll; vielleicht kommt er nach und nach auf den letzten, richtigen Begriff davon, daß sie fast immer nur ein nothwendiges Uebel ist. Der Geschickteste ist gewiß der, der ohne neue, combinirte Mittel zu gebrauchen, neu combinirte Gedanken hat. In gewissen Beziehungen kann man dies an den vorliegenden Masurka's rühmen; sie haben eine pikante Nationalität, und ohne überschwer zu sein, doch manche für das Instrument neue und in der Combination interessante Wendungen. Dahin rechnen wir einige harmonische Zusammenstellungen, obwohl sie mehr gesucht als gefunden sind; gewisse überraschende Wendungen im Rhythmus, namentlich bei den Uebergängen eines Mitteltheils in das Grundthema des ersten; endlich einige graziöse Verzierungen in der Melodie. Im zweiten Masurka ist der Satz: System 2, Takt 2 u. s. f. bis zur Rückkehr des Thema's (eine harmonische Tendenz) sehr originell und schön in der Wirkung. Im letzten Masurka dagegen werden uns der harmonischen Verflechtungen und gesuchten Dissonanzen doch etwas zu viel. Dergleichen e i n m a l zu finden, unterhält; es zur Basis der Erfindung gemacht zu sehen, erzeugt Monotonie und somit Gleichgültigkeit.

126 *Ludwig Rellstab über Chopins »Mazurken op. 17« in der Zeitschrift »Iris im Gebiete der Tonkunst« vom 10. Juli 1835.*

127, 128 *Manuskript von Chopins »cis-Moll-Nocturne, op. posthum« aus dem Jahr 1830.*

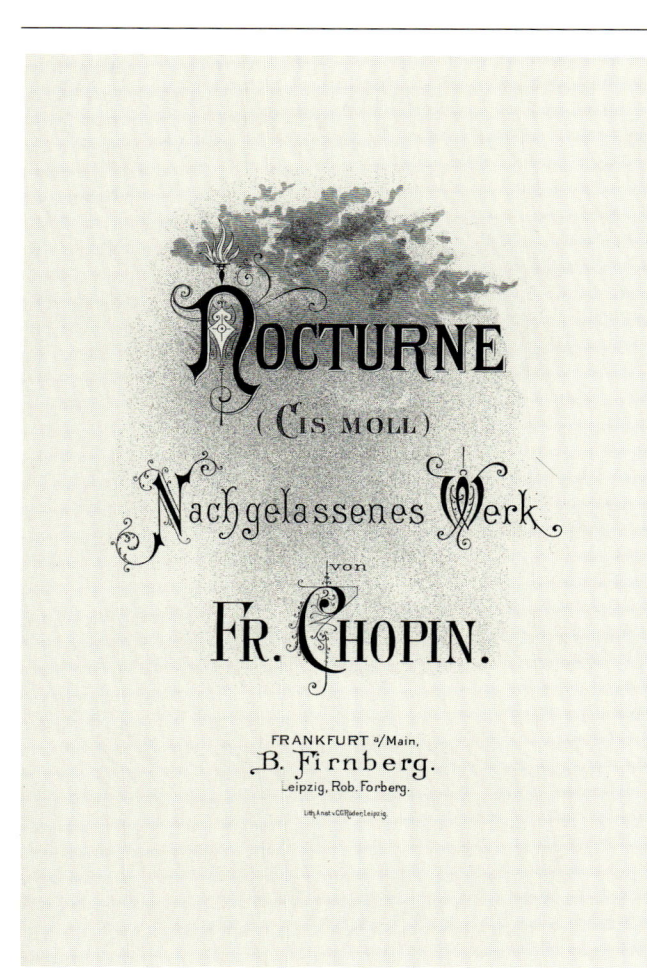

129–132 Chopins »cis-Moll-Nocturne, op. posthum«. Ausgabe um 1900.
Das Werk entstand 1830 und wurde 1875 zum erstenmal veröffentlicht. Da es in den meisten Nocturnes-Ausgaben nicht enthalten ist, wird es hier in vollem Umfang abgebildet.

133 *Konstancja Gładkowska (1810–1889). Zeichnung von Wojciech Gerson nach einer Photographie. Vgl. Abb. 658.*
Konstancja Gładkowska, eine Gesangsschülerin des Warschauer Konservatoriums, war Chopins Jugendliebe. Aus seiner brieflichen Bemerkung vom 3. Oktober 1829 »… denn ich habe schon, vielleicht zu meinem Unglück, mein Ideal, dem ich treu diene, obwohl ich schon seit einem halben Jahr nicht mit ihm gesprochen habe, von dem ich träume, zu dessen Gedenken das Adagio in meinem Konzert [*f-Moll, op. 21*] entstanden ist, das mich zu diesem Walzer [*Des-Dur, op. 70 Nr. 3*] heute früh inspiriert hat …«[22] kann man schließen, daß seine Liebe etwa im April 1829 begann; weitere briefliche Äußerungen deuten darauf hin, daß sie bis zur letzten Begegnung eineinhalb Jahre später, kurz vor seiner endgültigen Abreise aus Warschau, heimlich und unerfüllt blieb. Noch zwei Monate nach dieser Abreise schreibt er über sie: »… denn so wie ich sie liebe, würde ich, wenn ich könnte, alle Töne wachrufen …«[23] Konstancja hat von dieser Liebe wahrscheinlich nichts gewußt. Am 25. Oktober 1830, wenige Tage vor Chopins Abreise aus Polen, schrieb sie zwei Gedichte in sein Album. Das zweite schließt: »Man kann Dich vielleicht mehr belohnen in der Fremde, aber mehr lieben kann man Dich nicht«. Vermutlich Anfang 1832, nachdem Konstancja den Gutsbesitzer Józef Grabowski geheiratet hatte – einige Jahre danach erblindete sie –, schrieb Chopin neben die letzte Zeile: »mogą« (»man kann«).

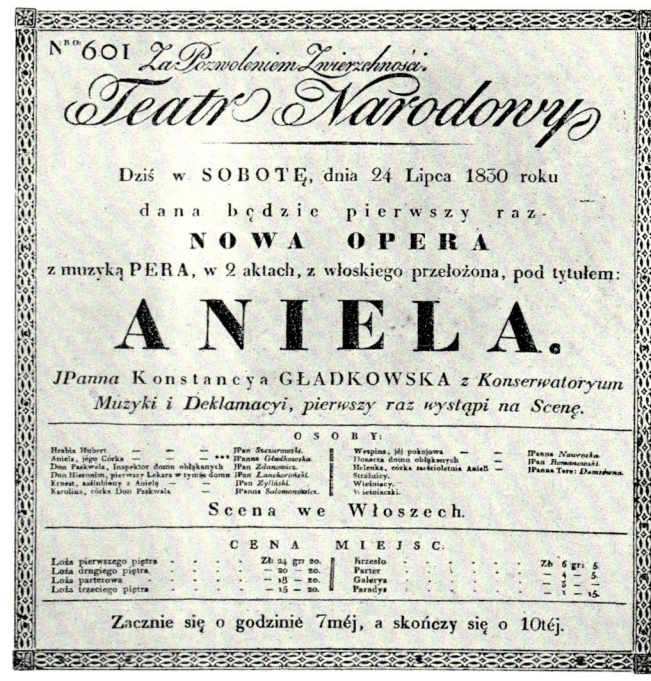

134 *Theaterzettel vom ersten Auftritt Konstancja Gładkowskas am 24. Juli 1830.*
Übersetzung aus dem Polnischen: »Mit Erlaubnis der Obrigkeit – *Nationaltheater* – Heute, Samstag, den 24. Juli 1830, wird zum erstenmal eine neue Oper mit Musik von Per [Paër] aufgeführt, in 2 Akten, aus dem Italienischen übersetzt und betitelt: *Aniela.* Erstes Auftreten des hochgeborenen Fräulein Konstancya Gładkowska vom Konservatorium für Musik und Deklamation.« – Chopin besuchte diese Aufführung.

135 *Dritte Seite des Manuskriptes von Chopins um 1830 entstandener »Etüde As-Dur, op. 10 Nr. 10«. Erstveröffentlichung.*

136 *Frédéric Chopin. Anonymes Aquarell, um 1830.*

137 *Frédéric Chopin. Anonymes Ölgemälde (möglicherweise von Anton Einsle, Wien), um 1830.*

138 *Letzte Seite des Manuskriptes von Chopins um 1830 entstandener »Etüde Ges-Dur, op. 10 Nr. 5«. Erstveröffentlichung.*

1831

LEBEN

JANUAR (bis 20. Juli): Aufenthalt in Wien.

26. JANUAR: In einem Brief an Elsner gibt Chopin zu verstehen, daß seine Lage in Wien nicht so günstig sei wie beim ersten Besuch. Er faßt den Plan, nach Paris zu gehen. (Viele Wiener verurteilten den polnischen Aufstand gegen den Zarismus, in Paris hingegen sympathisierte man mit ihm.) Chopin schildert das kulturelle Leben, z. B.: »Walzer bezeichnet man hier als *Werke*, Strauß und Lanner, die zum Tanze aufspielen, als *Kapellmeister*.«[24]

FEBRUAR/MÄRZ: Chopin verkehrt bei Malfatti, Czerny, Slavik und vielen anderen. Vgl. Abb. 146.

4. APRIL: In einem von der Sängerin Garcia-Vestris veranstalteten Konzert tritt auch Chopin auf. Vgl. Chronik S. 56.

7. MAI: Chopin und Hummel besuchen Malfatti in dessen Sommervilla bei Wien.

27. MAI: In Begleitung Thalbergs besucht Chopin in der Evangelischen Kirche ein Konzert des Breslauer Organisten A. F. Hesse. Chopin fühlt sich nicht wohl in Wien; er äußert sich gleichgültig über sein bevorstehendes Konzert.[25] Längst will er aus Wien abreisen, sein Reisebegleiter Kumelski ist jedoch krank.

11. JUNI: Anläßlich eines Wohltätigkeitskonzertes für den Tänzer D. Mattis spielt Chopin sein *e-Moll-Konzert*. Vgl. Chronik S. 56.

24. JUNI: Zu Malfattis Namenstag spielt Chopin auf dessen Landsitz. Seine Abreise verzögert sich, da der bei der Polizei deponierte Paß verlegt worden war und ein neuer Paß beantragt werden mußte.

6. JULI: Witwicki (vgl. Abb. 176) an Chopin: »Du mußt immer nur eines im Auge haben: das Nationale, das Nationale und noch einmal das Nationale; ein fast leeres Wort für alltägliche Schriftsteller, doch nicht für ein solches Talent wie das Deine«.[26]

20. JULI: In Begleitung Kumelskis reist Chopin über Linz (22. Juli) und Salzburg nach München.

AUGUST: Chopin in München. Konzert am 28. August. Vgl. S. 74 und Chronik S. 56.

SEPTEMBER: Anfang September kommt Chopin für mehrere Tage nach Stuttgart; hier erfährt er von der Einnahme Warschaus. Vgl. S. 75–79.

14. SEPTEMBER: Um die Monatsmitte trifft Chopin in Paris ein. Vgl. Abb. 167. Bekanntschaft mit Paër, Rossini, Cherubini, Kalkbrenner, Baillot, Norblin und vielen anderen maßgebenden Musikern. Wiedersehen mit polnischen Emigranten (vgl. S. 88–90). Begeisterung über Kalkbrenners Klavierspiel, Meyerbeers *Robert le Diable* und die Aufführungen von Rossinis Opern.

27. OKTOBER: Julius Knorr spielt Chopins *Variationen op. 2* im *Leipziger Gewandhaus*.

7. DEZEMBER: Schumann bespricht Chopins *Variationen op. 2* in der *Allgemeinen Musikalischen Zeitung*. Vgl. S. 42.

25. DEZEMBER: Das für diesen Tag vorgesehene Pariser Debut Chopins wird auf den 15. Januar 1832 verschoben. (Es findet dann schließlich erst am 26. Februar 1832 statt.)

WERKE

ETÜDE C-MOLL, OP. 10 NR. 12 (?). Erscheinungsjahr s. »Werke 1829«. Vgl. Abb. 158.
MAZURKA B-DUR, OP. 17 NR. 1, MAZURKA E-MOLL, OP. 17 NR. 2, MAZURKA AS-DUR, OP. 17 NR. 3, MAZURKA A-MOLL, OP. 17 NR. 4 (vgl. »Werke 1824«). Entstanden zwischen 1831 und 1833. Ersch.: Leipzig (Breitkopf & Härtel) 1834, Paris (Schlesinger) 1834, London (Wessel) 1834. Vgl. Abb. 267.
SCHERZO H-MOLL, OP. 20. Entstanden 1831/1832. Ersch.: Leipzig (Breitkopf & Härtel) 1835, Paris (Schlesinger) 1835, London (Wessel) 1835.
BALLADE G-MOLL, OP. 23. Skizziert 1831 in Wien, fertiggestellt 1835 in Paris. Ersch.: Leipzig (Breitkopf & Härtel) 1836, Paris (Schlesinger) 1836, London (Wessel) 1836. Vgl. S. 128, 129.
WALZER A-MOLL, OP. 34 NR. 2. Ersch.: Leipzig (Breitkopf & Härtel) 1838, London (Wessel) 1838, Paris (Schlesinger) 1839.
SMUTNA RZEKA (TRÜBE WELLEN) FIS-MOLL, OP. 74 NR. 3 (POSTHUM), NARZECZONY (DIE HEIMKEHR) C-MOLL, OP. 74 NR. 15 (POSTHUM), PIOSNKA LITEWSKA (LITAUISCHES LIED) F-DUR, OP. 74 NR. 16 (POSTHUM). Lieder für Singstimme mit Klavierbegleitung. Ersch.: Berlin (M. A. Schlesinger) 1859, Warschau (Gebethner & Wolff) 1859, London (Lucas, Weber & Co) 1874, Paris (Hamelle) 1879.
POLONAISE. In einem Brief Chopins vom Juli 1831 aus Wien an seine Familie erwähnt. Verschollen.

Chopins Briefe von seinem zweiten Wiener Aufenthalt (23. November 1830–20. Juli 1831) geben ein – zum Teil widersprüchliches – Bild seiner Verfassung: Unzufriedenheit, Verlassenheit inmitten der Großstadt einerseits, unzählige Bekanntschaften und gesellschaftliche Verpflichtungen andererseits; Unentschlossenheit abzureisen (Italien, Paris, zurück nach Warschau) oder zu bleiben und zu konzertieren, Sehnsucht nach den Angehörigen und nach Konstancja Gładkowska, später die Sorge um sein Vaterland wegen des Warschauer Aufstandes. Nachdem er kurze Zeit im Hotel »Stadt London« und im »Goldenen Lamm«, anschließend im 3. Stock des Hauses am Kohlmarkt 9 logiert hatte, schildert er seine endgültige Wohnung: »Ihr müßt wissen, daß ich jetzt im vierten Stock [am Kohlmarkt 9] logiere. [...] Frau Baronin Lachmanowicz, Schwägerin der Frau Uschakow und nun meine junge und gute Wirtin, besaß im vierten Stock ebenfalls eine Wohnung, die der meinen ähnlich war; man zeigte sie mir, ich mietete und logiere jetzt für zwanzig Gulden monatlich so, als zahlte ich achtzig. Ihr denkt wohl – der Ärmste sitzt unterm Dach! Weit gefehlt, denn über mir ist noch ein fünftes Stockwerk und erst darüber das Dach. [...] Die Straße ist unbezahlbar, mitten in der Stadt, alles in der Nähe; unten der schönste Corso, Artaria links, Mechetti und Haslinger [Wiener Musikverlage] rechts, hinten das Theater, was brauche ich mehr?«[27] Über sein Zimmer: »Es ist groß, gefällig, hat drei Fenster. Das Bett steht dem Fenster gegenüber, ein (wundervolles) Pantaleon [Klavier] zur Rechten, ein Sofa zur Linken. Zwischen den Fenstern Spiegel; in der Mitte ein schöner großer Mahagonitisch; poliertes Parkett.«[28]

141 Wien, Haus am Kohlmarkt 9 (rechts im Bild, mit den sechs Dachfenstern). Kolorierte Umrißradierung, um 1820.
Chopin wohnte im 3., später im 4. Stock.

142 Wien, Josephs-Platz. Kolorierte Umrißradierung, um 1820.
Am Josephs Platz befand sich die Kaiserliche Bibliothek. Chopin war bei seinem Besuch am 13. Mai 1831 zutiefst erstaunt, hier das Manuskript seiner *Don Giovanni-Variationen op. 2* vorzufinden, das Haslinger im Januar 1830 der Bibliothek überlassen hatte.

143 Wien, Promenade auf der Bastei. Kolorierte Umrißradierung, um 1820.
Chopin an seine Familie, 22. Dezember 1830: »Gestern zum Beispiel war ein schöner Spaziergang auf der Bastei. Die Erzherzöge in Gehröcken, Noblesse, mit einem Wort, ganz Wien ...«[29]

Linke Seite:
139 Wien, Hotel »Stadt London«. Lithographie, um 1830.
Hier wohnte Chopin nach seiner Ankunft in Wien, zog aber bald ins »Goldene Lamm«, da die Preise, wie er schreibt, »gepfeffert« waren. Vor dem Hotel war eine Haltestation für Postkutschen. Am 19. August 1829 um zehn Uhr abends trat Chopin von hier aus die Rückreise über Prag nach Warschau an.

140 Wien, Gasthof »Zum Goldenen Lamm«. Lithographie, um 1845, von Franz Xaver Sandmann.
Hier wohnte Chopin nach seinem Auszug vom Hotel »Stadt London.«

1831

> Hr. Chopin, gleichfalls aus der Sarmatischen Hauptstadt; der sich bereits während seiner vorjährigen Anwesenheit als Pianist vom ersten Range geltend machte. Die Ausführung seines neuesten, ernst stylisirten Concertes in E minore gab keine Veranlassung, unser früheres Urtheil zu widerrufen. Wer es so redlich meint mit der wahren Kunst, dem gebührt auch wahre Hochachtung. —

144 *Besprechung von Chopins Auftritt am 11. Juni 1831 in Wien (»Allgemeine Musikalische Zeitung« vom 21. September 1831).*
Vgl. Chronik S. 56.

145 *Wien, der Streichersche Klavier- und Konzertsaal in der Ungargasse. Lithographie, um 1845, von Franz Xaver Sandmann.*
In diesem Saal des Klavierfabrikanten Streicher verkehrten Wiens Musikgrößen; Beethoven ging hier ein und aus. Die Chopin-Schülerin Friederike Müller (vgl. S. 278), später Gattin J. B. Streichers, veranstaltete hier viele Chopin-Konzerte. Frédéric Chopin spielte bei seinen Warschauer Abschiedskonzerten einen Streicher-Flügel.

146 *Josef Slavik (1806–1833). Anonymes Ölgemälde, um 1830.*
Slavik gehörte 1831 in Wien zum engeren Freundeskreis Chopins. Chopin über Slavik: »der berühmte Geiger, mit dem ich mich anfreundete; außer Paganini habe ich nichts Ähnliches gehört.«[30] Dem tschechischen Geiger prophezeite man eine ähnliche Karriere wie Paganini; er starb siebenundzwanzigjährig in Budapest.
Weitere nennenswerte Wiener Freunde bzw. Bekannte Chopins: Dr. Johann Malfatti (Freund und Arzt Beethovens, Leibarzt des Kaisers), Abt Maximilian Stadler (Komponist, einstiger Freund Haydns und Mozarts), Joseph Merk (1. Cellist an der Hofoper, Widmungsträger von Chopins *Introduktion und Polonaise op. 3*), Franz Wild (Chopin: »der berühmte, auch heute noch beste deutsche Tenor«[31]), die Sängerin Sabine Heinefetter (vgl. Abb. 189), die Virtuosen Sigismond Thalberg, Karl Maria von Bocklet und Johann Nepomuk Hummel, der ihn am 21. Dezember 1830 mit seinem Sohn, der Chopin porträtierte (vgl. Abb. 92), besuchte.

Rechte Seite:
147 *Frédéric Chopin. Anonymes Porträt in Kreide-, Pastell- und Deckfarben, um 1831.*
Dieses kaum bekannte Bildnis, das sehr dem jungen Paganini ähnelt, gilt als Chopin-Porträt.

Chopin schildert dem Freund Jan Matuszyński seinen Wiener Tagesablauf:
»Frühmorgens weckt mich ein unerträglich dummer Diener, ich stehe auf, man bringt mir Kaffee, ich spiele und oft wird das Frühstück kalt; sodann, gegen neun, kommt der Lehrer der deutschen Sprache; später spiele ich meistens, danach hat mich – bisher – Hummel gezeichnet [vgl. Abb. 92] und Nidecki [ein Komponist, der Chopins *e-Moll-Konzert* studierte] lernte mein *Konzert*. All dies im Morgenrock, bis 12 Uhr; jetzt erst erscheint der sehr ehrbare Deutsche Leidenfrost, ein junger Deutscher, der im Kriminal arbeitet, und wenn das Wetter schön ist, gehen wir auf dem *Glacis* rings um die Stadt spazieren, danach begebe ich mich zum Mittagessen, wenn ich irgendwo eingeladen bin, wenn nicht, dann gehen wir zusammen dorthin, wo die ganze akademische Jugend zu speisen pflegt, nämlich »Zur Böhmischen Köchin«. Nach dem Mittagessen wird im schönsten *Kaffeehaus* (so ist es Mode hier, sogar der Szaniasio [Józef Szaniawski, ein Warschauer Zensor] pflegt zu erscheinen) schwarzer Kaffee getrunken; anschließend erledige ich meine Besuche, und in der Dämmerstunde kehre ich nach Hause zurück, frisiere mich, *chaussiere* und mache mich fertig zu einem Abendbesuch. Gegen zehn, elf, manchmal auch zwölf (nie später) kehre ich heim, spiele, weine, lese, schaue, *lache*, gehe schlafen, lösche die Kerze und träume stets von Euch.«[32]
Nach zwei Konzerten (4. April und 11. Juni 1831) reist Chopin am 20. Juli nach München ab. Sein Paß trägt den Vermerk »Passant par Paris à Londres«, was Chopin, der ja bekanntlich in Paris blieb, noch Jahre später gelegentlich amüsiert kommentierte: »Ich bin ja hier nur auf der Durchreise«.

1831

1831

148 *München, der Wittelsbacherplatz von der Briennerstraße aus gesehen. Lithographie, um 1830, von J. B. Dilger.*
Im Saale des Philharmonischen Vereins im *Odeon* (Bildmitte hinter dem Denkmal für Maximilian I.) fand Chopins Konzert am 28. August 1831 statt. Links vom *Odeon* ein Teil des *Leuchtenberg-palais'*, rechts davon das Haus Briennerstraße 48. Vom linken Bildrand überschnitten das *Arco-Zinneberg-Palais*, ganz rechts die *Maximilians-Apotheke*.

149 *Die einzige Besprechung von Chopins Münchner Konzert. Zeitschrift »Flora. Ein Unterhaltungsblatt« vom 30. August 1831.*

150 *Programm von Chopins Konzert am 28. August 1831 im Münchner »Odeon«.*

Conzert des Herrn Chopin aus Warschau.

Am 28. d. gab Hr. T. Chopin aus Warschau ein Mittagsconzert im Saale des philharmonischen Vereins, das von einer sehr gewählten Versammlung besucht wurde. Hr. Chopin trug ein Conzert aus E-moll von seiner eigenen Composition auf dem Fortepiano vor, und zeigte eine ausgezeichnete Virtuosität in der Behandlung seines Instrumentes; bei einer ausgebildeten Fertigkeit wurde besonders eine liebliche Zartheit des Spiels und ein schöner und charakteristischer Vortrag der Motive bemerkbar. Die Composition war im Ganzen brillant und gut gesetzt, ohne gerade durch besondere Neuheit oder einen tieferen Charakter zu überraschen, mit Ausnahme des Rondo's, dessen Hauptgedanke sowohl, als die figurirten Mittelsätze durch eine eigenthümliche Verbindung eines melancholischen Zuges mit einem Capriccio einen eigenen Reiz entwickelte, und deßhalb auch besonders ansprach. Der Conzertgeber trug zuletzt eine Phantasie über polnische Nationallieder vor. Es liegt in den slavischen Volksliedern ein Etwas, das beinahe nie seine Wirkung verfehlt, dessen Grund sich aber schwer nachweisen und erklären läßt, denn es ist nicht allein der Rhytmus und der schnelle Uebergang von Moll in Dur, der diesen Reiz hervorbringt; Niemand hat es wohl besser verstanden, den nationellen Charakter solcher Lieder mit einem brillanten Conzertspiel in Verbindung zu bringen, als Bernhard Romberg, der durch seine Compositionen dieser Art, durch sein Meisterspiel gehoben, einen eigenen Zauber zu verbreiten wußte. Ganz in dieser Art war die Phantasie des Herrn Chopin, der sich allgemeinen Beifall erwarb. Hr. Bayer sang eine Cavatine von Schubert mit Begleitung vom Pianoforte und Clarinette. Hr. Bayer trug diese seelenvolle, tief empfundene Composition des verewigten Meisters mit innigem, überströmenden Gefühle vor, und wurde von Hrn. Bärmann jun. mehr als unterstützt, denn es war in der That ein Wettgesang; dieser junge Virtuos wird auf seinem Instrumente gewiß noch die höchste Stufe erreichen, und wir können ihm kein größeres Lob ertheilen, als wenn wir versichern, daß er jetzt schon seines berühmten Namens würdig ist. Ein vom Hrn. Kapellmeister Stunz sehr schön componirter vierstimmiger Gesang wurde vortrefflich ausgeführt von Mad. Pellegrini und den HH. Bayer, Lenz und Harm.

MÜNCHEN.

Mit allerhöchster Bewilligung
wird
FRÉDÉRIC CHOPIN
aus Warschau,
Sonntag den 28. August
im
Saale des philharmonischen Vereins
am Wittelsbacherplatze No. 617.
ein
Instrumental- und Vocal-Concert
zu geben die Ehre haben.

Erster Satz eines E-moll Concertes für Piano-Forte, componirt und vorgetragen vom	Concertgeber.
Cavatine, gesungen von	Herrn Bayer.
Romanze und Rondeau aus obigem Concerte, componirt und vorgetragen vom	Concertgeber.
Vierstimmiger Gesang mit Clavierbegleitung, componirt von Herrn Stuntz. gesungen von	Mad. Pellegrini. Herrn Bayer. Herrn Harm. Herrn Lenz.
Phantaisie über polnische National-Lieder für Piano-Forte mit Orchester-Begleitung, componirt und vorgetragen vom	Concertgeber.

Billete à 1 fl. sind nur in den Musikhandlungen der Herrn Falter und Sohn, und Schäffer zu haben.

Anfang Mittags 12 Uhr.

1831

151 *Stuttgart. Stahlstich, um 1840, von H. Gugel nach einer Zeichnung von Fr. Keller.*
Von München aus reiste Chopin nach Stuttgart, wo er Anfang September 1831 mehrere Tage verbrachte.
Rechts unten das Gasthaus »König von England«, wo er wohnte. Rechts oben der *Redoutensaal*, wo u. a. Franz Liszt im November 1843 drei Konzerte gab. Links unten das *Hotel Marquardt*, in dem Liszt damals logierte.

152 *Raub polnischer Kinder durch russische Soldaten in Warschau während der Revolution 1831. Lithographie, um 1832, von Nicolaus E. Maurin nach einem Gemälde von M. Twarowski.*
In Stuttgart erfuhr Chopin von der Einnahme Warschaus durch die Russen.

153 *Girolamo Ramorino (1792–1849), eine der Persönlichkeiten des polnischen Aufstandes. Stahlstich, um 1840, von Nordheim.*
Der italienisch-polnische General, ein ehemaliger Offizier Napoleons, wohnte im Dezember 1831 in der Cité Bergère, gegenüber der ersten Pariser Wohnung Chopins (vgl. Abb. 168). Chopin erwähnt ihn mehrmals in seinen Briefen, am 25. Dezember 1831 kam es zu einer Begegnung; auch ein Brief Ramorinos an Chopin ist erhalten. Der General wurde 1849 in Turin wegen Hochverrats erschossen.

154 *Iwan Fedorowitsch Paszkiewicz (Paskewitsch) (1782–1856), russischer Feldherr, Graf von Eriwan, Fürst von Warschau, Statthalter Polens. Stahlstich, um 1840.*
Paszkiewicz übernahm im Juni 1831 den Oberbefehl über die russische Armee und schlug durch die Eroberung Warschaus am 6. und 7. September 1831 den polnischen Aufstand endgültig nieder. Chopin: »Paszkiewicz – dieser Hund aus Mohylew – bemächtigt sich der Residenz der ersten Monarchen Europas!« Vgl. S. 78.

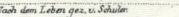

155 *Joseph Bem (1795–1850), polnischer Artilleriemajor im Novemberaufstand 1830. Stahlstich, um 1848, von Nordheim.*
Bem lebte ab März 1832 in Paris, wo er Leiter der *Société polytechnique polonaise* wurde und zu Chopins Freundeskreis gehörte. Ab 1848 erhielt er von der Kossuth-Regierung in Ungarn den Oberbefehl in den Siebenbürgischen Schlachten.

156 *Brief General Bems vom 5. Dezember 1835 an Chopin:*
»Liebes Chopinchen. Unsere Gesellschaft besteht aus sehr gebildeten und gelehrten Menschen und vermag sehr viel, ist aber bisher sehr arm. Die Kasse zum Beispiel muß Dich heute bitten, Du mögest ihr gnädigst nicht nur das schicken, was den Betrag für die früheren 12 Billets ausmacht, sondern für 6 neue, die Du hier findest. – Das wird Dich veranlassen, Dich unbedingt für ihre Interessen zu bemühen – Deinerseits kannst Du damit rechnen, daß die Gesellschaft sich freundlichst um Deine Interessen bemühen wird, falls Du welche haben solltest.
   Ich umarme Dich herzlichst
   J. Bem.«[33]

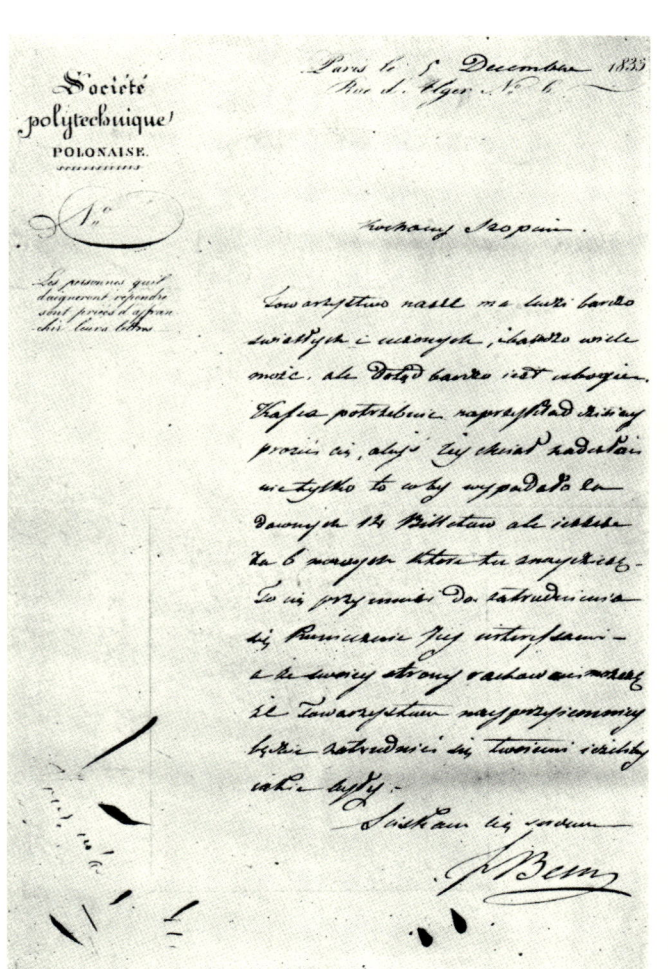

157 *Straßenkämpfe anläßlich der Einnahme Warschaus durch die Russen am 8. September 1831. Stahlstich, um 1831.*

158 *Erste Seite des Manuskriptes von Chopins »Etüde op. 10 Nr. 12«, der sog. »Revolutionsetüde«.*
Möglicherweise (es gibt keinerlei Beweise) entstand diese Etüde in Stuttgart auf die Nachricht der Einnahme Warschaus. Vielleicht bezieht sich sogar Chopins Bemerkung »... ich vertraue meine Verzweiflung dem Klavier an« (vgl. S. 78) auf dieses Stück.

Aus einem Notizbuch Chopins. Stuttgart, September 1831.[34]

»Stuttgart. – Seltsam! Dieses Bett, in das ich mich legen werde, hat vielleicht mehr als einem Sterbenden gedient, und dieser Gedanke flößt mir heute keinerlei Abscheu ein. Vielleicht hat hier mehr als ein Toter gelegen, lange gelegen.

– Aber weshalb ist eine Leiche weniger wert als ich? Ein Toter weiß auch nichts von Vater und Mutter, von den Schwestern, von Tytus [Tytus Woyciechowski, ein Jugendfreund Chopins]!

– Ein Toter hat auch keine Geliebte mehr! – Er kann auch nicht mit denen, die ihm nahestehen, in seiner Sprache reden! – Ein Toter ist bleich wie ich. Er ist auch so kalt, so wie ich gegenwärtig kalt gegen alles bin. Ein Toter hat aufgehört zu leben, auch ich habe gelebt bis zum Überdruß. Überdruß? Hatte der Tote es satt zu leben? Wenn es so wäre, dann sähe er gut aus, und er sieht doch so elend aus. – Hat denn das Leben wirklich so einen großen Einfluß auf die Züge, auf die Physiognomie des Menschen? – Weshalb nur leben wir so ein erbärmliches Leben, das uns auffrißt und nur dazu da ist, Tote aus uns zu machen! – Es schlägt ein Uhr nachts von den Stuttgarter Turmuhren. Ach, wie viele werden in diesem Augenblick auf der ganzen Welt zu Toten? – Kinder verlieren ihre Mütter, – Mütter verlieren ihre Kinder. Wieviele zerstörte Pläne, welch eine Traurigkeit geht von diesem Sterben aus, aber auch wieviel Trost! Wieviele unehrliche Helfer, wieviele unterdrückte Wesen sterben! Der Böse und der Gute sind tot. Tugend oder Laster, alles eins. Im Tod sind wir alle Brüder.

Man sieht also, daß das Sterben die beste aller Taten ist. Was ist dann die schlimmste? Die Geburt, denn sie ist das Gegenteil dieser besten Tat. Ich habe also recht, wenn ich mich darüber beklage, daß ich auf die Welt gekommen bin. Weshalb war es mir nicht vergönnt, nicht zu kommen, da ich doch hier so untätig bin? Wozu nützt meine Existenz? Unter den Menschen tauge ich zu nichts, denn ich habe weder Muskeln noch ein gutes Mundwerk. Und selbst wenn ich es hätte, was hätte ich sonst noch? Was wäre mit Muskeln schon erreicht? – Aber man muß sie haben! Besitzt ein Toter Muskeln? Ein Toter besitzt keine Muskeln, genau wie ich. Eine Ähnlichkeit mehr. Mir fehlt also nicht viel, um mich tatsächlich mit dem Tod verbrüdern zu können. Heute allerdings sehne ich mich nicht danach, es sei denn, Euch, meinen Kindern [Chopin meint seine Schwestern], ginge es schlecht und auch Ihr wünschtet Euch nichts besseres als den Tod! Wenn nicht, dann will ich Euch wiedersehen, nicht zu meinem direkten, sondern zu meinem indirekten Glück, denn ich weiß, wie sehr Ihr mich liebt. Sie hingegen [gemeint ist Konstancja Gladkowska, vgl. S. 68], hat sie nur so getan, als liebte sie mich? Das ist ein Rätsel, das es zu raten gibt! Ja, nein, ja, nein … Finger an Finger; man kann es abzählen … Liebt sie mich? Liebt sie mich wirklich? Soll sie doch tun, was sie will. Heute trage ich ein viel höheres, ein sehr viel höheres Gefühl … als Neugier im Sinn [zwei Zeilen ausgestrichen]. Man kann sich guter Erinnerungen erfreuen [eine Zeile ausgestrichen]. Vater, Mutter, Kinder, all das, was mir am teuersten ist, wo seid Ihr? Vielleicht tot? Hat mir etwa der Moskowiter einen schrecklichen Streich gespielt? Oh, warte, warte! … Sollten das Tränen sein? Es ist so lange her, daß sie bei mir flossen. Warum? Weil in mir schon so lange eine trockene Traurigkeit ist; sie hat mich seit Tagen daran gehindert zu weinen. Was ist das für ein Gefühl? Gut und wehmütig. Es ist nicht gut, sich der Wehmut hinzugeben, aber es ist angenehm! Es ist ein seltsamer Zustand. Aber dem Toten geht es auch so; er fühlt sich gleichzeitig wohl und unwohl. Er geht in ein glücklicheres Leben ein und dabei geht es ihm gut, aber er vermißt das Vergangene, und davon wird er wehmütig. Der Tote muß ähnlich empfinden wie ich, als ich zu weinen aufhörte. Zweifellos war dies eine Art von plötzlichem Absterben meiner Gefühle – einen Augenblick war ich für mein Herz gestorben. Oder vielmehr, mein Herz war für einen Augenblick für mich gestorben. Warum nicht für immer? Vielleicht wäre es dann erträglicher. Allein, allein [drei Zeilen ausgestrichen]. Ach, mein Elend läßt sich nicht beschreiben! Ich ertrage es kaum. Beinahe zerreißt es mir das Herz wegen der Freuden und großen Annehmlichkeiten, die ich dieses Jahr hatte. Mein Paß läuft im nächsten Monat ab, ich kann dann nicht länger im Ausland leben – zumindest nicht offiziell. Ich werde also einem Toten noch ähnlicher sein.

[Nach dem 8. September 1831]
Stuttgart. – Die vorigen Seiten schrieb ich ohne zu wissen, daß der Feind im Hause war [eine Zeile ausgestrichen]. Die Vorstädte sind zerstört, niedergebrannt. Jás! Sicherlich ist Wiluś auf den Wällen gestorben. Ich sehe Marcel in der Gefangenschaft. Sowiński, dieser tapfere Bursche, in den Händen dieser Schurken: O Gott, gibt es Dich überhaupt? Ja, es gibt Dich und Du rächst uns nicht! Hast Du noch nicht genug von den moskowitischen Verbrechen, oder bist Du etwa selbst ein Moskowiter?
Mein armer Vater, mein braver Vater, vielleicht hungert er, vielleicht kann er meiner Mutter nicht einmal Brot kaufen! Vielleicht sind meine Schwestern Opfer der entfesselten moskowitischen Soldateska geworden! Paszkiewicz – dieser Hund aus Mohylew – bemächtigt sich der Residenz der ersten Monarchen Europas! Der Moskowiter als Herr der Welt [zwei Worte ausgestrichen]? O mein Vater, das also sind die Freuden Deines Alters! Mutter, zärtliche, leidende Mutter, Du hast Deine Tochter überlebt, um mit ansehen zu müssen, wie der Moskowiter ihre Gebeine mit Füßen tritt [ein Wort ausgestrichen]. Ach, Powązki-Friedhof! Hat man ihr [gemeint ist Chopins Schwester Emilia] Grab verschont? Es ist sicher zertreten und tausend andere Leichen liegen darauf. Man hat die Stadt niedergebrannt. Ach, weshalb konnte ich nicht einen von diesen Moskowitern töten! O Tytus, Tytus!
Stuttgart. Was ist aus ihr geworden? Wo ist sie? Die Arme [Konstancja]! Vielleicht in den Händen der Moskowiter! Ein Moskowiter bedrängt sie, würgt sie, mordet sie, tötet sie! Ach, meine Geliebte, ich bin einsam hier – komm zu mir – daß ich Deine Tränen trockne, die Wunden der Gegenwart heile, indem ich Dich an die Vergangenheit erinnere – an die Zeit, in der es noch keine Moskowiter gab. […] Meine verängstigten Schwestern lassen sich nicht unterkriegen – nein. – Mein verzweifelter Vater weiß nicht, was werden soll, es ist niemand da, um meine Mutter zu trösten – und ich bin hier untätig – und ich, die Hände leer, seufze nur bisweilen und vertraue meine Verzweiflung dem Klavier an. Wozu soll das gut sein? Gott, mein Gott, schicke ein Erdbeben, damit es die Menschen dieser Welt verschlinge! Und die schrecklichsten Qualen sollen über die Franzosen kommen, die uns nicht zu Hilfe eilten.«

159, 160 *Die letzten beiden Seiten des Manuskriptes von Chopins »Prélude d-Moll, op. 28 Nr. 24«.* Ähnlich der *Etüde op. 10 Nr. 12* wird auch die Entstehung dieses Prélude häufig mit der Nachricht von der Eroberung Warschaus in Verbindung gebracht. Es sind jedoch keine Beweise für einen Zusammenhang bekannt.

DIE ERSTEN JAHRE IN PARIS · 1832–1837

161 *Frédéric Chopin (?). Ölgemälde, um 1832.*
Das Ary Scheffer zugewiesene Gemälde befindet sich im Museum von
Schloß Versailles.

1832

LEBEN

15. JANUAR: Das für diesen Tag vorgesehene Pariser Debut Chopins wird wegen einer Erkrankung Kalkbrenners erneut verschoben.

24. UND 31. JANUAR: Chopin besucht Kammermusik-Konzerte Pierre Baillots (Rue Saint-Lazare No 59, *Hôtel du Cardinal Fesch*).

18. FEBRUAR: Die *Revue musicale* kündigt Chopins Debut für den 25. (!) Februar an.

FEBRUAR (MÄRZ?): Umzug in die Cité Bergère No 4.

26. FEBRUAR: Chopins Pariser Debut. Vgl. S. 82, 83 und Chronik S. 56. Unter den Zuhörern: Liszt, Mendelssohn, Louis Adam, Pixis, Henri Herz.

3. MÄRZ: Rezension des Konzertes. Vgl. Abb. 165.

13. MÄRZ: Gesuch Chopins an die Konzertgesellschaft des *Conservatoire*. Vgl. Abb. 163.

18. MÄRZ: Mendelssohn spielt Beethovens *4. Klavierkonzert* im *Conservatoire* (Pariser Erstaufführung). Chopin ist vermutlich anwesend.

25. MÄRZ–1. JUNI: Paganini gibt in Paris elf Konzerte. Chopin besucht vermutlich einige davon.

10. APRIL: Die Choleraepidemie erreicht ihren Höhepunkt. (In Paris sterben an diesem Tag 2000 Menschen.) Die meisten der Künstler, mit denen Chopin sich eben angefreundet hatte, verlassen die Stadt. Liszt z. B. geht in die Schweiz, Rossini nach Bordeaux, Kalkbrenner nach Meudon, Pixis nach Boulogne, Osborne nach London.

20. MAI: In einem vom Fürsten Moskowa veranstalteten Wohltätigkeitskonzert für die von der Cholera Betroffenen spielt Chopin im *Conservatoire* den 1. Satz seines *e-Moll-Konzertes*. Vgl. Chronik S. 56 und Abb. 249 und 250.

Um diese Zeit trägt sich Chopin mit dem Gedanken, nach Amerika auszuwandern.

JUNI (?): Chopin spielt auf einer Soirée des Baron Rothschild, dessen Gattin seine Schülerin wird. Freundschaft mit den Bankiers Léo und d'Eichthal, den Gräfinnen Plater und Apponyi.

JULI: Clara Wieck spielt in Leipzig Chopins *Don Giovanni-Variationen op. 2*.

AUGUST: Häufige Begegnungen mit Franz Liszt.

7. UND 14. NOVEMBER: Chopin besucht Kammermusik-Konzerte Pierre Baillots in der Rue Neuve-des-Petits-Champs No 83 (*Salon Duport*).

9. DEZEMBER: Chopin, Liszt und Hiller hören im *Conservatoire* Berlioz' *Symphonie fantastique*. Im gleichen Monat besucht Chopin zwei Konzerte John Fields. Vgl. Abb. 582.

30. DEZEMBER: Chopin spielt beim Grafen Apponyi. Weitere Mitwirkende: Liszt, Kalkbrenner und Rossini am Klavier, Tamburini, Rubini und Giulia Grisi Gesang.

---

162 *Programm von Chopins Pariser Debut.*
Das Programm nennt den 15. Januar, das Konzert fand aber erst am 26. Februar 1832 statt. Chopin spielte sein *e-Moll-Konzert* (nicht dasjenige in *f-Moll*, wie immer behauptet wird, vgl. Chronik S. 56). Die *Variationen über ein Thema von Mozart op. 2* wurden wahrscheinlich nicht aufgeführt, dafür einige Nocturnes und Mazurken Chopins. Bei Kalkbrenners *Grande Polonaise* spielte Camille Stamaty anstelle Mendelssohns.

163 *Brief Chopins vom 13. März 1832 an die Konzertgesellschaft des »Conservatoire« mit Bitte um ein Engagement.*
Chopins Umzug in die Cité Bergère No 4 wird gewöhnlich auf »Ende 1832« datiert. Aus diesem Schreiben mit der Adresse unter der Signatur kann man schließen, daß Chopin bereits im März 1832 dort wohnte.

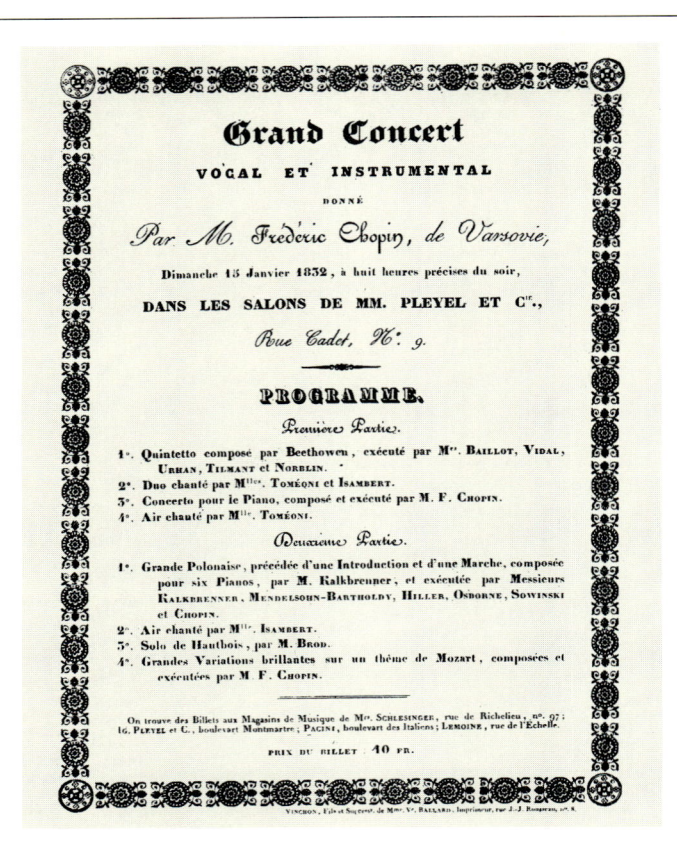

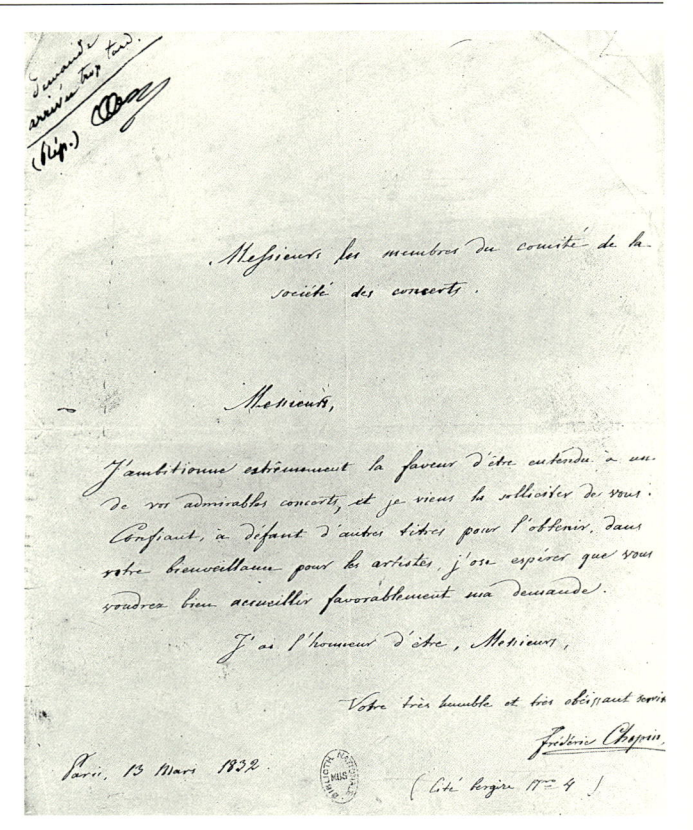

Rezension von François Fétis über Chopins Pariser Debut. (Vgl. S. 83.)

»Konzert des Herrn Chopin aus Warschau.

Sagt man heutzutage von einem Pianisten, er habe allerhand Talent, oder, wenn man so will, ein *großes Talent*, so erweckt dies den Eindruck, daß er der Nacheiferer oder Rivale einiger erstrangiger Künstler ist, deren Namen einem gleich in den Sinn kommen: fügt man hinzu, daß seine Musik ausgezeichnet ist, so vermutet man, daß seine Verdienste denjenigen Hummels und einigen anderen renommierten Komponisten ähnlich sind; aber mit solchen Lobreden ist es schwierig, eine Vorstellung von etwas Neuem, Originellem zu geben, weil sich, mit Ausnahme einiger Stilnuancen und handwerklicher Merkmale, alles was Pianisten komponieren im allgemeinen an gewisse konventionelle Formen hält, die als grundlegend bezeichnet werden können und die seit nun schon mehr als dreißig Jahren unermüdlich wiederholt werden. Dies ist der Mangel dieser Gattung und selbst unsere bedeutendsten Künstler konnten sich in ihren Werken nicht davon befreien. Hier aber ist ein junger Mensch, der, nur aus seinen natürlichen Eindrücken schöpfend und ohne eigentliches Vorbild, das gefunden hat, was man – wenn schon nicht eine völlige Erneuerung der Klaviermusik – so doch einen Ansatz zu etwas nennen kann, das man schon seit langem vergeblich erstrebt, nämlich eine Fülle neuer Einfälle von einer Art, die man sonst nirgends findet. Damit sei nicht gesagt, daß Herr Chopin mit der gewaltigen Schöpferkraft eines Beethoven begabt ist oder daß seine Musik die mächtige Konzeption aufweist, die diejenige dieses großen Mannes kennzeichnet: Beethoven hat Musik für das Klavier geschrieben; ich aber spreche hier über Musik für Pianisten und auf diesem Gebiet finde ich beim Vergleich in den Einfällen des Herrn Chopin Anzeichen einer Erneuerung von Formen, die künftig einen beträchtlichen Einfluß auf diesen Kunstzweig ausüben wird.

Herr Chopin hat in dem Konzert, das er am 26. dieses Monats in den Pleyelschen Salons gab, ein Klavierkonzert gespielt, das bei seinem Auditorium gleichermaßen Erstaunen und Freude hervorrief und zwar sowohl hinsichtlich der Neuheit seiner Ideen als auch der Passagen, der Modulationen sowie in der allgemeinen Anlage der Sätze. In seinen Melodien ist Seele, in seinen Passagen Phantasie und in allem Originalität. Überflüssige Modulationen, eine gewisse Zügellosigkeit in der Aufeinanderfolge der Phrasen – mit dem Ergebnis, daß man eher glaubt, Improvisationen zu hören als niedergeschriebene Musik –, das sind die Mängel, die sich in die bereits erwähnten Vorzüge mischen. Aber diese Mängel sind auf die Jugend des Künstlers zurückzuführen; sie werden mit der Erfahrung schwinden. Wenn die nachfolgenden Arbeiten Herrn Chopins sein Debut bestätigen, kann kein Zweifel bestehen, daß ihm ein glänzender und wohlverdienter Ruhm beschieden sein wird.

Auch als Interpret verdient dieser junge Künstler Lob. Sein Spiel ist elegant, leicht, anmutig und hat Brillanz und Klarheit. Er holt nicht allzuviel Tonvolumen aus seinem Instrument und erinnert diesbezüglich an die meisten deutschen Pianisten, aber seine auf diesen Zweig seiner Kunst gerichteten Studien unter Leitung Kalkbrenners [Chopin erhielt von Kalkbrenner einige Anweisungen] werden nicht verfehlen, ihm wichtige Qualitäten zu vermitteln, von denen der Nerv der Wiedergabe abhängt und ohne welche der Klang des Instrumentes nicht modifiziert werden kann.« – Die beiden letzten Absätze erwähnen die übrigen Programmnummern und deren Interpreten.

WERKE

ETÜDE E-DUR, OP. 10 NR. 3, ETÜDE CIS-MOLL, OP. 10 NR. 4. Erscheinungsjahr s. »Werke 1829«. Vgl. Abb. 200, 201.
RONDO ES-DUR, OP. 16. Ersch.: Paris (Pleyel) 1833, (Schlesinger) 1834, Leipzig (Breitkopf & Härtel) 1834, London (Wessel) 1834. Vgl. Abb. 266.
GRAND DUO CONCERTANT E-DUR über Themen aus Meyerbeers Oper *Robert le Diable* (OHNE OPUSZAHL) für Klavier und Violoncello. Die Cellostimme komponierte Auguste Franchomme. Ersch.: Berlin (A. M. Schlesinger) 1833, Paris Schlesinger) 1833, London (Wessel) 1833. In der englischen Erstausgabe erhielt das Stück die Opuszahl 12. Das Duo wurde später von Chopin und Franchomme für Klavier vierhändig arrangiert; diese Fassung erschien 1838 bei A. M. Schlesinger in Berlin und 1839 bei M. Schlesinger in Paris. Vgl. Abb. 226.
KLAVIERSTÜCK ES-DUR, »LARGO« (OHNE OPUSZAHL) (POSTHUM). Entstehungsjahr ungewiß. Das Autograph enthält den Vermerk Chopins »Paris le 6 Juillet«. Chopin hielt sich Anfang Juli in den Jahren 1832, 1833 (?), 1834, 1836 (?), 1837, 1838, 1840, 1847 und 1849 in Paris auf. Ersch.: Warschau (Towarzystwo Wydawnicze Muzyki Polskiej) 1938.
MAZURKA B-DUR (OHNE OPUSZAHL) (POSTHUM). Ersch.: Krakau (Polskie Wydawnictwo Muzyczne) 1956; als Faksimile 1909 in der Zeitschrift *Lamus*.
MAZURKA D-DUR (OHNE OPUSZAHL) (POSTHUM). Zweitfassung der *Mazurka D-Dur*, die unter »Werke 1826« aufgeführt ist. Ersch.: Leipzig (Breitkopf & Härtel) 1880.
MAZURKA und POLONAISE. In einem Brief Chopins vom 10. September 1832 an József Kalasanty Jędrzejewicz erwähnt.[35] Verschollen oder identisch mit einer anderen Polonaise (z. B. aus *op. 26*) bzw. Mazurka (z. B. aus *op. 17*) oder mit der im folgenden erwähnten.
MAZURKA und WALZER. In einem Pariser Auktionskatalog vom 30. März 1906 als Handschrift Chopins angeboten, datiert »14 septembre 1832«. Nicht auffindbar.

CONCERT DE M. CHOPIN, de Varsovie.

Dire maintenant d'un pianiste qu'il a beaucoup de talent, ou même si l'on veut *un grand talent*, c'est indiquer qu'il est l'émule ou le rival de quelques artistes du premier ordre dont le nom se présente aussitôt à la mémoire : ajouter que sa musique est très bonne, c'est faire supposer que son mérite est analogue à celui des œuvres de Hummel et d'un petit nombre de compositeurs renommés ; mais par ces éloges il est difficile de donner l'idée de la nouveauté, de l'originalité, car, sauf quelques nuances de style et de mérite de facture, la musique des pianistes est en général écrite dans de certaines formes de convention qu'on peut considérer comme radicales, et qui se reproduisent sans cesse depuis plus de trente ans. C'est le défaut du genre, et nos artistes les plus habiles n'ont pu le faire disparaître de leurs ouvrages. Mais voici un jeune homme qui, s'abandonnant à ses impressions naturelles et ne prenant point de modèle, a trouvé, sinon un renouvellement complet de la musique de piano, au moins une partie de ce qu'on cherche en vain depuis long-temps, c'est-à-dire une abondance d'idées originales dont le type ne se trouve nulle part. Ce n'est point à dire que M. Chopin soit doué d'une organisation puissante comme celle de Beethoven, ni qu'il y ait dans la musique de ces fortes conceptions qu'on remarque dans celle de ce grand homme : Beethoven a fait de la musique de piano ; mais je parle ici de la musique des pianistes, et c'est par comparaison avec celle-ci que je trouve dans les inspirations de M. Chopin l'indication d'un renouvellement de formes qui pourra exercer par la suite beaucoup d'influence sur cette partie de l'art.

M. Chopin a fait entendre, au concert qu'il a donné le 26 de ce mois dans les salons de MM. Pleyel et Cⁱᵉ, un concerto qui a causé autant d'étonnement que de plaisir à son auditoire, tant par la nouveauté des idées mélodiques que par les traits, les modulations et la disposition générale des morceaux. Il y a de l'âme dans ses chants, de la fantaisie dans ses traits, et de l'originalité dans tout. Trop de luxe dans les modulations, du désordre dans l'enchaînement des phrases, de telle sorte qu'il semble quelquefois entendre une improvisation plutôt que de la musique écrite, tels sont les défauts qui se mêlent aux qualités que je viens de signaler. Mais ces défauts appartiennent à l'âge de l'artiste ; ils disparaîtront quand l'expérience sera venue. Si la suite des travaux de M. Chopin répond à son début, on ne peut douter qu'il ne se fasse une réputation brillante et méritée.

Comme exécutant, ce jeune artiste mérite aussi des éloges. Son jeu est élégant, facile, gracieux, et a du brillant et de la netteté. Il tire peu de son de l'instrument, et ressemble, sous ce rapport, à la plupart des pianistes allemands ; mais l'étude qu'il fait de cette partie de son art, sous la direction de M. Kalkbrenner, ne peut manquer de lui donner une qualité importante d'où dépend le nerf de l'exécution, et sans laquelle on ne peut modifier les accens de l'instrument.

Outre le concerto dont je viens de parler, on a entendu dans la même soirée deux autres ouvrages très remarquables. L'un est un quintetto pour le violon, exécuté avec cette énergie de sentiment et cette variété d'inspiration qui distinguent le talent de M. Baillot ; l'autre, un morceau pour six pianos, composé par M. Kalkbrenner et exécuté par l'auteur et MM. Chopin, Stammati, Hiller, Osborne et Sowinski. Ce morceau, où les instruments sont employés avec beaucoup d'art et dont le style est plein de grâce et d'élégance, avait déjà été entendu chez MM. Pleyel et compⁱᵉ, il y a quelques années, et avait eu beaucoup de succès. Il n'a pas fait moins de plaisir cette fois.

Un solo de hautbois exécuté par M. Brod avec le talent qu'on lui connaît, et quelques morceaux chantés par M. Boulanger et Mˡˡᵉˢ Isambert et Toméoni, ont complété cette soirée musicale, une des plus agréables qui aient été entendues cette année.

---

164 Paris, »Salons Pleyel«. Zeitgenössischer Stich. Die *Salons Pleyel* befanden sich bis Dezember 1839 in der Rue Cadet, anschließend in der Rue Rochechouart No 20. Vgl. Abb. 685.

165 Originalbericht von François Fétis über Chopins Debut (»Revue musicale«, 3. März 1832). Übersetzung linke Seite.

1832

166 *Stadtplan von Paris. Kolorierter Stahlstich, Mitte 19. Jahrhundert.*

Im September 1831 läßt sich Chopin für immer in Paris nieder. Auf der vorliegenden Doppelseite sind seine Pariser Wohnsitze sowie die Wohnungen seiner Freunde und einiger bekannter Persönlichkeiten aus seinem Umkreis angegeben. Die Zahlen nach den Doppelpunkten beziehen sich auf die Nummern der Planquadrate, in denen die erwähnten Straßen liegen.

Frédéric Chopin:
- 27, Boulevard Poissonnière (Mitte September 1831–Februar 1832): *26*
- 4, Cité Bergère (Februar 1832–Juni 1833): *26*
- 5, Rue de la Chaussée d'Antin (Juni 1833–September 1836), No 38 (Herbst 1836–Oktober 1838): *25*
- 5, Rue Tronchet (Oktober 1839–Juni 1841): *24*
- 16, Rue Pigalle (November 1841–Juli 1842): *14*
- 9, Square d'Orléans, auf dem Plan mit einem X gekennzeichnet (September 1842–Juni 1849): *14*
- 74, Rue de Chaillot (Juni 1849–September 1849): *33*
- 12, Place Vendôme (Ende September 1849 bis zum Tod am 17. Oktober 1849): *37*
- Père Lachaise (Grab Chopins): *73*

Konzertsäle, in denen Chopin auftrat:
- 9, Rue de Cadet (*Salons Pleyel*): *26*
- 20, Rue Rochechourt (*Salons Pleyel*, ab Dezember 1839): *5*
- 2, Rue Bergère (*Salle du Conservatoire*): *27*
- 13, Rue Neuve des Capucines (*Salon Dietz*): *37*
- 6, Rue Monsigny (*Salons Stoepel*): *38*
- 13, Rue du Mail (*Salons Erard*): *39*
- 10, Rue de Valois (*Salons Pape*): *52*
- Château d'Eau (*Salle du Wauxhall*): *42*
- Théâtre-Italien: *39*
- Hôtel de Ville (*Salle Saint-Jean*): *83*
- Tuileries (*Salle de Spectacles ?*): *51*

George Sand:
- 15, Rue Meslay (heute No 46) (Geburtshaus): *41*
- 31, Rue de Seine (Anfang 1831): *80*
- 25, Quai Saint-Michel (Juli 1831–Oktober 1832): *82*
- 19, Quais Malaquais (Oktober 1832–April 1836): *65*
- 6, Rue du Regard (25. April–3. Mai 1836 sowie 23. Dezember 1836–7. Januar 1837): *93*
- 21–23, Rue Laffitte (Oktober 1836–23. Dezember 1836): *26*
- 56, Rue Neuve-des-Mathurins (heute No 26) (September 1837): *25*
- 7, Rue Grange-Batelière (heute No 18) (April–Juli 1838, Beginn der Liebesgeschichte mit Chopin): *26*
- 15, Rue Grange-Batelière (heute No 10) (August–Oktober 1838): *26*
- 16, Rue Pigalle (heute No 20) (Oktober 1839–Mai 1842): *14*
- 5, Square d'Orléans (September 1842–Juni 1847): *14*
- 8, Rue de Condé (März–Mai 1848): *95*
- 16, Rue de Duai (heute No 50) (Mai 1849): *3*
- 22, Rue d'Antin (Dezember 1849): *38*
- 5, Place Furstemberg (September 1850): *80*
- 3, Rue Racine (1851–1864): *95*
- 97, Rue des Feuillantines (heute 90, Rue Claude-Bernard) (1864–1868): *120*
- 5, Rue Gay-Lussac (1868–1875): *108*

Eugène Delacroix:
- 114, Rue de L'Université (ab 1806): *64*
- 20, Rue Jacob (1824): *80*
- 15, Rue de Choiseul (1828): *38*
- 15, Quai Voltaire (1829–1835): *65*
- 17, Rue des Marais, St. Germain (1835–1844): *80*
- 58, Rue Notre-Dame-de-Lorette (1844–1857): *15*
- 6, Rue de Furstemberg (1857–1863): *80*

Delacroix hatte auch in der Rue du Four, Rue de la Planche und Rue de Grenelle vorübergehend Ateliers.

1832

Franz Liszt:
10, Rue du Mail (1823–1827): *39*
  7, Rue Montholon (1827–1832): *16*
61, Rue de Provence (1832–1835): *26*
21–23, Rue Laffitte (Ende 1836/Anfang 1837): *26*

Marie d'Agoult:
  2, Rue de Beaune (1830–1835): *65*
21–23, Rue Laffitte (1836/1837): *26*
10, Rue Neuve-des-Mathurins (1839–1846): *25*
  1, Rue de Ponthieu (1846): *35*
16, Rue Plumet (1846–1851): *91*
20, Av. Sainte-Marie (Maison rose) (1851–1858): *45*
15, Av. de l'Impératrice (Av. Foch) (1858–1861): *20*
11, Rue Circulaire (1861–1869): *20*
38, Rue Malesherbes (1869–1876): *12*

Hector Berlioz:
  1, Rue Saint Marc (1832, bei. H. Smithson): *39*
10, Rue Saint-Denis, heute 22, Rue du Mont-Cenis (1834–1837): außerhalb *4*
34, Rue de Londres (1837–1844): *13*
41, Rue de Provence (1844–?): *26*
53, Rue de La Bruyère (?–1856): *14*
  4, Rue de Calais (1856–1869): *3*

Charlotte Marliani:
  7, Rue Grange-Batelière (heute No 18) (1838): *26*
15, Rue Grange-Batelière (heute No 10) (1838–1841): *26*
  7, Square d'Orléans (1841–1844): *14*
18, Rue de la Ville-l'Evêque (1844–1850): *23*. Hier fand die letzte Begegnung Chopins mit George Sand statt.

Engere Freunde Chopins:
Auguste Franchomme: 10, Rue de la Bruyère: *14*
Wojciech (Albert) Grzymała: 16, Rue de Rohan: *51*
Julian Fontana: 26, Chaussée d'Antin (ab 1839): *25*
Fam. Czartoryski: 1, Quai d'Anjou (Hôtel Lambert): *98*
Baron Louis d'Eichthal: 14, Rue Pelletier: *26*
Auguste Léo: Rue de la Chaussée d'Antin: *25*
Fam. Perthuis: 4, Rue d'Astorg: *23*
Astolphe de Custine: 6, Rue de la Rochefoucauld: *14*
Delfina Potocka: 38, Rue Neuf-des-Mathurins: *25*
Pauline Viardot-Garcia: 12, Rue Favart: *26*
Jan Matuszyński: 38, Rue de la Chaussée d'Antin: *25*

Alkan, Kalkbrenner, Marmontel, Gutmann, Zimmerman(n), d'Ortigue, Dantan jeune, Franck, Taglioni, Dubufe (Vater und Sohn): Square d'Orléans: *14*. Vgl. S. 247
Alexandre Dumas (Sohn): 40, Rue Saint-Lazare: *14*
Marie Dorval: 44, Rue Saint-Lazare: *14*
Marie de Rozières: 48, Rue Saint-Lazare: *14*
François Auber: 50, Rue Saint-Lazare: *14*
Paul Delaroche: 58, Rue Saint-Lazare: *14*
Alphonse Daudet: 24, Rue d'Amsterdam: *13*
Heinrich Heine: 54, Rue d'Amsterdam (1848–1851): *13*
Alexandre Dumas (Vater): 77, Rue d'Amsterdam (Edouard Manet hatte später im gleichen Haus sein Atelier): *13*
Alfred de Musset: 25, Quai Voltaire: *65*
Giacomo Meyerbeer: 50, Rue de Rivoli: *67*
Felix Mendelssohn: 5, Rue Pelletier (1832): *26*
George Onslow: 9, Rue Neuve-St-Augustin: *38*
Maurice Schlesinger: 50, Rue de Richelieu: *39*
Fürstin Christina Belgiojoso: 37, Rue d'Anjou: *23*
Ary Scheffer: 16, Rue Chaptal: *3*
Auguste Panseron: 95, Rue de Richelieu: *39*
Delphin Alard: 10, Rue Martel: *28*
Stephen Heller: 24, Rue Cadet: *26*
Henri Herz: 38, Rue de la Victoire: *26*
Paul Gaubert (Arzt Chopins): 48, Rue Jacob: *80*

85

1832

(Fabrique de tapis de M. Saliandrouze.) (Bazar de l'Industrie.) (Rue Montmartre.)

DIE STRASSEN, IN DENEN DIE BEIDE

(Rue du Faubourg-Montmartre.)

(Théâtre des Variétés.) (Passage des Panoramas.)

167 *Boulevard Poissonnière. Xylographie, 1845.*
Hier lag Chopins erste Pariser Wohnung. Der Komponist wohnte von Mitte September 1831 bis Februar 1832 im 5. Stock des mit einem Pfeil gekennzeichneten Hauses (Boulevard Poissonnière No 27).
Chopin an Tytus Woyciechowski, 25. Dezember 1831: »Ich wohne hier im vierten Stock, aber in der schönsten Gegend, nämlich auf den Boulevards, und ich habe einen Balkon – einen sehr zierlichen, eisernen, der auf die Straße hinausgeht, und ich kann die Boulevards sehr weit nach rechts und links überblicken.«[36]
Die Abbildung und eine Besichtigung des Hauses dokumentieren, daß nur der 3. und 5. Stock Balkone haben. Chopin nennt im vorliegenden Brief den »vierten Stock«, in einem Brief vom 18. November 1831 aber ausdrücklich den »fünften Stock«[37], so daß man in der Angabe »vierter Stock« einen Schreibfehler vermuten darf.
Die Wohnungen im 5. Stock des Hauses waren bis in die jüngste Zeit erhalten. Im Sommer 1988 wurde das Gebäude zur Nutzung von Büros, Geschäfts- und Wohnräumen sowie Tiefgaragen leider völlig umgestaltet.

STEN WOHNUNGEN CHOPINS LAGEN

(Rue Rougemont.) (Maison du Pont-de-Fer.)

168 *Cité Bergère. Xylographie, 1845.*
Dieser Blick bot sich Chopin von seiner ersten Pariser Wohnung aus. Chopin: »Mir gegenüber hat Ramorino [vgl. Abb. 153] in der Straße sein Quartier, in der sogenannten Cité Bergère, wo sich ein großer Durchgangshof befindet.«[36]
Im Februar 1832 zog Chopin selbst in die Cité Bergère um, es wurde bis Juni 1833 sein zweiter Pariser Wohnsitz. Neben der Laterne in der Rue de Faubourg-Montmartre ist eine dunkle Einfahrt zu erkennen: dahinter liegt die Cité Bergère; von der gleichen Stelle aus betritt man sie auch heute noch.
Das Haus Cité Bergère No 4 – es gehört heute zusammen mit dem Haus Cité Bergère No 2 b zum *Hotel Victoria* – wurde 1986 entscheidend verändert. Heinrich Heine wohnte 1834 in der Cité Bergère No 3. Stephen Heller hatte 1838 in der gleichen Straße ebenfalls eine Wohnung.

169 *Brief Chopins an die »Polnische Literarische Gesellschaft«.*
»Die ehrenvolle Nachricht, daß Sie mich zum Mitglied der Literarischen Gesellschaft erwählten, erreichte mich am 15. des Monats.
Ich bitte Sie, geehrter Herr Präsident, meinen Landsleuten, die mir damit einen großen Beweis der Ermutigung und Nachsicht lieferten, meinen Dank zu übermitteln. Die Ehre des Eintritts in Ihren Kreis wird mich zu neuen Arbeiten anspornen, welche den Zielen der Gesellschaft entsprechen, der ich mit meiner ganzen Kraft dienen will.
Ich verbleibe hochachtungsvoll
16. Januar 1833   Ihr aufrichtiger Diener
F. F. Chopin
geb. am 1. März 1810 in Żelazowa Wola, Bezirk Masowien.«

CHOPIN UND DIE POLNISCHEN EMIGRANTEN

Seit den politischen Unruhen der Jahre 1830/1831 hatten viele der bedeutendsten polnischen Künstler, Schriftsteller, Wissenschaftler und Politiker ihre Heimat verlassen. Die meisten von ihnen ließen sich in Paris nieder (z.B. Mickiewicz, Słowacki und Witwicki). Diese Emigranten machten Paris sozusagen zur kulturellen Hauptstadt Polens. Tadeusz Nowakowski: »In einem Lande, dessen Nationalhymne, dessen Nationalepos, dessen Nationaldrama in der Emigration geschrieben wurden, kann das Wort ›Emigrant‹ nicht herabsetzend klingen«.[38]
Die erste Zeit von Chopins Pariser Aufenthalt fällt in den Zeitraum dieser großen polnischen Emigration. Bald fühlte er sich in den polnischen Klubs heimisch; hier traf er seine Freunde wie Matuszyński, Fontana oder Grzymała, hier freundete er sich mit den führenden polnischen Literaten an. (Vgl. S. 89 und 90.) Im Januar 1833 trat er der 1832 gegründeten *Polnischen Literarischen Gesellschaft* bei. Heute darf man Chopin als den wohl berühmtesten Repräsentanten jener polnischen Emigration bezeichnen. (Vgl. S. 286 und 287.)

Aus einem tagebuchähnlichen Brief Juliusz Słowackis vom 3. September 1832 an seine Mutter:

»7. August. Seit einigen Tagen ist Mickiewicz hier. Keiner von uns beiden wollte den ersten Schritt tun, um sich mit dem anderen bekannt zu machen – dabei gab es mehrere Personen, denen er sagte, er wolle mich treffen – also versuchte man, uns irgendwo zusammenzuführen und einander vorzustellen … Heute trafen wir uns bei einem großen Essen … Mickiewicz improvisierte – aber ziemlich schwach. Nach dem Mahl, als die Gesellschaft im Garten lustwandelte, kam Mickiewicz auf mich zu, und wir begannen uns gegenseitig Komplimente zu machen. Er sagte, er habe mich als Kind gekannt … Ich erinnerte ihn an seinen Besuch bei uns, wo er die unglückliche Begegnung mit Jan Śniadecki hatte. Er lachte über diese Erwähnung – dann sagte er mir, Malewski habe ihm meine Gedichte ins Ausland nachgeschickt. Als wir einander in Komplimenten überboten, als ich ihm erklärte, ich hielte ihn für den ersten Dichter, sagte ein Pole, der hinter mir stand und gewiß über den Durst getrunken hatte, wie ein Echo: ›Du bist allzu bescheiden‹ und verwirrte mit diesen Worten unser ganzes Gespräch. – Während des Essens lief Cezary umher und lud uns zu einem Künstlerabend zu sich ein – es war eine Soirée, auf der nur Männer zugegen waren … Chopin, der berühmte Pianist, spielte für uns … Wir faselten allerlei Poesien, kurz, wir brachten den Abend gut herum. Es waren viele Wolhynier da, wir tranken viel Champagner … Dieser Abend hatte die glanzvollen Soiréen zum Vorbild, die die französischen Künstler hier geben – auf diesen Abenden spielen die allerersten Musiker, die Maler an den Tischen zeichnen Karikaturen und nehmen dabei öfters die Gesichter der anwesenden Blaustrümpfe aufs Korn – Reisende erzählen von ihren Fahrten, Gelehrte von ihren Entdeckungen etc. Madame Tastu ist jetzt die berühmteste französische Poetesse … Madame Allart hat einen Roman im Stile der ›Corinna‹ herausgebracht, der ›Le Romain des Maremmes‹ heißt – er wird ziemlich gelobt. Wenige Tage danach gab es einen zweiten solchen Abend bei Straszewicz – aber da bei langen Vorbereitungen nie etwas Rechtes herauskommt, langweilten wir uns tödlich von 10 Uhr an bis 2 Uhr in der Nacht – schließlich war Chopin dann doch betrunken und improvisierte wundervoll auf dem Fortepiano.«[39]

POLNISCHE DICHTER

170 *Juliusz Słowacki (1809–1849). Stahlstich, um 1835, von James Hopwood nach einer Zeichnung von Józef Szymon Kurowski.*
Im Leben dieses bedeutenden polnischen Dichters und Dramatikers gibt es viele Parallelen zu Chopin. Beide waren fast gleichaltrig. Słowacki verließ Warschau im März 1831, wenige Monate nach Chopins Abreise; beide sahen ihre Heimat nie wieder. »Ich betrat eine breite Landstraße, und sie führte mich weit fort, ohne daß ich wußte, wohin ich ging«, schrieb er später an seine Mutter. Beide waren in Maria Wodzińska verliebt. Słowacki an seine Mutter, 2. April 1838: »Es heißt, Chopin habe Maria Wodzińska, meine einstige Maria, geheiratet. Vielleicht hat sie ihn ein bißchen aus Freundschaft zu mir genommen, denn man sagt, Chopin und ich glichen uns wie ein Ei dem andern. Wie sentimental, einen Menschen zu heiraten, der der ersten Liebe ähnlich sieht. Beständigkeit und Unbeständigkeit gehen in einem solchen Fall Hand in Hand. [...] Die Flügel dieses Engels werden aus sieben Pedalen bestehen und die Zähne aus den Tasten des Fortepianos.«[40] Słowacki starb 1849 in Paris, wenige Wochen vor Chopin (vgl. S. 88 und 320).

171 *Adam Mickiewicz (1798–1855). Zeichnung, um 1830, von J. Schmeller.*
Mickiewicz, der als größter polnischer Dichter gilt, hielt sich seit 1832 in Paris auf und gehörte dort zu Chopins Freundeskreis. Man könnte ihn als Polens Goethe bezeichnen. (Mickiewicz hatte übrigens 1829 Goethe in Weimar besucht.) Im Juli 1834 heiratete er Celina Szymanowska, eine Tochter der bekannten Pianistin und Komponistin Maria Szymanowska. Ab 1840 hielt er am *Collège de France* in Paris Vorlesungen zu slawischen Themen, die Anfang 1841 auch von Chopin und George Sand besucht wurden. Vgl. Abb. 548.

172 *Maurycy Mochnacki (1804–1834). Stahlstich, um 1830, von Antoni Oleszczyński.*
Mochnacki, Teilnehmer am Novemberaufstand 1830 und dessen Chronist, war Publizist und Kritiker (er hatte 1830 über Chopins Warschauer Konzerte geschrieben) und darüber hinaus ein begabter Pianist. Chopin war mit ihm von Jugend auf befreundet.

173 *Józef Bohdan Zaleski (1802–1886). Stahlstich, um 1832, von James Hopwood nach einer Zeichnung von Józef Szymon Kurowski.*
Der in Paris lebende polnische Dichter war ebenfalls einer von Chopins Freunden. Am 28. November 1846 heiratete er die Chopin-Schülerin Zofia Rosengardt. Chopin war Trauzeuge; seine Unterschrift kann man heute noch in der Kirche St. Roch, Paris, sehen, wo die Heiratsurkunde aufbewahrt wird. Vgl. »Werke 1846«. Zaleski an Chopin, 18. Dezember 1844: »Heute noch, in meinen einsamen Gedanken, kommt mir manchmal irgendein traumhafter, schwebender Klang in den Sinn, einer von den Millionen derer, mit denen Du uns damals beschenkt hast, Du, unser Zauberer!«[41]

1832

Jules Fontana

am 17ten März. Hr. Julius Fontana, ein Pole, geborner Warschauer und Jugendbekannter Chopin's, erlangte schon früh als Dilettant eine schöne musikalische Bildung, der er erst später Kern und Grund zu geben trachtete, als er in Folge der politischen Ereignisse sein Vaterland verlassen und in der Fremde als Ausgewanderter seine künstlerischen Fähigkeiten zum Broterwerb benutzen mußte. Er hielt sich eine Zeitlang in Hamburg auf, dann in England, wo er sich anfangs dem Kaufmannsstande zuzuwenden gedachte, aber seiner Neigung nachgebend, doch bald die Kunst als geeigneteres Mittel ergriff, sich eine Stellung in der bürgerlichen Welt zu schaffen. Seit bald acht Jahren lebt er in Paris und genießt als Mensch und als Lehrer die Achtung Aller, die ihn kennen. Hr. Fontana ist kein Concertspieler in dem Sinne, wie man dies Wort wohl zu verstehen pflegt. Er blendet nicht durch überraschende Execution, aber befriedigt durch sinnvollen, klaren, soliden Vortrag, dem gute Fertigkeit und Nettigkeit des Tones zu Gebote stehen und eine gewisse Freiheit der Ausführung einzelner Stellen Reiz verleiht. Außer einem großen Duo für Pfte. und Violine von Wolff, der Liszt'schen Übertragung der Regata veneziana und des Finales aus der „Lucia", trug er in diesem Concerte ein Scherzo von Chopin und zwei Etuden von seiner eigenen Composition mit verdientem Beifall vor. Mehrere seiner Compositionen sind hier im Schlesinger'schen Verlage erschienen.

174 Bericht über Julian Fontana in der »Neuen Zeitschrift für Musik« vom 8. Mai 1843.

175 Julian Fontana (1810–1869). Bronzemedaille, 1843, von Władysław Oleszczyński.
Fontana, Studienfreund Chopins sowohl am Lyzeum als auch am Konservatorium in Warschau, emigrierte 1833 nach Paris und wirkte dort, neben seiner pianistischen Tätigkeit, als Sekretär und Kopist Chopins sowie als Vermittler bei dessen Verlagsangelegenheiten. Ab 1844 lebte er in Amerika. Nach seiner Rückkehr edierte er ab 1855 Chopins unveröffentlichte Werke. Später fast taub, nahm er sich durch einen Pistolenschuß in den Kopf das Leben. Vgl. Abb. 653.

176 Stefan Witwicki (1800–1847). Bronzemedaille, 1841, von Władysław Oleszczyński.
Zehn der insgesamt 17 Lieder op. 74 (posthum) komponierte Chopin nach Gedichten seines Freundes Stefan Witwicki. Der Dichter widmete Chopin 1830 seine »Idyllischen Lieder«.

POLNISCHE FREUNDE

177 Wojciech Grzymała (1793–1870). Lithographie, 1832, von Villain nach einer Zeichnung von Bazin.
Wojciech (Albert) Grzymała, Teilnehmer am Napoleonfeldzug 1812, Beamter des polnischen Staatsrates, ließ sich nach dem Aufstand 1830/1831, bei dem er als Diplomat in London tätig war, in Paris nieder und wurde dort einer der engsten Freunde George Sands, die er mehrmals in Nohant besuchte. Nach dem Tode Matuszyńskis war er Chopins bester polnischer Freund. Er war auch in der Todesnacht des Komponisten anwesend. Vgl. S. 330, 331 und Abb. 654.

178 Jan Matuszyński (1809–1842). Anonymes, undatiertes Aquarell.
Ähnlich Fontana war Matuszyński einer der vertrautesten Freunde Chopins aus der Zeit des gemeinsamen Lyzeumsbesuches. Matuszyński promovierte 1834 in Tübingen als Doktor der Medizin und Chirurgie, ging noch im gleichen Jahr nach Paris (wo er zunächst bei Chopin wohnte) und wurde dort Professor an der *Ecole de Médecine*. Er starb als Dreiunddreißigjähriger an Tuberkulose.

PARIS IM JAHRE 1832

Als Frédéric Chopin 1831 in der europäischen Kunstmetropole Paris eintraf, sorgte in der Musik gerade Hector Berlioz, der am 5. Dezember 1830 seine *Symphonie fantastique* uraufgeführt hatte, für erhebliche Unruhe. Franz Liszt, ein Pianist von hinreißender Brillanz, fegte mit seinem revolutionären Klavierspiel die Salonstückchen vom Tisch, Herolds *Zampa* (1831), Rossini und Auber beherrschten die Opernbühne, ehe Meyerbeers *Robert le Diable* durchschlagenden Erfolg hatte. In der Malerei rebellierte Delacroix gegen den Klassizismus des eben verstorbenen David und dessen großen Schüler Ingres. Ary Scheffer, Vernet und Delaroche genossen hohes Ansehen. Die Romantik in der französischen Literatur, eingeleitet durch Chateaubriand und Madame de Staël, hatte ihre wesentlichen Vertreter in Victor Hugo (1831: »Notre Dame de Paris«, »Feuilles d'automne«, »Marion Delorme«), Balzac (1831: »La peau de chagrin«), Sainte-Beuve, Dumas, Musset, Gautier, de Vigny und nicht zuletzt in George Sand, der späteren Geliebten Chopins. Obwohl Chopin mit vielen der genannten Künstler mehr oder weniger eng befreundet war, nahm er an deren Schaffen kaum Anteil. Er war, etwa im Gegensatz zu Liszt, fast ohne jede literarische Ambition, in seinen Briefen finden sich selten Ausführungen über andere Künste. Er liebte Opern und guten Gesang. »Noch nie habe ich den Othello [von Rossini] gehört wie mit Rubini, der Pasta und Lablache; die Italienerin [in Algier] wie mit Rubini, Lablache und Mme Raimbeaux. Wenn je, so habe ich jetzt alles in Paris«, schreibt er bald nach seiner Ankunft.[42]

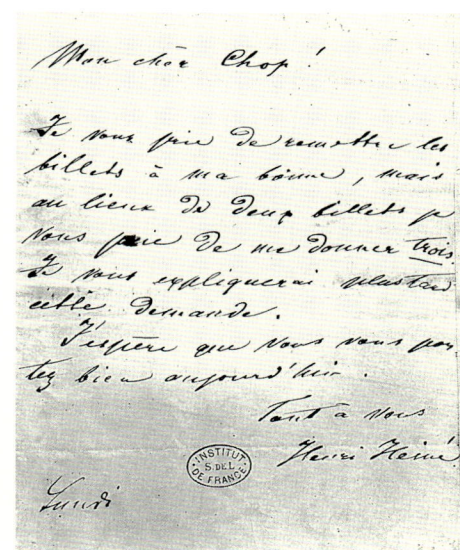

179 *Undatierter Brief Heinrich Heines an Chopin.*
»Mein lieber Chop[in]!
Bitte schicken Sie die Billets an mein Dienstmädchen zurück und anstelle der zwei Billets bitte ich Sie, mir drei zu geben. Ich werde Ihnen später diese Bitte erklären. Ich hoffe, daß es Ihnen heute gut geht.

Montag

Ganz der Ihre
Henri Heine.«

SCHRIFTSTELLER AUS CHOPINS UMKREIS

180 *Heinrich Heine (1799–1856). Ölgemälde, um 1830.*
Der Dichter war ein großer Verehrer Chopins. Er widmete ihm einen bewundernden Artikel, der in der *Revue et Gazette musicale de Paris* vom 4. Februar 1838 erschien (vgl. S. 158, 159).

181 *Alphonse de Lamartine (1790–1869). Lithographie, um 1830, von Delarue nach einer Zeichnung von Julien.*
Lamartine wurde durch seine 1820 erschienenen *Méditations poétiques* (neue Folge 1823) einer der Mitbegründer der romantischen französischen Lyrik. 1830 veröffentlichte er seine *Harmonies poétiques et religieuses*, die Liszt in so hohem Maß inspirierten.

182 *Jules Sandeau (1811–1883). Lithographie, 1858, von Metzmacher nach einer Zeichnung, 1850, von Henri Lehmann.*
Zu den Schriftstellern, die um 1830 in Paris debütierten, gehörte neben Théophile Gautier und Alfred de Musset auch Jules Sandeau. Amantine-Aurore-Lucile Dudevant, eine sechsundzwanzigjährige Baronin aus dem Berry, nahm sich seinetwegen in Paris eine Wohnung und war 1831/1832 seine Geliebte. Das Paar veröffentlichte Artikel unter dem Namen »Jules Sand«. Im Dezember 1831 erschien der erste gemeinsame Roman *Rose et Blanche*. Die Baronin nannte sich nach ihrem Geliebten künftig »George Sand«.

1832

183 *Auguste Franchomme (1808–1884). Bleistiftzeichnung, um 1830, von Jean Auguste Masson.*
Die Beziehung Chopins zu Franchomme, seinem wahrscheinlich besten Freund überhaupt, begann bald nach Chopins Ankunft in Paris und dauerte bis zu seinem Tode. Franchomme, einer der führenden Cellisten seiner Zeit, kopierte und revidierte viele Werke Chopins, zu dessen *Grand Duo Concertant* er die Cellostimme schrieb. Die ersten Cellotöne von Chopins *Sonate g-Moll, op. 65* erklangen auf seinem Stradivari-Cello, das Franchomme für die damals immens hohe Summe von 25 000 Franken aus dem Besitz des Cellisten Jean Louis Duport (1749–1819) erworben hatte. Chopins Cellosonate ist Franchomme gewidmet.

184 *Friedrich Kalkbrenner (1785–1849). Unsignierte Lithographie, um 1830.*
Kalkbrenner, Pianist, Komponist, Teilhaber der Pleyelschen Klavierfirma, angeblich »Erfinder« des Oktavenspiels aus dem Handgelenk, war, bevor Liszt und Thalberg in Szene traten, der unumschränkte Herrscher der Pariser Klavierwelt. Chopin ergeht sich in wahren Lobeshymnen über ihn, stellt ihn über alle anderen und gesteht, daß er »so spielen möchte« wie Kalkbrenner.[43] Er schließt mit ihm Freundschaft, widmet ihm sein *e-Moll-Konzert*, schlägt aber das Angebot, von ihm unterrichtet zu werden, aus.
Robert Schumann bewunderte Kalkbrenner merkwürdigerweise auch als Komponisten und bezeichnete dessen (heute vergessenes) *d-Moll-Klavierkonzert* als »höchste Blüte«.[44]

MIT CHOPIN BEFREUNDETE VIRTUOSEN

185 *Johann Peter Pixis (1788–1874). Lithographie, um 1830, von Benard.*
Der deutsche Pianist, Widmungsträger von Chopins *Fantasie über polnische Themen op. 13*, lebte nach erfolgreichen Konzertreisen seit 1825 in Paris. Chopins Schilderung eines Besuches 1831 bei Pixis, der ihn fast verdächtigte, seine schöne sechzehnjährige Adoptivtochter (Francilla Pixis, sie war in München später eine angesehene Opernsängerin) verführt zu haben, gehört zu seinen amüsantesten Briefstellen.[45]

186 *Marie Moke-Pleyel (1811–1875), gen. Camilla Pleyel. Lithographie, um 1835, von Alophe.*
Marie Pleyel, eine Schülerin von Moscheles, Herz und Kalkbrenner, galt um 1832 als bedeutendste Pianistin. (Clara Wieck-Schumann erwarb sich ihren europäischen Ruhm erst einige Jahre später.) Sie wurde von Mendelssohn und Schumann sehr geschätzt und Liszt sagte von ihr: »Sie hat ein prachtvolles Talent, unbestritten sogar das schönste Pianistentalent, das es gibt.«[46] Chopin, der durch seine Freundschaft mit Maries Gatten, dem Klavierbauer Camille Pleyel, auch Marie Pleyel sehr nahestand, widmete ihr seine *Nocturnes op. 9*.

MIT CHOPIN BEFREUNDETE VIRTUOSEN

187 *Berühmte Klaviervirtuosen. Lithographie, 1842, von Nicolas E. Maurin.*
Von links nach rechts, stehend: Rosenhain, Döhler, Chopin, Dreyschock, Thalberg; sitzend: Wolff, Henselt, Liszt.

188 *Berühmte Violinvirtuosen. Lithographie, um 1840, von Nicolas E. Maurin.*
Von links nach rechts, stehend: Panofka, Habeneck (der auch ein bekannter Dirigent war), de Bériot; sitzend: Ernst, Baillot, Haumann. Mit Habeneck, Ernst, Baillot und Haumann trat Chopin gelegentlich in Konzerten auf.

189 *Sabine Heinefetter (1809–1872). Lithographie, um 1830.*
Die Sängerin gehörte bereits 1831 in Wien zu Chopins Bekanntenkreis. Sie konzertierten dort gemeinsam am 4. April 1831 im Redoutensaal und später, am 25. Dezember 1834, in Paris. Chopin, der ja zeitlebens eine Vorliebe für guten Gesang hatte, schätzte sie sehr und erwähnt sie häufig in seinen Briefen. Sabine Heinefetter starb, ebenso wie ihre Schwester Maria, die gleichfalls eine bekannte Sängerin war, im Irrenhaus.

190 *Wilhelmine Schröder-Devrient (1804–1860). Lithographie, 1843.*
Wilhelmine Schröder-Devrient war seit ihrer Darstellung als »Leonore« in Beethovens *Fidelio* im Jahre 1822 eine der berühmtesten Sängerinnen Europas. Richard Wagner sagte später über sie: »Alle meine Kenntnis von der Natur des mimischen Wesens verdanke ich dieser großen Frau«. Auch Beethoven und Carl Maria von Weber bewunderten sie.
Chopin nennt sie in seinen Briefen vom 12., 14. und 25. Dezember 1831 sowie vom 15. April 1832.

SÄNGERINNEN, DIE CHOPIN BEWUNDERTE

191 *Fanny Persiani (1812–1867). Lithographie, um 1840, von Rigo nach einer Zeichnung von Lacauchie.*
Die aus Rom stammende Sängerin gab 1832 in Livorno ihr Debut und erwarb nach wenigen Jahren europäischen Ruhm. Zwischen 1837 und 1848 trat sie hauptsächlich in Paris und London auf. Donizetti schrieb für sie die Titelrolle in *Lucia di Lammermoor*.
Chopin erwähnt sie in seinen Briefen vom 11. Oktober 1846 und 13. Mai 1848. Persönlich dürfte er sie am 1. Dezember 1841 kennengelernt haben, als beide beim Herzog von Orléans auftraten.

192 *Jenny Lind (1820–1887). Lithographie, um 1840, von J. H. Buffords.*
Chopin über die »schwedische Nachtigall«, 19. August 1848: »Frau Grote [Gattin eines Londoner Parlamentsmitgliedes] ist eine sehr gebildete Person, die es sich angelegen sein läßt, Jenny Lind zu protegieren. Sie hat mich mit ihr bekannt gemacht. Einmal hatte sie nur uns beide eingeladen, von 9 bis 1 Uhr nachts sind wir vom Klavier nicht aufgestanden. Frl. Lind kam zu meinem Konzert!!!!, was wohl für Dummköpfe sehr viel bedeutet, denn sie kann sich nirgends zeigen, ohne daß alle gleich lorgnettieren …«[47] Jenny Lind besuchte Chopin in Paris vier Monate vor seinem Tod und sang ihm vor. Vgl. Abb. 541.

SÄNGERINNEN, DIE CHOPIN BEWUNDERTE

193 *Pauline Viardot-Garcia (1821–1910). Lithographie, um 1840, nach einer Zeichnung von Achille Deveria.*
Die berühmte Sängerin, eine Schwester der nicht weniger berühmten Maria Malibran, gehörte seit 1840 zu Chopins engstem Freundeskreis. Sie war mehrmals Gast bei George Sand in Nohant. Im Sommer 1848 hielt sie sich gleichzeitig mit Chopin in London auf, wo sie am 7. Juli gemeinsam konzertierten (vgl. Abb. 696). Sie arrangierte sechs Mazurken Chopins für Gesang.

194 *Karoline Unger-Sabatier (1803–1877). Lithographie, um 1830, von Josef Kriehuber.*
Karoline Unger (in Italien nannte man sie Carlotta Ungher) war bereits mit Beethoven gut bekannt; in den Uraufführungen von Beethovens *Missa solemnis* und *9. Symphonie* sang sie Solopartien. Mit Franz Liszt, in dessen Konzert sie am 1. Dezember 1822 in Wien mitwirkte, war sie befreundet. Chopin dürfte die Sängerin 1833 in Paris zum erstenmal gehört haben. Sie war mit dem Dichter Nikolaus Lenau verlobt, ehe sie 1841 den französischen Schriftsteller François Sabatier heiratete.

195 *Giulia Grisi (1811–1869). Lithographie, um 1832.*
Nachdem Giulia Grisi in Italien mit großem Erfolg aufgetreten war, ging sie 1832 an die Pariser Oper und wirkte von 1834 bis 1849 als Primadonna in Paris und London. Bellini schrieb für sie Hauptrollen in *I Capuletti ed i Montecchi* sowie in *I Puritani*, Donizetti komponierte für sie den *Don Pasquale*. Chopin erwähnt sie in seinen Briefen vom 11. Oktober 1846, 13. Mai, 2. Juni, 3. und 16. Oktober 1848. Er trat mit ihr gemeinsam am 30. Dezember 1832, am 2. April 1833 und Ende April 1842 auf.

196 *Maria Felicità Garcia Malibran (1808–1836). Lithographie, um 1838, nach einem Gemälde, um 1830, von Decaisne.*
Die Malibran war bereits als Siebzehnjährige eine bekannte Primadonna in London. 1828 kam sie an das *Théâtre-Italien* in Paris und feierte hauptsächlich in *Norma* und *La Sonnambula* große Triumphe. Chopin: »Heute ist untrüglich nicht die Pasta [italienische Sopranistin, Bellini komponierte für sie die oben genannten Opern], sondern die Malibran (Garcia) die erste in Europa!«[48] »Die Malibran nimmt durch ihre wundervolle Stimme gefangen und singt wie keine.«[49]
Die Sängerin heiratete 1836, als Achtundzwanzigjährige, den bekannten belgischen Geiger Charles-Auguste de Bériot (vgl. Abb. 188); sie starb im gleichen Jahr.

197 *Kanon von Mendelssohn, komponiert im Jahre 1832. Die Baßstimme stammt von Chopin.*
Unter den Noten der eigenhändige Vermerk Mendelssohns in italienischer und französischer Sprache: »Freier Baß, komponiert von Sciopino [Chopin]. Der Baß ist von Ihnen. Paris, 16. April 32. Felix Mendelssohn Bartholdy«.

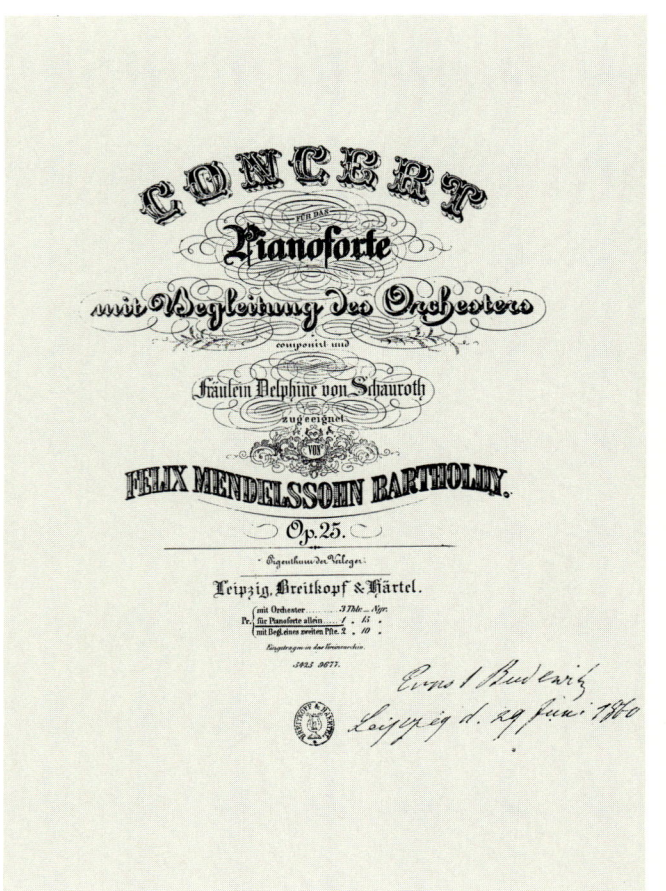

198 *Felix Mendelssohn Bartholdy. Anonymes Ölgemälde, um 1830.*
Von Dezember 1831 bis April 1832 hielt sich Mendelssohn in Paris auf, und seit jener Zeit datierte seine Freundschaft mit Chopin. Am 18. März 1832 spielte er Beethovens *G-Dur-Klavierkonzert* im *Conservatoire* (erste Pariser Aufführung); Chopin war vermutlich anwesend. Im Mai 1834 waren beide in Aachen und Düsseldorf, eine weitere Begegnung gab es im Oktober 1835 in Leipzig. Vgl. S. 123.

199 *Titelblatt der Erstausgabe von Mendelssohns »g-Moll-Klavierkonzert«.*
Der Komponist beendete die Arbeit an diesem Werk im Oktober 1831 in München und spielte es hier anschließend zum erstenmal öffentlich.

200, 201 *Autograph von Chopins »Etüde E-Dur, op. 10 Nr. 3«.*
Während fast alle gedruckten Ausgaben »Lento ma non troppo« vorschreiben, notiert Chopin »Vivace« (!). Darüber der Vermerk »Paryż 25 Sierp. 32« (»Paris, 25. Aug. 32«).
Das Autograph gehörte bis 1962 Alfred Cortot, anschließend kam es in den Besitz R. O. Lehmanns, New York.

1832

202 Seite eines Briefes Franz Liszts vom 26. Februar 1843 an Chopin.
»Es erübrigt sich ein Vermittler zwischen Rellstab und Dir, lieber alter Freund. Rellstab ist ein außerordentlich distinguierter Mensch, und Du bist viel zu wohlerzogen, als daß Ihr Euch nicht von Anfang an vortrefflich verständigen solltet (insoweit sich für gewöhnlich Künstler mit Kritikern verständigen können); da jedoch Rellstab mir die Freude erweist und einige [Der Schluß des Briefes, hier nicht abgebildet, lautet:] Worte von mir annimmt, so beauftrage ich ihn, mich Dir ganz besonders in Erinnerung zu bringen, und will die Gelegenheit benützen, um Dir nochmals zu wiederholen, selbst auf die Gefahr hin, Dir monoton zu erscheinen, daß meine Zuneigung und Bewunderung für Dich stets gleich bleiben und daß Du bei jeder Gelegenheit über mich wie über einen Freund verfügen kannst.
Posen, 26. Februar 1843. F. Liszt.«
(Der Musikkritiker Rellstab hatte jahrelang Chopins Werke herabgesetzt. Um 1842 wollte er Chopin persönlich kennenlernen, um ihm seine Meinungsänderung und seine nunmehrige Bewunderung mitzuteilen; den allzeit hilfsbereiten Liszt hatte er sich als Vermittler ausgesucht.)

203 Titelblatt der Pariser Buch-Erstausgabe von Liszts Chopin-Biographie mit der Widmung eines Liszt-Schülers.
Publikationsdaten: 1851: *La France musicale* (französisch), 1852: Escudier, Paris und Breitkopf & Härtel, Leipzig (französisch), 1877: W. Reeves, London (englisch), 1880: Breitkopf & Härtel (deutsch), 1910: Breitkopf & Härtel (Neuauflage, deutsch).

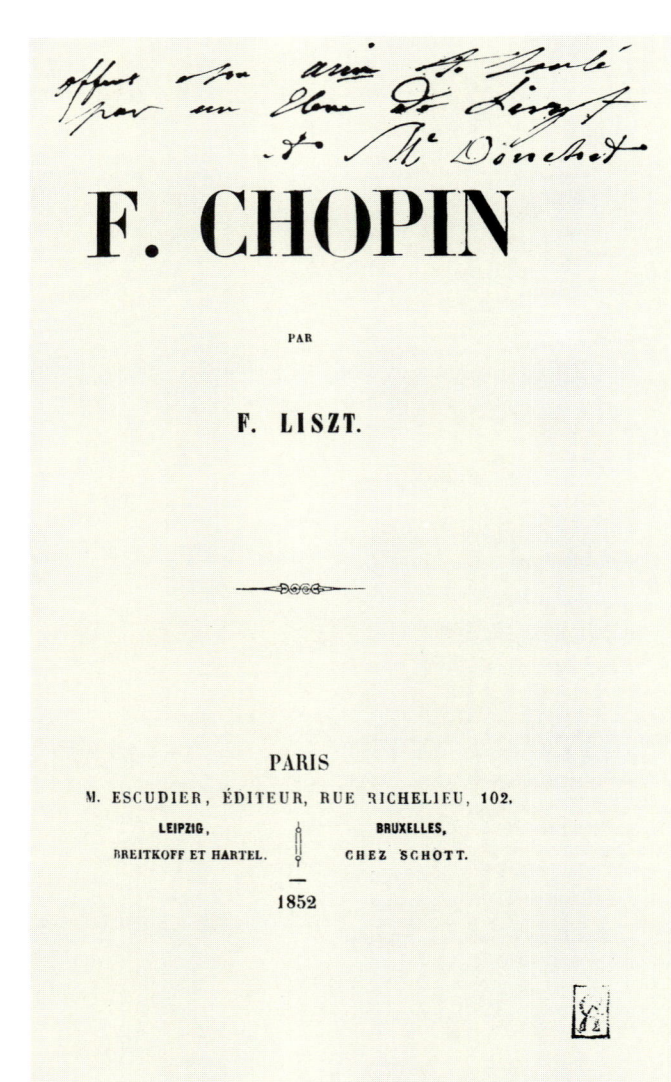

Rechte Seite:
204 Der junge Franz Liszt. Undatiertes Ölgemälde, Signatur unleserlich. Erstveröffentlichung.
Chopin widmete Liszt, der zu seinen ersten Pariser Freunden gehörte, die *12 Etüden op. 10* und im gewissen Sinn – wie es Liszt in einem Brief vom 26. September 1877 an Breitkopf & Härtel ausdrückte – »das zweite Etüdenwerk [*op. 25*] wohl auch«[50], indem es die Widmung von Liszts Freundin Marie d'Agoult trägt. Dem größten Pianisten des 19. Jahrhunderts sind somit auch die genialsten Klavieretüden des 19. Jahrhunderts gewidmet.

CHOPIN UND LISZT

Wie so manches in Chopins Leben ist auch seine Beziehung zu Franz Liszt von romanhaften Berichten entstellt. Da ist von Wett- und Ratespielen am Klavier bei gelöschten Kerzen die Rede (was Liszt später auf Befragen selbst als Märchen abtat) und schließlich vom Abbruch der Freundschaft, da Liszt Chopins Zimmer für ein galantes Abenteuer benutzt habe.
Die Tatsachen: Chopin und Liszt begegneten sich Ende 1831, möglicherweise auch erst Anfang 1832 zum erstenmal. In den Jahren 1833/1834 traten sie in Paris häufig gemeinsam in Konzerten auf. Von Oktober 1836, nachdem Liszt von einem anderthalbjährigen Aufenthalt in Genf zurückgekehrt war, bis zu seinem Pariser Abschiedskonzert am 9. April 1837 (vgl. S. 154) erreichte die Freundschaft ihren Höhepunkt. Liszt: »Ich verließ Paris bald darauf und habe ihn nicht wiedergesehen.«[51] (Liszt irrt. Es gab noch drei Begegnungen: am 26. April 1841, am 28. April 1844 und im Dezember 1845, vgl. »Leben« S. 232, 264 und 272.) Überdies verfeindeten sich um 1840 Marie d'Agoult und George Sand. Liszt: »Unsere Damen hatten sich gezankt, und als richtige Kavaliere mußten wir jeder auf der Seite der seinigen stehen.«[52] Chopin: »Wir sind Freunde, wir waren Kameraden.«[53] Gegenseitige kompositorische Einflüsse gab es im Grunde genommen keine, allenfalls Ähnlichkeiten, z. B. Chopins *Etüde op. 10 Nr. 9* – Liszts *Etude d'exécution transcendante No 10*, Chopins *As-Dur-Polonaise* – Liszts *Funérailles*. Daß Chopin Liszt als Pianisten bewunderte, ist verbürgt. Chopin: »Ich möchte ihm die Art stehlen, wie er meine eigenen Etüden interpretiert«[54] und: »Ich liebe meine Musik, wenn Liszt sie spielt.«[55] Und wie sollte Liszt Chopins Bedeutung für das Klavier nicht von Anfang an verstanden und dessen Musik nicht bewundert haben? Diese Bewunderung fand ihren schönsten Ausdruck in der ersten Chopin-Biographie, deren Autor Liszt war.

1832

1832

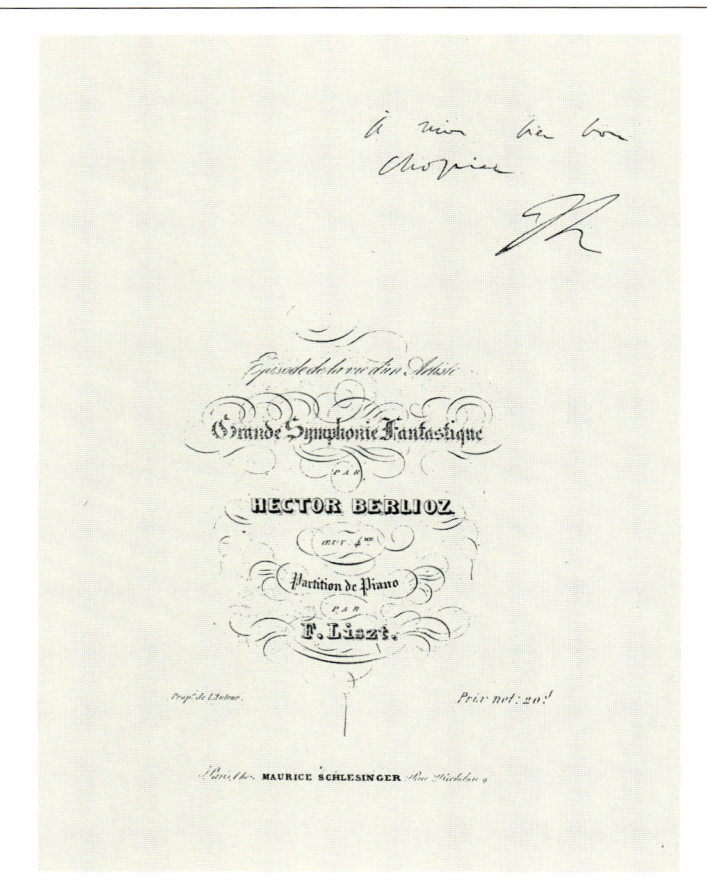

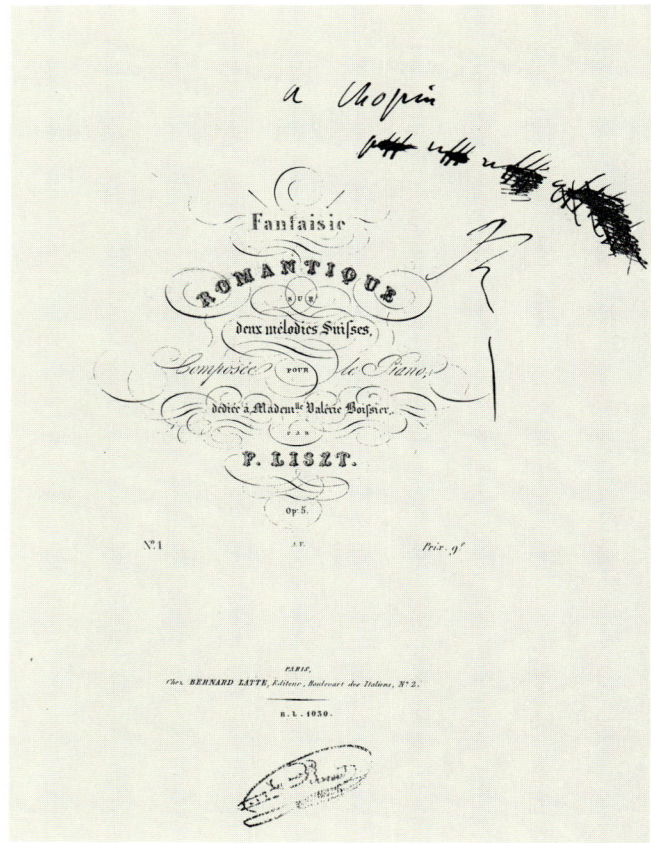

205, 206 *Titelblätter von Erstausgaben Lisztscher Werke mit eigenhändigen Widmungen Franz Liszts an Frédéric Chopin.*

207, 208 *Frédéric Chopin und Franz Liszt. Lithographien aus »Le Pianiste« nach Porträts um 1833.* Die Zeitschrift *Le Pianiste* mit Publikationen von Klaviermusik und Berichten über Klaviervirtuosen, Klaviertechnik, Konzerte etc. erschien vom November 1833 bis Oktober 1835 in Paris. Liszt und Chopin gehörten zu den am häufigsten erwähnten Künstlern.

1832

209 *Gräfin Marie d'Agoult. Ölgemälde, 1839, von Henri Lehmann.*

210 *Franz Liszt. Ölgemälde, 1837, von Ary Scheffer.*

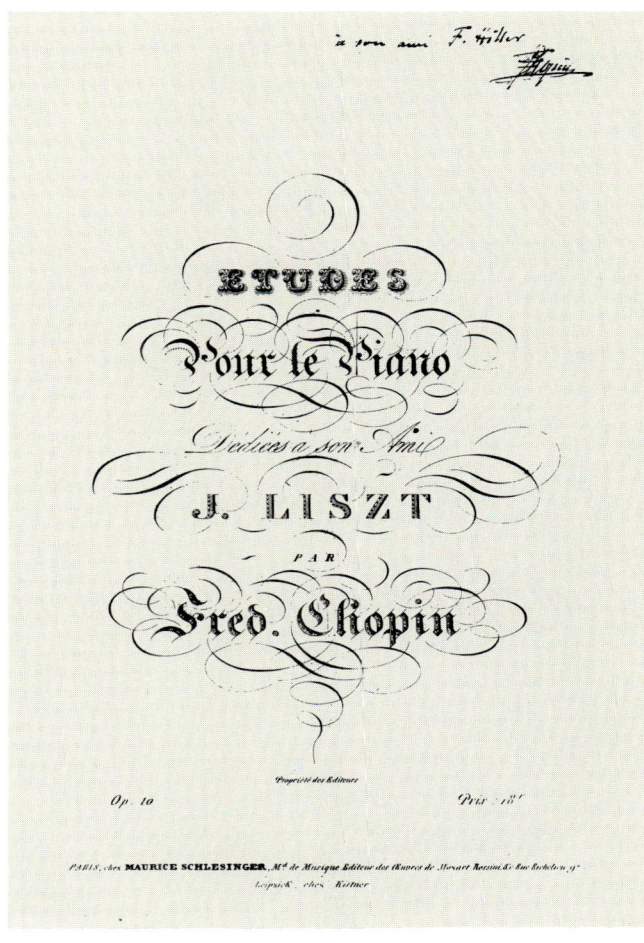

211 *Titelblatt der deutschen Erstausgabe, 1837, von Chopins Marie d'Agoult gewidmeten »Etüden op. 25«.*

212 *Titelblatt der französischen Erstausgabe von Chopins Franz Liszt gewidmeten »Etüden op. 10«. Das hier abgebildete Exemplar schenkte der Komponist seinem Freund Ferdinand Hiller. Rechts oben von Chopins Hand: »à son ami F. Hiller«.*

1832

213, 214 *Franz Liszt (Elfenbeinminiatur, 1832, von La Morinière*[56]*) und Marie d'Agoult (Ölgemälde, 1843, von Henri Lehmann), die Widmungsträger von Chopins »Etüden op. 10« und »op. 25«.*

1832

1833

LEBEN

JANUAR: Chopin verkehrt nun in der vornehmsten Pariser Gesellschaft; er genießt die Freundschaft und Achtung seiner Künstlerkollegen. Pixis widmet ihm seine Variationen für Militärorchester, Kalkbrenner veröffentlicht Variationen über die *Mazurka op. 7 Nr. 1*.

29. JANUAR: Chopin besucht ein Kammermusik-Konzert Baillots in der Rue Neuve-des-Petits-Champs.

20. MÄRZ: Rezension der *Mazurken op. 6*. Vgl. Abb. 224.

23. MÄRZ: Konzert in der *Wauxhall d'Été*. Vgl. Abb. 216.

26. MÄRZ: Besuch eines Kammermusik-Konzertes Baillots in der Rue Neuve-des-Petits-Champs.

30. MÄRZ: Chopin spielt mit dem Pianisten Jean-Amédée le Froid de Méreaux dessen vierhändige *Variationen op. 34*. Vgl. Abb. 215.

2. APRIL: Wohltätigkeitskonzert für Harriet Smithson im *Théâtre-Italien* (vgl. S. 117). Chopin und Liszt spielen ein vierhändiges Stück (vermutlich Georges Onslows *Sonate op. 22*). Rezension: *Journal de Paris* (4. April 1833).

3. APRIL: Chopin, Liszt und die Gebrüder Herz spielen in der *Wauxhall d'Été*. Rezensionen: *Figaro* (5. April 1833), *Le National* (7. April 1833), *Revue de Paris* (April 1833), *L'Europe Littéraire* (12. April 1833).

25. APRIL: Chopin spielt den 2. und 3. Satz seines *e-Moll-Konzertes* im *Hôtel de Ville*. Vgl. S. 116 und Chronik S. 56.

29. MAI: Rezension von Chopins *Trio op. 8* und der *Nocturnes op. 9* in der *Allgemeinen Musikalischen Zeitung*.

JUNI: Umzug in die Rue de la Chaussée d'Antin No 5. Zusammen mit seinem Jugendfreund, dem Arzt Aleksander Hoffmann, bewohnt Chopin dort die ehemalige Wohnung des Wissenschaftlers Hermann Franck. Vgl. Abb. 241. Diese Straße hieß von 1793 bis 1816 »Rue du Mont-Blanc«; einige an Chopin gerichtete Briefe tragen diese Anschrift (vgl. S. 138).

16. JUNI: Premiere von Halévys *Ludovic*. Chopin schreibt Variationen über ein Thema daraus (vgl. Abb. 230).

20. JUNI: Franz Liszt spielt in Anwesenheit Chopins und Franchommes mehrere Etüden von Chopin.

28. JUNI: Rezension von Chopins *Trio op. 8*. Vgl. Abb. 223.

JULI: Gräfin Marie d'Agoult, Liszts Freundin, lädt Chopin mehrmals vergeblich in ihr im April 1833 erworbenes Schloß Croissy bei Paris ein.

12. JULI: Rezension der *Mazurken op. 6*. Vgl. Abb. 123.

2. AUGUST: Rezension der *Nocturnes op. 9*. Vgl. S. 105.

AUGUST/SEPTEMBER: Aufenthalt mit Auguste Franchomme in Côteau (Département Touraine).

29. SEPTEMBER: Clara Wieck spielt im Leipziger Gewandhaus den 3. Satz von Chopins *e-Moll-Konzert*.

15. DEZEMBER: Im *Rénovateur* erscheint eine Würdigung Chopins von Berlioz. Am gleichen Tag spielen Chopin, Liszt und Hiller im *Conservatoire* (vgl. Abb. 217). Rezensionen: *Revue musicale* (21. Dezember 1833, vgl. Abb. 217), *Le Rénovateur* (29. Dezember 1833), *Le Pianiste* (No 3, Januar 1834), *Gazette musicale* (5. Januar 1834).

Im Jahr 1833 erschienen viele Werke Chopins, z. B. *Nocturnes op. 9*, *Etüden op. 10*, *Klavierkonzert op. 11*. Sie begründeten endgültig seinen Ruf als bedeutender Komponist. Bis dahin hatten lediglich die *Don Giovanni-Variationen op. 2* weitere Verbreitung gefunden.

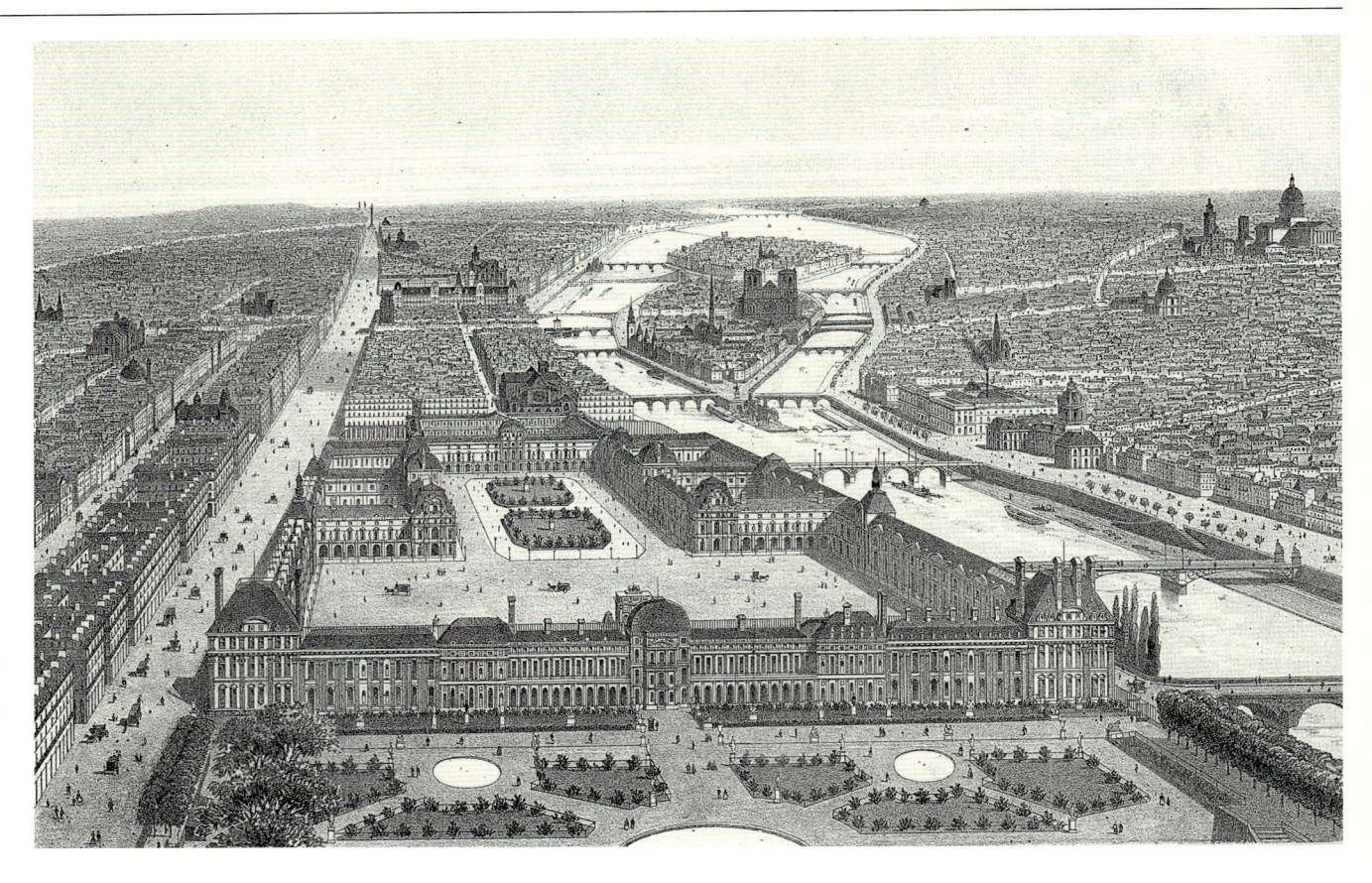

215 *Paris, gezeichnet und lithographiert von Aubrun, Mitte 19. Jahrhundert.*
Im Vordergrund der Tuilerienpalast, wo Chopin 1838 und 1841 auftrat, und der Louvre. Die breite Straße links im Bild ist die Rue de Rivoli. Chopin konzertierte am 30. März 1833 in der Rue de Rivoli No 18. Im gleichen Haus wohnte der berühmte Tenorist Lafont, in dessen großem Salon das Konzert wahrscheinlich stattfand.

217 *Programm des Konzertes am 15. Dezember 1833 im »Conservatoire«.* Chopin, Liszt und Hiller spielten den 1. Satz aus Bachs *Konzert für 3 Klaviere d-Moll* (BWV 1063). Fétis in der *Revue musicale* vom 21. Dezember 1833: »Der Satz für 3 Klaviere, gespielt von den Herren Hiller, Liszt und Chopin, bescherte uns eine seltene Freude; diese drei Künstler interpretierten das Stück, wie wir bestätigen können, mit Sachverstand und vollendeter Geschicklichkeit.«

216 *»Wauxhall d'Été«, Paris. Kupferstich, um 1820, von Campion nach einer Zeichnung von Testard.*
Im 1785 erbauten Konzertsaal *Wauxhall d'Été* in der Rue San(m)son hatte Chopin 1833 zwei Auftritte: am 23. März spielte er mit Liszt und Hiller den 1. Satz von Bachs *Konzert für 3 Klaviere d-Moll*, am 3. April mit Liszt, Henri Herz und dessen Bruder Jacques den achthändigen *Grand morceau* über ein Thema aus Meyerbeers *Il crociato in Egitto* von Henri Herz.

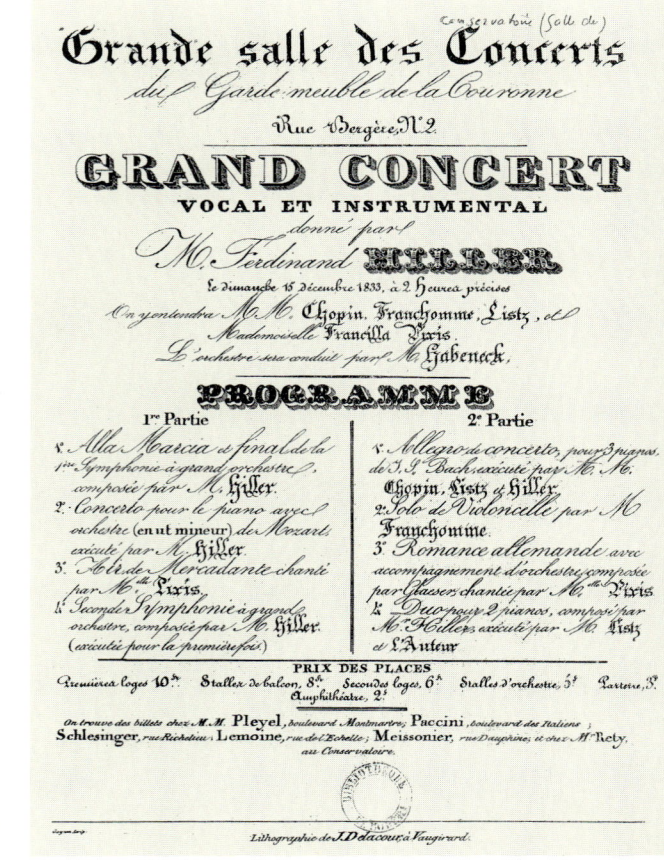

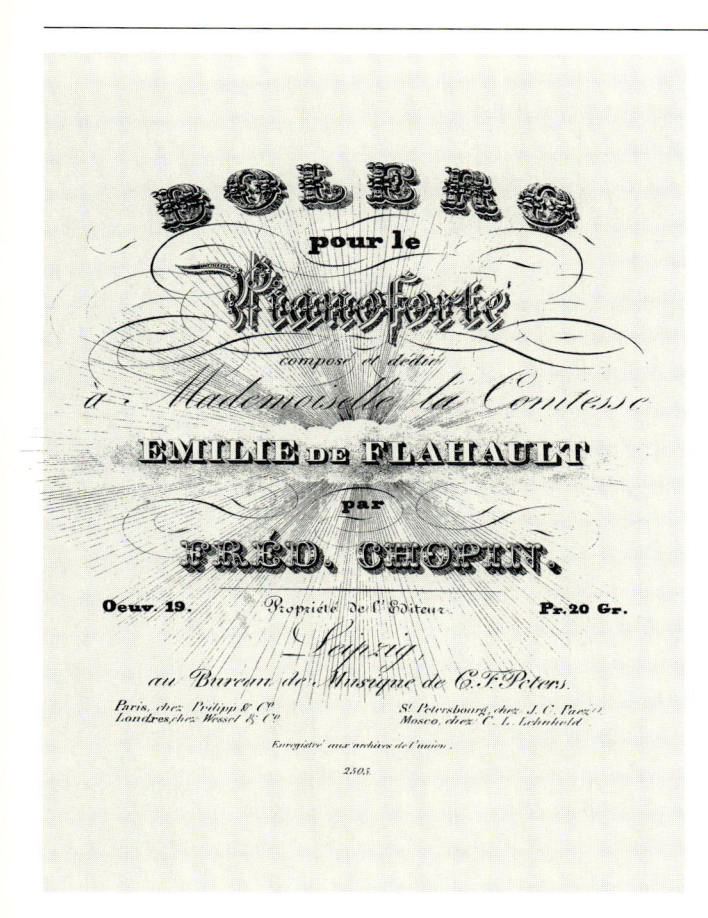

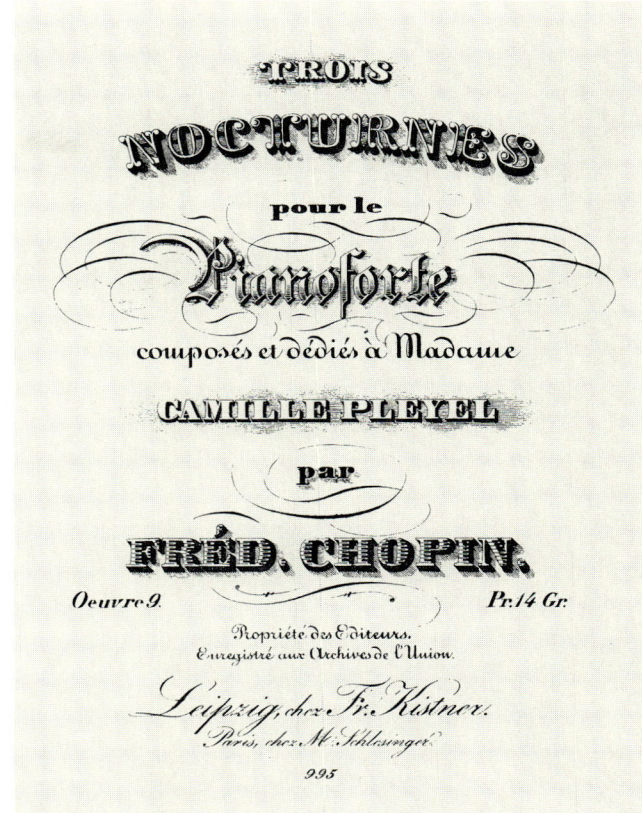

218 Titelblatt der deutschen Erstausgabe, 1834, von Chopins »Bolero«. Der 1833 komponierte Bolero ist das einzige Werk, das Chopin dem Leipziger Verleger C. F. Peters zur Veröffentlichung überließ. Im Konzertsaal begegnet man dem aparten Stück erstaunlich selten.

219 Titelblatt der deutschen Erstausgabe, 1832, von Chopins »Nocturnes op. 9«. Diese Nocturnes veranlaßten Rellstab zu einer kuriosen Rezension.

220, 221 Besprechung Ludwig Rellstabs von Chopins »Nocturnes op. 9«.

WERKE

VARIATIONEN B-DUR, OP. 12. Ersch.: Leipzig (Breitkopf & Härtel) 1833, Paris (Schlesinger) 1834, London (Cramer, Addinson & Beale) 1834. Vgl. Abb. 230.

NOCTURNE G-MOLL, OP. 15 NR. 3. Ersch.: Leipzig (Breitkopf & Härtel) 1833, Paris (Schlesinger) 1834, London (Wessel) 1834. Vgl. Abb. 265.

BOLERO C-DUR, OP. 19. Ersch.: Leipzig (Peters) 1834, Paris (Prilipp et Cie) 1835, London (Wessel) 1835. Vgl. Abb. 218.

12 ETÜDEN OP. 25. Die genaue Entstehungszeit der einzelnen Etüden aus *op. 25* ist weitgehend unbekannt; die meisten Stücke wurden zwischen 1833 und 1836 komponiert. Ersch.: Leipzig (Breitkopf & Härtel) 1837, Paris (Schlesinger) 1837, London (Wessel) 1837. Vgl. Abb. 211, 258, 305 und 307; S. 146, 147.

WALZER GES-DUR, OP. 70 NR. 1 (POSTHUM). Ersch.: Berlin (A.M. Schlesinger) 1855, Paris (Meissonnier) 1855.

DREI FUGEN (A-MOLL, F-DUR, D-MOLL). Entstehungszeit unbekannt, möglicherweise um 1833. Chopin schrieb diese Stücke aus *Cours de contrepoint et de Fugue* von Luigi Cherubini für Klavier auf 2 Systeme um; die d-Moll-Fuge ist unvollendet. Unveröffentlicht.

MAZURKA C-DUR (OHNE OPUSZAHL) (POSTHUM). Vermutlich 1833 entstanden, möglicherweise bereits schon 1825. Ersch.: Warschau (Kaufmann) 1870, Mainz (Schott) 1870.

1833

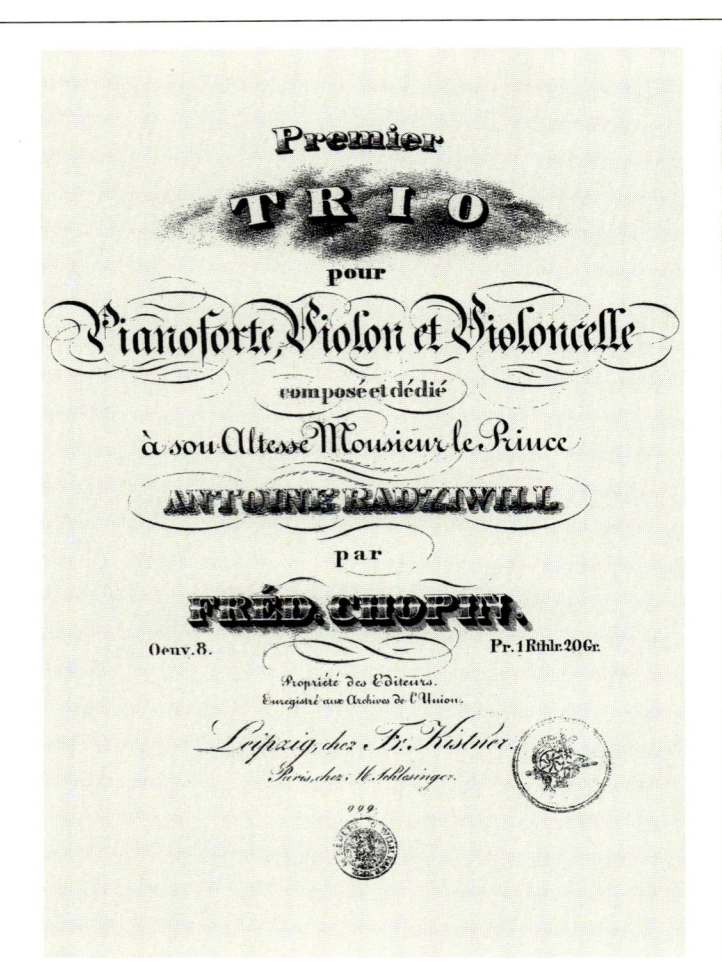

222 Titelblatt der deutschen Erstausgabe, 1833, von Chopins »Trio g-Moll, op. 8«.

223 Kritik Rellstabs von Chopins »Trio g-Moll, op. 8« in der Zeitschrift »Iris im Gebiete der Tonkunst« vom 28. Juni 1833.

Premier TRIO pour Pianoforte, Violon et Violoncelle composé et dédié à son Altesse Monsieur le Prince ANTOINE RADZIWILL par FRÉD. CHOPIN. Oeuv. 8. Pr. 1 Rthlr. 20 Gr.
Propriété des Editeurs.
Enregistré aux Archives de l'Union.
Leipzig, chez Fr. Kistner.
Paris, chez M. Schlesinger.

Es ist nicht leicht über ein complicirtes Werk dieser Gattung zu urtheilen, wenn man nicht eine vollständige Ausführung desselben gehört hat. Denn nicht allein, daß man die Parthien der Violine und des Cello beim Durchspielen der Clavierparthie zu ergänzen hat, daß man sich oft mühsam in den einzelnen Stimmen Raths darüber erholen muß, so erfordert es auch diese Art von Compositionen, daß man sie in einem Fluß und in einer gewissen Vollkommenheit vortragen hört. Das bloße Lesen der Noten kann zwar das trockene äußere Bild eines Werkes verschaffen, allein wenn schöner Vortrag mit zu den Bedingungen gehört, unter denen es erst einen wahren Genuß verschaffen kann, reicht man mit dem einen Ohr allein nicht aus. Denn wäre dies der Fall, so könnte man aller Virtuosität in der Welt entbehren, da es uns ja immer frei stände, die schwersten Concerte von Hummel, Moscheles und Kalkbrenner noch viel präciser, runder, feuriger u. s. w. im Lesen zu hören, als diese Meister sie ausführen. Ja wir könnten Sonaten für zehn Hände, für zwanzig Fortepiano's spielen, die überhaupt gar nicht ausführbar wären, wohl aber in der Idee gehört werden könnten, wenn diese nämlich dazu ausreichte. Indessen dieses innere Hören erreicht einen gewissen Grad, und man mag es zu einer noch so großen Fertigkeit darin gebracht haben, so gehört zu gewissen Dingen durchaus die Wirklichkeit, die Substantiirung des Gedankens, um einen richtigen Standpunkt dafür zu gewinnen. Dies ist unter andern mit diesem auf einen sehr fertigen Clavierspieler berechneten Trio der Fall. Ein vollständiges Urtheil darüber dürfen wir uns daher nicht erlauben, einzelne Anmerkungen indessen lassen sich daran knüpfen, und werden uns der Wahrheit näher führen. Der Componist besitzt Feuer, und geht wirklich auf Erfindung aus; es ist ihm nicht darum zu thun, allein für die Finger zu arbeiten. Er liebt stark markirte Rhythmen, und kräftige Harmonik. Seine Melodien suchen eine edle Haltung anzunehmen; nur ist er uns zu sparsam damit, was jedoch auf einer Täuschung beruhen kann, da wir die Parthien der Violine, und des ohne Zweifel (da das Werk dem verstorbenen Fürsten Radziwill gewidmet ist) sehr vortheilhaft behandelten Cello, nur aus den einzelnen Stimmen und aus der Combination ergänzen können. Indessen haben wir doch in dem ganzen Trio kaum einige Takte gefunden, die ohne rasche Passagenbewegung wären, so daß man also selbst bei sehr melodischer Behandlung der Saiteninstrumente doch nicht recht zu einem eigentlichen Ruhepunkte kommen kann, wie dies in Beethoven's Arbeiten dieser Gattung oft mit so sehr wohlthätiger Wirkung der Fall ist. Im Ganzen strebt uns der Componist zu viel nach Eigenthümlichkeit (wir sollten sagen Besonderheit), statt sich des natürlichen Flusses zu befleißigen, der durch das allgemeine Kunstgesetz geregelten Schönheit vorzugsweise zu huldigen.

1833 ERSCHIENENE WERKE UND IHRE REZENSIONEN

Quatre Masurkas pour le Pianof. composées — par Fréd. Chopin. Oeuv. 6. Liv. I et II. (Propr. des édit.) Leipzig, chez Fr. Kistner. Pr. jedes Heftes 10 Gr.

Wer den reizenden Tanz der Polen, den vorzüglich in dieser Gattung unnachahmlichen, näher kennt; wer es weiss, wie zierlich und sicher sich die tanzenden Paare jedem veränderten Accente anzuschmiegen wissen, wird das Pikante des besondern Rhythmus in den Masurken zu würdigen verstehen. Die hier gelieferten sind nun ganz vorzüglich pikant, in des Verfassers Manier, auch im Harmonischen seltsam gehalten. Es zieht sich mitten durch die oft wunderlich accentuirte Tanzlust ein eigener Geist der Trauer, wie eine tief und heimlich seufzende Macht, die durch den grossen Contrast nur noch unheimlicher waltet. Wir können nicht sagen, dass alle diese Tänze an Werth sich gleich wären: aber die meisten werden Alle, die sie zu spielen verstehen (sie sind, gut vorgetragen, nichts weniger als leicht) auf ganz eigenthümliche Weise anlocken. Man nehme sie nur vor und bewerbe sich selbst um die nähere Bekanntschaft derselben. Unterhaltung findet man sicher; ja wir vermuthen, dass sie dem Geschmacke der Meisten ganz besonders zusagen werden. Schöne Ausstattung brauchen wir bey hiesigen Verlagsartikeln kaum noch anzuzeigen: sie ist vortrefflich.

224 Kritik von Chopins »Mazurken op. 6« in der »Allgemeinen Musikalischen Zeitung« vom 20. März 1833.

225 Titelblatt der deutschen Erstausgabe, 1832, von Chopins »Mazurken op. 6«.
Die französische und englische Erstausgabe erschienen im August 1833, die deutsche wurde bereits im Dezember 1832 veröffentlicht.

Quatre MAZURKAS pour le PIANOFORTE composées et dédiées à Mademoiselle la Comtesse PAULINE PLATER par FRÉD. CHOPIN. Liv. 1. Oeuvre 6. Pr. 10 Gr.
Propriété des Editeurs.
Enregistré aux Archives de l'Union.
Leipzig, chez Fr. Kistner.
Paris, chez M. Schlesinger.

1833 ERSCHIENENE WERKE UND IHRE REZENSIONEN

226 »Grand Duo Concertant« für Klavier und Violoncello über Themen aus Meyerbeers Oper »Robert le Diable«. Titelblatt der französischen Erstausgabe, 1833.

227 Robert Schumanns Besprechung von Chopins »Grand Duo Concertant« in der »Neuen Zeitschrift für Musik« vom 7. Juni 1836.

228 Robert Schumanns Besprechung von Chopins »Variationen op. 12« in der »Neuen Zeitschrift für Musik« vom 6. September 1836.

229 Das von Schumann erwähnte »Motto« Heinrich Heines in der »Neuen Zeitschrift für Musik« vom 6. September 1836.
Solange Schumann als Redakteur der Neuen Zeitschrift für Musik tätig war (1834–1844), trugen die Titelblätter dieser Zeitschrift als Motto jeweils einen Ausspruch eines bekannten Dichters oder Musikers.

230 Titelblatt der deutschen Erstausgabe, 1833, von Chopins »Variationen op. 12«.
Louis-Joseph-Ferdinand Hérold starb im Januar 1833 und hinterließ die unvollendete Oper Ludovic. Im gleichen Jahr schrieb Chopin seine virtuosen Variationen zu einer Arie aus dieser (von Jacques Halévy fertiggestellten) Oper. Sie gehören zu seinen unbedeutendsten Kompositionen.

231 *Künstler aus Chopins Umkreis. Karikaturstatuetten von Jean Pierre Dantan (Dantan jeune). Obere Reihe, von links nach rechts: Balzac (1835), Liszt (1836), Rossini (1831); unten links: Paganini (1832), daneben Victor Hugo (1832).*

232 *Brief Jacques Halévys, um 1833, an Frédéric Chopin.*

233 *Einladungsbillet Hector Berlioz' aus dem Jahr 1833 oder 1834 an Frédéric Chopin.*

Brief von Jacques Halévy (Abb. 232) an Chopin:

»Mein lieber Chopin, ich bin gezwungen, mir die Freude zu versagen, mit Ihnen zu dinieren. Ein ziemlich heftiger Halsschmerz, der seit mehr als vierzehn Tagen nicht nachläßt und seit gestern sich noch verstärkt hat, zwingt mich laut ärztlicher Verordnung, wenig zu essen und noch weniger zu sprechen, bei Tisch zwei außerordentlich betrübliche Dinge. Daß ich mir beides versagen muß, kränkt mich nur darum, weil es mich hindert, mich zu Euch zu gesellen, zu Liszt, zu Ihnen, Ihren Freunden, von denen – so hoffe ich – einige auch meine Freunde sind. Ich bitte Sie, ihnen allen mein tiefstes Bedauern auszudrücken, und nehmen Sie, lieber und teurer Chopin, die Versicherung meiner freundschaftlichen Gefühle entgegen.

Von Herzen Ihr
F. Halévy.«

Das Einladungsbillet (Abb. 233) von Berlioz an Chopin in deutscher Übersetzung:

»Mein Chopinetto, man macht einen Ausflug zu uns, nach Montmartre, Rue St. Denis No 10; ich hoffe, daß Hiller, Liszt und Devigny [Alfred de Vigny] von Chopin begleitet werden.

Großer Blödsinn
Umso schlimmer
H[ector] B[erlioz]«

MIT CHOPIN BEFREUNDETE KOMPONISTEN

234 Vincenzo Bellini (1801–1835). Lithographie, um 1833, nach einem Porträt, um 1825, von Carlo Arienti. Vgl. S. 230, 231.

235 Hector Berlioz (1803–1869). Lithographie von J. G. Bach nach einem Ölgemälde, 1845, von Prinzhofer.
Trotz freundschaftlicher Beziehungen scheint Chopin die Musik von Berlioz abgelehnt zu haben. Sein Schüler Adolf Gutmann berichtet, Chopin habe einmal die Spitze seiner Schreibfeder umgebogen, wieder zurückschnellen lassen und dabei erwähnt: »Dies ist die Art, wie Berlioz komponiert – er spritzt die Tinte auf Notenpapier, und das Ergebnis ist, wie es der Zufall mit sich bringt.«[57]

236 Giacomo Meyerbeer (1791–1864). Lithographie, um 1833, von Delpech.
Vgl. S. 230, 231.

237 Jacques Fromental Halévy (1799–1862). Lithographie, um 1833, von Julien.

1833

238 *Konzertsaal in der Rue de la Victoire, Paris. Xylographie, 1843.*

239 *Henri Herz (1803–1888). Lithographie, 1837, von Lemercier nach einer Zeichnung von Grevedon.*

Rechte Seite:
240 *Ferdinando Paër (1771–1839). Lithographie, um 1830, von Villain nach einer Zeichnung von Vigneron.*
Paër, von 1812 bis 1824 Kapellmeister und Direktor am *Théâtre-Italien*, Paris, später Dirigent am Königlichen Hof, Komponist zahlreicher, heute in Vergessenheit geratener Opern, Lehrer Franz Liszts, war eine der angesehensten und einflußreichsten Persönlichkeiten im Pariser Musikleben. Chopin hatte bei seiner Ankunft in Paris einige an Paër gerichtete Empfehlungsschreiben bei sich. Paër war ihm von Anfang an behilflich und machte ihn mit Cherubini, Rossini und Kalkbrenner bekannt. Chopin erwähnt ihn häufig in seinen Briefen.

Henri Herz

Henri Herz gehörte um 1833 zu den populärsten Klaviervirtuosen. (Das *Riemann-Musiklexikon* behauptet, was wohl übertrieben ist, Herz sei »um 1825–1835 der gefeiertste Pianist und Klavierkomponist der Welt« gewesen.) Um 1850 konzertierte er in Amerika, Mexico und Westindien, wobei seine Auftritte gelegentlich in die Nähe von heutigem Entertainment gerieten. Als Komponist verkörpert er den typischen Salonmusiker. Die damalige Beliebtheit seiner Werke (u. a. acht Klavierkonzerte und eine Unmenge belangloser *morceaux*, darunter Stücke für acht Klaviere) ist heute unverständlich.

Herz war erstaunlich geschäftig und vielseitig: konzertierender Pianist, unermüdlicher Klavierlehrer (seine Stunden begannen angeblich manchmal schon um fünf Uhr morgens), Komponist, Konzertagent, Begründer einer Klavierfabrik (seine Instrumente erhielten 1855 auf der Pariser Weltausstellung den 1. Preis), ab 1842 Professor am Pariser *Conservatoire*. In der Rue de la Victoire No 48 hatte er einen exklusiven Konzertsaal, die »Salle Herz«; dort war auch seine Klavierfabrik untergebracht.

Chopin trat mit Henri Herz und dessen älterem Bruder Jacques, der ebenfalls Pianist war, gelegentlich in Konzerten auf. 1834 kam es zum Streit zwischen Henri Herz und Chopins Freund und Verleger Maurice Schlesinger. Dies führte schließlich zu einem Duell zwischen Schlesinger und einem Schüler Herz'. In einem Prozeß war Chopin Zeuge Schlesingers. Von da an brachen seine Beziehungen zu Herz ab. Als Herz später großen Einfluß auf die Pariser Zeitung *La France Musicale* hatte, die er mitfinanzierte, beurteilte dieses Blatt Chopins Werke entweder überhaupt nicht oder abfällig.

PAËR

Chez Maurice Schlesinger, rue Richelieu, N.º 97. Lith. de Villain.

1833

(Hôtel d'Osmond.)

DIE PARISER STRASSEN, IN DENE

(Place de la Madeleine.)

(Rue de la Ferme-de

1833

(Rue de la Chaussée-d'Antin.) (Rue du Helder.)

241 *Rue de la Chaussée d'Antin. Xylographie, 1845.*
Links im Vordergrund der Boulevard des Capucines, der an der Kreuzung zur Rue de la Chaussée d'Antin in den Boulevard des Italiens einmündet.
In der Chaussée d'Antin lagen die dritte und vierte Wohnung Chopins (von Juni 1833 bis September 1836 auf No 5, von Oktober 1836 bis Oktober 1838 auf No 38).
Im gleichen Haus, in dem Chopin von 1833 bis 1836 lebte – Chaussée d'Antin No 5 – wohnte Mozart 1782 nach dem Tode seiner Mutter für einige Monate.
Chopins Wohnungen in dieser Straße existieren heute nicht mehr.
Ganz rechts die Rue du Helder, wo Richard Wagner auf No 25 von April 1840 bis April 1841 wohnte.

HOPIN VON 1833 BIS 1841 WOHNTE

ins.) Rue Godot.)

242 *Rue Tronchet. Xylographie, 1845.*
Ganz links die Rue Tronchet, wo auf No 5 die fünfte Pariser Wohnung Chopins lag (von Oktober 1839 bis Juni 1841). Diese Wohnung existiert heute nicht mehr. Im gleichen Haus starb 1909 die damals zweiundsiebzigjährige Schauspielerin Dina Félix, jüngste Schwester der zu Chopins Zeit bedeutendsten Darstellerin in der französischen klassischen Tragödie, Elisa Félix, genannt »Rachel«.
Ganz im Vordergrund links – auf der Abb. nicht mehr zu sehen – liegt die Kirche La Madeleine (vgl. Abb. 536).
Zu den restlichen Pariser Wohnungen Chopins (Rue Pigalle No 16, Square d'Orléans No 9, Rue de Chaillot No 74, Place Vendôme No 12) vgl. S. 232, 246, 247, 320 und 344.

doigter et
6
Allegro
sempre legato
Nº 2.
sempre legato
cres
dim
M S 1399
BIBLIOTHÈQUE MUSICALE DE L'OPÉRA
Res. 50 (4)

1833

244 *Frédéric Chopin. Lithographie von Gottfried Engelmann nach einem Porträt, 1833, von Pierre Roche Vigneron.*
Diese Lithographie – es handelt sich um das erste lithographierte Bildnis des Komponisten – erschien u. a. 1834 im *Album des pianistes*, zusammen mit der französischen Erstausgabe der *Nocturnes op. 15*.
Um diese Zeit berichtet der spätere Dirigent der Philharmonischen Gesellschaft Rouen, Antoni Orłowski, ein Jugendfreund Chopins, nach Polen: »Chopin ist wohlauf und kräftig; er verdreht allen Französinnen den Kopf und erregt die Eifersucht der Männer. Er ist jetzt in Mode und die elegante Welt wird bald Handschuhe à la Chopin tragen. Nur die Sehnsucht nach der Heimat verzehrt ihn.«[58]

Linke Seite:
243 *Erste Seite eines korrigierten Druckbogens von Chopins »Etüde a-Moll, op. 10 Nr. 2« zur französischen Erstausgabe von 1833 mit eigenhändigen Eintragungen und Fingersatzbezeichnungen des Komponisten.*
Diese Etüde ist nicht nur eine der schwersten aller Chopin-Etüden, sondern eines der technisch-schwierigsten Stücke der gesamten Klavierliteratur.

1833

245 *Paris, »Hôtel de Ville«. Stahlstich, um 1840.*
Im *Hôtel de Ville (Salle Saint-Jean)* fanden gelegentlich Konzerte statt. Franz Liszt sorgte hier am 9. April 1835 für Aufregung, als er während seines Spiels ohnmächtig wurde und vom Podium getragen werden mußte. Chopin konzertierte am 25. April 1833 im *Hôtel de Ville.* Vgl. S. 56.

246 *Konzertsaal im »Hôtel de Ville«. Xylographie, 1844.*

1833

247 *Paris, »Théâtre-Italien«. Stahlstich, um 1840, von J. Tingle nach einer Zeichnung von T. T. Bury.* Neben den *Salons Erard*, dem Konzertsaal des *Conservatoire* und den *Salons Pleyel* war das *Théâtre-Italien* um 1835 der wichtigste Schauplatz für die Pariser Auftritte der Virtuosen. Chopin spielte hier am 2. April 1833. Vgl. »Leben 1833« und Abb. 276.

248 *Foyer im »Théâtre-Italien«. Xylographie, 1844.*

1834

LEBEN

5. JANUAR: A. Guémer veröffentlicht in der *Gazette musicale* einen Vergleich der Pianisten Liszt, Hiller, Chopin und Bertini.

26. JANUAR: Die *Gazette musicale* rezensiert Chopins *Variationen op. 12*.

31. JANUAR: Rezension der *Etüden op. 10* (*Iris*), s. S. 145.

5. FEBRUAR: Die *Allgemeine Musikalische Zeitung* rezensiert Chopins *Etüden op. 10*.

20. FEBRUAR: Chopin und Liszt sind bei dem Politiker A. Crémieux zum Diner eingeladen.

25. FEBRUAR: Konzert Sowińskis in den *Salons Dietz*. Chopin, Liszt und Schunke (der für den erkrankten Sowiński einspringt) sind angekündigt. Chopins Mitwirkung ist nicht gesichert. Rezensionen: *Revue musicale* (2. März 1834, Chopin ist nicht genannt), *Le Pianiste* (No 5, März 1834). Bekanntschaft mit der Sängerin Lina Freppa; bei ihr lernt Chopin Bellini kennen.

29. APRIL: Chopin ist Zeuge Maurice Schlesingers in einem Prozeß gegen einen Schüler Henri Herz'. Vgl. S. 110.

5. MAI: Clara Wieck spielt Chopins *e-Moll-Konzert* im *Leipziger Gewandhaus*.

6. JUNI: Rezension des *Konzerts op. 11* (*Iris*), s. S. 57.

15. JUNI (das Datum »15 Mai« auf dem Titelblatt ist ein Druckfehler): Die *Gazette musicale* rezensiert Chopins *Fantasie über polnische Themen op. 13*.

16. MAI: Um den 16. Mai reist Chopin mit Ferdinand Hiller zum »Niederrheinischen Musikfest« nach Aachen. Mit Mendelssohn und Hiller fährt er von Aachen nach Düsseldorf und Köln und von dort mit Hiller nach Koblenz. Vgl. S. 120, 121.

29. JUNI: Die *Gazette musicale* rezensiert Chopins *Mazurken op. 17*.

25. JULI: Rezension der *Nocturnes op. 15* (*Iris*), s. S. 124.

3. AUGUST: Die *Gazette musicale* rezensiert Chopins *Krakowiak op. 14* und (am 10. August) *Walzer op. 18*. Häufige Begegnungen mit Liszt und Berlioz.

13. AUGUST: Die *Allgemeine Musikalische Zeitung* rezensiert Chopins *op. 11, 12, 15* und *16*.

14. SEPTEMBER: Elsner rät Chopin, eine Oper, womöglich mit polnischem Sujet, zu schreiben.[59]

19. SEPTEMBER: Rezension des *Rondos op. 16* (*Iris*), s. S. 124.

21. SEPTEMBER: In der *Gazette musicale* erscheint eine ausführliche Besprechung François Stoepels über Chopins *Variationen op. 2* und *Konzert op. 11*.

31. OKTOBER: Rezension der *Fantasie op. 13* (*Iris*), s. S. 45.

7. DEZEMBER: Ein für diesen Tag vorgesehener Auftritt Chopins wird auf 14. Dezember verschoben.

13., 20. UND 27. DEZEMBER: Chopin besucht Kammermusik-Konzerte Baillots (Rue Taitbout No 15).

14. DEZEMBER: Chopin spielt im *Conservatoire* den 2. Satz seines *e-Moll-Konzertes*. Vgl. S. 56 und Abb. 249. Rezensionen: *Le Pianiste* (20. Dezember 1834) und *Gazette musicale* (28. Dezember 1834, s. S. 126).

Chopin gibt viele Klavierstunden. Matuszyński zieht nach Paris und wohnt bei Chopin.

25. DEZEMBER: Konzert in den *Salons Stoepel* (Rue Monsigny No 6, Hôtel de Gèvres). Chopin und Liszt spielen ein *Duo* (*Sonate op. 47*) von Moscheles und ein (nie veröffentlichtes) *Konzertstück über Mendelssohns »Lieder ohne Worte«* von Liszt. Rezensionen: *Gazette musicale* (28. Dezember 1834, s. S. 127), und *Le Temps* (30. Dezember 1834).

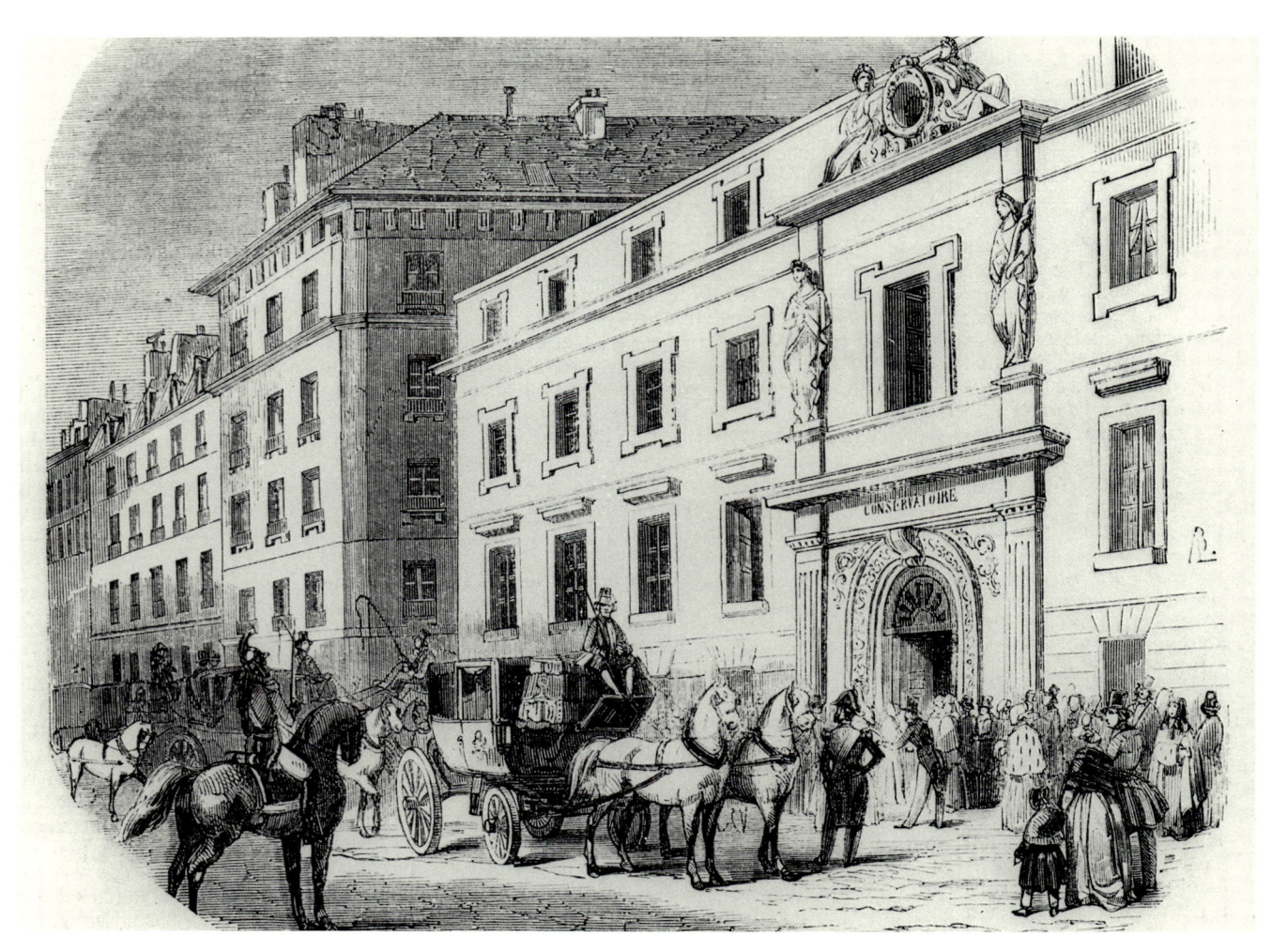

(Salle des Concerts du Conservatoire.)

WERKE

ANDANTE SPIANATO G-DUR, OP. 22. Vgl. »Werke 1830«.
MAZURKA G-MOLL, OP. 24 NR. 1, MAZURKA C-DUR, OP. 24 NR. 2, MAZURKA AS-DUR, OP. 24 NR. 3, MAZURKA B-MOLL, OP. 24 NR. 4. Entstanden 1834/1835. Ersch.: Leipzig (Breitkopf & Härtel) 1836, Paris (Schlesinger) 1836, London (Wessel) 1836.
POLONAISE CIS-MOLL, OP. 26 NR. 1, POLONAISE ES-MOLL, OP. 26 NR. 2. Entstanden 1834/1835. Ersch.: Leipzig (Breitkopf & Härtel) 1836, Paris (Schlesinger) 1836, London (Wessel) 1836. Vgl. Abb. 251 und S. 252, 253.
NOCTURNE CIS-MOLL, OP. 27 NR. 1, NOCTURNE DES-DUR, OP. 27 NR. 2. Entstanden 1834/1835. Ersch.: Leipzig (Breitkopf & Härtel) 1836, Paris (Schlesinger) 1836, London (Wessel) 1836.
IMPROMPTU CIS-MOLL, OP. 66 (POSTHUM) (»FANTAISIE-IMPROMPTU«). Entstanden 1834 oder 1835. Ersch.: Berlin (A. M. Schlesinger) 1855, Paris (Meissonnier) 1855, London (Ewer & Co.) Erscheinungsjahr unbekannt.
PRÉLUDE AS-DUR (OHNE OPUSZAHL) (POSTHUM). Ersch.: Genf (Zeitschrift *Pages d'Art*) August 1918.
MAZURKA AS-DUR (OHNE OPUSZAHL) (POSTHUM). Ersch.: Warschau (Gebethner & Wolff) 1930. Vgl. Abb. 257.
KLAVIERSTÜCK B-DUR, »CANTABILE« (OHNE OPUSZAHL) (POSTHUM). Ersch.: Warschau (*Muzyka* Nr. 4–6) 1931. Als Faksimile des Manuskriptes bereits 1925 in Basel (Geering) im *Album von Handschriften berühmter Persönlichkeiten vom Mittelalter bis zur Neuzeit*.

251 *Erste Seite des Manuskriptes von Chopins 1834/1835 entstandener »cis-Moll-Polonaise, op. 26 Nr. 1«.*
Liszt beanstandete bei seinen Schülern stets, daß das Polonaisen-Thema nach der *Fortissimo*-Einleitung *piano* oder *mezzoforte* gespielt werde, obwohl Chopin das nicht vorgeschrieben habe.

252 *Ferdinand Hiller und Frédéric Chopin. Eine kaum bekannte Medaille, vermutlich um 1834.*

253 *Schlußteil eines Briefes Ferdinand Hillers vom 30. Mai 1836 an Chopin.*
Vorausgehend berichtet Hiller von Begegnungen mit Hummel in Weimar, mit Mendelssohn in Düsseldorf sowie von einem bevorstehenden Konzert, in dem Ferdinand Ries Beethovens *c-Moll-Konzert* spielen wird. Weiterhin bittet er, ihm von einem Besuch Liszts bei Chopin zu erzählen.
»... Leb wohl, lieber Freund, geh zu Cherubini und sage ihm tausend schöne Dinge von uns und [ab hier abgebildet:] daß ihr Brief uns außerordentliche Freude bereitet hat – bald werde ich wieder schreiben. Grüße Herrn und Frau d'Est von mir. Grüß auch tausendmal Matuszyński und Stockhausen, Alkan usw. Alles Schöne der vortrefflichen Familie Plater. – Bring mich denen in Erinnerung, die mich vergessen, und danke in meinem Namen denen, die mich nicht vergessen. Leb wohl, liebes Kind, versuche zufrieden und glücklich zu sein und glaube mir, daß ich immer und für immer bin Dein
       sehr aufrichtiger Freund
       Ferdinand Hiller.
Viele Empfehlungen von meiner Mutter und mir an die liebe Familie Eichthal. A propos, ich habe einen recht belanglosen Brief von Dessauer erhalten. – Leb wohl. – Ich brauche Dir wohl nicht zu sagen, daß meine Mutter Dich immer noch anbetet und daß sie Deinen Ring trägt als wärst Du ihr Bräutigam.«

Linke Seite:
249 *Konzertsaal des Pariser »Conservatoire«. Xylographie, 1843.* Vgl. »Leben 14. Dezember 1834« und Abb. 275.

250 *Fassade des Pariser »Conservatoire«. Xylographie, 1848.* Vgl. Abb. 277.

1834

N.d.Nat.gez.v. A.Ramberg.   Druck v. J.Braunsdorf, Dresden.   Lith.v.Veith Meyer.

Ferdinand Hiller

255 *Aachen. Stahlstich, um 1840, von H. Winkler nach einer Zeichnung von C. Frommel.*
Mitte Mai 1834 reiste Chopin in Begleitung Ferdinand Hillers zum Niederrheinischen Musikfest nach Aachen. Er hörte dort Händels Oratorium *Deborah* (von Hiller uminstrumentiert und der englische Text ins Deutsche übersetzt), Mozarts *Jupiter-Symphonie* und Teile aus Beethovens 9. Symphonie.

256 *Köln. Stahlstich, um 1840, von M. J. Starling nach einer Zeichnung von W. J. Leitch.*
Mit Mendelssohn und Hiller reiste Chopin von Aachen nach Düsseldorf und von dort nach Köln. Mendelssohn verabschiedete sich auf der Rheinbrücke und – wie er seiner Mutter schrieb – »die hübsche Episode war vorbei«.[138]

Linke Seite:
254 *Ferdinand Hiller (1811–1885). Lithographie, um 1850, von Veith Meyer nach einer Zeichnung von A. Ramberg.*
Hiller gehörte zwischen 1833 und 1836 zu Chopins engsten Freunden. Im Mai 1834 meldet die Pariser *Gazette musicale*: »Chopin und Hiller sind nach Aachen abgereist, um an dem großen Musikfest teilzunehmen, bei dem man unter der Leitung von Ferdinand Ries *Deborah* von Händel in der Instrumentation von F. Hiller aufführen wird.«

1834

257 *Manuskript des Anfangs von Chopins »As-Dur-Mazurka, op. posthum«.*
Das 1834 komponierte Stück blieb fast hundert Jahre unbekannt, ehe es 1930 zum erstenmal gedruckt wurde.

258 *Manuskript der ersten Hälfte von Chopins um 1834 entstandener »Des-Dur-Etüde, op. 25 Nr. 8«.*

Rechte Seite:
259 *Felix Mendelssohn Bartholdy. Ölgemälde, wahrscheinlich Anfang 1834, von Ferdinand Theodor Hildebrandt.*
Mendelssohn schenkte dieses Porträt 1834 Herrn von Worringen, in dessen Düsseldorfer Haus er damals verkehrte.
Das Gemälde wurde am 18. Mai 1988 bei Sotheby's in München versteigert.

1834

260, 261 *Besprechung Ludwig Rellstabs von Chopins »Nocturnes op. 15« (in der Überschrift fälschlich als »op. 11« bezeichnet) in der Zeitschrift »Iris im Gebiete der Tonkunst« vom 25. Juli 1834.*

262, 263 *Besprechung Ludwig Rellstabs von Chopins »Rondo op. 16« in der Zeitschrift »Iris im Gebiete der Tonkunst« vom 19. September 1834.*

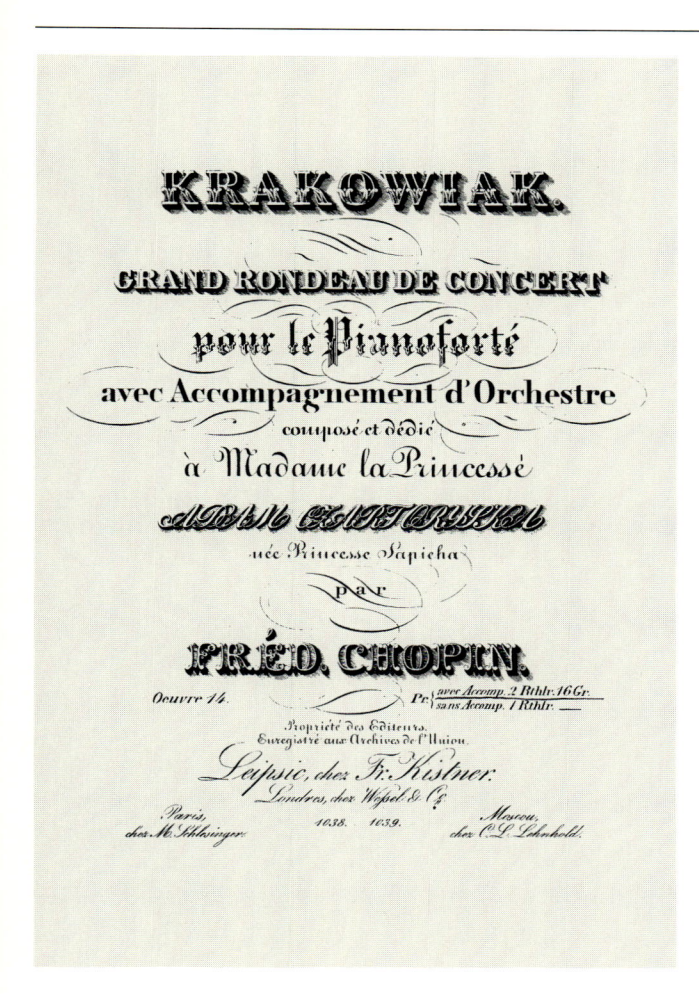

1834 ERSCHIENENE WERKE

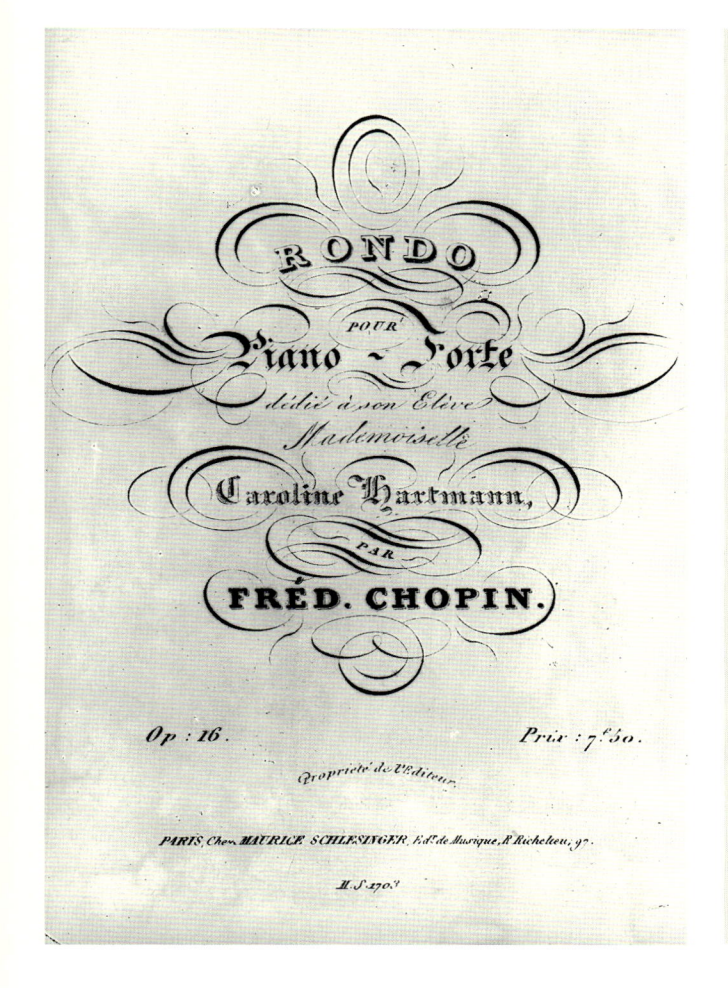

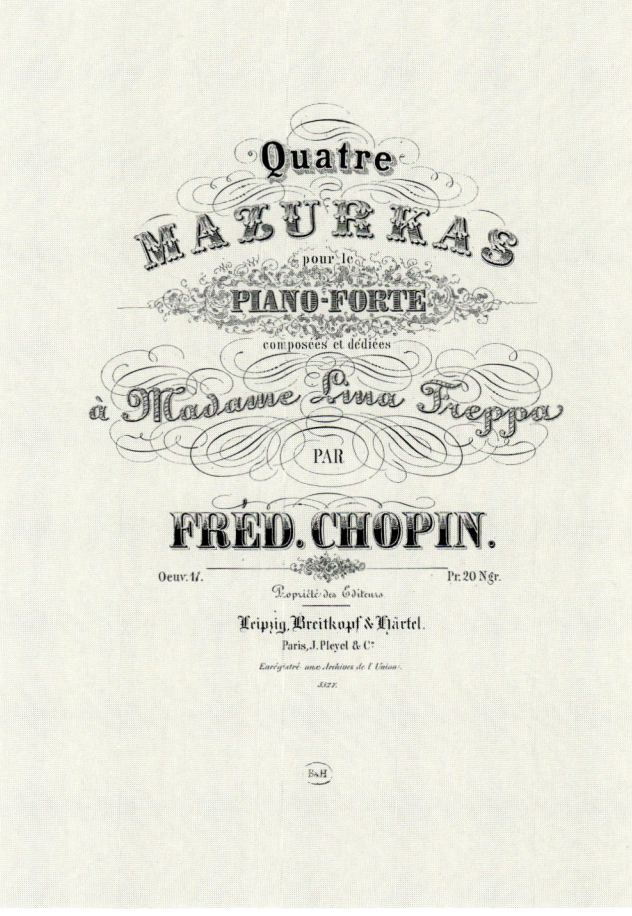

264 *Titelblatt der deutschen Erstausgabe, 1834, von Chopins »Krakowiak op. 14«.*

265 *Titelblatt der französischen Erstausgabe, 1834, von Chopins »Nocturnes op. 15«. Oben rechts von Chopins Hand: »à mon cher Ferdinand [Hiller] FF Chopin. Paris 1834«. Op. 15 Nr. 1 und 2 entstanden bereits 1830/1831, op. 15 Nr. 3 (g-Moll) wurde 1833 komponiert.*

266 *Titelblatt der französischen Erstausgabe, 1834, von Chopins »Rondo op. 16«.*

267 *Titelblatt der deutschen Erstausgabe, 1834, von Chopins »Mazurken op. 17«.*

Übersetzung der Rezension (1. Spalte des französischen Textes, Mitte) über den langsamen Satz eines Chopin-Klavierkonzertes, den der Komponist am 14. Dezember 1834 in Paris spielte. Es ist ungeklärt, ob es sich um dasjenige in e-Moll oder f-Moll handelt. Wahrscheinlich war es der 2. Satz des e-Moll-Konzertes.

»Zum Schluß spielte Herr Chopin, dieser geistvolle Komponist und in seiner Art unnachahmliche Pianist, ein Adagio eigener Komposition. Das ist ein Stück, das in Verbindung mit dem Vorausgehenden und Nachfolgenden ohne jeden Zweifel eine sehr schöne Wirkung erzielen muß. Es ist sehr gut arrangiert und sehr reich an feinen Nuancen, so daß es mit den Riesenmassen des Orchesters von Herrn Berlioz stark hervortretende Kontraste bot. P. R.«

Übersetzung der Rezension (S. 127, 1. Spalte, Mitte) der Matinée am 25. Dezember 1834, in der Chopin und Liszt gemeinsam auftraten.

»Dennoch schien uns unter dem künstlerischen Aspekt die Matinée des Herrn Stoepel noch lebhafteres Interesse zu verdienen. Die Herren Liszt und Chopin eröffneten sie in brillanter Manier mit dem Grand Duo für Klavier zu vier Händen [*Grande Sonate op. 47*] von Moscheles. Wir erachten es als überflüssig zu betonen, daß dieses Stück, eines der Meisterwerke des Komponisten, von den beiden größten Klaviervirtuosen unserer Zeit in seltener Vollendung gespielt wurde. Mit dem Glanz des Spiels verbindet sich eine vollendete Feinheit, eine edle Erhabenheit, der Kontrast zwischen der hinreißendsten Lebhaftigkeit und der ruhigsten Gelassenheit, zwischen graziösester Leichtigkeit und feierlichstem Ernst; die geschickte Mischung all dieser Nuancen kann man sich nur von zwei Künstlern erhoffen, die auf gleicher Höhe stehen und mit dem gleichen Grad tiefen Empfindens ihrer Kunst begabt sind.

Mehr als wir es mit Worten auszudrücken vermögen, bezeugten die Beifallsstürme den Herren Liszt und Chopin, wie sehr sie ihr Publikum bezaubert haben, das sie ein zweites Mal mit der Aufführung des Duos für zwei Klaviere [über Themen Mendelssohns], komponiert von Herrn Liszt, begeisterten. Diese Komposition ist ein Werk von großer Spannweite, das im Detail zu würdigen wir uns nach einmaligem Hören nicht imstande fühlen. Als Ganzes betrachtet haben wir darin schöne Melodien bewundert, die vom gewöhnlichen Genre abweichen, viele ebenso reiche wie originelle Harmonieverbindungen, Effekte, die dem Kompositionstalent des Herrn Liszt die größte Ehre erweisen und die nur eine so fruchtbare und feurige Phantasie wie die seine hervorzubringen vermag. Natürlich werden, wie man leicht begreifen wird, Verdienst und Zauber eines solchen Werkes zuerst nur von einer kleinen Zahl verstanden und erahnt; gleichwohl ernteten die Künstler mit ihrer Aufführung einhelligen Beifall. Herr Ernst [Heinrich Wilhelm Ernst, vgl. Abb. 188] lieferte neue Beweise seines Talentes mit einem Violinsolo, das Herr Liszt aus dem Stegreif und mit gewohnter Geschicklichkeit begleitete. Um unsere Ausführungen über den instrumentalen Teil zum Abschluß zu bringen, erwähnen wir noch Madame de la Hye, die eine Improvisation auf der *ausdrucksvollen Orgel* spielte und die mit viel Geschmack und mit Geschick alle Möglichkeiten dieses Instrumentes ausschöpfte und die zeigte, daß sie mit ihren soliden musikalischen Kenntnissen den Einfallsreichtum einer Improvisatorin zu verbinden weiß. [...]«

Der Schluß der Rezension behandelt die Auftritte der Gesangssolisten. In besonderem Maße wird dabei das Talent der von Chopin geschätzten Sabine Heinevetter (vgl. Abb. 189) gewürdigt.

que la sottise cherche impudemment à l'éloigner de la lice.

Voilà quelles sont nos idées générales sur la musique de Berlioz. Quant à ce qui touche l'exécution nous nous bornerons à dire qu'elle a été des plus satisfaisantes, quoique les nuances n'aient pas toujours été rendues avec une grande perfection d'exactitude. Nous ajouterons en outre que M. Urhan a joué cette fois son solo beaucoup mieux qu'au dernier concert; et en effet, de tels ouvrages veulent être étudiés avec le plus grand soin dans leur ensemble comme dans leurs détails. Nous devons des éloges tous particuliers à mademoiselle Heinefetter qui a chanté un air fort difficile avec le plus grand art et un beau talent d'expression; aussi a-t-elle reçu du public des marques non équivoques du succès le plus flatteur. Nous en dirons autant de M. Boulanger qui, en exécutant un morceau de la composition de M. Berlioz a montré qu'outre une voix remplie d'expression et une belle méthode de chant, il possède encore la faculté de comprendre l'esprit de la composition que l'on confie à son talent.

Pour terminer, M. Chopin, ce compositeur si spirituel et pianiste inimitable dans son genre, a exécuté un adagio de sa composition. C'est un morceau qui, dans sa combinaison avec ce qui précède et ce qui suit, doit, sans aucun doute, produire un fort bel effet Il est très-bien arrangé et fort riche en nuances délicates; de sorte qu'il présenta des contrastes bien saillans avec les masses colossales de l'orchestre de M. Berlioz. P. R.

SOIREE MUSICALE DE M. H. ERNST.
(23 décembre; dans les salons de M. F. Stœpel.)

MATINÉE MUSICALE DE M. FRANCOIS STŒPEL.
(25 décembre.)

Bien que le système des soirées musicales entre peu dans nos idées sur l'art et sur la manière de le cultiver, quelque peu d'importance que nous attachions par conséquent à rendre compte de ces réunions, nous devons cependant faire une exception à l'égard de celles que nous venons de nommer; car toutes les deux ont été remarquables tant par l'exécution parfaite des morceaux du programme que par le rendez-vous que s'y étaient donné les artistes les plus distingués de la capitale.

Dans la soirée du 23 décembre, c'est surtout M. Ernst qui a brillé par son rare talent sur le violon. A une facilité extraordinaire sur son instrument, il joint une exécution si noble et si caractéristique, une expression si délicate et si pénétrante, que nous n'hésitons pas à le placer à côté des plus grands artistes de nos jours. Nous le voyons aussi, comme compositeur, sur une excellente route; bien que la nature même des morceaux *solos* et leur forme actuelle ne favorisent guère la composition de quelque œuvre importante de ce genre, nous serions même tentés de dire qu'elles s'y opposent tout à fait.

Après M. Ernst, nous devons faire une mention toute particulière de M. Charles Schunke. Depuis long-temps cet artiste est connu dans le monde musical comme l'un des virtuoses les plus habiles, et son exécution, pleine d'expression, a aujourd'hui quelque chose de si sympathique, de si communicatif, que l'auditoire l'a écouté avec le plus vif intérêt dans le charmant duo composé par lui et M. Ernst sur quelques-uns des motifs du *Pré-aux-Clercs*. — M. Dorus s'est tenu à la hauteur de ces deux artistes dans un solo de flûte. — A la tête de la partie de chant figurait madame Degli-Antoni. Indépendamment de ce que cette cantatrice possède une voix fraîche et d'une grande étendue, sa méthode est excellente et son chant si vrai, si puissant, que madame Degli-Antoni nous paraît naturellement destinée au chant dramatique; nous avons peine à concevoir comment l'opéra italien, si magnifiquement monté en voix d'hommes, mais si pauvre en voix de femmes, ne cherche point à se l'attacher. — Mademoiselle Ducros et messieurs Boulanger et Lanza ont contribué d'une manière tout à fait digne d'éloges à cette soirée où il y avait foule.

Toutefois, sous le rapport de l'art, la matinée de M. Stoepel nous a paru mériter un intérêt plus vif. Messieurs Liszt et Chopin l'ont ouverte d'une manière brillante par le grand duo à quatre mains de Moscheles, pour le piano. Nous croyons superflu de dire que ce morceau, l'un des chefs-d'œuvre du compositeur, a été exécuté avec une rare perfection de talent par les deux plus grands virtuoses de notre époque sur le piano. Le brillant dans l'exécution joint à une délicatesse achevée, une élévation soutenue, le contraste de la vivacité la plus entraînante et de la sérénité la plus calme, de la légèreté la plus gracieuse et du sérieux le plus grave; on ne peut espérer l'habile mélange de toutes ces nuances que de la part de deux artistes placés à la même hauteur et doués au même degré du sentiment profond de leur art.

Les suffrages les plus bruyans ont, mieux que nous ne pourrions le faire par nos paroles, témoigné à MM. Liszt et Chopin à quel point ils ont charmé leur auditoire, qu'ils ont une seconde fois électrisé, en exécutant le duo pour deux pianos, composé par M. Liszt. Cette composition est un ouvrage d'une grande portée, et que nous ne nous sentons pas en état d'apprécier en détail après une seule audition. Considéré dans son ensemble, nous y avons admiré de belles mélodies qui sortent du genre vulgaire, beaucoup de combinaisons harmoniques également riches et originales, des effets qui font le plus grand honneur au talent de composition de M. Liszt, et qui ne peuvent être produits que par une imagination aussi féconde et aussi chaleureuse que la sienne. Il est naturel, on le conçoit aisément, que le mérite et le charme d'une telle production ne soient d'abord compris et senti que par le petit nombre; toutefois, les deux artistes se sont attiré, par leur exécution, d'unanimes applaudissemens. M. Ernst a fourni de nouvelles preuves de son talent, en jouant, sur le violon, un solo que M. Liszt a accompagné, à l'improviste, avec son habileté ordinaire. En terminant nos réflexions sur la partie instrumentale, nous ferons encore mention de madame de la Hye, qui a joué une improvisation sur *l'orgue expressif*, et qui, en développant avec beaucoup de goût et de facilité toutes les ressources de cet instrument, a montré qu'elle joignait à de solides connaissances musicales l'imagination d'une improvisatrice. Dans la partie du chant se sont successivement distingués M. Richelmi, Mlle Heinefetter et Mme Degli-Antoni. Le talent aimable de M. Richelmi est connu depuis long-temps, et lui a valu de nouveaux témoignages de satisfaction de la part du public. Mlle Heinefetter qui, il y a déjà quatre ans, charmait les habitués du théâtre italien, tant par la rare beauté de sa voix que par son chant si expressif, nous a paru digne de prendre aujourd'hui rang parmi les premières cantatrices de notre époque. Depuis son premier séjour à Paris, Mlle Heinefetter a chanté avec le plus grand succès sur les théâtres des principales villes d'Italie; elle arrive de Saint-Pétersbourg pour s'en retourner en Italie. Voilà encore une grande artiste que l'opéra italien n'a pas su conserver; et nous pouvons d'autant moins nous empêcher de lui en vouloir beaucoup, qu'il suffirait d'un rhume de Mlle Grisi pour interrompre les représentations. Mme Degli-Antoni a chanté deux airs avec tout le charme de sa belle voix et de sa belle méthode; les vifs applaudissemens du public ont dû prouver à cette cantatrice qu'il rendait justice à son mérite.

NOUVELLES.

*** M. Ghys est revenu à Paris, et se propose de donner plusieurs concerts.

*** Jeudi dernier, MM. Ernst et Schunke ont obtenu un brillant succès à l'Opéra-comique, où ils ont joué un duo, pour piano et violon sur un motif du *Pré aux Clercs*.

*** Le théâtre de la Bourse va monter, pour le carnaval, un ouvrage en un acte, attribué à la collaboration de MM. Planard et Batton.

268 Originalausschnitt der »Gazette musicale (de Paris)« vom 28. Dezember 1834 mit der Rezension eines Auftrittes Chopins im »Conservatoire« anläßlich eines von Berlioz veranstalteten Konzertes (S. 126, mittlerer Absatz).
Weiterhin wird eine Matinée am 25. Dezember 1834 in den *Salons Stoepel* besprochen, in der Chopin und Liszt vierhändig und auf 2 Klavieren spielten (S. 127, linke Spalte, Mitte).

1835

LEBEN

25. JANUAR: Premiere von Bellinis *I Puritani* in Paris; Chopin ist vermutlich anwesend.

31. JANUAR, 7. und 14. FEBRUAR: Chopin besucht Kammermusik-Konzerte Baillots (Rue Taibout No 15).

4. FEBRUAR: Die *Allgemeine Musikalische Zeitung* bespricht Chopins *Krakowiak* op. 14.

22. FEBRUAR: Chopin spielt in den *Salons Erard* (vgl. Abb. 279). Rezensionen: *Le Temps* (5. März 1835), *Le Pianiste* (5. März 1835), *Revue musicale* (8. März 1835), *Neue Zeitschrift für Musik* (14. April 1835).

27. FEBRUAR: Rezension des *Boleros* op. 19 (*Iris*).

15. MÄRZ: zusammen mit Kalkbrenner, Stamaty, Hiller, Osborne und Herz spielt Chopin in den *Salons Pleyel* Kalkbrenners *Grande Polonaise*. Rezensionen: *Le Pianiste* (20. März und 5. April 1835), *Revue musicale* (22. März 1835), *Le Ménestrel* (22. März 1835), *Neue Zeitschrift für Musik* (17. April 1835). Nur *Le Ménestrel* erwähnt Chopin, dessen Beteiligung somit nicht ganz sicher ist.

22. MÄRZ: Rezension des *Boleros* op. 19 und des *Scherzos* op. 20 (*Gazette musicale*).

4. APRIL.[60]: Wohltätigkeitskonzert für polnische Flüchtlinge im *Théâtre-Italien* (vgl. Abb. 276). Chopin spielt sein e-Moll-Konzert. Rezension: *Gazette musicale* (12. April 1835), s. S. 130.

26. APRIL: Chopin spielt im *Conservatoire* (vgl. Abb. 275 und S. 118) seine *Polonaise* op. 22 mit Orchester. Rezension: *Revue musicale* (3. Mai 1835).

12. MAI: Schumann bespricht in der *Neuen Zeitschrift für Musik* Chopins *Nocturnes* op. 15 und *Scherzo* op. 20. Vgl. Abb. 646.

27. MAI: Rezension des *Scherzos* op. 20 (*Allgemeine Musikalische Zeitung*).

JUNI ODER JULI (?): Chopin hält sich in dem kleinen Badeort Enghien auf. Besuch in Saint-Gratien bei seinem Freund, dem Literaten Astolphe de Custine und vermutlich auch bei Bellini im nahe gelegenen Puteaux.

26. JUNI: Rezension des *Walzers* op. 18 (*Iris*).

10. JULI: Rezension der *Mazurken* op. 17 (*Iris*), vgl. Abb. 126.

4. (5.?) AUGUST: Reise von Paris nach Karlsbad.

15. AUGUST–6. SEPTEMBER: Aufenthalt in Karlsbad (vgl. S. 132, 133). Begegnungen mit dem Grafen Franz Anton Thun und dessen Sohn, den Komponisten Gyrowetz und Dessauer und Burggraf Karel Chotek.

6. SEPTEMBER: Reise über Saaz und Dux nach Teplitz.

7.–13. SEPTEMBER: Aufenthalt in Teplitz.

13.–17. (19.?) SEPTEMBER: Aufenthalt im Schloß Tetschen als Gast Graf Thuns. Vgl. Abb. 284.

19. SEPTEMBER: (abends). Ankunft in Dresden (Hotel »Stadt Gotha«). Wiedersehen mit der gräflichen Familie Wodziński. Chopin verliebt sich in Maria Wodzińska. Vgl. S. 140 und Abb. 298.

OKTOBER: In den ersten Oktobertagen lernt Chopin durch Mendelssohn in Leipzig Clara Wieck und Robert Schumann kennen. Vgl. S. 136, 137. Anschließend Rückreise über Heidelberg nach Paris. In Heidelberg (Besuch beim Vater seines Schülers A. Gutmann) erkrankt Chopin; er wird von Baronin Pereira-Diller gepflegt, die er von Karlsbad her kannte.

25. OKTOBER: Die *Gazette musicale* meldet Chopins Rückkehr nach Paris.

Chopin besucht mit dem aus Genf angereisten Antoni Wodziński Bellinis *I Puritani*.

29. NOVEMBER: Zusammen mit Liszt ist Chopin bei Kalkbrenner zum Diner eingeladen.

MITTE DEZEMBER: Erkrankung Chopins.

21. DEZEMBER: Um den 21. Dezember spielt Chopin bei einer Wohltätigkeitsveranstaltung in der Rue Chaussée d'Antin No 3. Das *Journal des Débats* vom 24. Dezember berichtet darüber.

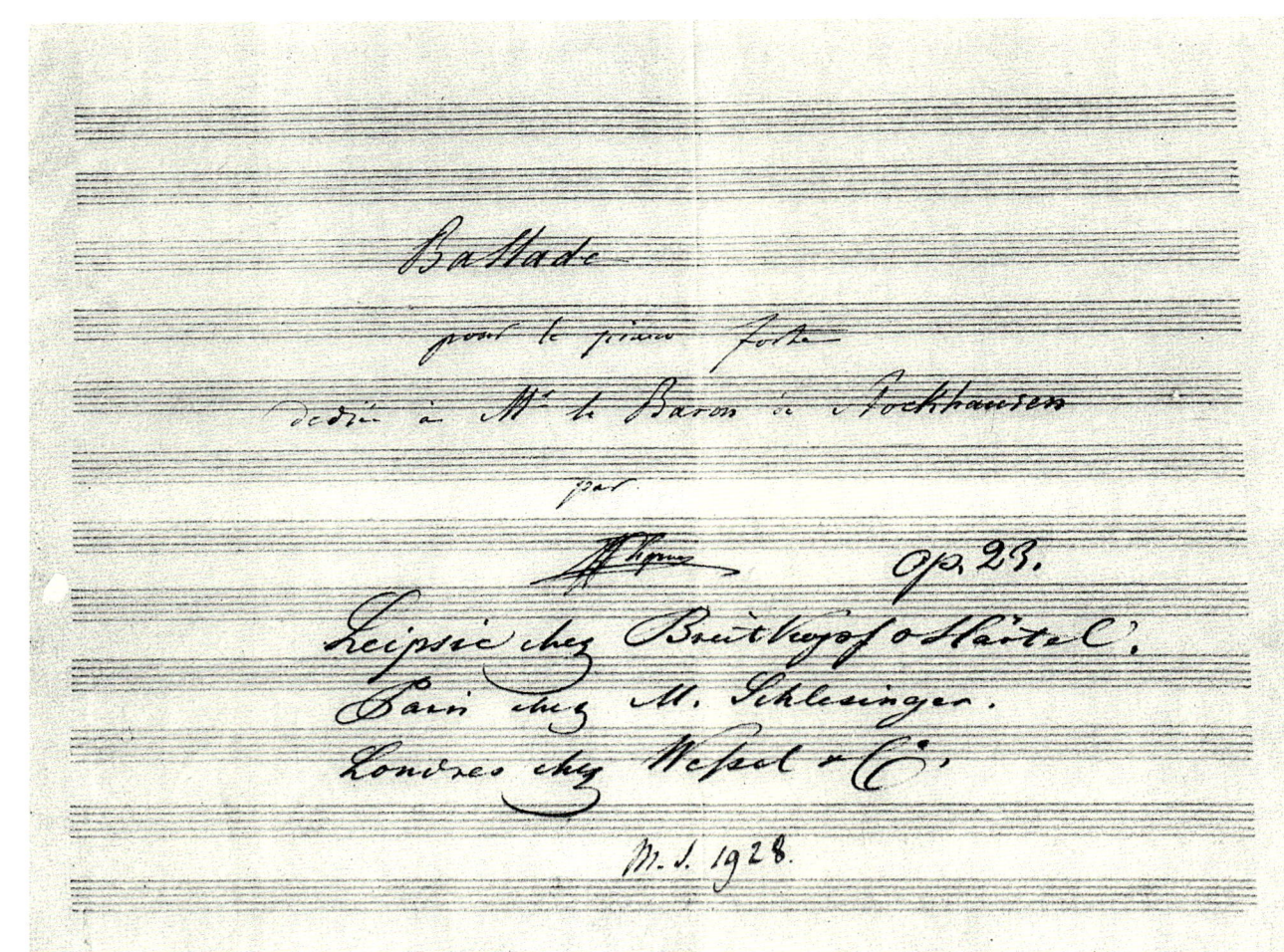

BALLADEN

Chopin ist der Erfinder der Klavierballade. Seine vier Balladen gehören zu seinen vorzüglichsten und populärsten Werken. Der Behauptung, es lägen ihnen Gedichte zugrunde, wäre grundsätzlich mit Skepsis zu begegnen, da Chopin an literarischen Vorlagen kaum interessiert war; er selbst hat jedoch auf diesen Zusammenhang hingewiesen. Robert Schumann: »Wir haben noch der Ballade [*F-Dur, op. 38*] als eines merkwürdigen Stückes zu erwähnen. Chopin hat unter demselben Namen schon eine geschrieben [*g-Moll, op. 23*], eine seiner wildesten, eigenthümlichsten Compositionen; die neue ist anders, als Kunstwerk unter jener ersten stehend, doch nicht weniger phantastisch und geistreich. Die leidenschaftlichen Zwischensätze scheinen erst später hinzugekommen zu sein; ich erinnere mich sehr gut, als Chopin die Ballade hier spielte und in F-Dur schloß; jetzt schließt sie in A-Moll. Er sprach damals auch davon, daß er zu seinen Balladen durch Gedichte von Mickiewicz angeregt worden sei. Umgekehrt würde ein Dichter zu seiner Musik wieder sehr leicht Worte finden können; sie rührt das Innerste auf.« Schumann über die As-Dur-Ballade, *op. 47:* »Sie unterscheidet sich von seinen früheren merklich in Form und Charakter, und ist, wie jene, seinen eigensten Schöpfungen beizuzählen. Der feine geistreiche Pole, der sich in den vornehmsten Kreisen der französischen Hauptstadt zu bewegen gewohnt ist, möchte in ihr vorzugsweise zu erkennen sein; ihr poetischer Duft läßt sich weiter nicht zergliedern.«[61] Über die großartige *f-Moll-Ballade, op. 52*, gibt es keine wesentlichen zeitgenössischen Aussagen; sie war um 1850 weit weniger beliebt als ihre Vorgängerinnen. Vgl. Abb. 300, 302 und 562.

WERKE

BALLADE G-MOLL, OP. 23. Vgl. »Werke 1831«. Vgl. S. 128, 129.

WALZER AS-DUR, OP. 34 NR. 1. Ersch.: Leipzig (Breitkopf & Härtel) 1838, London (Wessel) 1838, Paris (Schlesinger) 1839.

MAZURKA G-DUR, OP. 67 NR. 1 (POSTHUM), MAZURKA C-DUR, OP. 67 NR. 3 (POSTHUM). Ersch.: Berlin (A. M. Schlesinger) 1855, Paris (Meissonnier) 1855.

WALZER AS-DUR, OP. 69 NR. 1 (POSTHUM). Ersch.: Berlin (A. M. Schlesinger) 1855, Paris (Meissonnier) 1855. Vgl. Abb. 285.

LECI LIŚCIE Z DRZEWA (POLENS GRABGESANG) ES-MOLL, OP. 74 NR. 17 (POSTHUM). Lied für Singstimme mit Klavierbegleitung. Entstanden 1835 oder 1836. Ersch.: Berlin (A. M. Schlesinger) 1872, London (Lucas, Weber & Co.) 1874, Paris (Hamelle) 1879.

SONATE (VIERHÄNDIG). In einem Brief Chopins vom 30. Juni 1835 dem Verlag Breitkopf & Härtel angeboten. Verschollen.

KLAVIERSTÜCK B-DUR (vermutlich Mazurka). 8 Takte, mit dem Vermerk »Carlsbad 2. Sept. 1835, nieukowi nieuk [von einem Unwissenden für einen Unwissenden]. Chopin«. Privatsammlung Wien. Ungedruckt.

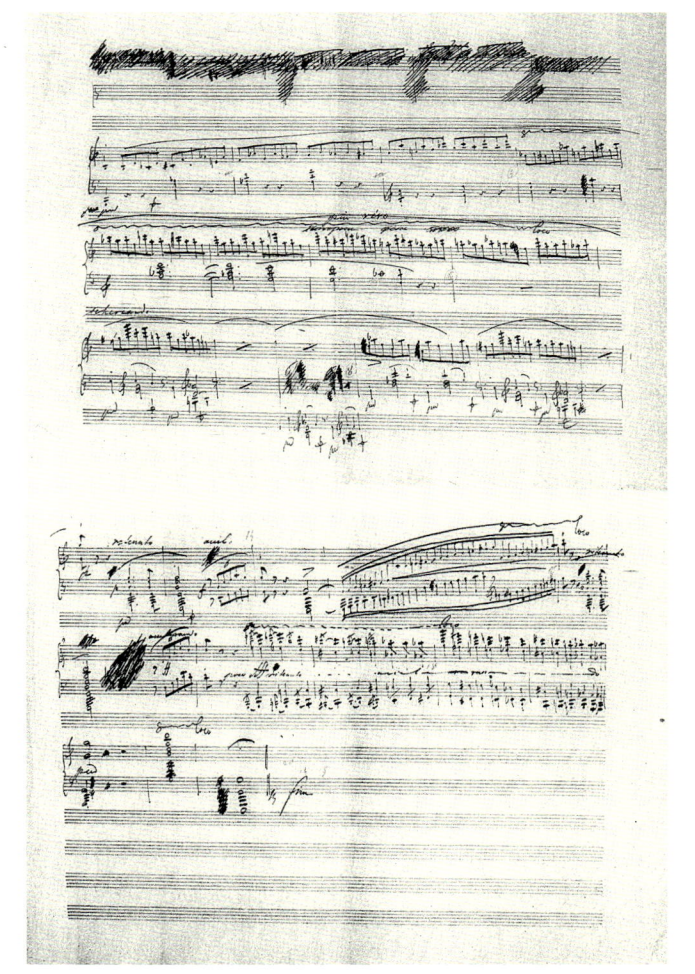

272 *Erste Seite des Manuskriptes von Chopins »g-Moll-Ballade, op. 23«.*

273 *Manuskript von Chopins »g-Moll-Ballade«. Passage aus dem Mittelteil und Abschluß der Coda.*

Linke Seite:
269 *Titelblatt des Manuskriptes von Chopins »g-Moll-Ballade« mit Widmung und Unterschrift des Komponisten.*

270, 271 *Zwei Seiten eines Verzeichnisses des Musikverlegers Maurice Schlesinger. Beilage zur »Gazette musicale« vom 27. Dezember 1835. Aufgeführt sind die bei Schlesinger bis 1835 verlegten Werke Chopins. Beachtenswert einige heute kaum mehr gespielte Stücke Liszts sowie Kalkbrenners Variationen über eine Mazurka von Chopin.*

274 *Rezension über einen Auftritt Chopins am 4. April 1835.*[60] *Originaltext der »Gazette musicale« vom 12. April 1835.*

Übersetzung des 1. Abschnitts:
»Konzerte der Woche.
Sprechen wir zuerst über das Konzert, das im Théâtre-Italien zugunsten der polnischen Flüchtlinge gegeben wurde. Man kann sich denken, daß Herr Chopin bei der Programmzusammenstellung für diese Soirée zur Unterstützung seiner unglücklichen Landsleute nicht fehlte. Dementsprechend fiel denn die Feier auch glänzend aus. Nourrit und Fräulein Falcon waren für den Gesangsteil verantwortlich; mit einer Arie aus *Siège de Corinth* und einem Duett aus *Guillaume Tell* ernteten sie starken Beifall. Die Stücke von Schubert, die uns Nourrit zu Gehör brachte, zuerst mit Orchester, dann mit Klavierbegleitung von Liszt (eine andere Art Orchester), erzielten nicht denselben Effekt, das leuchtet ein, in einem Theater gehen die feinen Nuancen verloren, und was in einem Salon oder Konzertsaal tief beeindruckt, nimmt man hier nicht wahr. Das Klavierkonzert von Chopin, so originell, von so farbigem Stil, voll von solch empfindungsreichen Details und unverbrauchten Melodien, hatte dagegen einen sehr großen Erfolg. Es ist schwer genug, in einem Klavierkonzert nicht eintönig zu sein, und die Amateure konnten Chopin dankbar sein für den Genuß, den er ihnen bereitete, während die Künstler das Talent bewunderten, das man braucht, um dies zu erreichen, indem man eine so alte Form derart belebte. Das Duo für 2 Klaviere von Hiller zeichnete sich ebenso durch die Geschlossenheit seines Stils wie durch die schöne Anordnung seiner Einfälle aus; Liszt und der Autor interpretierten es hervorragend. Herr Ernst gab mit einem Violinsolo eigener Komposition eine neuerliche Probe für den Fortschritt seines Talentes; er hat, so schien uns, seit er sich uns zum letzten Male hören ließ, noch an Verve in den schnellen Passagen und noch größere Reinheit in den extremen Tonlagen hinzugewonnen. Herr Dorus spielte sein Flötensolo als würdiger Schüler von Tulou; brillant und geläufig, rein intonierte Töne; es fehlten manchmal Abrundung und Fülle. Die beiden Ouvertüren zu *Oberon* und *Guillaume Tell*, ausgeführt vom Orchester unter der Leitung des Herrn Habeneck, riefen nicht die gewohnte Wirkung hervor. Vielleicht liegt das an der Beschaffenheit des Raumes, zu weitläufig für die Anzahl der Spieler.«

CONCERTS DE LA SEMAINE

Parlons d'abord du concert qui a été donné au Théâtre-Italien, au bénéfice des réfugiés Polonais. On pense bien que M. Chopin n'a pas été étranger à la composition du programme de cette soirée, consacrée à secourir ses malheureux compatriotes. Aussi la fête a-t-elle été brillante. Nourrit et Mlle Falcon, faisaient seuls les frais de la partie vocale; dans un air du *Siège de Corinthe* et un duo de *Guillaume Tell*, ils ont été l'un et l'autre vigoureusement applaudis. Les morceaux de Schubert que Nourrit nous a fait entendre d'abord avec orchestre, puis avec le piano de Listz (autre espèce d'orchestre), n'ont pas produit autant d'effet, cela se conçoit; dans un théâtre les nuances délicates se perdent, et ce qui impressionne profondément dans un salon ou dans une salle de concert passe inaperçu. Le concerto de piano de Chopin, si original, d'un style si coloré, rempli de détails si ingénieux, de si fraîches mélodies, a obtenu au contraire un très-grand succès. Il est bien difficile de n'être pas monotone dans un concerto de piano, et les amateurs ont dû remercier M. Chopin du plaisir qu'il leur avait procuré, pendant que les artistes admiraient le talent qu'il avait fallu pour y parvenir, en rajeunissant ainsi une forme si vieille. Le duo pour deux pianos de Hiller, a été remarqué également pour la fermeté de son style et la belle ordonnance des idées;

Blum, compositeur de la cour, et régisseur de l'opéra royal(1).

« (1). Les habitans de Berlin ont su reconnaître tout le mérite de cette œuvre immortelle, qui a obtenu un succès extraordinaire; depuis bien des années aucun ouvrage n'avait réussi d'une manière aussi brillante.

« Tous les morceaux, duos, airs, chœurs furent accueillis par d'unanimes applaudissemens, et à la seconde représentation, le trio des *Voleurs*, au troisième acte, fut redemandé, et exécuté deux fois. Les chanteurs, comme l'orchestre, sous la direction de maître *Schneider*, étaient pénétrés du désir de rendre l'exécution digne de l'ouvrage, et du nom célèbre, honoré dans tout pays où la musique, ce don du Ciel, est comprise et appréciée. Nous avons donné jusqu'ici trois représentations, et pour la quatrième qui aura lieu demain, toutes les places de notre vaste théâtre sont retenues »

Le roi de Prusse, qui aime à encourager les arts, vient de faire remettre à l'illustre compositeur une fort belle bague entourée de diamans, et surmontée de son chiffre.

---

* Voici le texte de la lettre écrite en italien. Dandole la grata notizia che gli abitanti di Berlino hanno saputo riconoscere tutto il valore di quell' opera immortale, e ch'essa ha incontrato un successo straordinario, come da molti anni in quà, nessuna altra opera ha incontrato.

Già tutti i pezzi di musica, duetti, arie, cori, furono accolti con universale applauso, e alla seconda recita, il terzetto fra i tre malviventi, nell'atto terzo, ha dovuto essere cantato da capo. Tanto i cantanti, come quanto l'orchestra, sotto la direzione del Maestro Schneider furono penetrati dall'idea di rendere l'esecuzione degna dell'opera, e degne del nome celebre, stimato in ogni paese, ove si capisce e si sa appreziare quel dono del cielo, detto musica. Finora abbiamo dato tre recite, e per la quarta che avrà luogo dimani, tutte le piazze del vasto teatro sono prese.

Listz et l'auteur l'ont exécuté supérieurement. M. Ernst, dans un solo de violon de sa composition, a donné une nouvelle preuve de la marche progressive de son talent; il nous a semblé avoir acquis, depuis la dernière fois qu'il s'est fait entendre, plus de verve encore dans les traits rapides et plus de justesse dans les sons élevés. M. Dorus a joué son solo de flûte en digne élève de Tulou; du brillant, de l'agilité, sons purs et justes, mais manquant un peu par fois de rondeur et de plénitude. Les deux ouvertures d'*Obéron* et de *Guillaume Tell*, exécutées par l'orchestre que dirigeait M. Habeneck, n'ont pas produit au faut d'effet qu'à l'ordinaire. Peut-être cela tenait-il à la disposition du local, trop vaste pour le nombre des exécutans.

À la salle Chanterreine, M. Osborne avait monté sa soirée musicale sur une moins vaste échelle. Il ne s'agissait plus là d'orchestre, mais simplement de morceaux à trois ou quatre instrumens, et de chant accompagné au piano. Le bénéficiaire, entre autres morceaux de sa composition, a fait entendre un trio de piano fort remarquable. La coupe n'en est pas neuve, mais toutes les idées nous ont paru charmantes, et les traits même, ces traits à compartimens moitié sur la tonique moitié sur la dominante, qui sont, à la vérité, avantageux pour l'exécutant à cause de l'effet qu'ils produisent toujours sur les auditeurs, mais n'en sont pas moins l'écueil le plus dangereux à tout artiste qui cherche l'originalité, ces mêmes traits sont présentés dans le trio de M. Osborne de la façon la plus piquante; certaines progressions chromatiques nous ont en outre frappé par leur nouveauté, comme le reste de l'ouvrage par les allures distinguées de son harmonie et le bon goût de sa parure mélodique. Un duo pour piano et violon sur une cavatine italienne, composé et exécuté par le bénéficiaire et M. Ernst, a eu les honneurs de la soirée; c'est un morceau de salon qui ne manquera jamais à produire beaucoup d'effet, même quand la partie de violon ne se trouvera pas exécutée par un talent aussi éminent que M. Ernst.

Une véritable solennité musicale avait jeudi dernier réuni à l'Hôtel-de-ville, tout ce que Paris enferme de dilettanti fashionables. Il s'agissait d'y entendre une nouvelle production à grand orchestre de Listz; (car, bien que le reste du programme fût plein d'intérêt, c'était pourtant sur ce morceau que la curiosité du public s'était portée spécialement.) Les exécutans, au nombre de soixante et dix, choisis parmi les premiers artistes de Paris, et sous l'habile direction de M. Girard, ont commencé par une symphonie de M. Hiller, qu'ils ont rendue avec verve et précision. Cette composition est une des premières de l'auteur; bien que son style se soit affermi depuis lors, que son instrumentation soit aujourd'hui plus riche et plus variée, il y aurait une souveraine injustice à ne pas reconnaître le grand mérite de cette composition, la sagesse du plan, la tendance poétique des idées et l'éloignement des voix vulgaires ou rebattues. L'andante Scherzando nous parait d'une délicieuse et originale physionomie; le morceau suivant à plus de caractère encore et à part quelques longueurs qu'il serait facile de faire disparaître, le finale énergique intitulé *Chant des pirates*, est une scène aussi bien conçue que largement exécutée. La fantaisie symphonique que M. Listz a écrite sur deux thèmes de M. Berlioz (la ballade du pêcheur et la chanson des brigands), avait été précédée de l'un de ces thèmes, la ballade chantée avec pureté par M. Boulanger. Malheureusement, il eut fallu un chœur assez nombreux pour faire également connaître l'au-

275 *Der große Konzertsaal des Pariser »Conservatoire«. Photographie, um 1960.*
In diesem am 7. Juli 1811 eröffneten Saal spielte Chopin am 26. April 1835 unter Habenecks Leitung sein *Andante spianato* mit der *Grande Polonaise op. 22*.
Der Konzertsaal wurde 1866 renoviert; Mazerolle stattete dabei den halbrunden Bühnenhintergrund mit Freskenmalereien im pompejanischen Stil aus. Von 1985 bis 1988 gab es eine erneute Renovierung. Vgl. Abb. 249.

KONZERTHÄUSER, IN DENEN CHOPIN 1835 AUFTRAT

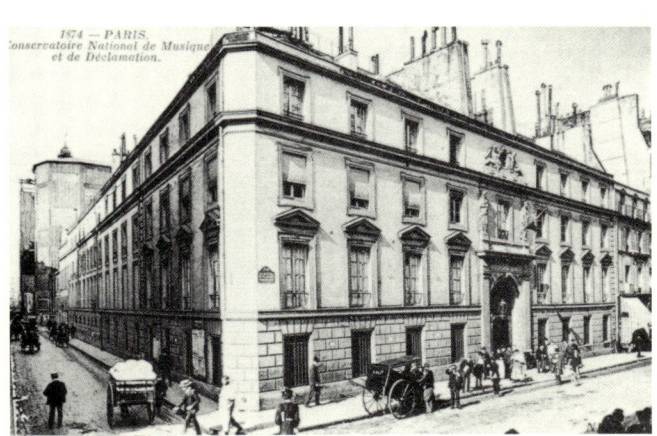

276 *Paris, das »Théâtre-Italien« (»Salle Favart«). Lithographie, 1825, von Langlumé.*
Chopin spielte hier am 4. April 1835[60] sein *e-Moll-Klavierkonzert*; Habeneck dirigierte. Vgl. »Chopin als Interpret seines e-Moll-Konzertes«, S. 56.

277 *Paris, das »Conservatoire«. Photographie, 1874.*
Chopin wohnte 1833 in der Cité Bergère, nur wenige Meter vom *Conservatoire* entfernt. Das Gebäude steht seit 1921 unter Denkmalschutz.

278 *Paris, »Salle Pleyel«. Federzeichnung, 19. Jahrhundert.*
Am 15. März 1835 wirkte Chopin hier in einem Konzert Camille Stamatys mit. Vgl. Abb. 164 und 685.

279 *Paris, »Salons Erard«. Lithographie, Mitte 19. Jahrhundert.*
Chopin spielte hier am 22. Februar 1835 Ferdinand Hillers *Grand Duo op. 135 für 2 Klaviere*. Sein Duopartner war der Komponist des Werkes. Am 9. April 1837 führte hier Franz Liszt, dessen bevorzugte Instrumente die Flügel Erards waren, zum erstenmal einige der damals noch unveröffentlichten *Etüden op. 25* von Chopin auf (vgl. Abb. 321).

1835

280 *Chopins Eltern. Zeichnung, 1829, von Mieroszewski. (Studie zu den Ölbildnissen, vgl. S. 9.)*
Im August/September 1835 verbrachte Chopin einige Wochen zusammen mit seinen Eltern, die er seit fünf Jahren nicht gesehen hatte, in Karlsbad.

281 *Titelblatt der Karlsbader Kurliste 1835.*

282 *Karlsbader Kurliste vom 19. August 1835.*
Unter Nr. 2551: »Monat und Tag der Ankunft: 16. August [Chopin traf bereits am 15. August ein, es war jedoch üblich, sich wegen der Kurtaxe vom ganzen 1. Tage des Aufenthaltes an zu melden] / Namen, Charakter und Wohnung: Herr Friedrich Chopin, Professor aus Paris, w. [wohnhaft] zur goldenen Rose in der Sprudelgasse«.
Unter Nr. 2550 die Anmeldung der Eltern.

1835

283 *Karlsbad um die Zeit von Chopins Aufenthalt (15. August bis 6. September 1835). Lithographie, um 1845, von F. X. Sandmann.*
Im Vordergrund der Marktplatz, die Stufen links im Bild führen zum Schloßbrunn, im schmalen hohen Haus mit der Aufschrift »Stadt Paris«, rechts neben dem Schloßbrunn, wohnte 1825 der mit Chopin befreundete Geiger Josef Slavik (vgl. Abb. 146).

284 *Schloß Tetschen an der Elbe. Stahlstich, um 1840.*
Chopin hielt sich hier vom 13. bis 19. September 1835 auf. Die erste Fassung seines *As-Dur-Walzers, op. 34 Nr. 1* trägt den Vermerk »FF [Frédéric François] Chopin/Tetschen le 15 Sept. 1835«.
In Tetschen nahm er Abschied von seinen Eltern, die er nicht mehr wiedersehen sollte.

1835

285 *Autograph von Chopins »Walzer As-Dur, op. 69 Nr. 1«, dem sog. »Abschiedswalzer«.*
Oben von Chopins Hand: »pour Mlle Marie«, am Ende des Stückes die Unterschrift des Komponisten und sein Vermerk: »Drezno [Dresden], Sept. [ember] 1835«.
Chopin schenkte den Walzer Maria Wodzińska anläßlich eines gemeinsamen Aufenthalts in Dresden.

286 *Anfang des »Es-Dur-Nocturne, op. 9 Nr. 2«.*
Autograph Chopins, Dresden 22. September 1835.
Dieses Nocturne spielte Chopin im Oktober 1835 Clara Wieck vor, die ihrerseits Schumanns *fis-Moll-Sonate*, zwei Etüden Chopins und eine eigene Komposition spielte.

287 *Dresden. Ölgemälde, 1842, von Karl Christian Sparmann.*
Ende September 1835 hielt sich Chopin in Dresden auf. Er hatte diese Stadt im August 1829 zum erstenmal besichtigt. Einen weiteren Dresden-Besuch gab es im September 1835 und vom 29. August bis 11. September 1836.
Das abgebildete Gemälde wurde am 18. Mai 1988 bei Sotheby's in München versteigert.

Übersetzung des nebenstehend abgebildeten Briefes von Chopins Vater.

»Liebes Kind. Wir sind um 6 Uhr hier angekommen und werden hier übernachten, denn die nächste Station ist doppelt, es würde dunkel sein wie im Backofen, und der Weg ist – wie verlautet – stellenweise unangenehm, und da es regnet, ist alles schwarz. Unser Leben wollen wir nicht aufs Spiel setzen. Wir haben uns beruhigt und die Tränen der Trennung getrocknet mit der Hoffnung, daß Gott uns noch die Freude eines Wiedersehens gewähren wird. Wir sind ruhig, weil Du geliebt wirst und Freunde hast. Wir warten auf Deinen Brief aus Leipzig und freuen uns zu erfahren, wie Du die Zeit nach unserer Trennung verbracht hast. – Lebwohl, wir umarmen Dich aus ganzem Herzen. Empfiehl uns den gräflichen Herrschaften und der ganzen Familie und füge gleichzeitig unseren aufrichtigen Dank hinzu.
Deine Mutter gibt Dir den Auftrag, die Frau Gräfin um Verzeihung zu bitten, daß sie sich nicht von ihr verabschieden konnte, und ihr zu danken. Sie rät Dir auch, ruhig zu sein und an Dich zu denken. Vielleicht findest Du in Dresden, *poste restante*, Nachrichten von uns aus Breslau.«

288 *Brief von Nicolas Chopin an seinen Sohn Frédéric, geschrieben am 14. September 1835, einen Tag, nachdem sie sich für immer voneinander verabschiedet hatten.*

1835

289 *Clara Schumann (1819–1896). Photographie, um 1856, von Franz Hanfstaengl.*

290 *Robert Schumann (1810–1856). Daguerreotypie, Hamburg, 20. März 1850.*

291 *Das musikalische Porträt Frédéric Chopins in Robert Schumanns »Carnaval«.*
Schumann gab dem Pianisten Stephen Heller im Jahre 1838 ein Exemplar des *Carnaval* für Chopin mit, der angeblich über die Komposition kein Wort verlor, sondern sich lediglich über das hübsche Titelblatt anerkennend äußerte. (Diese Geschichte bringt man gewöhnlich mit den *Kreisleriana* in Verbindung, es handelte sich aber um den *Carnaval*.) Zu dem Verleger Schlesinger soll Chopin gesagt haben, daß der *Carnaval* »überhaupt keine Musik« (!) sei.[62]

Rechte Seite:
292 *Robert Schumann. Ölgemälde, 1842, von Lucienne Collière.* (Ein kaum bekanntes Ölgemälde, das hier erstmals in Farbe veröffentlicht ist.)
Anfang Oktober 1835 fand in Leipzig Chopins erste Begegnung mit Robert Schumann und Clara Wieck statt. Mendelssohn öffnete damals eines Tages bei den Wiecks die Türe und sagte »Hier ist Chopin«, um sich nach dieser lakonischen Vorstellung sogleich wieder zu verabschieden.

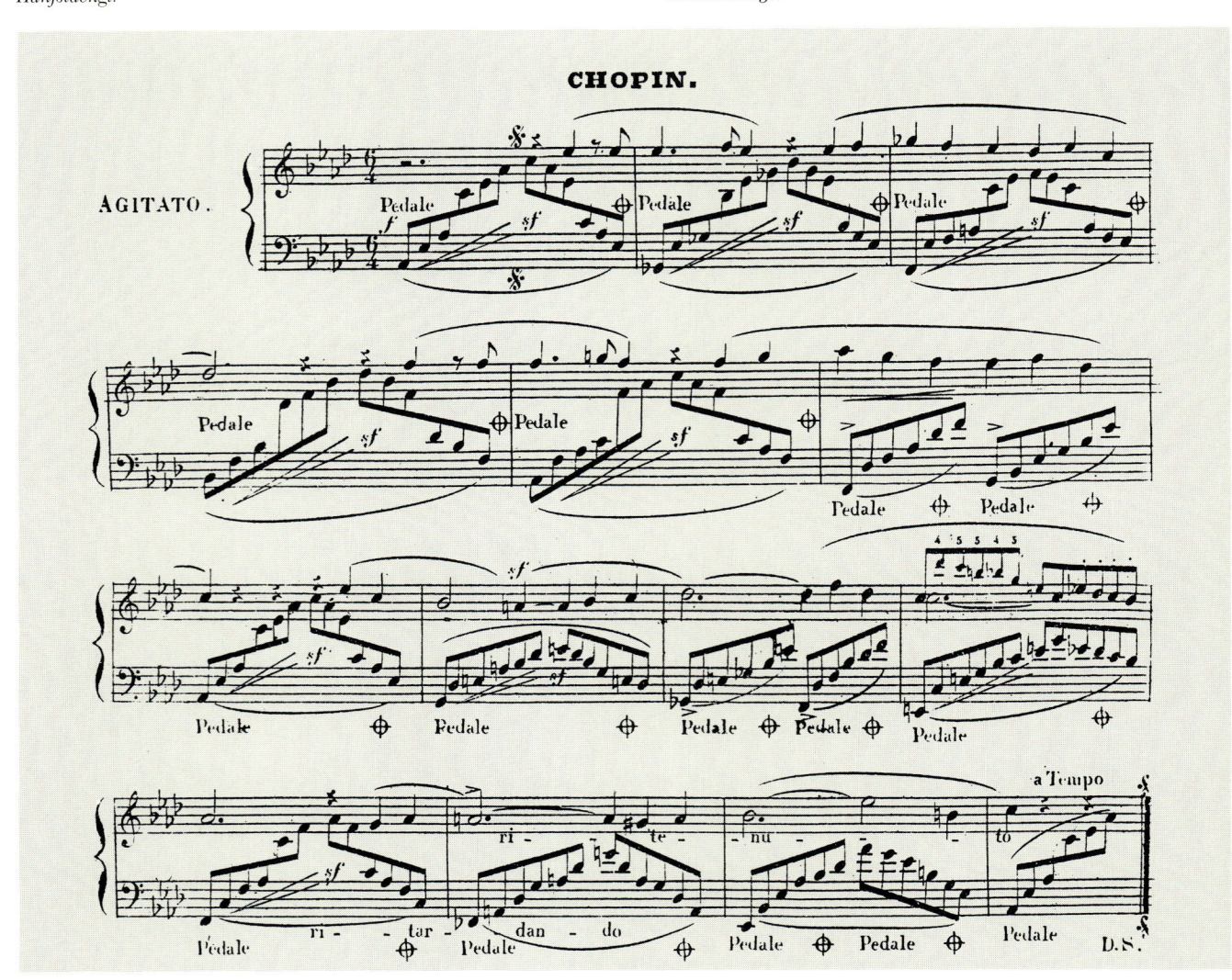

1835

1836

LEBEN

8. JANUAR: Der *Kurier Warszawski* dementiert Chopins Tod. (Chopin war im Dezember 1835 sehr krank gewesen, und in Warschau hatte sich das Gerücht verbreitet, er sei gestorben.)

7. FEBRUAR: Soirée bei D. Levi (Rue de Lille No 17). Chopin und Schunke spielen die vierhändige *Sonate op. 47* von Moscheles. Rezension: *Revue et Gazette musicale* (14. Februar 1836).

19. UND 26. MÄRZ: Chopin besucht Kammermusik-Konzerte Baillots (Rue Bergère No 14, *Hôtel Leroux*).

21. APRIL: Chopin spielt auf einer Soirée des Herzogs Decazes im *Palais Petit-Luxembourg* einen seiner Walzer (vermutlich *op. 18*). Rezension: *Revue et Gazette musicale* (1. Mai 1836).

14. MAI: Begegnung mit Franz Liszt, der von Genf aus für drei Wochen nach Paris gereist ist.

21. MAI: Chopin bei einem Diner Liszts, u. a. anwesend: Delacroix, Ballanche, Meyerbeer; wohl Chopins erste Begegnung mit Delacroix.

12. JUNI: Tagebucheintrag des Dichters Niemcewicz: »Diner bei General Kniaziewicz [vgl. Abb. 642]; dort waren auch Mickiewicz und Chopin, einer der ersten Pianisten Europas«.

14. JUNI: Begegnung von Chopin und Mickiewicz.

25. JUNI: Begegnung von Chopin, Mickiewicz und Niemcewicz.

19. JULI: Um den 19. Juli reist Chopin über Straßburg, Nürnberg und Bayreuth nach Marienbad.

28. JULI–24. AUGUST: Aufenthalt mit Familie Wodziński in Marienbad. Vgl. S. 140.

17. AUGUST: Rezension des *f-Moll-Konzerts*. Vgl. S. 58, 59.

24. AUGUST: Abreise aus Marienbad, kurzer Aufenthalt in Karlsbad oder Teplitz.

29. AUGUST–11. SEPTEMBER: Chopin mit Familie Wodziński in Dresden (Hotel »Stadt Berlin«).

4. SEPTEMBER: Kurze Rezension von Chopins *Nocturnes op. 27* in der *Revue et Gazette musicale*.

6. SEPTEMBER: Rezension der *Variationen op. 12*. Vgl. Abb. 228.

12. SEPTEMBER: Besuch bei Robert Schumann und Clara Wieck in Leipzig (vgl. S. 142, 143). Chopin spielt aus seinen Etüden, Nocturnes und Mazurken. Anschließend Rückreise nach Paris mit Aufenthalten in Kassel (Begegnung mit Louis Spohr), Frankfurt (Begegnung mit Charles Lipiński) und Heidelberg.

OKTOBER: Umzug in die Chaussée d'Antin No 38.

28. OKTOBER: Rezension des *f-Moll-Konzerts* (*Iris*).

5. NOVEMBER: Soirée bei Chopin, u. a. anwesend: Liszt, Marie d'Agoult und George Sand, die seit 24. Oktober 1836 bei Liszt und Marie d'Agoult im *Hôtel de France* (Rue Laffitte No 23) wohnte; wahrscheinlich fand an diesem Abend Chopins erste Begegnung mit George Sand statt. Vgl. S. 151.

9. NOVEMBER: Diner bei Charlotte Marliani mit Chopin, George Sand, Liszt und Marie d'Agoult.

10. NOVEMBER: Mickiewicz auf einer Soirée Chopins.

19. NOVEMBER: Soirée im *Hôtel de France*, u. a. anwesend: Liszt, George Sand, vermutlich auch Chopin.

24. NOVEMBER: Chopin verkauft Maurice Schlesinger die Rechte für seine *12 Etüden op. 25*.

30. NOVEMBER: Diner bei Baron d'Eichthal, u. a. anwesend Charles Hallé. Chopin spielt Klavier.

13. DEZEMBER: Soirée bei Chopin; George Sand erscheint in einem auffallenden rot-weißen, türkischen Kostüm. Liszt und Chopin spielen Moscheles' vierhändige *Sonate op. 47*.

21. DEZEMBER: Chopin ist Trauzeuge bei der Heirat Jan Matuszyńskis. (Die Urkunde mit seiner Unterschrift befindet sich noch heute in der Kirche Saint-Roch, wo die Trauung stattfand.)

24. DEZEMBER: Chopin spielt und singt (!) bei Januszkiewicz; anwesend: Mickiewicz, Niemcewicz.

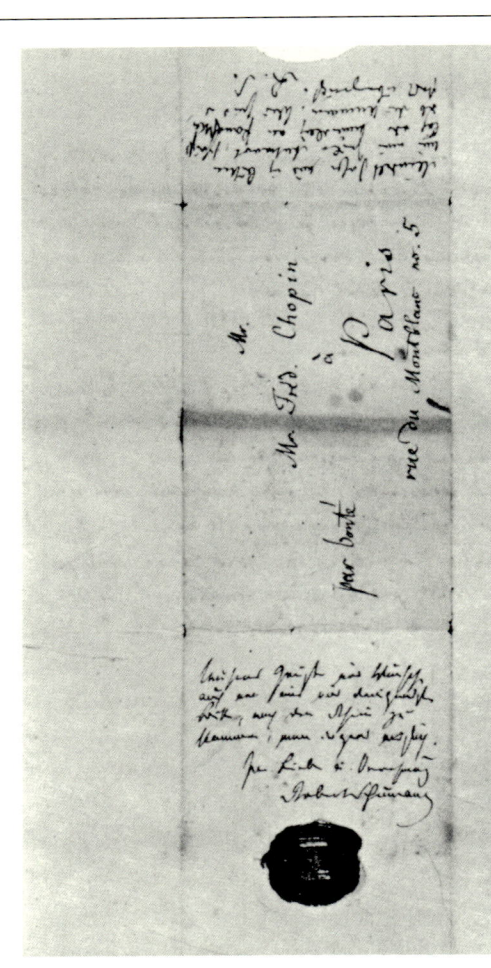

138

WERKE

MAZURKA C-MOLL, OP. 30 NR. 1, MAZURKA H-MOLL, OP. 30 NR. 2, MAZURKA DES-DUR, OP. 30 NR. 3, MAZURKA CIS-MOLL OP. 30 NR. 4. Entstanden 1836/1837. Ersch.: London (Wessel) 1837, Leipzig (Breitkopf & Härtel) 1838, Paris (Schlesinger) 1838.
NOCTURNE H-DUR, OP. 32 NR. 1, NOCTURNE AS-DUR, OP. 32 NR. 2. Entstanden 1836/1837. Ersch.: Berlin (A. M. Schlesinger) 1837, Paris (Schlesinger) 1837, London (Wessel) 1837.
BALLADE F-DUR, OP. 38. Entstanden 1836, letzte Verbesserungen 1839. Ersch.: Leipzig (Breitkopf & Härtel) 1840, Paris (Troupenas) 1840, London (Wessel) 1840. Vgl. Abb. 300 und 302.
PIERŚCIEŃ (DAS RINGLEIN) ES-DUR, OP. 74 NR. 14 (POSTHUM). Lied für Singstimme mit Klavierbegleitung. Ersch.: Berlin (A. M. Schlesinger) 1859, Warschau (Gebethner & Wolff) 1859, London (Lucas, Weber & Co.) 1874, Paris (Hamelle) 1879.

Der auf der linken Seite abgebildete Brief Felix Mendelssohn Bartholdys vom 28. März 1836 an Chopin.

»Mein lieber Freund!
Dies soll eine Einladung für Sie sein, obgleich ich weder die Symphonie komponiert noch die Strümpfe gestrickt habe. Um die Wahrheit zu sagen, habe ich weder das eine noch das andere getan, ausschließlich mit Rücksicht auf Sie, um Sie nicht mitten im Winter zu einer Reise nach Leipzig zu zwingen, da ich sicher bin, Sie täten es sofort, hätte ich gestrickt oder komponiert, wie wir es verabredet. Aber ich schreibe diese Zeilen, um Sie zu fragen, ob Ihre Zeit es Ihnen erlaubt, am Niederrheinischen Musikfest teilzunehmen, das zu Pfingsten in Düsseldorf stattfinden soll. Einige unserer hiesigen Musiker, die daran teilnehmen sollen, bitten mich, Sie einzuladen, da sie die Hoffnung hegen, Sie würden die Einladung annehmen. Obgleich ich bekenne, daß ich daran zweifle und befürchte, daß die Musikfeier, die Sie gehört haben [Mendelssohn meint das Aachener Musikfest 1834], keine große Lust in Ihnen erweckt hat, nochmals Ihre Zeit und eine so lange Reise zu opfern, ist dennoch die bloße Aussicht, Sie dort zu sehen und einige Tage mit Ihnen zu verbringen, für mich so angenehm, daß ich keinen Augenblick zögere, Ihnen in diesem Sinne zu schreiben, auf die Gefahr hin, daß Sie sich darüber lustig machen. Bei der Feier wird man die neunte Symphonie Beethovens mit Chören aufführen, einen Psalm von Händel, eine Ouvertüre von Beethoven (die bisher unbekannte *dritte*, die er zu Fidelio komponiert hat), mein Oratorium (von dem Sie einige Stücke bei mir sahen) und eine Menge anderer Dinge. Wenn Sie können, kommen Sie also hin, es wäre die größte Freude für mich; und wenn Sie nicht können, so machen Sie sich bitte nicht lustig über meine Einladung, die ich nicht gewagt hätte ohne die sehnlichsten Wünsche all derer, die dort sein werden und die Sie sehen und mehr von Ihnen hören möchten als bei Ihrem letzten hiesigen Aufenthalt.
Entschuldigen Sie bitte das Französisch dieses Briefes, das ich abscheulich finde, ohne im geringsten etwas zu beschönigen; ich habe nicht mehr Französisch gesprochen seit Sie mich sahen.
Falls Sie mir mit ein paar Zeilen antworten wollen, würden Sie mir das größte Vergnügen bereiten; und obgleich ich weiß, daß Sie niemals antworten, so bitte ich dennoch, es diesmal zu tun; gleichzeitig können Sie mir mitteilen, was Sie alles komponieren, was Hiller macht, ob Sie Nachrichten von Liszt haben usw. Grüßen Sie bitte alle und vergessen Sie nicht Ihren Bewohner des Sumpfes (wie Ihnen Deutschland gewiß vorkommt). Leben Sie wohl; entschuldigen Sie den Stil
                                           Ihres
Leipzig, 28. März 1836   Felix Mendelssohn Bartholdy

Selbstverständlich schicke ich Ihnen, falls Sie eine offizielle Einladung wünschen, einen Brief des Bürgermeisters, unterzeichnet vom Komitee und so vielen anderen Unterschriften wie Sie nur wünschen. Aber ich glaube nicht, daß Sie das besonders beeindrucken wird.«
Neben der Adresse (vgl. hierzu »Leben 1833«) in deutscher Sprache von Robert Schumanns Hand:
»Tausend Grüße und Wünsche auch von mir und dringlichste Bitte, nach dem Rhein zu kommen, wenn irgend möglich. In Liebe und Verehrung   Robert Schumann«
»Mendelssohn und ich bitten um eine Zeile Antwort, schriftlich oder mündlich an Panofka, ob Sie kommen. Wir sind fest überzeugt.   R. S. [Robert Schumann]«

295 *Marienbad, der Ferdinandsbrunnen. Stahlstich, um 1840.*
In Marienbad erlebte Chopin im August 1836 sein kurzes Glück mit Maria Wodzińska.

Linke Seite:
293, 294 *Brief Felix Mendelssohn Bartholdys mit einem Postskriptum Robert Schumanns vom 28. März 1836 an Chopin.*

1836

296 *Frédéric Chopin. Lithographie, um 1836.*
Das Bildnis ist ein typisches Beispiel für das damals übliche Verfahren, eine Lithographie (in diesem Fall das auf S. 115 abgebildete Original) als Vorlage zu einer anderen Lithographie zu verwenden. Eine solche Nachbildung war dann nicht selten wieder die Vorlage zu einem weiteren Bild (Lithographie, Stahlstich, Xylographie etc.). Auf diese Weise entfernte sich die Darstellung immer mehr vom Original und gibt häufig ein verfälschtes Bild.

297 *Marienbader Kurliste vom 29. Juli 1836.*
Unter Nr. 847: »Herr Friedrich Chopin, Gutsbesitzer aus Paris, w. [wohnhaft] zum weissen Schwan«.
Mit der Bezeichnung »Gutsbesitzer« wollte sich Chopin wahrscheinlich größeres gesellschaftliches Ansehen verleihen, vermutlich sah er als Gast aus dem revolutionären Frankreich darin auch eine Sicherheitsmaßnahme gegenüber russischen Agenten oder der Metternichschen Polizei. Unter Nr. 599 (9. Juli): »Frau Therese v. Wodzinski, mit zwey Fräul. Töchtern und Gouvernante, aus russ. Pohlen, w. zum weissen Schwan«. – Eine der beiden Töchter war Maria Wodzińska.

298 *Maria Wodzińska (1819–1896). Selbstporträt. Undatierte Bleistiftzeichnung.*
Maria Wodzińska war anscheinend die Jugendliebe des polnischen Dichters Juliuz Słowacki (vgl. Abb. 170).

Rechte Seite:
299 *Frédéric Chopin. Aquarell, 1836, von Maria Wodzińska.*
Maria Wodzińska malte das Porträt im August 1836 in Marienbad. Sie nahm es mit nach Dresden und übertrug es selbst auf Stein. Diese Lithographie ist heute sehr selten zu finden.

MARIA WODZIŃSKA

Konstancja Gładkowska, Maria Wodzińska und George Sand waren, wie bereits erwähnt wurde, die wesentlichen Frauen in Chopins Leben. (Hinsichtlich der Tiefe seiner Gefühle und Beziehungen zu Delfina Potocka und Jane Stirling ist man auf Vermutungen angewiesen.)
Maria Wodzińska wuchs auf dem Gut ihrer Eltern in Stanisławów-Służewo bei Toruń (Thorn), zum Teil auch in Warschau auf. Bereits als kleines Mädchen kannte sie Chopin. Später verloren sie sich aus den Augen. Im September 1835 begegnete Chopin der inzwischen Sechzehnjährigen in Dresden und verliebte sich in sie. Um sie wiederzusehen, reiste er im Juli 1836 von Paris nach Marienbad, wo er einen Monat mit ihr verbrachte und anschließend noch in Dresden die Tage vom 29. August bis 11. September. Beim Abschied fiel wohl die Entscheidung über eine Verlobung. Aus den Briefen der Mutter Marias an Chopin ist immer von dessen Gesundheitszustand die Rede und daß davon »alles abhinge«. Maria löste schließlich auf Wunsch der Eltern, die für ihre Tochter wohl einen ständig kranken Gatten voraussahen, die Verbindung. Sie heiratete 1841 Józef Skarbek, den Sohn von Chopins Taufpaten. Diese Ehe wurde bald darauf annulliert, und 1848 wurde Maria die Frau ihres Verwalters Władysław Orpiszewski. Chopins Liebe gehörte während seiner ersten Begegnungen mit George Sand noch immer Maria Wodzińska. Ein nach seinem Tod aufgefundenes Päckchen mit Marias Briefen trug seine Aufschrift »Moja bieda« (»Mein Elend«) (vgl. S. 152). Der sog. *Abschiedswalzer* (vgl. S. 134) und die *f-Moll-Etüde, op. 25 Nr. 2,* angeblich ein »Bild Marias in Tönen«, sind für immer mit dem Namen Maria Wodzińska verknüpft.

1836

300 *Manuskript des Eröffnungsteiles von Chopins 1836 komponierter »F-Dur-Ballade, op. 38«.*
Chopin schickte dieses Manuskript im Januar 1839 von Mallorca, wo es seine endgültige Form erhalten hatte, nach Paris. Er spielte diese Ballade am 12. September 1836 Robert Schumann in Leipzig vor, damals noch mit einem Schluß in F-Dur anstelle a-Moll.
Camille Saint-Saëns schenkte das Manuskript 1919 dem Pariser *Conservatoire*, dessen Stempel es noch heute trägt; seit 1964 wird es in der Musikabteilung der *Bibliothèque Nationale* verwahrt.

301 *Brief Robert Schumanns vom 8. September 1836 an Chopin.*
»Leipzig, d. 8. September 1836.
Mein theurer und verehrter Herr. Nur ein »Ja« möchten Sie mir schreiben oder schreiben lassen, ob Sie nämlich, wie ich eben höre, in Dresden sind. Im Begriffe, über Dresden nach meiner Heimath zu reisen, wüde ich es mir niemals verzeihen können, in der Nähe des Herrlichen gewesen zu sein, ohne ihm ein Wort meiner Verehrung und Liebe zu sagen.
Also bitte ich Sie nochmals sehnlichst um das *Ja* und Ihre Adresse

　　　　　　　　　Ihr
　　　　　　　　ergebener
　　　　　　Robert Schumann
Mendelsohn kömmt in 8 Tagen hierher zurück.«
[Adresse:]
»Monsieur　　　　　　　　*Empfehlen*
M. Frédéric Chopin (de Paris)
(Durch Herrn Musiklehrer C. Krägen)
　　　　　　　　　　　　　Dresden
Sollte die Adresse nicht aufzufinden sein, so wird das löbl. Postamt ersucht, diesen Brief unter Addr. ›Robert Schumann in Leipzig‹ unverzüglich zurückzuschicken.«

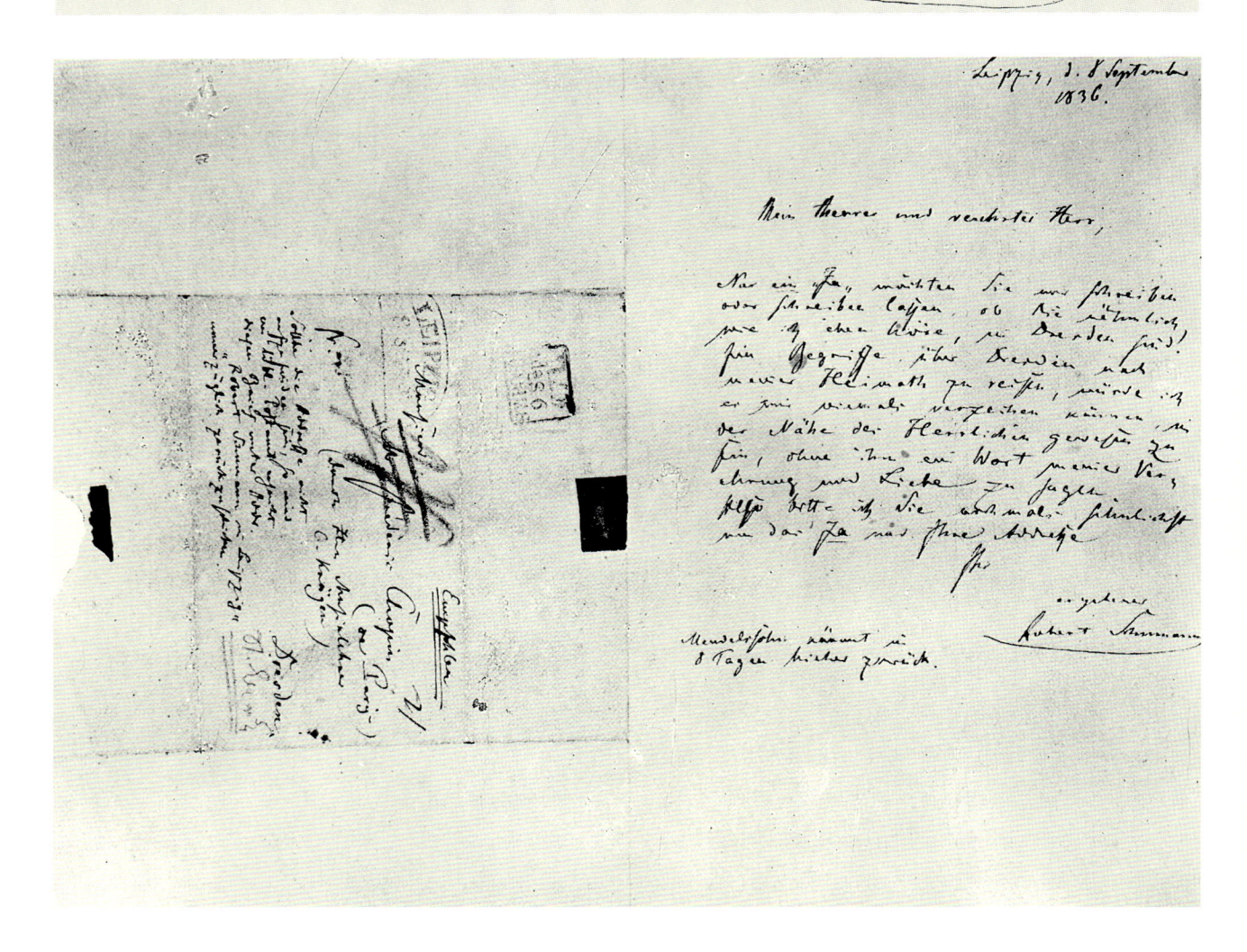

Schumanns Tagebucheintrag über Chopins Besuch:
Am 12ten früh Chopin, Nowakowsky [Józef Nowakowski, Freund Chopins], Raimund Härtel [Musikverleger]. »Seine Ballade [*g-Moll, op. 23*] wäre mir das liebste« das ist mir sehr lieb; das ist mir sehr lieb.
Hört nicht gern über seine Werke sprechen. Durchwärmung [?] durch u. durch. Mit ihm zum Taylor [Schneider] Heise »der Rock ist gut, aber der Preis ist schlecht«. Nach W[ieck]'s Haus gebracht. Nach Tisch zu Eleonoren [gemeint ist die Pianistin Henriette Voigt]. Die Begegnung Tags vorher bestätigt sich. – – Zu Dr. Härtel. Sein Spielen für Mendelssohn. Rührend anzuschauen am Clavier war er. Neue Etüden in C Moll, in As dur-in F moll-alte Masurka in B – zwei Neue – neue Ballade [*F-Dur, op. 38*] – Notturno in Des. Ueber Liszt berichtet er Außerordentliches. Er (Chopin) corrigire nie; könne keine Druckfehler sehen; Liszt außerordentlich viel, könne auf jedem Klimperkasten zum Entzücken spielen. Zu Raimund H. Sein Schüler Gutmann a.d. König v. Portugal in Heidelberg. Wundervolles Spiel auf einem neuen nach französch. Art gebauten P[iano]f[or]te. Etude in E-Moll irr ich nicht, und zwei der obigen. – Bring ihm Sonate u. Etüden von mir, gibt mir Ballade [*g-Moll, op. 23*, die eben im Druck erschienen war] – Einpacken. Post. Künstlich zu Eleonoren gebracht. Neu Notturno gespielt, Etude in C Moll, in F Moll, in As dur (wie oben []) u. eine reizende in reinen Harpeggien in C-Dur [*op. 10 Nr. 1*]. Abschied. Fort. Fort.

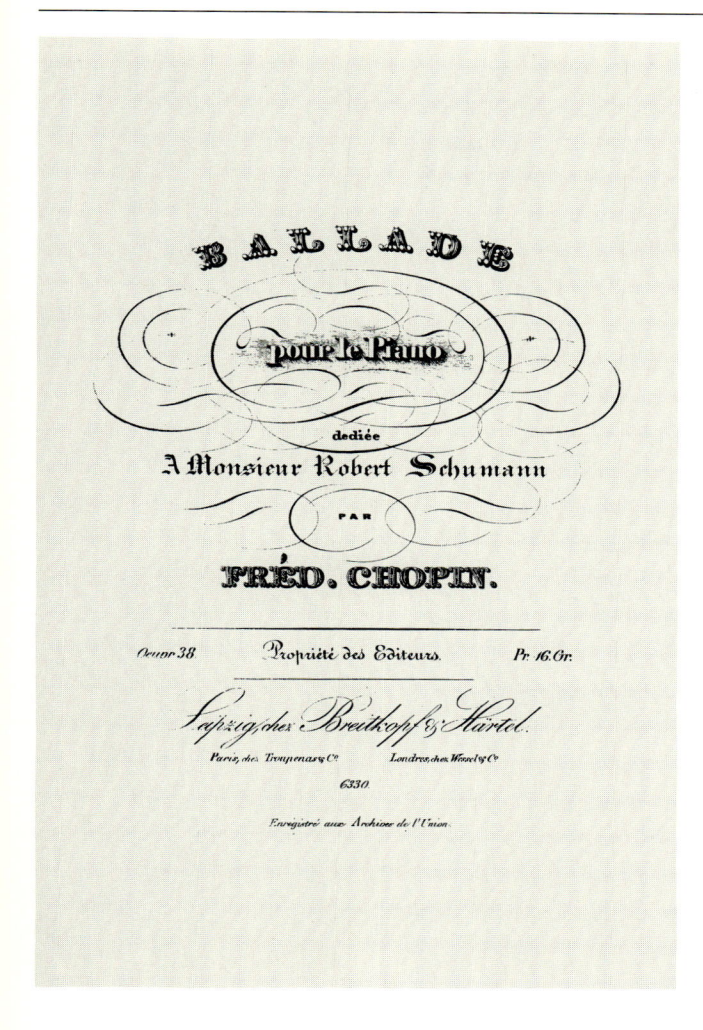

302 *Titelblatt der deutschen Erstausgabe, 1840, von Chopins »F-Dur-Ballade«.*
Das Werk ist Robert Schumann gewidmet.

303 *Titelblatt der Erstausgabe, 1838, von Schumanns »Kreisleriana«.*
Die *Kreisleriana* – Schumann beurteilte sie selbst als sein bedeutendstes Klavierwerk – sind Chopin gewidmet.
Während Schumanns Widmung Herzlichkeit ausdrückt, ist diejenige Chopins vermutlich nur eine höfliche Erwiderungsgeste. Tagebucheintrag Robert Schumanns (Anfang Oktober 1840): »Von Chopin erschien gestern eine Ballade, die mir dedicirt ist, was mich mehr freut als ein fürstlicher Orden«.[63]

304 *Manuskript eines Tagebucheintrags Robert Schumanns über Chopins Besuch am 12. September 1836 in Leipzig. Erstveröffentlichung.*[63]
Der Eintrag über Chopins Besuch beginnt wie abgebildet in der 3. Zeile von unten auf Seite 5 des Tagebuchs, das die Zeit vom 28. Juli 1836 bis 28. Oktober 1837 umfaßt; er endet mit den Worten »Fort. Fort« auf der folgenden Seite in der 6. Zeile von unten.

305 Erste Seite des Manuskriptes von Chopins
»a-Moll-Etüde, op. 25 Nr. 4«.

306 Letzte Seite des Manuskriptes von Chopins
»f-Moll-Etüde, op. 10 Nr. 9«. Erstveröffentlichung.

1836

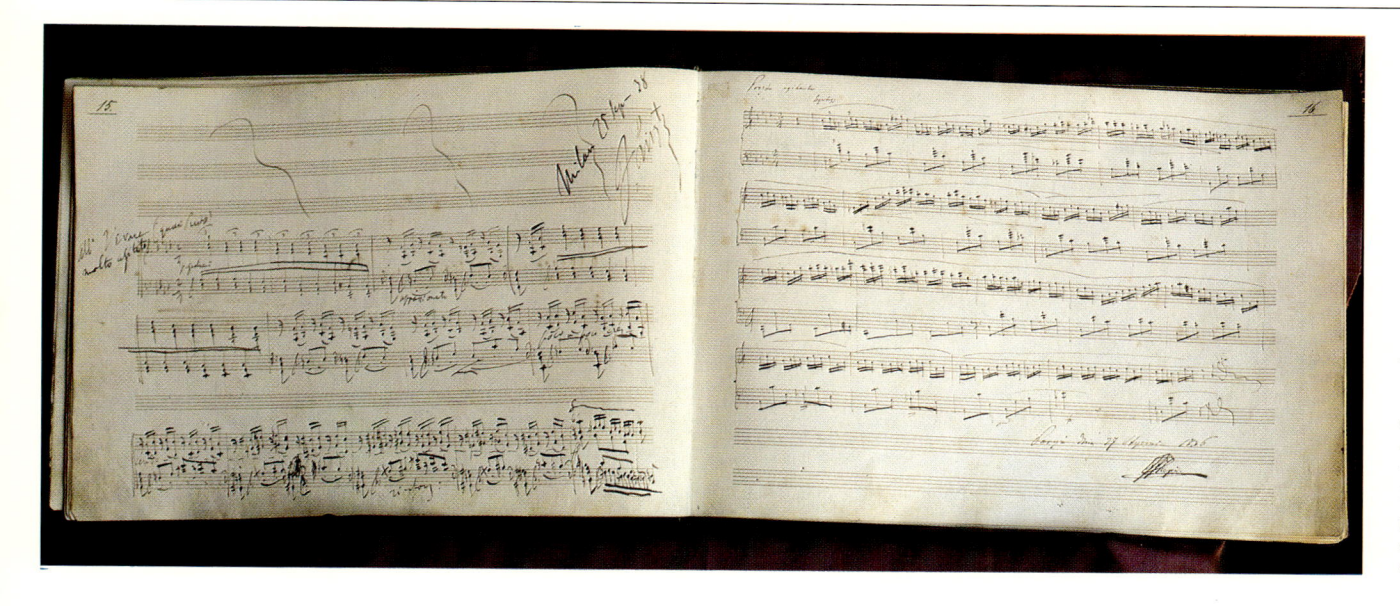

307, 308 *Zwei Seiten eines Albums mit Autographen von Rossini, Donizetti, Meyerbeer, Moscheles, Grieg, Saint-Saëns, Thalberg u. v. a. Erstveröffentlichung in der vorliegenden Art.*
Linke Seite: Autograph des Anfangs von Liszts *f-Moll-Etüde* aus *24 Grandes Etudes*. (Im Gegensatz zum Titel erschienen 1839 nur 12 Etüden; sie wurden später umgearbeitet und 1852 als *Etudes d'exécution transcendante* veröffentlicht.) Über den Noten »Milan 25 Sep-38 [Mailand, 25. September 1838] F. Liszt«.
Rechte Seite: Autograph der ersten Seite von Chopins *f-Moll-Etüde* aus *op. 25*, darunter »Paryz dnia 27 stycznia 1836 [Paris, 27. Januar 1836] FF Chopin«.

ETÜDEN

Chopins *Etüden op. 10* und *op. 25* gehören zu seinen bedeutendsten Werken. Sie beweisen eindringlich, daß ihr Schöpfer bereits als Zwanzigjähriger (op. 10 entstand, abgesehen von *Nr. 3, E-Dur* und *Nr. 4, cis-Moll*, zwischen 1829 und 1831) ein Meister war, der hier der Welt sein pianistisches Testament hinterließ. Schon Muzio Clementi und Johann Baptist Cramer hatten sich bemüht, die Etüde dem rein mechanischen Zweck zu entreißen, sie zu veredeln und zu vergeistigen. Erst Chopin aber gelang es, seine technischen Motive – als solche allein schon bewundernswert – der musikalischen Schönheit unterzuordnen. Seine Etüden überragen alle Klavieretüden, die jemals geschaffen wurden, und allenfalls Liszts *Etudes d'exécution transcendante* und *Paganini-Etüden* können neben ihnen bestehen. Chopins Etüden wurden von den Pianisten und Komponisten gleichermaßen geliebt und bewundert. Debussy wußte, weshalb er seine 12 Etüden »à la mémoire de Frédéric Chopin« widmete. Chopins Etüden haben sich ihre unverminderte Anziehungskraft beim Konzertpublikum bewahrt; sie gehören zu den kostbarsten Perlen der Klavierliteratur. Im 19. Jahrhundert waren die Meinungen nicht ungeteilt; viele konnten sich vor allem mit den spieltechnischen Schwierigkeiten nicht anfreunden.

Ludwig Rellstab (Zeitung *Iris im Gebiete der Tonkunst*, 31. Januar 1834): »So wie Herr Chopin ein Wunderwerk, etwa einen neuen Don Juan oder Fidelio, oder *Sinfonia eroica*, oder eine Beethovensche Sonate in *Cis moll* liefert, so wollen wir ihn bewundern daß uns die Sprache zum Ausdruck unserer Gefühle fehlt. So lange er aber solche Mißgeburten ausheckt, wie obige Etüden [op. 10], die ich allen meinen Freunden, und zumal den Klavierspielern, zur wahren Belustigung gezeigt, so lange wollen wir über diese eben so lachen, wie über seinen Brief. [Rellstab hatte vorher einen Beschwerdebrief zitiert, der mit »Chopin« unterzeichnet war; einige Daten dieses Briefes beweisen jedoch, daß er nicht von Chopin stammte.] Eine Special-Recension der 12 neuen Apostel, die Hr. Chopin in obigen 12 Stücken in die Welt geschickt hat, erlasse man uns jedoch, und begnüge sich mit der wohl nicht unnützen Bemerkung, daß, wer verrenkte Finger hat, sie an diesen Etüden vielleicht wieder ins Grade bringt, wer nicht, sich aber sehr davor hüten und sie nicht spielen muß, ohne Herrn *von Gräfe* oder *Dieffenbach* [bekannte Chirurgen] in der Nähe zu haben, die überhaupt, wenn diese Art Klavierspiel in Mode kommt, als Assistenten berühmter Klavierlehrer vielleicht eine ganz neue Art der Praxis bekommen könnten.«

Ignaz Moscheles (*Aus Moscheles' Leben. Nach Briefen und Tagebüchern.*[64]): »Ich benutze gern einige freie Abendstunden, um mich mit Chopins Etüden und seinen anderen Compositionen zu befreunden, finde auch viel Reiz in ihrer Originalität und der nationalen Färbung ihrer Motive; immer aber stolpern meine Gedanken, und durch sie die Finger, bei gewissen harten, unkünstlerischen, mir unbegreiflichen Modulationen, so wie mir das Ganze oft zu süsslich, zu wenig des Mannes und studirten Musikers würdig erscheint. […] Ich bin ein aufrichtiger Bewunderer seiner Originalität, er hat den Clavierspielern das Neueste, Anziehendste gegeben. Mir persönlich widersteht die gemachte, oft gezwungene Modulation, meine Finger straucheln und fallen über solche Stellen, ich kann sie üben, wie ich will, ich bringe sie nicht ohne Anstoss heraus.«

Anton Rubinstein (*Die Meister des Klaviers. Musikalische Vorträge über die Entwicklung der Klavier-Komposition, gehalten zu St. Petersburg im Saal des Konservatoriums 1888–1889*): »Alle Chopinschen Etüden sind der Besprechung wert, doch da das zu weit führen könnte, will ich die hervorragendsten nennen. Darunter ist Etüde Nr. 3 E-dur op. 10. Wie müßte ein Programm beschaffen sein, um diese Etüde erklären zu können! Etüde Nr. 5 Ges-dur op. 10 nennt man ›die Etüde auf den schwarzen Tasten‹. Das ist eine Art graziösen Scherzos. Wenn man sich diese Etüde in G-dur transponiert, so kommt sie gerade auf die weißen Tasten zu spielen. Zur Uebung der Finger ist es sehr vorteilhaft, sie auf den Ober- oder Untertasten zu spielen. Bei Etüde Nr. 6 Es-moll op. 10 weiß man thatsächlich nicht, soll man mehr über den Melodienzauber oder über die Schönheit der harmonischen Gänge staunen. Und diese Schöpfung nennt sich nur bescheiden Etüde. Zu Gunsten der programmlosen Musik spricht noch der Umstand, daß man mit Worten gar nicht so viel wie mit der Musik ausdrücken kann. Die Musik, die sich mit Worten erläutern läßt, steht gar nicht hoch genug. In Etüde Nr. 9 F-moll op. 10 wogt ein dramatisches Leben, das aber auch jeder Beschreibung sich entzieht. Etüde Nr. 11 Es-dur op. 10 ist ein wunderbar musikalisches Stück und Etüde Nr. 12 C-moll op. 10 ein ganz dramatisches Poem.«[65] Vgl. S. 97, 101, 114, 144–149, 222–225; Abb. 135, 138, 158, 258 und 321.

1836

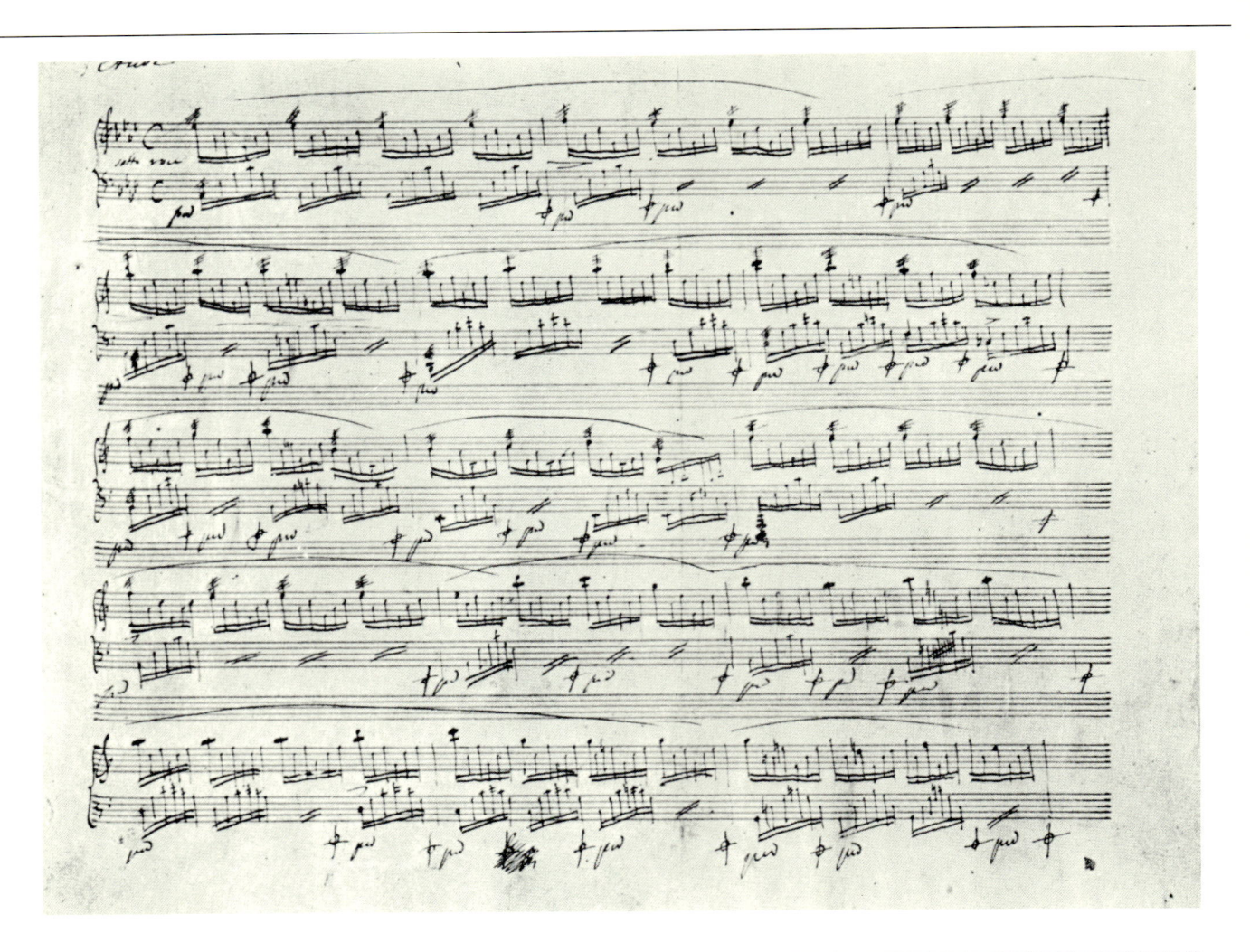

309–311 *Autograph von Chopins »Etüde As-Dur, op. 25 Nr. 1«*.
Chopin schrieb die Etüde in ein Album, das Maria Wodzińska gehörte. Am Schluß des Stückes von Chopins Hand: »Ch [Chopin] Drezno [Dresden] 1836«.
In den gedruckten Ausgaben vermißt man das *sotto voce*, das Chopin hier zu Beginn angibt, sowie das *ritenuto* vor dem Abschlußarpeggio. Das vorliegende Manuskript schreibt außerdem gegenüber den Drucken im 8. und 27. Takt kein *forte*, im 36. Takt kein *sforzato* mit nachfolgendem *piano* vor, ebenso fehlen das *pianissimo* und das dreifache *piano* in den letzten 6 Takten. Vgl. Schumanns Besprechung S. 148.

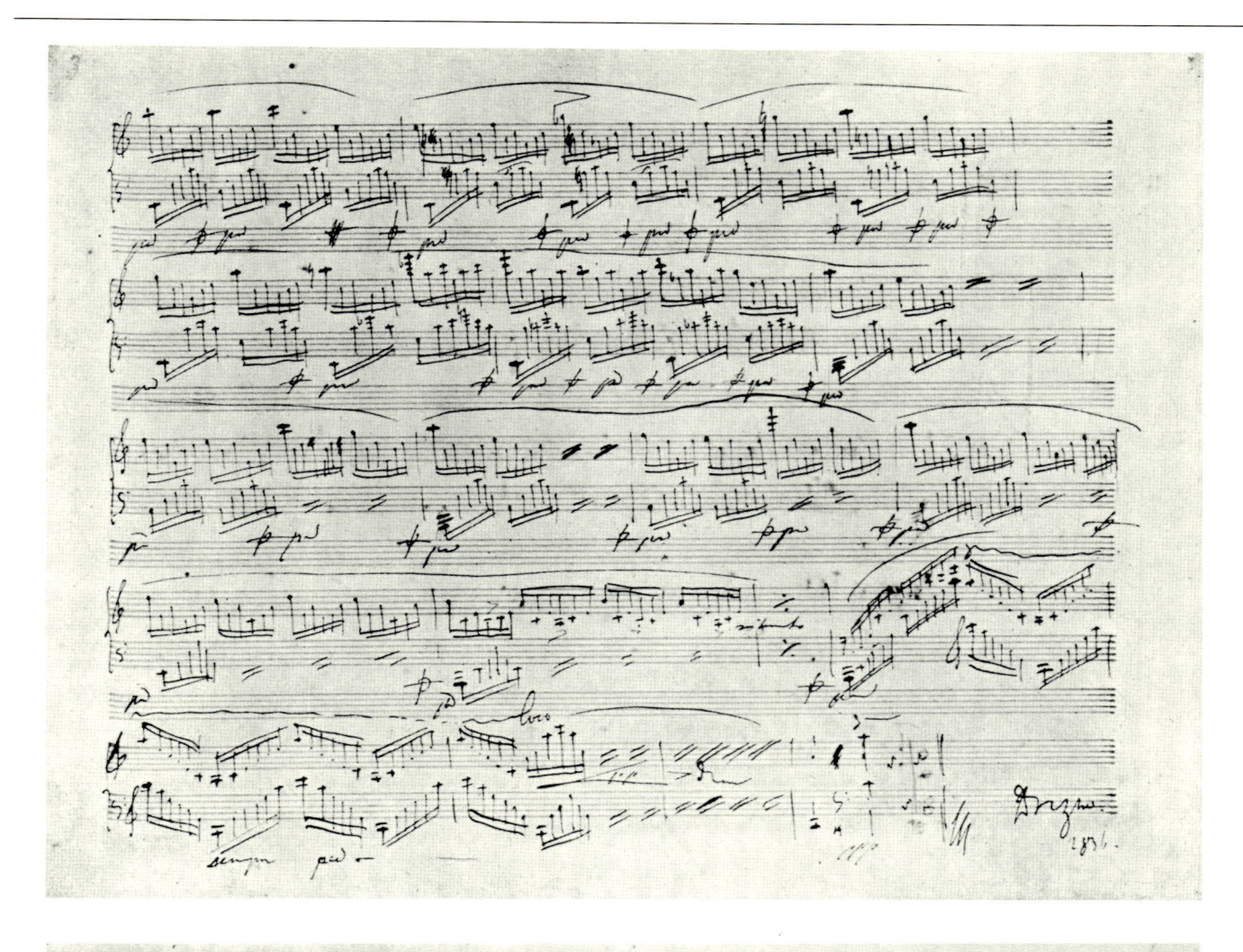

312 Zweite Seite des Autographes von Chopins »Etüde f-Moll, op. 25 Nr. 2«.
Chopin schrieb dieses Stück – ebenso wie die *As-Dur-Etüde* aus *op. 25* – in ein Album Maria Wodzińskas und vermerkte am Schluß »Ch 1836 Drezno«.

Diese Etüde hört man fast immer mit einer nicht textgetreuen Betonung. Zwei Triolengruppen in der linken Hand gegen vier Triolen in der rechten Hand bilden die rhythmische Aufgabe. Die Schwierigkeit, die Triolen in der Rechten zu verwirklichen, d. h. ein Betonen der jeweils 5. und 11. Note jeden Taktes zu vermeiden, wird von den Pianisten selten beachtet. Franz Liszt soll sie souverän beherrscht haben. Liszt war auch in der Lage, diese Etüde in atemberaubendem Tempo in Oktaven zu spielen, was er seinen verblüfften Freunden gerne vorführte.

Museum.

5.

12 Etuden für Pianoforte

von

Friedrich Chopin.

* * *

[Op. 25. — Zwei Hefte. — Breitkopf u. Härtel.]

Wie dürfte denn dieser in unserm Museum fehlen, auf den wir so oft schon gedeutet, wie auf einen seltenen Stern in später Nachtstunde! — Wohin seine Bahn geht und führt, wie lange, wie glänzend noch, wer weiß es? So oft er sich aber zeigte, war's dasselbe tiefdunkele Glühen, derselbe Kern des Lichts, dieselbe Schärfe, daß ihn hätte ein Kind herausfinden müssen. Bei diesen Etuden kömmt mir noch zu Statten, daß ich sie meist von Chopin selbst gehört, und „sehr à la Chopin spielt er selbige" flüsterte mir Florestan dabei in's Ohr. Denke man sich, eine Aeolsharfe hätte alle Tonleitern und es würfe diese eine künstlerische Hand in allerhand phantastischen Verzierungen durcheinander, doch so, daß immer ein tieferer Grundton und eine weich fortsingende höhere Stimme hörbar — und man hat ungefähr ein Bild seines Spieles. Kein Wunder aber, daß uns gerade die Stücke die liebsten geworden, die wir von ihm gehört, und so sei denn vor Allem die erste in As-Dur erwähnt, mehr ein Gedicht, als eine Etude. Man irrt aber, wenn man meint, er hätte da jede der kleinen Noten deutlich hören lassen; es war mehr ein Wogen des As-Dur-Accordes, vom Pedal hier und da von Neuem in die Höhe gehoben; aber durch die Harmonieen hindurch vernahm man in großen Tönen Melodie, eine wundersame und nur in der Mitte trat einmal neben jenem Hauptgesang auch eine Tenorstimme aus den Accorden deutlicher hervor. Nach der Etude wird's Einem, wie nach einem sel'gen Bild, im Traum gesehen, das man, schon halbwach, noch einmal erhaschen möchte; reden ließ sich wenig darüber und loben gar nicht. Er kam alsbald zur andern in F-Moll, die zweite im Buch, ebenfalls eine, in der sich Einem seine Eigenthümlichkeit unvergeßlich einprägt, so reizend, träumerisch und leise, etwa wie das Singen eines Kindes im Schlafe. Wiederum schön, aber wenig neu im Charakter als in der Figur folgte die in F-Dur; hier galt es mehr, die Bravour zu zeigen, die liebenswürdigste, und wir mußten den Meister sehr darum rühmen... Doch wozu der beschreibenden Worte! Sind es doch sämmtlich Zeichen der kühnen, ihm innewohnenden Schöpferkraft, wahrhafte Dichtergebilde, im Einzelnen nicht ohne kleine Flecken, im Ganzen immerhin mächtig und ergreifend. Meine aufrichtigste Meinung indeß nicht zu verschweigen, so scheint mir allerdings das Totalgewicht der früheren großen Sammlung bedeutender. Es kann dies aber keinen Verdacht etwa auf eine Verringerung von Chopin's Kunstnatur oder auf ein Rückwärtsgekommensein abgeben, da diese jetzt erschienenen ziemlich alle mit jenen zugleich entstanden und nur einzelne, denen man auch ihre größere Meisterschaft ansieht, wie die erste in As und die letzte prachtvolle in C-Moll, erst vor Kurzem. Daß unser Freund überhaupt aber jetzt wenig schafft und Werke größeren Umfangs gar nicht, ist leider auch wahr und daran mag wohl das spielende locke Paris einige Schuld haben. Nehmen wir indeß lieber an, daß es nach so vielen Stürmen in einer Künstlerbrust allerdings einiger Ruhe bedarf, und daß er dann vielleicht, neu gestärkt, den ferneren Sonnen zueilen wird, deren uns der Genius immer neue enthüllt.

Eusebius.

313 *Robert Schumanns Besprechung von Chopins »Etüden op. 25«. »Neue Zeitschrift für Musik«, 22. Dezember 1837.*

314 *Stephen Hellers Besprechung von Chopins »Etüden op. 25«. »Revue et Gazette musicale (de Paris)«, 24. Februar 1839.*
Hellers Betrachtungen zu Chopins Etüden berühren insofern eigenartig, als der Autor, neben seinen recht naiv anmutenden Spekulationen über motivische Anklänge an Mozart, in das Gewand des biedermännischen Musikliebhabers schlüpft, der sich nach den ungeliebten und erschöpfenden Tagesgeschäften bei Kerzenschein und in warmen Pantoffeln am Spiel dieser Etüden ergötzt. Wer indes hätte besser wissen müssen als Heller, der als Pianist und Komponist zahlreicher Klavierwerke (insbesondere Etüden) damals geschätzt war – u. a. von Robert Schumann –, daß gerade Chopins Etüden dieser biedermännisch-heimeligen Welt gänzlich fremd gegenüberstehen, ganz zu schweigen davon, daß es für Dilettantenhände wohl keine ungeeignetere Klaviermusik gibt.

DOUZE ÉTUDES NOUVELLES DE CHOPIN (1). — Voilà une bonne nouvelle, une véritable fête, un événement! En Allemagne, comme ailleurs, on ne manque pas, lorsqu'on se rencontre, de se poser cette question: Qu'y a-t-il de nouveau? Mais en Allemagne on rattache presque tout à la musique, et là une telle question signifie seulement: Chopin a-t-il publié quelque chose de nouveau? Sur une réponse aussi satisfaisante que celle-ci: Oh oui! il vient de paraître douze études nouvelles, chacun, la joie au cœur, se rend à son logis, bien entendu après avoir été chez le marchand de musique faire emplette de l'œuvre de Chopin; et après avoir mis son trésor en lieu de sûreté, chacun retourne à ses affaires les plus indispensables, la tête toute troublée par l'inestimable trésor dont il vient de faire l'acquisition. L'un s'en va écrire d'ennuyeux actes de procédure, l'autre se condamne à des visites de remerciement pour des invitations qui ont failli le faire périr d'ennui (c'est là un de ces devoirs qu'il n'est pas permis de négliger en Allemagne sous peine des plus funestes conséquences); celui-ci court voir des malades qui ne sauraient mourir sans son secours hippocratique; celui-là enfin, et c'est de tous le plus malheureux, se rend à ses leçons de musique pendant lesquelles, hélas! il tâche de se faire aussi sourd que possible. Enfin le soir vient, et le malheureux, épuisé par les travaux de la journée, se retrouve dans sa chambre où il se console à la vue de son piano qui lui tend amicalement les bras. Là, il a tout ce qu'il lui faut: une théière fumante, deux chaises, une robe de chambre, de bonnes pantoufles bien chaudes, une bougie avec une lampe, et sur le pupitre de musique, parmi les nouveautés:

Douze études nouvelles de Chopin!

Que faut-il de plus pour passer une ou plusieurs soirées dans un bonheur aussi parfait que possible? Pour moi, dans ce recueil de poésies (c'est le seul nom qui convienne aux œuvres de Chopin), je cherche quelque morceau favori que je puisse de préférence fixer dans ma mémoire. Qui pourrait tout retenir? C'est ainsi que, sur mon calendrier musical, j'ai fait une marque toute particulière aux numéros 4, 5 et 7 des présentes poésies. Parmi ces douze études bien-aimées (chacune d'elles a son charme qui lui est propre), ces trois numéros sont ceux que je préfère par-dessus tous les autres.

Le premier de ces morceaux favoris (no 4, *la* mineur) se fait remarquer, à la première mesure, par une analogie remarquable avec le début du *Kyrie* de Mozart, dans l'immortel *Requiem* de ce grand maître. Cette analogie devient surtout frappante à l'entrée de la mélodie, à la neuvième mesure de l'étude. Un artiste tel que Chopin ne copie jamais, et cette ressemblance (qui du reste ne dure pas plus de deux mesures) ne peut être que l'effet d'une parenté mystérieuse entre les âmes de ces deux grands compositeurs. Et, en effet, un seul et même germe, une seule et même organisation artistique ne peuvent-ils pas se trouver partagés entre deux esprits différents, de manière à produire dans chacun d'eux un résultat identique ou du moins analogue? Il y a dans le ciel comme sur la terre tant de choses que notre philosophie ne peut même pas soupçonner. Qu'on ne croie pas que je me trouve ici entraîné à soutenir un paradoxe, pour justifier cette trop courte rencontre de Chopin et Mozart. C'est un phénomène qui se rencontre assez fréquemment dans la littérature musicale, que cette affinité merveilleuse entre les idées de différents artistes. C'est ainsi que tout récemment on a trouvé, chez un auteur ancien, le thème principal et tout le plan de l'ouverture de *la Flûte enchantée* de Mozart. Qu'un homme doué d'un génie aussi exubérant, aussi puissamment créateur que l'était celui de Mozart, ne puisse avoir copié un autre homme, c'est, à coup sûr, ce qui n'a pas besoin d'être soutenu sérieusement. Mozart n'a pris à Haendel que peu de choses, et les emprunts qu'il a faits, il les a faits sciemment, puisque lui-même a pris soin de les indiquer.

Vient ensuite le numéro 2, le second de mes morceaux favoris. Je suis avec ces douze études comme le vieux Jacob de l'Écriture sainte avec ses douze enfants, et, comme ce digne patriarche, je puis dire: Assurément, je les aime tous, sans doute! mais Benjamin et Joseph, je les chéris par-dessus tous les autres. Ce qui ajoute à la ressemblance, c'est que, parmi les effets de Benjamin et sans qu'il y eût de la faute de celui-ci, était cachée une coupe d'or qui ne lui appartenait pas, de même que, dans cette quatrième étude de Chopin, se trouve tout aussi innocemment une pensée de Mozart.

Mon troisième favori est le numéro 7. Ici je dois convenir que ma comparaison cloche, puisqu'il est prouvé que Jacob n'a jamais eu que deux enfants favoris; mais où est la comparaison qui ne cloche pas? Et d'ailleurs, pour rien au monde, pas même pour l'amour de la plus belle comparaison qui se puisse imaginer, je ne voudrais consentir à passer sous silence la délicieuse élégie qui forme le numéro 7. Elle fait naître la tristesse la plus douce, les tourments les plus dignes d'envie; et si, en la jouant, on se sent invinciblement porté vers des idées douloureuses et mélancoliques, c'est une disposition de l'âme que je préfère à toute autre. Hélas! combien j'aime ces rêves sombres et mystérieux, et Chopin est le dieu qui enfante ces songes!

Übersetzung des Artikels von Stephen Heller über Chopins »Etüden op. 25«:

»ZWÖLF NEUE ETÜDEN VON CHOPIN. – Hier ist eine gute Nachricht, ein wahres Fest, ein Ereignis! In Deutschland wie anderswo versäumt man nicht, wenn man sich begegnet, diese Frage zu stellen: Was gibt es Neues? Aber in Deutschland bringt man fast alles mit der Musik in Zusammenhang, und da bedeutet eine solche Frage nur: Hat Chopin irgend etwas Neues veröffentlicht? Auf eine so befriedigende Antwort wie diese: Oh ja! Er hat eben zwölf neue Etüden erscheinen lassen, begibt sich jeder, Freude im Herzen, in seine Wohnung, wohlgemerkt, nachdem er beim Musikalienhändler war und das Werk von Chopin gekauft hat; und nachdem er seinen Schatz an einen sicheren Platz gelegt hat, kehrt er zu seinen unerläßlichen Geschäften zurück, ganz verwirrt im Kopf durch den unermeßlichen Schatz, den er eben erworben hat. Der eine geht weg, um langweilige Prozeßakten zu schreiben, der andere verdammt sich zu Dankbesuchen für Einladungen, die ihn vor Langeweile fast haben sterben lassen (das ist eine von jenen Verpflichtungen, die man in Deutschland unter Strafe schlimmster Konsequenzen nicht vernachlässigen darf); dieser eilt, um Kranke zu besuchen, die ohne seinen ärztlichen Beistand nicht sterben können; jener schließlich, und das ist der unglücklichste von allen, widmet sich seinen Musikstunden, während derer er, ach!, versucht, sich so taub wie möglich zu stellen. Endlich naht der Abend, und der Unglückliche findet sich erschöpft von der Tagesarbeit in seinem Zimmer, wo ihn der Anblick seines Klaviers tröstet, das ihm freundschaftlich die Arme entgegenstreckt. Hier hat er alles, was er braucht: eine dampfende Teekanne, zwei Stühle, einen Hausrock, gute warme Pantoffel, einen Kerzenleuchter und auf dem Notenpult unter den Novitäten:

Zwölf neue Etüden von Chopin!

Was braucht er mehr, um einen oder mehrere Abende so glücklich wie nur möglich zu verbringen? Was mich anbelangt, so suche ich in dieser Gedichtesammlung (das ist die einzige Bezeichnung, die auf die Werke Chopins zutrifft) irgend ein Lieblingsstück, das ich bevorzuge und im Gedächtnis behalten kann. Wer könnte alles behalten? So habe ich in meinem musikalischen Kalender eine ganz besondere Markierung bei den Nummern 4, 5 und 7 [aus *op. 25*] der vorliegenden Gedichte gemacht. Unter den zwölf heißgeliebten Etüden (jede von ihnen hat ihren eigenen Charme) sind es diese drei, die ich allen anderen vorziehe.

Das erste dieser Lieblingsstücke (Nr. 4, a-Moll) fällt im ersten Takt durch eine bemerkenswerte Analogie zum Beginn des *Kyrie* von Mozart im unsterblichen *Requiem* dieses großen Meisters auf. Diese Analogie wird besonders frappierend beim Eintritt der Melodie im neunten Takt der Etüde. Ein Künstler wie Chopin kopiert niemals, und diese Ähnlichkeit (die im übrigen nicht länger als zwei Takte dauert) kann nur die Auswirkung einer geheimnisvollen Seelenverwandtschaft dieser beiden großen Komponisten sein. Und in der Tat, ein und derselbe Keim, ein und dieselbe künstlerische Organisation – können sie sich nicht in zwei verschiedene Geister aufgeteilt finden, derart, daß sie in jedem von ihnen ein gleiches oder zumindest analoges Resultat hervorbringen? Es gibt zwischen Himmel und Erde so viele Dinge, die unsere Philosophie nicht einmal ahnt. Man glaube nicht, ich ließe mich hier hinreißen, auf einem Paradox zu bestehen, um diese kurze Begegnung zwischen Chopin und Mozart zu rechtfertigen. Diese wunderbare Affinität zwischen den Ideen verschiedener Künstler ist ein Phänomen, das sich in der Musikliteratur ziemlich häufig findet. So hat man erst kürzlich bei einem alten Komponisten das Hauptthema und den gesamten Aufbau der Ouvertüre zur *Zauberflöte* von Mozart vorgefunden. Daß ein Mensch, begabt mit einem so überschwenglichen Genie, mit solch schöpferischer Kraft wie Mozart einen anderen Menschen nicht kopiert haben kann, bedarf mit Sicherheit keiner ernsthaften Bestätigung. Mozart hat von Händel nur wenig übernommen, und die Anleihen, die er gemacht hat, hat er bewußt gemacht, da er doch selbst dafür sorgte, sie zu kennzeichnen.

Es kommt nun die Nummer 2, das zweite meiner Lieblingsstücke. Mir geht es mit diesen zwölf Etüden wie dem alten Jakob der Hl. Schrift mit seinen zwölf Kindern, und wie dieser würdige Patriarch kann ich sagen: Gewiß, ich liebe sie zweifellos alle! Aber Benjamin und Joseph liebe ich mehr als alle anderen. Was zur Ähnlichkeit beiträgt, ist, daß unter den Sachen Benjamins, ohne daß eine Schuld von seiner Seite vorgelegen hätte, ein goldener Becher verborgen war, der ihm nicht gehörte, ebenso wie sich in dieser vierten Etüde von Chopin ganz unschuldig ein Gedanke von Mozart findet.

Mein drittes Lieblingsstück ist die Nummer 7. Hier muß ich zugeben, daß mein Vergleich hinkt, ist es doch erwiesen, daß Jakob nie mehr als zwei Lieblingskinder hatte; aber wo gibt es einen Vergleich, der nicht hinkt? Und im übrigen, für nichts in der Welt, nicht einmal dem schönsten Vergleich zuliebe, der sich ausdenken läßt, würde ich zustimmen, die köstliche Elegie mit Schweigen zu übergehen, die die Nummer 7 darstellt. Sie ruft die süßeste Traurigkeit hervor, die beneidenswertesten Qualen; und wenn man sich, während man sie spielt, zu schmerzlichen und melancholischen Vorstellungen getragen fühlt, so ist dies ein Seelenzustand, den ich jedem anderen vorziehe. Ach! Wie liebe ich diese düstern und geheimnisvollen Träume, und Chopin ist der Gott, der diese Traumbilder schuf!«

Der Bericht Hallés verdient insofern Beachtung, als es sich hier nicht um die enthusiastische Schilderung eines musikalischen Laien handelt. Sir Charles Hallé (Karl Halle) wurde 1819 in Hagen (Westfalen) geboren; er starb 1895 in Manchester. Hallé war seinerzeit in Paris ein geschätzter Klavierpädagoge und Pianist. Seine Kammermusiksoiréen (mit dem Geiger Alard und dem Cellisten Franchomme) im *Conservatoire* genossen hohes Ansehen. Später wurde er Leiter der *Gentlemen's Concerts* und der *Cecilia Society* in Manchester, wo er 1857 auch das *Charles Hallé's Orchestra* gründete. 1883 trat er die Nachfolge Max Bruchs als Dirigent der Philharmonie in Liverpool an. Er veröffentlichte einige klavierpädagogische Werke und scheint der erste Pianist gewesen zu sein, der Beethovens 32 Klaviersonaten zyklisch aufführte. Er entwickelte eine kuriose Vorrichtung, mit der man per Fußbedienung die Klaviernoten umblättern konnte.

CHARLES HALLÉ: BRIEFE AN SEINE ELTERN, DEZEMBER 1836

»Geliebte Eltern!   Paris, 2. Dezember 1836.
[...] Am gleichen Abend [30. November 1836] war ich zum Diner bei Baron Eichthal, wo ich herzlich aufgenommen wurde – und wo ich *Chopin* hörte. Dafür kann man keine Worte finden. Die wenigen Sinne, die ich habe, verließen mich ganz. Ich hätte in die Seine springen können. Alles, was ich jetzt höre, scheint mir so unbedeutend, daß ich lieber überhaupt nichts hören möchte. Chopin! Er ist kein Mensch, er ist ein Engel, ein Gott (oder was kann ich mehr sagen?). Chopins Kompositionen, gespielt von Chopin! Das ist ein Genuß, der nicht übertroffen werden kann. Ich will sein Spiel ein andermal beschreiben. Kalkbrenner ist ein Kind, verglichen mit Chopin. Das sage ich mit vollkommener Überzeugung. Während Chopin spielte, konnte ich an nichts anderes denken als an Elfen und Feentänze; solch einen wunderbaren Eindruck machen seine Kompositionen. Nichts mehr erinnert daran, daß ein menschliches Wesen diese Musik hervorbringt. Sie scheint vom Himmel herabzusteigen, so rein, so klar und vergeistigt. Ich fühle mich jedesmal von neuem im Innersten aufgewühlt, wenn ich daran denke. Wenn Liszt *noch besser* spielt, dann soll mich der Teufel holen, wenn ich mir nicht auf der Stelle eine Kugel durch den Kopf schieße. Chopin ist darüber hinaus ein reizender, prachtvoller Mensch. Ich unterhielt mich mit ihm längere Zeit; er gab mir seine Anschrift und die Erlaubnis, ihn oft zu besuchen, eine Erlaubnis, die er mir nicht vergeblich gegeben haben soll.

Aber nun, Ihr besten Eltern, muß ich aufhören. Lebt wohl, grüßt alle meine Freunde und Verwandten und seid der immerwährenden Liebe Eures Sohnes Carolus versichert.«

»Liebste Eltern!   Paris, 19. Dezember 1836.
[...] Da ich weiß, wie sehr Euch alles interessiert, was Musik angeht, will ich damit beginnen und Euch erzählen, daß ich Liszt gehört habe.

Meyerbeer gab mir einen netten, zwei Seiten langen Empfehlungsbrief an ihn mit, der seine Wirkung nicht verfehlte. Als ich das erstemal zu ihm ging, fand ich ihn nicht zu Hause. Es wurde mir gesagt, er empfängt nur Montag und Freitag nachmittag von 2 bis 5 Uhr. Da ich am Freitag eine Stunde wartete, mußte ich bis Montag warten. Um 11 Uhr ging ich hin. Wie seltsam es war, diesen Mann zu sehen, der solch einen erstaunlichen Ruhm besitzt. Ihr könnt es Euch vielleicht vorstellen, besonders weil man davon spricht, daß er sogar in seiner äußeren Erscheinung ein höchst eigenartiger Mensch ist. Und so fand ich ihn. Liszt ist das originellste Wesen auf dieser Welt. Als ich ankam, fand ich schon eine Gesellschaft von 30 bis 40 Menschen vor, unter ihnen viele der ersten Künstler von Paris und sogar einige Damen, die gekommen waren, ihm zu huldigen. Er, der gefeierte Liszt, kam sofort auf mich zu, und ich gab ihm meinen Brief. Als er ihn öffnete und Meyerbeers Handschrift sah, schüttelte er mir wieder die Hand, unterhielt sich mit mir eine Weile und ging dann weiter, um mit einem anderen ein paar Worte zu wechseln. So hatte ich Zeit, ihn mir genau anzuschauen, und stellte fest, daß man nicht zuviel über das Originelle seiner äußeren Erscheinung gesagt hatte. Sein Anblick ist wirklich bemerkenswert. Er ist groß und sehr schmal, sein Gesicht ist zart und blaß, seine Stirn erstaunlich hoch und schön. Er trägt sein glattes Haar so lang, daß es über seine Schultern fällt, was ganz eigenartig aussieht, denn wenn er ein wenig erregt wird und sich lebhaft gebärdet, dann fällt ihm das Haar ins Gesicht, und man sieht nur seine Nase. Er ist sehr nachlässig in seiner Kleidung, sein Mantel sieht aus, als hätte er ihn gerade übergeworfen; er trägt keine Krawatte, nur einen engen weißen Kragen. Diese seltsame Gestalt ist in dauernder Bewegung: einmal stampft er mit den Füßen, dann schwenkt er seine Arme in die Luft, einmal tut er dies, dann das. Meine Hoffnung, ihn in seinem eigenen Hause spielen zu hören, wurde enttäuscht; er hat *kein Instrument!* [Im Oktober 1836 aus Genf nach Paris zurückgekehrt, wohnte Liszt ein halbes Jahr im *Hôtel de France*, und obwohl er fast jede Woche öffentlich auftrat, hatte er in seiner Wohnung kein Klavier.] Ich blieb einige Stunden bei ihm, nach und nach verabschiedeten sich die Gäste. Ich ging dann auch. Er begleitete mich bis ins Vorzimmer und sagte zu mir, daß er am Sonntag im Konservatorium ein Konzert gäbe, daß er mir gern eine Karte gegeben, aber all seine Freikarten weggegeben hätte. Aber wenn ich Lust hätte, sollte ich zur Generalprobe am Sonnabend früh um 9 Uhr kommen. Und ich müßte ihn auch öfter besuchen. Ich habe ihn nun zweimal gehört: bei der Generalprobe, wo er nur einmal spielte, und im Konzert, für das ich mir eine Karte für 5 Fr. leistete. Als ich ihn zum erstenmal gehört hatte, saß ich eine Viertelstunde lang sprachlos, vor lauter Verwunderung erstarrt. Solche Technik, solche grenzenlose – wirklich grenzenlose – Technik kann niemand sonst besitzen. Er spielt manchmal, daß einem die Haare zu Berge stehen! Wer Liszt nicht gehört hat, kann keine Vorstellung haben – wahrhaftig keine Vorstellung –, wie er spielt [...] Carolus.«[66]

In seiner Autobiographie kommt Hallé noch einmal auf jene Zeit im Winter 1836 zu sprechen, als er Chopin und Liszt zum erstenmal hörte:

»Zurück zu meinen eigenen Erfahrungen von 1836. Ich muß erzählen, daß ich einige Tage, nachdem ich Chopins Bekanntschaft gemacht hatte, Liszt zum erstenmal in einem seiner Konzerte hörte und mit einem Gefühl der völligen Niedergeschlagenheit nach Hause ging. Solch ein Wunder an Technik und Überlegenheit hatte ich mir nie vorgestellt. Er war ein Riese, und Rubinstein hat die Wahrheit gesagt, wenn er zu einer Zeit, als er selbst noch die größten Triumphe feierte, davon sprach, daß im Vergleich zu Liszt alle anderen Pianisten nur Kinder wären. Chopin trägt einen in ein Traumland, in dem man für immer leben möchte; bei Liszt ist alles Sonnenschein und verwirrender Glanz, der seine Hörer mit einer Macht, der sich niemand entziehen kann, in die Knie zwingt. Für ihn gibt es einfach keine technischen Schwierigkeiten, die unglaublichsten Schwierigkeiten scheinen unter seinen Fingern ein Kinderspiel. Eine der vortrefflichsten Eigenschaften seines Spiels war seine kristallene Klarheit, die absolut unfehlbar war, sogar in den schwierigsten, für alle anderen unausführbaren Passagen.«[67]

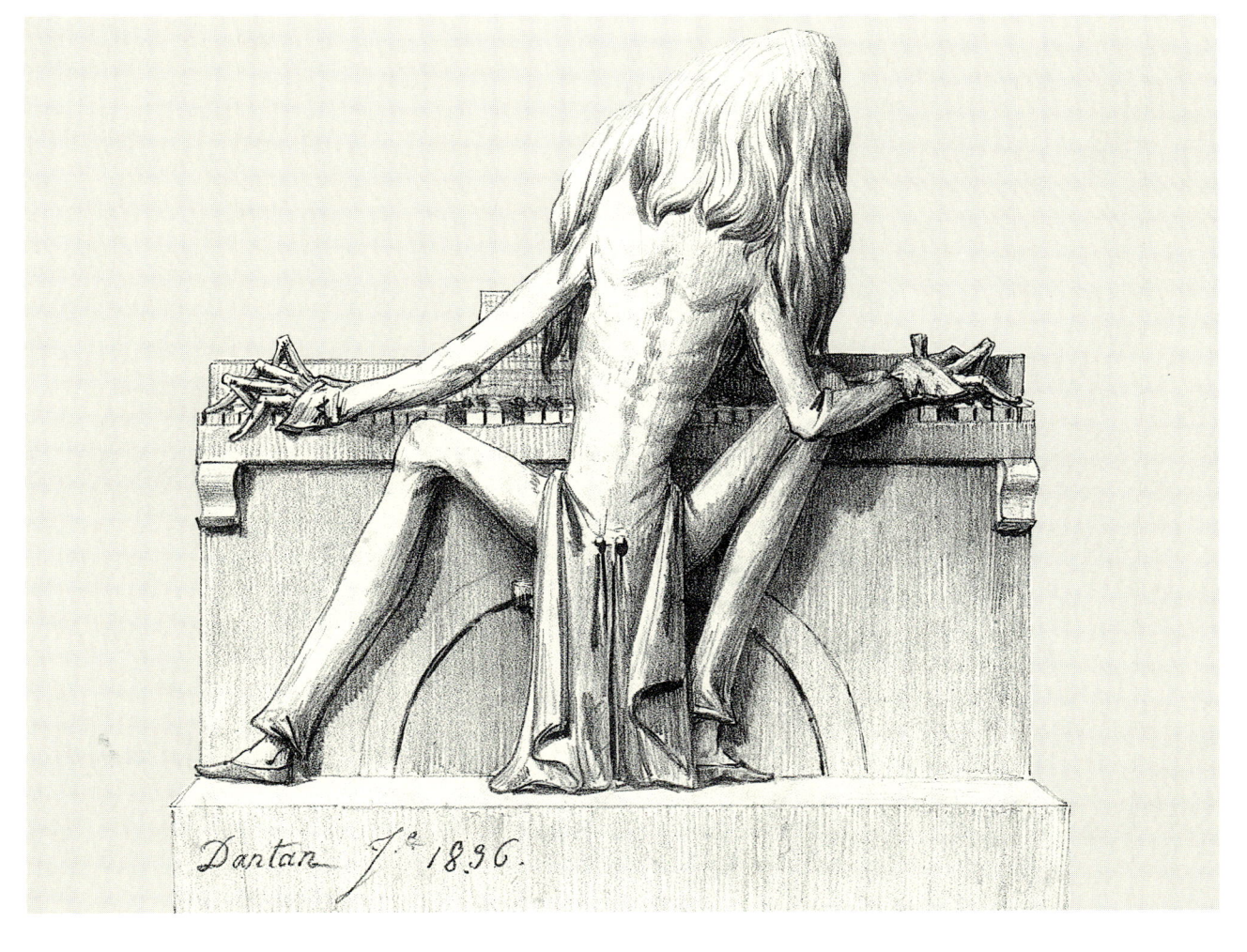

315 *Marie d'Agoult (links) und George Sand. Aquarell, Dezember 1836, von Maurice Sand (George Sands Sohn).*
Vom 16. Oktober 1836 bis Anfang 1837 bewohnten Franz Liszt und die Gräfin d'Agoult ein Appartement in der 1. Etage des *Hôtel de France*, Rue Laffitte No 23. (Das Gebäudeensemble hatte auch auf Nr. 21 einen Eingang und wird manchmal auch unter dieser Anschrift erwähnt.) In jenen Monaten erlebte sowohl die Freundschaft zwischen George Sand und Marie d'Agoult als auch diejenige zwischen Chopin und Liszt ihre schönste Zeit. George Sand, die im gleichen Haus von 24. Oktober bis 23. Dezember 1836 ein Zimmer hatte und den Salon mit Liszt und der Gräfin teilte, wurde Chopin Ende Oktober oder Anfang November 1836 durch Liszt vorgestellt.
Das Erscheinen von Balzacs *Béatrix* (September 1839) führte zum Zerwürfnis der Damen. *Béatrix* ist ein Schlüsselroman über die Affäre Liszt–Marie d'Agoult. Das Paar hatte sich im Sommer 1837 annähernd drei Monate bei George Sand in Nohant aufgehalten, Balzac seinerseits war Ende Februar 1838 eine Woche in Nohant und es lag auf der Hand, daß er verschiedene Informationen nur dort erhalten haben konnte. Der Titel war eine Anspielung auf Maries Ehrgeiz, für Liszt dieselbe Bedeutung zu haben wie Beatrice für Dante. Marie war zutiefst gekränkt, zumal Balzac im gleichen Roman George Sand (alias Mlle de Touches) als ausnehmend sympathisch schildert. Während Liszt – von dem George Sand einmal gesagt hatte: »welch großartiger Künstler, erhaben im Großen, stets überlegen im Kleinen«[68] – die Angelegenheit mit der ihm eigenen Großzügigkeit überging, bedeutete sie für die Damen das Ende der Freundschaft; George Sand und Marie d'Agoult starben beide 1876 – unversöhnt.

316 *Franz Liszt. Lithographie von Lemercier nach einer Karikatur, Dezember 1836, von Jean-Pierre Dantan (»Dantan jeune«).*
Die Darstellung zeigt Liszt im gleichen Monat, in dem ihn Charles Hallé beschreibt (vgl. S. 150); es war jene Zeit, in der Liszt beinahe tagtäglich mit Chopin zusammen war.

LEBEN

JANUAR: Chopin erkrankt.
4. JANUAR: Rezension von Chopins *Polonaisen op. 22* und *op. 26*. Vgl. S. 250 und 252.
4. FEBRUAR: Liszt spielt in den *Salons Erard* u.a. Chopins *Etüden op. 10 Nr. 11* und *12*.
26. MÄRZ: Marie d'Agoult an George Sand in Nohant: »Chopin hustet mit unendlicher Anmut«.[69]
3., 6. und 26. APRIL: Briefe George Sands an Marie d'Agoult, in denen sie an Chopin Einladungen nach Nohant übermittelt.
8. APRIL: Marie d'Agoult an George Sand: »Chopin ist unwiderstehlich, nur hustet er ständig«.[70]
9. APRIL: Liszt spielt in den *Salons Erard* Chopins (noch unveröffentlichte) *Etüden op. 25 Nr. 1* und *2*. Sein vorgesehener Auftritt mit Chopin entfällt. Vgl. S. 154.
MAI: Pläne Chopins, nach Deutschland zu reisen, um Tytus Woyciechowski wiederzusehen und um sich in Bad Ems bei Koblenz zu erholen.
JUNI: Chopin hält sich zusammen mit Józef Brzowski mehrere Tage in Enghien bei Paris (Thermalbad für Erkrankung der Atemwege) und in Saint-Gratien beim Grafen Astolphe de Custine auf.
7. JULI: Ausfertigung eines Reisepasses (vgl. Abb. 323); mit Camille Pleyel Reise nach London.
10. JULI: Ankunft in London. Fontana an S.E. Koźmian: »Er [Chopin] verreist nur für kurze Zeit – für eine Woche oder 10 Tage, nur um die englische Luft zu atmen. Er will niemanden treffen, bitte halte also seinen Aufenthalt geheim«. Unter dem Pseudonym »Mr. Fritz« spielt Chopin beim Klavierfabrikanten Broadwood. Er leidet unter Depressionen und gibt seinen Plan, über Holland nach Deutschland zu reisen, um Maria Wodzińska zu sehen, wieder auf; aus den Briefen ihrer Mutter mußte er schließen, daß sich seine Absicht, Maria zu heiraten, nicht erfüllen wird.
ENDE JULI: Rückreise von London nach Paris.
8. SEPTEMBER: Die *Neue Zeitschrift für Musik* meldet Chopins Aufenthalt »in einem böhmischen Bade«, mit Sicherheit eine Fehlmeldung.
OKTOBER: Franz Liszt, der sich in Italien aufhält, läßt Chopin durch George Sand seinen Dank für die Widmung von Chopins eben erschienenen *Etüden op. 25* an Marie d'Agoult übermitteln.
28. NOVEMBER: Ein (heute verschollenes) Manuskript der ersten acht Takte des Trios aus dem Trauermarsch der *b-Moll-Sonate* ist signiert mit »FF Chopin/Paris, ce 28 9bre 1837«.
10. DEZEMBER: Datum der Übergabe der Erstdrucke von Chopins *Impromptu op. 29*, *Scherzo op. 31* und der *Nocturnes op. 32* an die Bibliothek des Pariser *Conservatoire*.
22. DEZEMBER: Robert Schumann rezensiert Chopins *Etüden op. 25*. Vgl. S. 148.

François Fétis schreibt 1837 einen biographischen Abriß über Chopin, der in seiner *Biographie universelle des musiciens* (Brüssel 1837–1854) Bd. III, S. 128/129, erscheint.

317 *Verschnürtes Päckchen mit Briefen Maria Wodzińskas an Chopin.*
Das Päckchen, zusammengehalten durch ein rosafarbenes Band, mit der Aufschrift von Chopins Hand »Moja biéda« (»Mein Elend«), fand man nach dem Tod des Komponisten unter seinen hinterlassenen Papieren.

318 *Brief Maria Wodzińskas an Chopin, geschrieben Ende 1836 oder Anfang 1837.*
Übersetzung aus dem Französischen (der vorletzte Satz wurde polnisch geschrieben): »Ich kann Ihnen nur einige Worte schreiben, um Ihnen für das schöne Heft zu danken, das Sie mir geschickt haben. Ich will nicht versuchen, Ihnen zu sagen, wie groß meine Freude war, als ich es erhielt, es wäre vergeblich. Empfangen Sie bitte die Versicherung all meiner Gefühle der Dankbarkeit, die ich Ihnen schulde. Glauben Sie bitte an die Anhänglichkeit, die unsere ganze Familie und insbesondere die schlechteste Ihrer Schülerinnen und Freundin aus den Kinderjahren für Sie hegen wird. Leben Sie wohl. Mama umarmt Sie zärtlich. Teresa [Marias Schwester] spricht jeden Augenblick von ihrem Chopin. Leben Sie wohl, behalten Sie uns in Erinnerung. – Maria«
Es dürfte sich um einen der letzten Briefe Marias an Chopin handeln. Der förmliche Ton läßt vermuten, daß die Liebe – zumindest auf Seite Maria Wodzińskas – erloschen war.

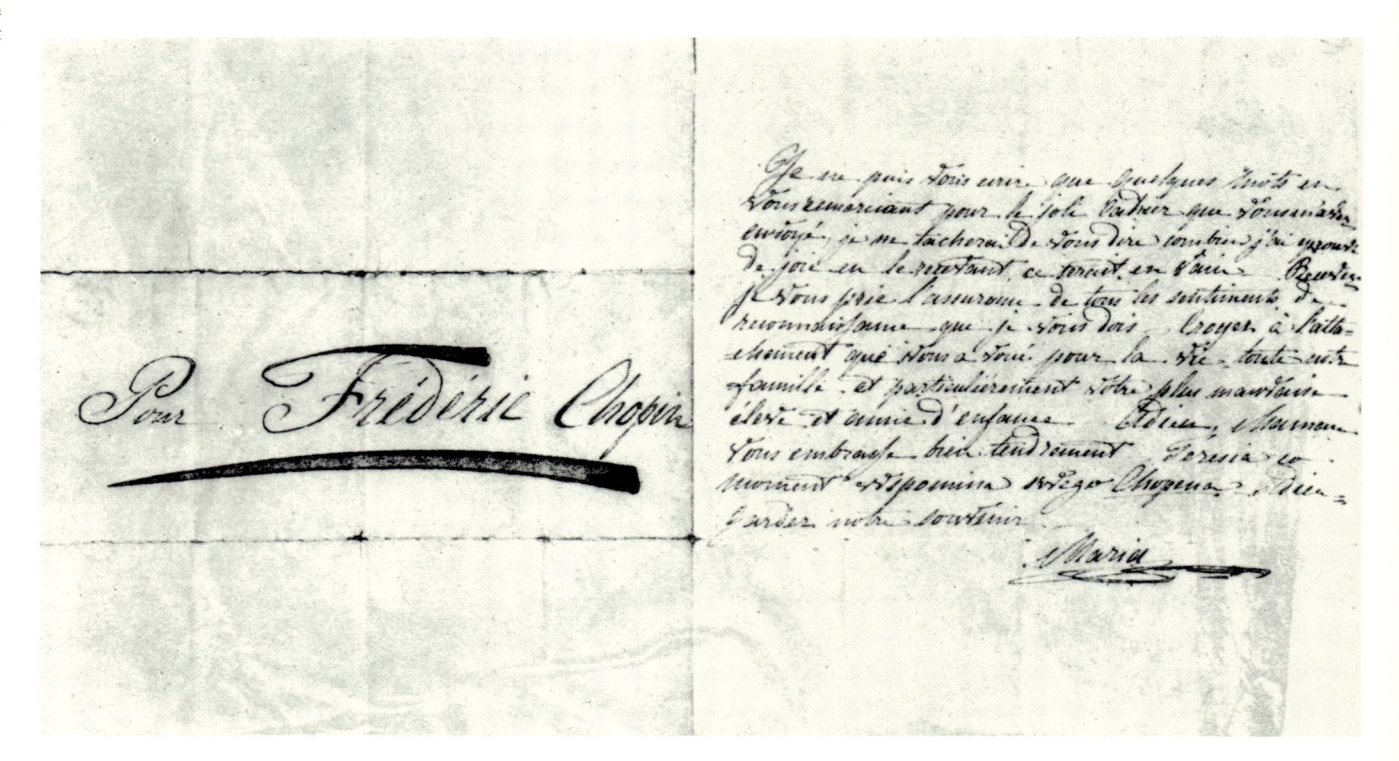

WERKE

Impromptu As-Dur, op. 29. Ersch.: Paris (Schlesinger) 1837, London (Wessel) 1837, Leipzig (Breitkopf & Härtel) 1838. Vgl. Abb. 325.
Scherzo b-Moll, op. 31. Ersch.: Paris (Schlesinger) 1837, London (Wessel) 1837, Leipzig (Breitkopf & Härtel) 1838. Vgl. Abb. 559.
Mazurka gis-Moll, op. 33 Nr. 1, Mazurka C-Dur, op. 33 Nr. 2, Mazurka D-Dur, op. 33 Nr. 3, Mazurka h-Moll, op. 33 Nr. 4. Entstanden 1837/1838. Ersch.: Leipzig (Breitkopf & Härtel) 1838, Paris (Schlesinger) 1838, London (Wessel) 1838. (*Op. 33 Nr. 2 und op. 33 Nr. 3 sind in den Drucken gewöhnlich vertauscht.*)
Marche funèbre (Trauermarsch aus der *b-Moll-Sonate, op. 35*). Vgl. »Werke 1839« und Abb. 480.
Variation über einen Marsch aus Bellinis Oper »I Puritani« E-Dur (ohne Opuszahl). Komponiert für ein Gemeinschaftswerk, betitelt »Hexameron«, von Liszt, Thalberg, Pixis, Herz, Czerny und Chopin. Ersch.: Paris (Latte) 1837 (?), Wien (Haslinger) 1839, London (Cramer) 1839. Nähere Ausführungen S. 156.
Moja pieszczotka (Meine Freuden) Ges-Dur, op. 74 Nr. 12 (posthum). Lied für Singstimme mit Klavierbegleitung. Ersch.: Berlin (A. M. Schlesinger) 1857, Warschau (Gebethner & Wolff) 1859, London (Lucas, Weber & Co.) 1874, Paris (Hamelle) 1879.
Nocturne c-Moll (ohne Opuszahl) (posthum). Vermutlich um 1837 entstanden, möglicherweise auch ein Jugendwerk. Der Titel »Nocturne« auf dem Autograph ist nicht von Chopins Hand. Ersch.: Warschau (Towarzystwo Wydawnize Muzyki Polskiej) 1938. Vgl. Abb. 319.

319 *Manuskript eines wenig bekannten Nocturne von Chopin (c-Moll, ohne Opuszahl).*
Das Stück entstand vermutlich 1837, möglicherweise auch schon wesentlich früher.

1837

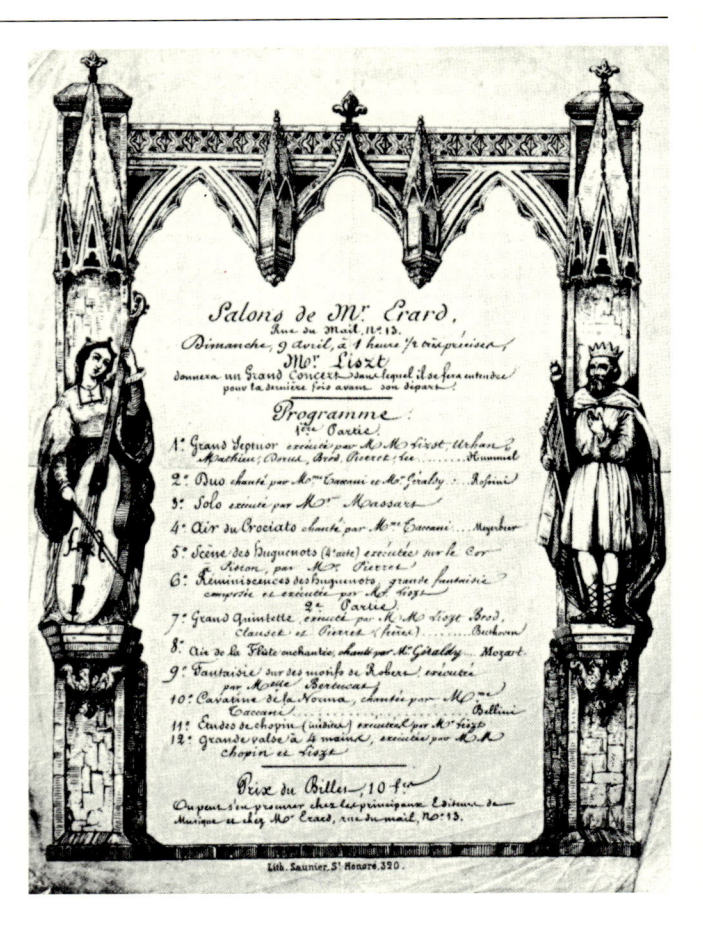

320 *Liszt spielt in einem Pariser Salon. Lithographie, um 1845, nach einer Zeichnung von Jean Ignace Hugo Isidore Grandville.*
Links im Vordergrund Honoré de Balzac, daneben Soulié, darüber Dumas d.Ä., Delphine de Girardin, Delacroix, Franz Liszt, hinter den Noten George Sand, Jules Janin (sitzend), ganz rechts Victor Hugo.

321 *Programm eines Konzertes am 9. April 1837 in den »Salons Erard«, Paris.*
Franz Liszt verließ im Mai 1837 Paris und kam nur mehr besuchsweise in diese Stadt oder um zu konzertieren. Das vorliegende Konzert war sein Abschiedskonzert.
So manche Chopin-Biographie erwähnt die Brillanz, mit der Liszt und Chopin vierhändig die letzte Programmnummer spielten. Aus dem wenig bekannten Tagebuch Józef Brzowskis, eines in Paris lebenden Polen, erfahren wir jedoch: »Ich ging aus dem Haus zu Liszts Konzert, das er in den Salons Erard gab. […] Ich begegnete Albert [Grzymała] und wir fanden einen Platz ganz in der Nähe des Flügels. […] Liszt spielte zwei neue Etüden Chopins, aber man konnte feststellen, daß es eine noch nicht endgültige Interpretation war. [Die Etüden (*op. 25*) wurden erst sieben Monate später veröffentlicht. Vermutlich spielte Liszt aus dem Manuskript, möglicherweise sogar vom Blatt, wie er das manchmal – auch in Konzerten – tat.] […] Zum Schluß sollte Grande Valse à quatre mains, eine Komposition Liszts, von ihm selbst und von Chopin aufgeführt werden, aber Chopin, seit einigen Tagen schwach, hatte sein Bett nicht verlassen; folglich entschuldigte sich Liszt beim Publikum. Man rief, er solle den Walzer selbst spielen. Er tat es und spielte ihn schön. […]«
Demzufolge war Chopin gar nicht zu diesem Konzert erschienen.

322 *Frédéric Chopin. Bronzemedaillon, 1837, von Jean François Antoine Bovy.*
Diese Darstellung, die einige Chopin-Schüler als sehr wirklichkeitsgetreu beurteilten, zeigt den Komponisten mit einem kleinen Backenbart, den er um diese Zeit vorübergehend trug. Vgl. Paßeintrag Abb. 323.
Bovy war einer der bedeutendsten Medailleure des 19. Jahrhunderts. Das Medaillon ist in Originalgröße abgebildet.

1837

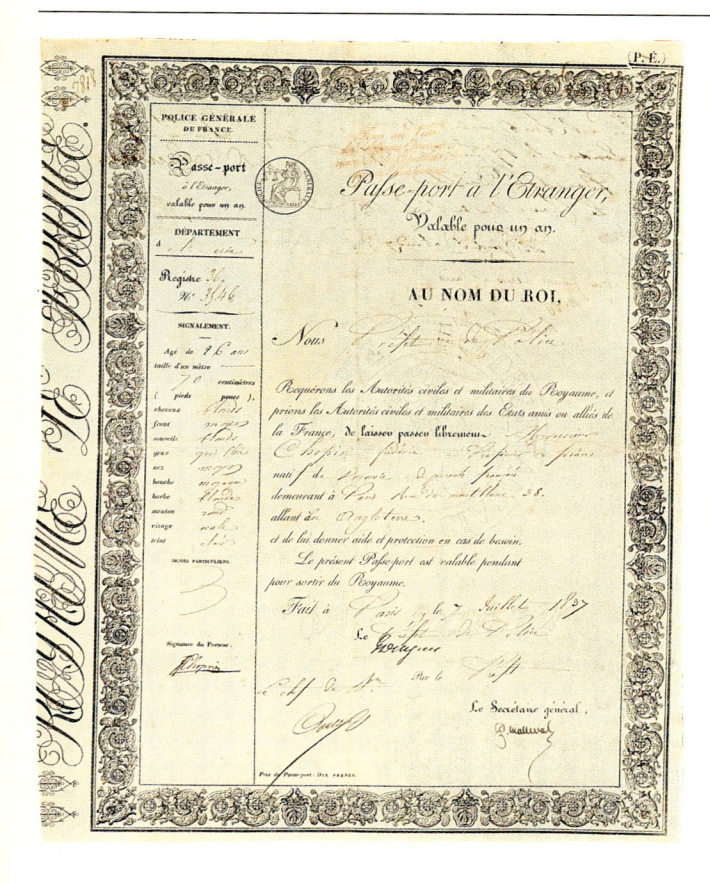

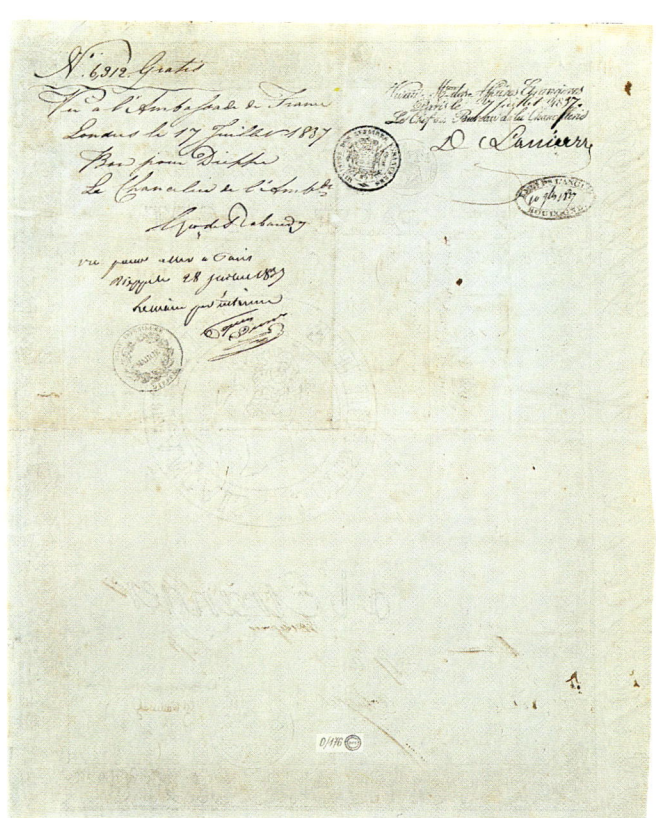

323 *Reisepaß Chopins, ausgestellt am 7. Juli 1837 anläßlich der Englandreise des Komponisten.*

Alter:	26 Jahre
Größe:	1,70 m
Haare:	blond
Stirn:	normal
Augenbrauen:	blond
Augen:	graublau
Nase:	normal
Mund:	normal
Bart:	blond
Kinn:	rund
Gesicht:	oval
Teint:	hell

324 *Visum für die Rückreise Chopins von London nach Paris im Juli 1837. Erstveröffentlichung.*

325 *Manuskript des Anfangsteiles von Chopins 1837 komponiertem »As-Dur-Impromptu, op. 29«.* Robert Schumann (*Neue Zeitschrift für Musik*, 4. Dezember 1838): »So wüßte ich obigem *Impromptu*, so wenig es im Umkreise seiner Werke zu bedeuten hat, kaum eine andere Chopin'sche Composition zu vergleichen; es ist wiederum so fein in der Form, eine Cantilene zu Anfang und Ende von reizendem Figurenwerk eingeschlossen, so ein eigentliches Impromptu, nichts mehr und nichts weniger, daß ihm nichts anderes seiner Composition an die Seite zu stellen.«

326, 327 *Chopins Variation aus dem »Hexameron« mit einer Überleitung Liszts zum Finale. Deutsche Erstausgabe, 1839.*
Da das Hexameron völlig aus dem Konzertsaal verschwunden ist (der virtuose Stil erscheint heutzutage veraltet, die gedruckten Ausgaben sind zudem schwer erhältlich), wird auch Chopins Variation – als solche allein kaum aufführbar – nicht mehr gespielt. Es ist bezeichnend für Chopin, daß er dem Untertitel *Variations de Bravoure* nicht gerecht wurde und die einzige langsame Variation beisteuerte; sie ist zugleich auch die schönste.

328 *»Hexameron«, 1837 komponiert. Titelblatt der deutschen Erstausgabe.*
Gemeinschaftsarbeit der auf dem Titelblatt genannten Komponisten. Es handelt sich um Variationen über einen Marsch aus Bellinis Oper *I Puritani*. Chopin schrieb die 6. Variation. Von Liszt stammen die 2. Variation, die Klavierfassung des Themas (Abb. 329), die Überleitungen und das Finale.
Chopin, zusammen mit Liszt der bei weitem bedeutendste der aufgeführten Musiker, ist an letzter Stelle genannt. Thalberg etwa war damals ungleich populärer.

329 *Thema des Marsches aus dem »Hexameron«. Deutsche Erstausgabe.*

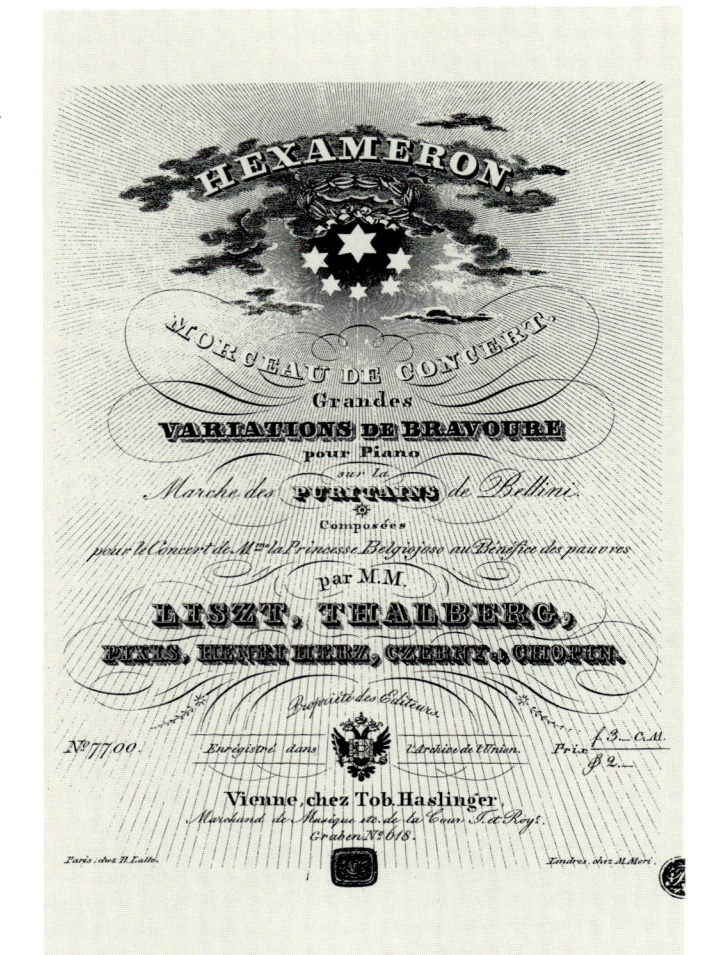

Rechte Seite:
330 *Prinzessin Christina Belgiojoso (1808–1871). Ölgemälde, 1843, von Henri Lehmann.*
Die Prinzessin (oft auch mit »Fürstin« tituliert) veranstaltete gelegentlich musikalische Soiréen. Das berühmt gewordene Klavierduell zwischen Thalberg und Liszt, der ihr Lieblingspianist war, fand in ihren Salons in der Rue d'Anjou in Paris statt. Nicht selten schmückte sie ihre Einladungskarten mit der Ankündigung »Mr. Liszt jouera«. 1837 gab sie die Komposition des *Hexameron* in Auftrag; ihr ist sie auch gewidmet.

1837

331 *Aus Heinrich Heines »Über die französische Bühne. Vertraute Briefe an August Lewald. 10. Brief«, wiedergegeben im Originalschriftbild der Erstveröffentlichung in der »Allgemeinen Theater-Revue. Herausgegeben von August Lewald. Dritter Jahrgang. Für 1838, 10. Brief«, Cotta'sche Buchhandlung, Stuttgart und Tübingen 1837.*
Im gleichen Jahr erschien dieser Brief auch bei Hoffmann und Campe in Hamburg unter dem Titel »Der Salon« (4. Band, 10. Brief).
Die erste französische Fassung brachte die *Revue et Gazette musicale (de Paris)* vom 4. Februar 1838 unter dem Titel »Lettres confidentielles«; eine weitere französische Fassung erschien 1857 in Heines Buch *De la France*.
Heine schrieb diesen Brief im Mai 1837 in einem Dorf bei Paris.

332 *Franz Liszt. Bronzemedaillon, 1837, von Bovy.*

Liszt ist der nächste Wahlverwandte von Berlioz und weiß dessen Musik am besten zu erekutiren. Ich brauche Ihnen von seinem Talente nicht zu reden; sein Ruhm ist europäisch. Er ist unstreitig derjenige Künstler, welcher in Paris die unbedingtesten Enthusiasten findet, aber auch die eifrigsten Widersacher. Das ist ein bedeutendes Zeichen, daß Niemand mit Indifferenz von ihm redet. Ohne positiven Gehalt kann man in dieser Welt weder günstige, noch feindliche Passionen erwecken. Es gehört Feuer dazu, um die Menschen zu entzünden, sowohl zum Haß als zur Liebe. Was am besten für Liszt zeugt, ist die volle Achtung, womit selbst die Gegner seinen persönlichen Werth anerkennen. Er ist ein Mensch von verschrobenem, aber edlem Charakter, uneigennützig und ohne Falsch. Höchst merkwürdig sind seine Geistesrichtungen, er hat große Anlagen zur Spekulation, und mehr noch als die Interessen seiner Kunst interessiren ihn die Untersuchungen der verschiedenen Schulen, die sich mit der Solution der großen, Himmel und Erde umfassenden Frage beschäftigen. Er glühte lange Zeit für die schöne St. Simonistische Weltansicht, später umnebelten ihn die spiritualistischen, oder vielmehr vaporistischen Gedanken von Ballanche, jezt schwärmt er für die republikanisch=katholischen Lehren eines La Mennais, welcher die Jakobinermütze aufs Kreuz gepflanzt hat ... Der Himmel weiß! in welchem Geistesstall er sein nächstes Steckenpferd finden wird. Aber lobenswerth bleibt immer dieses unermüdliche Lechzen nach Licht und Gottheit, es zeugt von seinem Sinn für das Heilige, für das Religiöse. Daß ein so unruhiger Kopf, der von allen Nöthen und Doktrinen der Zeit in die Wirre getrieben wird, der das Bedürfniß fühlt, sich um alle Bedürfnisse der Menschheit zu bekümmern, und gern die Nase in alle Töpfe steckt, worin der liebe Gott die Zukunft kocht: daß Franz Liszt kein stiller Klavierspieler für ruhige Staatsbürger und gemüthliche Schlafmützen seyn kann, das versteht sich von selbst. Wenn er am Fortepiano sitzt und sich mehrmals das Haar über die Stirne zurückgestrichen hat, und zu improvisiren beginnt, dann stürmt er nicht selten allzutoll über die elfenbeinernen Tasten, und es erklingt eine Wildniß von himmelhohen Gedanken, wozwischen hie und da die süßesten Blumen ihren Duft verbreiten, daß man zugleich beängstigt und beseligt wird, aber doch noch mehr beängstigt. Ich gestehe es Ihnen, wie sehr ich auch Liszt liebe, so wirkt doch seine Musik nicht angenehm auf mein Gemüth, um so mehr, da ich ein Sonntagskind bin und die Gespenster auch sehe, welche andere Leute nur hören, da, wie Sie wissen, bei jedem Ton, den die Hand auf dem Klavier anschlägt, auch die entsprechende Klangfigur in meinem Geiste aufsteigt, kurz, da die Musik meinem inneren Auge sichtbar wird. Noch zittert mir der Verstand im Kopfe, bei der Erinnerung des Concertes, worin ich Liszt zulezt spielen hörte. Es war im Concerte für die unglücklichen Italiener, im Hotel jener schönen, edlen und leidenden Fürstin, welche ihr leibliches und ihr geistiges Vaterland, Italien und den Himmel, so schön repräsentirt ... (Sie haben sie gewiß in Paris gesehen, die ideale Gestalt, welche dennoch nur das Gefängniß ist, worin die heiligste Engelseele eingekerkert worden ... Aber dieser Kerker ist so schön, daß jeder wie verzaubert davor stehen bleibt und ihn anstaunt) ... Es war im Concerte zum Besten der unglücklichen Italiener, wo ich Liszt verflossenen Winter zulezt spielen hörte, ich weiß nicht mehr was, aber ich möchte darauf schwören, er variirte einige Themata aus der Apokalypse. Anfangs konnte ich sie nicht ganz deutlich sehen, die vier mystischen Thiere, ich hörte nur ihre Stimme, besonders das Gebrüll des Löwen und das Krächzen des Adlers. Den Ochsen mit dem Buch in der Hand sah ich ganz genau. Am besten spielte er das Thal Josaphat. Es waren Schranken wie bei einem Turnier, und als Zuschauer um den ungeheuern Raum drängten sich die auferstandenen Völker, grabesbleich und zitternd. Zuerst galoppirte Satan in die Schranken, schwarzgeharnischt, auf einem milchweißen Schimmel. Langsam ritt hinter ihm her der Tod, auf seinem fahlen Pferd. Endlich erschien Christus, in goldener Rüstung, auf einem schwarzen Roß, und mit seiner heiligen Lanze stach er erst Satan zu Boden, hernach den Tod, und die Zuschauer jauchzten ... Stürmischen Beifall zollte man dem Spiel des wackern Liszt, welcher ermüdet das Clavier verließ, sich vor den Damen verbeugte ... Um die Lippen der Schönsten zog jenes melancholisch=süße Lächeln, welches an Italien erinnert und den Himmel ahnen läßt.

Das eben erwähnte Concert hatte für das Publikum noch ein besonderes Interesse. Aus Journalen wissen Sie zur Genüge, welches trübselige Mißverhältniß zwischen Liszt und dem Wiener Pianisten Thalberg herrscht, welchen Rumor ein Artikel von Liszt gegen Thalberg in der musikalischen Welt erregt hat, und welche Rollen die lauernde Feindschaft und Klatschsucht sowohl zum Nachtheil des Critikers als des Critisirten dabei spielten. In der Blüthenzeit dieser scandalösen Reibungen entschlossen sich nun beide Helden des Tages in demselben Concerte, einer nach dem anderen, zu spielen. Sie sezten beide die verlezten Privatgefühle bei Seite, um einen wohlthätigen Zweck zu fördern, und das Publikum, welchem sie Gelegenheit boten, ihre eigenthümlichen Verschiedenheiten durch augenblickliche Vergleichung zu erkennen und zu würdigen, zollte ihnen reichlich den verdienten Beifall.

Ja, man brauchte den musikalischen Charakter beider nur einmal zu vergleichen, um sich zu überzeugen, daß es von eben so großer Heimtücke wie Beschränktheit zeugt, wenn man den Einen auf Kosten des Anderen lobte. Ihre technische Ausbildung wird sich wohl die Wage halten, und was ihren geistigen Charakter betrifft, so läßt sich wohl kein schroffer Contrast erdenken, als der edle, seelenvolle, verständige, gemüthliche, stille, deutsche, ja österreichische Thalberg, gegenüber dem wilden, wetterleuchtenden, vulkanischen, himmelstürmenden Liszt!

Die Vergleichung zwischen Virtuosen beruht gewöhnlich auf einem Irrthum, der einst auch in der Poetik florirte, nämlich in dem sogenannten Prinzip von der überwundenen Schwierigkeit. Wie man aber seitdem eingesehen hat, daß die metrische Form eine ganz andere Bedeutung hat, als von der Sprachkünstlichkeit des Dichters Zeugniß zu geben, und daß wir einen schönen Vers nicht deßhalb bewundern, weil seine Anfertigung viele Mühe gekostet hat: so wird man bald einsehen, daß es hinlänglich ist, wenn ein Musiker alles was er fühlt und denkt, oder was andere gefühlt und gedacht, durch sein Instrument mittheilen kann, und daß alle virtuosischen Tours=de=force, die nur von der überwundenen Schwierigkeit zeugen, als unnützer Schall zu verwerfen und ins Gebiet der Taschenspielereien, des Volteschlagens, der verschluckten Schwerter, der Balancierkünste und der Eiertänze zu verweisen sind. Es ist hinreichend, daß der Musiker sein Instrument ganz in der Gewalt habe, daß man des materiellen Vermittelns ganz vergesse und nur der Geist vernehmbar werde. Ueberhaupt, seit Kalkbrenner die Kunst des Spiels zur höchsten Vollendung gebracht, sollten sich die Pianisten nicht viel auf ihre technische

333 Frédéric Chopin. Alabastermedaillon (Durchmesser 39 cm), undatiert, signiert »T.B.«, entstanden unter dem Einfluß von Bovys Medaillon aus dem Jahre 1837 (vgl. Abb. 322).

Fertigkeit einbilden. Nur Aberwitz und Böswilligkeit durften, in pedantischen Ausdrücken, von einer Revolution sprechen, welche Thalberg auf seinem Instrumente hervorgebracht habe. Man hat diesem großen, vortrefflichen Künstler einen schlechten Dienst erwiesen, als man, statt die jugendliche Schönheit, Zarte und Lieblichkeit seines Spiels zu rühmen, ihn als einen Columbus darstellte, der auf dem Pianoforte Amerika entdeckt habe, während die anderen sich bisher nur mühsam um das Vorgebirge der guten Hoffnung herumspielen mußten, wenn sie das Publikum mit musikalischen Spezereien erquicken wollten. Wie mußte Kalkbrenner lächeln, als er von der neuen Entdeckung hörte!

Es wäre ungerecht, wenn ich bei dieser Gelegenheit nicht eines Pianisten erwähnen wollte, der neben Lißt am meisten gefeiert wird. Es ist Choppin, und dieser kann zugleich als Beispiel dienen, wie es einem außerordentlichen Menschen nicht genügt, in der technischen Vollendung mit den Besten seines Faches rivalisiren zu können. Choppin ist nicht damit zufrieden, daß seine Hände, ob ihrer Fertigkeit, von anderen Händen beifällig beklatscht werden; er strebt nach einem besseren Lorbeer, seine Finger sind nur die Diener seiner Seele und diese wird applaudirt von Leuten, die nicht bloß mit den Ohren hören, sondern auch mit der Seele. Er ist daher der Liebling jener Elite, die in der Musik die höchsten Geistesgenüsse sucht, sein Ruhm ist aristokratischer Art, sein Ruhm ist parfümirt von den Lobsprüchen der guten Gesellschaft, er ist vornehm wie seine Person.

Choppin ist von französischen Eltern in Polen geboren und hat einen Theil seiner Erziehung in Deutschland genoßen. Diese Einflüsse dreier Nationalitäten machen seine Persönlichkeit zu einer höchst merkwürdigen Erscheinung; er hat sich nämlich das Beste angeeignet, wodurch sich die drei Völker auszeichnen. Polen gab ihm seinen chevaleresken Sinn und seinen geschichtlichen Schmerz, Frankreich gab ihm seine leichte Anmuth, seine Grazie, Deutschland gab ihm den romantischen Tiefsinn... Die Natur aber gab ihm eine zierliche, schlanke, etwas schmächtige Gestalt, das edelste Herz und das Genie. Ja, dem Choppin muß man Genie zusprechen, in der vollen Bedeutung des Worts; er ist nicht bloß Virtuose, er ist auch Poet, er kann uns die Poesie, die in seiner Seele lebt, zur Anschauung bringen, er ist Tondichter, und nichts gleicht dem Genuß, den er uns verschafft, wenn er am Clavier sitzt und improvisirt. Er ist alsdann weder Pole, noch Franzose, noch Deutscher, er verräth dann einen weit höheren Ursprung, man merkt alsdann, er stammt aus dem Lande Mozarts, Raffaels, Goethes, sein wahres Vaterland ist das Traumreich der Poesie. Wenn er am Clavier sitzt und improvisirt, ist es mir, als besuche mich ein Landsmann aus der geliebten Heimath und erzähle mir die kuriosesten Dinge, die, während meiner Abwesenheit dort passirt sind... Manchmal möcht' ich ihn mit Fragen unterbrechen: Und wie gehts der schönen Nixe, die ihren silbernen Schleier so kokett um die grünen Locken zu binden wußte? Verfolgt sie noch immer der weißbärtige Meergott mit seiner närrisch abgestandenen Liebe? Sind bei uns die Rosen noch immer so flammenstolz? Singen die Bäume noch immer so schön im Mondschein?...

GEORGE SAND · MALLORCA · NOHANT · PARIS
1838–1845

334 Frédéric Chopin. Achatkamee, um 1842, von Luigi Isler.

1838

LEBEN

4. FEBRUAR: In der *Revue et Gazette musicale (de Paris)* erscheint ein Artikel Heinrich Heines über Chopin. Vgl. S. 158, 159.

16. FEBRUAR: Chopin konzertiert in den Tuilerien vor der Königlichen Familie. Rezensionen: *Journal des Débats* (19. Februar 1838), *Revue et Gazette musicale* (25. Februar 1838); Chopin erhält ein silbernes, teilweise vergoldetes Tee-Service mit der Inschrift »Louis-Philippe, Roi des Français à Frédéric Chopin«.

23. FEBRUAR: *The Musical World* rezensiert einige Nocturnes und ein Scherzo Chopins.

3. MÄRZ: Konzert Valentin Alkans (*Salon de Pape*). Chopin spielt (zusammen mit Alkan, Zimmerman(n) und Gutmann) *Allegretto* und *Finale* aus Beethovens *8. Symphonie* in einer Bearbeitung für 2 Klaviere zu 8 Händen. Rezensionen: *Le Ménestrel* (11. März 1838), *Revue et Gazette musicale* (11. März 1838).

12. MÄRZ: Wohltätigkeitskonzert zugunsten des Geigers Antoni Orłowski in Rouen (*Hôtel de Ville*). Chopin spielt sein *e-Moll-Konzert* und vermutlich auch *Andante spianato et Grande Polonaise brillante*. Vgl. S. 56 und 163.

17. APRIL: George Sand, die den gesamten Winter 1837/1838 in Nohant verbracht hatte, reist nach Paris.

25. (27.?) APRIL: Soirée bei Charlotte Marliani; unter den Anwesenden: Chopin, George Sand, Marie Dorval.

8. MAI: Chopin improvisiert in der Pariser Wohnung des Grafen Astolphe de Custine in Anwesenheit von George Sand, Jules Janin und Victor Hugo.

12. MAI: Chopin spielt bei Charlotte Marliani; unter den Zuhörern Delacroix (?) und George Sand.

15. MAI–6. JUNI: George Sand in Nohant.

6. JUNI: Rezension von Chopins *Etüden op. 25* in der *Allgemeinen Musikalischen Zeitung*.

JUNI/JULI: Chopin wird George Sands Geliebter. Chopin freundet sich mit Delacroix an, der ihn kurz darauf malt. Vgl. S. 170–173.

27. JULI: George Sand, der Dichter Niemcewicz und vermutlich auch Chopin bei Grzymała.

10. AUGUST: Chopin verkauft an M. Schlesinger die Rechte für Frankreich an seinen *Mazurken op. 33* und *Walzern op. 34*.

SEPTEMBER: George Sand schildert Delacroix ihre glückliche Liebe zu Chopin. Vgl. S. 168.

10. OKTOBER: Die *Allgemeine Musikalische Zeitung* rezensiert Chopins *op. 29, 30 und 31*.

18. OKTOBER: Abreise George Sands nach Mallorca. Vgl. S. 175.

20. OKTOBER: Chopin bei Astolphe de Custine.

27. OKTOBER: Abreise Chopins nach Mallorca. In vier Tagen und Nächten reist er nach Perpignan, wo er am 31. Oktober mit George Sand zusammentrifft.

1. NOVEMBER: Chopin und George Sand reisen per Schiff von Port-Vendres nach Barcelona.

2.–7. NOVEMBER: Aufenthalt in Barcelona (Hotel »Cuatro Naciones«). Vgl. S. 174.

7. NOVEMBER: Reise Barcelona–Palma. Vgl. S. 176.

8.–15. NOVEMBER: Aufenthalt in Palma.

15. NOVEMBER–10. DEZEMBER: Aufenthalt in »Son Vent« (vgl. S. 181/182). Chopin erkrankt.

28. NOVEMBER: Chopin skizziert seine *Mazurka op. 41 Nr. 1*.

10.–15. DEZEMBER: Unterkunft beim französischen Konsul Flury in Palma.

15. DEZEMBER–12. FEBRUAR 1839: Aufenthalt im Kloster Valldemosa. Vgl. S. 186–204.

335 *Chopin am Klavier. Bleistiftzeichnung, Paris, Oktober 1838, von Jakob Goetzenberger.*
Die Zeichnung entstand kurz vor Chopins Abreise nach Mallorca; sie gehört zu den seltenen Darstellungen, die ihn am Klavier zeigen.

CHOPIN ALS PIANIST

Fast alle Chopin-Biographien enthalten schwärmerische Schilderungen seines »märchenhaften« Klavierspiels; nur seine Todesstunde ist von ähnlichen Ausschmückungen verklärt. Den Berichten seiner Schüler und Bewunderer ist mit Skepsis zu begegnen; oft wollen diese Zeugen den Eindruck erwecken, ihren Meister öfter gehört, ihm näher gestanden zu haben, mehr über ihn zu wissen als andere.

Tatsache ist, daß Chopin, der kaum konzertierte, bei Auftritten von entsetzlichem Lampenfieber geplagt war und daß er das große Publikum nicht in Bann zu schlagen vermochte. Sein Spiel und seine Werke waren wohl zu vornehm, zu intim, zu verschieden von den damaligen Gepflogenheiten der Virtuosen. Seine Bemerkung zu Liszt ist so aufschlußreich, um hier nicht auch zitiert zu werden: »Ich eigne mich nicht dazu, Konzerte zu geben; das Publikum schüchtert mich ein, sein Atem erstickt, seine neugierigen Blicke lähmen mich, ich verstumme vor den fremden Gesichtern. Aber Du bist dazu berufen; denn wenn Du Dein Publikum nicht gewinnst, bist Du doch imstande, es zu unterwerfen.«

Chopin hatte im Verlaufe seines Lebens etwa fünfzig öffentliche Auftritte, davon entfallen ungefähr zwanzig auf die Zeit vor seiner Ankunft in Paris (1831). Trotz seines außergewöhnlichen Könnens war er aber kein Konzertpianist im eigentlichen Sinn. Er ging nie auf Tournee (die Reise nach England und Schottland ein Jahr vor seinem Tod kann man schwerlich als solche bezeichnen) und übte auch kaum; seinen Lebensunterhalt bestritt er mit Klavierunterricht und mit den Honoraren seiner Kompositionen. »Seit einem Jahr habe ich noch keine ganze Viertelstunde geübt. Ich habe nicht die Kraft und nicht die Energie dazu; ich warte immer auf ein bißchen Gesundheit, um es wieder aufzunehmen, aber … ich warte immer noch« (um 1840 zu einer Schülerin[71], von da an verschlechterte sich sein Zustand zunehmend).

Wie spielte Chopin Klavier? »Sein Spiel war stets nobel und schön, immer sangen seine Töne, ob in voller Kraft, ob im leisesten piano. Unendliche Mühe gab er sich, dem Schüler dieses gebundene, gesangsreiche Spiel beizubringen. ›Il (elle) ne sait pas lier deux notes [Er (sie) weiß nicht, wie man zwei Töne miteinander verbindet]‹, das war sein schärfster Tadel. Ebenso verlangte er, im strengsten Rhythmus zu bleiben, haßte alles Dehnen und Zerren, unangebrachtes Rubato sowie übertriebenes Ritardando. ›Je vous prie de vous asseoir [Bitte, bleiben Sie sitzen]‹, sagte er bei solchem Anlaß mit leisem Hohn.« Diese Schilderung einer Chopin-Schülerin[72] klingt glaubwürdig, war aber wahrscheinlich daran schuld, daß sich fortan ganze Generationen von Klavierlehrern um mehr oder weniger einleuchtende Erklärungen des Begriffes *Rubato* bemühten, den Chopins Musik gepachtet zu haben scheint. Gleichzeitig wurde darauf hingewiesen, daß Chopin selbst eisern im Takt gespielt habe. Diese Schilderung steht aber in krassem Widerspruch zu vielen Berichten über sein freies, zuweilen willkürliches Spiel. Berlioz' Worte sind gewichtig: »Chopin ertrug nur schwer das Joch der Takteinteilung; er hat meiner Meinung nach die rhythmische Unabhängigkeit viel zu weit getrieben. […] Chopin *konnte* nicht gleichmäßig spielen.«[73] Die Wahrheit dürfte in der Mitte liegen. Vermutlich erlaubte Chopin seinen Schülern die Freiheiten, die er sich selbst durchaus zugestand, nicht.

Die damaligen Pressekritiken loben fast einhellig seine Werke, äußern aber bisweilen eine gewisse Reserviertheit über sein Spiel (vgl. S. 50). Mendelssohns Urteil (vgl. S. 245) gilt wohl mehr dem neuartigen Klaviersatz Chopins als dessen Klavierspiel. Aus Legouvés Worten (vgl. S. 163) spricht nicht zuletzt der wortgewandte geistreiche Journalist. Viel läßt sich aus Robert Schumanns Urteil herauslesen, zumal es nie die Art des redlichen Schumann war, seine geliebte Clara [Wieck] zum Nachteil anderer Pianisten in den Vordergrund zu stellen: »Wie er [Chopin] am Clavier sitzt, ist rührend anzusehen. Sie [Heinrich Dorn, Komponist und Musikschriftsteller] würden ihn sehr lieben. Clara ist aber grössere *Virtuosin* und giebt seinen Compositionen fast noch mehr Bedeutung, als er selbst. Denken Sie sich das Vollendete, eine Meisterschaft, die von sich selbst gar nichts zu wissen scheint!«[74]

Vielleicht am aussagekräftigsten, jedenfalls am schönsten sind die Worte (1839) von Ignaz Moscheles, selbst einer der bedeutendsten Pianisten des 19. Jahrhunderts: »Sein [Chopins] Aussehen ist ganz mit seiner Musik identificirt, beide zart und schwärmerisch. Er spielte mir auf meine Bitten vor, und jetzt erst verstehe ich seine Musik, erkläre mir auch die Schwärmerei der Damenwelt. Sein ad libitum-Spielen, das bei den Interpreten seiner Musik in Taktlosigkeit ausartet, ist bei ihm nur die liebenswürdigste Originalität des Vortrags; die dilettantisch harten Modulationen, über die ich nicht hinwegkomme, wenn ich seine Sachen spiele, choquiren mich nicht mehr, weil er mit seinen zarten Fingern elfenartig leicht darüber hingleitet; sein Piano ist so hingehaucht, daß er keines kräftigen Forte bedarf, um die gewünschten Contraste hervorzubringen; so vermißt man nicht die orchesterartigen Effecte, welche die deutsche Schule von einem Klavierspieler verlangt, sondern läßt sich hinreißen, wie von einem Sänger, der wenig bekümmert um die Begleitung ganz seinem Gefühl folgt; genug, er ist ein Unicum in der Clavierspielerwelt.«[75]

1838

WERKE

24 PRÉLUDES OP. 28. Die Entstehungszeit der einzelnen *Préludes* ist nicht genau zu rekonstruieren. Der Großteil dürfte 1838 komponiert worden sein, einige Stücke entstanden wahrscheinlich schon zwischen 1831 und 1837. Am 22. Januar 1839 war das gesamte *op. 28* fertiggestellt. Ersch.: Leipzig (Breitkopf & Härtel) 1839, Paris (Catelin) 1839, London (Wessel) 1839. Vgl. S. 79, 198, 199 und Abb. 437.

WALZER F-DUR, OP. 34 NR. 3. Ersch.: Leipzig (Breitkopf & Härtel) 1838, London (Wessel) 1838, Paris (Schlesinger) 1839.

IMPROMPTU FIS-DUR, OP. 36. Entstanden 1838 oder 1839. Ersch.: Leipzig (Breitkopf & Härtel) 1840, Paris (Troupenas) 1840, London (Wessel) 1840.

NOCTURNE G-MOLL, OP. 37 NR. 1, NOCTURNE G-DUR, OP. 37 NR. 2. (Nr. 1 entstand 1838, Nr. 2 1839) Ersch.: Leipzig (Breitkopf & Härtel) 1840, Paris (Troupenas) 1840, London (Wessel) 1840.

SCHERZO CIS-MOLL, OP. 39. Entstanden 1838/1839. Ersch.: Leipzig (Breitkopf & Härtel) 1840, Paris (Troupenas) 1840, London (Wessel) 1840.

POLONAISE A-DUR, OP. 40 NR. 1, POLONAISE C-MOLL, OP. 40 NR. 2. Entstanden 1838/1839. Ersch.: Leipzig (Breitkopf & Härtel) 1840, Paris (Troupenas) 1840, London (Wessel) 1841. Vgl. S. 197.

MAZURKA E-MOLL, OP. 41 NR. 1. Vgl. »Werke 1839«.

WIOSNA (FRÜHLING) G-MOLL, OP. 74 NR. 2 (POSTHUM). Lied für Singstimme mit Klavierbegleitung. Ersch.: Warschau (Gins) 1856, Berlin (A.M. Schlesinger) 1859, London (Lucas, Weber & Co.) 1874, Paris (Hamelle) 1879. Es existieren mehrere – unterschiedlich datierte – Manuskripte als Fassung für Klavier allein.

CHOPIN-KONZERT IN ROUEN
(Übersetzung der Rezension)

»Das ist ein Ereignis, das in der Musikwelt nicht ohne Bedeutung ist. Chopin, der sich seit mehreren Jahren nicht mehr öffentlich hören ließ, Chopin, der sein bezauberndes Genie für ein Auditorium von fünf oder sechs Personen gefangenhält, Chopin, der jenen entzückenden Inseln gleicht, zu denen einzelne Reisende nur mit Mühe gelangen, die man ob der Wunderdinge, die sie darüber erzählen, der Lüge bezichtigt; Chopin, den man nicht mehr vergessen kann, wenn man ihn einmal gehört hat, Chopin also gab in Rouen vor 500 Personen ein großes Konzert zugunsten eines polnischen Professors [Antoni Orłowski, Geiger und Dirigent des Konzertes]. Es bedurfte schon der Durchführung einer guten Tat und der Erinnerung an sein Vaterland, um seinen Widerwillen zu besiegen, öffentlich zu spielen. Nun denn! Der Erfolg war unermeßlich! Unermeßlich! All diese bezaubernden Melodien, diese unaussprechlichen Feinheiten seines Spiels, diese melancholischen und leidenschaftlichen Eingebungen, all die Poesie des Vortrags und der Komposition, die gleichermaßen Phantasie und Herz ergreift – all dies durchdrang, bewegte und berauschte diese fünfhundert Zuhörer ebenso wie sonst die acht oder zehn Auserwählten, die ihm andächtig und stundenlang zuhören; ständig war im Saal dieses elektrisierende Erschauern, dieses Raunen der Begeisterung und des Erstaunens, die die Bravorufe der Seele sind, gegenwärtig. Vorwärts Chopin! Vorwärts! Auf daß dieser Triumph Ihren Entschluß bestimme – seien Sie nicht mehr egoistisch, schenken Sie allen ihr schönes Talent; willigen Sie ein, für das zu gelten, was Sie sind; beenden Sie den großen Streit, der die Künstler entzweit; und wenn die Frage auftaucht, wer der erste Pianist Europas sei, Liszt oder Thalberg, dann soll alle Welt antworten – so wie diejenigen antworten würden, die Sie jetzt gehört haben –: ›Chopin ist es‹.«

336 *Rouen. Farbige Lithographie, Mitte 19. Jahrhundert, von Deroy.* Rouen war – abgesehen von Paris – die einzige Stadt, in der Chopin zwischen 1832 und 1847 konzertierte. Über diesen Auftritt mit dem Orchester des Philharmonischen Vereins Rouen am 12. März 1838 existieren verschiedene Presseartikel, merkwürdigerweise ohne einen genauen Hinweis auf das Programm, das offensichtlich kurzfristig geändert worden war. Einem Chopin-Nekrolog vom 1. Dezember 1849 können wir jedoch entnehmen, daß Chopin damals sein *e-Moll-Konzert* spielte.[76]

CONCERT DONNÉ A ROUEN PAR CHOPIN.

Voici un événement qui n'est pas sans importance dans le monde musical. Chopin qui ne se fait plus entendre au public depuis plusieurs années, Chopin qui emprisonne son charmant génie dans un auditoire de cinq ou six personnes, Chopin qui ressemble à ces îles enchantées où abordent à peine quelques voyageurs, et dont ils racontent tant de merveilles, qu'on les accuse de mensonge; Chopin qu'on ne peut plus oublier dès qu'on l'a entendu une fois, Chopin vient de donner, à Rouen, un grand concert, devant cinq cents personnes, au bénéfice d'un professeur polonais. Il ne fallait pas moins qu'une bonne action à faire et que le souvenir de son pays pour vaincre sa répugnance à jouer en public. Eh bien! le succès a été immense! immense! Toutes ces ravissantes mélodies, ces ineffables délicatesses d'exécution, ces inspirations mélancoliques et passionnées, toute cette poésie de jeu et de composition qui vous prend à la fois l'imagination et le cœur, ont pénétré, remué, enivré ces cinq cents auditeurs comme les huit ou dix qui l'écoutent religieusement des heures entières; c'était à tous moments, dans la salle, de ces frémissements électriques, de ces murmures d'extase et d'étonnement, qui sont les bravos de l'âme. Allons, Chopin! allons! que ce triomphe vous décide; ne soyez plus égoïste, donnez à tous votre beau talent; consentez à passer pour ce que vous êtes; terminez le grand débat qui divise les artistes; et quand on demandera quel est le premier pianiste de l'Europe, Liszt ou Thalberg, que tout le monde puisse répondre, comme ceux qui vous ont entendu......: C'est Chopin. LEGOUVÉ.

337 *Besprechung von Ernest Legouvé in der »Revue et Gazette musicale (de Paris)« vom 25. März 1838 über Chopins Konzert in Rouen.*

1838

338 *George Sand. Bleistiftzeichnung (der Fächer ist hellrot und blau aquarelliert), 1834, von Alfred de Musset.*

339 *George Sand. Zeichnung, um 1834, von Alfred de Musset.*
»Giorgia S[and]« von Mussets Hand am rechten Bildrand könnte darauf hinweisen, daß diese Zeichnung während des gemeinsamen Venedig-Aufenthalts (Januar bis März 1834) entstand.

341 *Marie Dorval (1798–1849). Lithographie, um 1830, nach einer Zeichnung von Achille Deveria.*
Die Schauspielerin war um 1835 der unbestrittene Star der Pariser Boulevardtheater. Mit George Sand verband sie tiefe Freundschaft. (Man munkelte von wesentlich intimeren Beziehungen; der Briefwechsel der beiden Frauen ist nicht frei von erotischen Anspielungen.)

Rechte Seite:
342 *George Sand (1804–1876). Photographie, 1864, von Nadar.*

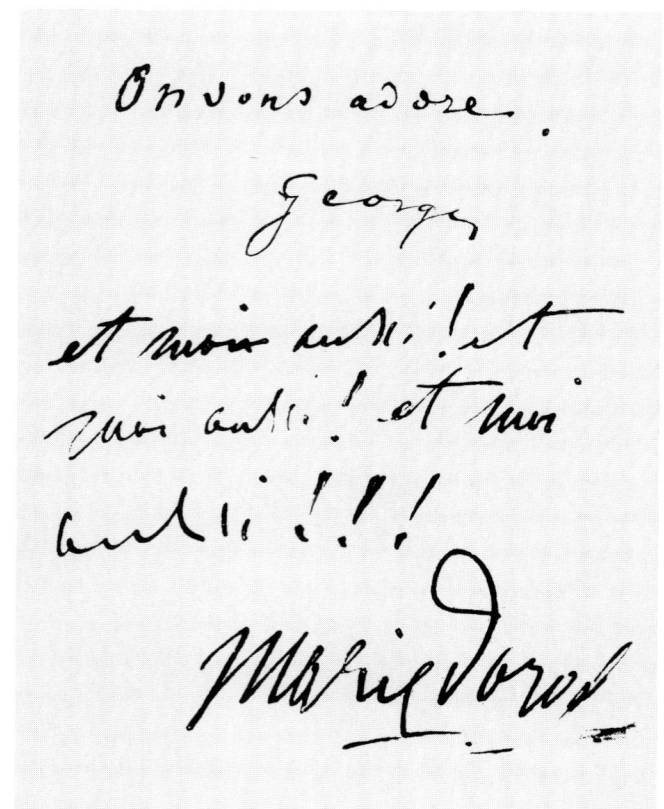

340 *Billett George Sands an Chopin, wahrscheinlich Ende April 1838.*
»On vous adore [man bewundert Sie]. George«. Darunter: »et moi aussi! et moi aussi! et moi aussi!!! [ich auch! ich auch! ich auch!!!] – Marie Dorval.«[77]
Chopin bewahrte dieses Billett – vermutlich George Sands erster Ausdruck der Bewunderung (oder Liebe?) – bis ans Lebensende auf; man fand es später unter seinen Papieren.

GEORGE SAND

George Sand wurde als Amantine-Aurore-Lucile Dupin am 1. Juli 1804 in Paris geboren. (Zu ihrem Künstlernamen vgl. Abb. 182.) Ihr Urgroßvater war Moritz von Sachsen, der Sohn einer illegitimen Verbindung Augusts des Starken, des Kurfürsten von Sachsen und späteren Königs von Polen, mit der schönen schwedischen Gräfin Aurora von Königsmark. Nach einer unglücklichen Ehe mit Baron François (»Casimir«) Dudevant und einer Reihe turbulenter Liebesaffären war sie neun Jahre lang die Freundin Chopins. Das Paar lebte in Paris oder auf Schloß Nohant, George Sands Besitz, ca. 250 km südlich von Paris. In der Revolution von 1848 spielte sie eine zentrale Rolle. Sie veröffentlichte Artikel, die zum Staatsstreich aufforderten, und redigierte das *Bulletin de la République*.
Die Schriftstellerin hinterließ ein riesiges literarisches Werk. Ihre Korrespondenz (ca. 25000 Briefe, wovon bisher etwa zwei Drittel von dem überragenden George Sand-Kenner Georges Lubin in 24 Bänden veröffentlicht wurden) läßt ihre Begabung weit mehr erkennen als ihre etwa hundert Theaterstücke und Romane, von denen immerhin einige, z.B. *Indiana*, *Lélia* oder *Consuelo* in Frankreich fast jährlich neu verlegt werden. Heute, da die idealisierte Moral eines gewissen Genres der romantischen Literatur dem Leser nicht mehr so recht liegt, fällt es schwer, den Enthusiasmus ihrer Kollegen zu verstehen: In Dostojewski erweckte sie »Entzücken und Verehrung«, ihre Romane gaben ihm »Freuden, ja Glück«, Flaubert nannte sie »Meisterin«, Heinrich Heine die »größte Schriftstellerin«, für Marcel Proust hatte ihre Prosa »stets Güte und seelische Vornehmheit«, für Oscar Wilde war sie »von allen Künstlern dieses Jahrhunderts die selbstloseste«.

1838

1838

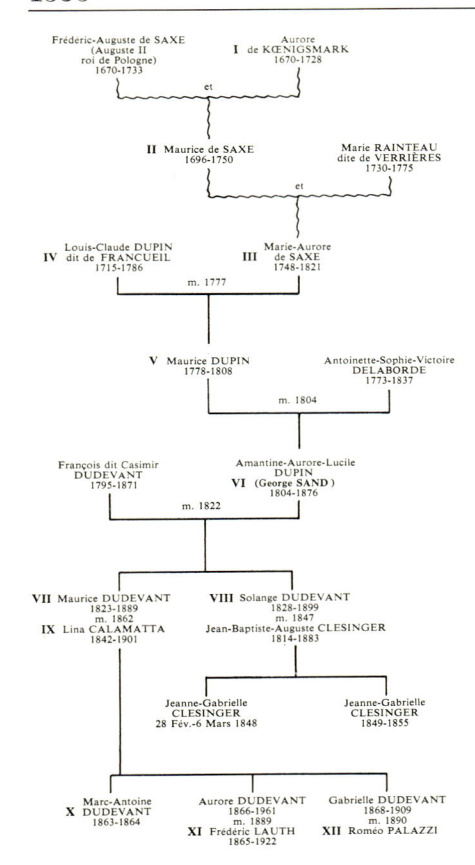

343 Ahnentafel George Sands.

344 George Sand als Sechsundzwanzigjährige. Aquarell, 1830, von Candide Blaize.

345 George Sand als Dreiunddreißigjährige. Weißgehöhte Zeichnung, 1837, von Luigi Calamatta.

346 George Sand. Ölgemälde, 1834, von Eugène Delacroix.

347 George Sand. Bleistiftzeichnung, um 1845, von Thomas Couture.

348 *George Sand mit einer Perücke Nadars. Photographie, 1864, von Nadar.*

349 *George Sand. Eine kaum bekannte frühe Photographie.*

350, 351 *George Sand. Photographien, 1864, von Nadar.*

George Sand und Chopin, Geschichte einer Liebe

Die Liaison des berühmten Komponisten mit der damals nicht minder berühmten Schriftstellerin gehört zu den großen Liebesromanen der Geschichte. Romanhaft, wenngleich in anderem Sinne, ist allerdings auch fast alles, was darüber geschrieben wurde. Da ist von einer nimmersatten Nymphomanin die Rede, die den kranken Musiker mit ihrer Leidenschaft ruinierte, andere wiederum wollen genau wissen, daß es sich von Anfang an um ein rein platonisches Verhältnis gehandelt hat. George Sand wird entweder als zügellose Bacchantin oder aber als mütterliche Freundin geschildert, zumindest hat sich die Ansicht durchgesetzt, daß die dominierende vitale Frau die Männerrolle, der ephebische, »schwächliche« Chopin die Frauenrolle innehatte.

Die neun Jahre mit George Sand stellen den Höhepunkt in Chopins Schaffen dar. Obwohl Landleben und Natur für ihn kein schöpferisches Stimulans waren, fand er in Nohant bei der Schriftstellerin die Ruhe und Konzentration zur Arbeit, die ihm in der Großstadt fehlten. Ihre enorme Arbeitsfreude regte ihn zu eigener Tätigkeit an, auch verdankt er dieser Frau vorübergehend das, was man ein Familienleben nennen könnte. Nachdem die erste Zeit der Leidenschaft durchlebt war, blieb ihm George Sand eine aufopfernde Freundin, die sich um viele Dinge in seinem Leben kümmerte, vor allem um seine labile Gesundheit.

Die erste Begegnung zwischen George Sand und Frédéric Chopin fand Ende 1836 statt. George Sand berichtet, sie habe Chopin im Salon von Franz Liszt und Marie d'Agoult kennengelernt. Liszt selbst erzählte, die Schriftstellerin habe ihm gegenüber den Wunsch geäußert, Chopin kennenzulernen, und er habe sie daraufhin zu einer Soirée in Chopins Wohnung mitgenommen. Es war keineswegs Liebe auf den ersten Blick. Chopin zeigte sich reserviert, die schriftstellernde, hosentragende, zigarrenrauchende Frau war ihm nicht sympathisch. Auch ihre weithin berühmten schönen schwarzen Augen, »Kuhaugen«, »Samtaugen«, »geformt wie die Porträtaugen der Mystiker«, vermochten ihn zunächst nicht in Bann zu ziehen. Er fand diese Frau – knapp 1,50 m groß, gelblicher Teint, schon damals mit »einem Doppelkinn wie ein Domherr« (Balzac), »die untere Gesichtshälfte wenig angenehm, ohne Anmut in der Haltung, rauh im Sprechen« (Alfred de Vigny) – auch kaum attraktiv. Ihre Liebesabenteuer mit Jules Sandeau, Alfred de Musset, Pietro Pagello und Charles Didier waren noch in aller Munde. Im Jahre 1837 verlor er sie fast wieder aus den Augen, verschiedene Einladungen nach Nohant, die George Sand im Februar, März und April durch Liszt oder die Gräfin d'Agoult überbringen ließ, nahm er nicht an. Im Mai 1837 zögerte er noch (»... vielleicht fahre ich hinaus und bleibe ein paar Tage bei George Sand«[79]) – und gab seine Absicht wieder auf. Vermutlich gehörte seine Liebe noch Maria Wodzińska. Im Juli reiste er nach England. George Sand hatte unterdessen eine Affäre mit Michel de Bourges und anschließend mit dem Hauslehrer ihrer Kinder, Félicien Mallefille. Den Winter 1837/1838 verbrachte sie in Nohant und erst im April 1838 begegnete sie Chopin wieder in Paris. Ende Mai schreibt sie an den gemeinsamen Freund Wojciech (Albert) Grzymała einen voluminösen Brief (in der gedruckten *Correspondance* elf Seiten lang), in dem sie ihre Situation und Taktik Chopin gegenüber erörtert. Sie war eine Meisterin in Diplomatie und Liebesstrategie und wußte sich stets für alles überzeugend zu rechtfertigen. Es gehörte zu ihren Eigenheiten, daß sie für jede Liebschaft einen Vertrauten brauchte, dem sie in Briefen ihr Herz ausschütten konnte (im Falle Chopin waren es Grzymała und Eugène Delacroix). Wir sind ihr hierfür heute dankbar, denn wir wissen somit ziemlich genau über ihre zahlreichen Liebhaber (auf dem Fächer, S. 219, sind einige davon versammelt) Bescheid, zumal sie mit einer erstaunlichen Offenheit und ohne Prüderie schreibt. Ihr Brief an Grzymała gibt Aufschluß über den Beginn ihrer Beziehungen zu Chopin und dessen Verhalten sowie über ihre Einstellung zur Liebe generell: »Gestern, als wir Ihr Haus verließen, sagte er [Chopin] etwas über Versuchungen, denen man widerstehen müsse; diese Bemerkung entspricht nicht meinen Ansichten über dieses Thema. Wie ein frömmelnder Gottesmann schien er das Allzumenschliche in uns zu verabscheuen, schien er sich der Versuchung zu schämen und zu fürchten, unsere Liebe zu besudeln, wenn er ihr freien Lauf ließe. Diese Einstellung zum Geschlechtlichen hat mich immer abgestoßen. Wenn dieses Geschlechtliche nicht ebenso geheiligt, rein und fromm wie alles übrige ist, ist die Abstinenz keine Tugend. [...] Man sollte alle Frauen hängen, die in den Augen der Männer das achtungswürdigste und heiligste Ding der Schöpfung degradieren, das göttliche Mysterium, den ernstesten und hehrsten Akt im Leben des ganzen Universums.«[80]

Im Juni oder Juli 1838 wurde Chopin ihr Geliebter. Im September schreibt sie an Delacroix, der das Paar kurz zuvor gemalt hatte (vgl. S. 172): »Ich bin noch immer so berauscht wie bei unserer letzten Begegnung. Nicht die kleinste Wolke trübt unseren klaren Himmel, kein Wermutstropfen ist in unseren Wein gefallen. [...] Wenn Gott mir den Tod schicken und mich schon in der nächsten Stunde zu sich rufen sollte, werde ich nicht klagen, denn ich werde drei Monate ungetrübten Glücks erlebt haben ...«[81] Ende Oktober treten sie ihre berühmtgewordene Reise nach Mallorca an (vgl. S. 175). Nach längeren Aufenthalten in Marseille (24. Februar–22. Mai 1839) und Nohant (1. Juni–10. Oktober 1839) leben sie von 1840 an sieben Jahre abwechselnd in Paris oder Nohant. Zusammen mit George Sands Kindern Maurice und Solange gelten sie als »Familie«. Es waren die treuesten, ja keuschesten Jahre der Sand. Ihre Beziehungen änderten sich später. Da sich George Sand offensichtlich Chopin versagte, kam es zu Spannungen. Der Musiker, inzwischen ein schwerkranker Mensch, wurde gereizt und mißtrauisch. Aus einem Geliebten einen platonischen Freund zu machen, ist eine kaum lösbare Aufgabe. »Seit sieben Jahren lebe ich wie eine Jungfrau, mit ihm und den anderen«[82], schreibt sie 1847 an Grzymała. Im gleichen Jahr trennt sich das Paar. Es ist unnötig, über die Gründe herumzuspekulieren: die große Liebe war vorüber.

Zwei Jahre später erlosch Chopins Leben. Alle ihm Nahestehenden kamen an sein Totenbett, nur eine fehlte: George Sand. »Sie hat mir gesagt, daß ich nur in ihren Armen sterben werde«, soll er kurz vor seinem Tode geäußert haben. George Sand starb 1876. Gustave Flaubert an Iwan Turgenjew: »Der Tod der armen Mutter Sand hat mir unendlichen Kummer bereitet. Ich habe bei ihrem Begräbnis geweint wie ein Kind. [...] Arme, liebe große Frau! [...] Man mußte sie so kennen, wie ich sie gekannt habe, um zu wissen, welch ungeheuer weibliches Gefühl in diesem bedeutenden Menschen war und welch ungeheure Zärtlichkeit sich in diesem Genius befand. [...] Stets wird sie eine der Größen und eine einzigartige Zierde Frankreichs sein.«[83]

Rechte Seite:
352 *George Sand*. Ölgemälde, 1838, von *Auguste Charpentier*.
Das Porträt zeigt George Sand unmittelbar vor Beginn ihrer Liaison mit Chopin.
Das Schild auf dem Gemälderahmen gibt als Entstehungsjahr »1832« an; diese Angabe ist falsch. Der Maler Charpentier kam am 6. April 1838 nach Nohant, um George, Maurice und Solange Sand zu porträtieren. Ein Brief aus jenen Tagen an seine Tante weist darauf hin, daß es der erste Besuch in Nohant und die erste Begegnung mit George Sand waren: »Meine liebe Tante, ich stehe noch ganz unter dem Eindruck dieser berühmten Madame Sand. Das Publikum kennt sie überhaupt nicht, und alles was man über sie sagt, sind nichts als Verleumdungen. Madame Sand ist das fürsorglichste Familienoberhaupt und die hervorragendste Frau, die man sich vorstellen kann. [...] Ich beginne ihr Porträt erst morgen, ich wollte einen Tag verstreichen lassen, um ihre bewundernswerte Persönlichkeit etwas zu studieren. Sie zu beschreiben ist unmöglich. Ich werde all meine Mittel anwenden, um ein Bildnis zu schaffen und je nachdem wie es ausfällt, könnt Ihr Euch vielleicht eine leichte Vorstellung von ihr machen.«[78]

1838

1838

353 *Frédéric Chopin, Karikatur. Bleistiftzeichnung, 1840, von Eugène Delacroix.*

354 *Brief Eugène Delacroix', um 1845, an Frédéric Chopin.*
»Lieber Chopin, tausend Dank für Ihre liebenswürdige Aufmerksamkeit – man hatte mir davon gesprochen, doch hatte ich es nicht gesehen. Erst beim Überlegen merke ich, daß es viel bedeutet. Umarmen Sie alle, die bei Ihnen sind. Schonen Sie sich. – Ich werde Frau Sand bitten, in meinem Namen Charles Blanc zu danken, der stets so liebenswürdig zu mir war. – Auf baldiges Wiedersehen mit Ihnen, der Sie Altäre und einen *Palast* verdienen, was ich uns beiden wünsche.
    Tausend zärtliche Wünsche, lieber Freund
    Eug. Delacroix.«

355 *Frédéric Chopin. Weißgehöhte Zeichnung, 1838, von Eugène Delacroix.*
Die Zeichnung ist eine Skizze für das bekannte Ölgemälde (S. 173).

356 *Frédéric Chopin. Bleistiftzeichnung, um 1846 (1849?), von Eugène Delacroix.*
Die Zeichnung ist signiert mit einem Kryptonym: 2, Note »a«, Kreuz; französisch: deux, la, croix (Delacroix), darunter von Delacroix' Hand »Cher Chopin [Lieber Chopin]«; sie ist vermutlich die Skizze für eine Szene, in der Dante von Vergil Homer vorgestellt wird. Diese Szene ist ein Teil von Delacroix' Ausmalung (1845–1847) der Zentralkuppel in der Bibliothek des Palais du Luxembourg, Paris, in der Themen aus dem IV. Gesang der *Divina Commedia* dargestellt sind. Dante hat Chopins Gesichtszüge. Am 1. April 1847 besichtigten Delacroix, George Sand und Chopin gemeinsam diese Kuppel. Die Zeichnung befindet sich heute in den Sammlungen des Louvre. Delacroix hatte ihr folgende Zeilen beigefügt »Donné à J. Leguillou avec prière de le donner après elle au Musée du Louvre, ce 25 Juillet 1857. Eug. Delacroix«. Einige seiner Biographen sind der Meinung, sie sei nach Chopins Begräbnis (30. Oktober 1849) entstanden und Delacroix habe mit dem Stirnkranz und dem Umhang Dantes die Unsterblichkeit seines Freundes Chopin ausdrücken wollen. Überwältigt vom Schmerz des Verlustes, sei er nicht in der Lage gewesen, mehr als »Cher Chopin« hinzuzufügen.

EUGÈNE DELACROIX

Delacroix, angeblich ein natürlicher Sohn des berühmten Diplomaten Talleyrand, war einer der großen Maler des 19. Jahrhunderts. In glühenden Farben schilderte er Menschen und Tiere ebenso meisterhaft wie Blumen und Stilleben. Er stand an der Schwelle einer neuen Kunstrichtung und war ein Wegbereiter der modernen Malerei. Er dachte viel über jede Art von Kunst nach, besaß eine imponierende Kenntnis der Musik und konnte glänzend schreiben; seine Tagebücher gehören zu den bedeutenden Tagebüchern der Literatur. Als Mensch war Delacroix von nobelster, lauterster Gesinnung, ernsthaft, generös, melancholisch, stolz, einsam. Obwohl er bisweilen kraftvolle, ja erbarmungslose Szenen malte, besaß er ein überaus weiches Herz. Er war eine faszinierende Erscheinung, von düsterer, fast beängstigender Ausstrahlung, schlank und zierlich gebaut, mit feinen Händen, katzenhaften Bewegungen ähnlich jenen Tigern, die er mit Vorliebe malte; er besaß olivfarbenen Teint, orientalischen Augenschnitt, dichtes Haar und prachtvolle Zähne. Manche wollten einen diabolischen Schwefelgeruch an ihm wahrgenommen haben. Zu Delacroix' großen Bewunderern zählten u.a. Goethe, Baudelaire, Bonnard, Matisse und Giacometti. Um Delacroix' *Pietà* zu sehen und zu kopieren, reiste van Gogh eigens nach Paris. Eine Delacroix-Kopie war das einzige fremde Werk in Cézannes Atelier. – Delacroix' *eigene* Bewunderung galt vor allem *einem* Künstler, den er über alles liebte, der sein bester Freund war und dem er schließlich das Bahrtuch trug, ehe er auf dem Père-Lachaise für immer von ihm Abschied nahm. Dieser Künstler war Frédéric Chopin.

357 *Eugène Delacroix. Daguerreotypie, 1842, von Frépillon.*
Diese vermutlich hier zum erstenmal veröffentlichte Darstellung aus den ersten Jahren der Photographie vermittelt viel von der geheimnisumwitterten, exotischen Erscheinung des Malers.

358 *Eugène Delacroix. Photographie, 1861, von Nadar.*

359 *Eugène Delacroix (1798–1863). Selbstbildnis, um 1837.*

1838

360 *Delacroix (unten), George Sand (Mitte) und Chopin (oben), Karikatur. Tuschezeichnung, um 1840, von George Sand.*

361 *George Sand. Ölgemälde, 1838, von Delacroix.*

362 *Chopin und George Sand. Bleistiftskizze, 1838, zu einem später auseinandergetrennten Gemälde.*

364 *Chopin und Delacroix. Bleistiftzeichnung, St. Gratien, 2. Juli 1840, von George Sand.*

Rechte Seite:
365 *Frédéric Chopin. Ölgemälde, 1838, von Eugène Delacroix.*
Dieses Gemälde – entstanden im Juli/August 1838 in Delacroix' Atelier, Paris, Rue des Marais N°17, Saint-Germain – ist das bekannteste Chopin-Bildnis und gleichzeitig eines von Delacroix' Meisterwerken. Man ahnt, daß der Maler sein Modell gut gekannt und dessen Wesen verstanden hat. Licht- und Schattenverteilung sind fast schon impressionistisch.
Weit weniger bekannt ist, daß dieses Porträt früher zusammen mit der George Sand-Darstellung (Abb. 361) ein Gemälde war, dessen Gesamteindruck in etwa Abb. 363 vermittelt. Es wurde nach Delacroix' Tod – vermutlich um dem Besitzer, der es veräußerte, einen höheren Gewinn zu bringen – in zwei Hälften zerschnitten. Das Chopin-Porträt kam am 26. März 1874 zum Verkauf, war dann in den Händen des Antiquars Brame und anschließend im Besitz des Pianisten A. Marmontel, der es bei seinem Tod (1908) testamentarisch dem Louvre vermachte.
Das Porträt George Sands, 1887 zum Verkauf angeboten, war nacheinander im Besitz der Sammler Chéramy, Georges Viau, Herman Heilbuth und Wilhelm Hansen. Hansens Witwe schenkte es dem Ordrupgaard-Museum, Kopenhagen.

CHOPIN UND DELACROIX, EINE KÜNSTLERFREUNDSCHAFT

Daß zwischen Chopin und Delacroix eine tiefe Freundschaft bestand, ist erstaunlich wenig bekannt: es ist dies der einzige Fall einer solchen Freundschaft zwischen einem großen Komponisten und einem großen Maler, der um so mehr Beachtung verdient, als beide nicht leicht Freundschaften eingingen; für Delacroix war es die engste, die er jemals unterhielt. George Sand: »Chopin und Delacroix lieben sich zärtlich. Vollkommene Übereinstimmung herrscht zwischen ihren Charakteren, und sie besitzen die gleichen großartigen Herzens- und Geistesanlagen. In Fragen der Kunst versteht Delacroix Chopin und bewundert ihn, Chopin versteht Delacroix nicht. Er schätzt, liebt und respektiert den Menschen, nicht aber den Maler. Delacroix, von mannigfacheren Fähigkeiten und umfassender gebildet, schätzt die Musik; sie ist ihm ein Bedürfnis. Er wird nicht müde, Chopin zuzuhören; er geht in ihm auf. Chopin nimmt diese Verehrung an und ist gerührt, doch wenn sein Blick auf ein Bild seines Freundes fällt, fühlt er sich unwohl und weiß nicht, was er ihm sagen soll ...«[84]
Obwohl Chopin selbst ein geschickter Zeichner war (vgl. S. 46, 47), wußte er mit der Kunst seines Freundes wenig anzufangen. Delacroix sah großmütig darüber hinweg. Er erwähnt den Komponisten häufig in seinen Tagebüchern (vgl. S. 243, 292, 320 und 328) und stets mit größter Achtung. Formulierungen wie »et recevez les tendresses et les vœux d'un homme qui vous aime autant qu'il vous admire« darf man nicht einfach dem überschwenglichen Briefstil des 19. Jahrhunderts zuweisen: sie sind in der übrigen Korrespondenz von Delacroix so gut wie nicht vorhanden. In den Sommermonaten 1842, 1843 und 1846 hält sich Delacroix längere Zeit in Nohant auf; 1842 schreibt er an Pierret:[160] »Wir erwarteten Balzac, er ist nicht gekommen, ich bin darüber nicht böse. Er ist ein Schwätzer, der die zwanglose Eintracht, in der ich mich hier voller Freude wiege, nur zerstört. [...] Wenn wir nicht zusammen speisen, Billard spielen oder spazierengehen, lesen wir auf unseren Zimmern oder faulenzen auf dem Kanapee. Manchmal dringt durch das offene Fenster zum Garten Musik von Chopin, der seinerseits arbeitet, in Schwaden herauf. Das alles vermischt sich mit dem Gesang der Nachtigallen und dem Duft der Rosen. [...] Ich führe endlose Gespräche mit Chopin, den ich sehr liebe und der ein Mann von selten hohem Rang ist. Er ist der echteste Künstler, dem ich je begegnet bin. Er gehört zu den ganz wenigen, die man bewundern und schätzen kann ...«[85]
Delacroix litt bereits seit 1820 an Fieberanfällen und chronischer Kehlkopfentzündung, so daß er – ähnlich seinem Freund Chopin – oft tagelang nicht arbeiten konnte. Im Oktober 1849 hält er sich in der Normandie auf. Obwohl er Chopin bereits ein halbes Jahr zuvor einen »armen, großen, sterbenden Mann« genannt hatte, ahnt er wohl kaum, daß dessen Tage nunmehr gezählt sind. Seinem Tagebuch entnehmen wir, daß er am 17. Oktober 1849 nachts im Park von Valmont spazierenging und sich dabei Gedanken über verschiedene Sujets machte, vor allem über das Thema *Le Génie arrivant à l'immortalité*. In der gleichen Nacht starb Frédéric Chopin.

363 *George Sand lauscht dem Klavierspiel Chopins.*
Die rekonstruierende Darstellung des französischen Malers Alfred Robaut vermittelt einen Eindruck von der ursprünglichen Anlage des Doppelporträts.

1838

1838

366 *Port-Vendres an der französisch-spanischen Grenze, gemalt und lithographiert um 1835 von Garneray.*
So sah der Hafen von Port-Vendres aus, als Chopin und George Sand hier am 1. November 1838 den Raddampfer »Le Phénicien« bestiegen, um nach Barcelona zu reisen.

367 *Barcelona um die Zeit, als sich Chopin und George Sand dort aufhielten. Stahlstich, um 1840, nach einer Zeichnung von C. Reiss.*
Am 2. November 1838 trafen Chopin und George Sand in Barcelona ein. Neben den Sehenswürdigkeiten der Stadt besuchten sie auch das Theater *Liceo* (3. November). Sie blieben fünf Tage, ihr Quartier war das Hotel »Cuatro Naciones«. Auch nach ihrer Rückkehr von Mallorca bewohnten sie vom 14. bis 22. Februar 1839 dasselbe Hotel.

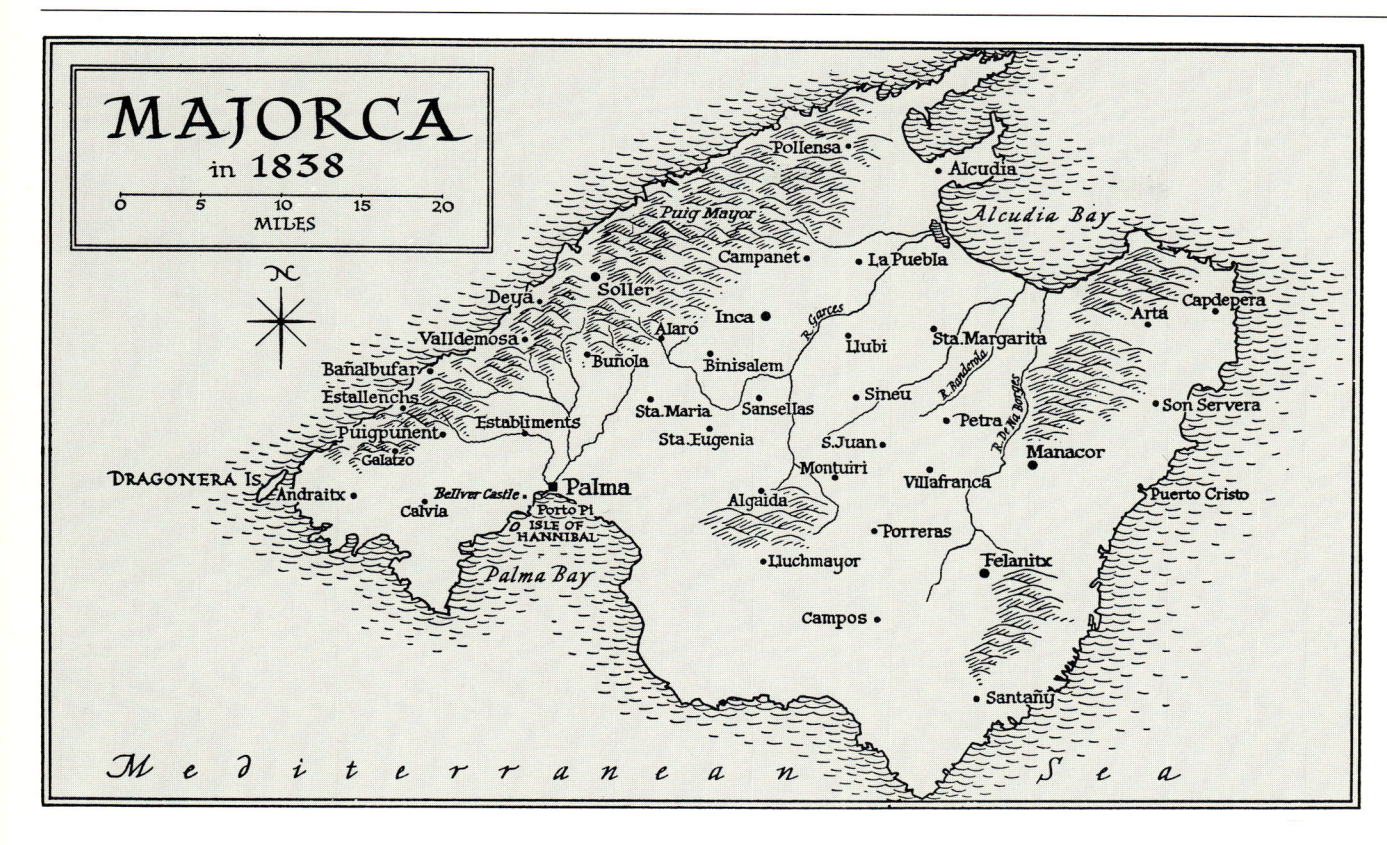

368 Mallorca. Karte der Insel aus dem Jahre 1838. 18 km nördlich von Palma das Dorf Valldemosa, wo sich Chopin und George Sand zwei Monate aufhielten, dazwischen der Ort Establiments, wo das Paar ungefähr einen Monat lang die Villa »Son Vent« bewohnte.

Ein Winter auf Mallorca

Im Oktober 1838 begeben sich Chopin und George Sand auf jene Reise, von der sie sich so vieles erhofften und die schließlich ganz anders als erwartet verlief. Wenn der Episode auf Mallorca, die ja nur drei Monate umfaßte, hier so viel Platz gewidmet wird, so deshalb, weil sie wie kein anderes Ereignis im Leben der beiden im Bewußtsein der Nachwelt erhalten blieb. Der Verf. hatte bei mehreren Besuchen auf der Insel das Glück, seltene, hier teilweise zum erstenmal veröffentlichte Dokumente zu entdecken.

Es gab mehrere Gründe für diese Reise: George Sands Sohn und Chopin sollte ein südliches Klima zu besserer Gesundheit verhelfen. Man dachte zunächst an Italien, spanische Freunde (der Staatsmann Mendizábal, der spanische Konsul Marliani und Francisco Frontera, ein unter dem Pseudonym »Valldemosa« in Paris lebender Gesangslehrer) überredeten sie jedoch, die Balearen aufzusuchen, ein Rat, den ihnen George Sand später sehr verübelte. Selbstverständlich wollte das Paar auch, weitab vom Pariser Klatsch, sein junges Liebesglück genießen. Es gab aber noch einen – von den Biographen bisher kaum beachteten – Grund: sie fühlten sich von Félicien Mallefille, der seine Rechte als Liebhaber eben an Chopin hatte abtreten müssen, bedroht. Mallefille lauerte der Schriftstellerin mehrmals vor Chopins Wohnung auf und war nahe daran, beide umzubringen. Am 12. September 1838 meldete das *Journal des Débats* die »Ermordung« George Sands. Es schien ratsam, Mallefille aus dem Weg zu gehen.

In Begleitung ihrer Kinder Maurice und Solange sowie des Kindermädchens Amélie bricht George Sand am 18. Oktober 1838 in Paris auf und reist über Chalon, Lyon, Avignon und Nîmes nach Perpignan, wo sie am 30. eintrifft und einen Tag später Chopin, der am 27. Paris mit der Schnellpost verlassen hatte, wiedersieht. (Weitere Reisedaten vgl. »Leben 1838« und »1839«.)

Auf Mallorca schien es, als hätte sich alles gegen sie verschworen. Chopins anfängliche Begeisterung war bald verflogen: Schwierigkeiten mit der Unterkunft, eine Bevölkerung, die sie als intolerant und ungebildet beurteilten und die ihnen für Nahrungsmittel Höchstpreise abverlangte, mangelnder Komfort, vor allem aber ungewöhnliche Regenfälle. Chopin wurde schwer krank. George Sand schildert in ihrer einige Jahre später veröffentlichten Erzählung *Un hiver à Majorque (Ein Winter auf Mallorca)* – eines ihrer besten und mit Recht das populärste ihrer Bücher – diesen Aufenthalt in eindrucksvoller Weise. Ihre Landschaftsbeschreibungen sind wohl die poetischsten, die jemals über die Insel zu Papier gebracht wurden; an den Bewohnern – und dies liest man nicht ohne Bedauern, denn das Mißtrauen, das das einfache Inselvolk dem höchst ungewöhnlichen Paar entgegenbrachte, ist bis zu einem gewissen Grade verständlich – läßt sie kein gutes Haar; sie nennt sie »tückisch und diebisch«.[86]

Ein Kapitel ihrer *Histoire de ma vie (Geschichte meines Lebens)* enthält eine aufschlußreiche Schilderung: »Unser Aufenthalt in Valldemosa wurde eine Pein für ihn [Chopin] und eine Qual für mich. In der Gesellschaft freundlich, heiter und liebenswürdig, konnte einen der kranke Chopin in der engbegrenzten Intimität zur Verzweiflung bringen. Niemand konnte vornehmer, feinfühliger, uneigennütziger sein, verläßlicher und loyaler in geschäftlichen Dingen, geistreicher im fröhlichen Beisammensein, kundiger und klüger in seinem Fach. Dagegen kam ihm auch leider niemand an Launenhaftigkeit, Argwohn und fieberhafter Phantasie gleich; er war so hochgradig empfindlich, daß es fast unmöglich war, ihn nicht zu verletzen, und so anspruchsvoll, daß man ihn kaum zufriedenstellen konnte. Aber all das war nicht seine Schuld, sondern lag an seiner Krankheit. Seine Seele wurde auf das empfindlichste gemartert; ein welkes Rosenblatt, der Schatten einer Fliege brachten ihn zur Verzweiflung. Außer mir und meinen Kindern war ihm unter Spaniens Himmel alles unsympathisch und zuwider. Er verzehrte sich vor Ungeduld nach der Abreise, mehr noch als an den Unzulänglichkeiten des Aufenthaltes...«[87]

1838

369 *Palma, die Hauptstadt Mallorcas, gezeichnet und lithographiert um 1840 von Francisco X. Parcerisa. Rechts im Vordergrund das Dampfschiff »El Mallorquin«, mit dem George Sand und Chopin reisten.*

Die Umstände von Chopins und George Sands Aufenthalt in Palma (8. bis 15. November 1838) waren denkbar ungünstig. Das Paar traf in der gleichen Woche ein, in der auf der Insel der Kriegszustand erklärt wurde. Es fand nicht leicht ein Quartier, schließlich mietete es sich in einer Pension am Quai ein. Nicht nur wegen der Wirren des Bürgerkrieges begegnete man ihnen mit Mißtrauen: Sie reisten zusammen, ohne verheiratet zu sein, der Mann war Künstler, die Frau schrieb gar Bücher, noch dazu unter einem Männernamen. Sie verkehrten lediglich mit der Bankiersfamilie Canut, dem französischen Konsul Flury, dem Grafen La Bastida und mit Herrn Cardona. Schließlich gaben sie ihre lauten Zimmer, unter deren Fenster Schlosser, Schmiede und Böttcher ihrem Handwerk nachgingen, auf und zogen am 15. Dezember 1838 in das 4 km von Palma entfernt liegende Dorf Establiments.

370 *Passagierliste des Schiffes »El Mallorquin« zur Zeit der Reise Chopins und George Sands.*
3 Mad. Dudevant [George Sand], verheiratet
4 Mr. Maurice, ihr Sohn, minderjährig
5 Mad. Solange, ihre Tochter, minderjährig
6 Mr. Federico Chopin, Künstler
(Der Fahrpreis betrug je 160 Reales, man reiste 1. Klasse. Amélie, das Dienstmädchen, ist in der Liste der 2. Klasse aufgeführt. Insgesamt waren 21 Passagiere an Bord.)

371 *Straßenszene in Barcelona. Aquarell, 1838, von Maurice Sand. Erstveröffentlichung.*
George Sands damals fünfzehnjähriger Sohn malte dieses Aquarell im November 1838 in Barcelona.

372 *Straßenszene in Palma. Aquarell, 1838, von Maurice Sand. Erstveröffentlichung.*

373 George Sand. Stahlstich, 1840, entstanden unter dem Einfluß von Charpentiers Ölgemälde aus dem Jahr 1838.
Die dunkle Kleidung und der Halsschmuck sind in den hier abgebildeten Memoiren Elena Choussats erwähnt.

374–377 Manuskript der Memoiren Elena Choussats aus Palma über George Sands Mallorca-Aufenthalt. Erstveröffentlichung.

Übersetzung der Memoiren Elena Choussats (Abb. 374–377).

»Madame Dudevant kam in Palma mit einem Empfehlungsschreiben und einem unbegrenzten Kreditbrief [ausgestellt von dem in ganz Europa akkreditierten Pariser Bankier Gaspar Remisa] für das Haus Canut an. Wer war das? ... Was wollte eine Frau auf der Insel in Begleitung eines Musikers, wie man sagte, zweier Kinder und eines Dienstmädchens? Man zog Erkundigungen ein und man fand heraus, daß es eine Frau war, die *Bücher schrieb!* ... Aber wie schrecklich! Sie unterzeichnete mit einem Männernamen, George Sand! Und selbst ihre kleine Tochter trug eine Samtbluse nach Knabenart! ... Man behauptete sogar, daß Don Juan Burgues Laforteza ein Exemplar eines ihrer Werke besaß, das alle seine Freunde lesen wollten, es hieß *Lélia*. Man fand es überspannt, unverständlich, und die bewunderungswürdige Autorin wurde von Ignoranten verurteilt.

Trotzdem brachten sie es fertig, daß ein seit kurzem angekaufter Dampfer mit dem Kontinent Kontakt aufnahm, um ihnen die Zeitungen der Woche zu bringen.

Auch dachte niemand daran, die berühmte Frau zu verwöhnen; außer uns, Fleury [richtig: Flury] und M. de Cardona, besuchte sie niemand. Vor allem die Frauen mieden sie wie die Pest. Nachdem Me Sand sich genötigt sah, in der Stadt vor dem *Huerto del Rey* über einem Faßmacher zu logieren (mangels eines angemessenen Hotels), erklärte sie bald, wegen des lauten Gehämmers nicht arbeiten zu können, und zog sich mit den Ihren nach Son Vent, einem kleinen Landhaus in der Umgebung der Stadt, zurück.

Sie war ein schöner Mensch mit einem besonderen Gesichtsausdruck, der von sehr schönen schwarzen Augen belebt wurde. Ihre herrlichen Haare formten über der Stirn zwei dicke Zöpfe und faßten am Hinterkopf das übrige Haar, das sie mit einer hübschen kleinen Silberspange hochsteckte. Ihre strenge Kleidung war fast immer schwarz oder dunkel. Um den Hals hatte sie ein Samtband, das ein Kreuz mit sehr großen Brillanten trug, und um den Arm eine Kette mit ungewöhnlich vielen Ringen, die zweifellos alle Erinnerungsstücke waren.

Ihr Sohn Maurice, der etwa 15 oder 16 Jahre alt sein mochte, war zart und sprach wenig; lieber zeichnete er alles, was ihn beeindruckte, in seine kleinen Alben, denen seine Begeisterung galt.

Ihre kleine Tochter Solange hingegen war rotwangig und sprühte vor Leben und Gesundheit, sie brauchte Bewegung und Spektakel. Mit ihrem Blüschen, ihrer Leinenhose und ihrem Filzhut hätte man sie für einen Jungen gehalten, hätte sie nicht so schöne, lange, bis zum Gürtel herabfallende Haare besessen.

Chopin, der *Musiker*, der sie alle begleitete und über den ich nicht spreche, da er durch seine Werke hinreichend bekannt ist, war sehr krank; er kam in den Süden, um seine Gesundheit wiederherzustellen.

Es war ihm nicht möglich, vom Zoll die Genehmigung zu erhalten, ein Pleyel-Pianino in die Stadt einzuführen. Später wurde es nach Son Vent gebracht, wo es aber nicht lange blieb. [In Wirklichkeit wurde das Klavier vom Zoll direkt nach Valldemosa gebracht, vgl. Abb. 439.]

Nach einigen Wochen Aufenthalt in dieser neuen Bleibe verbreitete sich das Gerücht, Chopin sei schwindsüchtig, und diese Krankheit verursachte in Palma noch immer einen solchen Schrecken, daß man sich weigerte, in Häusern zu wohnen, die einem armen, von diesem Leiden befallenen Opfer als Zuflucht gedient haben.

So verlangte auch der Eigentümer von Son Vent von George Sand das sofortige Verlassen seines Besitzes bei Androhung von ich weiß nicht wie hohen Geldstrafen, denen sie entgehen wollte. Sie war verzweifelt und wußte nicht, wo sie unterkommen sollten. Glücklicherweise fand sie durch gefällige Freunde eine Zelle im Kloster Valldemosa, wo sie mit den Ihren Zuflucht nahm.

Hier verbrachte sie den Winter 1838, hier schrieb sie ihren *Spiridion*, den sie uns in kurzen Manuskripten schickte, damit sie nach Paris zur *Revue des Deux Mondes* befördert werden konnten, die diesen Roman in Fortsetzungen veröffentlichte.

Später schrieb sie ihren *Winter auf Mallorca*, in dem sie das Land bewundert, die Bewohner aber etwas zu schlecht darstellt. Wegen der ihr zuteilgewordenen Aufnahme muß man ihr das verzeihen, denn mit Ausnahme von Konsul Fleury, bei dem sie jedesmal abstieg, wenn sie in die Stadt kam, und von uns – wenn wir Gelegenheit hatten – war niemand freundlich zu ihr. In ihrem Buch hat sie sogar erwähnt, daß ich ihr Federn gab, die man damals in Palma nicht auftrieb, um ihrem Kranken ein Kissen anzufertigen. Da sie nie in die Stadt kam, hatte ich selten Gelegenheit, sie zu bewundern, und obwohl sie gütig war und es verstand, mit jedermann umzugehen, fühlte ich mich ihr unterlegen und hatte nie den Mut, sie um ein paar Worte für mein Album zu bitten. Ich bin sicher, daß sie mir diesen Wunsch in aller Gewogenheit erfüllt hätte. – Ich hätte weniger schüchtern und ein paar Jahre älter sein sollen!

Sie ging nur ein einziges Mal ins Theater, in unsere Loge, die wir mit M. Fleury teilten; alle Blicke richteten sich auf sie. Obwohl ohne Familie und Mieter eines eigenen Sitzplatzes, legte der Konsul Wert darauf, seine Loge zu behalten, und zwar wegen der Marineoffiziere, die damals sehr häufig nach Palma kamen. Er bot ihnen das Vergnügen eines Theaterbesuches und pries sich glücklich, wenn ich mich von irgendeinem hübschen Fräulein begleiten ließ, mit dem dann gleich alle anfingen spanisch zu kauderwelschen.

Nach einem inmitten der Berge verbrachten Winter, im Verlauf dessen sich der Gesundheitszustand Chopins nur noch verschlechterte, entschloß man sich schließlich zur Abreise und kehrte in die Stadt zurück. Wir waren am Vorabend bei Fleury, wo sie sich gerade aufhielt, um sich zu verabschieden, und wir wurden Zeugen von Madame Dudevants Verzweiflung bezüglich Chopins Klavier, das sie nun von Stadt zu Stadt herumschleppen sollte, ohne zu wissen, wo sie sich niederlassen würde, denn er war nahe daran zu sterben.

›Verkaufen Sie es für mich‹, sagte sie zu Bazile, ›es ist neu, bei Pleyel noch gar nicht bezahlt – es ist hervorragend, von einem Meister ausgesucht‹ ... Was vermochten all diese Argumente angesichts eines tiefsitzenden Vorurteils? ... Es war von einem Schwindsüchtigen berührt worden, und niemand wollte sich der Gefahr aussetzen, im Verlauf des nächsten Jahres zu sterben. ›Was wollen Sie?‹, antwortete mein Mann, ›ich habe es der Gräfin Ayamans angeboten, die drei Töchter hat. Sie lehnte mit lautem Geschrei ab. Me Gradoli, die zwei Töchter hat, hat die gleichen Schreie ausgestoßen; ich wage mit niemandem mehr darüber zu sprechen, beim ersten Wort ergreift jeder die Flucht.‹

Unter diesem Eindruck ließen wir sie zurück. Als wir auf dem Heimweg über die Angelegenheit sprachen, wandte sich Bazile plötzlich an mich: ›Willst *Du* es?‹ ... Ich hatte aber damals das mir von M. Renard hinterlassene Pape-Klavier, das wir gekauft hatten und das unzweifelhaft das beste von Palma war. So bat ich um Bedenkzeit und versprach, am nächsten Tag Bescheid zu geben.

Gleich nach dem Aufstehen begab ich mich zu Madame Gradoli, die für ihre Töchter ein Instrument suchte, und bot ihr das Klavier an. ›Ich will es nicht‹, schrie sie entsetzt, ›es hat einem Schwindsüchtigen gehört, und ich habe keine Lust, meine Kinder zu verlieren.‹ ›Langsam‹, erwiderte ich, ›ich selbst behalte es, ich biete Ihnen das meine an, das Sie kennen und das Sie damals schon beim Verkauf haben wollten. Sie kennen seinen Preis, aber das Geschäft muß schnellstens abgewickelt werden, Me Sand reist heute abend ab.‹ ›Abgemacht‹, sagte sie. – Mein Klavier wurde zu ihr gebracht und dasjenige Chopins in die Stadt überführt mittels Protektion und Handgeld für die Zöllner, die es abfertigten, als käme es aus Barcelona. Es befindet sich heute noch im Haus und hat schon viele neidisch gemacht.

Me Sand war überglücklich, sich von ihrer großen Kiste befreit zu wissen. Sie überschüttete uns mit Dankesworten. Am Abend reiste sie ab.

Im übrigen erwiderte sie in ihrer vollendeten Liebenswürdigkeit alle Besuche, die ihr gemacht wurden, und ich sehe sie heute noch in meinem kleinen gondelartigen Sessel am Kamin sitzen, über den sie sich so freute, denn Kamine gab es selten in der Stadt. Damals rauchte sie nicht und bewahrte ihre Zigaretten für zu Hause auf, aber sie genierte sich deshalb überhaupt nicht vor mir und den Freunden. Die Leute aber legten ihr das als großes Verbrechen aus.«

1838

378 *Establiments. Landschaftsszene vor »Son Vent«. Aquarell, 1838, von Maurice Sand. Erstveröffentlichung.*
George Sand *(Un hiver à Majorque):* »Die kleinen Stege, durch die Feuchtigkeit wie mit Grünspan überzogen, durch die Kraft des Sturzwassers geborsten und halb versteckt unter den überhängenden Zweigen der Weiden und Pappeln, das Verflochtensein dieser schlanken dichtbelaubten Bäume, die, einander zugeneigt, von einem Ufer zum anderen ein grünes Wiesendach bildeten; ein schmales Rinnsal, das lautlos durch Riedgras und Myrten lief, und stets irgendeine Gruppe von Kindern, Frauen oder Ziegen, hingelagert auf die lauschige Uferböschung; alle diese bildhaften Szenen riefen nach einem Maler …«[88]

379 *Mallorca, Blick zum Meer. Aquarell, 1839, von Maurice Sand. Erstveröffentlichung.*
Die abgebildete Gegend liegt wahrscheinlich in der Nähe des Hafens von Valldemosa.

1838

380 »Son Vent«. Photographie, 1987.
Das Haus – es liegt in der weitverstreuten Siedlung Establiments, 4 km von Palma entfernt auf der Straße nach Esporles – existiert noch, vom Tourismus unbeachtet. Äußerst selten unterzieht sich ein Chopin-Verehrer der Mühe, es ausfindig zu machen. Obwohl Chopin und George Sand »Son Vent« 25 Tage lang bewohnten, ging es im Gegensatz zu Valldemosa als Chopin-Erinnerungsstätte verloren. Das Haus trägt zwei Erinnerungstafeln.

381 »Son Vent«. Aquarell, 1838, von Maurice Sand. Erstveröffentlichung in Farbe.
Chopin und George Sand wohnten hier vom 15. November bis 9. Dezember 1838, ehe sie, nach fünf Tagen Aufenthalt im Haus des französischen Konsuls von Palma, am 15. Dezember nach Valldemosa übersiedelten.
Die ersten Tage in »Son Vent« dürften die einzigen glücklichen von Chopins Zeit auf Mallorca gewesen sein. Anschließend begann es zu regnen. George Sand (*Un hiver à Majorque*): »Bis zum Ende der beiden Monate strömenden Regens, die wir durchstehen mußten, beharrten die Mallorquiner darauf, daß es in Mallorca niemals regnet.«[89] Die Wände waren feucht, Chopin wurde krank. (Vgl. seinen Brief, S. 184.) Es verbreitete sich die Nachricht, er sei tuberkulös. Das Paar mußte schließlich ausziehen; der Besitzer, Señor Gomez, der schon einen überhöhten Mietpreis gefordert hatte, verlangte in panischer Angst vor Ansteckung eine Entschädigung für das Tünchen und Desinfizieren der Wände.

181

1838

382, 383 *Erste und letzte Seite eines Briefes, den Chopin um den 14. November 1838 an seinen Freund Julian Fontana schrieb.*

Chopin hielt sich vom 8. bis 15. November 1838 in Palma auf. Der vorliegende Brief, einer der ersten Mallorca-Briefe des sich damals noch gesund und glücklich fühlenden Chopin, ist undatiert[90]; sein Datum läßt sich aber ermitteln: Am 13. November besuchte George Sand, vermutlich in Chopins Begleitung, das Kartäuserkloster Valldemosa und erfuhr bei dieser Gelegenheit, daß sie später mit Chopin dort wohnen könne. Chopin spricht im vorliegenden Brief bereits von diesem Vorhaben, von dem er *vor* dem 13. noch nichts wußte. Dieser Brief aus Palma ist somit auf 14. November zu datieren; möglicherweise wurde er auch schon am 13. abends oder am 15. morgens geschrieben, ehe das Paar (am 15.) nach »Son Vent« übersiedelte.

Die Schilderungen George Sands und Elena Choussats (vgl. S. 208 bzw. S. 179), in denen es heißt, Chopin und George Sand seien nur deshalb nach Valldemosa gegangen, weil ihnen in »Son Vent« die Tür gewiesen wurde, stehen in Widerspruch zum vorliegenden Brief (ebenso zu einem Brief George Sands vom 14. November 1838 an Charlotte Marliani[91]), aus dem man schließen kann, daß der Aufenthalt in Valldemosa bereits vor dem Einzug in »Son Vent« geplant war.

Übersetzung aus dem Polnischen: »Mein Lieber. – Ich bin in Palma – unter Palmen, Zedern-Kakteen-Oliven-Orangen! Zitronen-Aloen-Feigen-Granatfrüchen usw., all dem, was der Jardin des Plantes [Botanischer Garten in Paris] nur dank seiner Öfen hat. – Der Himmel ist wie Türkis, das Meer wie Azur – die Berge wie Smaragde – und die Luft wie im Himmel. – Am Tag scheint die Sonne, alle tragen Sommerkleidung, und es ist heiß – nachts hört man stundenlang Gitarren und Gesang. – Riesige Balkone mit über den Kopf reichendem Weinlaub – mauretanische Gemäuer. [2. und 3. Seite, hier nicht abgebildet:] Wie alles hier, sieht die Stadt nach Afrika aus. – Mit einem Wort, ein wundervolles Leben! – Denke lieb an mich. Geh zu Pleyel, denn das Klavier ist noch nicht eingetroffen. Auf welchem Weg wurde es geschickt? – Bald erhältst Du die *Präludien*. Ich werde wahrscheinlich in einem wunderschönen Kloster [Valldemosa] wohnen, es hat die schönste Lage auf der ganzen Welt: Meer, Berge, Palmen, ein Friedhof, eine Kreuzritterkirche, Ruinen von Moscheen, alte, tausendjährige Olivenbäume. – Und was mein Leben betrifft, so geht es mir gegenwärtig etwas besser. Ich bin dem nahe, was am schönsten ist. – Ich fühle mich wohler. – Übergib *Grzymala* die Briefe meiner Eltern und auch alles andere, was Du mir zu senden hast; er weiß die sicherste Adresse. Umarme Jaś [Matuszyński]. – Wie schnell würde er hier genesen! – Sag Pl.[eyel], daß er die Manuskripte bald erhalten wird. – Erzähl den Bekannten kaum etwas von mir. Später werde ich Dir viel mehr schreiben. – Sag, daß ich nach dem Winter zurückkomme. Die Post geht hier nur einmal wöchentlich ab – ich schreibe über das hiesige Konsulat. [Letzte Seite, wieder abgebildet:] Schicke den Eltern meinen Brief, so wie er *ist*. – Bring ihn selbst auf die Post.

Dein Ch.

Jaś werde ich später schreiben.«

Nach Erhalt des Briefes fügte Grzymała für Fontana hinzu: »Ich beeile mich, Dir einen Brief zu senden, schreib mir ein paar Worte, wenn Deine Antwort fertig ist, denn ich werde die meinige heute verschieben. Dein aufrichtig ergebener Alb.[ert] Grzymała.«

384 *Juan de Dios Alvarez y Mendizábal (1790–1853). Lithographie, um 1835, von Felipe Gonzáles Rojas.*
Chopin reiste am 27. Oktober 1838 in Begleitung des spanischen Premierministers Mendizábal von Paris nach Perpignan nahe der spanischen Grenze, wo er am 31. Oktober »frisch wie eine Rose und rosig wie ein Rübchen, übrigens nachdem er heldenmütig seine vier Nächte in der Postkutsche ertragen hatte«[92], eintraf (George Sand an Charlotte Marliani, 1. November 1838).
Mendizábal ließ 1835 in Spanien viele Klöster schließen (auch Valldemosa), was Chopin zu der brieflichen Äußerung veranlaßte, Mendizábal habe »die Kartäuser für *ihn* vertrieben«.

385 *»La cuisinière« (Die Köchin), Aquarell, 1838, von Maurice Sand. Erstveröffentlichung.*

386 *Pinselzeichnung in Sepia, signiert »F. Chopin«. Erstveröffentlichung.*
Die Provenienz spricht für die Authentizität dieses Bildes mit südländischem (spanischem?) Kolorit: der Chopin-Schüler Karol Mikuli vermachte es seinem Schüler Raoul v. Koczalski, aus dessen Nachlaß es in den Besitz eines Meisterschülers Koczalskis und von dort in die Hände des jetzigen Besitzers kam.

387, 388 *Brief Chopins vom 21. November 1838 an Camille Pleyel.*
»Lieber Freund, ich bin in Palma angekommen, eine liebliche Landschaft – immerwährender Frühling – Olivenbäume, Orangenbäume, Palmen, Zitronenbäume u.s.w. Gesundheitlich geht es mir besser – und Ihnen? Zu meinem Bedauern bin ich abgereist, ohne zuverlässige Kenntnis darüber zu haben, in welcher Verfassung ich Sie zurückließ. – Lassen Sie mich nicht lange so fern von Ihnen ohne Nachricht, ob Sie wieder der Alte sind. – Berichten Sie mir auch einige Worte über Ihre Familie.
Adieu, liebster Freund, empfehlen Sie mich Ihrer Frau Mutter sowie Frau und Herrn Denoyers.
Ch.[opin]
Adressieren Sie Ihre Briefe: *An den Beauftragten für auswärtige Angelegenheiten in Marseille*, zur Weitergabe an den Herrn *französischen Konsul in Barcelona* (und auf dem eingelegten Brief) an Herrn Chopin in *Palma/Mallorca.* –
Mein Klavier ist noch nicht angekommen. – Wie haben Sie es geschickt? – über *Marseille* oder über *Perpignan.* –
Ich träume Musik, aber ich mache keine – denn hier gibt es keine Klaviere ... es ist diesbezüglich ein ungesittetes Land.«

389, 390 *Umschlag und Brief Chopins vom 3. Dezember 1838.*
Die Adresse ist identisch mit Chopins Pariser Appartement; Julian Fontana bewohnte es für die Dauer von Chopins Abwesenheit. Übersetzung des Briefes S. 185.

184

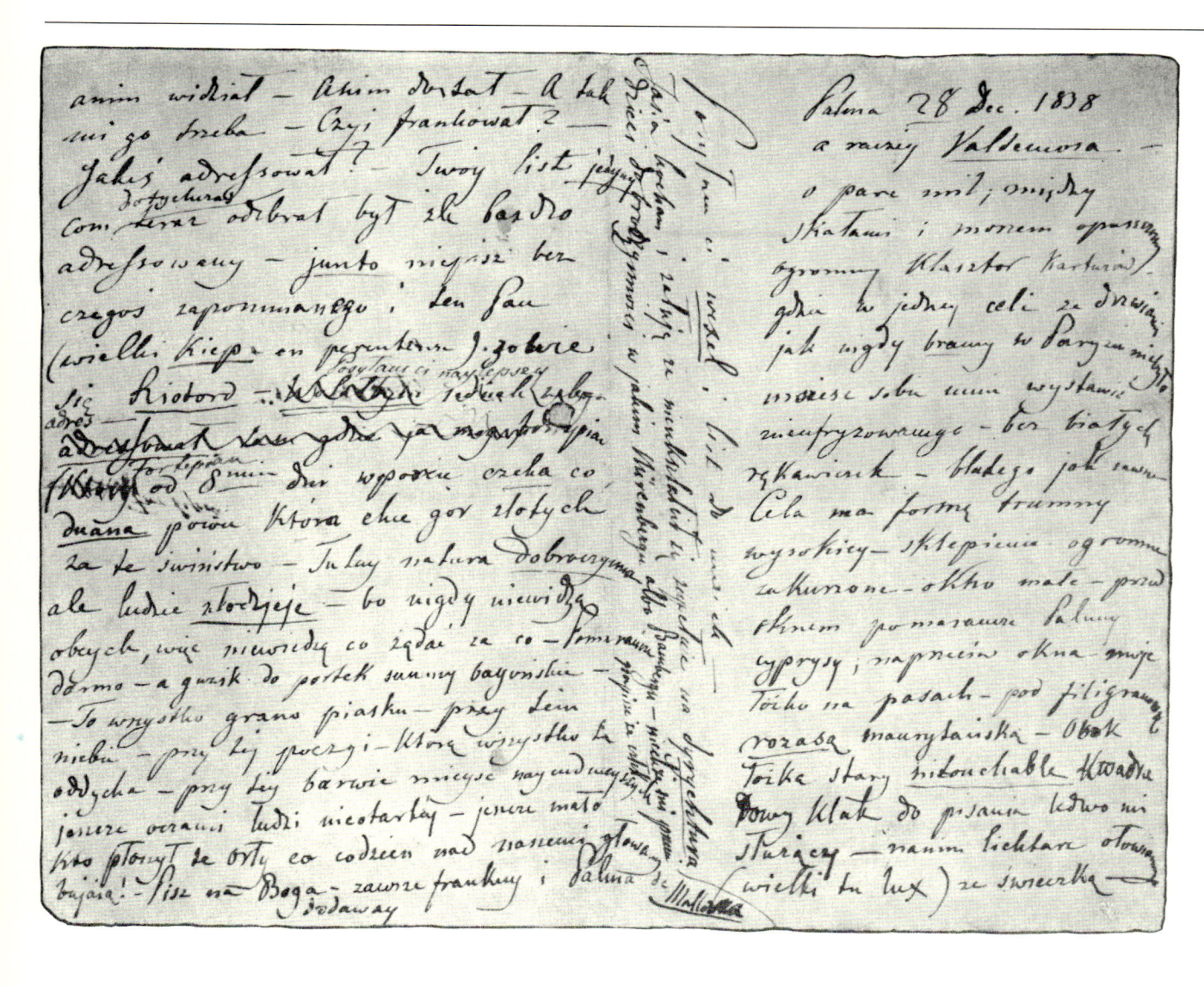

391 Erste und letzte Seite eines Briefes Chopins an Fontana.
Übersetzung aus dem Polnischen: »Palma, 28. Dezember 1838, oder vielmehr *Valldemosa*, nur einige Meilen entfernt; zwischen Felsen und Meer, in einem verlassenen, gewaltigen Kartäuserkloster stelle Dir mich in einer Zelle vor mit einer Tür, einem *Tor*, wie es nie eines in Paris gab, unfrisiert, ohne weiße Handschuhe, blaß wie immer. Die Zelle hat die Form eines hohen Sarges, das Deckengewölbe ist gewaltig, verstaubt, das Fenster klein, vor dem Fenster Apfelsinen, Palmen, Zypressen; dem Fenster gegenüber, unter einer mauretanischen filigranartigen *Rosette*, steht mein Gurt-Bett. Neben dem Bett ein alter, quadratischer, *intouchabler* Schreibtisch, der sich kaum benützen läßt, darauf ein Bleileuchter (hier ein großer Luxus) …« [Chopin schildert weiter: »mit einer Kerze, Bach, meine Kritzeleien und auch anderer Schreibkram … Stille … man könnte schreien … und wieder Stille. Kurz, ich schreibe Dir von einem seltsamen Ort.« Chopin berichtet nun über schlechte Straßen- und Postverhältnisse und beklagt sich u. a. über seine Verleger. Schlußteil, wieder abgebildet:] »Dabei fehlt er [ein Brief von seinen Angehörigen] mir so sehr! Hast Du ihn auch frankiert? Und wie adressiert? Dein *einziger* Brief, den ich bisher erhielt, war sehr schlecht adressiert – schreib nicht *junto* [spanisch: bei] ohne genaue Angabe. Die Adresse, unter der Du mich erreichst, ist diejenige von Herrn *Riotord* (ein großer *Esel* en parenthèse). Ich schicke Dir die beste Adresse. Das Klavier wartet seit acht Tagen im Hafen auf die Entscheidung des *Zolls*, der ja goldene Berge für diese Schweinerei verlangt. Die Natur ist hier *wohltätig*, aber die Menschen sind *Diebe*, denn sie sehen nie Fremde, wissen folglich nicht, was sie von ihnen fordern sollen. Die Apfelsinen geben sie umsonst, ein Hosenknopf dagegen kostet märchenhafte Summen. Doch das alles ist ein grano [spanisch: Korn] Sand bei diesem Himmel, bei dieser Poesie, die hier von allem ausgeht, bei den lebhaften Farben dieser Landschaft. Es ist eine der schönsten dieser Erde, und die Augen der Menschen haben sie noch nicht abgenutzt. Kaum einer hat je diese Adler aufgescheucht, die täglich über unseren Köpfen kreisen.
Schreib mir um Himmels willen. Frankiere stets Deine Briefe und vergiß nicht Palma de *Mallorca* hinzuzufügen. Ich lege Dir einen *Wechsel* und einen Brief an die Meinen bei. Jaś liebe ich und bedauere nur, daß er sich nicht völlig zu einem *Direktor* einer wohltätigen Anstalt für Kinder in irgendeinem Nürnberg oder Bamberg hat ausbilden lassen – er soll mir endlich schreiben, daß er ein Mensch ist.«

CHOPIN – BRIEFE VON 1838 AUS MALLORCA

Übersetzung des auf der linken Seite unten abgebildeten Briefes von Chopin an Fontana:

»Palma, 3. Dezember
Mein Julian – *Kündige* meine Wohnung [Rue de la Chaussée d'Antin No 38] nicht; ich kann Dir auch das Manuskript [*24 Préludes op. 28*] nicht schicken, weil ich nicht fertig bin. Die letzten beiden Wochen war ich krank wie ein Hund; trotz 18 Grad Wärme, trotz der Rosen, Orangen und Feigen habe ich mich erkältet. Die drei berühmtesten Ärzte der Insel haben mich untersucht; der eine beschnupperte, was ich ausspuckte, der zweite klopfte dort, wo ich ausspuckte, der dritte tastete und horchte, wie ich spuckte. Der erste sagte, daß ich krepieren werde, – der zweite, daß ich krepiere, – der dritte, daß ich schon krepiert sei. – Ich aber fühle mich heute wie immer, nur kann ich Jaś [Matuszyński] nicht verzeihen, daß er mir im Falle der *bronchite aigue* [Bronchitis], die er bei mir immer erwarten konnte, keine ärztlichen Verhaltensanweisungen mitgegeben hat. Ich konnte nur mit Mühe verhindern, daß man mich zur Ader ließ, mir Wezykatorien [Heilpflaster aus Kantharidin, dem Gift der spanischen Fliege] ansetzte und Eiterungen hervorrief, und dank der Vorsehung fühle ich mich heute wie gewohnt. Das beeinflußte aber die Präludien, die Du weiß Gott wann erhalten wirst. In wenigen Tagen werde ich in der schönsten Gegend der Welt wohnen: Meer, Berge, alles was Du willst. Ich werde in einem alten, gewaltigen, verlassenen und verfallenen Kloster der Kartäuser wohnen, die Mend. [Mendizábal, vgl. Abb. 384] wie für mich vertrieben hatte. Ganz in der Nähe von Palma, es gibt nichts Wunderbareres: poetische Kreuzgänge und Friedhöfe, kurz, ich werde es dort gut haben. Nur das Klavier habe ich noch nicht. Ich habe direkt an *Pleyel, Rue Rochechouard[t],* geschrieben. Mach es ausfindig … Sag, daß ich am Tag darauf sehr unpäßlich war, aber daß ich wieder gesund bin. Sprich im übrigen nicht viel von mir, auch nicht über Manuskripte. Schreib mir: ich habe noch keinen Brief von Dir. Sag Leo [Auguste Léo, Chopins Freund; Widmungsträger der *As-Dur-Polonaise*], ich hätte die *Präludien* noch nicht geschickt, und Albrecht [Familie des sächsischen Botschafters in Paris. Thomas Albrecht ist Widmungsträger des *h-Moll-Scherzos.*], daß ich sie sehr liebe und ihnen schreiben werde. Wirf meinen Brief an die Familie bei der Post selbst ein und schreib. Ich umarme Jaś. Ch.
Erzähl den Leuten nicht, daß ich krank war, sie würden darüber klatschen.«

1839

LEBEN

JANUAR: Aufenthalt in Valldemosa. Chopins Gesundheitszustand verschlechtert sich.
17. JANUAR: Der Straßenbauingenieur Carlos Dembowski aus Paris besucht Chopin.
20. JANUAR: Vermutlich an diesem Tag kommt das Pleyel-Klavier in Valldemosa an.
22. JANUAR: Chopin schickt seine eben fertiggestellten *Préludes* nach Paris.
12. FEBRUAR: Abreise aus Valldemosa, Übernachtung in Palma.
13. FEBRUAR: Reise Palma–Barcelona.
14.–22. FEBRUAR: In Barcelona. Chopin erholt sich im Hotel »Cuatro Naciones«. Vgl. S. 209.
22.–24. FEBRUAR: Reise Barcelona–Marseille.
24. FEBRUAR–3. BZW. 22. MAI: In Marseille (vgl. Abb. 452). Am 24. Februar erscheint Hellers Bericht über Chopins *Etüden op. 25* (vgl. S. 148).
26. FEBRUAR: Umzug ins *Hôtel de la Darse*.
1. APRIL: Umzug ins *Hôtel Beauvau*. Chopins Gesundheitszustand bessert sich. George Sand leidet ab 18. April an Rheumaattacken.
24. APRIL: Anläßlich des Trauergottesdienstes für den Sänger Adolphe Nourrit, der sich am 8. März in Neapel das Leben genommen hatte, spielt Chopin auf der Orgel der Kirche Notre-Dame-du-Mont in Marseille. Tags darauf berichtet die Zeitung *Le Sud Marseillais* über sein Spiel.
3. MAI: George Sand, ihre Kinder und Chopin reisen mit dem Dampfschiff »Pharamond« nach Genua.
5.–16. MAI: Aufenthalt in Genua. Vgl. S. 210, 211.
18.–22. MAI: Aufenthalt in Marseille.
22. MAI: Per Schiff von Marseille nach Arles.
24. MAI–1. JUNI: Reise von Arles über Saint-Etienne, Montbrison und Clermont nach Nohant.
1. JUNI–10. OKTOBER: Chopin in Nohant. Vgl. S. 212.
19. JUNI: George Sand schreibt dieses Datum in die Fensternische ihres Zimmers im 1. Stock. Der rätselhafte Vermerk ist noch heute zu sehen.
5. JULI: Rellstab schreibt in der Zeitschrift *Iris* über ein Nocturne (vermutlich *op. 32 Nr. 2*); es ist seine erste positive Chopin-Rezension.
AUGUST: Chopin berichtet Fontana über seine Arbeit an der *b-Moll-Sonate* (vgl. Abb. 480). George Sand ruft den Arzt Gustave Papet aus Paris nach Nohant zum kranken Chopin. Besuch Albert Grzymałas und Emmanuel Aragos in Nohant.
10. OKTOBER: Chopin und George Sand reisen nach Paris. Übernachtung in Orléans.
11. OKTOBER: Am Spätnachmittag Ankunft in Paris. Chopin bezieht seine neue Wohnung, Rue Tronchet No 5, Maurice Sand wohnt vier Tage bei ihm. George Sand und Solange sind Gäste Charlotte Marlianis.
15. OKTOBER: George Sand bezieht mit ihren Kindern zwei Pavillons in der Rue Pigalle No 16. Vgl. S. 232.
29. OKTOBER: Chopin und Moscheles konzertieren vor der Königlichen Familie in Saint-Cloud (vgl. S. 221.) Rezensionen: *Revue et Gazette musicale* (31. Oktober 1839, vgl. Abb. 484), *Allgemeine Musikalische Zeitung* (20. November 1839).
30. OKTOBER: Erster Besuch Friederike Müllers bei Chopin (vgl. S. 278).
15. NOVEMBER: Chopin in Begleitung des Grafen Astolphe de Custine im *Théâtre-Italien*.
25. DEZEMBER: Die *Allgemeine Musikalische Zeitung* rezensiert Chopins *Préludes, Mazurken op. 33* und *Walzer op. 34*.

1839

WERKE

SONATE B-MOLL, OP. 35. 1. Grave. Doppio movimento. 2. Scherzo. 3. Marche funèbre. 4. Presto. Ersch.: Leipzig (Breitkopf & Härtel) 1840, Paris (Troupenas) 1840, London (Wessel) 1840. Der 3. Satz (*Marche funèbre*) entstand bereits 1837. Vgl. Abb. 480.
ETÜDEN F-MOLL, AS-DUR und DES-DUR (OHNE OPUSZAHLEN). Gelegentlich als »Trois nouvelles Etudes« bezeichnet. Ersch. Berlin (A. M. Schlesinger) 1840, Paris (Schlesinger) 1840, London (Wessel) 1841. Vgl. S. 222–225.
BALLADE F-DUR, OP. 38 (letzte Verbesserungen). Vgl. »Werke 1836«.
(MAZURKA E-MOLL, OP. 41 NR. 1), MAZURKA H-DUR, OP. 41 NR. 2, MAZURKA AS-DUR, OP. 41 NR. 3, MAZURKA CIS-MOLL, OP. 41 NR. 4. Ersch.: Leipzig (Breitkopf & Härtel) 1840, Paris (Troupenas) 1840, London (Wessel) 1841. (*Op. 41 Nr. 1* entstand bereits 1838.)
NOCTURNE G-DUR, OP. 37 NR. 2. Vgl. »Werke 1838«.

392 *Mallorca, Kloster Valldemosa. Photographie, 1987.*
Im Winter 1838/1839 bewohnten Chopin und George Sand eine der Mönchszellen (etwa Bildmitte). Die Gärten der Zellen sind durch Mauern voneinander abgegrenzt. (Vgl. Abb. 398, 399 und S. 203.)
Trotz einiger aussagekräftiger Dokumente (Zeichnungen Maurice Sands, Briefe, Pläne) herrschen in Valldemosa Zweifel, in welcher Zelle Chopin und George Sand wohnten.
Das Kloster, ursprünglich ein Königskastell, war seit Beginn des 15. Jahrhunderts Besitz des Kartäuserordens, der es zu einer befestigten Klosteranlage ausbaute. Es wurde im Laufe der Jahre vielen baulichen Veränderungen ausgesetzt, von der mittelalterlichen Anlage blieb schließlich nichts mehr erhalten; der heutige Zustand geht auf das 18. Jahrhundert zurück. 1835 verließen es die Mönche, die ehemaligen Zellen kamen in Privatbesitz. Wegen des Aufenthaltes von Chopin und George Sand wurde die Kartause zu einer Touristenattraktion Mallorcas.

393 *Die Aussicht von der Zelle. Photographie, 1987.* Die Bergsilhouetten sind unverändert, einige Bäume sind verschwunden, einige Häuser kamen hinzu.

394 *Die Aussicht, die Chopin von seiner Klosterzelle aus hatte. Aquarell, 1839, von Maurice Sand.* Das Häuschen rechts im Bild ist heute eine Ruine.

DAS KLOSTER VALLDEMOSA ZU CHOPINS ZEIT UND HEUTE

Den aquarellierten, teilweise gewischten Zeichnungen aus dem Jahr 1839 sind die entsprechenden Photographien aus dem Jahr 1987 gegenübergestellt.
Die Ansichten von 1839 fertigte George Sands damals sechzehnjähriger Sohn Maurice an; sie sind hier zum erstenmal in Farbe veröffentlicht. Johannes Wunner photographierte die Ansichten von 1987.

395 *Blick vom Garten der Zelle, die heute die Nummer »4« trägt, auf den Turm der Kirche. Photographie, 1987.* Vgl. Abb. 443.

396 *Der Kreuzgang von Santa Maria. Photographie, 1987.* Ein Teil des Gewölbes und mehrere Säulen sind bis heute erhalten.

397 *Der Kreuzgang von Santa Maria am Eingang des Kartäuserklosters Valldemosa auf Mallorca. Aquarell, 1839, von Maurice Sand.*

1839

398 *Das Kloster Valldemosa zu Chopins Zeit. Aquarell, 1839, von Maurice Sand.* Man erkennt die Gärten der Zellen, durch Mauern voneinander abgegrenzt.

399 *Das Kloster Valldemosa. Photographie, 1987.* George Sand: »Es ist der schönste Ort, an dem ich je gewohnt, und einer der schönsten, die ich je sah.«[93]

400 *Der alte Eingang zum Kloster. Ausschnitt einer aquarellierten Zeichnung, die Maurice Sand 1839 anfertigte.* Vgl. Abb. 446.

401 *Der ehemalige Eingang. Photographie, 1987.* Dieser Eingang existiert noch, man betritt heute das Kloster aber gewöhnlich von der gegenüberliegenden Seite.

402 *Valldemosa. Aquarell, 1839, von Maurice Sand.* Chopin bewohnte eine der Zellen, die hier durch den Turm, ganz rechts im Bild, verdeckt liegen.

403 *Valldemosa. Photographie, 1987.* Einige Gebäudeteile sind auch auf der Zeichnung von Maurice Sand (Abb. 402) unschwer ausfindig zu machen.

1839

404, 405 *Solange und Maurice Sand. Ölbildnisse, 1838, von Auguste Charpentier.*

406 *Maurice Sand und sein Lehrer Delacroix. Karikatur, März 1840, von Maurice Sand.*

407 *Maurice Sand. Weißgehöhte Bleistiftzeichnung, 1837, von Luigi Calamatta.*
Maurice Sand heiratete 1862 Marceline Claudine Augustine (genannt »Lina«) Calamatta, die Tochter des Malers.
Das Porträt zeigt George Sands Sohn ein Jahr vor der Reise nach Mallorca.

Rechte Seite:
408 *Maurice Sand. Photographie, um 1865, von Nadar.*
Das Leben von Maurice Sand war vom 17. Lebensjahr an eng mit Chopin verknüpft. Sowohl in Paris als auch in Nohant sahen sie sich täglich.

George Sands Kinder

George Sands Kinder Maurice und Solange vervollständigten zusammen mit der Magd Amélie die mallorquinische Reisegesellschaft.

Maurice Baron Dudevant-Sand (1823–1889) hielt viele Einzelheiten jener Reise in Zeichnungen fest; sie wurden zu aufschlußreichen Bilddokumenten. Während George Sand zu ihrer Tochter Solange zeitlebens ein unerfreuliches, ja feindseliges Verhältnis hatte, hing sie an ihrem Sohn Maurice mit abgöttischer Liebe. Delacroix (Tagebucheintrag vom 29. Januar 1849): »Am Abend besuchte ich Chopin; ich blieb bis zehn Uhr bei ihm. Welch ein lieber Mensch! Wir haben über Madame Sand gesprochen, über dies seltsame Schicksal, diese Mischung von guten Eigenschaften und Lastern. [...] Eine einzige Sache nur würde sie treffen, das wäre der Verlust von Maurice oder wenn es mit ihm ganz und gar einen schlimmen Ausgang nähme...«[94]

Seit 27. Februar 1840 Schüler Delacroix', war Maurice später als Maler, Schriftsteller und Entomologe erfolgreich; er illustrierte viele Romane seiner Mutter sowie die Werke Molières.

Solange Dudevant-Sand (1828–1899) war vermutlich eine uneheliche Tochter aus einer Affäre mit Stéphane Ajasson de Grandsagne aus La Châtre. Eine Kuriosität bestärkt diese Vermutung: ähnlich Ajassons legitimer Tochter, besaß sie fast keine Augenbrauen, und kein Geringerer als Delacroix zeigte ihr schon als Kind, sie durch Pinselstriche zu ersetzen. Chopin hatte eine große Schwäche für Solange, und daß er für sie Partei ergriff, als sich Mutter und Tochter 1847 verfeindeten, mag einer der Gründe für seinen Bruch mit George Sand gewesen sein.

1839

1839

409 *Mallorca, ein Tanzabend bei Maria Antonia. Zeichnung, 1839, von Maurice Sand.*
Maria Antonia war eine Art Hausmeisterin im Kloster Valldemosa. Sie bewohnte eine Zelle, die neben derjenigen George Sands und Chopins lag. »Wir folgten dem Schwarm in Maria Antonias Zelle, die mit Efeugirlanden dekoriert war, an denen kleine Papierlaternen hingen. Das Orchester bestand aus einer großen und einer kleinen Gitarre, einer Art Geige und drei oder vier Paar Kastagnetten; es begann die einheimischen *jotas* und *fandangos* zu spielen, die den spanischen ähneln, deren Rhythmus jedoch origineller und deren Gangart forscher ist. Dieses Fest wurde zu Ehren Raphaël Torres', eines reichen Pächters der Umgegend, veranstaltet, der sich ein paar Tage vorher mit einem recht hübschen Mädchen verheiratet hatte. Der frischgebackene Ehemann war der einzige, der dazu verdammt war, fast den ganzen Abend mit den Frauen zu tanzen, die er eine nach der anderen aufforderte. Und während dieses *pas de deux* hockten alle anderen ernst und schweigend auf dem Boden; selbst der Bürgermeister mit seiner Mönchskapuze und seinem großen schwarzen Stab mit silbernem Knauf macht keine Ausnahme.«[95] (George Sand, *Un hiver à Majorque*)

410 *Périca de Pier Bruno. Zeichnung, 1839, von Maurice Sand.*
»Périca ist das netteste Geschöpf, das ich auf Mallorca gesehen habe. Sie und meine Ziege sind die einzigen Lebewesen, die in Valldemosa ein kleines Stück meines Herzens zurückbehalten haben. [...] Sie war sechzehn Jahre alt und hatte ein sehr feingeschnittenes Gesicht, das ganz rund war und samten wie ein Pfirsich. Sie besaß das Ebenmaß und die Harmonie einer griechischen Statue, war schlank wie eine Gerte und ihre nackten Arme waren tiefbraun.«[96] (George Sand, *Un hiver à Majorque*)

411 *Solange und Maurice Sand. Kolorierte Zeichnung, 1839, von Maurice Sand.*
Unter dem Bild: »Im Orangenhain überfüttern sich Maurice und Solange mit Orangen, davon werden sie krank.«

412 *Frédéric Chopin und Maurice Sand (mit Zeichenmappe). Zeichnung, 1838, von Maurice Sand.*
Chopin: »Die Gegend ist greulich.« Maurice: »Das finde ich nicht.« Links unten: »Son Vent bei Palma. 1838.« Rechts unten: »Chopin und Maurice beim Spaziergang.«

1839

413 Einwohner Mallorcas. Aquarell, 1839, von Maurice Sand.

414 Bewohner Valldemosas. Aquarell, 1839, von Maurice Sand.

415 Kloster Valldemosa. Zeichnung, 1839, von Maurice Sand.

416 Raphaël Torres. Zeichnung, 1839, von Maurice Sand. Vgl. Abb. 409.

1839

417 *Das Innere der Kirche des Klosters Valldemosa. Photographie, 1970.*
Das große Kirchenschiff – seit Chopins Zeit fast unverändert – ist in zwei durch eine Holzwand voneinander getrennte Chöre geteilt (vgl. Abb. 418). Die Photographie zeigt den Chorteil, der *vor* der Trennwand liegt.

418 *Das Innere der Kirche des Klosters Valldemosa. Lithograhie, um 1840, von Francisco X. Parcerisa.*
»Die Kirche ist hübsch. Ihre Frische und Sauberkeit stehen in angenehmem Kontrast zum verwahrlosten und leeren Kloster. Wir hatten gehofft, dort eine Orgel zu finden, hatten dabei allerdings vergessen, daß die Ordensregel der Kartäuser jegliches Musikinstrument als eitlen Tand und Sinnenkitzel verbietet. Die Kirche ist einschiffig und ihr Fußboden ist mit schönen Fliesen ausgelegt [die originalen Majolikaplatten haben sich bis heute erhalten], die mit kunstvoll arrangierten Blumensträußen wie auf einem Teppich in zarten Tönen bemalt sind...«[97] (George Sand, *Un hiver à Majorque*)

419 *Die Kreuzesabnahme. Lithographie, um 1830, nach einem Gemälde von Rubens.*
Eine mit dieser Darstellung verknüpfte Geschichte veranlaßte George Sand *(Un hiver à Majorque)* zu folgender Äußerung: »Als der Tischler, den wir in Valldemosa beschäftigten, eines Tages in unsere Zelle gekommen war, um einige Weichholzregale anzubringen, betrachtete er unseren Künstlerkram mit jener naiven und zudringlichen Neugier, die ich früher einmal bei den slawischen Griechen beobachtet hatte. Skizzen von übermütigen Mönchen, die mein Sohn nach Vorlagen Goyas gemacht und damit unser Zimmer geschmückt hatte, schockierten ihn ein wenig; als er jedoch einen Stich der Kreuzesabnahme von Rubens entdeckt hatte, blieb er lange Zeit in tiefe Betrachtung versunken. Wir fragten, was er darüber denke. ›Auf der ganzen Insel Mallorca gibt es nichts so Schönes und so *Natürliches*‹, antwortete er in seiner Sprache.
Dieses Wort *natürlich* aus dem Munde eines Bauern mit der Mähne und den Manieren eines Wilden überraschte uns sehr.«[98]

420 *Die Apotheke in der Nähe des früheren Klostereingangs zu Chopins Zeit. Photographie, 19. Jahrhundert.*
Die 1722 erbaute Apotheke war bis 1915 zugänglich; sie existiert noch heute, das Inventar ist jedoch in einem anderen Raum untergebracht. Als das Kloster 1835 von den Mönchen verlassen werden mußte, blieb die Apotheke im Interesse der Dorfbevölkerung zugänglich unter der Bedingung, daß der Apotheker – der einzige verbliebene Kartäusermönch – seine Kutte durch zivile Kleidung ersetzen mußte.
»Wenn jemand an seiner Tür klingelte, um Eibisch oder Hundszahn (die einzigen Heilmittel, die er besaß) zu verlangen, sah man ihn hastig seine Kutte unter das Bett werfen und in schwarzer Hose, Strümpfen und kurzer Weste erscheinen, gleich den Quacksalbern, die Molière in seinen Zwischenspielen auftanzen läßt.«[99] (George Sand, *Un hiver à Majorque*)

Rechte Seite:
421 *Blick in den bewachsenen Innenhof des Klosters Valldemosa. Photographie, 1970.*
Der idyllische Ort trägt heute den Namen »Myrtenhof«.

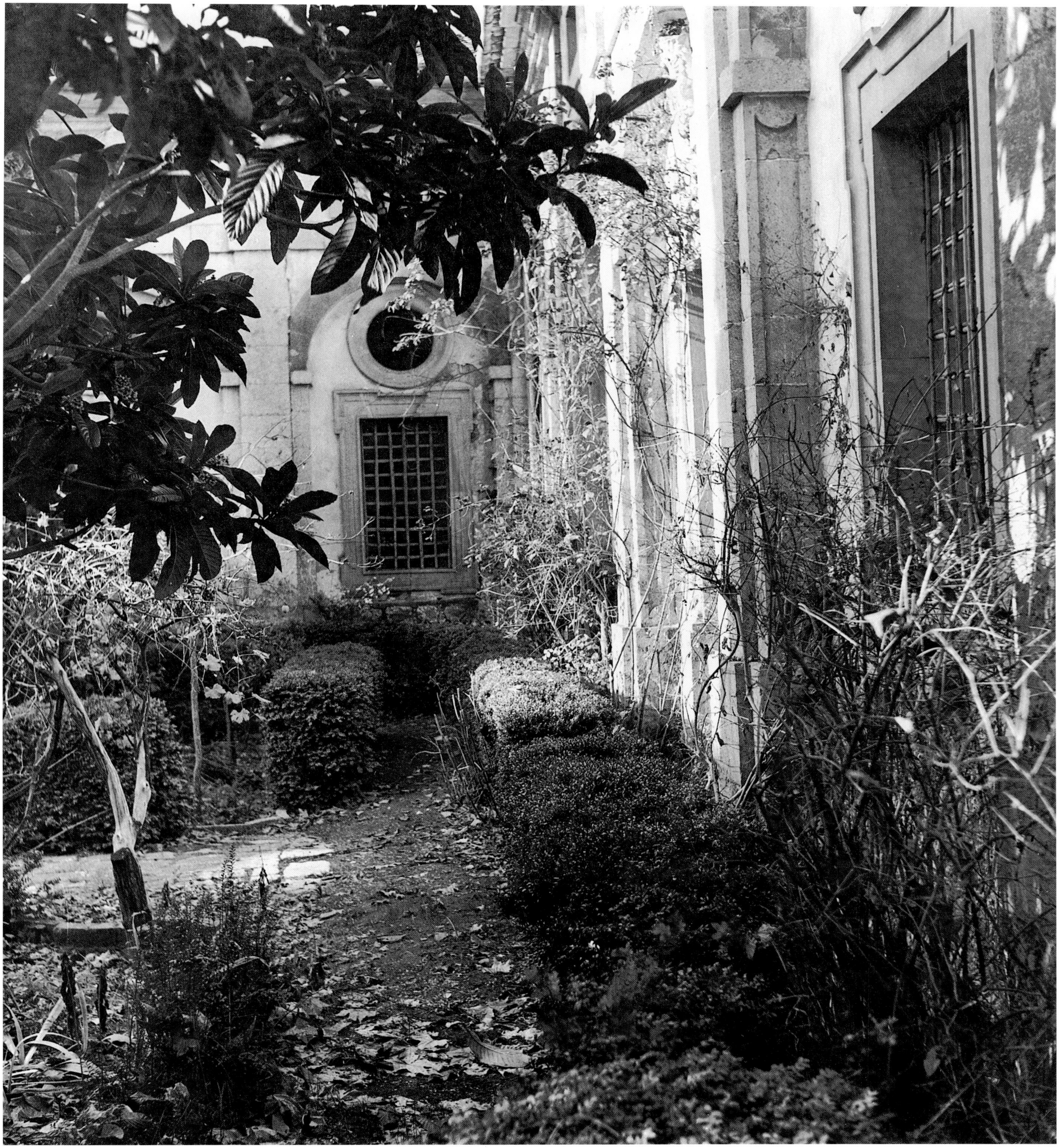

422 Titelblatt der ersten Buchausgabe von George Sands »Un hiver à Majorque«.
Diese Reiseschilderung wurde erstmals ab Januar 1841 in drei Fortsetzungen in der *Revue des Deux Mondes* unter dem Titel *Un hiver au midi de l'Europe* veröffentlicht (vgl. »Leben 1841«). Unter dem gleichen Titel erschien 1841 die erste Buchausgabe (vorliegende Abbildung). 1842 wurde die Erzählung in Paris als *Un hiver à Majorque* veröffentlicht.

423 Erste Seite des Manuskriptes von George Sands Erzählung »Spiridion«.
Im Gegensatz zu Chopins Schaffen wurde George Sands Arbeit zweifellos von der Atmosphäre Valldemosas geprägt. Ihre erfolgreiche Erzählung *Un hiver à Majorque* ist ein Ergebnis dieses Aufenthaltes, der größte Teil der in Kloster- und Mönchskreisen spielenden Novelle *Spiridion* wurde in Valldemosa geschrieben, außerdem überarbeitete die Schriftstellerin hier die erotisch explosive Erstfassung von *Lélia* (1833 veröffentlicht), die sie im Kloster Valldemosa entschieden milderte. Die Zweitfassung von *Lélia* erschien noch im gleichen Jahr (1839).

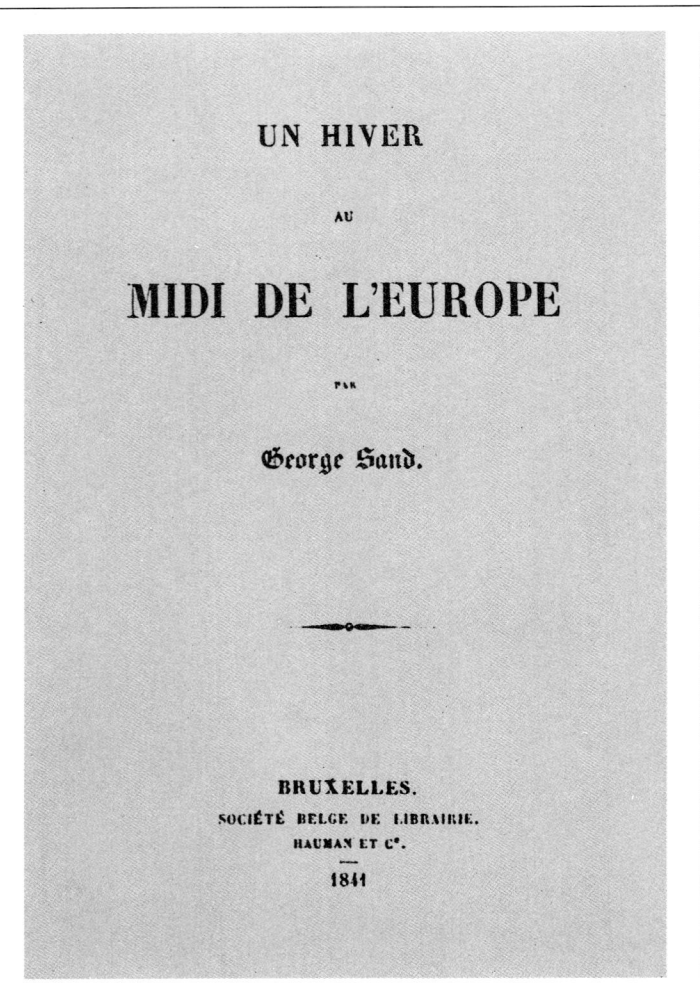

DAS MALLORQUINISCHE WERK CHOPINS

Das blaue Meer, Gitarrenklänge und Volkstänze, das schaurig-schöne Kloster, Liebe und Krankheit: dies alles findet sich im mallorquinischen Werk Chopins wohl kaum – auch wenn dies in noch so vielen Biographien zu lesen ist. Chopin war von derartigen Einflüssen weit weniger abhängig als andere Komponisten. Obwohl er aus Mallorca schreibt, daß man »stundenlang Gitarrenmusik höre« (vgl. S. 182), findet sich in seinen damaligen Werken kein einziger Anklang; seine gitarrenartige *a-Moll-Etüde, op. 25 Nr. 4* und sein *Bolero* entstanden, lange bevor er Spanien gesehen hatte, seine *Tarantella* steht nicht in Zusammenhang mit seinem Italien-Aufenthalt (Mai 1839). Wohl läßt sich feststellen, daß sich in den Werken, die man der mallorquinischen Zeit zuschreibt, mehrere choralartige Themen finden (Hauptmotiv des *cis-Moll-Scherzos, op. 39*, *Préludes Nr. 9, 15* und *20*); dies jedoch auf die Stimmung im Kloster Valldemosa zurückzuführen ist ebenso ein Wagnis wie in den häufigen Ostinati (*Préludes Nr. 2, 6, 15, 16* und *24*) Anzeichen von unausweichlicher Krankheit und Todesahnung zu erkennen; immerhin haben auch Chopin-Werke anderer Epochen choralartige und ostinatoähnliche Motive, z. B. *Nocturnes g-Moll, op. 15 Nr. 3* und *c-Moll, op. 48 Nr. 1* bzw. *Ballade g-Moll, op. 23, Polonaise As-Dur, op. 53* und *Berceuse Des-Dur, op. 57*. Wenn ein Komponist mit dem Erfindungsreichtum Chopins 24 Stücke so unterschiedlichen Charakters aneinanderreiht, wie dies in den *Préludes* der Fall ist, so eröffnen sich zwangsläufig die verschiedenartigsten Möglichkeiten der Deutung (vgl. S. 234). Aus den *Préludes Nr. 3, 19* und *23* hellen Sonnenschein oder Liebesglück der ersten Wochen von Chopins mallorquinischem Aufenthalt, aus der bedrückenden Stimmung der oben aufgeführten ostinatoartigen *Préludes* das Unglück der darauffolgenden Zeit herauszulesen, muß schon deshalb reine Spekulation bleiben, da diese Stücke zum Teil wahrscheinlich schon *vor* Chopins Reise nach Mallorca entstanden. Vermutlich kamen auch die vielzitierten Regentropfen eines später danach benannten *Préludes* lediglich aus George Sands phantasievoller Schreibfeder; ihrer Bemerkung im Anschluß an diese Geschichte schenkt man kaum Beachtung: »Er [Chopin] wurde sogar ärgerlich, als ich von Tonmalerei sprach, und verwahrte sich heftig und mit Recht gegen solche einfältigen musikalischen Nachahmungen von akustischen Einfällen.«[100] – Chopin komponierte auf Mallorca nicht anders als sonst: nobel, majestätisch, elegisch.

Die gewöhnlich als »mallorquinisch« bezeichneten Stücke sind: *Mazurka e-Moll* aus *op. 41*, *Polonaisen A-Dur* und *c-Moll*, *Préludes, Ballade F-Dur, Scherzo cis-Moll, Nocturne g-Moll, op. 37 Nr. 1* und – gelegentlich – *Sonate b-Moll*. Hierzu: Die *Mazurka* (auf dem Manuskript »E moll. Palma 28 9bre«) und die *c-Moll-Polonaise* werden zu Recht genannt. Die *Préludes* wurden auf Mallorca zweifellos vollendet bzw. korrigiert, die meisten – möglicherweise fast alle – entstanden jedoch bereits *vor* dieser Reise. Die *F-Dur-Ballade* stammt von 1836, ihre endgültige Fassung vermutlich aus Mallorca. Das *Scherzo* wurde auf Mallorca komponiert, jedoch erst Mitte 1839 vollendet. Die *A-Dur-Polonaise* existierte schon *vor* Mallorca (vgl. S. 200), ebenso das *Nocturne*[109]; daß dessen choralartiger Mittelteil auf Mallorca entstand, läßt sich nicht beweisen. Die *Sonate* wurde – mit Ausnahme des *Trauermarsches* (1837) – erst Mitte 1839 in Nohant komponiert.

424 *Erste Seite des Manuskriptes von Chopins
»A-Dur-Polonaise, op. 40 Nr. 1«.*
Chopin bot diese Polonaise – später eines seiner
populärsten Werke – zusammen mit der *c-Moll-
Polonaise* (Abb. 425) am 22. Januar 1839 von
Valldemosa aus Camille Pleyel an (vgl. S. 200).
Das Stück ist Chopins einzige geradezu »robuste«
Komposition, von Anfang bis Ende ausnahmslos im
f, ff oder fff gehalten, strahlend und durchdrungen
von Pomp und Selbstbewußtsein.

425 *Erste Seite des Manuskriptes von Chopins
»c-Moll-Polonaise, op. 40 Nr. 2«.*
Die *c-Moll-Polonaise* mit ihrer düsteren, geheimnisvollen Anfangsmelodie – im Gegensatz zu
derjenigen in *A-Dur* eine der am seltensten aufgeführten Polonaisen – gehört zu den wenigen
Stücken, die vielleicht ganz auf Mallorca
komponiert wurden.

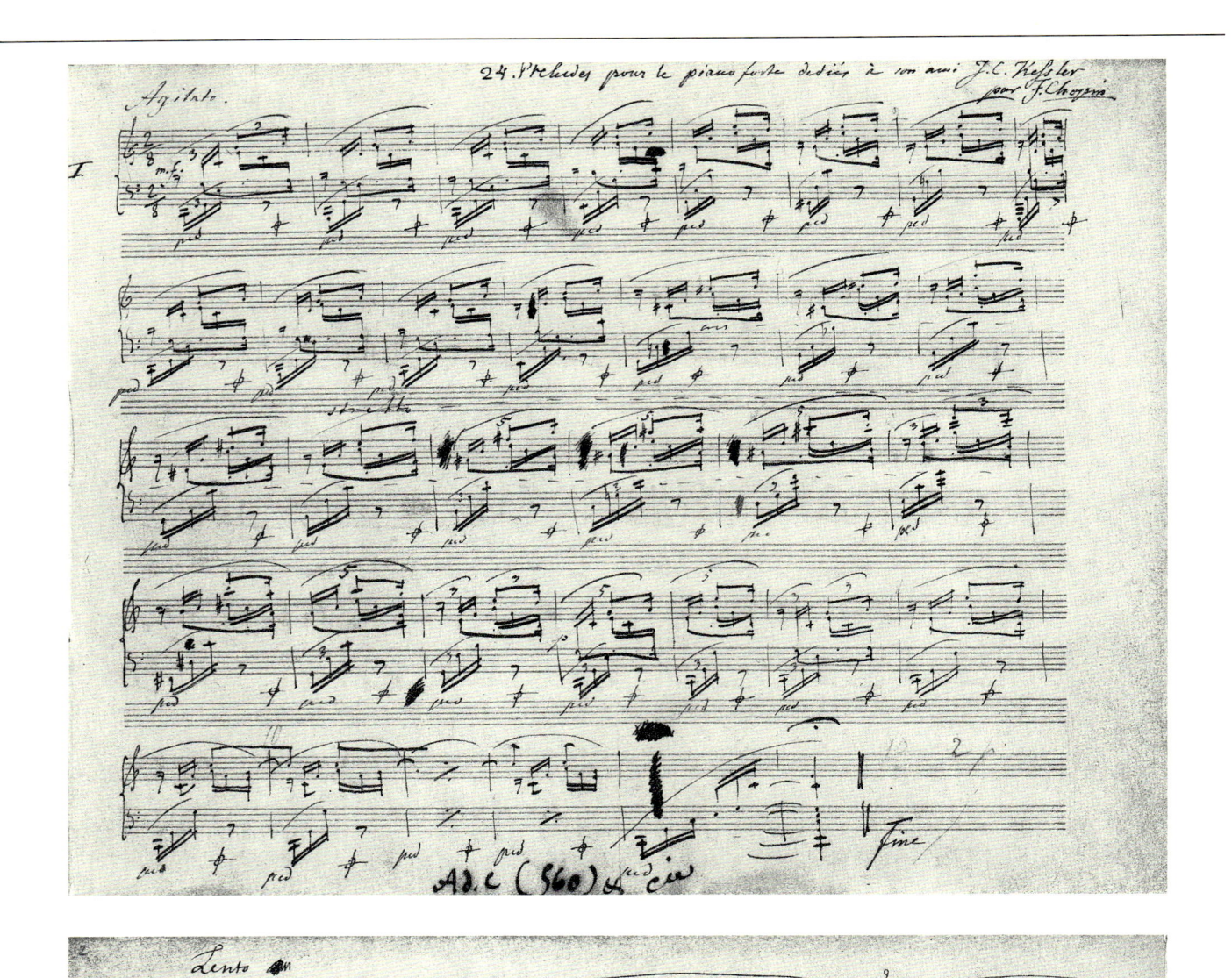

426–429 *Manuskripte der ersten vier »Préludes« aus »op. 28«.*
Das *4. Prélude* gehört zusammen mit dem 6. und 8., insbesondere aber mit dem 15. zu jenen, die häufig in den Verdacht geraten, das berühmte »Regentropfen-Prélude« zu sein; die Geschichte hierzu ist rührend und verfehlt selten ihre Wirkung, sie ist aber vermutlich eine Erfindung und schon gar nicht im Sinne des Komponisten (vgl. S. 196).
Robert Schumann entging nur knapp der Widmung von Chopins *Préludes*. »Ich wünsche sehr, meine *Préludes* Pleyel zu widmen (gewiß ist dazu noch Zeit, da sie noch nicht gedruckt sind), und die *Ballade* Robert Schumann. Die *Polonaisen*, wie sie sind, Dir. Dem Kessler nichts. Sollte Pleyel die Dedikation der *Ballade* nicht abtreten wollen, so widme Schumann die *Préludes*. Von der Abänderung der Dedikation wirst Du Probst nach der endgültigen Beratung mit Pleyel verständigen.« (Chopin an Julian Fontana, Marseille, 6. März 1839[101])
Im Endergebnis wurden die französische und die englische Ausgabe der *Préludes* Pleyel, die deutsche Ausgabe Kessler, die Polonaisen *(op. 40)* Fontana und die Ballade *(op. 38)* Schumann gewidmet.

430 Umschlag und Brief Chopins vom 22. Januar 1839 an Heinrich A. Probst, den Pariser Vertreter des deutschen Musikverlages Breitkopf & Härtel.
»Ich schicke Ihnen, lieber Herr Probst, die 24 Préludes. Würden Sie die Güte haben, Herrn Fontana den vereinbarten Betrag zu übergeben.
Immer zu Ihren Diensten
F. F. Chopin
Ich füge eine Quittung bei.

Von Herrn Probst *tausend* Francs für die *24 Préludes-Eigentumsrecht für Deutschland* – erhalten.
Palma, 22. Januar 1839. F. F. Chopin«

431–434 *Brief Chopins vom 22. Januar 1839 aus Valldemosa an Camille Pleyel.*
Der Brief gibt darüber Aufschluß, an welchen Werken Chopin auf Mallorca arbeitete. Der in Klammer eingefügten Bemerkung kann man entnehmen, daß er seine *A-Dur-Polonaise* bereits vor Reiseantritt komponiert hatte.

»Lieber Freund. Ich schicke Ihnen endlich meine Präludien – die ich auf Ihrem *Pianino* beendete, das trotz der See, des schlechten Wetters sowie des Zolls von Palma in bestmöglichem Zustand angekommen war. Ich habe Fontana beauftragt, Ihnen mein Manuskript auszuhändigen. – Ich *verlange dafür fünfzehnhundert* Francs für *Frankreich* und *England*. – Probst hat, wie Sie wissen, für *tausend* Fr. die Rechte für *Härtel* in Deutschland. – Mit *Wessel* in London bin ich frei von Verpflichtungen; er kann teurer bezahlen. – Wenn Sie daran denken, geben Sie das Geld Fontana. – Ich will hier keinen Wechsel auf Sie ausstellen, denn ich kenne in Palma keinen Bankier. – Da Sie, mein Teuerster, die Bürde haben auf sich nehmen wollen, mein Verleger zu sein –, muß ich Sie darauf *aufmerksam* machen, daß *Ihnen* noch weitere Manuskripte *zur Verfügung* stehen. – Erstens die *Ballade* (die noch zu den Verpflichtungen gegenüber Probst für Deutschland gehört). – Für diese *Ballade* will ich *tausend* Fr. für Frankreich und England. – Zweitens *zwei Polonaisen* (von denen Sie eine in A-Dur kennen) –, für die ich *fünfzehnhundert* Fr. *für alle Länder der Welt* verlange. – Drittens ein 3. *Scherzo* – den gleichen Preis wie für die Polonaise für *ganz Europa*. Dies wird über Sie hereinstürzen, wenn Sie es wünschen, von Monat zu Monat, bis zur Ankunft des Autors selbst, der Ihnen mehr sagen wird, als er zu schreiben weiß. – Was es bei Ihnen Neues gibt, weiß ich nur indirekt durch Fontana, der mir schreibt, es gehe Ihnen besser. – Die Post verfügt hier über eine wunderbare Organisation. Ich warte drei Monate auf einen Brief von den Meinen aus Warschau! – Und Ihre Angehörigen! – Mme Pleyel? – M., Mme Denoyers? – Übermitteln Sie ihnen meine besten Wünsche zum Jahresanfang 39. – Ich warte auf einen Brief von Ihnen – einen ganz kurzen – und liebe Sie wie immer.

Ihr ganz ergebener
F. F. Chopin

Entschuldigen Sie meine Orthographie.
Valldemosa bei *Palma*. 22. Jan. 1839«

(Bei den erwähnten Werken handelt es sich um die *Ballade F-Dur, op. 38*, die *Polonaisen A-Dur, op. 40 Nr. 1* und *c-Moll, op. 40 Nr. 2* sowie um das *Scherzo cis-Moll, op. 39.*)

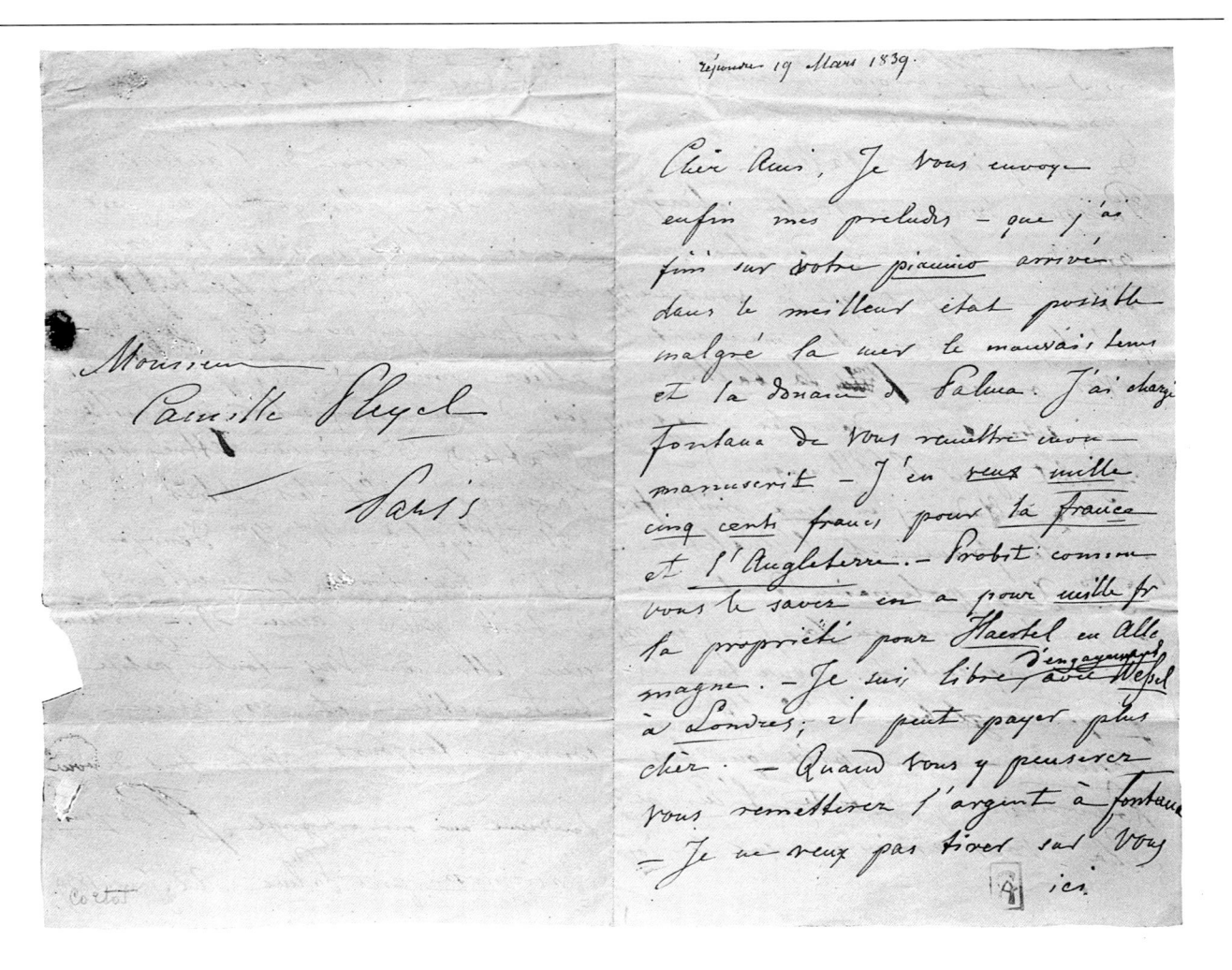

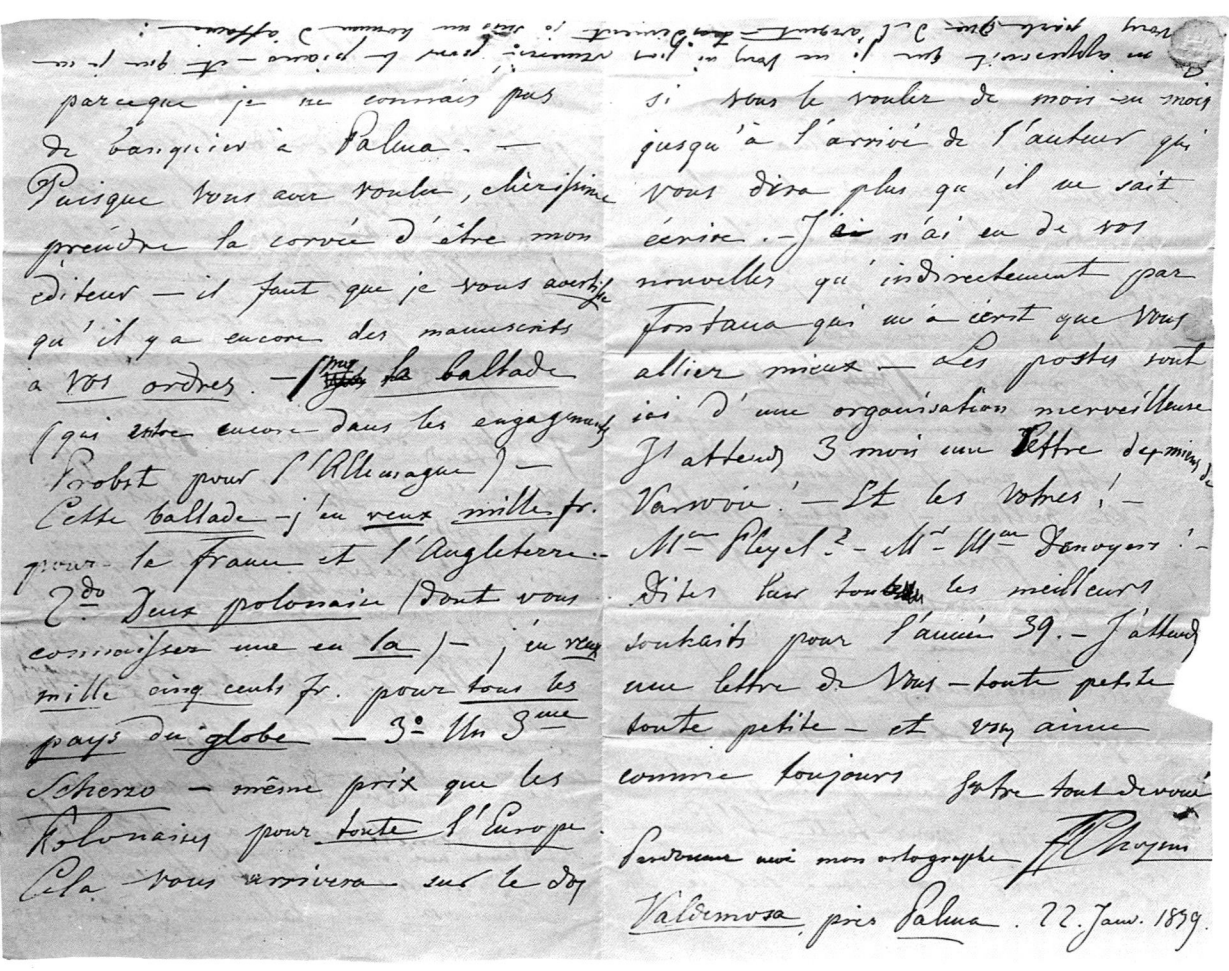

1839

435, 436 *Camille Pleyel (1788–1855). Rück- und Vorderseite einer Silbermedaille aus dem Jahr 1861.*
Camille Pleyel hatte 1824 zusammen mit Friedrich Kalkbrenner die Leitung der später weithin gerühmten Klavierfirma übernommen, die sein Vater Ignaz, Komponist und Musikverleger, 1807 in Paris gegründet hatte.
Camille Pleyel gehörte zu den ersten Pariser Freunden Chopins, und diese Freundschaft währte bis zum Tode des Komponisten. Chopin benutzte fast ausschließlich Pleyelsche Instrumente – sein Name ist sozusagen mit der Individualität dieser Instrumente verknüpft – ebenso wie die *Salons Pleyel* sein bevorzugter Konzertsaal waren.

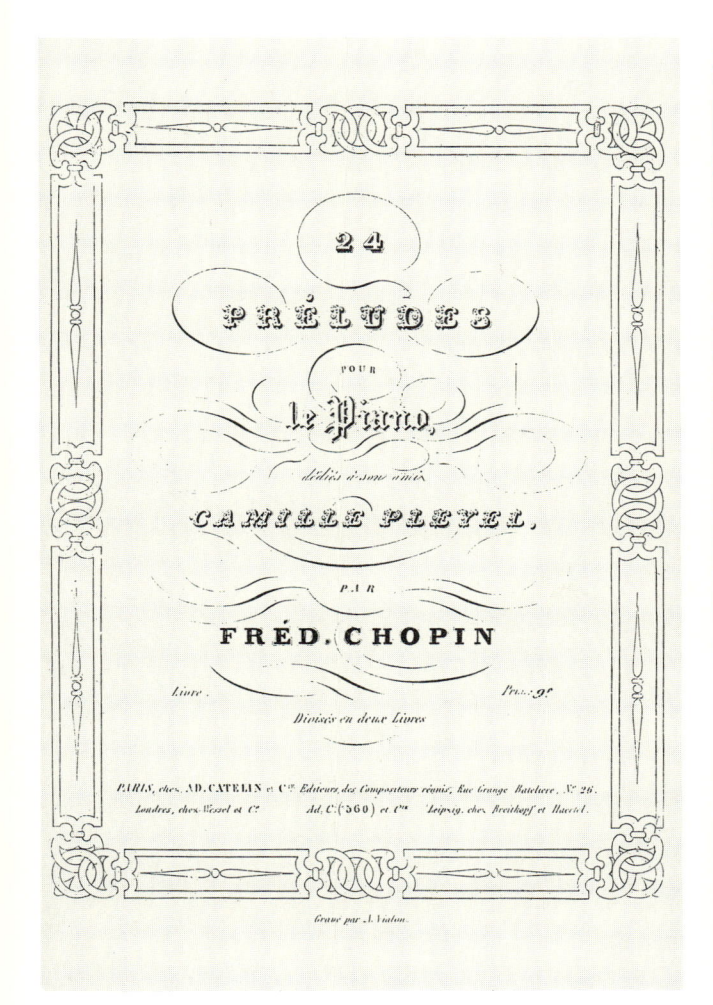

437 *Titelblatt der französischen Erstausgabe von Chopins »24 Préludes op. 28«.*
Die französische und englische Erstausgabe der Préludes sind »à son ami Camille Pleyel« gewidmet. Das Autograph und die deutsche Erstausgabe tragen eine Widmung an den von Chopin sehr geschätzten, heute fast vergessenen Pianisten und Komponisten Joseph Christoph Kessler (1800–1872), der ihm seinerseits seine *24 Präludien* zugeeignet hatte.

438 *Beschriftung und Teil der Tastatur an Chopins Pleyel-Klavier von Valldemosa.*
Vgl. Abb. 439.

439 *Das Pleyel-Klavier, das Chopin 1839 in Valldemosa benutzte. Photographie, 1987.*
Das Klavier wurde am 1. Dezember 1838 in Marseille verladen, traf am 21. Dezember in Palma ein und gelangte schließlich erst um den 20. Januar 1839 – kurz vor Chopins Abreise (!) – nach Valldemosa. Im Gegensatz zu einigen anderen Chopin-Instrumenten hat es eine unantastbare Provenienz: nach Chopins Aufenthalt kam es in den Besitz der Familie Canut in Palma, die es der Familie Quetglas vererbte; es wird heute im Kartäuserkloster Valldemosa (Zelle Nr. 4) aufbewahrt.

440, 441 *Die letzten beiden Seiten eines Briefes Chopins an Camille Pleyel.*
Der Brief gibt u. a. Aufschluß über das Schicksal des Pleyel-Klaviers nach Chopins Abreise aus Mallorca.
Der gesamte Brief lautet:
»Ich bin betrübt, lieber Freund, daß Fontana Sie mit meinen Angelegenheiten behelligt hat. Ich fühlte mich berechtigt, ihm diesen Auftrag an Sie anzuvertrauen, da Sie mir angeboten hatten, meine Werke zu verlegen. Ich schreibe ihm heute noch, Sie in dieser Sache nicht länger zu belästigen. Ich habe Ihnen aus Mallorca zwei Briefe geschrieben und war enttäuscht, keine Antwort zu erhalten. Von Fontana erfahre ich, daß Sie immer noch krank sind, was mich noch mehr bekümmert als Ihr Schweigen. Was mich betrifft, so war ich zu der Zeit, als ich Ihnen schrieb [ab hier abgebildet:], schwer krank; jetzt kann ich Ihnen sagen, daß ich außer Gefahr bin und daß ich auf dem Wege der Genesung bin. – Das Klavier ist in Palma geblieben. Ich habe es verkauft, d. h. fast verkauft für *zwölfhundert* Francs, die Ihnen durch die Herren *Canut* und *Mugnerot*, Bankiers in Palma, in Paris ausbezahlt werden – oder durch mich, falls die Herren die Summe mir überweisen.
Ich habe ihnen eben geschrieben, sie sollen, falls sie zum Kauf des Klaviers entschlossen sind, was nach ihrer Mitteilung *so gut wie definitiv* ist, den Betrag *direkt* an Sie erstatten.
Nun warte ich auf ihre Antwort. Sollten sie mir das Instrument *zurückschicken*, werde ich es hier in Empfang nehmen und Ihnen zustellen lassen. – Ich rechne mit meiner Rückkehr nach Paris, wenn dort schönes Wetter sein wird. – Solange warte ich hier, wo das Klima mild ist und wo ich meine Gesundheit wieder vollends erlange. – Auf Wiedersehen also, Chérissime

Ihr ganz ergebener
F. Chopin

Empfehlungen an Ihre Familie.
Marseille, 12. März, 1839.«

1839

442 *Der Friedhof des Klosters zu Chopins Zeit. Aquarellierte Zeichnung, 1839, von Maurice Sand. Erstveröffentlichung in Farbe.*
Dieser Friedhof, in dem sich George Sand mit Vorliebe aufhielt, befand sich einst an der Stelle des großen Platzes, über den man heute gewöhnlich das Kloster betritt. Der abgebildete Brunnen ist noch – in abgeänderter Form – am gleichen Ort. Um 1845 wurde der Friedhof aufgelassen und ein Zugang vom Dorf zum Kloster geschaffen.

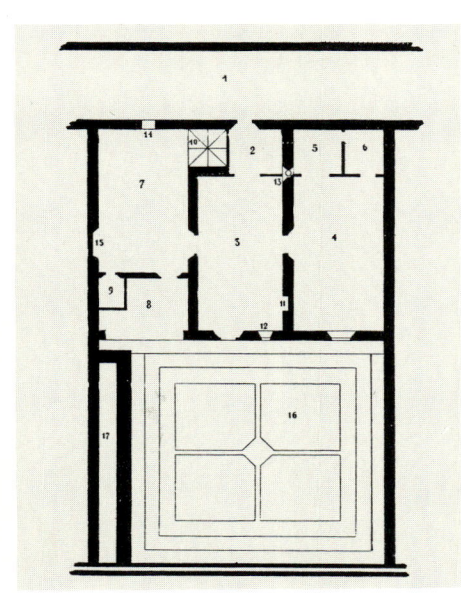

443 *Die Zelle. Aquarellierte Zeichnung, 1839, von Maurice Sand.*
Links oben von Maurices Hand »La cellule« (»Die Zelle«), rechts am Rand »Valldemosa 1839 – Mayorque«. Im Vordergrund ein Teil des Gartens, im Hintergrund der Turm der Kirche.

444 *Plan einer Zelle. (Jede Zelle besteht aus drei großen, ca. 7 m hohen gewölbten Räumen.)*
1. Kreuzgang, 2. Eingang, Vestibül, 3. Ave Maria-Zimmer, 4. Schlafraum, 5. Alkoven, 6. Waschraum, 7. Arbeits- und Speisezimmer, 8. Offener Raum mit Rundbogen (vgl. Abb. 445), 9. WC, 10. Treppe, 11. Betplatz, 12. Fenster, 13. Laterne, 14. Durchreiche für Speisen, 15. Kamin, 16. Garten, 17. Wasserreservoir.

445 *Wasserreservoir und Garten der Zelle. Aquarell, 1839, von Maurice Sand. Erstveröffentlichung in Farbe.*
Dieser Blick bot sich Chopin und George Sand von einem Raum ihrer Zelle aus. Vgl. Abb. 444.

203

1839

446 Der alte Aufgang zum Kloster Valldemosa (im Hintergrund), gezeichnet und lithographiert um 1840 von Francisco X. Parcerisa. Figuren von Puiggari.
Über diese Rampe verließen Chopin und George Sand am 12. Februar 1839 das Kloster und gelangten nach dreistündiger Fahrt auf einem primitiven vierrädrigen Karren nach Palma.

447 Der Raddampfer »El Mallorquin«. Xylographie, um 1840.
Enttäuscht von ihrem Aufenthalt traten Chopin und George Sand mit diesem Schiff – es hatte 1837 die Linie Barcelona–Palma eröffnet – ihre Rückreise an. Mit demselben Schiff waren sie am 8. November 1838 um 11 Uhr 30 voller Erwartungen auf der Insel angekommen. Der Dampfer, 120 Fuß lang, 20,5 Fuß breit und 12 Fuß tief, war aus Holz und hatte ein Fassungsvermögen von 220 Tonnen; sein damaliger Kapitän hieß D. Gabriel Medinas.

448 *Palma zur Zeit von Chopins Reise. Kolorierte Lithographie, um 1840, von Bichebois nach einer Zeichnung von Girault de Prangey. Figurenstaffage von Bayot.*
Am 12. Februar 1839 kamen Chopin und George Sand von Valldemosa nach Palma, verbrachten dort eine Nacht und gingen am folgenden Tag an Bord des »El Mallorquin«. Kurioserweise ist auf dieser Lithographie die riesige Kathedrale von Palma nicht abgebildet, die sich links vom Palast *La Almudaina* (das dominierende Gebäude etwa in der Bildmitte) befindet.

449 *Der Raddampfer »El Mallorquin« (im Hintergrund) vor dem »Porto-Pi« (»Pinienhafen«) von Palma. Aquarell, 1848, von Leonardo Siquier. Erstveröffentlichung.*
Am 13. Februar 1839 um 3 Uhr nachmittags lief der »El Mallorquin« aus dem Hafen von Palma aus. Nach einer für Chopin entsetzlichen Überfahrt – das Schiff hatte an die 100 Schweine an Bord, die man durch ständige Schläge vor der Seekrankheit bewahren wollte – erreichte man am 14. Februar gegen Mittag Barcelona, wo der Komponist, wie George Sand schrieb, »eine ganze Waschschüssel voll Blut spuckte«. Nach acht Tagen Aufenthalt in Barcelona verließ das Paar schließlich Spanien, und Chopin ging es von da an »unendlich viel besser«. Vgl. S. 208/209.

450 *Annonce im »Diario Constitucional de Palma« für die Reise des Schiffes »El Mallorquin« am 13. Februar 1839 von Palma nach Barcelona.*
Chopin und George Sand waren unter den Passagieren.
Der mittlere Absatz der Annonce, Übersetzung aus dem Spanischen:
»Das spanische Dampfschiff *El Mallorquin*, unter seinem Kapitän D. Gabriel Medinas, wird am Mittwoch, dem 13. des Monats, um drei Uhr nachmittags, mit amtlicher und öffentlicher Postbeförderung nach Barcelona auslaufen; es wird Fracht und Passagiere befördern. Abfertigung bei D. José Estade y Omar, Moreystraße 22, viertes Hochparterre.«
Der folgende Abschnitt der Annonce kündigt eine Aufführung des *Barbiers von Sevilla* an.

451 *Eine Fahrkarte für das Schiff »El Mallorquin«, wie sie auch von Chopin und George Sand benutzt wurde.*
Die hier gezeigte Fahrkarte war für den 18. September 1840 bestimmt.

452 *Der Hafen von Marseille, gemalt und lithographiert um 1835 von Garneray.*
So sah der Hafen von Marseille aus, als hier Chopin und George Sand nach zweitägiger Reise von Barcelona am 24. Februar 1839 mit dem Schiff »Le Phénicien« eintrafen.
Im Gegensatz zum zweimonatigen legendären Aufenthalt in Valldemosa ist der dreimonatige Aufenthalt des Paares in Marseille erstaunlich wenig bekannt. Zwei Tage wohnt es bei dem bekannten Arzt Dr. François Cauvière (Rue de Rome No 71), anschließend im *Hôtel Darse*, ab 1. April im *Hôtel Beauvau*. Chopin erholt sich unter der fürsorglichen Obhut Cauvières zusehends, komponiert, spielt wieder häufiger Klavier und äußert sich im übrigen brieflich erstaunlich oft verärgert über seine Verleger, ob es sich nun um Schlesinger, Schonenberger, Probst oder Pleyel handelt. Er berichtet nach Paris, daß seine »Gesundheit Fortschritte mache«, daß er »wenig huste«, und wenn er Fontana von Marseille aus bittet, ein versiegeltes Papier aus der ersten Schublade seines Schreibtisches neben der Tür zu nehmen und es zu verbrennen, da es jetzt unnütz sei, so darf man annehmen, daß dabei sein Testament gemeint war, das er nunmehr als überflüssig erachtete.[102]
George Sand an Charlotte Marliani (Marseille, 26. April 1839): »Chopin ist ein Engel. Seine Güte, seine Zärtlichkeit und seine Geduld beunruhigen mich manchmal; ich glaube, dieses Wesen ist zu zart, zu erlesen und zu vollkommen, als daß es lange in unserem rohen und plumpen Dasein existieren kann.«[103]

453 *Brief Hector Berlioz' an Chopin nach Marseille, Anfang April 1839.*
»Mein lieber Chopin,
die einen sagen, es gehe Ihnen gut, die anderen, daß Sie sehr leidend seien, und wieder andere schließlich, daß Sie keine Nachrichten von Ihnen hätten; um dem ein Ende zu machen, seien Sie so gut, schreiben Sie mir vier Zeilen und sagen Sie mir, wie es Ihnen geht und wann Sie zu uns zurückkehren.
Tausend freundschaftliche Grüße
H. Berlioz.
P.S. Wollen Sie mich bitte Mme Sand in Erinnerung bringen und ihr meine heftigste Bewunderung zu Füßen legen.« Seitlich am Rand: »Wir haben eben eine schlimme Oper über uns ergehen lassen ... von Auber.« [Gemeint ist »Le lac des Fées« (»Der Feensee«).]

454 *Brief Chopins vom 28. März 1839 aus Marseille an den Bankier Canut, Käufer des Pleyel-Klaviers (vgl. Abb. 439).*
Der Brief trägt links oben George Sands weiß gestanzte Initialien, die sich nicht reproduzieren lassen.
»Monsieur, vor mehr als einem Monat erhielt ich einen Brief von Pleyel wegen des Klaviers. – Ich habe meine Antwort in der Hoffnung, von Ihnen zu hören, immer wieder hinausgeschoben und habe ihm nun geantwortet, daß Sie das Instrument für zwölfhundert Francs erworben haben. – Da meine Gesundheit wieder völlig hergestellt ist, werde ich Marseille sofort verlassen und mich direkt nach Paris begeben; ich fühle mich verpflichtet, Sie zur Vermeidung weiterer Verzögerungen zu bitten, sich bezüglich der Bezahlung an C. *Pleyel* & Cie, Rue *Rochechouart* No 20, zu wenden, die davon in Kenntnis gesetzt sind. –
Mit der Versicherung meiner aufrichtigsten Gefühle
F. Chopin
Marseille, 28. März 1839.
Monsieur Canut, Palma«

455 *George Sand (Bildmitte) und François Rollinat (liegend), der Adressat des vorliegenden Briefes. Weißgehöhte, undatierte Zeichnung von George Sand.*
Unter dem Bild von George Sands Hand: »George livrée aux léviathans et Rollinat plongé dans l'abrutissement de la capillomanie«, etwa »George widmet sich den Ungeheuern, während sich Rollinat in die Verdummung der ›Haaromanie‹ vertieft.«
Die Freundschaft mit François Rollinat, einem Advokaten aus La Châtre, zählte George Sand zu den »köstlichsten Segnungen ihres Schicksals«.

Brief George Sands aus Marseille an François Rollinat:

Die Schriftstellerin gibt einen überaus aufschlußreichen Bericht ihrer mallorquinischen Reise mit Chopin. Obgleich die Erfahrung zeigt, daß bei ihren Schilderungen gewöhnlich einige Abstriche angebracht sind, muß die Zeit auf Mallorca ein wahres Fiasko gewesen sein.

»Marseille, 8. März 1839
Lieber Pylades, ich bin wieder nach Frankreich zurückgekehrt und habe das unglücklichste Reiseabenteuer hinter mir, das man sich vorstellen kann. Nach tausend Hindernissen und großen finanziellen Ausgaben war es uns endlich gelungen, auf Mallorca eine Bleibe zu finden, eine großartige Landschaft, aber beispiellos ungastlich. Nachdem ein Monat vergangen war, wurde mein armer Chopin, der schon seit Paris immerfort hustete, noch kränker, und wir mußten einen Arzt rufen, einen zweiten Arzt und schließlich einen dritten, einer ein größerer Esel als der andere, und die hatten nichts anderes zu tun, als auf der ganzen Insel die Neuigkeit zu verbreiten, daß die Krankheit eine Lungenkrankheit im letzten Stadium sei. Darüber herrschte großes Entsetzen, die Schwindsucht ist in diesem Klima selten, und sie gilt als ansteckend. Dazu kamen noch der Egoismus, die Feigheit, die Unsensibilität und die Unehrlichkeit der Einwohner. Sie haben uns als Pestkranke betrachtet und, schlimmer noch, als Heiden, weil wir nicht zur Messe gingen. Der Besitzer des kleinen Hauses, das wir gemietet hatten, setzte uns in gröbster Weise vor die Tür und wollte mit uns prozessieren, um uns auf diese Weise zu zwingen, sein von der Ansteckung befallenes Haus neu zu tünchen. Das einheimische Gericht hätte uns gerupft wie die Hühner.
Man hat uns hinausgeworfen, beschimpft, und wir mußten bezahlen. Als wir nun nicht mehr wußten, was aus uns werden sollte, denn Chopin konnte man in diesem Zustand die Rückreise nach Frankreich nicht zumuten, hatten wir das Glück, im Winkel einer alten Kartause eine spanische Unterkunft zu finden, in der sich politische Häftlinge verborgen hielten und die spärlich aber ausreichend nach bäuerlicher Art möbliert war. Die Flüchtlinge wollten sich in Frankreich in Sicherheit bringen. Wir erstanden das Mobiliar um ein Drittel seines Wertes und ließen uns also in der Kartause von Valldemosa nieder: ein poetischer Name, ein poetischer Wohnsitz, eine wunderbare Natur, großartig und wild, das Meer zu beiden Seiten des Horizontes, steile Berge ringsum, Adler, die ihre Beute bis zu den Orangenbäumen unseres Gartens verfolgten, ein zypressengesäumter Weg, der sich von den Höhen der Berge bis zum Grunde der Schlucht wand, dazu myrtenüberwachsene Wildbäche, Palmen bis zu unseren Füßen – etwas Großartigeres als diesen Wohnsitz gibt es nicht.
Mit Recht aber geht man davon aus, daß dort, wo die Natur schön und freigiebig ist, die Menschen schlecht und geizig sind. Wir hatten alle Schwierigkeiten der Welt, uns auch nur mit den einfachsten Nahrungsmittteln zu versorgen, und das, was die Insel im Überfluß hervorbringt, ließen uns die unehrlichen und habgierigen Bauern fast mit dem

zehnfachen Wert bezahlen, da wir ihnen ausgeliefert waren, wenn wir nicht Hungers sterben wollten. Wir konnten keine Dienstboten bekommen, da wir keine *Christen* waren und weil zudem niemand seine Dienste bei einem *Brustkranken* ausüben wollte. Demzufolge waren wir mehr schlecht als recht untergebracht. Diese Behausung war von unvergleichlicher Poesie; wir sahen keine Menschenseele, nichts störte unsere Arbeit. Nachdem wir zwei Monate gewartet und 300 Francs Zoll bezahlt hatten, war Chopin endlich im Besitz seines Klaviers, und die Klostergewölbe hallten wider von seinen Melodien. Maurice wurde zusehends gesünder und kräftiger; was mich betrifft, so unterrichtete ich die Kinder täglich sieben Stunden lang, und zwar ein bißchen gewissenhafter als Tempête (das gute Mädchen, das ich *trotzdem* sehr herzlich grüße); ich arbeitete die halbe Nacht hindurch an meinen Sachen. Chopin komponierte Stücke von höchster Vollendung, und wir hofften, damit unsere übrigen Schwierigkeiten auszugleichen. Aber das Wetter wurde grauenhaft, da die Kartause hoch im Gebirge liegt. In Wolken gehüllt verbrachten wir fünfzig Tage, ohne in die Ebene hinabsteigen zu können, die Wege hatten sich in Wildbäche verwandelt, und wir bekamen keine Sonne mehr zu Gesicht.

Dies alles hätte mir schön erscheinen können, wenn sich mein armer Chopin mit diesen Umständen hätte abfinden können. Maurice litt nicht darunter. Wind und Meer heulten in den höchsten Tönen, während das Wasser gegen unsere Felsen schlug. Das riesige verlassene Kloster stöhnte über unseren Köpfen. Wenn ich hier den Teil von *Lélia*, der sich im Kloster abspielt, geschrieben hätte, so wäre er schöner und wirklichkeitsnaher geworden. Aber mit der Lunge meines armen Freundes wurde es schlimmer und schlimmer. Das schöne Wetter war endgültig vorüber. Eine Kammerfrau, die ich aus Frankreich mitgebracht hatte und die bisher, selbstverständlich gegen eine entsprechende Bezahlung, dazu zu bewegen gewesen war, mir Küche und Haushalt zu besorgen, begann, den Dienst zu verweigern, da er ihr zu mühselig geworden war. Der Augenblick war gekommen, in dem ich nahe daran war, vor Erschöpfung zusammenzubrechen, nachdem ich den gröbsten Schmutz gekehrt und den Pot-au-feu zubereitet hatte; denn, abgesehen von meiner Hauslehrertätigkeit, zu der noch meine literarische Arbeit kam, den ständigen Sorgen, die der Zustand meines Kranken mit sich brachte, und der tödlichen Unruhe, in die ich dadurch versetzt wurde, litt ich an Rheuma. In diesem Land kennt man keine offenen Kamine; für einen überhöhten Preis war es uns gelungen, einen grotesken Ofen nach Art eines eisernen Kessels zu beschaffen, der uns Kopfschmerzen und Atemnot verursachte. Trotzdem herrschte in der Kartause eine derartige Feuchtigkeit, daß die Kleider, die wir trugen, klamm wurden. Chopins Zustand verschlechterte sich ständig, und, obwohl man uns auf spanische Weise alle erdenkliche Hilfe bot, gelang es uns nicht, auf der ganzen Insel ein gastlicheres Haus zu finden. Schließlich beschlossen wir, um jeden Preis abzureisen, obwohl Chopin nicht einmal die Kraft hatte, sich auf den Füßen zu halten. Wir baten um einen einzigen, den ersten und letzten Dienst! – einen Wagen, um ihn nach Palma zu transportieren, wo wir uns einschiffen wollten. Dieser Dienst wurde uns verweigert, obwohl alle unsere *Freunde* Kutschen gehabt hätten und vermögend waren. Wir mußten drei Wegstunden auf schlechten Straßen im *Birlocho*, einer Art vierrädriger Karren, zurücklegen!

In Palma angekommen, hatte Chopin einen entsetzlichen Blutsturz; wir gingen am folgenden Tag an Bord des einzigen Dampfschiffes der Insel, das regelmäßig Schweine nach Barcelona transportiert. Es gab keine andere Möglichkeit, dieses verwünschte Land zu verlassen. Wir waren in Gesellschaft von *hundert Schweinen*, die ständig schrien, und deren Gestank die Luft derart verpestete, daß der Kranke keine Ruhe fand und nicht einmal Luft zum Atmen hatte. Als er in Barcelona ankam, spuckte er immer noch eine ganze Waschschüssel voll Blut und schlich herum wie ein Gespenst. Da wendete sich glücklicherweise unser Schicksal! Der französische Konsul und der Kommandant der französischen Marinestation empfingen uns mit einer Gastfreundschaft und Gewogenheit, die in Spanien unbekannt sind. Wir wurden auf einen schönen Kriegszweimaster gebracht, dessen Arzt, ein anständiger und achtbarer Mann, dem Kranken sofort zu Hilfe eilte und die Lungenblutung innerhalb von 24 Stunden zum Stillstand brachte. Von diesem Augenblick an ging es ihm ständig besser. Der Konsul brachte uns in seinem Wagen zum Gasthaus. Chopin erholte sich dort acht Tage lang, dann fuhren wir mit demselben Dampfschiff, das uns nach Spanien gebracht hatte, dem schönsten und besten, das im Mittelmeer verkehrt, nach Frankreich zurück. Als wir das Gasthaus verließen, verlangte der Wirt, daß wir das Bett bezahlten, in dem Chopin geschlafen hatte, denn es sei infiziert, und die Polizei hätte angeordnet, daß es verbrannt werden müsse!

Spanien ist ein hassenswertes Land! Barcelona ist ein Refugium für alle jungen, reichen und herausgeputzten Leute in ganz Spanien. Sie suchen Schutz hinter den Befestigungsanlagen der Stadt, die wirklich sehr beeindruckend sind, und, anstatt ihrem Land zu dienen, verbringen sie hier ihre Tage mit Herumschlendern auf den Promenaden, und sie denken gar nicht daran, die Carlisten zurückzutreiben, die auf Kanonenschußweite an die Stadt herangerückt sind und ihre Landhäuser brandschatzen. Die Geschäftsleute zahlen ihre Steuern an Don Carlos ebenso wie an die Königin, keiner macht sich darüber Gedanken, man kann nicht einmal erahnen, wie ihre politische Überzeugung aussieht. Man ist fromm, und dies auf eine fanatische und bigotte Art, wie zu den Zeiten der Inquisition. Es gibt weder Freundschaft noch Treue, noch Ehre, noch Hingabefähigkeit, noch Geselligkeit. Oh, diese Erbärmlichen! Wie ich sie hasse und verachte!

Nun sind wir also in Marseille. Chopin hat die Überfahrt gut überstanden. Er fühlt sich hier ziemlich schwach, aber es geht ihm in jeder Hinsicht unendlich besser, und er ist in den Händen von Dr. Cauvière, einem ausgezeichneten Mann und einem ausgezeichneten Arzt, der ihn väterlich betreut und der uns seine Genesung zugesichert hat. Endlich können wir wieder aufatmen, aber nach wieviel Mühsalen und Ängsten!

Ich habe Dir das alles bisher nicht geschrieben. Ich wollte Dich nicht beunruhigen und habe auf bessere Tage gewartet. Diese besseren Tage sind endlich angebrochen. Gott gebe, daß Dein Leben friedlich und hoffnungsvoll verläuft! Lieber Freund, hoffentlich muß ich nicht erfahren, daß Du während meiner Abwesenheit ebenso gelitten hast wie ich. Adieu, ich drücke Dich an mein Herz. Meine herzlichen Grüße an all die Deinen, die mich lieben, und an Deinen lieben Herrn Vater.

Schreibe mir hierher an die Adresse von Dr. Cauvière, Rue de Rome, 71.

Chopin trägt mir auf, Dich freundlich von ihm zu grüßen. Maurice und Solange umarmen Dich. Es geht ihnen bestens. Maurice ist völlig gesund geworden.«

456 »Chopin in Marseille, während er sich gerade nicht amüsiert«. Karikatur, Mai 1839, von Maurice Sand.

457, 458 Brief und Umschlag (der Umschlag ist gleichzeitig die Rückseite des Briefes) Chopins mit einem Zusatz von George Sand vom 21. Mai 1839 aus Marseille an Wojciech (Albert) Grzymała.

Chopins Brief an Grzymała. Übersetzung aus dem Polnischen:

»Marseille, 21. Mai 1839. Mein Lieber, morgen fahren wir nach Nohant – ein wenig erschöpft. – Das Meer hat uns entkräftet auf der Rückreise aus *Genua*, wo wir einige ruhige Wochen verbracht haben. [Es waren genau eineinhalb Wochen.] – Die Erholung in Marseille war kurz, aber in *Nohant* wird sie länger dauern, und dort erwarten wir Dich voll Ungeduld – ich träume sogar davon – Du kommst doch, nicht wahr? – Wenigstens für 24 Stunden. – Sicherlich hast Du Deine Krankheit schon völlig vergessen. Bringe bitte den Brief an meine Familie zur Post. – Drück die Händchen, wem es gebührt, und schreib ein paar Worte nach *Nohant*.   Dein F. F. Ch.«

Zusatz von George Sands Hand. Übersetzung aus dem Französischen:

»Guten Tag, lieber Mann [so nannte George Sand ihren Freund Grzymała gelegentlich, während sie Chopin häufig mit ›mein Kleiner‹ bezeichnete], wir sind noch hier über Berge und Täler, aber in acht Tagen werden wir uns von all unseren Reisen erholen können. Wir haben gerade einen schrecklichen Sturm auf dem Meer erlebt [auf der Rückfahrt von Genua nach Marseille]. Der Kleine hat Beweise seines Mutes erbracht, und ich glaube, daß er hierfür einen Orden anfordern könnte. Sie kommen nach Nohant, nicht war, mein lieber Guter? Wir zählen auf Sie!   G. S.«

459 *Chopin und George Sand, im Vordergrund Solange und Maurice (mit erhobenem Arm) beim Spaziergang in Genua.* Karikatur, Mai 1839, von Maurice Sand.
Maurice: »Da, Solange, schau doch mal, da ist doch tatsächlich ein italienischer Esel!« Solange: »Esel gibt es doch überall«. George Sand (oder Chopin): »Wie sich diese Kinder auf Reisen benehmen!«

460 *Genua.* Stahlstich, um 1840, von Rouargue. In der Zeit vom 5. bis 16. Mai hielten sich Chopin und George Sand in Genua auf. Für George Sand mag dieser Aufenthalt Erinnerungen an die Reise mit ihrem einstigen Geliebten Alfred de Musset geweckt haben, die sie sechs Jahre zuvor in diese Stadt geführt hatte.

1839

461 *Straßenszene in Genua. Aquarell, 1839, von Maurice Sand. Erstveröffentlichung.*
Nach zehntägigem Aufenthalt in Genua kehren Chopin und George Sand nach Marseille zurück; während der Überfahrt erlebten sie an Bord ihres Schiffes einen schrecklichen Sturm.

462 *Schiffe vor Marseille. Aquarell, 1839, von Maurice Sand. Erstveröffentlichung.*
Links im Bild *Château d'If*, das durch Kerkerhaft und Ausbruch Edmond Dantès' jedem Leser von Dumas' Roman *Der Graf von Monte-Cristo* ein Begriff ist.
Von Genua zurückgekehrt, treffen Chopin und George Sand am 18. Mai 1839 wieder in Marseille ein, um vier Tage später ihre Reise nach Nohant anzutreten; dort beginnt ein neues Kapitel ihrer Liebesgeschichte.

1839

463 Das Speisezimmer in Nohant. Photographie, 1988.
Noch heute sind die Tischkarten einer »Tafelrunde aus dem Jahr 1869« aufgestellt, die Aurore, die Enkelin der Schriftstellerin, arrangierte: George Sand, Gustave Flaubert, Alexandre Dumas (d. J.), Pauline Viardot-Garcia, Prinz Jérôme Napoléon, Madame Arnould-Plessy, Iwan Turgenjew, Maurice Sand und seine Frau Lina Sand und die kleine Aurore selbst.
Der Kronleuchter aus Murano-Glas ist angeblich ein Geschenk Alfred de Mussets an George Sand aus den Tagen des gemeinsamen Aufenthaltes in Venedig (Januar bis März 1834).

Erklärung der Grundrisse:
Erdgeschoß: 1. Eingangshalle. Hier befinden sich heute ein großes Gemälde, das Aurore Lauth-Sand darstellt, und Zeichnungen von Maurice Sand mit Sujets aus Märchen und Sagen des Berry (vgl. Abb. 474). 2. Küche. Der Holzkohlenherd und das Küchengerät (Kasserollen, Einmachtöpfe, Schokoladenmaschine etc.) aus der Zeit George Sands und Chopins sind noch vorhanden. Über der Türe Glöckchen mit verschiedenem Klang, die die Dienerschaft in die einzelnen Zimmer rufen konnten. 3. Speisezimmer (vgl. Abb. 463). 4. Das Zimmer von Marie-Aurora von Sachsen bzw. von Maurice und Solange (vgl. Abb. 468). 5. Boudoir (vgl. Abb. 661). 6. Theater (vgl. Abb. 665). 7. Ursprünglich Bibliothek, dann Gerätekammer, seit 1847 Marionettentheater (vgl. Abb. 664). 8. Salon (vgl. Abb. 470). Zwischen Eingangshalle und Küche ein (später unterteiltes) Badezimmer, das um 1835 ein Raum für Küchengeschirr war. Vor der Küche eine Kammer für Küchengeräte. Der seitliche Anbau rechts war um 1835 wesentlich größer, er umfaßte Badezimmer, Lavoir, Garderobe, Dienerkammer, Bäckerei und Waschhaus. Heute, ebenso wie zu Chopins Zeit, sind nur mehr die beiden erstgenannten Räume vorhanden. Die Halbkreise bezeichnen die Stufen zum Garten (vgl. Abb. 467).
Obergeschoß: 9. Treppenhaus (mit Büsten George Sands und der Malibran, vgl. Abb. 475) und Gang (mit Zeichnungen und Aquarellen von Maurice). 10. Vorzimmer mit Geschenken – darunter einige griechische und etruskische Töpfereien, die George Sand von Freunden erhielt. 11. George Sands »blaues Zimmer«; die Schriftstellerin bewohnte es im Alter; hier starb sie auch (vgl. Abb. 471). 12. Chopins Zimmer (früher zusammen mit Nr. 13 *ein* Raum); nach Chopins Auszug wurde Nr. 12 George Sands Arbeitszimmer und Nr. 13 – getrennt durch eine Zwischenwand – ein Bibliotheksraum (genaue Beschreibung bei Abb. 469). 14. Zimmer George Sands während ihrer Liaison mit Chopin, später wurde es von Aurore Lauth-Sand, die 1961 als Fünfundneunzigjährige starb, bewohnt; daneben (ohne Nummer) ein Boudoir. 15. Vorzimmer. Gegenüber von Nr. 15 kleine Kabinetts und ein großer Raum, früher ein Schlafzimmer, später ein Atelier Maurice Sands. Gegenüber von Nr. 14 das Zimmer von Maurice und ein Kabinett (früher unterteilt). Gegenüber von Nr. 11 das Zimmer von Augustine Brault, die im Januar 1846 in die Familie aufgenommen wurde, daneben ein Bedienstetenraum und ein Kabinett.

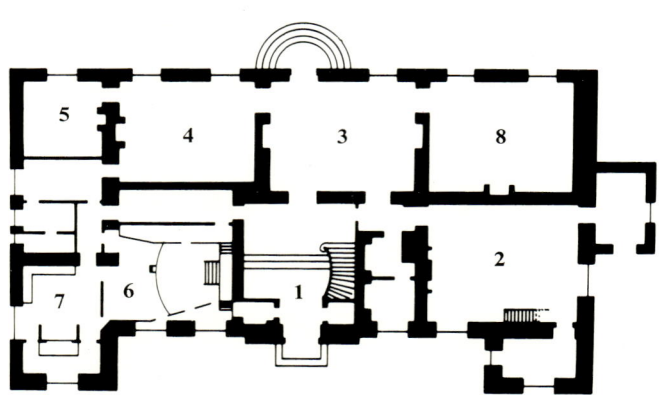

464 Schloß Nohant. Grundriß der Zimmeranordnung im Erdgeschoß.

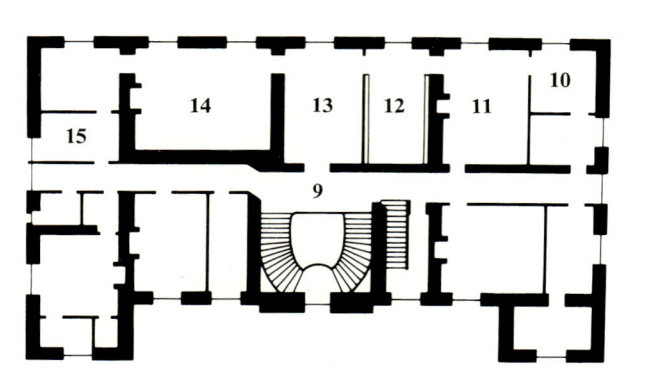

465 Schloß Nohant. Grundriß der Zimmeranordnung im Obergeschoß.

NOHANT

Am 1. Juni 1839 findet die lange Reise, die Chopin und George Sand im Oktober 1838 angetreten hatten, ihr Ende. Das Paar kommt an diesem Tag nach Nohant, es ist Chopins erster Besuch auf George Sands Landsitz. Der Musiker bleibt bis zum 10. Oktober und komponiert bzw. vollendet die *b-Moll-Sonate*, das *G-Dur-Nocturne* aus *op. 37* sowie die *Mazurken op. 41 Nr. 2, 3* und *4*.
Nohant, ein schloßähnliches, behagliches Landhaus im Stil Louis XVI, mit einigen Nebengebäuden, einem Bauernhof, einem romanischen Kirchlein und dem Familienfriedhof (auf dem die Schriftstellerin begraben ist), liegt im Berry, etwa 250 km südlich von Paris; der nächste größere Ort ist La Châtre. George Sand verbrachte hier den Großteil ihrer Jugend und ihres Alters. Obwohl Chopin ein ausgesprochener Stadtmensch war (George Sand: »Stets sehnte er sich nach Nohant und hielt es dann dort kaum aus«[104]), lebte er in den Sommermonaten 1839 und denjenigen von 1841 bis 1846 in Nohant. In Paris pflegte er nahezu den ganzen Tag zu unterrichten, in Nohant hingegen arbeitete er fast ausschließlich an seinen Werken. Nach dem Tode der Schriftstellerin wurde das Haus von ihrem Sohn Maurice bewohnt; ihre Enkelin Aurore Lauth-Sand schenkte es dem französischen Staat, heute ist es eine öffentlich zugängliche Erinnerungsstätte. Glücklicherweise wurde in Nohant wenig verändert. Die Zeit scheint stehengeblieben zu sein, man fühlt sich zurückversetzt in die Tage, als hier Balzac, Flaubert, Delacroix und Liszt verkehrten, als Chopin hier arbeitete und seine Musik aus den »vom grünen Vorhang des Lindengezweigs verhüllten Fenstern«[105] erklang.

1839

466 Schloß Nohant, Nordfassade (Straßenseite). Photographie, 1988.
In diesem Haus waren oft die Pariser Künstlerfreunde George Sands zu Besuch. Es verging kaum eine Woche, in der die Gästezimmer nicht belegt waren.
Nohant blieb zum Glück von übereifrigen Renovierungen verschont. Fast ist man dankbar für einige Risse in der Decke oder ein fehlendes Stuckornament. Die Tapeten, das Mobiliar, die Gemälde – all der edle verblichene Glanz der Vergangenheit haben sich erhalten. Selten glaubt man sich beim Besuch einer Gedenkstätte den einstigen Bewohnern so nahe. Man geht durch die Räume mit dem Gefühl, im nächsten Augenblick George Sand zu begegnen, und der hypnotische Zauber Chopinscher Musik ist stets gegenwärtig.

467 Schloß Nohant, Südfassade (Gartenseite). Photographie, 1988.
Im Obergeschoß, hinter dem fast verdeckten Fenster (links von dem Fenster über der Türe), lag Chopins Zimmer (vgl. Abb. 469 und Abb. 465 Nr. 12); hier entstanden fast alle seine Werke ab 1839. Die Türe (Bildmitte) führt ins Speisezimmer. Vor dieser Türe bemerkt man einen eisernen halbrunden Bogen; er war früher mit Laub bewachsen (vgl. Abb. 527). Im Dach das Fenster des Ateliers, in dem Maurice Sand und gelegentlich auch Delacroix arbeiteten. Im Vordergrund die beiden Zedern, die George Sand zur Geburt ihrer Kinder gepflanzt hatte.
In unmittelbarer Nähe des Gartens liegen der Familienfriedhof, eine Werkstatt, die für Delacroix eingerichtet worden war, ein kleines Gefängnis – Teil einer ehemaligen Burg – und ein Gartenhäuschen für die Rendezvous George Sands mit Jules Sandeau, ihrem Liebhaber von 1831.
Eugène Delacroix: »Nohant, das ist in meinem Herzen und in meiner Erinnerung wie einer jener seltenen Orte, an denen mich alles entzückt, überwältigt und tröstet.«[106]

1839

468 *Nohant, das große Zimmer im Erdgeschoß (vgl. Abb. 464 Nr. 4). Photographie, 1988.*
Das Zimmer mit den Louis XVI-Möbeln aus der zweiten Hälfte des 18. Jahrhunderts wurde früher von Marie-Aurora von Sachsen, George Sands Großmutter, bewohnt, später war es das Kinderzimmer von Maurice und Solange. Zu Chopins Zeit war es ein Gästezimmer. Marie d'Agoult und Franz Liszt, der hier seine ersten Beethoven-Symphonien und Schubert-Lieder für Klavier übertrug, bewohnten es von Anfang Mai bis 24. Juli 1837. Chopin erwähnt das abgebildete Bett in einem Brief vom 8. Juli 1839, in dem er seinen Freund Grzymała nach Nohant einlädt: »Das Bett der Madame d'Agoult wartet auf Dich, wenn Dir das angenehm sein kann ...«[107]
Auf dem Kamin eine Büste, die Jean-Antoine Houdon von seiner Frau angefertigt hatte.

469 *Nohant, Chopins Zimmer (vgl. Abb. 465 Nr. 12). Photographie, 1988.*
Dieses Zimmer, ursprünglich ein Schlafgemach und zusammen mit dem anschließenden Zimmer *ein* Raum, war ab 1839 das Zimmer Chopins. Hier komponierte er nahezu alle Werke von *op. 35* bis *op. 65*. Nach 1847 – Chopin und George Sand hatten sich in diesem Jahr getrennt – war das Zimmer völlig verändert: zusammen mit dem – nur durch eine nachträglich eingezogene Zwischenwand abgegrenzten – nächsten Raum wurde es Arbeits- bzw. Bibliothekszimmer George Sands; auch ihre Gesteins-, Fossilien- und Schmetterlingssammlung wurde dort untergebracht.
Die Türe im Hintergrund verbirgt einen Wandschrank, die Bücher und George Sands Schreibtisch, an dem sie einen Großteil ihrer Werke schrieb, waren zu Chopins Zeit nicht im Raum.

1839

470 *Nohant, der Salon (vgl. Abb. 464 Nr. 8). Photographie, 1988.*
Dieser Salon blieb seit Chopins Zeit so gut wie unverändert. Neben dem erlesenen Louis XVI-Mobiliar verdient der ovale Tisch, vom Dorfschreiner aus Kirschholz angefertigt, Beachtung. An ihm verbrachte man die langen Abende, hier spielte man mit Puppen, ehe es ein eigenes Marionettentheater gab. »Dieser tüchtige und gute alte Tisch«, pflegte George Sand zu sagen.
Vor dem Kaminspiegel eine Kopie des berühmten George Sand-Gemäldes von Charpentier (das Original, vgl. Abb. 352, befindet sich im Musée Carnavalet, Paris), das große Porträt links vom Kamin zeigt Solange (vgl. Abb. 405), das entsprechende Pendant rechts vom Kamin (von dem nur ein Teil des Rahmens zu sehen ist) Maurice (vgl. Abb. 406), beide gemalt von Charpentier, an der linken Wand Gemälde von George Sands Enkelin Aurore und (darüber) Lina Calamatta, der Gattin Maurice Sands.

471 *Nohant, das blaue Zimmer (vgl. Abb. 465 Nr. 11). Photographie, 1988.*
George Sand richtete sich diesen Raum gegen Ende ihres Lebens ein, auch die Tapete, die Chopin (der bei Tapeten und Bekleidung stets »etwas Dezentes« wünschte) wahrscheinlich als zu aufdringlich empfunden hätte, wählte sie damals aus. »Wie lustig diese blau-weiße Tapete ist«, schrieb sie in ihr Tagebuch.
Hier in diesem Raum starb sie, in einem Eisenbett, das man neben das Fenster gestellt hatte, um sie leichter pflegen zu können. »... Laßt ... grünen ...« waren ihre letzten Worte. Man verstand, daß sie am Fuße des Taxus auf dem kleinen Familienfriedhof begraben sein wollte.
Auf dem Tisch die Reise-Schreibgarnitur George Sands, im Hintergrund ihr Bett. Anstelle der kleinen Kommode stand früher eine schöne Louis XVI-Kommode, angeblich ein Geschenk Chopins.

1839

472 Nohant, das alte Gittertor. Photographie, 1988.
Durch dieses Tor gelangt man zum Haupteingang an der Nordfassade des Schlosses (vgl. Abb. 466). Eugène Delacroix, der wegen Krankheit seine Arbeit an den Wandbildern des Palais Bourbon in Paris unterbrechen mußte, kam am 4. Juni 1842 für einen Monat nach Nohant, wo er sich in Gesellschaft Chopins und George Sands etwas erholte. In einem Nebengebäude des Schlosses malte er damals *L'éducation de la Vierge*, wozu ihm eine Hausangestellte und deren Tochter Modell saßen. Maurice Sand kopierte dieses Bild später für die aus dem 14. Jahrhundert stammende kleine Kirche, deren Eingang hier links im Vordergrund zu sehen ist.

473 Nohant, Blick in ein Nebengebäude des Schlosses. Photographie, 1988.
Dieser Raum mit Kutschen und Sattelzeug George Sands befindet sich auf der linken Seite des Schloßhofes.

1839

474 *Nohant, Eingangshalle des Schlosses. Photographie, 1988.*
Die geöffnete Flügeltüre gibt den Blick in das Speisezimmer und in den Garten frei (vgl. Abb. 464). Links an der Wand, die (wahrscheinlich von Maurice Sand) in Pastelltönen bemalt ist, ein Ölgemälde von V. Santaolaria, das George Sands Enkelin Aurore Lauth-Sand darstellt. Ganz rechts die erste Stufe der Treppe zum Obergeschoß.

475 *Nohant, die gewundene Treppe zum Obergeschoß. Photographie, 1988.*
Diese Treppe mit ihren erhabenen, ausgetretenen Stufen führt zu Chopins Zimmer. Aurore Lauth-Sand erzählte noch im Jahre 1960 dem Verf., wie sie George Sand immer gestützt habe, wenn diese, »in der Hand einen Kerzenhalter, mit leisen, aber raschen Schritten« die Treppe hochstieg.
In der rechten Wandnische eine Büste Maria Felicità Malibrans (vgl. Abb. 196), in der linken, durch das Treppengeländer halb verdeckt, eine Büste George Sands.

Nohant wurde hier deshalb so ausführlich vorgestellt, weil es das (bis heute unveränderte) Ambiente darstellt, in dem Chopin komponierte. Wie schon einmal erwähnt, schuf er in Nohant fast alle seine Werke zwischen 1839 und 1847, d. h. von *op. 35* bis *op. 65*.

476 *Der Garten von Nohant. Zeichnung, um 1843, von Eugène Delacroix.*
Delacroix war mehrmals Gast in Nohant, so in den Sommermonaten 1842, 1843 und 1846. Für sein Bild *L'éducation de la Vierge* hatte er keine Leinwand und benutzte einen weißen Korsettstoff George Sands. Als diese ihm einmal ihre gepreßten Blumen zeigte, äußerte er: »Dies ist Anmut, die den Tod überdauert«.

477 *Am Ufer der Creuse. Links im Vordergrund Maurice und George Sand. Zeichnung, Mitte 19. Jahrhundert, von E. Grandsire.*
George Sand: »Ich versuchte ihn [Chopin] zu zerstreuen, ihm Bewegung zu verschaffen, packte oft meine ganze Gesellschaft in einen Leiterwagen, entriß ihn so wider Willen seiner Todesqual und führte ihn an die Ufer der Creuse. […] Wenn wir nach Nohant zurückkamen, war er neubelebt und gleichsam verjüngt…«[108]

478 *George Sand mit ihren Freunden. Fächer, 1838, gemalt von Auguste Charpentier (Figuren) und George Sand (Landschaft, vermutlich bei Nohant).*
In der Mitte George Sand mit einem exotischen Vogel, der Chopin darstellt. Die Zeichnung (Abb. 479) gibt Aufschluß über die übrigen Personen.

479 *George Sands Salon. Zeichnung, März/April 1838, von Maurice Sand.*
Die Abgebildeten haben fast die gleiche Anordnung wie auf dem Fächer. In erstaunlich offenen Briefen bekennt George Sand, daß vor Chopin Mallefille, Didier und Michel de Bourges ihre Liebhaber waren.

1839

480 *Erste Seite des »Trauermarsches« aus der »b-Moll-Sonate, op. 35« in der Abschrift eines Kopisten (wahrscheinlich Adolf Gutmann oder Julian Fontana) mit eigenhändigen Eintragungen Chopins.*
Diese Musik wurde zur wohl bekanntesten Begräbnismusik überhaupt; ihre Klänge gaben unzähligen Menschen das letzte Geleit, auch ihrem Komponisten selbst. Vgl. S. 346.
Chopin an Fontana (Poststempel 10. August 1839): »Ich schreibe hier jetzt eine *Sonate in b-Moll*, welche den *Marsch* enthalten wird, den Du schon hast. [Es handelt sich um den bereits zwei Jahre vorher komponierten *Trauermarsch*, den Chopin 1839 in seine Sonate einfügte.] Sie besteht aus einem *Allegro*, einem *Scherzo in es-Moll*, dem *Marsch* und einem kurzen Finale von etwa drei Seiten in meiner Schrift. Nach dem Marsch plaudern die linke und rechte Hand *unisono*.«[109]

481 *Pokal aus Sèvres-Porzellan mit Bronze-Montierung.*
Diesen Pokal erhielt Chopin von König Louis-Philippe anläßlich seines Konzertes im Oktober 1839 mit Moscheles (der für sein Spiel mit einem schönen Reise-Necessaire belohnt wurde).

482 *Frédéric Chopin. Bleistiftzeichnung, um 1840, von Luigi Calamatta.*
Dieses kaum bekannte Porträt entstand vermutlich gleichzeitig mit der ungleich poetischeren, auf S. 227 abgebildeten Chopin-Zeichnung von Calamatta.

1839

483 *König Louis-Philippe im Familienkreis.
Unsignierte weißgehöhte Zeichnung, um 1840.*
Obgleich musikalisch nicht sonders interessiert, war Louis-Philippe Chopin offensichtlich sehr gewogen. Er hatte den Künstler bereits im Februar 1838 in den Tuilerien gehört. Im Oktober 1839 bat er ihn in sein Schloß nach Saint-Cloud.

484 *Schloß Saint-Cloud bei Paris. Farbige Lithographie, Mitte 19. Jahrhundert, von Deroy.*
Im *Salon carré* dieses Schlosses fand am 29. Oktober 1839 das Konzert von Chopin und Moscheles statt. Der Palast wurde 1870/1871 zerstört und 1891 ganz abgebrochen.
Revue et Gazette musicale (31. Oktober 1839):
»Der König ließ vergangenen Dienstag die Herren Moscheles und Chopin nach Saint-Cloud einladen, und diese beiden großen Künstler haben vor dem versammelten Hof gespielt. Vor dieser kleinen königlichen Gesellschaft trugen sie ihre erst vor kurzem komponierten Etüden vor. Die große vierhändige Sonate [Es-Dur] von Moscheles rief eine solche Wirkung hervor, daß die Königin den Wunsch äußerte, das Andante noch einmal zu hören. Chopin improvisierte sodann über *La Folle* von Grisar [*La Folle* (Die Verrückte) war eine beliebte Romanze von Albert Grisar], und Moscheles über verschiedene Themen Mozarts, namentlich über die Ouverture zur *Flûte enchantée* [*Zauberflöte*], die er in einer Weise verarbeitete, die seines Doppeltalentes als Pianist und Komponist ganz und gar würdig war. Die beiden großen Künstler fesselten die Aufmerksamkeit und teilten sich die Begeisterung des Hofes während der ganzen Soirée.«

485 *Handschriftliche Bestätigung Chopins über die Eigentumsrechte an einer der Etüden aus »Trois nouvelles Etudes«.*
»Ich, der Unterzeichnete, bestätige, Herrn Maurice Schlesinger eine von mir komponierte Etüde für die Méthode des Méthodes des Pianistes von Moscheles und Fétis mit dem gesamten Eigentumsrecht für alle Länder verkauft zu haben und dafür die Summe von zweihundert Francs erhalten zu haben.
Paris, 19. November
1839   Frédéric Chopin«

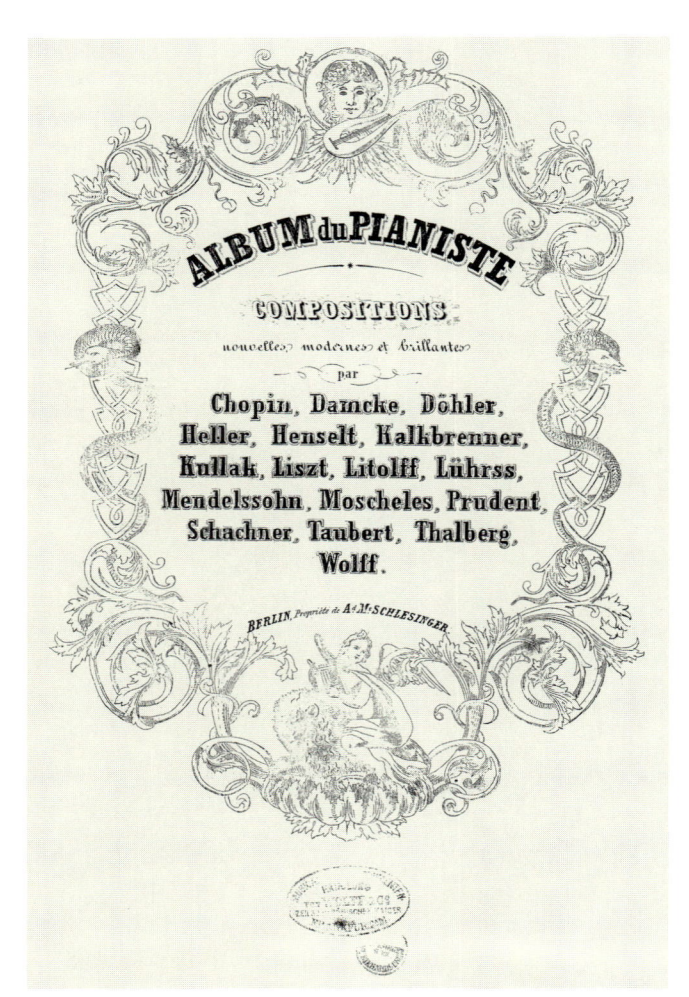

486 *Titelblatt der ersten separaten Veröffentlichung, 1841, von Chopins »Trois nouvelles Etudes«.*

Im Spätherbst 1839 komponierte Chopin auf Wunsch von Moscheles und Fétis drei neue Etüden. Sie wurden 1840 in einer Art Klavierschule mit dem Titel *Méthode des Méthodes* veröffentlicht. (In Deutschland hieß das Werk *Pianoforte-Schule aller Pianoforte-Schulen*, in England *Complete System of Instruction for the Pianoforte*.) Der 1. Teil (erschienen 1837) befaßt sich mit den Grundbegriffen des Klavierspiels, der 2. Teil heißt *Exercises progressifs,* der 3. Teil, der die vorliegenden Etüden Chopins enthält, trägt den Titel *Etudes de Perfectionnement.* Mendelssohn (mit einer *f-Moll*-Etüde) und Liszt (mit *Morceau de Salon*, später umgewandelt zu *Ab irato*) lieferten einen Beitrag, die übrigen Beteiligten waren mehr oder weniger Salonkomponisten. Chopins Etüden erschienen separat unter dem Titel *Trois nouvelles Etudes* erstmals im September 1841 in einem Sammelalbum (Abb. 286).

Wenn diesen kleinen Stücken hier so viel Aufmerksamkeit gewidmet wird, so deshalb, weil sie relativ wenig bekannt sind und weil sie seit jeher im Schatten der *Etüden op. 10* und *op. 25* standen – und dies völlig zu Unrecht. Sie sind bezaubernd, in höchstem Maße poesievoll und vor allem echtester Chopin. Die 1. Etüde (*f-Moll*) besteht aus einer sich elegant wiegenden, gegen Ende anschwellenden, am Schluß verlöschenden, einstimmigen Melodie mit einer ebenfalls einstimmigen Begleitung. *Nr. 2 (As-Dur),* in manchen Ausgaben mit *Nr. 3* vertauscht, erinnert in ihrer innigen Stimmung an Brahms, in der Harmonik an Schubert. *Nr. 3 (Des-Dur)* ist die wertvollste von allen. Sie zeigt fast Humor, aber eben Chopinschen Humor: fein, mit bestem Geschmack.

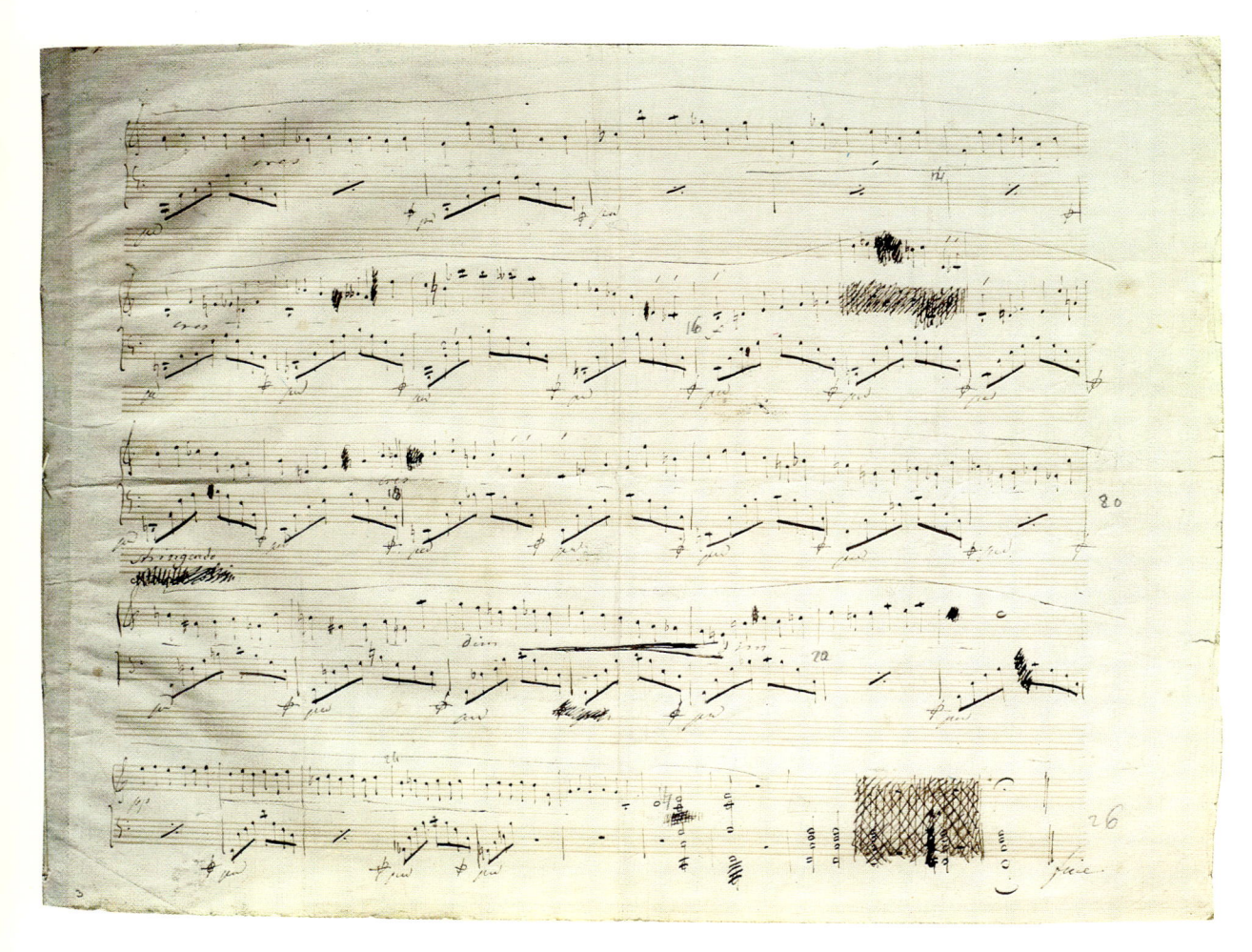

487, 488 *Manuskript von Chopins »f-Moll-Etüde« aus »Trois nouvelles Etudes«.*

1839

489, 490 *Manuskript von Chopins »As-Dur-Etüde« aus »Trois nouvelles Etudes«.*

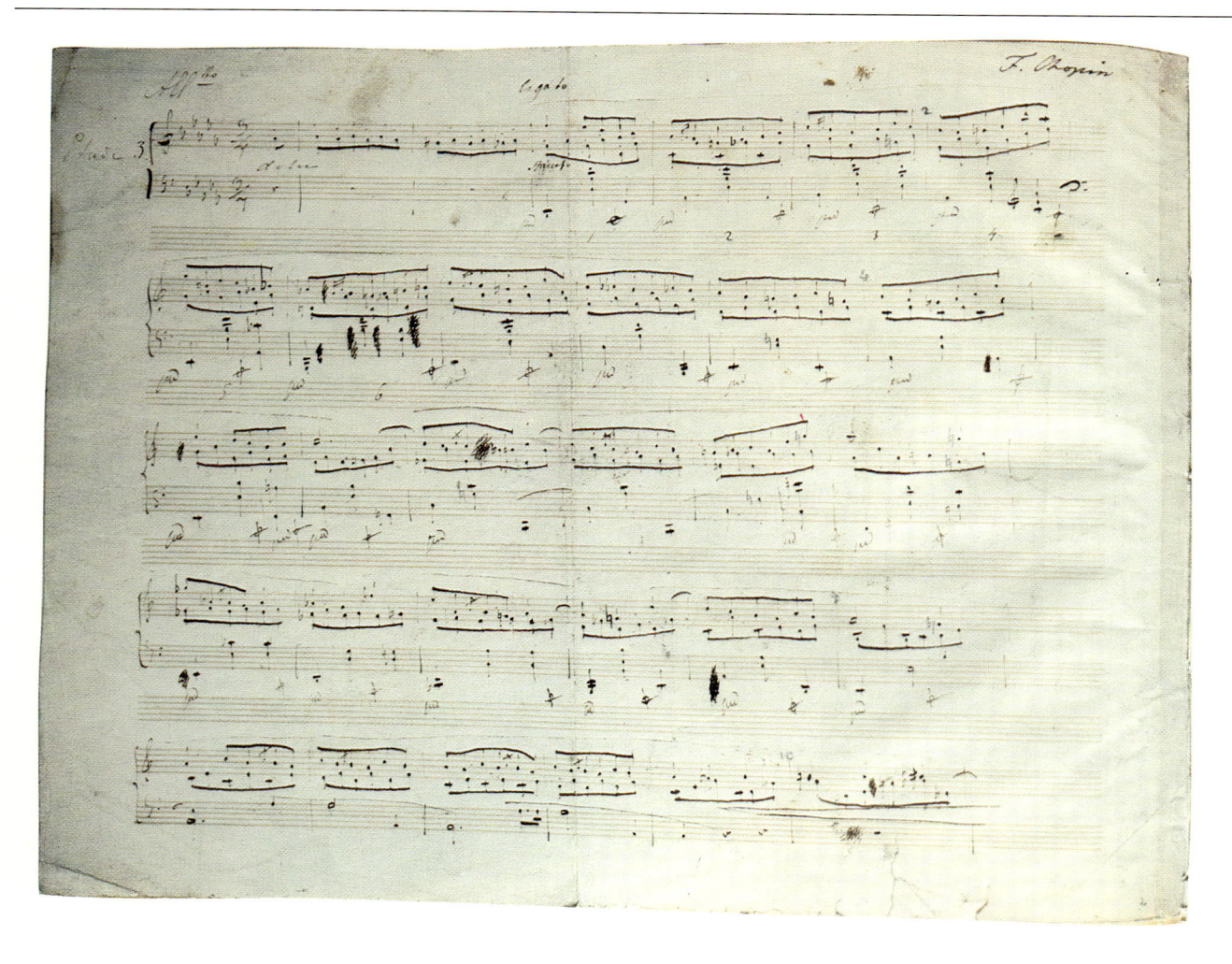

491, 492 *Manuskript von Chopins »Des-Dur-Etüde« aus »Trois nouvelles Etudes«.*

1840

LEBEN

JANUAR BIS DEZEMBER: Chopin in Paris.

2. JANUAR: Chopin besucht mit George Sand, Lamennais und dem spanischen Konsul Marliani das *Théâtre-Français*, wo Rachel in *Bajazet* auftritt.

13. JANUAR: Tagebucheintragung Charles Didiers: »Man sagt, George Sand sei schwanger. Von wem?«[110]

29. JANUAR: Marie d'Agoult an Franz Liszt: »Vorgestern Soirée bei Custine. Chopin war da, er hat nicht gespielt. Auf Ronchauds Frage an Grzymała: warum? erwiderte dieser: ›Chopin spielt nirgends mehr. Die Musik hat aufgehört, für ihn eine Kunst zu sein; sie ist ein Gefühl geworden‹. Man sagt, daß er Piffoël [George Sand] anbete!!!«[111]

27. FEBRUAR: Maurice wird Schüler Delacroix'.

MÄRZ/APRIL: Chopin erkrankt.

7. APRIL: Dr. Papet beim kranken Chopin.

16. APRIL: Die mit Chopin eng befreundete Sängerin Pauline Garcia heiratet Louis Viardot.

21. APRIL: Chopin läßt sich über das Spiel Liszts berichten, der tags zuvor in Paris ein Konzert gegeben hatte (vgl. S. 278).

29. APRIL: Premiere von George Sands *Cosima* im *Théâtre-Français*. Chopin ist vermutlich anwesend.

8. UND 9. JUNI: George Sand (und vermutlich auch Chopin) bei Charlotte Marliani.

11. JUNI: Ausflug nach St. Germain (vgl. Abb. 493).

27. JUNI: Chopin spielt bei einer Soirée des Grafen Astolphe de Custine.

2. JULI: Ausflug Chopins, George Sands, Delacroix' und Grzymałas zu Astolphe de Custine nach St. Gratien (vgl. Abb. 364).

8. JULI: Die *Allgemeine Musikalische Zeitung* rezensiert Chopins *op. 35, 36* und *37*.

26. JULI: Chopin und George Sand auf Einladung Berlioz' bei der Generalprobe zu dessen *Symphonie funèbre et triomphale* (Konzertsaal Rue Neuve Vivienne).

13. AUGUST: Spaziergang Chopins, Solanges und Gaston de Bonnechoses auf den Champs-Elysées; Chopin prüft sein Gewicht: 97 Pfund.

14. AUGUST: Chopin und Maurice bei Charlotte Marliani.

31. AUGUST: Dîner bei Pauline Viardot-Garcia mit Chopin, George Sand und dem Sänger Lablache.

20. SEPTEMBER: Chopin bringt einen Hund nachhause, der ihm auf der Straße ständig gefolgt war; er tauft ihn »Mops«.

30. SEPTEMBER: Die *Allgemeine Musikalische Zeitung* rezensiert Chopins *Walzer op. 42*.

13. OKTOBER: Solange kommt ins Internat Héreau.

12. DEZEMBER: Chopin und George Sand hören auf Einladung Pauline Viardot-Garcias (die bei der Aufführung mitwirkt) Mozarts *Requiem*.

15. DEZEMBER: Unter großer Anteilnahme der Pariser Bevölkerung wird Napoleons Asche in den Invalidendom überführt (vgl. Abb. 494).

16. DEZEMBER: Die *Allgemeine Musikalische Zeitung* rezensiert Chopins *op. 38, 39, 40* und *41*.

20. DEZEMBER: Friederike Müller spielt bei Chopin vor mehreren Gästen seine *b-Moll-Sonate* und auch – von Chopin am 2. Klavier begleitet – den 1. Satz des *f-Moll-Konzerts*.

WERKE

WALZER AS-DUR, OP. 42. Ersch.: Leipzig (Breitkopf & Härtel) 1840, Paris (Pacini) 1840, London (Wessel) 1840.
POLONAISE FIS-MOLL, OP. 44. Entstanden 1840/1841. Ersch.: Wien (Mechetti) 1841, Paris (Schlesinger) 1841, London (Wessel) 1842. Vgl. Abb. 496.
BALLADE AS-DUR, OP. 47. Entstanden 1840/1841. Ersch.: Paris (Schlesinger) 1841, Leipzig (Breitkopf & Härtel) 1842, London (Wessel) 1842.
MAZURKA A-MOLL (OHNE OPUSZAHL). Ersch.: Mainz (Schott, im Album »*Notre Temps*«) 1842, Paris (Troupenas) 1845, London (Wessel) 1845.
MAZURKA A-MOLL (OHNE OPUSZAHL). Entstanden 1840 oder 1841. Ersch.: Paris (Schlesinger, im *Album de Pianistes Polonais*) 1841, Berlin (Bote & Bock) 1855.
KLAVIERSTÜCK ES-DUR »SOSTENUTO« (OHNE OPUSZAHL) (POSTHUM) (im Walzerstil). Ersch.: London (Francis, Day & Hunter) 1955.
DUMKA A-MOLL (OHNE OPUSZAHL) (POSTHUM). Lied für Singstimme mit Klavierbegleitung. Entstanden um 1840. Ersch.: Lwów (Zeitschrift *Słowo Polskie*) 1910.
FUGE A-MOLL (OHNE OPUSZAHL). Entstanden um 1840. Ersch.: Leipzig (Breitkopf & Härtel) 1898, Brüssel (Metzler) 1898. Vgl. Abb. 495.

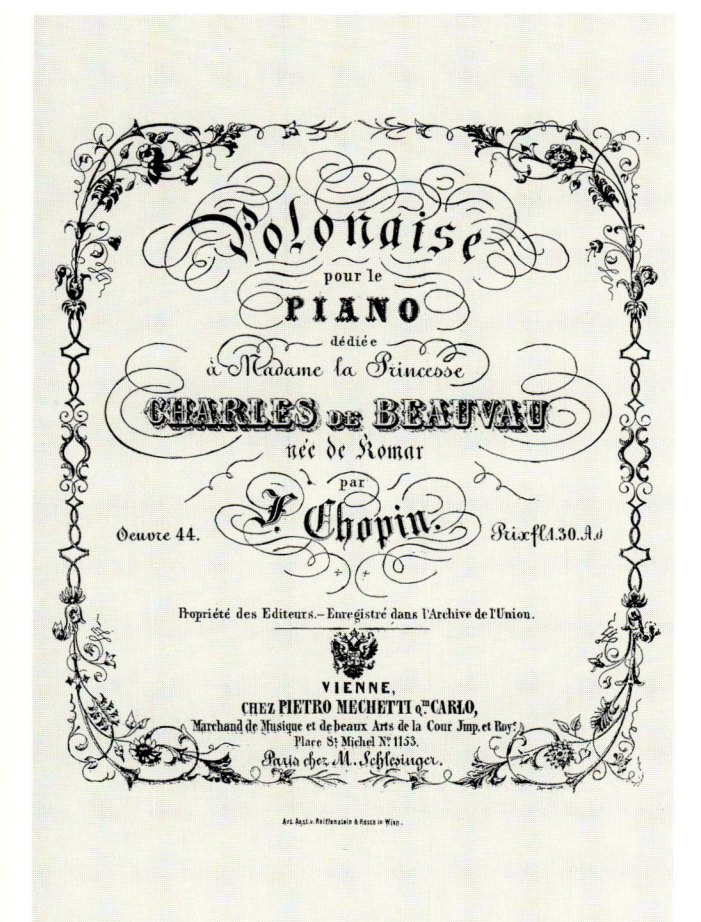

495 *Manuskript einer wenig bekannten um 1840 komponierten Fuge Chopins.*

496 *Titelblatt der deutschen Erstausgabe, 1841, von Chopins 1840/1841 entstandener »fis-Moll-Polonaise«.*

497 *Frédéric Chopin. Bleistiftzeichnung, um 1840, von Luigi Calamatta.*

Linke Seite:
493 *Das Schloß in St. Germain-en-Laye. Lithographie, Mitte 19. Jahrhundert, von Jacottet nach einer Zeichnung von Benoist. Figuren von A. Bayot.*
Während des gesamten Jahres 1840 hielt sich Chopin in Paris auf. Es war zwischen 1839 und 1847 das einzige Jahr, dessen Sommermonate er nicht in Nohant verbrachte. Am 11. Juni 1840 unternahmen George Sand und Chopins Arzt Paul Gaubert einen Ausflug nach St. Germain, an dem sich vermutlich auch Chopin beteiligte.

494 *Dom des Invalides, gezeichnet und lithographiert von Ph. Benoist und Eug. Ciceri, Figuren von A. Bayot, Mitte 19. Jahrhundert.*
Die Lithographie zeigt den Invalidendom von der Place Vauban aus. Am 15. Dezember 1840 nahm Chopin an den großen Feierlichkeiten anläßlich der Überführung von Napoleons Asche in den Invalidendom teil.

AURORA, MARQUISE DUDEVANT.

Ich möchte den Lesern gern beim Abschiede von diesen Frauenbildern Georges Sand's noch einen Blick in die Häuslichkeit der Dichterin eröffnen, und gebe desshalb in Folgendem die Schilderung eines Besuches, welchen ich ihr im Anfange des Jahres 1840 machen durfte.

Die Franzosen sind allerdings sehr zugänglich, sie sprechen leicht und ausführlich mit jedem Fremden; aber der Fremde irrt sich sehr, wenn er desshalb glaubt, die innere Welt der Franzosen leicht erfahren zu haben. Er hat nur ihre gesellige Verkehrs- und Gedankenwelt kennen gelernt. Mit Eröffnung ihres Familien- und ihres wirklich persönlichen Lebens sind sie sehr zurückhaltend. Desshalb war es mir von grossem Werth und Nutzen, durch Heine bei französischen Autoren eingeführt zu werden. Er ist mit allen vorzüglicheren befreundet und steht in grossem Ansehn. Er war damals schon seit zehn Jahren in Frankreich, und hat seine Schriften mit solcher Sorgfalt, mit solchem Geschmack für das intimste Französisch übertragen, dass diese Schriften nicht mehr als Uebertragungen und der Autor nicht mehr als Fremder angesehen werden. Seinen » esprit « respectiren sie höchlich, und da sie einen solchen dem Deutschen nicht zutrauen mögen, so haben sie sich daran gewöhnt, den Gast unter französischen Autoren aufzuzählen.

Und Frankreich, das wechselvolle, ist gegen schriftstellerisches Talent von grosser Pietät. Für dies Talent, sagen sie, ist Glück und Zufall, Geburt und Geld vom geringsten Einfluss. Hier mehr denn anderswo müsse der Mann selbst dasjenige sein, was er gelte, und je mehr alle andere Aristokratie in vierzig Revolutionsjahren erschüttert worden ist, desto mehr ist schriftstellerische Auszeichnung unter den Franzosen zu Ehren gekommen.

Die anerkannten Autoren ferner verkehren unter einander gegenseitig mit viel grösserer Höflichkeit und Anerkennung, als bei uns. Auch diejenigen, welche einander im Dichten und Trachten äusserst ungleich sind, gestehen einander Werth und Berechtigung zu. Jedes neue Werk wird zunächst wie ein Gast, wie ein Geschenk behandelt; die etwaigen Fehler werden nur leise, nur allmälig hervorgezogen, und sie beseitigen, wenn sie überwiegend sind, das Werk dennoch, ohne dass dem anerkannten Autor Lust und Liebe zu Neuem verleidet würde.

»Sind Sie mit Madame Dudevant genauer bekannt?« fragte ich Heine, als wir bei sonnigem Wintermorgen in den Stadttheil hinauf fuhren, welcher gegen den Montmartre hin sich allmälig erhebt, und welcher jetzt wegen gesünderer Lage Modeviertel der vornehmen Welt wird. —

» » O ja! Vor zwei Jahren war ich oft bei ihr; aber ich habe sie seit zwei Jahren fast gar nicht gesehn. « »

» Sie sind aber doch beide in diesen zwei Jahren grossentheils hier in Paris gewesen? »

» » Im Ganzen ja, obwohl Madame Dudevant auch auf Reisen und auf ihrem Landgute im Berry gewesen; Paris ist gross. — » »

» Hat aber nur Eine Georges Sand. — »

» » Hat auch nur Einen Louvre, nur Eine italienische Oper, und man kömmt manchmal Jahre lang nicht hiehin, nicht dorthin; der Tag ist zu mächtig. » »

» » Wird Madame Dudevant Ihnen diese Vernachlässigung nicht übel genommen haben und Sie jetzt kalt aufnehmen? »

» » Ich denke nicht; sie lebt ja auch in Paris, und weiss, wie man ja doch geistig mit ihr fortleben muss; ich lese ja ihre Bücher. Der französische Autor ist nicht so ehemännisch empfindlich, wie der deutsche. » »

» Wer ist jetzt ihr Cavalier? »

» » Chopin, der Clavier-virtuos, ein liebenswürdiger Mann, dünn, schmal, vergeistigt wie ein Poët aus der Trösteinsamkeit. — » »

» Virtuosen müssen ihr besonders angenehm sein; war nicht auch Liszt eine Zeitlang ihr Liebling? »

» » Sie sucht Gott, und er ist ja nirgends schneller zur Hand, als in der Musik. Das ist so allgemein, das fodert keinen Widerspruch heraus, das ist niemals dumm, weil es niemals klug zu sein braucht, das ist Alles, was man eben will und kann,— das erlö'st vom Geiste, der uns eben peinigt, und macht uns doch nicht geistlos. — Liszt stand ihr übrigens näher durch lebendigen Geist, als durch Musik; in dieser ist er ja nur Clavier-virtuos. » »

Der Wagen hielt in einer kleinen bergigen Strasse dieses Viertels vor einem unscheinbaren Hause. Durch dieses schritten wir hindurch zu einem kleinen Garten, der sich nach einem freundlichen Hause hinaufzog. Der Schnee war geschmolzen und der grosse Rasenplatz vor den Fenstern sah grün aus, als ob es Frühling werden wollte.

Ist die Frau Marquise zu Hause? — » Sie ist so eben in's Boulogner Holz gefahren! «

Der gepriesene Sonnenschein hatte uns also geschadet, und wir mussten nächsten Tages denselben Weg machen. — Es war gegen zwei Uhr Mittags, als wir wieder fragten. Sie war zu Hause, aber noch zu Bett. Heine zeigte sich bekannt im Hause und wurde gemeldet.

Wir sollten ein Wenig warten, lautete die Antwort, sie werde aufstehn und uns annehmen.

Sie bewohnt das Haus allein. Das Zimmer, in welches man uns führte, war einfach, reich ausgestattet, und das lebensgrosse Bildniss eines wunderschönen Knaben mit langem schwarzem Haar, interessant und vortrefflich gemalt wie ein Van Dyk, sah von der Wand herab auf uns mit grossen fragenden Augen. — Es ist ihr Sohn, damals ein Knabe von 12 bis 14 Jahren, derselbe, um dessen Kränklichkeit halber sie einen Sommer auf der Insel Minorca verlebte, — » un été au midi de l'Europe » giebt in ihren Schriften Kunde davon. — Sie liebt ihren Sohn innig, und als wir ihr später ausdrückten, wie interessant und schön uns der Knabe erschienen wäre, schien sie sich höchlich zu freuen. Nicht wahr, sagte sie in naïvster Zuversichtlichkeit einer Mutter, es ist ein liebes Menschenantlitz?

Sie sass inmitten eines kleinen Zimmers neben dem Arbeitstische auf einem niedrigen Sessel, und trank den Café, welchen ihr Chopin bereitete. Sie empfing uns mit heiterer Herzlichkeit. Heine scheint ihr sehr werth zu sein: als er ihr die schöne, volle Hand geküsst, strich sie ihm das Haar von der Stirn, und schalt ihn äusserst anmuthig, dass er sie so lange nicht aufgesucht. Sie war in einen eigenthümlich geschnittenen, braunen Morgenrock gehüllt. Der volle, runde Kopf war unbedeckt; ihr schwarzes, überaus reiches Haar war griechisch gescheitelt und in einen tief hinab gehenden Knoten geschlungen. Sie ist von Mittelgrösse und voll gebaut. Der Kopf selbst ist in seiner Rundung von so weichen Linien, dass er den Malern selten wohl gelingt. Der Bildhauer nur kann ihn erschöpfend nachbilden.

Die in Deutschland verbreiteten Vorstellungen von der Mannweiblichkeit dieser Frau sind ganz geeignet, über Erscheinung und Charakter derselben irre zu leiten. — Georges Sand ist im Leben, wie in der Schrift, viel mehr Weib, als manche vorsichtige, der Convenienz sklavisch unterworfene Dame, welche an der sogenannten Unweiblichkeit Georges Sand's äusserst empfundenes Aergerniss zeigt. In Sand's Büchern das Weib nicht in aller Ausdehnung zu finden, zeigt von Achtlosigkeit oder Unkenntniss. Wie ist alles weich, wie sind auch die äussersten Gegensätze so schmiegsam gefasst, als harrten sie schmerzensreich nur der Gelegenheit, sich umarmen und für ewig aussöhnen zu können! Wie ist der reiche Geist in diesen Büchern überall ein Geist des Herzens, der nur um Liebe, nicht um Rechthabens willen überallhin dringt; wie zeigt er sich in der Auffindung von Klüften und Wunden nur vom Drange nach Verbindung und Heilung geführt, nirgends vom Triebe, bloss zu erschrecken und aufzureizen! Und das wissen die Franzosen, welche einen gar aufmerksamen Sinn für weibliches Recht haben, das wissen sie sehr gut, und erkennen jetzt fast durchgängig ihren ersten Prosaisten der Neuzeit an in Georges Sand. Diese musikalische Prosa, dieser dem Französischen bisher so fremde, so unerreichbar scheinende Gewinn, sie ist ganz und gar eine Weibesgabe, und die wahllose Zusammenstellung Georges Sand's mit den übertreibenden, roh auf Contrast ausgehenden Romantikern, solche Zusammenstellung, wie sie sich beim deutschen Urtheile über Georges Sand's oft vernehmen lässt, sie ist in Frankreich aller besseren Kritik unerhört, fast unbekannt.

Vor dem Mysticismus Georges Sand's im Gegentheil wird den Franzosen seit längerer Zeit ernstlich bange. Denn die Franzosen sind für religiöses Trachten wenig begabt, und sehen in Allem, was nicht klar und nett ist, eine versteckte Gefahr für ihre Sprache, für ihren Staat und ihr Leben.

Darin aber liegt just der persönliche Zauber dieser Frau, dass sie von » Rose et Blanche » und » Indiana » an all ihre Schriften in sich darstellt, den Lebensreiz der ersten Periode und das tiefsinnige Trachten der zweiten; dass sie dem Erscheinungsleben noch eben so theilnahmsvoll horcht und hingegeben ist, wie dem rein speculativen Gedanken. So fanden wir auch den Besuch, welcher sich nach und nach bei ihr einstellte: der Lebemann, der Schauspieler, kam wie der philosophische Priester, und der eine wie der andere war willkommen, und wurde in seiner Weise angesprochen und freundlich behandelt. Ja, nur eine solche Französin wie Georges Sand möchte im Stande sein, einen, aus so widersprechenden Elementen zusammengesetzten Salon zu anmuthigem und ergiebigem Gespräche zu bringen. Es war eingetreten: ein Rochefoucauld, ein Nachkomme des berühmten Frondeurs und Sevigné-Freundes, bekannt unter seinem Vornamen Sosthenes, als viel sprechender, überall in Begleitung eines kleinen garstigen Hundes anzutreffender, Cavalier der Legitimität. Ferner der berühmte Schauspieler Bocage. Endlich ein kleiner, dürftiger Mann, gehüllt in einen altmodischen, dunkelgrünen Ueberrock, einhergehend auf starklederen Niederschuhen, welche in Gesellschaft grauer Strümpfe nach der bescheidensten Provinz aussahen. Madame Dudevant hiess ihn freundlich und vertraut willkommen. Er verbeugte sich hastig und ohne die sonstige französische Sicherheit hiehin und dorthin, und sein kurzsichtiges Auge bedurfte einiger Zeit, ehe es sich in der

Gesellschaft orientirt hatte. Dann kam er neben mich zu sitzen, bewaffnete sich mit einer grossen und solid gefassten Brille, und hörte eine Zeitlang schweigend dem Gespräche zu, welches Heine in diesem Augenblicke auf sein Lieblingsthema, den Sensualismus, zu lenken wusste, indem er mich, gleichsam bezüglich auf einen weiteren Zusammenhang, mit den Augen zur Beobachtung meines neuen Nachbars eingeladen hatte. Georges Sand, dies bemerkend, sah lächelnd mit halbem Blicke auf den neuen Ankömmling und dann auf Heine und nannte diesen einen Wildfang.

Der Ankömmling war Lamennais, jener bretonische Priester, welcher der Curie schon so viel Kummer, dem Staate schon so viel Sorge bereitet hat. Er sieht heute noch so aus, als ob er eben aus seiner Meernebel-Einsamkeit der Bretagne in die Hauptstadt käme. Darüber lasse man sich doch ja nicht täuschen, als ob die Pariser Gesellschaft kindisch der Mode nachgehe, und nicht zu unterscheiden wisse, wem die altmodische oder absonderliche Aussenseite angehöre. Diese leichtsinnige Gesellschaft erinnert sich durch lebhaften Geist oder durch Stolz alle Tage, dass sie über das Aeusserliche weit hinauswolle. Wer irgend eine weitere Bedeutung hat, als die eines Salonmenschen, auf den verzichtet die Mode in Paris mit all ihren Ansprüchen, den lässt sie frei gewähren; sie bedingt sich nur Eins für die Abendgesellschaft, aber nur dies Eine wie ein Entréebillet: dies ist der Frack. Der Frack als Gesellschaftszeichen, nicht als Modeproduct — er kann sein, von welchem Schnitt er wolle und kann begleitet sein, von welcher Kleidung er wolle. Das Gesetz der formellen Uebereinkunft will man nur nothdürftig anerkannt sehn, weiter Nichts. So wird auch in keinem Orte der Welt das Gesellschaftsleben mehr erleichtert, als in Paris; man braucht nur ein freies Zimmer, was man Salon nennt, und nur ungefähr so viel Stühle, als Gäste, oder auch nicht einmal so viel, und dann etwa so viel Gläser Zuckerwasser, — diese Eigenschaften sind hinreichend, eine Abendgesellschaft um sich zu versammeln von so viel Personen, als nur irgendwie Raum im Zimmer haben. Der Franzose will Nichts, als Gesellschaft und geistige Unterhaltung, nicht aber Essen und Trinken, wie in den deutschen Mittelstädten verlangt wird. Die übrige, Zeit gewinnende mässige Lebensweise kömmt dem Allem sehr zu Hülfe: vor dem Frühstück besucht man Niemand, und dann isst man nur einmal zwischen Fünf und Sechs; vor und nach dieser Ess-stunde macht Niemand einen leiblichen Anspruch, und dadurch wird die bessere Geselligkeit ungemein unterstützt.

Von Schriftstellerei war zunächst bei Georges Sand gar nicht die Rede, sondern von einigen öffentlichen Personen und vermittelst solchen Ueberganges von allgemeinen Interessen. Heine war an diesem Tage sehr aufgeweckt und führte das Wort. Madame Dudevant, noch Café trinkend, nahm nur hie und da eine Partie der Unterhaltung auf und erledigte sie in ruhiger, wohlwollender, sehr bestimmter Sprache. Sie scheint nicht nur sehr gut schreiben und sprechen, sondern auch sehr gut hören und schweigen zu können. Auch als die Gesellschaft grösser und das Gespräch durch die sarkastische Wendung, welche ihm Heine gegeben, sehr lebhaft geworden war, nahm sie auf dieselbe ruhige Weise am Gespräche Theil: sie hörte lange, erklärte sich in wenig Worten für eine ausgesprochene Ansicht, oder machte eine, von allen andern abweichende geltend. Drängte ihr Einer seine andere Meinung auf, oder bekämpfte er das, was sie für richtig hielt, so hörte sie ernsthaft und schweigend hin, unterbrach selten mit einem Worte, und erklärte zumeist am Ende der Entgegnung, dass sie diese Ansicht nicht theilen könne. Zur Bekräftigung führte sie nochmals ihren Hauptgrund an, liess sich aber wenig oder gar nicht darauf ein, im Hin- und Herstreiten einer Wahrheit nachzugehn. Die Resultate schienen ihr sicherer und wichtiger zu sein, als die dialektische Bewegung derselben. Ihr Ausdruck dabei war in milder Ernst, welcher, gewöhnlich nur wenn sie sich an Heine wendete, in eine milde Heiterkeit spielte, und auch wohl in ein kurzes gutmüthiges Lachen überging bei dessen meist unerwarteten und witzigen Entgegnungen. Nachdem sie den Café getrunken, rollte sie sich aus leichtem Tabak kleine Papiercigaritos zusammen, und sah sich dann, die Cigarrchen auf flacher Hand darbietend, in der Gesellschaft um nach wahrscheinlichen Rauchern. »Starker Schnupfer, Hofmann«, sprach sie zu Rochefoucauld, »rauchen nicht?« — Nein, Madame. — Bocage war ebenfalls noch frei von der in Paris eindringenden Sitte, Heine dessgleichen, und Lamennais kam gar nicht in Frage. — »Ah«, rief sie bei mir, »Sie kommen aus Deutschland, Sie rauchen mit mir eine Cigarre!«

Das Gespräch war auf den Cölnischen Streit in Deutschland, auf die Fragen über Kirche und Staat gekommen, und hierbei hätte Lamennais die Hauptfigur werden müssen. Wunderlich genug wurde es der, scheinbar am Wenigsten hiezu Berufene.

Lamennais, so feurig in seinen Büchern, erschien bei dieser Gelegenheit matt, wie ein deutscher Stubengelehrter. War es zufällige Stimmung, war es die ihm nicht zusagende Zusammensetzung der Gesellschaft? Ich weiss es nicht. Sein sanftes blaues Auge, die herunterziehenden Falten der Wange, die leise Sprache, das matte Ablehnen dessen, was ihm zuwider, das Alles wollte sich nicht reimen mit dem Bilde eines Kirchenreformators. Ich glaube nicht, dass er den Eindruck seiner »*Paroles d'un croyant*« noch einmal einholen wird, und dass er lange und kräftig genug leben wird, um etwas Kräftiges in's Werk zu setzen. Er ist ein interessanter Bestandtheil neuer Wendung, aber diese Wendung selbst, die Elasticität und gleichzeitige Gewalt, welche ihr inwohnen müssen, ist er nicht. Seid klug wie die Schlangen, ohne Falsch wie die Tauben — und stark wie die Löwen! heisst es heute, und so viel Eigenschaften besitzt er nicht. Dass er aus der Bretagne stammt, hat ihm sicherlich zu der speculativ religiösen Bahn verholfen, denn die Bretonen, ein hartnäckiger, gedrungener, alter Stamm, sind von allen Stämmen Frankreichs vorzugsweise mit religiösem Drange begabt. Descartes war von einer bretonischen Mutter geboren und focht für die Jungfrau Maria, obwohl er eine Philosophie erfand gegen die Jungfrau Maria. Chateaubriand, der Vater neufranzösischer Romantik und ein moderner Kreuzträger poëtischen Christenthums, stammt ebenfalls aus der Bretagne. Emil Souvestre, von geringerem Korne, aber durch »*Riche et Pauvre*« auch eine religiös-demokratische Richtung fördernd, desgleichen. Dieser bretonische Ursprung ist also nicht zu verachten. Er weicht ab vom französischen Grundelemente und bewirkt desshalb schwerlich einen thatsächlichen Umschwung in Frankreich. Das bretonische Tiefleben ist nicht französisch, ist viel verwandter mit englischem und deutschem Wesen, als mit dem gallischen Grunde, auf welchem noch heute ganz Frankreich liegt. Dieser Grund ist: Eile und Geschick, alle Gedanken in sogleich erreichbarer Form zu bethätigen. Der Gallier spricht und handelt rasch und geschickt. — So hat man Lamennais' kirchliches Oppositionsrecht zu politischem Hebel benutzt, hat den Priester zum Demagogen gemacht, und dafür verlässt ihn die bretonische Erbschaft.

Der Demagoge hat es mit behender, praktischer Welt zu thun. In dieser Gesellschaft war diese durch Heine vertreten, welcher französischere Fähigkeiten entwickelte, als Lamennais. Heine, welcher sonst selten in geschlossener Folge spricht und noch seltener in systematischer Geschlossenheit seine Gedanken vertheidigt, war in dieser Gesellschaft und im spielend ernsten Tone derselben plötzlich einmal überlegen kriegerisch und griff übermüthigen Geistes allen bretonischen Spiritualismus so eigenthümlich witzig an, dass Alles in Bewegung gerieth.

Georges Sand, ein inniges, nach Versöhnung der Gegensätze trachtendes Gemüth, ist ganz ohne Witz, und konnte nur versuchen, diesen Gang des Gespräches abzulenken. Denn ihre, nach einem Dogma lechzende Seele kann durch dies verwegene Spiel des Geistes nur beunruhigt werden. Und doch war sie zu sehr Frau und Künstlerin, um nicht ein verborgenes Genüge an dieser Kunstfertigkeit des Geistes zu finden. So erschien sie in einer halben Verlegenheit, die sich äusserst liebenswürdig äusserte. Sie wollte den dogmatischen Freund Lamennais schützen, und musste doch über den witzigen Heine lachen: desshalb versuchte sie wohl abzulehnen, konnte es aber nur unwirksam versuchen, weil die, bei ihr selbst erregte Heiterkeit den völligen Willen und die völlige Ueberzeugung beeinträchtigte.

Alles sah auf Lamennais. Die Angriffe waren zu geistreich und zu fein, als dass er sie wie gesellige Unschicklichkeit oder Zudringlichkeit hätte ignoriren können. Bei den mannigfachen Wendungen ferner, welche das Gespräch schon genommen, und bei den ächt französischen tactvollen Erledigungen, welche es trotz der innerlichst uneinigen, aus Legitimisten, freien Monarchisten und Republikanern, aus Gläubigen und Ungläubigen bestehenden Gesellschaft immer gefunden hatte, erwartete Jedermann, Lamennais werde dieser Gesprächsrichtung einen bedeutenden Abschluss geben, besonders da Madame Dudevant zum Oeftern den Weg dazu anbahnte durch nachdrückliche Bemerkungen. Es geschah aber nicht. War es Mangel an innerlicher Freiheit, was Lamennais abhielt, diese andere, heiter und spitz sich ankündigende Welt mit einer liebenswürdigen Selbstverläugnung hinzunehmen? Er trachtete danach: er lächelte und lachte, aber als säuerlich, unerquicklich, wie Einer, der kein freies Lachen besitzt. Und doch giebt er auch nicht die Fassung, den spitzigen Waffen des Plänklers gegenüber die breite, schwere Waffe dogmatischer Festigkeit auch nur mit einem Griffe zu enthüllen. Georges Sand selbst musste einschreiten dadurch, dass sie aufstand und Heine's Redefluss durch eine liebenswürdige, nach ganz anderer Gegend hinführende Frage unterbrach.

»Mein Gott«, sagte er eine Weile darauf, als wir Abschied von ihr nahmen, »solche Gelegenheit wird Einem selten; Sie wissen, dass er einmal nahe daran war, Papst zu werden, und Sie wissen, dass meine Schriften nicht nur, sondern mein möglicher Geist auf einen deutschen Index gesetzt worden sind. Wenn sich also solche Extreme im Schutz der Gesellschaft begegnen, so kann es eine pikante Form der Debatte geben.« —

Sie sind ein Schalk! sagte die Dichterin, und lachte ohne Rückhalt.

ENDE.

498–509 *Bericht des Schriftstellers und Dramatikers Heinrich Laube (1806–1884) über einen Besuch 1840 bei George Sand im Originalschriftbild der Erstveröffentlichung in Laubes Buch »George Sands Frauenbildnisse«, Brüssel 1845.*

KOMPONISTEN IM URTEIL CHOPINS UND DEREN EINFLÜSSE

Chopin äußerte sich nicht nur höchst selten über seine eigene Kunst, auch über Werke anderer Komponisten gibt es von ihm nur wenige wirklich authentische Mitteilungen. Diese Aussagen sind aber – ebenso wie die Einflüsse anderer Komponisten auf Chopins Schaffen – immerhin so bemerkenswert, um nicht zu sagen merkwürdig, daß sie verdienen, festgehalten zu werden.

In einem Brief vom 10. Dezember 1842 schreibt Chopin: »Alle unsere Meister, die großen Schöpfer wie Mozart, Beethoven und Hummel ...«.[112] Daß er Hummel in einem Atemzug mit Mozart und Beethoven nennt, erscheint uns verwunderlich. In einem früheren Kapitel (S. 44) war aber bereits darauf hingewiesen worden, daß Chopins Schaffen von keinem anderen Musiker mehr beeinflußt wurde als von Hummel. Auch John Field wird gerne genannt, jedoch wirkte sich dessen Einfluß allenfalls auf die Gattung der *Nocturnes* aus. Die perlenden Läufe, die graziöse, girlandenhafte, jedoch meist kokette Ornamentik Hummels und Fields verfeinert Chopin mit überlegenem Geschmack.

Über Beethovens letztes Klaviertrio äußerte Chopin: »Etwas ähnlich Vollkommenes habe ich seit langem nicht gehört.«[113] Er selbst spielte die »Mondscheinsonate«, in der er den 1. Satz besonders schätzte, sowie die *As-Dur-Sonate, op. 26,* für die er eine besondere Vorliebe hatte (sie zeigt in einigen Details Parallelen zu Chopins *b-Moll-Sonate*). Liszts Worte sind ebenso fachkundig wie glaubwürdig: »In den großen Meisterwerken der Kunst fragte er einzig nach dem, was seiner Natur entsprach. Was sich derselben näherte, gefiel ihm; dem aber, was ihr ferner lag, ließ er kaum Gerechtigkeit widerfahren. Die oft unvereinbaren Gegensätze von Leidenschaft und Anmut in sich vereinend, besaß er trotz seines träumerischen Wesens eine große Sicherheit des Urteils und hütete sich vor kleinlicher Parteilichkeit. Doch selbst die größten Schönheiten und Verdienste fesselten ihn nicht, sobald sie die eine oder andere Seite seiner poetischen Auffassung verletzten. So große Bewunderung er auch für Beethovens Werke hegte – einzelne Teile derselben schienen ihm zu schroff gestaltet.«[114] Auguste Franchomme berichtet, sein Freund Chopin habe »Beethoven geliebt, aber doch auch seine Bedenken gegen ihn gehabt«.[115] Chopin-Schüler Adolf Gutman: »Chopin sagte, Beethoven erhebe ihn in einem Augenblick in den Himmel, um ihn im nächsten Moment wieder zur Erde hinab, ja in den Schmutz zu stoßen. Ein solches Hinabfallen empfand er jedesmal beim Beginn des letzten Satzes der *c-Moll-Symphonie*.«[116] Chopin-Schüler Wilhelm von Lenz: »Er [Chopin] hatte es nicht sehr ernst mit Beethoven; er kannte nur die Hauptsachen, die letzten Werke gar nicht. Das lag am Pariser Klima! Die Symphonien kannte man; die mittleren Quartette wenig, die letzten überhaupt nicht.«[117]

Die Komponisten, die Chopin am meisten verehrte, waren Bach und Mozart. »Es wäre schwer zu sagen, welchen von beiden er mehr liebte«,[118] erwähnt der Chopin-Schüler Karol Mikuli. Eines Morgens spielte Chopin 14 Bachsche Präludien und Fugen aus dem Gedächtnis und bemerkte anschließend: »Cela ne s'oublie jamais« (»So etwas vergißt man nie«), überliefert seine Schülerin Friederike Müller-Streicher.[119] Er nahm Bachs Noten mit nach Mallorca, mit Bach-Spiel bereitete er sich auf seine Konzerte vor, und von seinen Schülern forderte er, dessen Werke zu studieren.

»Sein Ideal, der Dichter *par excellence,* war ihm Mozart; denn seltener als irgend Einer ließ er [Mozart] sich herab, die Linie zu überschreiten, welche die Vornehmheit von der Gemeinheit trennt. [...] Gleichwohl ging sein Sybaritismus der Reinheit, seine Empfindlichkeit gegen Gemeinplätze so weit, daß er selbst im *Don Juan,* diesem unsterblichen Meisterwerk, Stellen entdeckte, deren Existenz er beklagte. Seine Verehrung für Mozart wurde dadurch nicht vermindert, sie erschien nur gleichsam traurig gestimmt«, schreibt Liszt in seiner Chopin-Biographie.[120]

»Ungeachtet des Zaubers, den einige der Melodien Schuberts auf ihn übten, hörte er doch jene nicht gern, deren Umrisse seinem Ohr zu scharf erschienen, wo das Gefühl sich gleichsam entblößt zeigt, wo man sozusagen den körperlichen Ausdruck des Schmerzes fühlt. [...] In Bezug auf Schubert äußerte er einmal, ›das Erhabene werde verdunkelt, wenn das Gemeine oder Triviale ihm folge‹.«[121] Wieder ist es Liszt, dem wir diese Feststellung verdanken. Er dürfte es auch gewesen sein, der Chopin mit Schubert vertraut machte; 1833 »entdeckte« Liszt sozusagen Schubert für Frankreich, und gerade damals war er eng mit Chopin befreundet. Gutmann bestätigt Chopins Vorliebe für Schubert, jedoch anscheinend ausschließlich für dessen vierhändige Klavierwerke.

Über Chopins Beurteilung Meyerbeers gibt es gegensätzliche Aussagen. Daß der in Geschmacksfragen so unendlich empfindliche Chopin die pompöse, oft auf Effekt gerichtete Musik Meyerbeers geschätzt hat, wäre erstaunlich. Anscheinend hat er seine Meinung über Meyerbeer, dessen *Robert le Diable* er noch 1831 als ein »Meisterwerk der neuen Schule«[122] betrachtete, im Lauf der Jahre geändert. Am 22. April 1849 vertraut Delacroix seinem Tagebuch an, Chopin habe nach der Premiere von Meyerbeers *Le Prophète* »Abscheu für dieses Flickwerk« empfunden.[94]

Uneingeschränkt war seine Bewunderung für Bellini, den er 1834 kennenlernte. Im Mittelteil des *Fantaisie-Impromptus,* in den *Nocturnes op. 15 Nr. 2* und *op. 27 Nr. 2* könnte man sogar Bellini als Vorbild erkennen. Oft wird in der Chopin-Literatur behauptet (stets ohne Nachweis), Chopin habe den Wunsch geäußert, neben Bellini begraben zu werden. Es sind keinerlei Quellen für eine solche Behauptung zu finden. Zufall oder Fügung: Chopins Grab auf dem Père-Lachaise liegt neben demjenigen Bellinis.

Einflüsse Carl Maria von Webers auf Chopin sind offensichtlich. Die Chopin-Schüler Mikuli, Gutmann und Mme Dubois berichten übereinstimmend von Chopins Vorliebe für Webers *As-Dur-Sonate*. Der – allerdings nicht immer glaubwürdige – Wilhelm von Lenz hingegen sagt: »Chopin wußte Weber nicht zu schätzen; er bezeichnete die Oper als ›unklaviermäßig‹! Chopin stand überhaupt deutschem Geist in der Musik ziemlich fern, obgleich ich ihn oft sagen hörte: ›Es gibt nur eine Schule, die deutsche.‹«[123] Einige Werke Liszts sowie Moscheles' Duos und Etüden sah man gelegentlich auf Chopins Notenpult. Clementis *Préludes et Exercises* und der *Gradus ad Parnassum* waren seine bevorzugte Unterrichtslektüre. Befremdend ist seine Ablehnung der Werke Mendelssohns; abgesehen von dessen *g-Moll-Klavierkonzert* und dem ersten *Lied ohne Worte* fand er Mendelssohns Musik »trivial«.[124] Völlig unverständlich ist seine Aversion gegen Schumann (vgl. Abb. 291). Er duldete, so Mme Dubois, von Schumanns Werken »strictement rien«[125] (»absolut nichts«). Dies berührt um so schmerzlicher, als man weiß, wie enthusiastisch der neidlose Schumann Chopin verehrte.

1840

Komponisten, die Chopin schätzte, dargestellt auf den jeweils frühesten Medaillen, die von diesen Komponisten existieren:

510 *Franz Schubert (1797–1828). Bronzemedaille, 1872, von Josef Tautenhayn sen.*

511 *Vincenzo Bellini (1801–1835). Bronzemedaille, 1835, von C. Caqué.*

512 *Wolfgang Amadeus Mozart (1756–1791). Silbermedaille, 1791, von A. Guillemard und F. Stuckhart.*

513 *Johann Sebastian Bach (1685–1750). Silbermedaille, 1880, von Oscar Bergmann.*

514 *Giacomo Meyerbeer (1791–1864). Bronzemedaille, 1847, von Jacob B. Resek.*

515 *Johann Nepomuk Hummel (1778–1837). Bronzemedaille, 1825, von Peuvrier.*

231

1841

LEBEN

JANUAR BIS JUNI: in Paris, JUNI BIS OKTOBER: in Nohant, NOVEMBER/DEZEMBER: in Paris.

5. JANUAR: Chopin und George Sand besuchen am *Collège de France* die 3. Vorlesung des 1. Kurses von Mickiewicz (über den Begriff Vaterland bei den Polen und über ukrainische Poesie) (vgl. Abb. 526).

6. JANUAR: Soirée bei George Sand. Unter den Gästen: Chopin, Delacroix, Joseph Dessauer.

15. JANUAR: In der *Revue des Deux Mondes* erscheint die 1. Folge von George Sands *Un hiver au midi de l'Europe – Majorque et les Majorcains*, später bekannt als *Un hiver à Majorque* (2. Folge: 15. Februar, 3. und letzte Folge: 15. März).

19. JANUAR: Chopin und George Sand bei der 7. Vorlesung Mickiewicz' (über die slawische Kultur im Altertum und in den ersten Jahren des Christentums).

7. FEBRUAR: Chopin, George Sand und Delacroix in einem Konzert Pauline Viardot-Garcias im *Conservatoire*.

14. FEBRUAR: Soirée bei Pauline Viardot-Garcia. Chopin ist wegen Krankheit nicht anwesend.

12. MÄRZ: Diner bei George Sand mit Chopin, Delacroix, Théodore Gudin, Charles de Devezeau, Marquis d'Herbault.

MÄRZ: Chopin im Konzert Anton Rubinsteins.

31. MÄRZ: Clara Schumann spielt im *Leipziger Gewandhaus* den 2. und 3. Satz von Chopins *f-Moll-Klavierkonzert*.

20. APRIL: Diner bei Chopin, der mit dem Geiger Ernst für sein Konzert am 26. April probt. U.a. anwesend: Delacroix, Antoni Wodziński, Marie de Rozières.

25. APRIL: Liszt konzertiert im *Conservatoire*.

26. APRIL: Chopin gibt in den *Salons Pleyel* (vgl. Abb. 685) ein Konzert (u.a. *Ballade op. 38, Scherzo op. 39, Polonaise op. 40 Nr. 1, Mazurken op. 41*). Rezensionen: *La France musicale* (2. Mai 1841), *Revue et Gazette musicale* (2. Mai 1841, vgl. S. 238/239, von Liszt), *Le Ménestrel* (2. Mai 1841).

15. MAI: Chopin, George Sand, Kalkbrenner und Delacroix im Konzert der Geigerin T. Milanollo.

6. JUNI: George Sand an Dr. Papet: »Morgen, pünktlich mittags, am Bahnhof Rue St. Lazare. Es gibt ein Picknick im Restaurant, eine Eselpartie [Chopin ritt bei Ausflügen meistens auf einem Esel], alles billig, Du darfst nicht fehlen.«[126]

16. JUNI: Chopin reist mit George Sand nach Nohant.

18. JUNI–2. NOVEMBER: Chopin in Nohant.

21. JULI: Die *Allgemeine Musikalische Zeitung* veröffentlicht eine Rezension über Chopins *Trois nouvelles Etudes*.

2.–16. AUGUST: Das Ehepaar Viardot in Nohant.

9. AUGUST: Ein Pleyel-Flügel trifft in Nohant ein.

25. SEPTEMBER: Chopin reist zur Besichtigung seiner neuen Wohnung (Rue Pigalle No 16) nach Paris.

30. SEPTEMBER: Chopin wieder in Nohant.

20. OKTOBER: Chopin an Fontana: »Heute habe ich die Fantasie [*op. 49*] beendet – der Himmel ist schön, traurig ist's mir ums Herz – aber das macht nichts; wäre es anders, würde mein Dasein vielleicht niemandem nützen.«[127]

28. OKTOBER: Rezension der *Mazurken op. 41* (vgl. S. 62).

2. NOVEMBER: Chopin reist von Nohant nach Paris. – In der *Neuen Zeitschrift für Musik* erscheint Robert Schumanns Besprechung von Chopins *op. 37, op. 38* und *op. 42* (vgl. S. 129 und 284).

3. NOVEMBER–5. MAI 1842: Chopin in Paris.

6. NOVEMBER: Delacroix diniert bei Chopin.

1. DEZEMBER: Chopin spielt im Tuilerien-Palast (vgl. Abb. 215). Rezensionen: *La France musicale* (5. Dezember 1841), *Revue et Gazette musicale* (5. Dezember 1841).

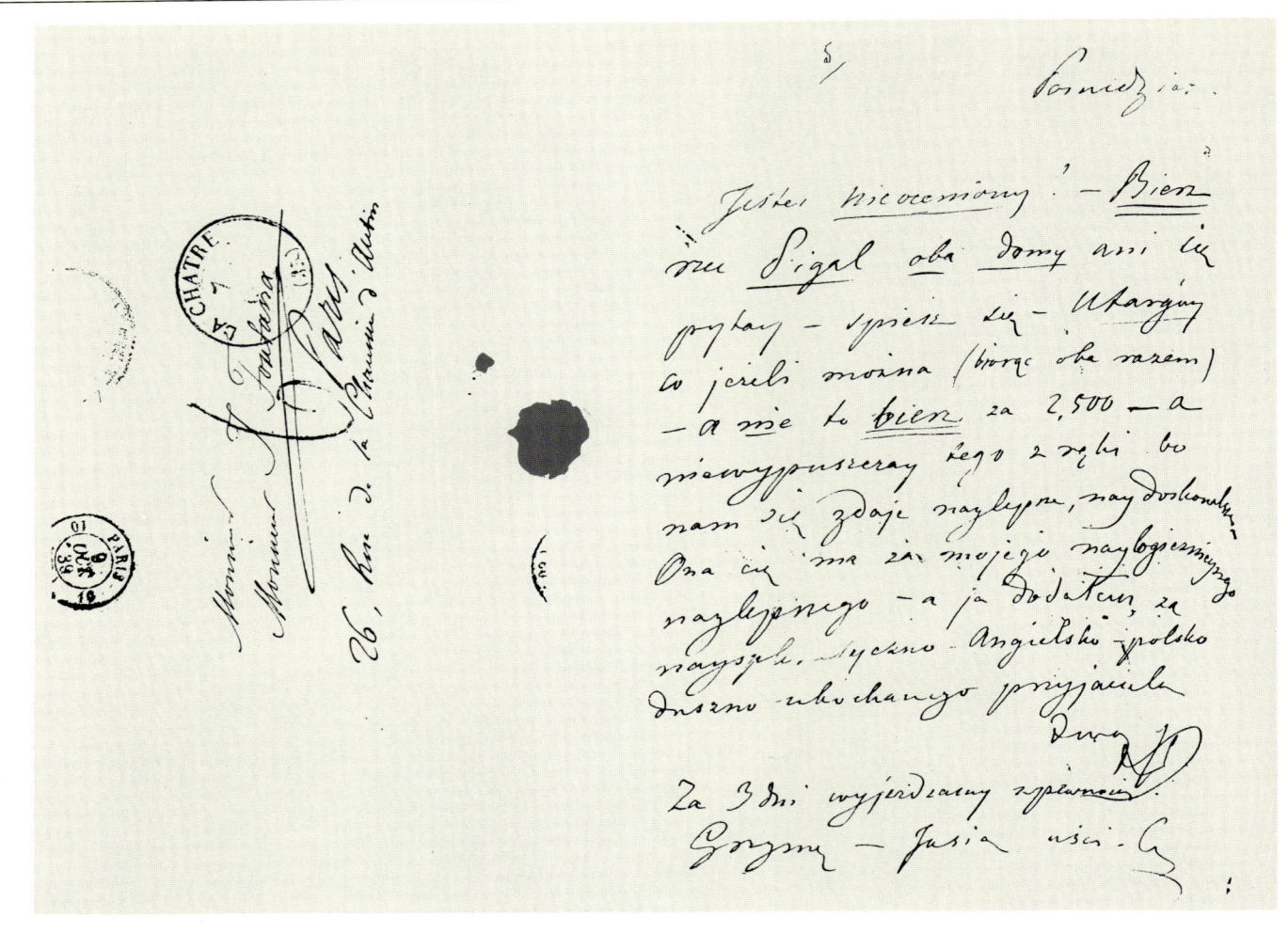

516, 517 *Manuskript eines Briefes und Umschlags Chopins vom 7. Oktober 1839. Erstveröffentlichung.*

»Montag
Du bist *unbezahlbar*! – Nimm die *beiden Häuser* in der Rue Pigal[le] und frag nicht – beeil Dich –. *Handle* etwas herunter, wenn es möglich ist (da Du ja beide nimmst), – und wenn nicht, nimm sie für 2500–, denn für uns scheint es das beste und vorzüglichste zu sein. Sie [George Sand] hält Dich für meinen vernünftigsten, besten, und ich füge noch hinzu: verschrobenst-englisch-polnisch-beseelten lieben Freund.
Dein F. Ch.
In 3 Tagen reisen wir bestimmt [von Nohant nach Paris]. Umarme Grzym.[ała] und Jaś [Matuszyński]. Ch.«

518 *Skizze von Chopins Hand für eine Wohnung, die George Sand in Paris suchte. Beilage eines Briefes vom 1. Oktober 1839 an Julian Fontana.*[128]

Einem Verzeichnis der vorgeschlagenen Straßen von George Sands Hand folgen Chopins teils polnische, teils französische Anweisungen: »all das nicht groß, womöglich eine ganze Villa. *2 Schlafzimmer* – außer diesen beiden, 1 Schlafzimmer und ein Arbeitskabinett –, *Salon* (nicht groß), *Eßzimmer*, *Küche* (ziemlich groß), 2 Räume für das Personal, Keller und Garten.« Es folgt der Plan, darunter und seitlich: »keine Nachbarschaft, vor allem keinen Schmied oder Sachen, die ihm gehören.«

Man mietete schließlich zwei Pavillons in der Rue Pigalle No 16. George Sand bezog den einen davon am 15. Oktober 1839, Chopin, der um diese Zeit in der Rue Tronchet No 5 lebte, bewohnte ab November 1841 das Erdgeschoß des anderen, während Maurice Sand die 1. Etage belegte.

WERKE

TARANTELLA AS-DUR, OP. 43. Ersch.: Hamburg (Schubert) 1841, Paris (Troupenas) 1841, London (Wessel) 1841.
PRÉLUDE CIS-MOLL, OP. 45. Ersch.: Wien (Mechetti) 1841, Paris (Schlesinger) 1841, London (Wessel) 1842. Vgl. Abb. 521, 522.
ALLEGRO DE CONCERT A-DUR, OP. 46. (Das Stück wurde vermutlich schon zwischen 1830 und 1832 skizziert.) Ersch.: Leipzig (Breitkopf & Härtel), 1841, Paris (Schlesinger) 1841, London (Wessel) 1842.
NOCTURNE C-MOLL, OP. 48 NR. 1, NOCTURNE FIS-MOLL, OP. 48 NR. 2. Ersch.: Paris (Schlesinger) 1841, Leipzig (Breitkopf & Härtel) 1842, London (Wessel) 1842.
FANTAISIE F-MOLL, OP. 49. Ersch.: Paris (Schlesinger) 1841, Leipzig (Breikopf & Härtel) 1842, London (Wessel) 1842.
MAZURKA G-DUR, OP. 50 NR. 1, MAZURKA AS-DUR, OP. 50 NR. 2, MAZURKA CIS-MOLL, OP. 50 NR. 3. Entstanden 1841/1842. Ersch.: Wien (Mechetti) 1842, Paris (Schlesinger) 1842, London (Wessel) 1842. Vgl. Abb. 520 und 561.
WALZER F-MOLL, OP. 70 NR. 2 (POSTHUM). Entstanden 1841 oder 1842. Ersch.: Berlin (A.M. Schlesinger) 1855, Paris (Meissonnier) 1855.
ŚLIZNY CHŁOPIEC (MEIN GELIEBTER) D-DUR, OP. 74 NR. 8 (POSTHUM). Lied für Singstimme mit Klavierbegleitung. Ersch.: Berlin (A.M. Schlesinger) 1859, Warschau (Gebethner & Wolff) 1859, London (Lucas, Weber & Co.) 1874, Paris (Hamelle) 1879.

519 *Chopin, halb verdeckt von einer Zeitung, und Maurice Sand. Gewischte Zeichnung, 1841, von Pauline Viardot-Garcia.*

520 *Erste Seite des Manuskriptes von Chopins »Mazurka G-Dur, op. 50 Nr. 1«.*

521, 522 *Zwei Seiten der französischen Erstausgabe, 1841, von Chopins 1841 komponiertem »cis-Moll-Prélude, op. 45« mit handschriftlichen Anweisungen Franz Liszts, der von Breitkopf & Härtel gebeten worden war, die »Préludes« für eine Neuausgabe zu revidieren.*

Das wenig bekannte *cis-Moll-Prélude, op. 45* ist ein Einzelstück und gehört nicht zur berühmten Gruppe der *24 Préludes*. Das interessante, ständig modulierende Stück hat eine chromatisch auf- und absteigende Kadenz, die eine auffallende Ähnlichkeit mit jener von Richard Wagner wesentlich später komponierten Orchesterstelle hat, die Alberichs Drohung untermalt, unmittelbar bevor das Rheingold im Sonnenlicht aufleuchtet.

523 *Robert Schumanns Besprechung von Chopins »Préludes«. »Neue Zeitschrift für Musik«, 19. November 1839.*

Rechte Seite:
524 *Haare Chopins aus der Zeit um 1840. Erstveröffentlichung, abgebildet in Originalgröße.*
Übersetzung der Beschriftung: »Das Siegel wurde von mir mit dem Petschaft George Sands (GS) beigefügt. Aurore Sand«
Daneben: »Teil einer Haarlocke Frédéric Chopins, das meine Großmutter George Sand in einem kleinen Stück Papier mit der Aufschrift ›Poor Chopin 1849‹ [›Armer Chopin‹, von George Sand vermutlich im Oktober 1849 auf die Nachricht von Chopins Tod hin beschriftet] aufbewahrt hat. Aurore Sand, 11. März 1947. Paris.«
Diese dunkelblonden Haare Chopins wurden von Aurore Sand in der vorliegenden Art gerahmt. Sie wurden am 27. November 1987 bei Sotheby's in London versteigert und vom Verf. erworben. Auf der Rückseite verschiedene Echtheitsbestätigungen von Freunden George Sands und eine Widmung ihrer Enkelin: »Ich schenke diese Haare meinem Freund Roger de Garate in Dankbarkeit für seine Ergebenheit in allem, was meine Archive betrifft, und für seine Dienste als mein intimer Sekretär. Paris, 9. Juli 1947. Aurore Sand.«
Chopin wiederum besaß eine Haarlocke George Sands, die er sorgfältig verwahrte; jährlich entnahm er sie dem alten Notizbuch und legte sie in das neue, auch nach der Trennung. Man fand sie nach seinem Tod in einem Taschenkalender. Vgl. S. 326.

Préludes

Chopins *Préludes* enthalten das Schönste und Kostbarste seines Schaffens, sie vermitteln den umfassendsten Einblick in sein Genie. Bei der Frage, welche Gattung man wohl am wenigsten aus seinem Œuvre missen wollte, stünden die *Préludes* mit an erster Stelle. Vgl. S. 79, 198, 199 und 201.

Chopin ignoriert die eigentliche Bedeutung des Begriffes »Präludium« (»Vorspiel«, zu einer Fuge nämlich) und versteht darunter ein selbständiges Charakterstück. Natürlich hat Chopin, ein passionierter Bach-Spieler, sich an Bach orientiert, wenn auch nicht in der tonartlichen Anordnung. Bachs Zyklus ist chromatisch geordnet (C-Dur/c-Moll, Cis-Dur/cis-Moll usw. bis H-Dur/h-Moll), derjenige Chopins hingegen im Quintenzirkel (C-Dur/a-Moll, G-Dur/e-Moll usw. bis F-Dur/d-Moll). Da Johann N. Hummel seine *Präludien* ebenfalls im Quintsystem anlegte und da man weiß, wie sehr sich Chopin von Hummel beeinflussen ließ, ist es naheliegend, daß sich Chopin an ihm orientierte.

Chopin und seine Schüler spielten in Konzerten immer nur eine Auswahl der *Préludes*. Arthur Friedheim (1884) und Busoni (um 1900) dürften die ersten gewesen sein, die den gesamten Zyklus aufführten. Heute werden die *Préludes* meistens geschlossen gespielt, immerhin besteht ein enger – nicht nur tonartlicher – Zusammenhang der Stücke untereinander; die Wirkung eines *Prélude* ergibt sich oft aus der Stimmung des vorhergehenden.

Im 19. Jahrhundert, und noch bis in unsere Zeit hinein, erschien es selbstverständlich, Instrumentalmusik – besonders wenn sie so ausdrucksmächtig war wie diejenige Chopins – mit »poetischen« Titeln zu versehen, damit man ihren Charakter besser »verstünde«. Exemplarisch seien hier die Deutungen wiedergegeben, die zwei große Pianisten den *Préludes* verliehen: der als so nüchtern bekannte Hans von Bülow und Alfred Cortot. Daß sich hin und wieder geradezu Widersprüche ergeben, darf nicht erstaunen; die Ausdruckscharaktere von Instrumentalmusik sind ja niemals eindeutig. Chopin selbst legte auf »poetische« Deutungen keinen Wert, zumal sie aus seinen *Préludes* eine Art Szenen- oder Bilderzyklus machten.

(B = Bülow, C = Cortot)

Nr. 1, B: *Wiedervereinigung.* C: *Fieberhaftes Warten auf die Geliebte.*
Nr. 2, B: *Todesahnung.* C: *Schmerzliche Meditation; in der Ferne das einsame Meer.*
Nr. 3, B: *Du bist wie eine Blume.* C: *Lied des Baches.*
Nr. 4, B: *Erstickungsanfall.* C: *Auf einem Grab.*
Nr. 5, B: *Zweifel – Ungewißheit.* C: *Der Baum voll von Liedern.*
Nr. 6, B: *Sterbeglöcklein.* C: *Heimweh.*
Nr. 7, B: *Polnische Tänzerin.* C: *Köstliche Erinnerungen schweben wie ein Duft durchs Gedächtnis.*
Nr. 8, B: *Verzweiflung.* C: *Schnee fällt, der Wind heult, das Unwetter tobt, aber in meinem traurigen Herzen ist das Unwetter noch viel schrecklicher.*
Nr. 9, B: *Vision.* C: *Prophetische Stimme.*
Nr. 10, B: *Nachtfalter.* C: *Zerstäubende Feuerwerkskörper.*
Nr. 11, B: *Libelle.* C: *Mädchenwunsch.*
Nr. 12, B: *Duell.* C: *Ritt in der Nacht.*
Nr. 13, B: *Verlust.* C: *Auf fremder Erde in einer sternklaren Nacht, im Gedenken an die ferne Geliebte.*
Nr. 14, B: *Furcht.* C: *Stürmisches Meer.*
Nr. 15, B: *Regentropfen.* C: *Aber der Tod ist da, im Dunkel…*
Nr. 16, B: *Die Hölle.* C: *Die Fahrt in den Abgrund.*
Nr. 17, B: *Eine Szene an der Place Notre-Dame in Paris.* C: *Sie sagte mir: ich liebe dich.*
Nr. 18, B: *Selbstmord.* C: *Verfluchungen.*
Nr. 19, B: *Inneres Glück.* C: *Flügel, Flügel, zu Dir zu fliehen, o meine Geliebte!*
Nr. 20, B: *Trauermarsch.* C: *Leichenbegängnis.*
Nr. 21, B: *Des Sonntags.* C: *Einsame Rückkehr zum Ort der Geständnisse.*
Nr. 22, B: *Unmut.* C: *Revolte.*
Nr. 23, B: *Vergnügungsschifflein.* C: *Spielende Najaden.*
Nr. 24, B: *Sturm.* C: *Vom Blut, der Wollust und dem Tod.*

1841

cachets apposés
par moi, avec
le cachet de
George Sand:
(GS)
Aurore Sand

Partie de la mèche
de cheveux de
Frédéric Chopin
conservée par
George Sand
ma grand'mère
dans un petit morceau
de papier, portant
l'inscription de sa main
"Poor Chopin" 1849

Aurore Sand
11 Mars 1947. Paris.

1841

525 Paris, Boulevard des Italiens. Xylographie, 1845.
Von 1841 bis 1846 verbrachte Chopin je eine Jahreshälfte in Paris bzw. in Nohant. Links die Rue Taitbout, die zum Square d'Orléans führt, wo Chopin ab 1842 wohnte. Daneben das legendäre *Café Tortoni.* (George Sand begegnete hier zum erstenmal ihrem künftigen Gatten Baron Dudevant.) Anschließend das wegen seiner aufwendigen – 1973 restaurierten – Fassade bekannte Restaurant *Maison Dorée,* das um 1842 noch mehr en vogue war als die ebenfalls am Boulevard des Italiens liegenden Lokale *Café Anglais* und *Café de Paris* (von dem man ganz links im Bild noch einen Teil des Hauses sieht). Im Gebäudeensemble Rue Laffitte No 21–23 lernte Chopin George Sand kennen, die dort von Oktober bis Dezember 1836 bei Franz Liszt und Marie d'Agoult wohnte. (Rue Laffitte No 21 war seit 1835 im Besitz von Chopins Freund James Rothschild.) Ganz rechts das populäre *Café Riche* und die Rue Lepelletier, wo Chopin oft zu Besuch bei seinem Freund, Baron d'Eichthal, war. Rue Lepelletier No 5 bewohnte Anfang 1832 Felix Mendelssohn Bartholdy.

526 Paris, Auditorium im »Collège de France«. Xylographie, 1844.
Im Januar 1841 besuchte Chopin am *Collège de France* einige Vorlesungen seines Freundes Adam Mickiewicz, der hier über slawische Themen sprach. A. Dumesnil an seine Familie, 7. Januar 1841: »Ich bin auf diesem Kurs zusammen mit Mme Sand, die die letzten zwei Vorlesungen hörte. […] Sie kommt mit dem berühmten Pianisten Chopin und fährt in seiner Kutsche nach Hause.«[129] E. Januszkiewicz an seine Verlobte (20. Januar 1841): »Mickiewicz hat immer mehr Hörer. […] Gestern redete er über die Sprache der Slawen. […] Madame George Sand saß neben ihm, und neben ihr stand Chopin.«[130]

1841

527 *Schloß Nohant. Xylographie, 1870.*
Chopin hatte 1839 hier seinen ersten Sommer verlebt. 1840 besuchte er Nohant nicht; von 1841 bis 1846 verbrachte er regelmäßig die Sommermonate (meistens von Mai bis Oktober) in Nohant. Er bewohnte das Zimmer, das hinter dem 3. Fenster von links in der 1. Etage liegt.

528 *Nohant, im Hintergrund George Sands Schloß. Xylographie nach einer Zeichnung Maurice Sands vom November 1850.*
Die Xylographie erschien – seitenverkehrt – am 23. Mai 1857 in *Le Monde illustré*. Die vorliegende Position ist die richtige.

Übersetzung der wesentlichen Passagen aus der abgebildeten Rezension in der »(Revue et) Gazette musicale« vom 2. Mai 1841.

Chopins Konzert

Vergangenen Montag um acht Uhr abends waren die Salons des Herrn Pleyel festlich beleuchtet; unaufhörlich rollten Equipagen heran, um am Fuße der mit Teppichen und duftenden Blumen bedeckten Treppe die schönsten Frauen, die elegantesten jungen Männer, die berühmtesten Künstler, die reichsten Finanziers, die vornehmsten Adeligen abzusetzen, kurzum, eine Elite der Gesellschaft, den ganzen Adel an Geburt, Vermögen, Talent und Schönheit.

Ein großer Flügel stand geöffnet auf einer Estrade; um ihn herum scharten sich die Leute, eifrig bedacht, in nächster Nähe einen Platz zu bekommen. Schon im voraus spitzte man die Ohren und dachte nur noch daran, keinen Akkord, keine Note, keine Nuance, keinen Gedanken desjenigen zu versäumen, der nun dort Platz nehmen sollte. Und es geschah mit vollem Recht, wenn man so gespannt, so aufmerksam, so andachtsvoll war, denn der, auf den man wartete, den man hören, bewundern und dem man applaudieren wollte, war nicht nur ein geschickter Virtuose, ein in der Kunst der Noten erfahrener Pianist; es war nicht nur ein Künstler von hohem Ansehen, er war das alles und mehr noch als das alles – es war Chopin. [...]

Wie wir erwähnt haben, hat sich Chopin nur selten und in großen Zeitabständen öffentlich hören lassen. Was aber für jeden anderen der sichere Weg ins Vergessenwerden und in ein obskures Dasein gewesen wäre, verschaffte ihm im Gegenteil ein über alle Capricen der Mode erhabenes Ansehen, und wurde ihm ein Schild gegen Rivalität, Eifersucht und Ungerechtigkeit. Indem sich Chopin von dem ausartenden Treiben, das seit einigen Jahren die ausübenden Künstler des gesamten Erdkreises gegeneinander ausspielt, fernhielt, blieb er immer von treuen Anhängern, begeisterten Schülern und lieben Freunden umgeben, die, während sie ihn vor verdrießlichen Auseinandersetzungen und peinlichen Beleidigungen bewahrten, unermüdlich seine Werke und mit ihnen die Bewunderung für sein Genie und die Achtung vor seinem Namen verbreiteten. So blieb diese kostbare, wahrlich hohe und überragend vornehme Berühmtheit verschont von allen Angriffen. Ein völliges Schweigen der Kritik umgibt sie, als ob sich die Nachwelt bereits zu Wort meldet; und in dem glänzenden Publikum, das sich um den allzu lange schweigsam gewesenen Poeten versammelt hatte, gab es weder Einwände noch Zurückhaltung; einmütiges Lob war auf den Lippen aller.

Wir unternehmen es an dieser Stelle nicht, eine detaillierte Analyse von Chopins Kompositionen zu geben. Ohne sich um Originalität zu bemühen, ist er *er selbst* geblieben, sowohl im Stil als auch in der Konzeption seiner Werke. Neuen Gedanken wußte er auch neue Formen zu geben. Die seinem Vaterlande eigene Wildheit und Zerrissenheit drücken sich in den kühnen Dissonanzen und in den fremdartigen Harmonien aus, während die Zartheit und Grazie seiner Persönlichkeit sich in Tausenden von Konturen, in Tausenden von Ornamenten offenbaren.

Für sein Konzert am Montag hatte Chopin diejenigen seiner Werke gewählt, die sich am weitesten von den klassischen Formen entfernen. Er spielte weder ein Konzert, eine Sonate, eine Fantasie noch Variationen, sondern Préludes, Etüden, Nocturnes und Mazurken. Da er sich eher einem Privatkreis als einem Publikum gegenüber fühlte, konnte er sich ungehemmt geben wie er ist, als ein elegischer Poet, tief, keusch und träumerisch. Er hatte es nicht nötig, zu verblüffen und mitzureißen; ihm ging es mehr um innige Sympathie als um geräuschvollen Enthusiasmus. Um es vorwegzunehmen: an Sympathie mangelte es ihm nicht. Bereits mit den ersten Akkorden war zwischen ihm und den Zuhörern ein enger Kontakt hergestellt. Zwei Etüden und eine Ballade mußten wiederholt werden, und hätte man nicht befürchten müssen, die Erschöpfung, die sich in seinem bleichen Antlitz bereits ankündigte, zu vermehren, so hätte man Nummer für Nummer des Programmes da capo verlangt.

Die Préludes von Chopin sind Kompositionen von ganz außergewöhnlichem Rang. Es sind nicht nur, wie der Titel vermuten ließe, Stücke, die als Einleitung für andere Stücke bestimmt sind, es sind poetische Vorspiele, ähnlich denjenigen eines großen zeitgenössischen Dichters [gemeint ist vermutlich Lamartine], die die Seele in goldenen Träumen wiegen und sie in ideale Regionen emporheben. Bewundernswert in ihrer Vielfalt, lassen sich die Arbeit und die Kenntnis, die in ihnen stecken, nur durch gewissenhafte Prüfung ermessen. Alles scheint hier von erstem Wurf, von Elan, von plötzlicher Eingebung zu sein. Sie haben die freie und große Allüre, die die Werke eines Genies kennzeichnet.

Und was soll man über die Mazurken sagen, diese kleinen Meisterwerke, so kapriziös und trotzdem so vollendet? [...]

F. Liszt.

CONCERT DE CHOPIN.

Lundi dernier, à huit heures du soir, les salons de M. Pleyel étaient splendidement éclairés; de nombreux équipages amenaient incessamment au bas d'un escalier couvert de tapis et parfumé de fleurs les femmes les plus élégantes, les jeunes gens les plus à la mode, les artistes les plus célèbres, les financiers les plus riches, les grands seigneurs les plus illustres, toute une élite de société, toute une aristocratie de naissance, de fortune, de talent et de beauté.

Un grand piano à queue était ouvert sur une estrade; on se pressait autour; on ambitionnait les places les plus voisines; à l'avance on prêtait l'oreille, on se recueillait, on se disait qu'il ne fallait pas perdre un accord, une note, une intention, une pensée de celui qui allait venir s'asseoir là. Et l'on avait raison d'être ainsi avide, attentif, religieusement ému, car celui que l'on attendait, que l'on voulait voir, entendre, admirer, applaudir, ce n'était pas seulement un virtuose habile, un pianiste expert dans l'art de faire des notes; ce n'était pas seulement un artiste de grand renom, c'était tout cela et plus que tout cela, c'était Chopin.

Venu en France il y a dix ans environ, Chopin, dans la foule des pianistes qui à cette époque surgissait de toutes parts, ne combattit point pour obtenir la première ni la seconde place. Il se fit très peu entendre en public; la nature éminemment poétique de son talent ne l'y portait pas. Semblable à ces fleurs qui n'ouvrent qu'au soir leurs odorants calices, il lui fallait une atmosphère de paix et de recueillement pour épancher librement les trésors de mélodie qui reposaient en lui. La musique c'était sa langue; langue divine dans laquelle il exprimait tout un ordre de sentiments que le petit nombre seul pouvait comprendre. Ainsi qu'à cet autre grand poëte, Mickiewicz, son compatriote et son ami, la muse de la patrie lui dictait ses chants, et les plaintes de la Pologne empruntaient à ses accents je ne sais quelle poésie mystérieuse qui, pour tous ceux qui l'ont véritablement sentie, ne saurait être comparée à rien. Si moins d'éclat s'est attaché à son nom, si une auréole moins lumineuse a ceint sa tête, ce n'est pas qu'il n'eût en lui peut-être la même énergie de pensée, la même profondeur de sentiment que l'illustre auteur de *Konrad Wallenrod* et des *Pèlerins*; mais ses moyens d'expression étaient trop bornés, son instrument trop imparfait; il ne pouvait à l'aide d'un piano se révéler tout entier. De là, si nous ne nous trompons, une souffrance sourde et continue, une certaine répugnance à se communiquer au dehors, une mélancolie qui se dérobe sous des apparences de gaieté, toute une individualité enfin remarquable et attachante au plus haut degré.

Ainsi que nous l'avons dit, ce ne fut que rarement, à de très distants intervalles, que Chopin se fit entendre en public; mais ce qui eût été pour tout autre une cause presque certaine d'oubli et d'obscurité, fut précisément ce qui lui assura une réputation supérieure aux caprices de la mode, et ce qui le mit à l'abri des rivalités, des jalousies et des injustices. Chopin, demeuré en dehors du mouvement excessif qui, depuis quelques années, pousse l'un sur l'autre, et l'un contre l'autre, les artistes exécutants de tous les points de l'univers, est resté constamment entouré d'adeptes fidèles, d'élèves enthousiastes, de chaleureux amis qui, tout en le garantissant des luttes fâcheuses et des froissements pénibles, n'ont cessé de répandre ses œuvres, et avec elles l'admiration pour son génie et le respect pour son nom. Aussi, cette célébrité exquise, toute en haut lieu, excellemment aristocratique, est-elle restée pure de toute attaque. Un silence complet de la critique se fait déjà autour d'elle, comme si la postérité était venue; et dans l'auditoire brillant qui accourait auprès du poëte trop long-temps muet, il n'y avait pas une réticence, pas une restriction; toutes les bouches n'avaient qu'une louange.

Nous n'entreprendrons pas ici une analyse détaillée des compositions de Chopin. Sans fausse recherche de l'originalité, il a été *lui,* aussi bien dans le style que dans la conception. A des pensées nouvelles il a su donner une forme nouvelle. Ce quelque chose de sauvage et d'abrupte qui tenait à sa patrie, a trouvé son expression dans des hardiesses de dissonance, dans des harmonies étranges, tandis que la délicatesse et la grâce qui tenaient à sa personne se révélaient en mille contours, en mille ornements d'une inimitable fantaisie.

Dans le concert de lundi, Chopin avait choisi de préférence celles de ses œuvres qui s'éloignent davantage des formes classiques. Il n'a joué ni concerto, ni sonate, ni fantaisie, ni variations, mais des préludes, des études, des nocturnes et des mazurkes. S'adressant à une société plutôt qu'à un public, il pouvait impunément se montrer ce qu'il est, poëte élégiaque, profond, chaste et rêveur. Il n'avait besoin ni d'étonner ni de saisir; il cherchait des sympathies délicates plutôt que de bruyants enthousiasmes. Disons bien vite que ces sympathies ne lui ont pas fait défaut. Dès les premiers accords il s'est établi entre lui et son auditoire une communication étroite. Deux études et une ballade ont été redemandées, et sans la crainte d'ajouter un surcroît de fatigue à la fatigue déjà grande qui se trahissait sur son visage pâli, on eût redemandé un à un tous les morceaux du programme.

Les Préludes de Chopin sont des compositions d'un ordre tout-à-fait à part. Ce ne sont pas seulement, ainsi que le titre pourrait le faire penser, des morceaux destinés à être joués en guise d'introduction à d'autres morceaux, ce sont des préludes poétiques, analogues à ceux d'un grand poëte contemporain, qui bercent l'âme en des songes dorés, et l'élèvent jusqu'aux régions idéales. Admirables par leur diversité, le travail et le savoir qui s'y trouvent ne sont appréciables qu'à un scrupuleux examen. Tout y semble de premier jet, d'élan, de soudaine venue. Ils ont la libre et grande allure qui caractérise les œuvres du génie.

Que dire des mazurkes, ces petits chefs-d'œuvres si capricieux et si achevés pourtant?

Un sonnet sans défaut vaut seul un long poëme,

a dit un homme qui faisait autorité au plus beau siècle des lettres françaises. Nous serions bien tentés d'appliquer aux mazurkes l'exagération même de cet axiome, et de dire que pour nous, du moins, beaucoup d'entr'eux valent de *très longs* opéras.

Après tous les bravos prodigués au roi de la fête, M. Ernst a su en obtenir de bien mérités. Il a joué dans un style large et grandiose, avec un sentiment passionné et une pureté digne des maîtres, une élégie qui a vivement impressionné l'auditoire.

Madame Damoreau, qui avait prêté à ce concert de *fashion* son charmant concours, a été, comme d'habitude, ravissante de perfection.

Encore un mot avant de terminer ces quelques lignes que le manque de temps nous force d'abréger.

La célébrité ou le succès qui couronnent le talent et le génie sont en partie le produit de circonstances heureuses. Les succès durables sont rarement injustes, à la vérité. Toutefois, comme l'équité est peut-être la qualité la plus rare de l'esprit humain, il en résulte que, pour certains artistes, le succès reste en-deçà, tandis que pour d'autres il va au-delà de leur valeur réelle. On a remarqué que dans les marées régulières il y avait toujours une dixième vague plus forte que les autres; ainsi, dans le train du monde, il est des hommes qui sont portés par cette dixième vague de la fortune, et qui vont plus haut et plus loin que d'autres, leurs égaux ou même leurs supérieurs. Le génie de Chopin n'a point été aidé de ces circonstances particulières. Son succès, quoique très grand, est resté en-deçà de ce qu'il devait prétendre. Toutefois, nous le disons de conviction, Chopin n'a rien à envier à personne. La plus noble et la plus légitime satisfaction que puisse éprouver l'artiste n'est-elle pas de se sentir au-dessus de sa renommée, supérieur même à son succès, plus grand encore que sa gloire?

F. LISZT.

1841

530 *Frédéric Chopin. Bleistiftzeichnung, um 1841, von George Sand.*[131]

531 *Frédéric Chopin. Bleistiftzeichnung, um 1841, von George Sand.*
Chopin schätzte diese Zeichnung hinsichtlich der Ähnlichkeit höher ein als die Bildnisse seiner wesentlich bedeutenderen Porträtisten Ary Scheffer, Franz Xaver Winterhalter und Henri Lehmann (vgl. S. 300).[132]

532 *Frédéric Chopin. Unsignierte Bleistiftzeichnung, 18. Februar 1842.*
Das Porträt wird gewöhnlich George Sand zugewiesen; es besitzt jedoch höhere Qualität als ihre übrigen Zeichnungen und hat den Stil von Pauline Viardot-Garcia. Im Februar 1842 war Chopin häufig mit ihr zusammen, am 20. Februar besuchte er eines ihrer Konzerte, tags darauf trat sie in einem Konzert Chopins auf. Vgl. Abb. 556.

1841

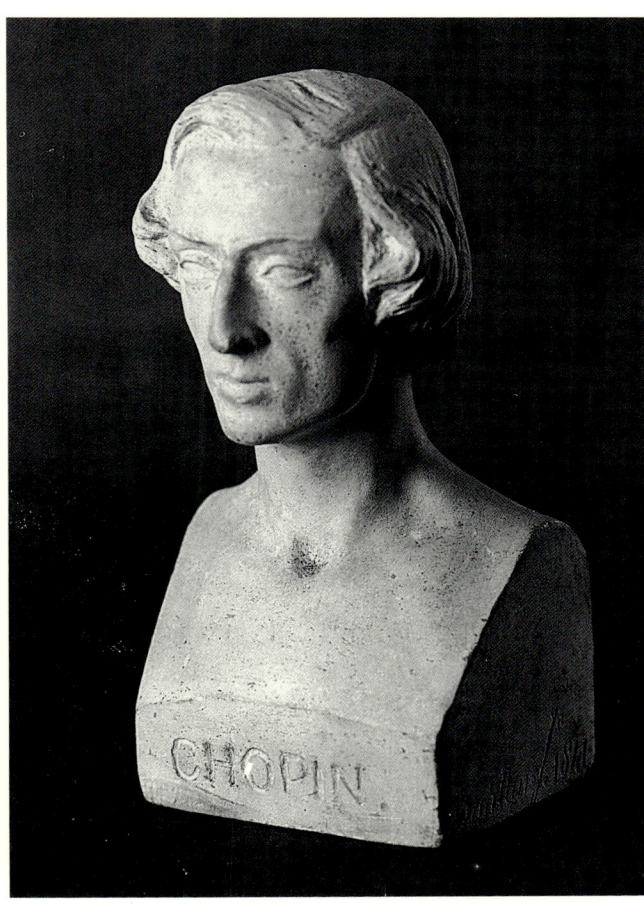

533, 534, 535 *Frédéric Chopin. Drei Ansichten einer Büste, 1841, von Dantan.*
Jean-Pierre Dantan (genannt »Dantan jeune«) fertigte fast ausschließlich Karikatur-Büsten bzw. Karikatur-Statuetten an (vgl. S. 108). Vermutlich war es seine große Achtung vor Chopin, bei seiner Darstellung das karikaturistische Element weitgehend auszuschließen.[133]

1842

LEBEN

JANUAR BIS MAI: in Paris, JUNI BIS SEPTEMBER: in Nohant, SEPTEMBER BIS DEZEMBER: in Paris.
9. FEBRUAR: Die *Allgemeine Musikalische Zeitung* rezensiert Chopins *Tarantella op. 43*.
20. FEBRUAR: Chopin, George Sand, Maurice und Solange, Witwicki und vermutlich auch Delacroix besuchen ein Konzert Pauline Viardots-Garcias im *Conservatoire*.
21. FEBRUAR: Erfolgreiches Konzert Chopins in den *Salons Pleyel* (vgl. Abb. 556). Rezensionen: *La France musicale* (27. Februar 1842), *Revue et Gazette musicale* (27. Februar 1842), *Journal des Débats* (13. April 1842).
6. MÄRZ: Chopin improvisiert bei George Sand; Józef, Bruder des Chopin-Schülers Carl Filtsch (vgl. Abb. 623), am 8. März an seine Eltern: »Chopins Improvisation ist in so hohem Maße vollendet und spontan, daß er so fließend spielt, als *könnte* es nicht anders sein«.[134]
11. MÄRZ: Mickiewicz und die Schweizer Dichterin Caroline Olivier bei George Sand; Chopin spielt.
20. MÄRZ: Chopin spielt bei den Czartoryskis.
ENDE MÄRZ: Schwere Rheumaerkrankung Chopins.
17. APRIL: Die *Revue et Gazette musicale* rezensiert Chopins *op. 44, 45, 46, 47, 48* und *49*.
20. APRIL: Chopin ist mit George Sand anwesend beim Tode seines Freundes Jan Matuszyński.
5. MAI: Chopin und George Sand reisen nach Nohant.
6. MAI–27. SEPTEMBER: Aufenthalt in Nohant.
1. JUNI: Dr. Papet kommt zum kranken Chopin.
4. JUNI–2. JULI: Delacroix in Nohant.
7. JUNI: Brief Delacroix' an Pierret (vgl. S. 172).
24. JUNI: Michel de Bourges in Nohant.
12. JULI: Der Schauspieler Bocage in Nohant.
18. (19.?) JULI: Ein von Pleyel geliehener neuer Flügel trifft in Nohant ein.
21. (22.?) JULI BIS ETWA 10. AUGUST: Besuch Witwickis in Nohant.
27. JULI: Ankunft Marie de Rozières' in Nohant.
29. JULI: Chopin und George Sand reisen nach Paris, um eine neue Wohnung zu besichtigen. Am 5. August mietet man die Appartements Place d'Orléans No 9 (Chopin) und No 5 (George Sand). Vgl. S. 247.
9. AUGUST: Rückreise nach Nohant.
12. SEPTEMBER: Das Ehepaar Viardot in Nohant.
27. SEPTEMBER: Chopin und George Sand reisen in Begleitung der Viardots nach Paris.
28. SEPTEMBER–21. MAI 1843: in Paris.
7. NOVEMBER: Soirée bei George Sand unter Mitwirkung Carl Filtschs und Pauline Viardots-Garcias.
9. NOVEMBER: Maria Krüdener wird Schülerin von Chopin.
23. NOVEMBER: Die *Allgemeine Musikalische Zeitung* rezensiert Chopins *Mazurken op. 50*.
28. NOVEMBER: Bei Chopin spielt Carl Filtsch, von Chopin begleitet, dessen *e-Moll-Konzert*; u.a. anwesend: Baron Stockhausen (Widmungsträger der *g-Moll-Ballade*), Baron Rothschild.
1. DEZEMBER: In der *Revue des Deux Mondes* erscheint eine Würdigung von Chopins Klavierspiel.
4. DEZEMBER: Chopin soupiert bei Kalkbrenner.
10. DEZEMBER: Chopin schenkt der Pianistin Caroline de Belleville-Oury ein Autograph seines *f-Moll-Walzers, op. 70 Nr. 2*, mit dem Wunsch, daß das Stück »nie das Tageslicht erblicke«.
30. DEZEMBER: Chopin, George Sand, Carl und Józef Filtsch verbringen einen Abend bei Camilla Billing (geb. de Courbonne, Widmungsträgerin von Chopins *Nocturnes op. 32*).

DAS PARIS CHOPINS

1842

DAS PARIS CHOPINS

WERKE

IMPROMPTU GES-DUR, OP. 51. Ersch.: Leipzig (Hofmeister) 1843, Paris (Schlesinger) 1843, London (Wessel) 1843.
BALLADE F-MOLL, OP. 52. Ersch.: Leipzig (Breitkopf & Härtel) 1843, Paris (Schlesinger) 1843, London (Wessel) um 1845. Vgl. Abb. 562.
POLONAISE AS-DUR, OP. 53. Ersch.: Leipzig (Breitkopf & Härtel) 1843, Paris (Schlesinger) 1843, London (Wessel) um 1845. Vgl. Abb. 563 und 567.
SCHERZO E-DUR, OP. 54. Ersch.: Leipzig (Breitkopf & Härtel) 1843, Paris (Schlesinger) 1843, London (Wessel) um 1845. Vgl. Abb. 560 und 564.

538 *Paris, Palais und Jardin du Luxembourg. Farbige Lithographie, Mitte 19. Jahrhundert, von Deroy.*
Delacroix malte 1845–1847 die Bibliothekskuppel des Palais du Luxembourg mit Bildern von zarter, lyrischer Schönheit aus. In den Gesichtszügen Dantes und Aspasias soll der Maler Chopin bzw. George Sand verewigt haben. Am 1. April 1847 besichtigten Delacroix, Chopin und George Sand diese Kuppel; es war eine der letzten Begegnungen Chopins mit der Schriftstellerin. Vgl. Abb. 356.
Der Jardin du Luxembourg hat viele Künstler inspiriert, z. B. Watteau, David, Nerval, Verlaine und Rilke. Unter den Denkmälern des Parks befinden sich auch diejenigen Chopins, Delacroix' und George Sands.
Links im Hintergrund die Kirche Saint-Sulpice.

539 *Paris, Arc de Triomphe de l'Etoile. Farbige Lithographie, Mitte 19. Jahrhundert, von Deroy.*
»Gegen halb vier Uhr begleitete ich Chopin im Wagen auf seiner Spazierfahrt. Obwohl müde, war ich glücklich, ihm wenigstens in etwas nützlich sein zu können. Die Champs-Elysées, der Arc de l'Etoile […]. Er sprach mir über Musik, was sehr anregend auf ihn wirkte …«[94] (Tagebucheintrag Delacroix', 7. April 1849)

Linke Seite:
536 *Paris, La Madeleine. Farbige Lithographie, Mitte 19. Jahrhundert, von Deroy.*
Die Kirche, von Napoleon ursprünglich zur Ruhmeshalle Frankreichs bestimmt, erinnert eher an einen antiken Tempel als an ein Gotteshaus. Chopins Leichnam lag etwa eine Woche in der Krypta der *Madeleine* aufgebahrt. In dieser Kirche fand auch sein Trauergottesdienst statt. Vgl. S. 346.

537 *Paris, Ecole Militaire und Champ-de-Mars. Farbige Lithographie, Mitte 19. Jahrhundert, von Deroy.*
Das Marsfeld, früher ein Exerziergrund der Akademie-Kadetten (10 000 Soldaten konnten hier in Schlachtformation antreten), wurde zwischen 1908 und 1928 in einen Park umgewandelt. Chopin wohnte im Sommer 1849 ganz in der Nähe, Rue de Chaillot No 74.
Im Hintergrund die Kuppel des Invalidendoms.

1842

540 *Marcelina Czartoryska. Photographie, um 1855.*
Die Fürstin Czartoryska galt bei vielen Pianisten als bedeutendste Chopin-Schülerin. Vgl. Abb. 664.

541 *Jenny Lind. Daguerreotypie, um 1849.*
Chopin begegnete der Sängerin mehrmals 1848 in London und freundete sich mit ihr an. Vgl. Abb. 192.

542 *Marie von Mouchanow. Photographie, um 1855.*
Marie von Mouchanow-Kalergis (geb. Gräfin Nesselrode) verkehrte ab 1847 bei Chopin. Vgl. Abb. 626.

MIT CHOPIN BEFREUNDETE KÜNSTLER IN KAUM BEKANNT

Die Daguerreotypien sind hier zum erstenr

543 *Marie d'Agoult. Photographie, 1863.*
Die Gräfin d'Agoult (Künstlername Daniel Stern) war um 1836 mit Chopin befreundet. Vgl. S. 101–103.

544 *Clara Wieck-Schumann. Daguerreotypie, 1842.*
Diese kaum bekannte photographische Darstellung zeigt Clara mit ihrer Tochter Marie. Vgl. S. 136.

545 *Maria Taglioni. Daguerreotypie, um 1845.*
Die berühmte Tänzerin und Chopin bewohnten in Paris dasselbe Gebäudeensemble (Square d'Orléans).

546 *Eugène Delacroix. Daguerreotypie, 1842.*
Neben dem Cellisten Franchomme war Delacroix Chopins vertrautester französischer Freund. Vgl. S. 170–173.

547 *Honoré de Balzac. Daguerreotypie, 1842.*
Balzac über Chopin: »Bei diesem vortrefflichen Genie offenbart sich nicht nur der Musiker, sondern die Seele.«[136]

548 *Adam Mickiewicz. Daguerreotypie, 1842.*
Polens bedeutendster Dichter gehörte in Paris zu Chopins engstem Freundeskreis. Vgl. Abb. 171 und 526.

STELLUNGEN AUS DEN ERSTEN JAHREN DER PHOTOGRAPHIE

tenrichtigen, naturgetreuen Position veröffentlicht.

549 *Franz Liszt. Daguerreotypie, 1843.*
Chopin schätzte seinen Freund Franz Liszt als überragenden Interpreten seiner Etüden. Vgl. S. 98–102.

550 *Felix Mendelssohn Bartholdy. Daguerreotypie, um 1845.*[137]
Mendelssohn: »Chopin macht so neue Sachen wie Paganini auf der Geige und bringt Wunderdinge herbei...«[138]

551 *Robert Schumann. Daguerreotypie, 1850.*
Schumann, der Chopin seine *Kreisleriana* widmete, bewunderte Chopins Musik. Vgl. S. 136, 142 und 143.

1842

552 *Paris. Eingang zum Square d'Orléans von der Rue Taitbout No 80 aus. Photographie, um 1935.*
Die von den beiden Laternen flankierte Türe führt zu Chopins Appartement.

553 *Paris, Square d'Orléans. Photographie, 1990.*
Dieser Blick zu George Sands Fenster bot sich Chopin von seinem Appartement aus. George Sand hatte 1842 eine Wohnung in der 1. Etage von Square d'Orléans No 5 (Aufgang in der überwölbten Durchfahrt) mit einem Atelier für Maurice in der 4. Etage gemietet.
Der Rasen um den – früher mit einer Statue geschmückten – Brunnen war im 19. Jahrhundert mit Bäumen und Blumen bepflanzt.

554 *Square d'Orléans No 9. Photographie, 1990.*
Dieser Blick zu Chopins Appartement (im Hintergrund, vgl. Beschreibung zu Abb. 558) bot sich George Sand von ihrer Wohnung aus.

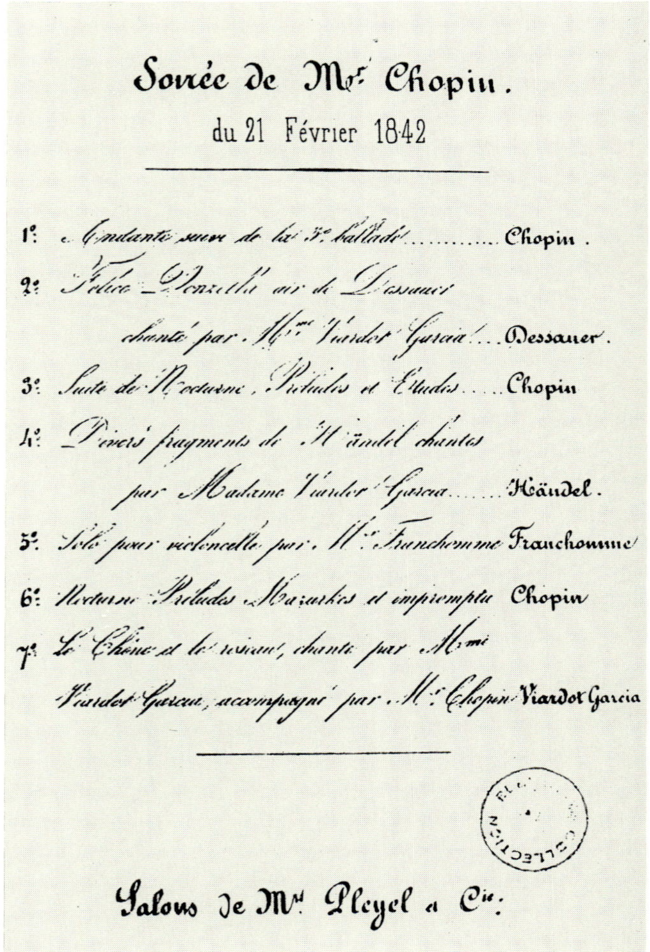

555 *Karikatur, um 1842, von George oder Maurice Sand.*[139]
Auf der Leiter Chopin, rechts George Sand und Wojciech Grzymała, links eine nicht zu identifizierende Person.

556 *Programm von Chopins Konzert am 21. Februar 1842.*

557 *Chopins Salon am Square d'Orléans. Anonymes, undatiertes Aquarell.*
Hier empfing Chopin von September 1842 bis Juni 1849 seine Besucher, hier unterrichtete er seine Schüler; an seinen Werken arbeitete er fast ausschließlich in Nohant. Diese Pariser Wohnung Chopins ist bis heute erhalten (Zugang über die Rue Taitbout No 80). Der Square (auch Cité, Place oder Cour) d'Orléans war eine im Stil eines italienischen Palazzos errichtete Wohnanlage. Das heute noch existierende Gebäudeensemble wurde um 1842 zur Wohnstätte vieler namhafter, zumeist untereinander befreundeter Künstler. »Abends besuchen wir uns gegenseitig wie gute Nachbarn auf dem Land«, berichtete George Sand am 12. November 1842 an Charles Duvernet.[140] Die Anlage umfaßte damals 35 große und 11 mittelgroße bis kleine Appartements, 6 Ateliers, sowie Stallungen und Nebengebäude für Equipagen. Neben den Treppen für die Dienerschaft gab es 8 Hauptaufgänge.

558 *Chopins Appartement am Square d'Orléans No 9 in Paris. Photographie, um 1935.*
Im Hochparterre hinter den beiden mit Vorhängen versehenen Fenstern – eines davon ist zur Hälfte von einem Baum verdeckt – lag Chopins Appartement (Aufgang in der Einfahrt; vgl. Abb. 552).
George Sand bewohnte No 5 (vgl. Abb. 553). Am 1. Juli 1847 kündigte sie und mietete in der 3. Etage von No 3 ein Appartement, das sie aber nie bewohnte, vermutlich um Chopin, von dem sie sich im Sommer 1847 getrennt hatte, nicht mehr zu begegnen; am 1. April 1848 gab sie auch diese Wohnung auf. Square d'Orléans No 2 bewohnten die Tänzerin Maria Taglioni sowie der Pianist Friedrich Kalkbrenner, No 4 der Pianist Marmontel (in dessen Besitz einmal das berühmte Chopin-Porträt von Delacroix war), No 5b der Journalist d'Ortigue, No 7 die Marlianis, der Pianist Zimmerman(n) und die Maler Dubufe (Vater und Sohn), No 10 der Pianist Alkan. Der bekannte Bildhauer Dantan jeune und der Buchhändler Franck wohnten auf No 9. Man betrat früher den Square d'Orléans über die Rue Saint Lazare No 34–36, in der Nähe der Wohnungen von A. Dumas (No 40), Marie Dorval (No 44) und François Auber (No 50). Dieser Eingang wurde später geschlossen und man schuf 1859 auf der gegenüberliegenden Seite auf Höhe der Rue Taitbout No 80, unmittelbar neben Chopins Wohnung, einen neuen Zugang (vgl. Abb. 554).

559 *Manuskript der Anfangstakte von Chopins »b-Moll-Scherzo, op. 31«.*
Wilhelm von Lenz, der einige Lektionen von Chopin erhielt: »Gleich vom 1sten Tact ist zu bemerken, dass man dem Componisten die so unschuldig aussehende, verdoppelte Triolen-Figur (a, b, des) nie zu Dank spielen konnte. ›Eine Frage muss es sein‹, lehrte Chopin, und es war ihm nie genug Frage, nie piano genug, nie genug gewölbt (tombé), wie er sagte, nie bedeutsam (important) genug. ›Ein Todtenhaus muss es sein‹, sagte er einmal.«[141]

560 *Das noble cis-Moll-Thema aus dem selten gespielten »E-Dur-Scherzo, op. 54«.*

SCHERZI

Beethoven hatte in seinen Sonaten, Symphonien und in seiner Kammermusik bereits mehrmals das Scherzo an Stelle des bis dahin üblichen Menuetts gesetzt; Schubert betitelte einige seiner kleineren Stücke mit »Scherzo«, ebenso Mendelssohn (z. B. *op. 16* und *op. 21*). Chopin übernahm nun diesen Begriff, waltete aber frei nach seinen Intuitionen. In seinen Scherzi könnte man vielleicht sein Bestreben erkennen, die herkömmliche Anlage der Sonate aufzulösen und einzelne Teile daraus zu verselbständigen.
Von Humor und Scherz ist in Chopins Scherzi nicht die Rede: sie gehören zu seinen dämonischsten und düstersten Werken. »Daß man allerdings fragen müsse, wie sich der Ernst kleiden sollte, wenn schon der ›Scherz‹ in dunklen Schleiern geht«[142], sagt Robert Schumann über das *1. Scherzo, h-Moll, op. 20*. Schumann hat sich auch über Chopins *2. Scherzo, b-Moll, op. 31*, geäußert: »Das Scherzo erinnert in seinem leidenschaftlichen Charakter an seinen Vorgänger [*op. 20*]: immerhin bleibt es ein höchst fesselndes Stück, nicht uneben einem Lord Byron'schen Gedicht zu vergleichen, so zart, so keck, so liebe- wie verachtungsvoll. Für Alle paßt das freilich nicht.«[143] Über das *3. Scherzo, cis-Moll, op. 39*, finden sich kaum zeitgenössische Äußerungen. Als es Chopin am 26. April 1841 zum erstenmal in den *Salons Pleyel* spielte, beurteilte es *La France Musicale* (vom 2. Mai 1841) »voll vornehmer Einfachheit und Wärme«. Das zarte, elfenartige, sich fast im hellen Lichte Mendelssohns präsentierende *4. Scherzo, E-Dur, op. 54*, wurde sowohl von den Pianisten als auch von der Kritik des 19. Jahrhunderts nahezu ignoriert. Vgl. Abb. 564.

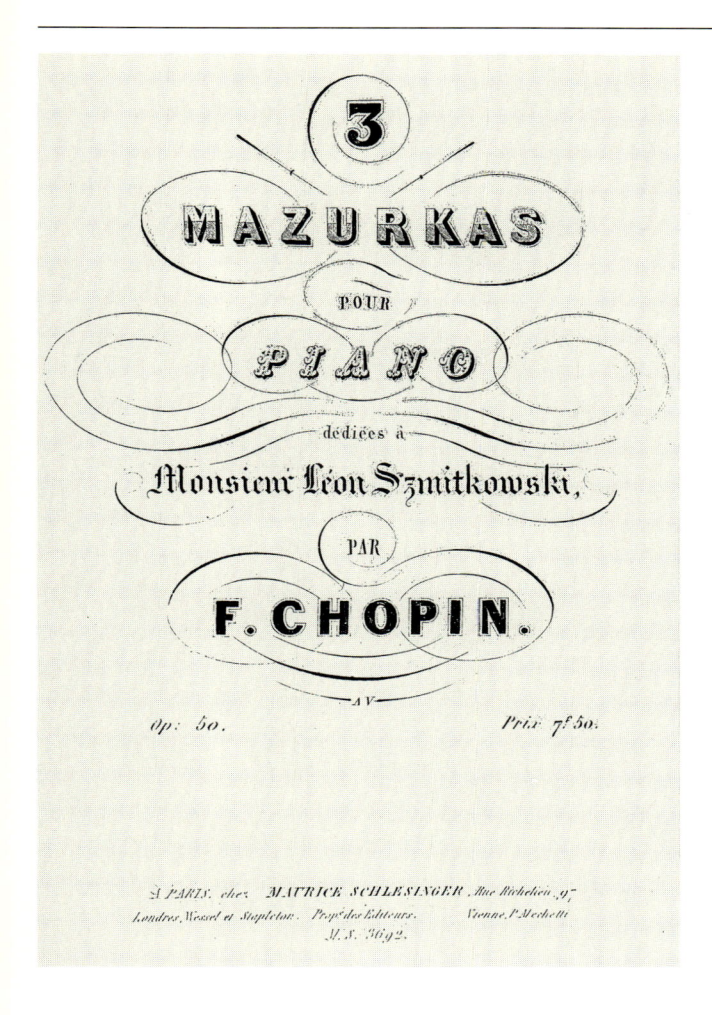

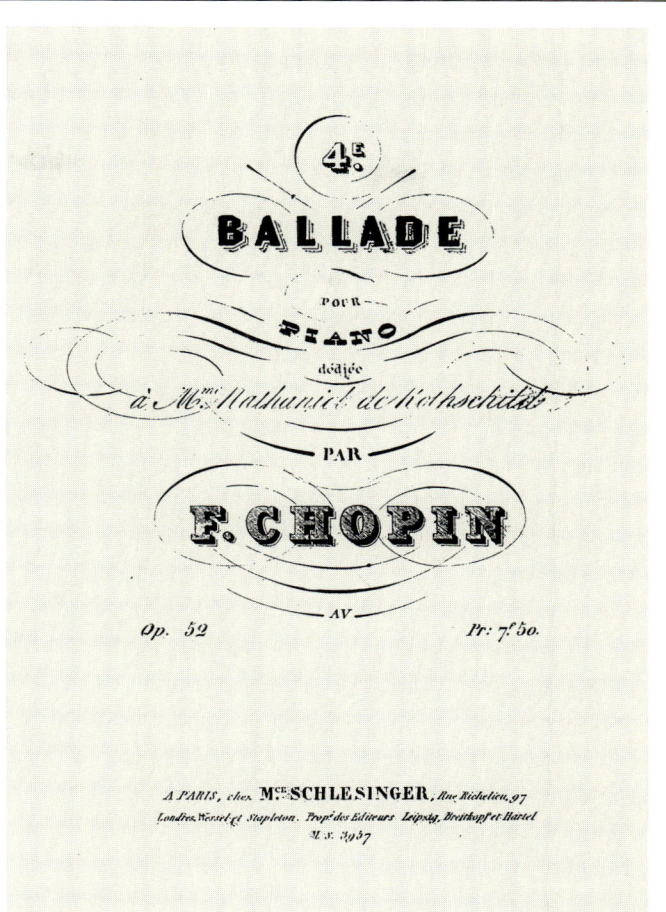

WERKE AUS DEM JAHR 1842

561 »Mazurken op. 50«, komponiert 1841/1842. Titelblatt der französischen Erstausgabe 1842.

562 »Ballade f-Moll, op. 52« (vermutlich schon 1841 begonnen). Titelblatt der französischen Erstausgabe 1843.

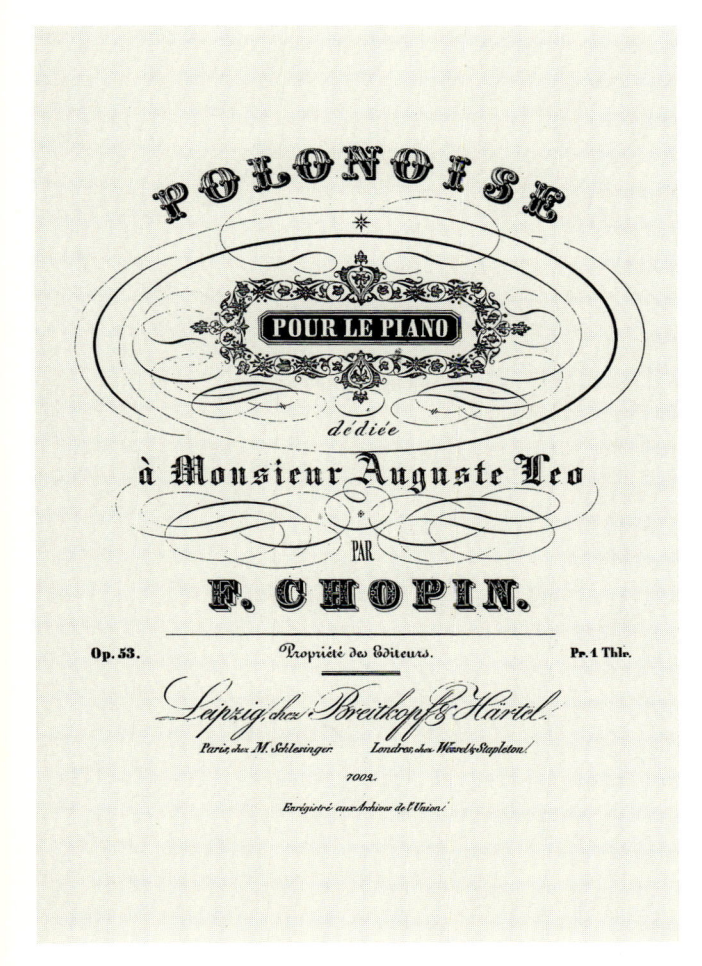

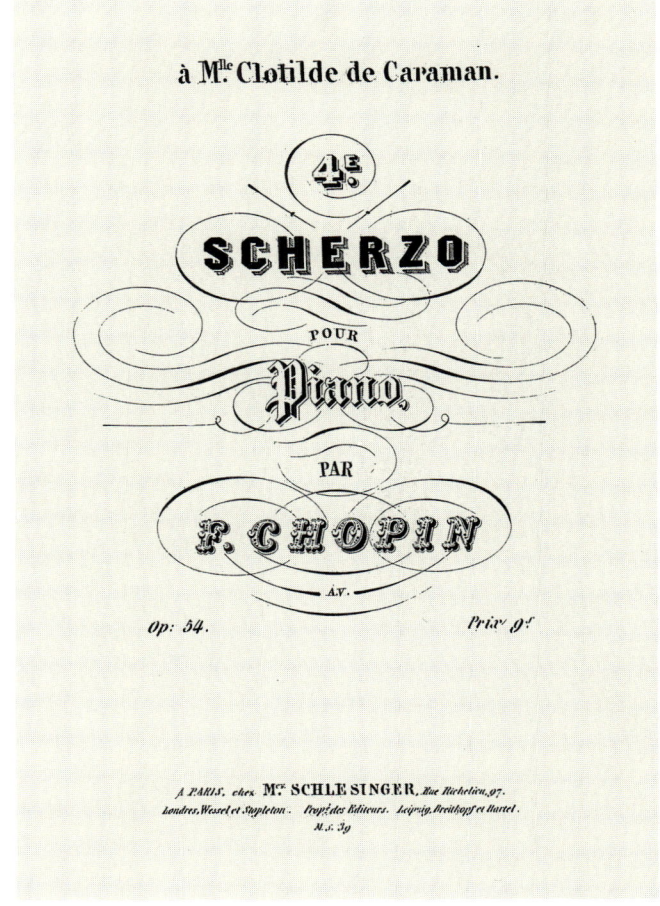

563 »Polonaise As-Dur, op. 53«. Titelblatt der deutschen Erstausgabe 1843.

564 »Scherzo E-Dur, op. 54«. Titelblatt der französischen Erstausgabe 1843.

565 »Chopin-Polonaise«. Skizze (Tusche und Aquarellfarben), 1850, von Teofil Kwiatkowski.

566 Rezension von Chopins »Grande Polonaise brillante précédée d'un Andante spianato«. »Allgemeine Musikalische Zeitung« vom 4. Januar 1837.

Werke für das Pianoforte von Chopin.
Angezeigt von G. W. Fink.

Grande Polonaise brillante précédée d'un Andante spianato pour le Piano avec accomp. de l'Orch. par F. Chopin. Oeuv. 22. Leipzig, chez Breitkopf et Härtel. Pr. av. Orch. $2\frac{1}{2}$ Thlr.; p. Pfte seul $1\frac{1}{3}$ Thlr.

Was alle Werke dieses von uns verschiedentlich besprochenen Componisten, wenigstens die ausgeführteren und schwierigen, an sich haben, das wird man auch im Allgemeinen an diesem Werke finden. Es ist die harmonische Fügung und vor Allem die Umhüllung der Harmonie durch Vor- und Aufhalte vom Gange der übrigen Componisten, ja sogar die Ausschmückung und Verzierung der Melodie so abweichend, dass man wohl begreift, wie ein geübter Mann mit ergriffener Seele und in aufgeregter Stunde so phantasiren kann, aber das Aufschreiben solcher Ergüsse muss jedem Andern, als dem Verf., wunderbar schwierig erscheinen, so dass es fast nicht anders, als am Klaviere selbst geschehen kann, was auch wirklich der Fall sein soll und bei Werken für das Pianof. nichts weniger als unzweckmässig ist. Wie sie nun am Klaviere erfunden und niedergeschrieben werden, so wollen sie auch am Instrumente gehört sein, durchaus nicht blos gelesen, wenn sie beurtheilt werden sollen. Uns wenigstens ist es nur äusserst selten gelungen, durch noch so aufmerksames Lesen der Compositionen dieses Mannes ein lebhaftes Bild derselben zu erlangen; es wird uns nicht eher, als bis wir sie gehört haben. Das Lesen selbst gibt uns wohl einige Lichtblicke, nur keinen vollen Zusammenhang, noch weniger einen Eindruck, der deutlich genug uns im Innern wiederklänge. Ob das wohl Andern auch so geht? — Doch darauf kommt nichts weiter an; wir haben seine Werke nicht einmal, sondern oft gehört, das vorliegende nicht ausgenommen. Es ist ungemein, was von dem Spieler verlangt wird, nicht weniger, als in seinen schon bekannten schwierigen Werken. Brillant ist es zuverlässig und in so hohem Grade, dass der Vortrag desselben Bewunderung erregen muss. Geändert hat sich der Componist nicht; es ist Chopin, und Manches in seinen Gängen erinnert an frühere Haltung in schon gekannten Sätzen, doch nur im Einzelnen, nicht im Ganzen, das mehr Staunen als Effect erregt, mehr für Kenner des Pianofortespieles und für Musiker im Allgemeinen, als für Dilettanten wirksam sein wird. Das Andante spianato (wohl auseinandergesetzt, oder besser, geebnet, glatt etc.) ist ruhig in wogender Begleitung der linken Hand, die an weit gedehnte Spannungen in genauer Bindung gewöhnt sein muss, zu seltsamer und doch sehr einfacher Melodie, bis beide Hände in einem Wogen der Töne sanft und leise schwimmen. Der Gdur-Satz, $\frac{6}{8}$ und $\frac{3}{4}$, geht zur Polonaise in Esdur All. molto über. Hier gilt's nun, Fertigkeit, und mehr noch, in voller Sicherheit zu zeigen. Wer kein tüchtiger, kein ausgezeichnet bravourfester Spieler ist, wird es abrumpeln, aber nicht spielen. Man versuche sich daran. Wir hörten's gut und wirksam im Zimmer. Wie's hingegen mit Instrumenten wirkt, wissen wir nicht; mit vollem Orchester haben wir es nicht gehört. — Dass spätere Nummern eher angezeigt wurden, liegt am Drucke. Dieses 22ste Werk ist später gedruckt, als die schon besprochenen.

567 *Erste Seite des Manuskriptes von Chopins 1842/1843 komponierter »As-Dur-Polonaise, op. 53«.*

POLONAISEN

In den Polonaisen findet Chopins Patriotismus seinen glühendsten Ausdruck. Die Polonaise ist ein in Adelskreisen bevorzugter Schreittanz polnischer Herkunft. Als Instrumentalstück ist sie im wesentlichen seit dem 17. Jahrhundert gebräuchlich. Bach, Haydn, Beethoven und Schubert komponierten Polonaisen; als Chopins unmittelbare Vorgänger sind vor allem Carl Maria von Weber, Michał Ogiński, Karol Kurpiński und Józef Elsner zu nennen. Chopin führte dieses Genre zum Höhepunkt. In seinen Polonaisen entsteht die vornehme Atmosphäre prunkvoller Ballsäle mit eleganten Tänzern in prächtigen Kostümen, aber auch kriegerische Attribute wie Trommelwirbel und Pferdegetrappel werden gegenwärtig. Einschließlich einiger heute verschollener Werke und der etwas salonhaften Stücke *op. 3* und *op. 22* schrieb Chopin etwa zwanzig Polonaisen. Seine glanzvolle *As-Dur-Polonaise* (*op. 53*) ist wohl die bedeutendste Polonaise der ganzen Musikliteratur.

Anton Rubinstein: »Vertiefen wir uns in die *Polonaise cis-Moll, op. 26*. Eine ganze Welt trennt diese Polonaise von der *op. 22*. Die eine ist für das Publikum, für den Ruhm, für den Gelderwerb, die andere nur für die eigene Erhebung komponiert. Die *Polonaise Nr. 2, es-Moll* desselben Opus ist in ihrer Schönheit schwer zu charakterisieren. Sie ist ein prächtiges, dramatisches Gedicht, in welchem Chopin der Rhapsode seines Volkes wird. […] Die *Polonaisen A-Dur* und *c-Moll* [*op. 40*] führen mich zu einer Behauptung, die vielleicht paradox klingt, die mir aber ganz natürlich erscheint. In diesen beiden Polonaisen glaube ich das polnische Volk von einst und jetzt [1888] illustriert zu sehen. Die erstere ist voll Leben, voll Enthusiasmus und Feuer, die zweite stellt das Bild des Drucks, der Vernichtung, der Agonie dar.«[144] »Polens Größe (*A-Dur*) und Polens Untergang (*c-Moll*).«[145]

Franz Liszt: »Zu seinen [Chopins] energievollsten Konzeptionen kann man die große *fis-Moll-Polonaise* [*op. 44*] zählen. […] Das Hauptmotiv ist stürmisch, dunkel, wie die Stunde, die einem ausbrechenden Orkan vorangeht. Das Ohr glaubt erbitterte Ausrufe zu vernehmen, eine trotzige Herausforderung aller Elemente. Die Wiederkehr des Grundtones beim Beginn jeden Taktes [Mittelteil, Takt 83 ff.] mahnt an immer sich wiederholende Kanonendonner, die aus fernem Schlachtgetümmel zu uns herüberklingen. Wir kennen in den Werken der größten Meister nichts, was der ergreifenden Wirkung dieser Stelle gleichkäme, die eine ländliche Szene, eine Mazurka idyllischen Stils, welche den Duft von Lavendel und Majoran zu verbreiten scheint, jäh unterbricht. […] In der *Polonaise-Fantaisie* [*op. 61*], die schon der letzten Periode Chopins und den Werken angehört, in denen eine fieberhafte Unruhe das Übergewicht hat, findet man keine Spur von kühnen lichtvollen Bildern. [Liszt schildert nun diese Bilder in äußerst poetischen Formulierungen und schließt mit einem Urteil, das uns – auch angesichts seines eigenen Schaffens – heute seltsam erscheint:] Es sind dies Bilder, die der Kunst wenig günstig sind, wie die Schilderung aller extremen Momente, der Agonie, wo die Muskeln jede Spannkraft verlieren und die Nerven, nicht mehr Werkzeuge des Willens, den Menschen zur passiven Beute des Schmerzes werden lassen. Ein beklagenswerter Anblick fürwahr, den der Künstler nur mit äußerster Vorsicht aufnehmen sollte in seinen Bereich.«[146] Vgl. S. 17, 197, 250, 252, 253 und 274; Abb. 30, 251, 496, 563, 608, 610.

II Polonoises pour le Piano composées — par F. Chopin. Oeuv. 26. Ebendaselbst. Pr. 20 Gr.

Erfordern auch diese beiden Sätze nicht die Concertbravour, als die vorher angezeigte Nummer, so sind sie doch nicht für Leute, die noch Schule zu machen haben. Die erste Polonaise, All. appassionato, ist, was sie sein will, ganz und in sich rund, leidenschaftlich und sanft im wechselnden Contrast, dabei zugleich ansprechend bei aller Eigenheit, so dass sie selbst in gemischten Zirkeln sich wirksam erweisen wird, was gar nicht von allen Sätzen dieses Componisten erwartet werden kann und was auch nicht der Fall ist, noch jemals war. — Die zweite, so ungefähr eine Polonaise, eher ein Alla Polacca, ist seltsam, also auch originell, wird den Freunden des Componisten und den Spielern, die sich mit Anstrengung in seine Schwierigkeiten hineingearbeitet haben, als ein Wundersames gewiss gefallen; dagegen wird es unbefangene Hörer genug geben, die nicht wissen, was sie denn eigentlich gehört haben, und der Mehrzahl wird sie nicht gefallen. Sie ist nicht, wofür sich ausgibt, macht vielmehr aus dem Namen, was gerade in die Phantasie kommt. Dieses willkürliche Spiel mit den Benennungen ist zwar nicht mehr ganz neu, mit dem Liede hat es die jüngste Zeit nicht anders gemacht: aber darum wird das Verfahren noch lange nicht gut und löblich. Manches darin ist hübsch, Anderes zu barock. Sie geht aus Es moll und die erste aus Cis moll, beide mit ihren verwandten Durtönen wechselnd. Mir ist die erste gleichfalls lieber, als die zweite. Geschmack ist frei. Was geht mich an, was einem Andern schmeckt. Jeder sorge darin für sich selbst und koste, was ihm beliebt.

568 *Rezension von Chopins »Polonaisen op. 26«. »Allgemeine Musikalische Zeitung« vom 4. Januar 1837.*

569–574 *Manuskript von Chopins »es-Moll-Polonaise, op. 26 Nr. 2«. Erstveröffentlichung.*

1843

LEBEN

JANUAR BIS MAI: in Paris, MAI BIS OKTOBER: in Nohant, OKTOBER BIS DEZEMBER: in Paris.

1. JANUAR: In der *Revue et Gazette musicale* erscheint Chopins Porträt (vgl. Abb. 187).

11. JANUAR: Chopin schreibt in das Album seiner Schülerin Anna Szeremetiew ein *Moderato in E-Dur*.

MITTE JANUAR: Soirée bei den Rothschilds. Carl Filtsch spielt, von Chopin am 2. Klavier begleitet, dessen *e-Moll-Konzert*. Weitere Mitwirkende: Pauline Viardot-Garcia, Giulia Grisi, Giuseppe Mario, Louis Lablache.

15. JANUAR: *La France musicale* berichtet über die Soirée bei den Rothschilds.

28. FEBRUAR: George Sand (und wahrscheinlich auch Chopin) diniert bei Pauline Viardot-Garcia, die eigene neue Kompositionen vorsingt.

17. MÄRZ: Chopin im Konzert Julian Fontanas.

5. APRIL: Franz Liszt, der in Warschau konzertiert, besucht Elsner und Chopins Vater.

13. APRIL: Tagebucheintrag Leonard Niedźwieckis: »Chopin kuriert sich jetzt homöopathisch«.

24. APRIL: Carl Filtsch spielt in Chopins Anwesenheit dessen *e-Moll-Konzert* mit Orchesterbegleitung (*Salons Erard*).

21. MAI: Chopin, George Sand und das Töchterchen von Pauline Viardot-Garcia reisen nach Nohant. – In der *Revue et Gazette musicale* erscheint eine Rezension von Chopins *Mazurken op. 50*.

22. MAI–28. OKTOBER: Chopin in Nohant.

28. MAI: Balzac an Eveline von Hanska: »Man kann über Liszt nicht urteilen, wenn man Chopin nicht gehört hat. Der Ungar ist ein Dämon, der Pole ist ein Engel.«

4. UND 5. JUNI: Ausflug Chopins (der dabei auf einem Esel namens »Margot« reitet) und George Sands (zu Fuß) in die Umgebung Nohants (vgl. Abb. 592).

9. JULI: In der *Revue et Gazette musicale* erscheint Chopins *Ges-Dur-Impromptu*, op. 51 (Erstveröffentlichung).

17.–27. (28.?) JULI: Delacroix in Nohant.

10. AUGUST: *The Musical World* vertritt die Ansicht, Chopin werde als Komponist überschätzt.

13. AUGUST: Chopin reist nach Paris.

16. AUGUST: Die *Allgemeine Musikalische Zeitung* rezensiert Chopins *Impromptu op. 51*.

17. AUGUST: Chopin mit Solange, die er vom Pensionat abgeholt hat, wieder in Nohant.

1.–18. SEPTEMBER: Pauline Viardot-Garcia mit Mutter und Gatten (der am 8. September wieder abreist) in Nohant.

9. SEPTEMBER: Mendizábal (vgl. Abb. 384) in Nohant.

ENDE SEPTEMBER: Chopin, George Sand, Maurice und Solange unternehmen einen Ausflug zur Ruine Schloß Crozant.

15. OKTOBER: Chopin schickt seine Manuskripte von op. 52, 53 und 54 an Breitkopf & Härtel.

16. OKTOBER: Die *Neue Zeitschrift für Musik* rezensiert Chopins *Tarantella op. 43*.

28. OKTOBER: Chopin reist mit Maurice nach Paris.

29. OKTOBER–29. MAI 1844: Chopin in Paris.

3. NOVEMBER: Chopin diniert bei Emile Gaillard; anschließend in der *Opera-Comique* (*Mina* von Thomas).

4. NOVEMBER: Dr. Molin beim kranken Chopin.

5. NOVEMBER: Die *Revue et Gazette musicale* meldet Chopins Rückkehr nach Paris.

10.–20. NOVEMBER: Chopin krank zu Bett.

25. NOVEMBER: Chopin bei Baron Rothschild und Baron Stockhausen.

30. NOVEMBER: Ankunft George Sands in Paris.

27. DEZEMBER: Chopin beim Polnischen Bazar.

CHOPINS KOMPOSITIONSWEISE

Chopin äußerte sich kaum jemals über musiktheoretische Themen oder kompositorische Praktiken und schon gar nicht über seine eigene Arbeitsweise, darin Ravel ähnlich, der sich von niemandem in seine Skizzenblätter hineinsehen ließ. Ein glücklicher Umstand, nämlich der Fund eines aufschlußreichen Skizzenblattes (vgl. Abb. 577), ermöglicht es uns, wenigstens eine ungefähre Vorstellung von Chopins Schaffensweise zu erhalten.

Chopin reiht auf diesem Skizzenblatt (zu seiner *Berceuse*) Arabesken von je zwei, drei, vier und mehr Takten probeweise aneinander, er verbessert, streicht durch, läßt Takte zur späteren Ausfüllung frei und numeriert innerhalb des Blattes diese verschiedenen Fragmente, um die einzelnen Bruchstücke später so zusammensetzen zu können, daß sie als völlig organisch verlaufende Kette erscheinen. Es ist die mühevolle, geduldige Arbeit eines Steinschleifers oder Goldarbeiters, der mit der Lupe künstlerischer Gewissenhaftigkeit sein Material immer wieder von allen Seiten so lange betrachtet, bis kein Fehler mehr am Stein und in der Fassung zu entdecken ist. Die Musikabteilung der *Bibliothèque Nationale*, Paris, besitzt die fertige Reinschrift der *Berceuse* von Chopins Hand. Die fortlaufenden Notenblätter wirken wie die Zeichnungen eines großen Malers, bei dem man den stets unfehlbaren Strich bewundert und nicht mehr ahnt, wie oft – um dabei an einen Maler wie Degas zu denken – die Kappe eines Ballettschuhes, die Haltung eines Balletteusenfingerchens oder das leise Wehen eines Gazeröckchens vorher getrennt auf dem Papier ausprobiert werden mußten, bis dann später im fertigen Kunstwerk alles »in einem Zug« saß, wie man fälschlicherweise immer sagt und glaubt.[147]

Das erwähnte Skizzenblatt bestätigt auch die Aussage George Sands (*Histoire de ma vie*, Paris 1855), die annähernd acht Jahre lang sozusagen Tür an Tür mit Chopin lebte: »Sein Schaffen war spontan, bewunderswert. Seine Einfälle kamen, ohne daß er danach suchte, unvorhergesehen. Manchmal ganz plötzlich am Klavier, vollkommen und in ihrer ganzen Erhabenheit, oder sie erklangen während eines Spaziergangs in ihm, und dann beeilte er sich, sie sich selbst auf dem Instrument vorzuspielen. Dann aber begann die entsetzlichste Arbeit, die ich je erlebt habe. Es war eine Reihenfolge von Anstrengungen, Unschlüssigkeit und Ungeduld, um gewisse Einzelheiten des Themas, das er im Kopf hatte, festzuhalten: was er als Ganzes ersonnen hatte, analysierte er nun beim Niederschreiben peinlichst genau, und seine Sorge, das, was ihm vorschwebte, nicht vollständig wiederzufinden, stürzte ihn förmlich in eine Art Verzweiflung. Er schloß sich tagelang in sein Zimmer ein, weinte, lief auf und ab, zerbrach seine Schreibfedern, wiederholte und änderte einen Takt hundertmal, schrieb ihn nieder und strich ihn ebensooft wieder aus, um am nächsten Tag seine Arbeit mit der gleichen minutiösen, verzweifelten Beharrlichkeit fortzusetzen. So verbrachte er oft sechs Wochen lang an einer Seite, um sie schließlich wieder so aufzuschreiben, wie sie beim ersten Entwurf gewesen war.«[148]

WERKE

NOCTURNE F-MOLL, OP. 55 NR. 1, NOCTURNE ES-DUR, OP. 55 NR. 2. Ersch.: Leipzig (Breitkopf & Härtel) 1844, Paris (Schlesinger) 1844, London (Wessel) um 1845. Vgl. Abb. 704.
MAZURKA H-DUR, OP. 56 NR. 1, MAZURKA C-DUR, OP. 56 NR. 2, MAZURKA C-MOLL, OP. 56 NR. 3. Ersch.: Leipzig (Breitkopf & Härtel) 1844, Paris (Schlesinger) 1844, London (Wessel) um 1845.
BERCEUSE DES-DUR, OP. 57. Entstanden 1843/1844. Ersch.: Leipzig (Breitkopf & Härtel) 1845, Paris (Meissonnier) 1845, London (Wessel) 1845. Vgl. Abb. 577 und 578.
KLAVIERSTÜCK (ALBUMBLATT) E-DUR »MODERATO« (OHNE OPUSZAHL) (POSTHUM). Ersch.: Warschau (Zeitschrift *Swiat* Nr. 23) 1910.

577 *Skizzenblatt Chopins zu seiner »Berceuse«.* Dieses Autograph wurde am 1. Dezember 1988 bei Stargardt in Marburg versteigert.

578 *Erste Seite des Manuskriptes von Chopins »Berceuse«.*

Linke Seite:
575 *Schloß Nohant, wo Chopin an seinen Werken arbeitete. Photographie, 1875.*
Die Größe dieses seltenen Originalphotos, vermutlich die früheste photographische Aufnahme von Nohant, beträgt nur 9x6 cm; die Dargestellten sind darauf kaum zu erkennen. Im Garten George Sand (mit Sonnenschirm) und ihre neunjährige Enkelin Aurore, daneben Maurice (mit weißem Hut) und dessen Frau Lina.

576 *Frédéric Chopin. Anonyme Karikatur in Aquarellfarben, um 1843.*

Paris, 26. März 1843.

Als die merkwürdigsten Erscheinungen der heurigen Saison habe ich die Herren Sivori und Dreyschock genannt. Letzterer hat den größten Beifall geerntet, und ich referire getreulich, daß ihn die öffentliche Meinung für einen der größten Claviervirtuosen proclamirt und den gefeiertsten derselben gleichgestellt hat. Er macht einen höllischen Spectakel. Man glaubt nicht, einen Pianisten Dreyschock, sondern drei Schock Pianisten zu hören. Da an dem Abend seines Concertes der Wind südwestlich war, so konnten Sie vielleicht in Augsburg die gewaltigen Klänge vernehmen; in solcher Entfernung ist ihre Wirkung gewiß eine angenehme. Hier jedoch, im Departement de la Seine, berstet uns leicht das Trommelfell, wenn dieser Clavierschläger loswettert. Häng' dich, Franz Liszt, du bist ein gewöhnlicher Windgötze in Vergleichung mit diesem Donnergott, der wie Birkenreiser die Stürme zusammenbindet und damit das Meer stäupt. Die ältern Pianisten treten immer mehr in den Schatten, und diese armen, abgelebten Invaliden des Ruhmes müssen jetzt hart dafür leiden, daß sie in ihrer Jugend überschätzt worden. Nur Kalkbrenner hält sich noch ein Bischen. Er ist diesen Winter wieder öffentlich aufgetreten, in dem Concerte einer Schülerin; auf seinen Lippen glänzt noch immer jenes einbalsamirte Lächeln, welches wir jüngst auch bei einem ägyptischen Pharaonen bemerkt haben, als dessen Mumie in dem hiesigen Museum abgewickelt wurde. Nach einer mehr als fünfundzwanzigjährigen Abwesenheit hat Herr Kalkbrenner auch jüngst den Schauplatz seiner frühesten Erfolge, nämlich London, wieder besucht und dort den größten Beifall eingeerntet. Das beste ist, daß er mit heilem Halse hierher zurückgekehrt, und wir jetzt wohl nicht mehr an die geheime Sage glauben dürfen, als habe Herr Kalkbrenner England so lange gemieden wegen der dortigen ungesunden Gesetzgebung, die das galante Vergehen der Bigamie mit dem Strange bestrafe. Wir können daher annehmen, daß jene Sage ein Märchen war, denn es ist eine Thatsache, daß Herr Kalkbrenner zurückgekehrt ist zu seinen hiesigen Verehrern, zu den schönen Fortepianos, die er in Compagnie mit Herrn Pleyel fabricirt, zu seinen Schülerinnen, die sich alle zu seinen Meisterinnen im französischen Sinne des Wortes ausbilden, zu seiner Gemäldesammlung, welche, wie er behauptet, kein Fürst bezahlen könne, zu seinem hoffnungsvollen Sohne, welcher in der Bescheidenheit bereits seinen Vater übertrifft, und zu der braven Fischhändlerin, die ihm den famosen Türbot überließ, den der Oberkoch des Fürsten von Benevent, Talleyrand Perigord, ehemaligen Bischof von Autun, für seinen Herrn bereits bestellt hatte. — Die Poissarde sträubte sich lange, dem berühmten Pianisten, der incognito auf den Fischmarkt gegangen war, den besagten Türbot zu überlassen, doch als ersterer seine Karte hervorzog, sie auf den letztern niederlegte und die arme Frau den Namen Kalkbrenner las, befahl sie auf der Stelle, den Fisch nach seiner Wohnung zu bringen, und sie war lange nicht zu bewegen, irgend eine Zahlung anzunehmen, hinlänglich bezahlt, wie sie sei, durch die große Ehre. Deutsche Stockfische ärgern sich über eine solche Fischgeschichte, weil sie selbst nicht im Stande sind, ihr Selbstbewußtsein in solcher brillanten Weise geltend zu machen, und weil sie Herrn Kalkbrenner überdies beneiden ob seinem eleganten äußern Auftreten, ob seinem feinen geschniegelten Wesen, ob seiner Glätte und Süßlichkeit, ob der ganzen marcipanenen Erscheinung, die jedoch für den ruhigen Beobachter durch manche unwillkürliche Berlinismen der niedrigsten Classe einen etwas schäbigen Beisatz hat, so daß Koreff eben so witzig als richtig von dem Manne sagen konnte: Er sieht aus wie ein Bonbon, der in den Dreck gefallen.

Ein Zeitgenosse des Herrn Kalkbrenner ist Herr Pixis, und obgleich er von untergeordneterem Range, wollen wir doch hier als Curiosität seiner erwähnen. Aber ist Herr Pixis wirklich noch am Leben? Er selber behauptet es, und beruft sich dabei auf das Zeugniß des Herrn Sina, des berühmten Badegastes von Boulogne; den man nicht mit dem Berg Sinai verwechseln darf. Wir wollen diesem braven Wellenbändiger Glauben schenken, obgleich manche böse Zungen sogar versichern, Herr Pixis habe nie existirt. Nein, letzterer ist ein Mensch, der wirklich lebt; ich sage Mensch, obgleich ein Zoologe ihm einen geschwänzteren Namen ertheilen würde. Herr Pixis kam nach Paris schon zur Zeit der Invasion, in dem Augenblick, wo der belvederische Apoll den Römern wieder ausgeliefert wurde und Paris verlassen mußte. Die Acquisition des Herrn Pixis sollte den Franzosen einigen Ersatz bieten. Er spielte Clavier, componirte auch sehr niedlich, und seine musikalischen Stückchen wurden ganz besonders geschätzt von den Vogelhändlern, welche Canarienvögel auf Drehorgeln zum Gesange abrichten. Diesen gelben Dingern brauchte man eine Composition des Herrn Pixis nur einmal vorzuleiern, und sie begriffen sie auf der Stelle, und zwitscherten sie nach, daß es eine Freude war und jedermann applaudirte: Pixissime! Seitdem die ältern Bourbonen vom Schauplatz abgetreten, wird nicht mehr Pixissime gerufen; die neuen Sangvögel verlangen neue Melodien. Durch seine äußere Erscheinung, die physische, macht sich Herr Pixis noch einigermaßen geltend; er hat nämlich die größte Nase in der musikalischen Welt, und um diese Specialtät recht auffallend bemerkbar zu machen, zeigt er sich oft in Gesellschaft eines Romanzencomponisten, der gar keine Nase hat und deswegen jüngst den Orden der Ehrenlegion erhalten hat, denn gewiß nicht seiner Musik wegen ist Herr Panseron solchermaßen decorirt worden. Man sagt, daß derselbe auch zum Director der großen Oper ernannt werden solle, weil er nämlich der einzige Mensch sei, von dem nicht zu befürchten stehe, daß ihn der Maestro Giacomo Meyerbeer an der Nase herumziehen werde.

Herr Herz gehört wie Kalkbrenner und Pixis zu den Mumien; er glänzt nur noch durch seinen schönen Concertsaal, er ist längst todt und hat kürzlich auch geheirathet. Zu den hier ansässigen Clavierspielern, die jetzt am meisten Glück machen, gehören Halle und Eduard Wolf, doch nur von letzterm wollen wir besonders Notiz nehmen, da er sich zugleich als Componist auszeichnet. Eduard Wolf ist fruchtbar und voller Verve. Stephan Heller ist mehr Componist als Virtuose, obgleich er auch wegen seines Clavierspiels sehr geehrt wird. Seine musikalischen Erzeugnisse tragen alle den Stempel eines ausgezeichneten Talentes, und er gehört schon jetzt zu den großen Meistern. Er ein wahrer Künstler, ohne Affectation, ohne Uebertreibung; romantischer Sinn in classischer Form. Thalberg ist schon seit zwei Monaten in Paris, will aber selbst kein Concert geben; nur im Concerte eines seiner Freunde wird er diese Woche öffentlich spielen. Dieser Künstler unterscheidet sich vortheilhaft von seinen Claviercollegen, ich möchte fast sagen durch sein musikalisches Betragen. Wie im Leben, so auch in seiner Kunst bekundet Thalberg den angebornen Tact, sein Vortrag ist so gentlemanlike, so wohlhabend, so anständig, so ganz ohne Grimasse, so ganz ohne forcirtes Genialthum, so ganz ohne jene renommirende Bengelei, welche die innere Verzagniß schlecht verhehlt. Die gesunden Weiber lieben ihn. Die kränklichen Frauen sind ihm nicht minder hold, obgleich er nicht durch epileptische Anfälle auf dem Clavier ihr Mitleid in Anspruch nimmt, obgleich er nicht auf ihre überreizt zarten Nerven speculirt, obgleich er sie weder elektrisirt noch galvanisirt; negative, aber schöne Eigenschaften. Es giebt nur einen, den ich ihm vorzöge, das ist Chopin, der aber viel mehr Componist als Virtuose ist. Bei Chopin vergesse ich ganz die Meisterschaft des Clavierspiels, und versinke in die süßen Abgründe seiner Musik, in die schmerzliche Lieblichkeit seiner eben so tiefen wie zarten Schöpfungen. Chopin ist der große geniale Tondichter, den man eigentlich nur in Gesellschaft von Mozart oder Beethoven oder Rossini nennen sollte.

580 *Frédéric Chopin. Ölgemälde, 1843, von Louis Gallait.*
Dieses kaum bekannte Porträt des belgischen Malers ist – abgesehen von einigen Karikaturen – das einzige Bildnis, das Chopin stehend und in Dreiviertelgröße zeigt. Es bestätigt einmal mehr, daß er blond und blauäugig war. Jean Cortot ermöglichte dem Verf. freundlicherweise diese Erstveröffentlichung in Farbe.

Linke Seite:
579 *Heinrich Heines »Musikalische Saison in Paris«. Originalschriftbild der Erstveröffentlichung in »Lutezia. Berichte über Politik, Kunst und Volksleben. Zweiter Teil, Nr. LVI, Paris, 26. März 1843«, Hoffmann und Campe, Hamburg 1854.*
Heine hatte den Artikel zwar schon in der *Außerordentlichen Beilage zu Nr. 85 der [Augsburger] Allgemeinen Zeitung* vom 26. März 1843 veröffentlicht, er lehnte diese Fassung jedoch später u. a. wegen »mancherlei bedenklichen Streichungen und Umänderungen« von seiten der Redaktion ab und schrieb eine neue Fassung. Der Artikel in der *Allgemeinen Zeitung* hatte nur aus einem Drittel des vorliegenden Textes bestanden.

581 *Pianisten. Karikatur, um 1850, von Nadar.*
Von links nach rechts: Gottschalk, Prudent, Liszt, die Gebrüder Henri und Jacques Herz.

Virtuosen um Chopin

Chopin lebte inmitten einer ganzen Schar von Pianisten. »Ich weiß nicht, ob es irgendwo mehr Pianisten gibt als in Paris, ich weiß auch nicht, ob es irgendwo mehr Esel und Virtuosen gibt als in Paris«, schreibt er am 12. Dezember 1831 einem Freund.[149] Er kannte diese Pianisten alle und war teilweise mit ihnen befreundet. Kalkbrenner, Zimmerman(n), Alkan und Gutmann wohnten am Square d'Orléans sogar so nahe bei ihm, daß sie sich gegenseitig bei geöffneten Fenstern hören konnten. Obwohl diese Virtuosen allesamt komponierten, konzertierten und unterrichteten – also die gleiche Tätigkeit wie er selbst ausübten –, verband ihn im Grunde genommen mit ihnen nichts, und dies nicht etwa wegen seines Emigrantenstatus. Chopin hielt sich dem Pariser Virtuosenrummel fern; die Sonderstellung, die er einnahm, hat Liszt in seiner Rezension von Chopins Konzert treffend skizziert (vgl. S. 238). Seine Kollegen respektierten ihn; ob sie sich auch nur annähernd darüber im klaren waren, daß hier in ihrer Mitte ein Mann lebte, dessen Werke einmal zum Unvergänglichen in der Musik gehören sollten (während ihre eigenen mehr oder weniger zu Makulatur bestimmt waren), muß bezweifelt werden.

Und wie dachte Chopin über seine Pianistenkollegen? Ihre Kompositionen überging er sozusagen, als Pianisten schätzte er Kalkbrenner (vgl. S. 92) und selbstverständlich Liszt (vgl. S. 98), auch Clara Schumann, von der er sagte: »sie spielt, wie man es besser nicht kann.«[150] Und Liszts großer Rivale Thalberg, dessen elegante Art zu spielen derjenigen Chopins sicher nicht unähnlich war? Chopin: »Thalberg spielt famos, ist aber nicht mein Mann. Er ist jünger als ich, gefällt den Damen, macht aus der *Muette* [Aubers *Stumme von Portici*] ein Potpourri, spielt das Piano mit dem Pedal, nicht mit der Hand, greift Dezimen wie ich Oktaven und trägt brillantene Hemdknöpfe.«[151]

582 *John Field (1782–1837). Stahlstich, um 1835, von Carl Meyer.*
Ähnlich wie Cramer, Hummel und Moscheles verkörpert John Field den komponierenden Virtuosentypus Anfang des 19. Jahrhunderts. Vgl. S. 230.

583 *Anton Rubinstein (1829–1894). Lithographie, 1841, von Decker.*
Rubinstein, der sich später als Komponist und besonders als Klaviervirtuose einen Namen machte, verbrachte das Jahr 1841 in Paris, wo er mit großem Erfolg konzertierte. In seinen »Historischen Vorträgen« schildert er seinen Besuch bei Chopin.

584 Albumblatt Heinrich (Henry) Panofkas (1807–1887) aus dem Jahr 1838. Erstveröffentlichung.
Dieses Manuskript des Geigers Panofka ist ein typisches Beispiel für die damals begehrten Autographen-Eintragungen in Alben von Musikliebhabern. Vgl. Abb. 188.

585, 586 Sigismond Thalberg (1812–1871). Vorder- und Rückseite einer Bronzemedaille, um 1840, von Oswald Steinböck.

587 Albumblatt aus dem Jahr 1839 von Sigismond Thalberg. Erstveröffentlichung.

1843

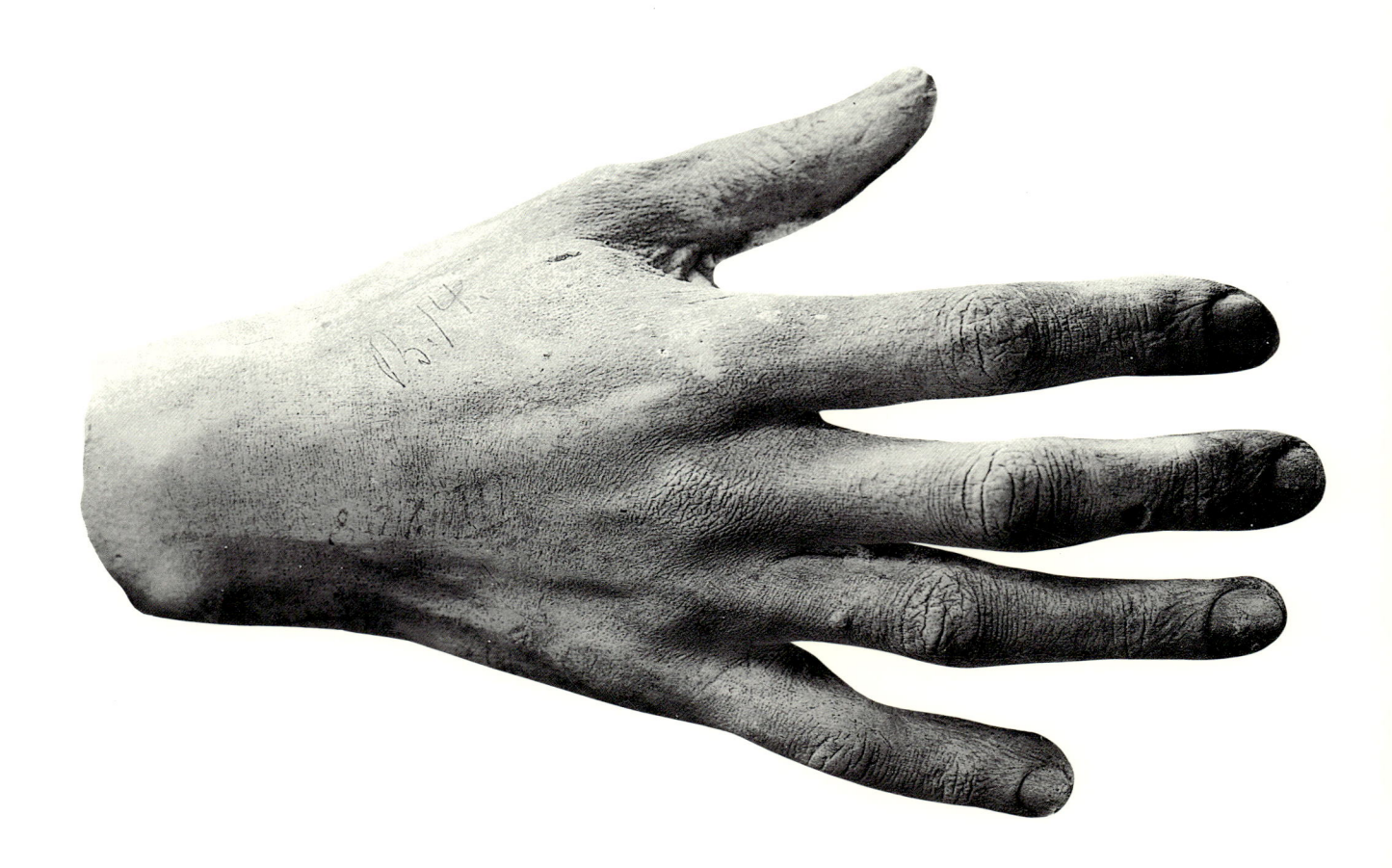

588 *Gipsabguß, um 1840, von Liszts rechter Hand.*

589 *Gipsabguß, undatiert, von Chopins rechter Hand.*
Die Hand Chopins. – Ahnt man, wie machtvoll diese Worte, die dem Laien und dem Gleichgültigen vermutlich nichts bedeuten als eben nur die Dingvorstellung, auf die Phantasie des Pianisten wirken?
Mag sein, daß diese Hand nichts weiter war als das unerläßliche Bindeglied zwischen Schöpfergeist und Klanggeschehen, das dem schaffensträchtigen Walten von Erfindung und Einfall für den Zweck der Tongestaltung gemeinhin zugestandene Werkzeug ... Gleichwohl muß gesagt werden, daß etwa die unvergänglichen *Etüden op. 10* und *op. 25*, die der dichterischen Veredlung des Klaviervirtuosentums galten, ohne die Hände Chopins, dieses königliche Geschenk der Natur, nie geschaffen worden wären.[152]

Rechte Seite:
590 *Franz Liszt. Ölgemälde, 1843, von Otto Grashof.*
Dieses der Liszt-Forschung bisher unbekannte, hier zum erstenmal veröffentlichte Bildnis entstand während Liszts Konzertaufenthalt 1843 in Moskau.
Liszt spielte bei seinen Warschauer Konzerten (6., 9., 10. und 12. April 1843) viele Werke Chopins. Er besuchte dessen Vater sowie Chopins Kompositionslehrer Józef Elsner. Von Warschau aus reiste er weiter nach Moskau.

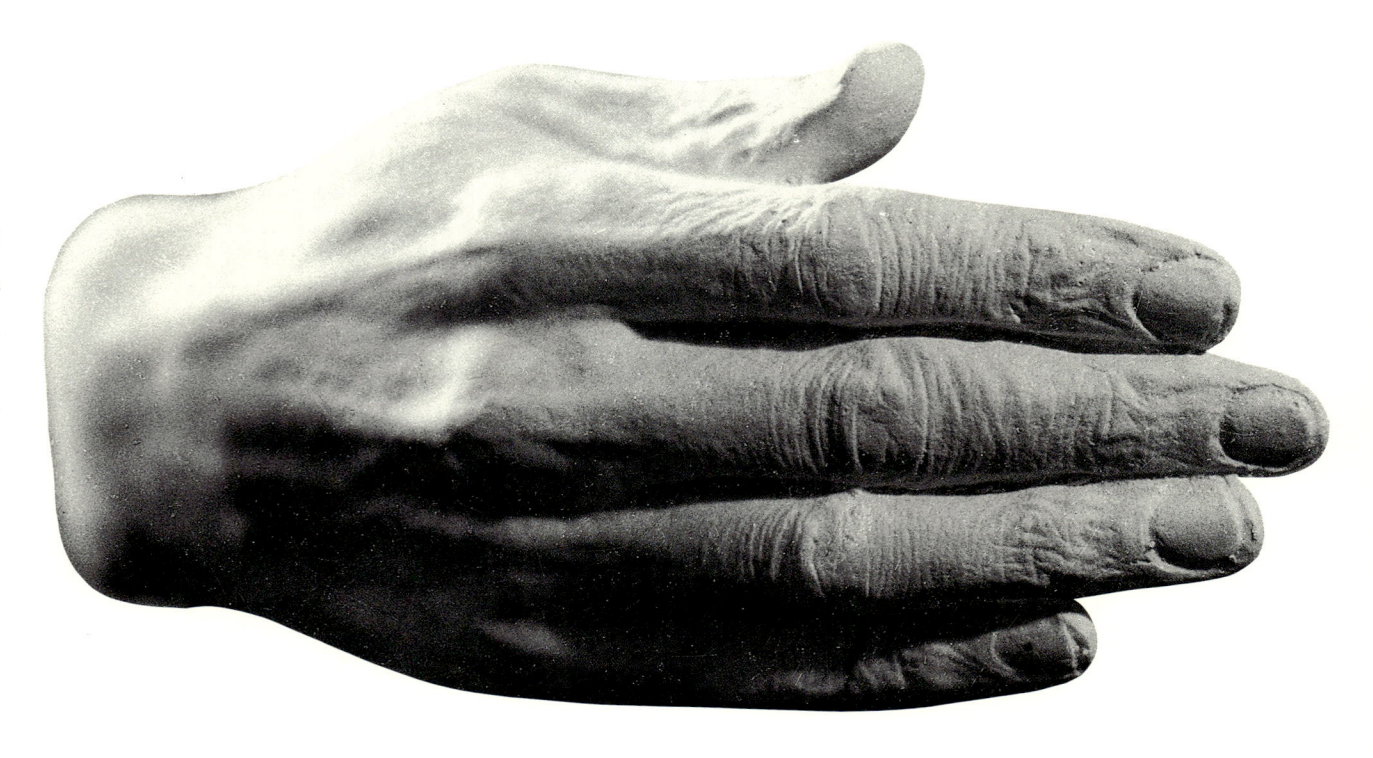

584 *Albumblatt Heinrich (Henry) Panofkas (1807–1887) aus dem Jahr 1838. Erstveröffentlichung.*
Dieses Manuskript des Geigers Panofka ist ein typisches Beispiel für die damals begehrten Autographen-Eintragungen in Alben von Musikliebhabern. Vgl. Abb. 188.

585, 586 *Sigismond Thalberg (1812–1871). Vorder- und Rückseite einer Bronzemedaille, um 1840, von Oswald Steinböck.*

587 *Albumblatt aus dem Jahr 1839 von Sigismond Thalberg. Erstveröffentlichung.*

1843

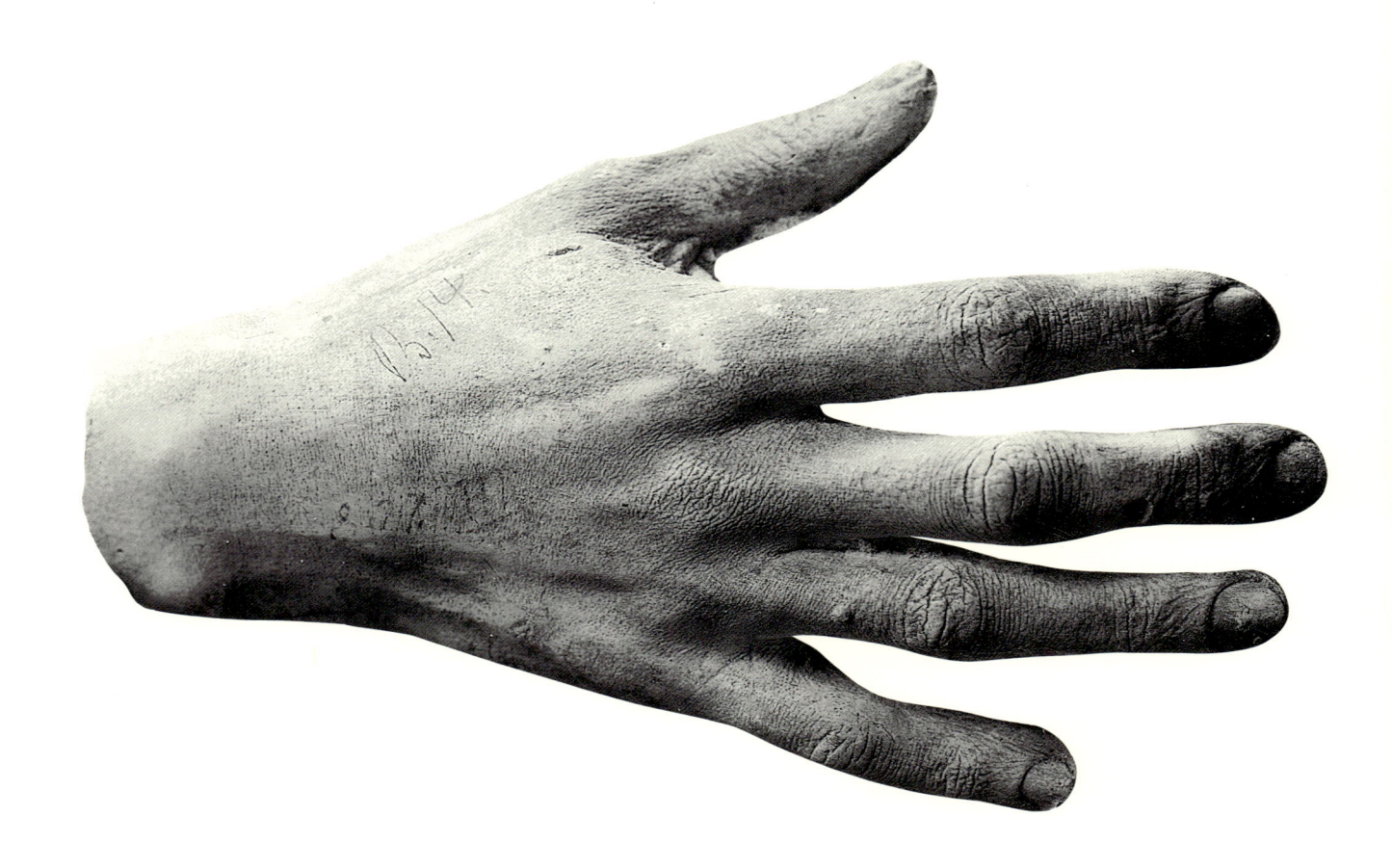

588 *Gipsabguß, um 1840, von Liszts rechter Hand.*

589 *Gipsabguß, undatiert, von Chopins rechter Hand.*
Die Hand Chopins. – Ahnt man, wie machtvoll diese Worte, die dem Laien und dem Gleichgültigen vermutlich nichts bedeuten als eben nur die Dingvorstellung, auf die Phantasie des Pianisten wirken?
Mag sein, daß diese Hand nichts weiter war als das unerläßliche Bindeglied zwischen Schöpfergeist und Klanggeschehen, das dem schaffensträchtigen Walten von Erfindung und Einfall für den Zweck der Tongestaltung gemeinhin zugestandene Werkzeug ... Gleichwohl muß gesagt werden, daß etwa die unvergänglichen *Etüden op. 10* und *op. 25*, die der dichterischen Veredlung des Klaviervirtuosentums galten, ohne die Hände Chopins, dieses königliche Geschenk der Natur, nie geschaffen worden wären.[152]

Rechte Seite:
590 *Franz Liszt. Ölgemälde, 1843, von Otto Grashof.*
Dieses der Liszt-Forschung bisher unbekannte, hier zum erstenmal veröffentlichte Bildnis entstand während Liszts Konzertaufenthalt 1843 in Moskau.
Liszt spielte bei seinen Warschauer Konzerten (6., 9., 10. und 12. April 1843) viele Werke Chopins. Er besuchte dessen Vater sowie Chopins Kompositionslehrer József Elsner. Von Warschau aus reiste er weiter nach Moskau.

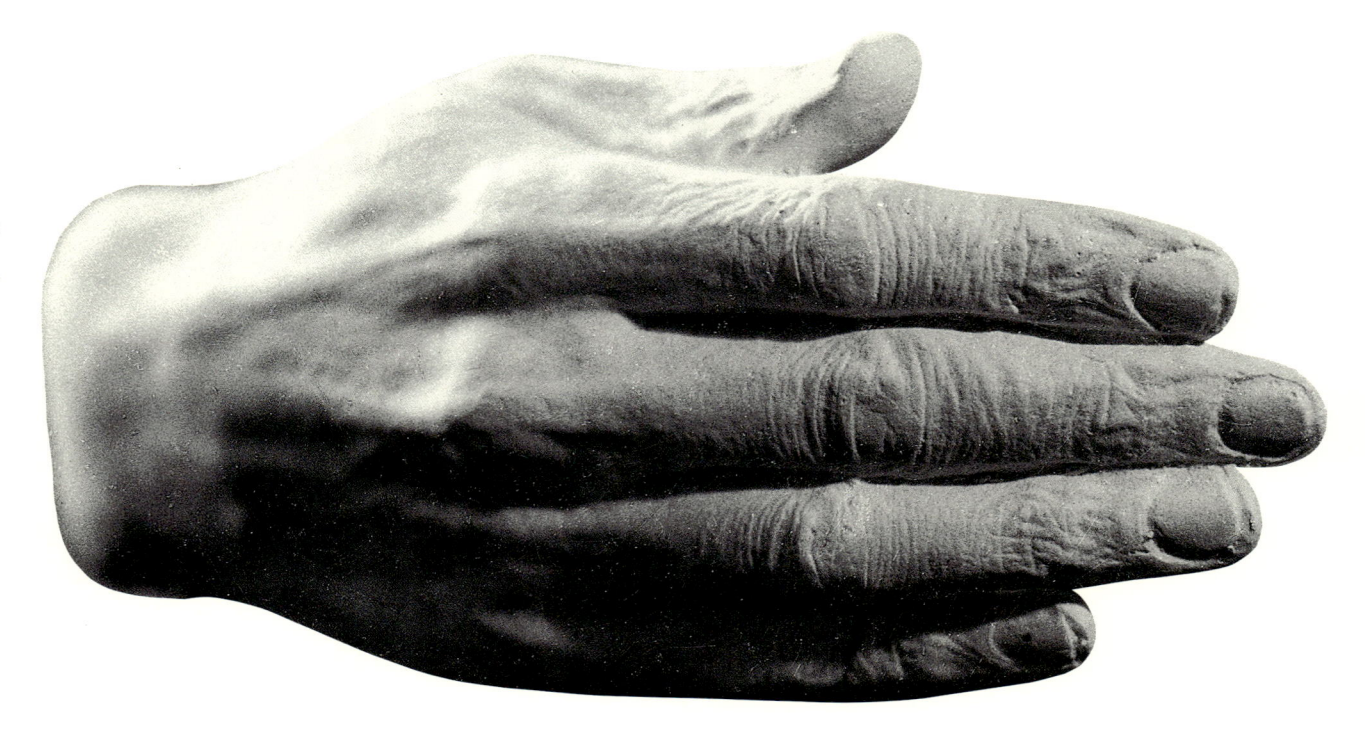

1843

1843

591 Schloß Sarzay bei Nohant. Photographie, 1988.
Die Pariser Salons einerseits und die ländliche Idylle von Nohant andererseits waren die Pole, zwischen denen sich Chopins Leben von 1839 bis 1847 abspielte. Soweit es seine Gesundheit erlaubte, nahm er an den Ausflügen, z. B. nach dem etwa 2 km von Nohant entfernt liegenden Sarzay, teil. »Ihr erinnert Euch gewiß des Dorffestes von Sarzay«, schreibt er in einem Brief vom 1. August 1845 an seine Angehörigen in Warschau.[153]
Sarzay, ein Lehen der adligen Familie Barbançois, war einst eine mächtige Burg. Die Festungsgräben und die mit nicht weniger als 38 Türmen bestückten Einfriedungsmauern existieren heute nicht mehr.
George Sand machte Sarzay unter der Bezeichnung »Blanchemont« zum Schauplatz ihres Romans *Le Meunier d'Angibault*.

592 Schloß Montgivray bei Nohant. Photographie, 1988.
Chopin besuchte das zwischen La Châtre und Nohant gelegene Schloß mehrmals, unter anderem am 5. Juni 1843. Es gehörte Hippolyte Chatiron, einem Halbbruder George Sands. Auch die in unmittelbarer Nähe von Montgivray gelegene alte Mühle und die Wasserfälle von Urmont waren Ziele gelegentlicher Ausflüge. Montgivray kam später in den Besitz von George Sands Tochter Solange, die dort in Gesellschaft eines Papageis und eines Pferdes ihr einsames Alter verbrachte.

593 *Pariser Salon. Ölgemälde, 1840, von Josef Danhauser.*
So etwa kann man sich eine der Salongesellschaften vorstellen, die Chopin in Paris so häufig besuchte. Mit einigen der Dargestellten war er befreundet.
Das Gemälde zeigt Liszt am Flügel, zu seinen Füßen Marie d'Agoult, George Sand (sitzend, mit Zigarre), neben ihr Alexandre Dumas d. Ä., dahinter stehend: Rossini (rechts), Paganini (Mitte), Victor Hugo (links). Am Kamin eine Statuette der Jeanne d'Arc, an der Wand ein Bild Lord Byrons, auf dem Flügel eine Beethoven-Büste von Anton Dietrich.

594 *Paris, Place de la Concorde. Ölgemälde, 1829, von Giuseppe Canella.* (Der Obelisk, der heute das Gesamtbild der Place de la Concorde bestimmt, wurde erst im Jahre 1836 errichtet.)
Chopin war um 1843, als sein Gesundheitszustand gerade noch erträglich war, häufig mit der Kutsche unterwegs. George Sand (*Histoire de ma vie*): »In Paris besuchte er täglich mehrere Familien, oder er wählte sich für jeden Abend ein anderes Milieu. Es waren auf diese Weise der Reihe nach zwanzig bis dreißig Salons, die er durch seine Gegenwart belebte und bezauberte.«[154]

1844

LEBEN

JANUAR BIS MAI: in Paris, JUNI BIS NOVEMBER: in Nohant, DEZEMBER: in Paris.

MITTE JANUAR: Chopin ist mehrere Tage krank.

2. FEBRUAR: Witwicki, Zaleski (vgl. S. 89) und Klementyna Hoffman-Tańska bei Chopin, der seinen Gästen vorspielt (Prélude, Berceuse, Mazurka, Polonaise, Improvisationen).

ENDE FEBRUAR: Schwere Erkrankung Chopins.

3. MÄRZ: *La France musicale* über Chopins Anwesenheit beim Begräbnis von Camille Pleyels Mutter (Ende Februar): »Chopin, obwohl selbst krank, ließ sich zum Grab führen, und dort spielte sich eine ungewöhnlich ergreifende Szene ab. Als Camille Pleyel seinen Freund neben sich sah, warf er sich in seine Arme, und beide brachen in Tränen aus.«

23. MÄRZ: Hyacinthe de Latouche, George Sand, Chopin, Maurice und Solange speisen im Restaurant »Pinson«.

28. APRIL: *La France musicale* berichtet von der Anwesenheit Chopins, Liszts, George Sands und A. Dumas' beim Konzert Alkans.

3. MAI: Tod von Chopins Vater (vgl. Abb. 595).

MITTE MAI: Chopin besucht im *Odéon* die erste Chorprobe von Mendelssohns Musik zu *Antigone* (Leitung Julius Stein); unter den Anwesenden: George Sand, Lamartine, Victor Hugo, Barthélemy, Ingres, Halévy, Habeneck. – Chopin erneut krank.

25. MAI: Chopin und George Sand bei der Aufführung von *Antigone*; anschließend erfährt Chopin vom Tode seines Vaters.

26. MAI: George Sand bittet Dr. Molin um ein Gespräch über Chopins Gesundheitszustand.

29. MAI: Chopin und George Sand reisen nach Nohant.

30. MAI–28. NOVEMBER: Chopin in Nohant.

13. JUNI–3. JULI: Pauline Viardot-Garcia in Nohant.

13. (15.?) JULI: Anläßlich der Ankunft seiner Schwester Ludwika und ihres Gatten Józef Kalasanty Jędrzejewics aus Warschau reist Chopin nach Paris.

16. JULI: Chopin bestätigt dem Pariser Repräsentanten Breitkopfs die Eigentumsrechte an seinen *Nocturnes* op. 55 und *Mazurken* op. 56 für alle Länder mit Ausnahme Frankreichs und Englands sowie den Empfang des Honorars.

25. JULI: Rückreise Chopins nach Nohant. Am Abend Ankunft in Châteauroux, am 26. Juli gemeinsame Fahrt mit George Sand nach Nohant.

9.–28. AUGUST: Chopins Schwester Ludwika und ihr Gatte in Nohant. Am 28. August begleitet Chopin seine Verwandten nach Paris.

29. AUGUST–3. SEPTEMBER: Chopin in Paris.

30. AUGUST: Chopin im Theater; die Hauptrolle spielt die von Chopin geschätzte Rachel.

3. SEPTEMBER: Um halb 3 Uhr morgens schreibt Chopin seiner Schwester das Lied *Wiosna* (vgl. S. 163) ins Album und reist nach Nohant; seine Schwester kehrt nach Warschau zurück.

18. SEPTEMBER: Ausflug zu Dr. Papet nach Ars.

22.–26. SEPTEMBER: Chopin in Paris; kurz zuvor Vollendung des letzten Satzes der *Sonate* op. 58.

23. SEPTEMBER: Verlagsgespräche in Paris; Begegnungen mit Delacroix, Franchomme, Léo u. a.

27. SEPTEMBER: Chopin wieder in Nohant.

30. SEPTEMBER: In der *Neuen Zeitschrift für Musik* erscheint eine Rezension der *Nocturnes* op. 55.

28. NOVEMBER: Chopin reist nach Paris.

29. NOVEMBER–12. JUNI 1845: Chopin in Paris.

4. DEZEMBER: Rezensionen der *Nocturnes* op. 55 und *Mazurken* op. 56 (vgl. S. 64 und 288).

12. DEZEMBER: George Sand reist von Nohant nach Paris.

595 *Todesanzeige von Chopins Vater.*
»Die trauernd hinterbliebene Witwe, die Kinder, Schwiegersöhne und Enkel des in Gott dem Herrn entschlafenen *Mikołaj Chopin*, ehemaligen Professors des Warschauer Lyzeums, der Militärapplikantenschule und der Geistlichenakademie, pensionierten Beamten, verstorben am 3. Mai 1844 im 75. Lebensjahr, laden die Kollegen und Freunde ein, seine irdische Hülle am 6. d. M. um 5 Uhr nachmittags vom Hause in der Nowy-Światstraße Nr. 1255 nach dem Friedhof Powązki zu Grabe zu geleiten und am folgenden Tage um 10 Uhr morgens in die Kapuzinerkirche, wo eine Messe für sein Seelenheil gelesen wird.«

596 *Brief George Sands (Ende August 1844) an Chopins Schwester Ludwika (Louise) nach Paris.*
»Liebe Louise, ich liebe Sie. Ich habe ein schweres Herz, weil ich Sie verloren habe und bin voll Zärtlichkeit und Verlangen, Sie wiederzusehen. Lassen Sie mich hoffen, daß Sie wiederkommen werden oder daß Sie ein Mittel ausfindig machen, daß wir uns alle an irgendeiner Grenze wieder treffen. Sagen Sie uns nicht adieu, sondern auf Wiedersehen! Denken Sie daran, daß ich Sie gut verstehe, daß Sie in meinem Herzen an Frédérics Seite stehen. Das ist alles, was ich Ihnen zu sagen habe. Umarmen Sie ihn tausendmal von mir und geben Sie ihm Mut. Seien Sie selbst tapfer, meine Liebe, Gott schütze Sie, stärke Sie und segne Sie, wie ich Sie liebe.

G.[eorge] S.[and]

Tausend zärtliche Grüße dem guten Kalasanty.«

SONATEN

In Büchern, Kritiken und Abhandlungen ist immer wieder zu lesen, Chopin habe die Sonatenform nicht »beherrscht«, ja, er sei an ihr »gescheitert«.

Abgesehen davon, daß allein die Analyse seiner *Cello-Sonate* oder bis zu einem gewissen Grad des 1. Satzes seiner *b-Moll-Sonate* das Gegenteil beweisen – weshalb sollte Chopin, der formal so komplexe und überzeugend gestaltete Werke wie die *f-Moll-Fantasie* oder die *4. Ballade* schuf, nicht in der Lage gewesen sein, sich die einfachen Gesetze des Sonatenaufbaus anzueignen? Wenn er z.B. in der Reprise des 1. Satzes der *b-Moll-Sonate* darauf verzichtet, das Hauptthema zu wiederholen, wenn er schließlich Stücke wie den *Trauermarsch* oder das *Finale* aus *op. 35* in eine Sonate einfügt, so war er wahrscheinlich – ähnlich Schumann und Liszt – der Auffassung, daß die herkömmliche Anlage der Sonate ausgedient hatte.

1. *Sonate (c-Moll, op. 4).* Da dieses bereits 1828 entstandene Werk erst nach Chopins Tod veröffentlicht wurde, finden sich keine zeitgenössischen Urteile. Bis heute wird es als »Schülerarbeit« von den Pianisten zu Unrecht ignoriert. Hat je ein achtzehnjähriger Musiker – abgesehen von Mozart, der im gleichen Alter seine ersten Sonaten schrieb – eine Sonate von solchem Rang komponiert? Schon allein wegen mancher Feinheiten im 1. Satz, der reizvollen Figurationen des im seltenen Fünfvierteltaktes stehenden *Larghettos* und wegen des originellen, koketten *Menuetts* verdiente sie häufiger gespielt zu werden. Der letzte Satz ist überlang und etwas lärmend. Vgl. Abb. 79.

2. *Sonate (b-Moll, op. 35).* »Hauptgestalt ist die Leidenschaft, die schmerzbewegt ihre Hand auf ein verwundetes Herz legt; vom Hall und Schall unheimlicher Akkordschläge und im Rauschen der Tonfiguren, die wild sich brechen, flattern die Locken. An ihrer Seite steht die Wehmuth, die bald sanft melodisch klagt, bald freundlich tröstet, vertraut mit dem Kummer und ergeben dem Geschick. Ein Spuk durchrauscht den dämmernden Hain, mit dem die Leidenschaft, als wären es Hoffnungskinder, zu scherzen sich vermisst. Aber das verwundete Herz zuckt nicht mehr und ruht in Frieden. Die Todtenglocken tönen, ein Trauermarsch beginnt, so wundersam und eigen, dass man die Thränen fühlt. Die Rührung hat der todten Liebe die letzte Ehre angethan; das Grab hat sie bedeckt. Da ergreift sie die blasse Leidenschaft, und wie gejagt vom Wirbel der Verwaisung braust sie im Presto und lauter Unisono ohne Rast und Ruh unaufhaltsam vorwärts, bis sie den Stein der Erinnerung erblickt, wo sie still steht, sich auf ihn stürzt – und nun erst erklingt in der Höhe die verdoppelte Oktave und im Basse der sehnsüchtige ⁶⁄₄-Akkord von B moll zum Schlusse des Ganzen« (G.W. Fink in der *Allgemeinen Musikalischen Zeitung* vom 8. Juli 1840). Vgl. Robert Schumanns Besprechung S. 266 sowie Abb. 480.

3. *Sonate (h-Moll, op. 58).* Anton Rubinstein: »Ein ganz außerordentlich schönes und großes Werk ist die Sonate H-moll op. 58, die zwar viel, aber doch nicht so viel wie die erste, B-moll, gespielt wird. [Auch Rubinstein ignoriert Chopins wirkliche erste Sonate.] Das zweite Motiv ist mit dem ganzen Goldreichtum Perus nicht zu messen. Welche Ausarbeitung! Da ist auch nicht ein einziger Takt, der von melodiöser und krankhafter Schönheit nicht übergossen wäre. Ganz originell ist der Schluß des ersten Satzes ohne eigentlichen Schluß. Das beweist, daß der Begriff Sonate bei dieser Schöpfung nicht wörtlich zu nehmen ist. Das Scherzo lakonisch, mit fast zwei Teilen nur, von denen der letztere träumerisch, aber nicht ernst ist. Es ist eher ein Impromptu als ein Scherzo. Wunderbar ist das Largo, sinnig und voll zauberhafter Modulationen. Auch der letzte Satz ist gut, nur komisch, daß das Motiv zu Passagen hinleitet.«[155] Vgl. S. 267.

Zu Chopins *Cello-Sonate (g-Moll, op. 65)* s. S. 272 und 275 und Abb. 611.[156]

WERKE

SONATE H-MOLL, OP. 58. 1. Allegro maestoso. 2. Scherzo. Molto vivace. 3. Largo. 4. Finale. Presto non tanto. Ersch.: Leipzig (Breitkopf & Härtel) 1845, Paris (Meissonnier) 1845, London (Wessel) 1845. Vgl. Abb. 597 und 598.

597 *Titelblatt der französischen Erstausgabe, 1845, von Chopins 1844 komponierter »h-Moll-Sonate«.*

598 *Erste Seite von Chopins »h-Moll-Sonate« (1. Satz) in der deutschen Erstausgabe von 1845.*

Neue Zeitschrift für Musik.

Verantwortlicher Redacteur: Dr. R. Schumann.   Verleger: R. Friese in Leipzig.

Vierzehnter Band. | № 10. | Den 1. Februar 1841.

Sonate v. Chopin. — Pentenrieder's Nacht zu Paluzzi. — Aus Paris (Schluß). — Aus Warschau.

Neue Sonaten für das Pianoforte.
(Schluß aus Nr. 7.)

— Die ersten Tacte der zuletzt genannten Sonate sich ansehen und noch zweifeln zu können, von wem sie sei, wäre eines guten Kennerauges wenig würdig. So fängt nur Chopin an und so schließt nur er: mit Dissonanzen durch Dissonanzen in Dissonanzen. Und doch wie viel Schönes birgt auch dieses Stück *). Daß er es „Sonate" nannte, möchte man eher eine Caprice heißen, wenn nicht einen Uebermuth, daß er gerade vier seiner tollsten Kinder zusammenkoppelte; sie unter diesem Namen vielleicht an Orte einzuschwärzen, wohin sie sonst nicht gedrungen wären. Man nehme z. B. an, irgend ein Cantor vom Lande kommt in eine Musikstadt, da Kunsteinkäufe zu machen — man legt ihm Neuestes vor — von nichts will er wissen — endlich hält ihm ein Schlaukopf eine „Sonate" entgegen — ja, spricht er entzückt, das ist für mich und noch ein Stück aus der alten guten Zeit — und kauft und hat sie. Zu Hause angekommen, fällt er her über das Stück — aber sehr irren müßt ich mich, wenn er nicht, noch ehe er die erste Seite mühsam abgehaspelt, bei allen heiligen Musikgeistern darauf schwöre, ob das ordentlicher Sonatenstyl und nicht vielmehr wahrhaft gottloser. Aber Chopin hat doch erreicht was er wollte; er befindet sich im Cantorat, und wer kann denn wissen, ob nicht in derselben Behausung, vielleicht nach Jahren erst, einmal ein romantischerer Enkel geboren wird und aufwächst, die Sonate abstäubt, und spielt und für sich denkt: „der Mann hatte doch so Unrecht nicht."

Mit alle diesem ist schon vorweg ein halbes Urtheil abgegeben. Chopin schreibt schon gar nichts mehr, was man bei Anderen eben so gut haben könnte; er bleibt sich treu und hat Grund dazu.

Es ist zu bedauern, daß die meisten Clavierspielenden, selbst Gebildete darunter, nicht über das hinaussehen und urtheilen können, was sie nicht mit ihren eigenen Fingern bewältigen können. Anstatt so schwierige Stücke erst zu überblicken, krümmen und bohren sie sich tactweise fort; und sind sie dann kaum über die gröbsten förmlichen Verhältnisse im Klaren, legen sie's weg und dann heißt es „bizarr, verworren rc." Gerade Chopin hat (wie etwa Jean Paul) seine Häkelperioden und Parenthesen, bei denen man sich beim ersten Durchlesen eben nicht lange aufhalten darf, um nicht die Spur zu verlieren. Auf solche Stellen stößt man denn auch in der Sonate fast auf jeder Seite, und Chopin's oft willkührliche und wilde Accordschreibung macht das Herausfinden noch schwieriger. Er liebt nemlich nicht zu enharmonisiren, wenn ich mich so ausdrücken darf, und so erhält man oft zehn- und mehrfach bekreuzte Tacte und Tonarten, die wir alle nur in wichtigsten Fällen lieben. Oft hat er darin Recht, oft aber verwirrt er auch ohne Grund, und, wie gesagt, entfernt sich dadurch einen guten Theil des Publicums, das (meint es) nicht unaufhörlich gefoppt und in die Enge getrieben sein will. So hat denn auch die Sonate fünf Bee oder B=Moll zur Vorzeichnung, eine Tonart, die sich gewiß keiner besondern Popularität rühmen kann. Der Anfang heißt nemlich:

Grave.

Nach diesem hinlänglich Chopin'schen Anfange folgt einer jener stürmischen leidenschaftlichen Sätze, wie wir deren von Chopin schon mehre kennen. Man muß dies öfter, und gut gespielt hören. Aber auch schönen Gesang bringt dieser erste Theil des Werkes; ja es scheint, als verschwände der nationelle polnische Beigeschmack, der den meisten der früheren Chopin'schen Melodieen anhing, mit der Zeit immer mehr, als neige er sich (über Deutschland hinüber) gar manchmal Italien zu. Man weiß, daß Bellini und Chopin befreundet waren, daß sie, die sich oft ihre Compositionen mittheilten, wohl auch nicht ohne künstlerischen Einfluß auf einander geblieben. Aber, wie gesagt, nur ein leises Hinneigen nach südlicher Weise ist es; sobald der Gesang geendet, blitzt wieder der ganze Sarmate in seiner trotzigen Originalität aus den Klängen heraus. Eine Accordenverflechtung wenigstens, wie wir sie nach Abschluß des ersten Sanges vom zweiten Theil antreffen, hat Bellini nie gewagt, und konnte sie nie wagen. So endigt auch der ganze Satz wenig italienisch — wobei mir Liszt's treffendes Wort einfällt, der einmal sagte: Rossini und Cons. schlössen immer mit einem „vôtre très humble serviteur"; — anders aber Chopin, dessen Schlüsse eher das Gegentheil ausdrücken. — Der zweite Satz ist nur die Fortsetzung dieser Stimmung, kühn, geistreich, phantastisch, das Trio zart, träumerisch, ganz in Chopin's Weise: Scherzo nur den Namen nach, wie viele Beethoven's. Es folgt, noch düsterer, ein Marcia funebre, der sogar manches Abstoßende hat; an seine Stelle ein Adagio, etwa in Des, würde ungleich schöner gewirkt haben. Denn was wir im Schlußsatze unter der Aufschrift „Finale" erhalten, gleicht eher einem Spott, als irgend Musik. Und doch gestehe man es sich, auch aus diesem melodie= und freudelosen Satze weht uns ein eigener grausiger Geist an, der, was sich gegen ihn auflehnen möchte, mit überlegener Faust niederhält, daß wir wie gebannt und ohne zu murren bis zum Schlusse zuhorchen — aber auch ohne zu loben: denn Musik ist das nicht. So schließt die Sonate, wie sie angefangen, räthselhaft, einer Sphinx gleich mit spöttischem Lächeln. —

12.

Fr. Chopin, Sonate. Op. 58. — Leipzig, Breitkopf u. Härtel. Pr. 1 Thlr. 15 Ngr.

Die Gegenwart hat keinen Meister aufzuweisen, dem man ungestört, mit ganzer, ungetheilter Liebe sich hingeben könnte; immer bleiben einige Wenn und Aber im Hintergrunde. Dem Einen fehlt der Contrapunct, dem Andern die Phantasie, dem Dritten wer weiß was? — So geht es Einem auch mit Chopin. Man darf nicht behaupten, daß ihm die Phantasie abgehe, oder die musikalische Technik; aber er hat in der Aeußerung beider einige Besonderheiten, die, weil sie vom Herkömmlichen sehr auffallend abweichen, beim ersten Blick bemerkbar sind, und, indem das Auge durch sie von dem, was die Hauptsache ist, abgelenkt wird, von engerer und vertrauterer Bekanntschaft abschrecken. Die Kritik hat dieses Auffallende in Chopin's Compositionen zu wiederholten Malen getadelt, und eben durch die Wiederholung des Tadels zu erkennen gegeben, daß diese Abnomitäten in der Schreibweise Chopin's als etwas Zufälliges und zu Aenderndes betrachtet werden müssen. Dem ist indessen nicht so. In allen seinen Compositionen spricht sich die Individualität des Künstlers rein und unverkennbar aus; er muß so schreiben, er kann nicht anders. Wer sich durch die barock erscheinenden harmonischen und (seltener) melodischen Wendungen nicht hat abhalten lassen, in das Innere seiner Werke bis zum Kerne vorzudringen, wird mit uns derselben Ansicht sein, und eingestehen, daß, wiewohl Manches nicht absolut schön genannt werden kann, es doch als nothwendig bezeichnet werden muß, und keine Stelle geändert werden dürfe, ohne Chopin zu zerstören.

Die vorliegende Sonate will von demselben Gesichtspuncte aus beurtheilt sein. Sie ist von Chopin, und somit statuiren wir zugleich alle seine liebenswürdigen Eigen- und Besonderheiten, denen wir hier auf der ersten Seite, beim Anfange des zweiten Theils und auf der vorletzten Seite begegnen. Der geehrte Leser weiß nun, daß wir keine blinden Verehrer von Chopin sind; er wird uns um so mehr Glauben schenken, wenn wir ihm versichern, daß trotz allen zugestandenen Schwächen — sind es Schwächen? — die Sonate eine der bedeutendsten Erscheinungen der Gegenwart ist und bleibt. — Wir haben es, betraf es ein Werk, zu dessen Ausführung nur zwei Hände erforderlich waren, nie sonderlich geliebt, Recensionen zu lesen, die da erzählen, der erste Satz sei im C-Tact, der letzte ebenfalls im C-Tacte geschrieben ꝛc. ꝛc., und so wollen wir auch den freundlichen Leser mit einer ähnlichen verschonen, und ihm nur verrathen, daß, obgleich allerdings das Interesse mit jedem Satze wächst, das Herz vorzüglich dem Adagio zugewendet bleiben, und öfter dahin zurückführen wird. Am Schlusse desselben begegnen wir in folgenden zwei Accorden dem eigentlichen Chopin:

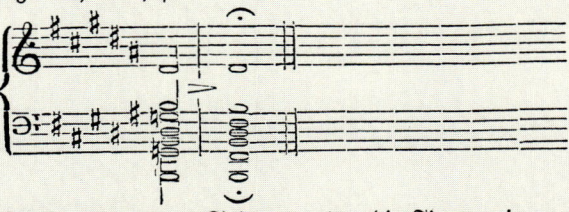

Nach mehrmaligem Spielen werden die Finger wie von selbst diese anfangs befremdenden Accorde greifen, und somit unsere oben ausgesprochene Behauptung bestätigen. — 1716.

— —: Sonate pour le Piano. Op. 58. Ebendaselbst. Preis 1 Thlr. 15 Ngr.

Die Form der Sonate behauptet mitten unter den zahllosen, durch den Modegeschmack hervorgerufenen kleinen Formen der Salonstücke ihre Autorität. Sie bietet, weil sie in ihren drei oder vier Sätzen eine ganze Scala von Empfindungen durchläuft, dem Componisten nicht blos Gelegenheit, seine reichere und ausdauernde Erfindungskraft zu bewähren, sondern sie fordert auch grössere Meisterschaft in Bewältigung ausgedehnterer Formen. Dass Chopin der letzteren Herr ist, sie auf eigenthümliche Weise zu behandeln weiss, hat er längst, am Entschiedensten in der ersten Zeit seines öffentlichen Wirkens, in dem vortrefflichen Emoll-Concerte, dargethan. Eben so sehr hat sein Beispiel auch die Menge kleinerer Formen, worin er so vieles Reizende hervorbrachte, in Aufnahme gebracht. Nehmen wir Leistungen, wie diese neue Sonate, daher für einen Wink, dass man in jener Zersplitterung nicht zu weit gehen, dass man die nöthige Sammlung für ausführlichere Schilderung innerer Seelenstimmungen nicht leichtsinnig aufgeben möge. Er weiss selbst sehr wohl, dass der Vortrag eines Dutzend kleiner, eleganter und piquanter Stücke, wovon jedes fünf Minuten spielt, den Zuhörerkreis mehr zerstreut, als befriedigt, wenn auch die Mode bei der Einrichtung eines jetzigen musikalischen Salon es also will. Wir heissen Chopin's Sonate aber nicht blos des Beispiels wegen, sondern um ihrer selbständigen Richtung willen willkommen. Die vier Sätze: Allegro, Scherzo, Largo, Presto, sind zwar der Zahl und Gattung nach die üblichen, in der inneren Construction und Durchführung ist aber sein schöpferischer Geist nicht zu verkennen. Der erste Satz ist auf reiches Figurenwerk gebaut, das dem zweiten Gedanken, einem ächt Chopin'schen liedmässigen, von Triolen unterstützten Cantabile, gleichsam zum Rahmen dient. Es ist dieser in den beiden verwandtesten Durtonarten auftretende Gedanke (die Grundtonart des Stückes ist H moll) der Ruhepunct in dem ganzen sehr bewegten Tonbilde. Das Scherzo ist sehr claviermässig, erinnert uns, mit Ausnahme des an vorgehaltenen Noten reichen gesangmässigen Alternativs, an die Gattung der Etude; zur Uebung in der Ausdauer in gebrochenen Figuren sehr empfehlenswerth. Das Largo, worin der eingeschaltete Satz in der Unterdominante uns übrigens am Wenigsten zugesagt hat, ist kurz zusammengedrängt, nach Art der Nocturnen, und ist bei Wiederkehr des Hauptsatzes jede breitere Ausführung vermieden und in der Begleitung eine kleine Variation angebracht. Der Schluss wird manchen Theoretiker stutzig machen, er ist einer der unbestimmtesten, verschwimmendsten, die vielleicht je geschrieben worden sind, nämlich dieser:

da das Ohr das G als übermässige Quinte auffassen und deren Fortschritt nach Gis erwarten muss, während jetzt es gleichsam ohnmächtig in den Dreiklang der Grundtonart zurücksinkt. Wir sind der Meinung, dass, wenn die übrigen Stimmen an einander gebunden liegen bleiben, statt dass der Componist die beiden Accorde von einander abgelöst haben will, die Wirkung noch reizender sein müsste. Die meisten Schwierigkeiten bietet das Finale, und zwar nicht solche, die man mechanische, sondern die man musikalische nennen muss. Die harmonische Vermittelung liegt oft nur in einer einzigen Note; Gründe genug, dass jede einzelne gleich wichtig ist, und doch wird bei dem raschen Tempo leicht manche liegen bleiben und damit sogleich immer dem Ganzen geschadet werden; es ist ein nicht gewöhnlicher Grad von Sauberkeit erforderlich, um das Verständniss aller Intentionen des Componisten zu Wege zu bringen. Dazu tritt noch rhythmische Schwierigkeit, z. B. in der zweiten Behandlung des Thema's, wo die dauernde Begleitung des dreitheiligen Zeitmaasses der Melodie durch Achtel ein sehr feines Gefühl fordert, um eine ungezwungene Verbindung hervorzubringen. So wird denn von den vier Sätzen dieser Sonate das Finale die meiste Sorgfalt Seitens des Vortragenden verlangen. Auch ist sie für öffentliche Concerte überhaupt weniger, als für kleinere, aufmerksamer Kunstbetrachtung gewidmete Salons geeignet.

---

600 *Rezension von Chopins »h-Moll-Sonate« in der »Neuen Zeitschrift für Musik« vom 16. September 1845.*

601 *(rechte Spalte) Rezension von Chopins »h-Moll-Sonate« in der »Allgemeinen Musikalischen Zeitung« vom 4. Februar 1846.*

1844

602 *Chopin und die Sängerin Pauline Viardot-Garcia. Karikatur, Nohant, Juni 1844, von Pauline Viardot-Garcia.*
Chopin: »Das ist das Spiel von Liszt! Es ist nicht zur Begleitung einer Stimme geeignet.«
Die Datierung ist merkwürdig: Pauline Viardot-Garcia war im Juni 1844 nicht in Nohant (sie hielt sich damals in Wien auf), wohl aber im Juni 1845.

603 *Frédéric Chopin. Lithographie, undatiert, von Hermann Raunheim nach einem Porträt von Teofil Kwiatkowski.*

604 *Frédéric Chopin. Karikatur, 1844, von Pauline Viardot-Garcia.*

Rechte Seite:
605 *Frédéric Chopin. Aquarell, 1844, von Giuseppe Fagnani.*
Dieses so gut wie unbekannte Porträt wurde 1983/1984 in einer Ausstellung der »Délégation à l'Action artistique de la Ville de Paris / Société Chopin« gezeigt. Davon abgesehen ist es hier zum erstenmal veröffentlicht.

1844

CHOPIN – ÄUSSERE ERSCHEINUNG UND CHARAKTER

Die erstaunlich falschen Vorstellungen, die sich im allgemeinen an Chopin knüpfen, machen nicht einmal vor seiner äußeren Erscheinung halt. Der Komponist lebt im Bewußtsein seiner Nachwelt als melancholische, dunkelhaarige Gestalt mit braunen Augen. Dieses Aussehen paßt anscheinend besser zu seiner Musik; einige irreführende Gemälde mögen diese Beschreibung unterstützt haben.
Chopin war 1,70 m groß, von feingliedrigem Körperbau; im Jahre 1840 betrug sein Gewicht 48,5 kg (vgl. S. 226). Er hatte feine, zierliche, im übrigen jedoch normalgeformte Hände. Seine Haare waren blond, der Komponist erwähnt dies in seiner Korrespondenz gelegentlich selbst, auch George Sand[157], der Reisepaß (vgl. S. 155) und eine Haarlocke (vgl. S. 235) bestätigen diese Farbe. Über die Augenfarbe gibt es verschiedene Aussagen; sie war anscheinend schwer definierbar. Antoni Wodziński spricht von »schwimmenden«, »bierfarbenen« Augen, auch der Chopin-Schüler Mathias gebrauchte den Ausdruck »bierfarben«. Der Reisepaß gibt »blau« an. Chopins Augenfarbe dürfte eine Mischung von blau, grau und bernsteinfarben gewesen sein. Franz Liszt: »Sein blaues Auge war eher geistvoll als versonnen. Sein sanftes, feines Lächeln wurde niemals bitter. Die zarte Haut war zauberhaft durchlichtet, die blonden Haare seidig, Haltung und Manieren trugen ein so vornehmes Gepräge, daß man ihn unwillkürlich wie einen Fürsten behandelte. Seine Gesten waren graziös und ausdrucksvoll, seine Stimme klang immer gedämpft, nicht selten wie erloschen, er war nicht gerade groß und er war zart gebaut.«[158]
Überaus wichtige Dokumente für Chopins Aussehen sind selbstverständlich die beiden photographischen Darstellungen (vgl. S. 285 und 323), doch sind sie ebenso geprägt von der Unzulänglichkeit eines eben erfundenen Verfahrens wie von der Krankheit des Dargestellten. Chopin hatte eine große, gebogene, adlerartige Nase und einen kleinen, jedoch vollen, leicht vorstehenden Mund. Der Photographie (S. 323), dem Delacroix-Gemälde (S. 173), Bovys Medaillon (S. 154) und dem anonymen Bildnis (S. 281) könnte man entnehmen, daß er von sogenannten Tränensäcken nicht verschont war, obgleich andere Maler dieses Attribut übergangen haben.
Chopin legte auf sein Äußeres großen Wert, seine Krawatte war stets sorgfältig gebunden, er war immer dezent und geschmackvoll gekleidet. Seine Lieblingsfarben waren perlgrau und taubenblau. Als er 1846 in Nohant unter dem ungewöhnlich heißen Sommer litt, berichtet George Sand am 18. Juni ihrer Freundin Marie de Rozières nicht ohne einen Anflug von Spott: »Chopin ist völlig erstaunt, daß er *schwitzt*. Er ist untröstlich darüber und behauptet, er *verpeste die Luft*, wie sehr er sich auch waschen mag. Wir lachen Tränen, wenn wir sehen, daß ein so *ätherisches* Wesen unter keinen Umständen schwitzen will wie jedermann.«[159]
Chopins Charakter? – Wenige, wie etwa George Sand, Delacroix, einige in Paris lebende Polen oder die Angehörigen des Komponisten in Warschau, dürften ihn genauer gekannt haben. Großen Wert muß man Delacroix' Zeugnis beimessen (vgl. S. 172[160]). Er sei verschlossen, zurückhaltend, bisweilen arrogant gewesen. Seine mündlichen und schriftlichen Äußerungen beweisen einen feinen, nicht selten ironisierenden Humor. Sein Imitationstalent war in ganz Paris bekannt, Balzac zitiert ihn diesbezüglich sogar in einem seiner Werke (*Un homme d'affaires*). Im Umgang mit Schülern war er gütig und geduldig, er konnte jedoch auch jähzornig sein, und da kam es vor, daß er Bleistifte zerbrach und deren Reste zerstampfte. Eine überaus aufschlußreiche Beschreibung gibt Solange Sand-Clésinger (vgl. S. 348). Daß Chopin von größter Sensibilität war, bedarf keines Hinweises, seine Musik sagt es uns. Daß er intelligent war, verraten seine Briefe und vor allem der meisterhafte Aufbau seiner Werke. Mit einer gewissen Enttäuschung nehmen wir zur Kenntnis, daß er sich für andere Künste wenig interessierte. George Sand: »Er ist Musiker, nichts als Musiker. Er denkt nur in musikalischen Formen. Er ist unendlich empfindsam und klug, aber Malerei und Bildhauerei sind ihm verschlossen. Er ängstigt sich vor Michelangelo, und Rubens jagt ihm Schauer ein. Alles was exzentrisch zu sein scheint, erregt bei ihm Anstoß.«[84]
Da niemand den Chopin der Pariser Jahre besser kannte als George Sand, soll sie hier noch einmal zu Wort kommen: »All die sublimen, charmanten oder bizarren Eigenschaften seines Wesens machten ihn zum Mittelpunkt der gewähltesten Kreise. Man riß sich um ihn, im wahren Sinne des Wortes. Sein nobler Charakter, seine Uneigennützigkeit, sein Edelsinn, sein wohlbegründeter Stolz, jeder eitlen Geschmacklosigkeit und jeder unverschämten Reklame abhold, die Zuverlässigkeit seines Umgangs und die ausgezeichnete Feinheit seines Benehmens machten ihn zu einem ebenso ernsthaften wie angenehmen Freund.
Wenn man Chopin den vielen Hätscheleien entzogen hätte, um ihn an ein einfaches, einförmiges und beständig arbeitsreiches Leben zu gewöhnen, hätte man ihm, der auf dem Schoße von Fürstinnen groß geworden war, alles geraubt, was für ihn das eigentliche Leben darstellte. Dieses Leben war freilich nur ein gekünsteltes, denn wie eine Frau am Abend ihre Schminke, so legte er, wenn er heimkam, seine Laune und sein Feuer ab, um die Nacht in fieberhafter Schlaflosigkeit zu verbringen; aber es war ein kurzweiligeres und angeregteres Leben als dasjenige der Zurückgezogenheit und Intimität im beschränkten, eintönigen Kreis einer einzigen Familie. [...] Chopin war in seiner Zuneigung nicht exklusiv; er war es nur in bezug auf die Abhängigkeit, die er von anderen begehrte. Seine Seele, empfänglich für jede Art von Schönheit, jede Anmut, jedes Lächeln, gab sich mit einer unerhörten Leichtigkeit und Spontaneität hin. Es ist wahr, daß er sich ebenso leicht zurückzog; ein unpassendes Wort, ein zweideutiges Lächeln enttäuschten ihn über alle Maßen. Er war imstande, sich bei ein und derselben Soirée leidenschaftlich in drei Frauen zu verlieben, und wenn er allein wegging, dachte er an keine von ihnen mehr, obwohl er jede von ihnen in der Überzeugung zurückgelassen hatte, von ihr ganz allein bezaubert zu sein.«[161]

Rechte Seite:
606 *Frédéric Chopin. Unsigniertes Ölgemälde, um 1844.*
Dieses Porträt kann man nicht nur als das ähnlichste, sondern – abgesehen von dem großartigen Delacroix-Gemälde (S. 173) – auch als das bedeutendste aller Chopin-Bildnisse betrachten. Das übersensible Antlitz, gezeichnet von den Spuren einer unerbittlichen Krankheit, scheint gleichsam losgelöst von dieser Welt. Es erinnert an die schmerzerfüllten Klänge, von denen die Kompositionen des Dargestellten so oft geprägt sind. Die Abbildung vermittelt den Eindruck, der Porträtist habe die Augen braun gemalt. Alfred Cortot, in dessen Sammlung sich das Gemälde heute noch befindet, beschrieb sie jedoch »von einem Blau, das ins Graue spielt«. Cortot wies das Bild dem italienischen Maler Luigi Rubio zu. Es stammt aber vermutlich von Teofil Kwiatkowski. Die in Abb. 603 gezeigte Lithographie wurde mit größter Wahrscheinlichkeit nach dem vorliegenden Bildnis angefertigt; sie trägt links unten den Vermerk »d'après Kwiatkowsky«. Dies dürfte darauf hinweisen, daß Kwiatkowski der Schöpfer des Gemäldes ist.

1844

1845

LEBEN

JANUAR BIS JUNI: in Paris, JUNI BIS NOVEMBER: in Nohant, DEZEMBER: in Paris.

5. JANUAR: Die *Revue et Gazette musicale* meldet, daß Chopin mit einer »neuen, großen Sonate [*op. 58*] und verschiedenem anderen« nach Paris zurückgekehrt sei (aus Nohant).

FEBRUAR: Chopin mehrmals krank.

21. MÄRZ: Chopin und George Sand hören Mozarts *Requiem*, ein Lieblingswerk Chopins.

23. MÄRZ: In Chopins Wohnung singt Stefan Grotkowski einige Chopin-Lieder; abends besuchen George Sand, Delacroix und Chopin Haydns *Schöpfung*.

11. MAI: Tod Carl Filtschs (vgl. Abb. 623).

26. MAI: Chopin im *Hôtel Lambert* (vgl. S. 280, 281).

29. MAI UND 3. JUNI: George Sand und vermutlich auch Chopin besuchen im Saal »Valentino« das Theaterstück *Les Indiens Joways*.

12. JUNI: Pauline Viardot-Garcia, Chopin, George Sand, Maurice und Solange reisen von Paris nach Nohant. Pauline Viardot-Garcia bleibt dort bis 3. Juli.

13. JUNI–28. NOVEMBER: Chopin in Nohant. Gelegentliche Auseinandersetzungen mit George Sand und Maurice, gutes Einverständnis mit Solange.

20. JULI: Chopin meldet seinen Angehörigen das Erscheinen der *Berceuse* und der *Sonate op. 58*.[162]

4. SEPTEMBER: Chopin (auf dem Esel), George Sand (zu Fuß), Solange (zu Pferd), Hippolyte Chatiron und der Maler Eugène Lambert unternehmen einen Ausflug nach Boussac und zu den Steinen von Jomâtres.

10. SEPTEMBER: Augustine Brault, eine entfernte Verwandte von George Sand, kommt zum erstenmal nach Nohant. Vgl. S. 292.

16. SEPTEMBER: Rezension der *Berceuse op. 57* (vgl. S. 275) und der *Sonate op. 58* (vgl. S. 267).

20. SEPTEMBER: Chopin reist nach Paris. George Sand schreibt ihm sofort nach der Abreise und beschließt ihren zärtlichen Brief: »Liebe mich, mein Engel, mein ganzes Glück, ich liebe Dich«.[163]

27. SEPTEMBER: Chopin wieder in Nohant.

8. OKTOBER: Chopin schreibt an Mendelssohn und legt für dessen Gattin ein Autograph seiner *Mazurka op. 59 Nr. 2* bei.[164]

17./18. OKTOBER: Der Weltreisende George Sumner, Bruder des Politikers Charles Sumner, in Nohant.

1. NOVEMBER: George Sand beendet ihren Roman *La mare au Diable*; das Manuskript schenkt sie später Chopins Schwester Ludwika.

7. NOVEMBER: Dr. Papet beim kranken Chopin.

28. NOVEMBER: Chopin reist nach Paris.

29. NOVEMBER–27. MAI 1846: Chopin in Paris, wo er wieder mit seiner »Mühle« [den Klavierlektionen] beginnt. – Häufige Erkrankungen Chopins.

9. DEZEMBER: Nach einem Besuch des Loire-Schlosses Chenonceaux, das ihrem Cousin Villeneuve gehört, kehren George Sand und die Kinder nach Paris zurück.

12. DEZEMBER: Chopin unterrichtet seine Angehörigen von der Veröffentlichung der *Mazurken op. 59* und von der Arbeit an der *Barcarolle*, der *Cello-Sonate* und an »etwas, für das ich noch keine Bezeichnung habe« [*Polonaise-Fantaisie*].[165] Am Abend Ballett-Besuch (*Le diable à quatre*).

MITTE DEZEMBER: Liszt besucht Chopin am Square d'Orléans; es ist die letzte Begegnung.

24. DEZEMBER: Chopin schreibt seinen Angehörigen, daß Weihnachten in Paris traurig sei, weil man dort das Weihnachtsfest nicht richtig feiere; er huste ständig und George Sand sei sehr krank.[166]

27./28. DEZEMBER: Chopin ruft Dr. Molin ans Krankenbett George Sands.[167]

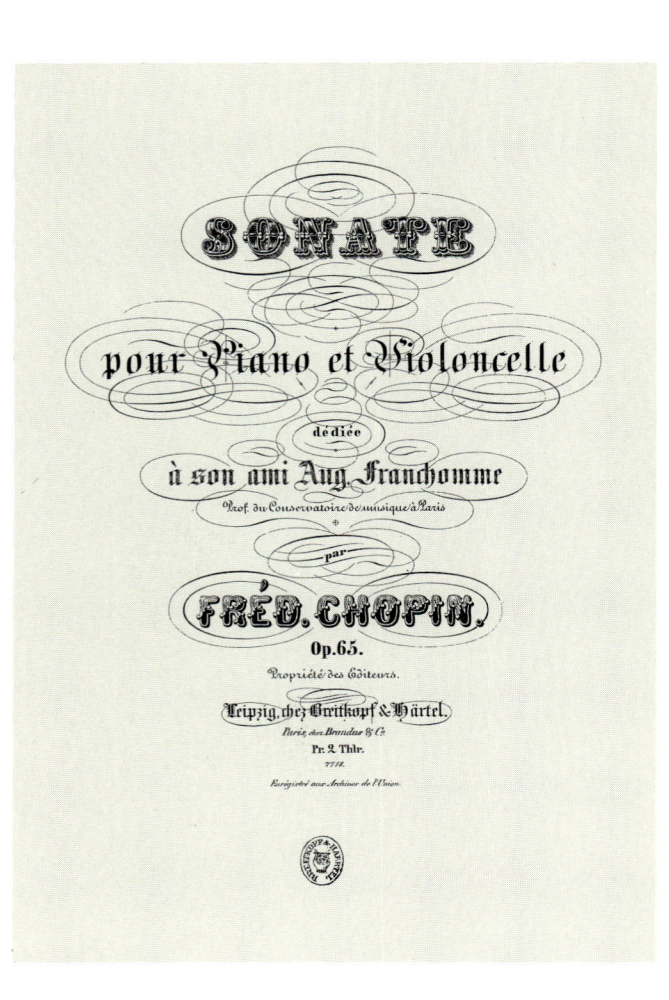

BARCAROLLE, POLONAISE-FANTAISIE, CELLO-SONATE

Die farbenprächtige *Barcarolle* ist sowohl hinsichtlich ihrer noblen Musik als auch wegen ihrer vollendeten formalen Gestaltung eines von Chopins Meisterwerken. Carl Tausig über die *Barcarolle*: »Hier handelt es sich um zwei Personen, um eine Liebesszene in einer verschwiegenen Gondel; sagen wir, diese Inszenierung ist Symbol einer Liebesbegegnung überhaupt. Das ist ausgedrückt in den Terzen und Sexten; der Dualismus von zwei Noten (Personen) ist durchgehend; es ist Alles zweistimmig oder zweiseelig. In dieser Modulation hier in Cis-Dur (*dolce sfogato* überschrieben) nun, da ist Kuß und Umarmung! Das liegt auf der Hand! – Wenn nach 3 Takten Einleitung im vierten dieses im Baß-Solo leicht schaukelnde Thema eintritt, dieses Thema dennoch nur als Begleitung durch das ganze Gewebe verwandt wird, auf diesem die Cantilene in zwei Stimmen zu liegen kommt, so haben wir damit ein fortgesetztes, zärtliches Zwiegespräch.«[168] Zur *Polonaise-Fantaisie* vgl. S. 251 und 274. Über die *Cello-Sonate* gibt es keine wesentlichen zeitgenössischen Aussagen, sie wurde bis ins 20. Jahrhundert hinein wenig beachtet; immerhin lieferte Chopin mit ihr einen wertvollen Beitrag zur nicht gerade reichhaltigen Literatur dieser Gattung. »Mit meiner Sonate für Violoncello bin ich einmal zufrieden, ein andermal nicht. Ich werfe sie in die Ecke, dann sammle ich sie wieder auf«, schreibt er einmal.[169] Chopins Liebe zum Cello war bekannt, auch in seinen Klavierwerken glaubt man sie manchmal zu erkennen (z. B. *Prélude op. 28 Nr. 6*, *Etüde op. 25 Nr. 7*). Zwischen den formal überzeugend gestalteten Ecksätzen liegen ein brillantes *Scherzo* und ein schönes, jedoch erstaunlich kurzes *Largo*.

WERKE

Mazurka a-Moll, op. 59 Nr. 1, Mazurka As-Dur, op. 59 Nr. 2, Mazurka fis-Moll, op. 59 Nr. 3. Ersch.: Berlin (Stern) 1845, London (Wessel) 1845, Paris (Brandus) 1846.
Barcarolle Fis-Dur, op. 60. Entstanden 1845/1846. Ersch.: Leipzig (Breitkopf & Härtel) 1846, Paris (Brandus) 1846, London (Wessel) 1846. Vgl. Abb. 607.
Polonaise-Fantaisie As-Dur, op. 61. Entstanden 1845/1846. Ersch.: Leipzig (Breitkopf & Härtel) 1846, Paris (Brandus) 1846, London (Wessel) 1846. Vgl. Abb. 608 und 610.
Sonate g-Moll, op. 65 für Klavier und Violoncello. 1. Allegro moderato. 2. Scherzo. 3. Largo. 4. Finale Allegro. Entstanden 1845/1846. Ersch.: Leipzig (Breitkopf & Härtel) 1847 oder Januar 1848, Paris (Brandus) 1848, London (Wessel) um 1861. Vgl. Abb. 609 und 611.
Dwojaki koniec (Zwei Leichen) d-Moll, op. 74 Nr. 11 (posthum), Nie ma czego trzeba (Melancholie) a-Moll, op. 74 Nr. 13 (posthum). Lieder für Singstimme mit Klavierbegleitung. Ersch.: Berlin (A.M. Schlesinger) 1859, Warschau (Gebethner & Wolff) 1859, London (Lucas, Weber & Co.) 1874, Paris (Hamelle) 1879.

610 *Erste Seite des Manuskriptes von Chopins »Polonaise-Fantaisie«.*

611 *Skizzenblatt Chopins zum Mittelteil des 1. Satzes der »Cello-Sonate«. Erstveröffentlichung.*

Linke Seite:
607 *Titelblatt der französischen Erstausgabe, 1846, von Chopins »Barcarolle«.*

608 *Titelblatt der französischen Erstausgabe, 1846, von Chopins »Polonaise-Fantaisie«.*

609 *Titelblatt der deutschen Erstausgabe, 1848, von Chopins »Cello-Sonate«.*
Die hier genannten Werke entstanden 1845/1846.

RECENSIONEN.

F. Chopin, Barcarole pour le Piano. Op. 60. Pr. 20 Ngr.

Die schaukelnde Bewegung der Barcarole lässt sich zwar nur durch ein zweitheiliges Maass, das den Schlag und Widerschlag der Wellen auszudrücken vermag, repräsentiren, jedoch erhöht es den Charakter, wenn die einzelnen Tactglieder in dreitheiligem Rhythmus, also in Triolen gehalten sind. Am Ruhigsten gleitet das Ganze aber dahin, wenn der Zwölfachteltakt den doppelten Schlag und Widerschlag ausdrückt, und besonders bei grösserer und ausgedehnterer Form des ganzen Musikstückes ist dies ein treffliches Mittel, um die Tactgruppen zu stetigem Flusse zu verbinden. Den Rhythmus, von dem das Gepräge des Ganzen abhängt, lässt *Chopin* zuerst als Begleitungsfigur, wie wir sie in vielen seiner Etuden finden, auftreten, und baut auf dieselbe die zweistimmige Melodie, so dass man sich die Wasserfahrt irgend eines zufriedenen und glücklichen Paares dabei wohl denken kann. In diesem ganz behaglichen Zustande belässt der Componist die Sache nicht, sondern zieht Wendungen, die der Barcarole fern liegen, herein, lässt endlich ein durch Rhythmus und Tonart scharf abstechendes Alternativ Platz greifen. Das Stück steht in Fis dur, dieses nun in A; natürlich leitet sich dies nach Fis, und damit auch in die eigentliche Barcarole wieder zurück. Doch hat sie eine neue Gestalt gewonnen. Sie wird durch Verdoppelung der Intervalle, durch mancherlei Passagenwesen ein Salonstück, das seinem ursprünglichen Wesen untreu erscheinen, wenn es auch, gut, vor allen Dingen rein gespielt, recht schön klingt. Dieses wirklich und gewissenhafte rein und sauber Spielen wird durch die zahlreichen Vorzeichnungen, die *Chopin*, weil er so gern auf den Obertasten spielt, so häufig anzuwenden genöthigt ist, vielen Dilettanten erschwert. Zugleich aber ist dies eine nicht zu verachtende Uebung.

F. Chopin, Polonaise Fantaisie. Op. 61. Leipzig, Breitkopf u: Härtel. Pr. 27½ Ngr.

Ganz frei, rhapsodisch und gleichsam nur präludirend beginnt der Componist, geht dann in vagen Harmonieen in das Maass eines Alla Pollacca über, und lässt dann ein Tempo giusto (As dur) eintreten, das einen thematischen Charakter hat. Wir brauchen diesen Ausdruck, um anzudeuten, dass zu einem eigentlichen Polonaisenthema im gewöhnlichen Sinne es doch nicht kommt, so frei und phantastisch ist auch dieses zur witeren Entwickelung bestimmte Thema beschaffen. Von einer strengeren Durchführung ist auch nicht die Rede. Eine zweite Melodie in der Dominante ist schärfer begränzt, cantabler, und um so wohlthätiger, als bis hieher schon sehr viel modulirt worden ist. Nun aber beginnt erst die Fantasie herumzuschweifen, aus Es geht es weiter nach B, nach G moll und H moll und nun in einen selbständigen Satz H dur, der durch ähnliche rhapsodische Figuren als im Anfange sich nach F moll und dann wieder in die Grundtonart As zurückwirft. Diese wird eigentlich erst zuletzt dauernd und planvoll festgehalten. Das ganze Stück schillert in einer gewissen Unbestimmtheit der Tonarten, die freilich bei *Chopin* so oft ihre Reize hat, doch aber diesmal sehr weit geht. Der Name Fantasie ist wohl eben mit Rücksicht auf die Kühnheit dieser Conturen gewählt. Die Theorie fragt hier nach den Gränzen solcher Freiheit, über der sehr leicht die Wirkung des Ganzen verloren gehen kann. Mancher wird nach zwei Seiten diese Polonaise muthlos weglegen. Bei genauerem Verweilen wird manche Einzelnheit freilich Genuss verschaffen, indessen können wir nicht umhin, zu bemerken, dass *Chopin*, gerade in seiner blühendsten Kraft, es auch am Meisten verstand, seine Erfindung zu beschränken, zu zügeln. Vermöchte er noch dies über sich zu gewinnen, so würde er durch seine oft so merkwürdigen Combinationen allgemeineren und stärkeren Eindruck erreichen. Der Gedanke, den er hinwirft, ist fast immer glücklich, warum verschmäht er nun so sehr seine feste Gestaltung, besonnene Entwickelung?

F. Chopin, Deux nocturnes pour le Piano. Op. 62. Pr. 22½ Ngr.

Melodisch und ungekünstelt tritt das erste dieser beiden Nocturnes, eine Form, worin uns *Chopin* zum Theil nach *Fields* Vorbilde schon so viel Schönes gegeben hat, auf. Schon nach den ersten acht Tacten aber nimmt der zweite Theil, der sich in Gis moll hält, etwas Geheimnissvolles an, leitet indessen wieder glücklich in das Thema hinein. Unstät modulirt nun der Mittelsatz As dur, welchem dann das Grundthema mit einigen, äusserst weich über die gebundenen unteren Stimmen weggleitenden Figuren sich wieder anschliesst. Im Ganzen genommen ist, wenn man sich mit *Chopin's* Spielart ein Mal vertraut gemacht hat, dieses Nocturne von mässiger Schwierigkeit, es enthält manche reizende Wendung. Bedeutend grösser sind die des zweiten, auf den Vortrag eines durchgebildeten Musikers berechnet. Dem Thema:

das, wie man sieht, in der Begleitung sogleich grosse Sorgfalt verräth, merkt man noch nicht an, was dahinter steckt, welchen Klippen der Schiffer, der sich in diesen anfangs so friedlichen Strom begibt, begegnen wird. Nach dem Abschlusse des Thema's wird demselben ein Satz in Cis moll mit allerhand künstlichen Figuren im Basse, dann überhaupt lauter figurirten Stimmen entgegengesetzt. Es ist ein Glück, dass das Ganze die Bezeichnung Lento an der Stirne trägt, denn sonst möchte von der Reinheit der nicht eben gesparten Modulationen viel verloren gehen. Nach unserer Meinung geschieht des Guten eher zu viel als zu wenig, obgleich sich Alles hier auf einen Plan reduciren lässt. Cis moll, Gis moll, E moll, flüchtige Berührung von G dur, und schnell ist das Mittel gefunden, um die Dominante H dur zu erreichen und damit das Thema wieder einzuführen. Es wird nun auch nicht mehr viel damit vorgenommen, die erwähnte Bassfigur tritt nur noch gegen das Ende hin in die Begleitung. Der Schluss möge noch hier stehen, weil er eigenthümlich genug ist und das frühere Schwanken zwischen E dur und der verwandten Molltonart, woraus bei *Chopin* so oft bemerkenswerthe Wirkungen entstehen, noch ein Mal andeutet:

Auf der zuletzt eintreten Quinte beruht das Unbestimmte, das Verschwimmende dieses Schlusses, der recht eigentlich der romantischen Schule angehört.

A. K.

612–619 *Rezensionen der letzten Werke, die Chopin veröffentlichen ließ (»op. 57« bis »op. 65«). (Rezensionen zu »op. 58« vgl. S. 267.)*

612, 613, 614 (»Barcarolle op. 60«, »Polonaise-Fantaisie op. 61«, »Nocturnes op. 62«) »Allgemeine Musikalische Zeitung« vom 17. Februar 1847.

F. Chopin, 3 Mazurka's. Ebendas. Pr. 20 Ngr.

Hier noch mehr als in der Walzerform bewegt sich *Chopin* auf vertrautem heimischen Boden, die Mazurka als Salonstück ist ganz eigentlich seine Schöpfung, und hier ist er auch noch immer erfinderisch. Dass man alte bekannte Wendungen *Chopin's* auch diesmal wiederfindet, ist natürlich, er kann seinen Styl nicht verläugnen. So ist die zweite dieser Mazurka's eigenthümlich reizend durch die bei *Chopin* oft angetroffene unbestimmte Mischung der Dur- und Molltonleiter gerade in der Melodie. Er geht am Schlusse so weit:

so dass die kleine Terz erst spät zu ihrem wahren Rechte kommt. Aus solcher Unentschiedenheit, womit die Tonika auftritt, entsteht auch jenes verschwimmende Kolorit, das einen sehnsüchtigen Ausdruck zur Folge hat, und das den Nachahmern *Chopin's* unerreichlich geblieben, ja bei ihm selbst schon zur Manier geworden ist.

b) Salon- und Charakterstücke; Modeartikel.

1. **F. Chopin**, Drei Mazurkas, Op. 59, Stern. ⅚ Thlr.

Nr. 1. In bekannter Chopin'scher Weise, wiewohl, wie es uns scheinen wollte, den früheren nicht gleichkommend. Die dritte hat uns am besten gefallen.

F. Chopin, Trois Valses p. le Piano. Op. 64. Leipzig, *Breitkopf & Härtel*. Pr. 1 Thlr.

Wie gern und wie glücklich *Chopin* Tanzrhythmen für Salonmusik ausbeutet, ist allen Dilettanten bekannt, welche kurze Unterhaltungsstücke den grossen Fantasieen oder glänzenden Sonaten vorziehen. Ein eigener feiner Geschmack bewahrt ihn dabei vor Trivialität, durch einzelne kleine Wendungen, die den musikalischen Künstler von dem Tanzcompositeur unterscheiden, würzt er selbst so gleichmässige, wenig pikante Rhythmen, als die des deutschen Walzers. Die drei, welche er uns hier vorlegt, Des dur, Cis moll, As dur, bestätigen dies auf's Neue; doch sind sie nicht von gleichem Werthe. Der erste, wenn wir allenfalls das melodische Trio ausnehmen, bewegt sich in allzubekanntem Gleise. Der letzte ist populär gehalten, und steht doch eine Stufe höher als Alltagswalzer, die für das praktische Bedürfniss berechnet sind. Am originellsten ist der zweite, mitunter zwar etwas seltsam klingend, doch den bewährten Meister verrathend. Der Charakter ist weich und träumerisch, der Walzerrhythmus tritt übrigens unter dieser bieg- und schmiegsamen Melodie weniger prägnant hervor.

Chopin, Sonate pour le Piano et Violoncelle. Op. 65. Ebendas. 2 Thlr.

Ein grösseres Werk, auf weitere Ausführung der Formen, auf Verarbeitung ergibiger Motive berechnet, fordert die Kritik mehr als jene hingeworfenen Bluetten heraus, und wenn es einen so berühmten Verfasser hat, als diese Sonate, so wird es in doppeltem Maasse der Fall sein. Gegen seine Launen, gegen manches Seltsame seiner harmonischen Kombinationen wollen wir nichts mehr einwenden. Ihm ist längst grössere Freiheit als Anderen zugestanden, auch auf einen kleinen Missbrauch derselben kommt es daher nicht an. Aber was leider immer mehr bei *Chopin* hervortritt, ist ein anderer Mangel, der sich uns in dieser an so vielen jener ihm eigenthümlichen interessanten Züge reichen Sonate aufdrängt. Es ist der Mangel an bestimmt ausgeprägten melodischen Gedanken, an solchen, die sich scharf abschliessen, dass sie thematisches Gewicht gewinnen, dass sie eben, weil sie in jeder Verkleidung schnell wieder erkennbar sind, sich als herrschendes Thema geltend machen. Seine Themata, um ein Gleichniss zu brauchen, waren dereinst (man denke an das Concert in E moll) mehr lyrisch, jetzt sind sie mehr rhetorisch, ihr melodischer Werth ist jetzt so sehr durch die Harmonie bedingt, dass die Cantabilität darüber verloren geht. Diesmal nun ist er dieser durch ein so günstiges Instrument, als das Cello, wesentlich zu Hilfe gekommen; die diesem gestellte Aufgabe ist schwer, doch sind durch die Verbindung seiner Gesangstellen, denen es an leeren Phrasen auch nicht fehlt, mit dem Klavier gute Effecte bewerkstelligt worden, z. B. im ersten Allegro (G moll) das zweite Thema (B dur), das sich zwischen beiden Instrumenten glücklich vertheilt. Das sehr kurze Largo wird am Unbedingtesten Theilnahme finden. Im Finale zeigt sich die ganze Neigung zur harmonischen Sonderbarkeit. Die Fasslichkeit des Stückes wird nämlich dadurch erschwert, dass dieser G moll Satz bereits im Thema selbst, das eben kein melodisches Gepräge hat, mit der Septime anfängt, und schnell nach D moll, im 12. Takt schon gar nach A moll modulirt. Dieser Quintenzirkel ist im Mittelsatz eines Stückes ganz gut angebracht, so früh angewandt macht er den Hörer irre, und lässt kein Interesse an dem Stücke aufkommen. Im Verlaufe wird dies zwar einigermassen gut gemacht, die Tonika tritt entschiedener auf, doch ist es dann schon zu spät. So ist denn das, was wir an der Sonate zu tadeln haben, dies, dass Alles zu sehr verschwimmt und das Einzelne, das uns lieb werden könnte, nicht zur völligen Geltung kommt.

Für Pianoforte.

Fr. Chopin, Berceuse. Op. 57. — Leipzig, Breitkopf u. Härtel. Pr. 15 Ngr.

Die linke Hand beginnt mit einer einfachen, wiegenden, zwischen Tonica und Dominante abwechselnden Begleitungsfigur. Im 3ten Tacte setzt die rechte ein mit einer schwebenden Melodie, wie sie wohl eine Mutter, die, selbst halb wachend, halb träumend, ihren Liebling in den Schlaf lullt, vor sich hinsummen mag. Eine zweite Stimme gesellt sich bald hinzu; und während die Linke wiegend fortfährt, variirt die Rechte das Schlaflied auf mannichfache, träumerisch spielende Weise. Die letzte graziöse und schmiegsame Veränderung zieht sich aus der Höhe mehr nach der Mitte der Claviatur. Allmälig verstummt das zarte Lied. — Wohl selig mag das Kindlein träumen! —

615, 617, 618 (»Mazurken op. 63«, »Walzer op. 64«, »Cello-Sonate op. 65«) »Allgemeine Musikalische Zeitung« vom 29. März 1848.

616 (linke Spalte, Mitte) (»Mazurken op. 59«) »Kritischer Anzeiger Nr. 6, Dezember 1845. Monatliches Beiblatt zur Neuen Zeitschrift für Musik«.

619 (rechte Spalte, unten) (»Berceuse op. 57«) »Neue Zeitschrift für Musik« vom 16. September 1845.

620 *Georges Mathias (1826–1910). Lithographie, um 1850, von Cossmann.*
Mathias, Lehrer Raoul Pugnos, Isidore Philipps und auch Teresa Carreños, erhielt von 1838 bis etwa 1845 von Chopin Unterricht. Clara Schumann an ihren Vater (Paris, 19. März 1839): »Gestern habe ich einen Herrn Matthias besucht, dessen Sohn ein 2ter Liszt (ich glaube 12 Jahre alt) ist, an Genie. Den Jungen solltest Du hören, ein ungeheures Talent, Schüler Chopins. Soll ich Dir weitläufig seine Talente auseinandersetzen? Du kennst die Wunderkinder-Talente, nur muß ich noch hinzufügen, daß der Junge vortrefflicher Schule durchgemacht, sehr schöne lockere Finger hat und Alles von Chopin spielt und nicht etwa, daß es nicht könnte! O nein, er schlägt alle diese Clavierklimperer hier. Merkwürdig ist es nur, daß er nie mehr als eine Stunde geübt hat, sehr kränklich ist (ganz wie Chopin) und bis jetzt auch fortwährend krank war.«[170]

621 *Brief Friedrich Kalkbrenners vom 25. Oktober 1845 an Chopin.*
»Lieber Chopin.
Ich möchte Sie um einen großen Gefallen bitten; mein Sohn Arthur beabsichtigt, Ihre schöne Sonate, h-Moll, zu spielen, und er hegt den glühenden Wunsch, von Ihnen einige Ratschläge zu erhalten, damit er soweit als möglich Ihren Intentionen nahekommt. Sie wissen, wie sehr ich Ihr Talent liebe, und ich brauche Ihnen nicht zu sagen, wie ungemein dankbar ich wäre für diese Gefälligkeit, die ich für mein Bürschchen von Ihnen erbitte. Er steht zu Ihrer Verfügung täglich von zwei bis 4 Uhr und Sonntags den ganzen Vormittag. Bitte tausendmal um Verzeihung wegen dieser [der Briefschluß, hier nicht abgebildet, lautet:] Zudringlichkeit, aber Sie haben mich an Ihre Freundschaft gewöhnt, und ich rechne damit.
Tausend Empfehlungen von der ganzen Familie.
Friedrich Kalkbrenner.«

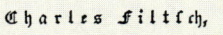

622 *Bericht vom April 1843, signiert »A. G.«. (Filtsch hatte am 24. April 1843 in den »Salons Erard« Chopins »e-Moll-Konzert« gespielt.)*
Dieser Artikel erschien am 11. Mai 1843 in der *Neuen Zeitschrift für Musik*. Die Prophetie hat sich erfüllt: auf den Tag genau zwei Jahre später, am 11. Mai 1845, starb Carl Filtsch.

623 *Carl Filtsch (1830–1845). Lithographie, 1841.*
Filtsch war wohl der einzige Chopin-Schüler, dem man ohne Bedenken das Prädikat »überragend« zusprechen darf. Er studierte von Dezember 1841 an bei Chopin und konzertierte 1843/1844 mit großem Erfolg in Paris, London und Wien. Liszt soll über ihn gesagt haben »quand le petit voyagera, je fermerai ma boutique« (»wenn der Kleine mal auf Tournee geht, mach' ich meinen Laden zu«).[171]

CHOPIN ALS LEHRER

Chopin konzertierte äußerst selten, und auch der Ertrag seiner Werke deckte seinen aufwendigen Lebensstil (elegante Kleidung, Diener, Kutsche) bei weitem nicht; er bestritt seinen Lebensunterhalt hauptsächlich aus Klavierunterricht, in Paris gab er täglich vier bis fünf Stunden. Wie seine Schüler ausnahmslos bestätigen, war Chopin ein guter Lehrer, dennoch blieb es ihm versagt, als Pädagoge eine führende Rolle zu spielen und – mit Ausnahme des früh verstorbenen Carl Filtsch – bedeutende Virtuosen auszubilden. Unter seinen Schülern waren sehr gute Pianisten, z. B. Mathias, Mikuli, Gutmann, Tellefsen, Mme Dubois (geb. O'Meara), Fürstin Czartoryska; auf den europäischen Konzertpodien jedoch hatten diese Namen keinen Glanz. Hierin sehen wir einen auffallenden Unterschied zu Franz Liszt, der die zentrale Gestalt als Idol und Lehrer fast aller großer Virtuosen des 19. Jahrhunderts war (z. B. Tausig, Bülow, d'Albert). Chopins Schüler stammten vor allem aus den hohen Kreisen der Aristokratie. Die Namen der Prinzessinnen und Gräfinnen, die er unterrichtete, finden sich fast ausnahmslos auf den Widmungsblättern seiner Werke.
Kennzeichnend für Chopins Lehrmethode ist, daß er sich streng an die alte Legato-Schule, an die Schule Clementis und Cramers hielt. Größten Wert legte er auf Geschmeidigkeit, Glätte und Leichtigkeit des Spiels. »Facilement« (»Leicht«) war seine ständige Ermahnung. Er verbot seinen Schülern, mehr als drei Stunden täglich zu üben.[172]

624, 625 *Wanda (links) (1808–1845) und Eliza (1803–1834) Radziwiłł. Miniaturen, 1831.*
Die beiden Töchter des Fürsten Antoni Radziwiłł (vgl. Abb. 105) gehörten zu den ersten Schülerinnen Chopins. Am 14. November 1829 schreibt er an Tytus Woyciechowski: »Ich habe ihm [Antoni Radziwiłł] eine Alla polacca mit Violoncello [op. 3] geschrieben. Nichts als ein Bravourstück für die Salons und für die Damen. Siehst Du, ich wollte, daß Prinzessin Wanda es lernt. Ich gab ihr in dieser Zeit Unterricht. Sie ist jung, siebzehn Jahre alt, hübsch, und, bei Gott, es war fürwahr recht angenehm, ihr die Fingerchen zurechtzurücken ...«[173]
Wanda heiratete 1832 den Fürsten Adam Konstanty Czartoryski, Eliza war die Jugendliebe des Preußenkönigs Wilhelm I.
Die Bildnisse wurden dem Verf. von der Herzogin de Maillé, geb. Radziwiłł, zur Veröffentlichung überlassen.

626 *Marie von Mouchanow-Kalergis, geb. Gräfin Nesselrode (1822–1874). Sepiazeichnung (Ausschnitt), um 1849, von Eugène Delacroix.*
Chopin an seine Angehörigen, 26. Dezember 1847: »Ich gebe Frau Kalergis Unterricht; sie spielt in der Tat sehr schön und hat sehr großen, wirklich sehr großen Erfolg in der maßgebenden Pariser Welt.«[174]
Eugène Delacroix (Tagebucheintrag, 30. März 1849): »An einer der beiden vorhergehenden Soiréen kam Mme Kalergis als erste. Sie hat gespielt, aber wenig einfühlsam. Dafür ist sie wirklich sehr schön, wenn sie beim Spielen die Augen hebt, in der Art der Magdalenen von Guido Reni oder Rubens.«[94]

Aus den Erinnerungen der Chopin-Schülerin Friederike Müller-Streicher.

Friederike Müller (1816–1895), seit 1849 Gattin des bekannten Wiener Klavierfabrikanten J. B. Streicher, war eine der erfolgreichsten Schülerinnen Chopins. Sie nahm von Oktober 1839 bis zum Frühjahr 1841 und von Ende 1844 bis Februar 1845 bei ihm Unterricht. 1841 spielte sie in einem von Franz Xaver Wolfgang Mozart, dem jüngsten Sohn W. A. Mozarts, veranstalteten Konzert das *f-Moll-Klavierkonzert*, das *Andante spianato* mit der *Grande Polonaise brillante* und zwei Etüden von Chopin, der ihr später sein *Allegro de Concert (op. 46)* widmete.

In den Jahren 1839 bis 1841 führte sie ein Tagebuch, das die Grundlage für die vorliegende Schilderung bildete.[175]

»Am 30. Oktober 1839 begaben wir uns, meine engelsgute Tante und ich, zu ihm. Rue Tronchet Nr. 5 wohnte er damals. Bangen Herzens überreichte ich ihm meine Empfehlungsbriefe aus Wien, und sprach meine Bitte aus, mich als Schülerin übernehmen zu wollen. Sehr höflich aber sehr gemessen sprach er: ›Sie haben in einer Matinée bei der Gräfin Apponyi, der Gemahlin des österreichischen Gesandten, gespielt, und werden meines Unterrichtes kaum mehr bedürfen.‹ Mir wurde bange, denn so klug war ich doch, um gleich zu verstehen, er habe gar keine Lust, mich als Schülerin anzunehmen. Lebhaft bedauerte ich, sehr wohl zu wissen, daß ich noch sehr, sehr viel zu lernen habe. Und, setzte ich schüchtern hinzu, seine wunderschönen Compositionen möchte ich gut spielen können. ›Oh‹, rief er, ›das wäre traurig, wenn man nicht im Stande wäre, sie ohne meinen Unterricht gut zu spielen.‹ ›Ich gewiß nicht‹, entgegnete ich ängstlich. ›Nun, so spielen Sie mir etwas‹, rief er, und in dem Augenblicke war seine Zurückhaltung verschwunden. Gütig und nachsichtsvoll half er mir meine Schüchternheit überwinden, rückte das Piano, fragte, ob ich gut sitze, ließ mich so lange spielen, bis ich ruhig geworden, tadelte dann milde mein steifes Handgelenk, lobte meine richtige Auffassung und nahm mich als Schülerin an. Er setzte wöchentlich zwei Unterrichtsstunden fest, wandte sich dann in liebenswürdiger Weise an meine Tante, sich in vornhinein entschuldigend, wenn er Tag und Stunde der Lektion, seiner Kränklichkeit halber, werde oft abändern müssen. Sein Diener würde uns stets davon benachrichtigen.

Ach! Und er war sehr leidend; matt, bleich, hustete viel, nahm oft Opiumtropfen in Zucker und Gummi-Wasser, rieb sich die Stirn mit Kölner-Wasser, und dennoch unterrichtete er mit großer Geduld, Ausdauer und einem Eifer, die bewunderswert waren. Immer währten seine Lektionen eine volle Stunde, gewöhnlich war er so gütig, sie länger auszudehnen. [...] In Paris hatte man mir bange gemacht und erzählt, Chopin ließe Clementi, Hummel, Cramer, Moscheles, Beethoven und Bach studiren, seine Compositionen jedoch nicht. Dem war nicht so. Allerdings mußte ich die oben angeführten Meisterwerke bei ihm studiren, er verlangte aber auch, daß ich die neuen und neuesten Compositionen von Hiller, Thalberg und Liszt etc. ihm vorspiele. Jedoch schon in den ersten Unterrichtsstunden legte er mir seine wunderbar schönen Präludien und Etüden vor. Ja, mit mancher Composition machte er mich bekannt, ehe sie noch im Druck erschienen war.

Wunderschön hörte ich ihn oft präludieren. Einmal versank er so ganz in sein Spiel, war der Welt völlig entrückt – da kam sein Diener leise herein und legte einen Brief auf das Notenpult. Mit einem Aufschrei brach Chopin sein Spiel ab, sein Haar sträubte sich in die Höhe, was ich bisher für unmöglich gehalten, sah ich nun mit eigenen Augen, doch währte dies nur einen Augenblick. [...] Chopin erzählte, er habe im Mai 1834 mit Hiller und Mendelssohn einen Ausflug nach Aachen gemacht. ›Daselbst sehr freundlich bewillkommnet, fragte man mich, als ich vorgestellt wurde: »Gewiß ein Bruder des Pianisten?« Ich bejahte es, denn es amusierte mich, und beschrieb meinen Bruder, den Pianisten: er sei groß, stark, habe schwarzes Haar und eine sehr große Hand.‹ Wer den zart gebauten Chopin und seine Hand gesehen, für den muß der Scherz höchst ergötzlich gewesen sein. Am 20. April 1840 gab Liszt, von längeren Konzertreisen nach Paris zurückgekehrt, eine geladene Matinée im Saale Erard. Er spielte, wie immer, sehr brillant, und ich mußte am nächsten Morgen Chopin eingehend berichten, was und wie er gespielt. Er selbst war zu unwohl, um beiwohnen zu können. Als ich von Liszts Selbstbeherrschung und Ruhe bei Überwindung der größten technischen Schwierigkeiten sprach, rief er: ›Ainsi il parait que mon avis est juste. La dernière chose c'est la simplicité. Après avoir épuisé toutes les difficultés, après avoir joué une immense quantité de notes, et de notes, c'est la simplicité qui sort avec tout son charme, comme le dernier sceau de l'art. Quiconque veut arriver de suite à cela n'y parviendra jamais, on ne peut commencer par la fin. Il faut avoir étudié beaucoup, même immensément pour atteindre ce but, ce n'est pas une chose facile. Il m'était impossible‹, fuhr er fort, ›d'assister à sa matinée. Avec ma santé on ne peut rien faire. Je suis toujours embrouillé avec mes affaires, de manière que je n'ai pas un moment libre. Que j'envie les gens forts qui sont d'une santé robuste et qui n'ont rien à faire! Je suis bien fâché, je n'ai pas le temps d'être malade.‹ [Übersetzung:] ›So scheint meine Meinung richtig zu sein. Am Schluß kommt die Einfachheit. Wenn man alle Schwierigkeiten ausgeschöpft hat, eine Unmenge von Noten gespielt hat, kommt die Einfachheit, mit all ihrem Zauber, wie das letzte Siegel der Kunst. Wer immer das sofort erreichen will, wird es nie erreichen; man kann nicht mit dem Ende beginnen. Man muß viel geübt haben, unendlich viel, um dieses Ziel zu erreichen; das ist nicht leicht. Es war mir unmöglich, in seine [Liszts] Matinée zu gehen. Mit meiner Gesundheit kann man nichts unternehmen. Auch bin ich immer so sehr mit meinen eigenen Angelegenheiten beschäftigt, daß mir keine freie Minute bleibt. Wie ich die starken Naturen beneide, die von robuster Gesundheit sind und nichts zu tun haben! Ich habe keine Zeit, um krank zu sein.‹

In einer Soirée [20. Dezember 1840] ließ er mich die Sonate mit dem Trauermarsch vor einer großen Gesellschaft spielen. Am Morgen desselben Tages mußte ich ihm die Sonate wiederholen, war aber sehr befangen. ›Weshalb spielen Sie heute weniger gut?‹ fragte er. Ich erwiderte, daß ich Angst habe. ›Warum? Ich finde, Sie spielen sie gut‹, entgegnete er sehr ernst, ja strenge. ›Wenn Sie aber heute Abend spielen wollen, wie vor Ihnen niemand spielte, und nach Ihnen niemand spielen wird, ja dann! ...‹ Diese Worte gaben mir meine Ruhe wieder. Der Gedanke, daß ich ihm recht gespielt, beherrschte mich auch des Abends, ich hatte das Glück, Chopins Zufriedenheit und der Anwesenden Beifall zu erwerben. Dann spielte er noch mit mir das Andante seines f-Moll-Konzertes, welches er auf dem zweiten Piano herrlich begleitete. Die ganze Gesellschaft bestürmte ihn mit der Bitte, doch noch einige seiner Kompositionen vorzutragen, was er dann auch zum allgemeinen Entzücken tat. [...]«

627 *Autograph Chopins. Technische Übungen, wahrscheinlich für die Tochter seiner Schwester Ludwika.*
Ganz oben der Vermerk: »Die Ellbogen in gleicher Höhe mit den weißen Tasten. Die Hand weder nach der rechten noch nach der linken Seite«. Es folgen die H-Dur-Tonleiter (entgegen der allgemein üblichen Methode, zuerst die C-Dur-Tonleiter zu üben, ließ Chopin mit der H-Dur-Tonleiter beginnen, da es ihm als natürlichste Handhaltung erschien, wenn dem Daumen die weißen, den längeren 2., 3. und 4. Fingern die schwarzen Tasten zugewiesen werden), die chromatische Tonleiter sowie verschiedene Varianten des verminderten Septimakkordes, die er viermal zu spielen empfahl.

628 *Manuskript Chopins. Skizzenblatt zu einer Art Lehranweisung.*
In seinen letzten Lebensjahren plante Chopin, seine Ansichten über Theorie und Praxis seiner Kunst zu veröffentlichen. Er gab diesen Plan bald wieder auf. Alfred Cortot besaß zwölf Manuskriptseiten Chopins, die Skizzen für diese Lehranweisung darstellen; sie tragen den Titel *Notices pour la Méthode des Méthodes* und befinden sich heute in der Sammlung R. O. Lehmann, New York.

1845

629 *Paris, »Hôtel Lambert«. Xylographie, 1843.*
Das auf der Ile Saint-Louis gelegene Palais gilt als das schönste Pariser Privatwohnhaus. 1642 erbaut, wechselte es oft die Besitzer, zu denen auch Claude Dupin, dessen Sohn der Ehemann von George Sands Großmutter war, und der Marquis du Châtelet, dessen Gattin fünfzehn Jahre lang Voltaires Geliebte war, zählten.
Im Sommer 1843 erwarb es die mit Chopin eng befreundete Familie des Fürsten Czartoryski (vgl. Abb. 639), und von da an war Chopin häufig dort zu Gast, u. a. am 26. Mai 1845.
Das *Hôtel Lambert* ist heute in mehrere Appartements aufgeteilt; es gehört seit einigen Jahren den Rothschilds, nachdem es vorübergehend im Besitz der Schauspielerin Michèle Morgan war.

630 *Der Innenhof des »Hôtel Lambert«. Xylographie, 1843.*

1845

631 *Ball am 25. Januar 1845, veranstaltet von der Fürstin Marcelina Czartoryska im »Hôtel Lambert«. Xylographie, 1845.*
Chopin war bei diesem Ball vermutlich anwesend. Anläßlich einer anderen Ball-Veranstaltung im *Hôtel Lambert* am 18. November 1847 schreibt L. Niedźwiecki in sein Tagebuch: »Am Klavier saß – kaum zu glauben – Chopin und klimperte breit und lang herum.«

632 *Die sogenannte »Galerie Lebrun« im »Hôtel Lambert«. Xylographie, 1844.*

633 *Frédéric Chopin. Anonymes Ölgemälde, um 1845.*

DIE LETZTEN LEBENSJAHRE · 1846–1849

634 *Frédéric Chopin. Ölgemälde, um 1847, von Ary Scheffer.*
Ein dem vorliegenden Gemälde in allen Einzelheiten ähnliches Chopin-Porträt Scheffers ging am 19. September 1863 verloren, als die Russen das Warschauer Zamoyski-Palais (wo Chopins Schwester Izabela Barcińska, in deren Besitz das Bild war, ein Appartement bewohnte) in Brand setzten. Ein Jahr vorher war noch eine Photographie des Porträts angefertigt worden. Das Krakauer Nationalmuseum besitzt eine – allerdings nur als Brustbild ausgeführte – Kopie dieses verbrannten Gemäldes, die der polnische Maler Stanisław Stattler 1858 auf Veranlassung der Fürstin Marcelina Czartoryska angefertigt hatte.

1846

LEBEN

JANUAR BIS MAI: in Paris, MAI BIS NOVEMBER: in Nohant, NOVEMBER/DEZEMBER: in Paris.

29. JANUAR: George Sand und vermutlich auch Chopin auf einem Ball im *Hôtel Lambert*.

ENDE JANUAR: George Sand nimmt Augustine Brault in die Familie auf. Vgl. S. 292.

4. FEBRUAR: Rezension der *Sonate h-Moll, op. 58* (Abb. 601).

5. FEBRUAR: Chopin schreibt die Klavierstimme des Liedes *Wiosna* ins Album des Grafen de Wimpffen.

20. FEBRUAR: Chopin, George Sand, Solange, Augustine und Delacroix auf einem Ball im *Hôtel Lambert*.

20. (21.?) APRIL: Trotz starker Erkältung reist Chopin für einige Tage zu Familie Forest (Verwandte Franchommes) nach Tours; dort bessert sich sein Gesundheitszustand.

2. MAI: Soirée in Chopins Wohnung; unter den Anwesenden: Delacroix, Louis Blanc, Graf d'Aure, Fürst Czartoryski mit Gattin, Fürstin Sapieha, d'Arpentigny, die Duvernets, die Viardots, George Sand.

5. MAI: George Sand, Solange und Augustine reisen nach Nohant.

27. MAI: Chopin reist nach Nohant.

28. MAI–11. NOVEMBER: Chopin in Nohant; es ist sein letzter Aufenthalt dort.

31. MAI: Chopin bittet Marie de Rozières, ihm die Partitur zu Mozarts *Requiem* zu schicken.[176]

25. JUNI: *Le Courier Français* druckt die 1. Folge von George Sands *Lucrezia Floriani* (angeblich ein Schlüsselroman, in dem Chopin als »Prinz Karol« figuriert); Fortsetzungen bis 14. Juli, weitere Folgen vom 28. Juli bis 17. August.

7.–19. JULI: Laura Czosnowska und Grzymała in Nohant.

8. JULI: Chopin beklagt sich bei Franchomme, daß er mit seiner Arbeit (vermutlich an seiner *Cello-Sonate*) nicht vorankomme.[177]

9. JULI: Soirée in Nohant; Pauline Viardot-Garcia singt, Chopin – in bester Laune – spielt bis Mitternacht.

16.–30. AUGUST: Delacroix in Nohant; bei der Abreise gibt ihm Chopin die Manuskripte der *Mazurken op. 63*, *Walzer op. 64* und der *Cello-Sonate* mit.

30. AUGUST–31. OKTOBER: Arago in Nohant.

1. SEPTEMBER: George Sand, Maurice, Solange, Arago und vermutlich auch Chopin unternehmen einen mehrtägigen Ausflug an die Ufer der Creuse.

11. OKTOBER: Aufschlußreicher Brief Chopins (vgl. Abb. 635). Heiratspläne zwischen Solange und Fernand de Préaulx.

11. NOVEMBER: Chopin reist von Nohant nach Paris.

19. NOVEMBER: Chopin bestätigt Breitkopf die Eigentumsrechte an der *Barcarolle*, der *Polonaise-Fantaisie* und an den *Nocturnes op. 62* für alle Länder außer Frankreich und England sowie den Empfang des Honorars.

28. NOVEMBER: Chopin ist Trauzeuge bei der Hochzeit seiner Schülerin Zofia Rosengardt mit dem Dichter Bohdan Zaleski (vgl. Abb. 173).

19. DEZEMBER: Chopin auf einer Soirée bei den Czartoryskis im *Hôtel Lambert*.

24. DEZEMBER: Chopin bei einer Namenstagsfeier Fürst Adam Czartoryskis im *Hôtel Lambert*.

25. DEZEMBER: Chopin bei Charlotte Marliani.

29. DEZEMBER: Chopin diniert bei Charlotte Marliani; anschließend sieht er sich das Theaterstück *Agnès de Méranie* in der Loge Delacroix' im *Odeon* an.

30. DEZEMBER: Chopin im *Hôtel Lambert*.

635 *Letzte Seite eines Briefes Chopins vom 11. Oktober 1846 an seine Angehörigen.* Der Brief wurde am 17. Mai 1966 bei Karl und Faber in München versteigert und von Artur Rubinstein erworben. Als dessen Depositum wird er heute von der Chopin-Gesellschaft in Warschau verwahrt.

Übersetzung einiger Passagen: »... Ich möchte meinen Brief gerne mit den besten Neuigkeiten füllen, doch weiß ich eigentlich nichts, außer daß ich Euch liebe und immerzu liebe. Ich spiele ein wenig und komponiere ein wenig. Mit meiner Cello-Sonate [*g-Moll, op. 65*] bin ich einmal zufrieden, das andere Mal nicht. Ich werfe sie in die Ecke und hole sie dann wieder hervor. Ich habe 3 neue Mazurken [*op. 63*]; ich glaube nicht, daß sie mit den alten ... [unleserlich], aber es bedarf der Zeit, um richtig zu urteilen. Wenn man etwas schreibt, glaubt man, daß es gut sei, sonst würde man es ja nicht schreiben. Erst später folgen die Bedenken – und man verwirft oder akzeptiert. Die Zeit ist die beste Zensur und die Geduld der beste Lehrer. [...] Ich fühle mich hier nicht schlecht, weil das Wetter schön ist. Allem Anschein nach wird der Winter erträglich, und wenn ich mich schone, wird er so vorübergehen wie der vergangene und Gott sei Dank nicht schlechter. Wie vielen Menschen geht es doch schlechter. Allerdings gibt es auch solche, denen es besser geht, aber daran will ich nicht denken. [...] Bald muß ich wieder an die Mühle denken, das sind meine Klavierstunden. [Chopins Unterrichtstätigkeit beschränkte sich ausschließlich auf Paris, wohin er nach einem Monat abreiste.] [...] Ich umarme Euch recht herzlich und küsse Mamachen die Hände und Füße [eine polnische Redewendung].
Ch.«

WALZER

Wenn Chopin gelegentlich als »Salonkomponist« bezeichnet wird, so verdankt er diese Klassifizierung wohl hauptsächlich seinen Walzern. In der Tat nähert er sich in keiner seiner übrigen Werkgattungen so sehr der Salonatmosphäre wie in den Walzern. Wie er in den Mazurken die Tänze in polnischen Dörfern, in den Polonaisen diejenigen des Hochadels in großen, elegant-mondänen Ballsälen vergegenwärtigt, so führt er mit seinen Walzern den vornehmen Salon des 19. Jahrhunderts vor Augen, und zwar den europäischen Salon, denn nirgend anderswo entfernt er sich musikalisch so sehr von seiner Heimat wie in den Walzern.

Der Walzer ist deutsch-österreichischen Ursprungs. Für Chopin könnten die Tänze von Weber (z. B. *Aufforderung zum Tanz*) und Schubert als Anregung gedient haben. Aber wie jede Kunstform, die er aufgriff, führt er auch den Walzer zu einer von späteren Komponisten nie wieder erreichten Blüte. Robert Schumann: »Der Walzer [*As-Dur, op. 42*] endlich ist, wie seine früheren, ein Salonstück der nobelsten Art; sollte er ihn zum Tanz vorspielen, meinte Florestan, so müßten unter den Tänzerinnen die gute Hälfte wenigstens Comtessen sein.«[178]

Von einigen unbedeutenden Jugendwerken abgesehen, komponierte Chopin 14 nennenswerte Walzer. Da er den Großteil von ihnen spieltechnisch nicht allzuschwer gestaltete, wurden sie für die klavierspielende Jugend meistens zur ersten Begegnung mit seiner Klangwelt. Stücke wie der *h-Moll-Walzer* aus *op. 69*, der »Abschiedswalzer« oder der unverwüstliche »Minutenwalzer« gehören sogar zum festen (und oft einzigen) Repertoire sogenannter »höherer Töchter«. Vgl. Abb. 41, 64 und 285 sowie S. 275.

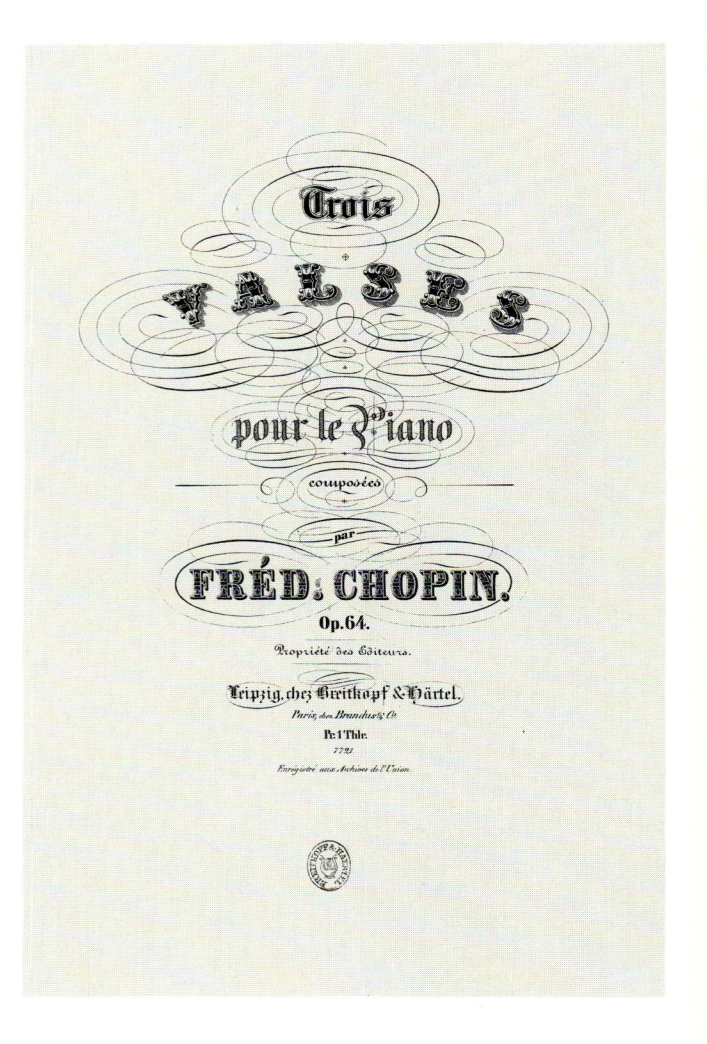

1846

WERKE

NOCTURNE H-DUR, OP. 62 NR. 1, NOCTURNE E-DUR, OP. 62 NR. 2. Ersch.: Leipzig (Breitkopf & Härtel) 1846, Paris (Brandus) 1846, London (Wessel) 1846. Vgl. Abb. 650.

MAZURKA H-DUR, OP. 63 NR. 1, MAZURKA F-MOLL, OP. 63 NR. 2, MAZURKA CIS-MOLL, OP. 63 NR. 3. Ersch.: Leipzig (Breitkopf & Härtel) 1847 oder Anfang 1848, London (Wessel) 1847, Paris (Brandus) 1848. Vgl. Abb. 638.

WALZER DES-DUR, OP. 64 NR. 1, WALZER CIS-MOLL, OP. 64 NR. 2, WALZER AS-DUR, OP. 64 NR. 3. Entstanden 1846/1847. Ersch.: Leipzig (Breitkopf & Härtel) 1847 oder Anfang 1848, Paris (Brandus) 1848, London (Wessel) 1848, London (Cramer & Beale) (nur *op. 64 Nr. 1* und *op. 64 Nr. 2*) 1848. Vgl. Abb. 636.

MAZURKA A-MOLL, OP. 67 NR. 4 (POSTHUM). Auf dem Manuskript »Paris 46 [1846]«; die »6« könnte man auch als »8« lesen (also »1848«). Ersch.: Berlin (A. M. Schlesinger) 1855, Paris (Meissonnier) 1855.

GALOPP AS-DUR (OHNE OPUSZAHL). Die Rückseite des im Besitz von Mme Karl Hans Strauss befindlichen Manuskriptes trägt den Vermerk »Ce morceau inédit de Frédéric Chopin a été composé à Nohant pour le petit chien de George Sand, Marquis, qui lui avait déjà inspiré la Valse dite du ›petit chien‹ [gemeint ist der *Walzer op 64 Nr. 1*]«. Unveröffentlicht.

BOURRÉE G-DUR, BOURRÉE A-DUR (OHNE OPUSZAHL). Komponiert in Nohant, vermutlich um 1846. Das Manuskript (in einem Album George Sands) wurde im Juni 1957 in Paris (*Hôtel Drouot*) versteigert. Unveröffentlicht.

ZWEI GEISTLICHE LIEDER (OHNE OPUSZAHL). Eines der Lieder ist ein *Veni creator*. Chopin komponierte diese Stücke für die Hochzeit seines Freundes Józef Bohdan Zaleski (vgl. Abb. 173) mit Zofia Rosengardt (am 28. November 1846 in der Kirche St. Roch, Paris). Einst im Besitz der Familie Bourbon-Parma, heute verschollen.

637 *Frédéric Chopin. Daguerreotypie, um 1846.* Im Gegensatz zu der auf S. 323 gezeigten Photographie ist diese Daguerreotypie (Originalgröße 7,5 × 5,7 cm) wenig bekannt. Trotz der mangelhaften Deutlichkeit ist die Aufnahme, die erste und damit frühere von insgesamt zwei bekannten photographischen Darstellungen Frédéric Chopins, ein ungemein interessantes Dokument in der Ikonographie des Komponisten. Die Daguerreotypie ist hier zum erstenmal in der naturgetreuen Position veröffentlicht. Abgesehen davon, daß fast alle frühen Daguerreotypien seitenverkehrt sind, ist auch die für Chopin charakteristische in die Stirn fallende Haarlocke (vgl. Abb. 335, 353, 604, 605 und 720) ein Indiz für die naturgetreue, richtige Position.
Aufgrund eines alten Vermerkes darf man annehmen, daß die Daguerreotypie, ebenso wie die zweite photographische Darstellung Chopins von L. A. Bisson in Paris angefertigt wurde.

638 *Erste Seite des Manuskriptes von Chopins 1846 komponierter* »Mazurka op. 63 Nr. 1«.

Linke Seite:
636 *Titelblatt der deutschen Erstausgabe, 1847 oder 1848, von Chopins 1846/1847 komponierten* »Drei Walzern op. 64«.

639 *Prinz Adam Czartoryski (1770–1861).*
Lithographie, um 1830, von Kurowski.
Czartoryski, Vorsitzender der 1832 in Paris gegründeten *Polnischen Literarischen Gesellschaft*, gehörte zu den ergebensten Freunden und ersten Förderern Chopins. Nach dem Ausbruch der polnischen Revolution wurde er 1830 zum Präsidenten der provisorischen Regierung ernannt, anschließend opferte er die Hälfte seines immensen Vermögens für sein Vaterland; seit 1832 lebte er in Paris und war dort das Haupt der aristokratischen Partei der Emigranten, die in ihm den künftigen konstitutionellen König Polens sah und ihn 1838 förmlich dazu wählte.

640 *Graf Ludwik Plater (1774–1846).*
Lithographie, um 1830, von François le Villain.
Graf Plater war Mitbegründer und stellvertretender Vorsitzender der *Polnischen Literarischen Gesellschaft* in Paris, der auch Chopin am 16. Januar 1833 beitrat. Seiner Tochter Paulina, vermutlich Chopins erste Pariser Schülerin, sind die *Mazurken op. 6* gewidmet. Chopin, der mit den Platers eng befreundet war, spielte oft in ihrem Salon, gelegentlich zusammen mit Liszt und Ferdinand Hiller.

POLNISCHE ARISTOKRATEN

641 *Gräfin Claudine Potocka (1801–1836).*
Lithographie, um 1830, von Franz Hanfstaengl.
Claudine Potocka galt als »Symbol des Patriotismus«, man nannte sie den »Engel der Emigranten«. Sie reiste verkleidet durch Europa und verkaufte ihren gesamten Schmuck, um ihre Landsleute zu unterstützen. Norwid und Wincenty Pol widmeten ihr Gedichte, Mickiewicz schenkte ihr das Manuskript des 3. Teiles seiner Dichtung *Dziady (Totenfeier)*.

642 *General Karol Kniaziewicz (1762–1842).*
Lithographie, um 1830, von Kurowski.
Chopin war dem General, der 1794 am Kościuszko-Aufstand und später an den napoleonischen Kriegen teilgenommen hatte, bereits im November 1830 in Dresden begegnet und hatte mit ihm dabei die Möglichkeiten eines Konzertes in Dresden erörtert. Am 12. Juni 1836 veranstaltete Kniaziewicz ein Diner, bei dem Chopin sowie die Dichter Mickiewicz und Niemcewicz zu Gast waren.

643 *Polnischer Bazar in Paris. Lithographie, 1844, von Lemercier nach einer Zeichnung von J. N. Lewicki.*
Der Zeichner stellt hier möglicherweise den Polnischen Bazar vom 27. Dezember 1843 dar, den auch Frédéric Chopin besuchte.

644 *Fürstin Marcelina Czartoryska (1817–1894). Stahlstich, 1850, von Auguste Sandoz.*
Unter dem Bild eine eigenhändige Widmung der Fürstin an Chopins Freund Auguste Franchomme. Marcelina Czartoryska erhielt von Chopin Klavierunterricht, kein Geringerer als Franz Liszt hielt sie für dessen bedeutendste Schülerin. Sie war eine der treuesten und fürsorglichsten Freundinnen des Komponisten und war auch in seiner Todesstunde bei ihm (vgl. S. 330, 331).

645 *Einladungskarte (mit eigenhändiger Unterschrift Adam Czartoryskis) für George Sand zum Ball am 29. Januar 1846 im »Hôtel Lambert«.*
George Sand war anwesend, vermutlich auch Chopin.

Ueber Chopin, Mendelssohn und Schubert haben uns die Davidsbündler seit geraumer Zeit größere Mittheilungen versprochen und nach öfterem Anfragen stets geantwortet, daß sie in den Sachen, die sie am besten verstanden, am gewissenhaftesten wären und am langsamsten urtheilten. Da sie uns aber dennoch Hoffnung geben, so führen wir vorläufig außer den Titeln die Bemerkungen an, daß Chopin endlich dahin gekommen scheint, wo Schubert lange vor ihm war, obgleich dieser als Componist nicht erst über einen Virtuosen wegzusetzen hatte, jenem freilich anderseits seine Virtuosität jetzt zu Statten kömmt, — daß Florestan einmal etwas paradox geäußert: »in der Leonoren-Ouverture von Beethoven läge mehr Zukunft als in seinen Symphonieen,« welches sich richtiger auf das letzte Chopinsche Notturno in G-Moll anwenden ließ und daß ich in ihr die furchtbarste Kriegserklärung gegen eine ganze Vergangenheit lese — sodann, daß man allerdings fragen müsse, wie sich der Ernst kleiden solle, wenn schon der »Scherz« in dunklen Schleiern geht, — sodann, daß ich das Mendelssohnsche Capriccio in Fis-Moll für ein Musterwerk, die Charakterstücke nur als interessanten Beitrag zur Entwickelungsgeschichte dieses Meisterjünglings halte, der, damals fast noch Kind, in Bachschen und Gluckschen Ketten spielte, obwohl ich namentlich im letzten einen Vortraum des Sommernachtstraum sehe, — und endlich, daß Schubert unser Liebling bleiben wird — jetzt und immerdar.

Deux Nocturnes pour le Pianof. — par Fréd. Chopin. Oeuv. 27. Leipzig, chez Breitkopf et Härtel. Pr. 16 Gr.

Wir haben von diesem bei einer grossen Anzahl tüchtiger Pianofortespieler u. Liebhaber des Instrumentes u. der neuen Dichtungsart für dasselbe sehr beliebten Componisten noch nichts gesehen u. gehört, was nicht durchaus in seiner ganz eigenthümlichen Weise erfunden u. durchgeführt worden wäre. Wir kennen aber fast Alles, nur sehr Weniges ausgenommen, z. B. das erste Werk, was von ihm gedruckt erschienen ist. Das individuell Rallentirende, was der Componist selbst in seiner Spielweise mit eindringlich wirkender Freiheit ausüben soll, was auch selbst aus den Notenzeichen seiner Compositionen sich auffordernd herausstellt, so dass es oft nicht zu vermeiden ist; das Originelle seiner oft ganz fremdartigen, zuweilen schmerzlich aufreizenden Accordverbindungen; das tiefe Umschleiern der harmonischen Grundverhältnisse durch Vorausnahmen, Verzögerungen u. wunderlich trübende Durchgänge; das schnelle u. unerwartete Abbrechen in stechenden Dissonanzen; das überraschende Fortschreiten in treffend freundliche oder wehmüthige, oder sanft schmelzende Melodieen u. Harmonieen, in denen er nie oder doch nur selten lange verweilt u. dergl. mehr — Alles dies, was diesem Componisten einen für sich u. in ganz eigener Weise stehenden Kunstcharakter gibt, der schlechterdings von Andern im Wesentlichen nicht nachgeahmt werden kann und, wo es äusserlich geschieht, nur zum grössten Nachtheil des Unüberlegten versucht wird, findet sich vereint in den beiden Sätzen dieses neuen Heftes im reichen Maasse u. doch so, dass es im Einzelnen neu ist, nur sich selbst im Hauptcharakter gleich, begünstigt noch vom Namen der Gebilde, Nocturnen, die in ihm keinen andern, als einen schwärmerisch dunklen Farbenton zulassen. Das Einzelne, nicht selten im Mantel der Nacht sich Bergende, kann u. soll nicht nach seiner Gestalt aus einander gelegt werden, da der ganze Zusammenhang der Dichtung mehr von der Ahnung gefühlt, als vom Lichte des Tages verblendet sein will, das dem Schatten u. der Dämmerung nicht befreundet sein kann. Es ist der Traum, der seine Ringeltänze mit der Sehnsucht feiert, die sich den Schmerz erkor, weil sie die Freude, die sie liebt, nicht wiederfinden konnte. Darum werden diese neuen Nocturnen, wie die ältern, so verschieden sie auch von jenen sind, immer wieder vor allen weiblich gestimmten Herzen höchst anziehend sein. Es ist ein mährchenhafter Reiz darin, etwa wie wenn der Elfenkönig mit seinen Töchtern lockt. Es ist die Schwärmerei, die gern im Sternenschimmer durch die Haine spielt. Chopin's Freunde können sicher sein, dass sie ihn wiederfinden, wie sie ihn am Liebsten sehen.

Da wir aber gerade bei den Notturnos stehen, so will ich gar nicht leugnen, wie mich während dieses Schreibens zwei neue von Chopin*) in Cis-Moll und Des-Dur unaufhörlich beschäftigten, die ich, wie viele seiner früheren, (namentlich die in F-Dur und G-Moll) neben denen von Field für Ideale dieser Gattung, ja für das Herzinnigste und Verklärteste halte, was nur in der Musik erdacht werden könne. Lernen läßt es sich wohl nicht, wie man in so kleinem Raum so Unendliches sammeln könne: aber übe man sich in Bescheidenheit bei Betrachtung solch hoher dichterischer Vollendung; denn wie es hier vom Herzen quillt, unmittelbar, wie Goethe jenes Urausfließende nennt, übervoll, selig im Schmerz, unnachahmlich, laßt es uns bekennen und stolz sein auf den Mann unsrer Kunst.

— —: *Deux Nocturnes.* Op. 55. Ebend. Preis 20 Ngr.

Auch die Form des Nocturno's, von Field in der Musikwelt, namentlich in der Claviermusik eingeführt, hat Chopin mit Vorliebe gepflegt, ausgebildet, ihr dauernde Theilnahme gesichert. Man kann hier eigentlich von einer bestimmten Form gar nicht, sondern nur von der allgemeinen Bezeichnung eines kleinen, elegischen oder doch sanften Tonstückes reden, denn weder in rhythmischer noch harmonischer Hinsicht ist diese Gattung fest bestimmt, vielmehr dem Geschmacke des Erfinders überlassen. Je weniger kühner, muthiger Aufschwung bei Chopin sich findet, desto reicher zeigt gerade seine Schöpfungskraft sich in dem Gebiete milder Trauer, schwärmerischer Wehmuth. Auch seine Heiterkeit ist niemals ungetrübt; der schmerzvolle Ausdruck ist ihr beigemischt. Das erste dieser beiden neuen Nocturno's, worin Jeder, der des Künstlers Styl einmal kennen gelernt hat, ihn leicht wiederfinden wird, ist einfach, sehr edel und gemüthvoll: es verdient Empfehlung, deren es übrigens kaum bedarf. Die Variation in Triolen mit dem Schlusse in Dur — das Stück steht in Fmoll — in wenigen gehaltenen Accorden, die einer Frage ähnlich klingen, aus. Das zweite Stück, Esdur, ist schwerer zu verstehen, auch weit schwerer zu spielen. Nicht, als ob hier Bravourpassagen vorlägen, aber das Verhältniss der gleichmässigen Begleitungsfigur zur Melodie, die sich in lyrischer Freiheit dahinzieht, bedingt die Schwierigkeit: an stricte Eintheilung der Figuren muss man nicht denken, sondern jede der beiden Hände muss durchaus selbständig ihre Aufgabe lösen, sonst erliegt der Reiz dieses zum Studium sehr geeigneten Stückes. Der Werth eines durchaus kunstgebildeten Vortrages kann sich hier sehr geltend machen, da von heftigen, materiellen Effecten nicht die Rede ist.

650 *Erste Seite des Manuskriptes von Chopins 1846 komponiertem »Nocturne H-Dur, op. 62 Nr. 1«.*

NOCTURNES

Die Meisterschaft Chopins, mit der er fast alle Musikformen, die er aufgriff, zu höchster Blüte entfaltete, brachte es mit sich, daß sich gewisse musikalische Gattungsnamen zumeist mit seinem Namen verbinden (z. B. *Polonaise* oder *Mazurka*). Besonders die Bezeichnung *Nocturne* beschwört geradezu die Gestalt Frédéric Chopins. Der Ire John Field, ein Schüler Muzio Clementis, schrieb die ersten Nocturnes für Klavier; seine 18 Nocturnes wurden unleugbar die Vorbilder Chopins. Chopin gab den etwas geziert wirkenden Stücken Fields sozusagen Seele und Gehalt. Seine Nocturnes bilden den Gipfel dieses Genres.

Es sind vor allem die Nocturnes, in denen man den Umwandlungsprozeß von Chopins Ornamentik von einem rein äußerlichen Bravourmittel zu einem integralen Element einer stark expressiven Melodik feststellen kann.[179] Somit entstand etwas ganz Neues: die Ornamentalmelodie, die zu einem wichtigen Koeffizienten seiner lyrischen Sprache wurde. Es war ein schnell fortschreitender Prozeß, denn bereits in den Jahren 1832 bis 1836 hatte Chopins Ornamentalmelodie nichts mehr mit dem *Stile brillante* gemein und stellte sich als reife, selbständige Form dar. Es ist nicht schwer, hier neue Stilelemente zu entdecken, die eng mit der realen Form des Werkes und dessen Ausführung verbunden sind. Es sind dies das *Tempo rubato* und koloristische Merkmale. Berlioz schrieb in seinen *Memoiren*, daß Chopin ein rigoroses Taktmetrum vermied, und es war in der Tat so, daß Chopins Ornamentik die verschiedensten rhythmischen Gruppen aufwies – 5, 7, 20, 22 usw. – und das strenge Taktmaß überwand. Man muß bei Chopin allerdings zweierlei Ornamentalmittel unterscheiden. Die einen beziehen sich ausschließlich auf die Melodik, die anderen prägen den vollen Klavierklang und bestehen aus gebrochenen Akkorden und Oktaven. Die intensive Beschäftigung mit diesen Figuren führte ihn sogar bis an die Kontrapunkttechnik heran, obwohl sein neuer Klaviersatz mit der Polyphonie nichts gemein hatte.

Robert Schumann über Chopins *Nocturnes g-Moll, op. 37 Nr. 1* und *G-Dur, op. 37 Nr. 2*: »Ein Dichter zu heißen, brauchts ja auch nicht dickleibiger Bände; durch ein, zwei Gedichte kannst du dir den Namen verdienen, und Chopin hat solche geschrieben. Auch die *Notturnos*, die oben erwähnt sind, gehören hierher; sie unterscheiden sich von seinen früheren wesentlich durch einfacheren Schmuck, durch stillere Grazie. Man weiß, wie Chopin sonst sich trug, ganz wie mit Flitter, Goldtand und Perlen übersäet. Er ist schon anders und älter geworden; noch liebt er den Schmuck, aber es ist der sinnigere, hinter dem der Adel der Dichtung um so liebenswürdiger durchschimmert; ja Geschmack, feinsten, muß man ihm lassen – für Generalbassisten ist das freilich nicht, die suchen nur nach Quinten, und jede fehlende kann sie erbosen. Aber noch manches könnten sie von Chopin lernen, und das Quintenmachen vor allem.«[180] Schumann über Chopins *Nocturnes c-Moll, op. 48 Nr. 1* und *fis-Moll, op. 48 Nr. 2*: »Die Notturnos reihen sich in ihrem melancholischen Charakter, ihrer graziösen Haltung Chopins früheren an. Vorzüglich mag das zweite zu mancher Herzen sprechen.«[181] Vgl. S. 66, 67, 105, 124, 153, 274 und 288, Abb. 265 und 704.

651 *Wojciech Sowiński. Photographie, um 1855.*
Sowiński, Pianist und Musikschriftsteller, gehörte schon bald nach« Chopins Ankunft in Paris zu dessen Freunden. Er wirkte bei Chopins Debut am 26. Februar 1832 mit. Vgl. Abb. 162.

652 *Cyprian Kamil Norwid. Photographie, um 1855.*
Der bedeutende polnische Dichter verkehrte 1849 bei Chopin. Er schrieb über ihn ein Gedicht »Fortepian Chopina« (»Chopins Klavier«) und einen eindrucksvollen Nekrolog. Vgl. S. 320.

ALTERSPHOTOGRAPHIEN VON POLNISCHEN FREUNDEN CHOPINS

653 *Julian Fontana. Photographie, um 1860.*
Fontana war von Kindheit auf mit Chopin befreundet. Zwischen 1838 und 1843 war er in Paris sein Vertrauter in Verlagsangelegenheiten. Vgl. Abb. 174 und 175.

654 *Wojciech (Albert) Grzymała. Photographie, um 1865.*
Grzymała, Adressat zahlreicher Chopin-Briefe, war neben Fontana und dem früh verstorbenen Jan Matuszyński (vgl. Abb. 178) Chopins engster polnischer Freund in Paris. Vgl. Abb. 177.

ALTERSPHOTOGRAPHIEN DER WESENTLICHEN FRAUEN IN CHOPINS LEBEN

655 *Maria Wodzińska. Photographie, um 1880.*
Chopin hielt 1836 um die Hand Maria Wodzińskas an. Die Eltern Marias waren aber – vermutlich wegen der damals schon sehr labilen Gesundheit des Komponisten – gegen eine Verbindung. Vgl. S. 140.

656 *Delfina Potocka. Photographie, um 1860.*
Sie war möglicherweise Chopins »heimliche Liebe«. Über die Authentizität seiner – überaus intimen – Briefe an Delfina wird seit 1945 polemisiert; sie sind so gut wie sicher eine Fälschung. Vgl. Abb. 103.

657 *Jane Stirling. Photographie, um 1855.*
Jane Stirling (auf dem Photo links) kümmerte sich von 1847 bis 1849 liebevoll um den kranken Chopin.
Die Dame rechts auf dem Bild ist Jane Stirlings Schwester Catherine Erskine. Vgl. Abb. 704 und 705.

658 *Konstancja Gładkowska. Photographie, um 1880.*
In seinen Briefen um 1830 bezeichnete Chopin sie als sein »Ideal«. Sie war seine große Jugendliebe und inspirierte ihn in den Jahren 1829/1830 zu mehreren Kompositionen. Vgl. Abb. 133.

Frühere Photographien der Dargestellten waren nicht auffindbar. – Photographien George Sands, der wichtigsten Frau in Chopins Leben, sind auf den Seiten 165, 167 und 307 abgebildet.

LEBEN

MITTE JANUAR: Chopin spielt bei einer Soirée Gräfin Delfina Potockas; Zygmunt Krasiński an Delfina Potocka (24. oder 26. Januar 1847): »Gott sei Dank hat es sich ergeben, daß Chopins Finger auf dem Klavier erklangen. [...] Du hast gut daran getan es zu ermöglichen, den armen Chopin vor seinem Erlöschen noch zu hören.«

7. FEBRUAR: George Sand, Maurice, Solange und Fernand de Préaulx treffen aus Nohant in Paris ein.

17. FEBRUAR: Chopin und Franchomme spielen in Chopins Wohnung ein *Duo* (wahrscheinlich Chopins *Cello-Sonate*); unter den Zuhörern: Delacroix, Arago, George Sand. – Es erscheinen Rezensionen von Chopins op. 61, 62, 63 (vgl. S. 274).

21. FEBRUAR: George Sand, Chopin und Delacroix bei einer Matinée Franchommes. Delacroix: »Chopin sagte, die Erfahrung habe dem Werk [Quartett von Haydn] die Vollendung gegeben, die wir daran bewundern. Mozart, fügte er hinzu, brauchte keine Erfahrung; das Wissen befand sich bei ihm immer auf der Stufe der Inspiration.«[94]

7. MÄRZ: Chopin mit seiner Schülerin Camille O'Meara auf einer Matinée Gräfin Courbonnes.

12. MÄRZ: Tagebucheintrag Delacroix': »Der gute, liebe Chopin hat uns [bei George Sand] etwas Musik gemacht. Welch ein bezauberndes Genie!«[94]

MITTE MÄRZ: Henri Vieuxtemps besucht Chopin.

23. MÄRZ: Anläßlich der Abreise Delfina Potockas Soirée bei Chopin, der mit Franchomme seine *Cello-Sonate* spielt. Unter den Anwesenden: Fürst Czartoryski, Fürstin Württemberg.

1. APRIL: Delacroix, Chopin und George Sand im Palais du Luxembourg (vgl. Abb. 538).

6. APRIL: George Sand, Solange und Augustine Brault reisen von Paris nach Nohant.

12. APRIL: Jean-Baptiste Clésinger reist nach Nohant und bittet um die Hand Solanges.

15. APRIL: George Sand beginnt ihre *Histoire de ma vie*.

16. APRIL: Chopin sitzt Scheffer Modell (vgl. S. 297).

17. APRIL: Chopin und Alkan im *Théâtre-Vaudeville*.

19. APRIL: Lehmann porträtiert Chopin (vgl. S. 300).

2. MAI: Winterhalter porträtiert Chopin (vgl. S. 302). Asthmaanfall und schwere Erkrankung Chopins.

9. MAI: Tagebucheintrag Delacroix': »Der Arme [Chopin] ist seit einer Woche krank, und das sehr schwer; jetzt geht es ihm etwas besser.«[94]

10. MAI: Delacroix bei Chopin, der nicht empfängt.

11. MAI: Delacroix morgens und auch abends bei Chopin.

19. MAI: Solange heiratet in Nohant Clésinger.

21. MAI: Chopin für einige Tage in Ville-d'Avray.

26. MAI: Chopin besucht Delacroix.

28. MAI: Chopin wieder in Ville-d'Avray. – In der *Neuen Zeitschrift für Musik* erscheinen kurze Rezensionen von Chopins op. 60, 61 und 62.

31. MAI: George Sand kommt aus Nohant nach Paris.

8. JUNI: Sitzung bei Scheffer; abends bei Gavards.

9. JUNI: Familie Forest aus Tours bei Chopin, der mit Franchomme seine *Cello-Sonate* vorspielt.

17. JUNI: George Sand reist nach Nohant zurück.

1. JULI: Chopin führt vor Delacroix sein *Trio* auf.

10. JULI: Chopin besucht Delacroix.

MITTE JULI: Trennung von George Sand.

5. AUGUST UND 26. SEPTEMBER: Chopin bei Delacroix.

2. OKTOBER: Chopin bei Rothschilds in Ferrière.

18. OKTOBER: Gräfin Perthuis und Léo bei Chopin.

18. UND 20. NOVEMBER: Chopin im *Hôtel Lambert*.

23. DEZEMBER: Kurze Rezensionen von Chopins op. 63 und 64 in der *Neuen Zeitschrift für Musik*.

659 *George Sand. Bleistiftzeichnung mit Aquarell- und Gouachefarben, um 1845, von Teofil Kwiatkowski.*
Ein unbekanntes George Sand-Porträt.

TRENNUNG VON GEORGE SAND

Für Chopin war das entscheidende Ereignis des Jahres 1847 seine Trennung von George Sand.

Im folgenden können nicht die Gründe, die zu dieser Trennung führten, geschildert werden, wohl aber die äußeren Anlässe und die familiären Schwierigkeiten, die zu besiegen diese Liebe nicht mehr stark genug war.

Seit Januar 1846 hatte George Sand Augustine Brault, eine hübsche entfernte Verwandte, als eine Art Adoptivtochter bei sich aufgenommen. Augustine wurde die Geliebte von Maurice, was George Sand duldete, Chopin aber auf das schärfste verurteilte. Maurice stellte seine Mutter eines Tages vor die Wahl zwischen ihm und Chopin, sie entschied sich für Maurice.

Einem Brief George Sands an ihren Freund und Verleger Hetzel[182] aus dem Jahr 1850 ist zu entnehmen, daß sie 1847 ein Verhältnis mit dem Journalisten Victor Borie hatte, ob bereits *vor* ihrem Bruch mit Chopin (Juli 1847) oder erst *nachher*, ist nicht zu klären. Wiederholt erwähnt sie in ihren damaligen Briefen Chopins »eifersüchtiges Gefühl«.

In der »Familie« bildeten sich allmählich zwei Fronten: Chopin und Solange auf der einen, George Sand, Maurice und Augustine auf der anderen Seite. Solange hatte sich im Herbst 1846 mit Fernand de Préault verlobt, was von Chopin sehr begrüßt wurde. Im Februar 1847 verliebte sie sich in den Bildhauer Jean-Baptiste Clésinger, der Chopin nicht sympathisch war, und löste ihr Verlöbnis. Da Chopin von Paris aus ständig vor Clésinger warnte, wurde er schließlich über die familiären Ereignisse in Nohant im unklaren gelassen. George Sand an Maurice, 16. April 1847: »Kein Wort von all dem zu Chopin; das geht ihn nichts an, und wenn der Rubikon überschritten ist, sind die *Wenn* und die *Aber* nur von Übel.«[183] Am 19. Mai heirateten Solange und Clésinger in Nohant; Chopin war nicht anwesend. Von ihrer Hochzeitsreise zurückgekehrt, gab es haarsträubende Auseinandersetzungen mit George Sand, als sich herausstellte, daß Clésinger zutiefst verschuldet war. Die Schriftstellerin sah in ihm nun einen ungebildeten, ungestümen, rohen Kerl, einen Trinker, einen »schwachen Hitzkopf«. Am 11. Juli ging Clésinger mit einem Hammer gegen Maurice vor und versetzte George Sand, die dazwischengetreten war und ihn geohrfeigt hatte, einen Faustschlag. Nur der Dorfpfarrer, einige Freunde und ein Diener konnten Maurice, der zur Pistole gegriffen hatte, daran hindern, den Bildhauer zu erschießen. George Sand wies Clésinger und Solange die Tür. »Dieses teuflische Paar, das über die Ohren in Schulden steckt, ist gestern abend abgereist. [...] Ich will sie nie wiedersehen, nie mehr werden sie den Fuß über meine Schwelle setzen. Das Maß ist voll. Mein Gott, ich habe nichts getan, um eine solche Tochter zu verdienen«, schreibt sie einige Tage später an Marie de Rozières.[184] Von La Châtre aus bat Solange für ihre Fahrt nach Paris Chopin um dessen sich noch in Nohant befindliche Kutsche. Der Komponist willigte ein. George Sand sah nun Chopin endgültig auf der Seite ihrer Feinde. In der Folgezeit schreibt sie an die gemeinsamen Freunde und auch an Chopin selbst endlos lange, moralphilosophischen Vorträgen ähnliche Briefe, in denen sie sich rechtfertigt und Chopin mehr oder weniger heftig anklagt. Tagebucheintrag Delacroix' (20. Juli 1847): »Am Morgen kam Chopin, während ich gerade frühstückte. [...] Er erzählte mir von dem Brief, den er erhalten hat [von George Sand]. Man muß zugeben, daß er abscheulich ist. Die grausamen Leidenschaften, die lange unterdrückte Ungeduld kommen an den Tag; und als Kontrast, der spaßhaft wäre, wenn es sich nicht um ein so trauriges Thema handeln würde, nimmt der Autor von Zeit zu Zeit den Platz der Frau ein und ergeht sich in Tiraden, die einem Roman oder einer philosophischen Predigt entnommen zu sein scheinen.«[94] Am 28. Juli 1847 schreibt George Sand den Abschiedsbrief (vgl. S. 293). Chopin antwortet nicht. Für ihn beginnt das traurigste Kapitel seines Lebens: er wird einsam, komponiert nicht mehr, die Krankheit tritt in ihr letztes Stadium.

Man hat oft behauptet, George Sands 1847 erschienener Roman *Lucrezia Floriani*, in dem sie Chopin angeblich die wenig schmeichelhafte Rolle des Prinzen Karol und sich selbst diejenige der Lucrezia zuteilt, sei der Trennungsanlaß gewesen. Chopin erkannte sich jedoch damals nicht in dieser Figur; er wurde erst später durch andere darauf hingewiesen. Ein Jahr vor seinem Tod schreibt er verbittert: »Ich habe noch niemals jemanden verflucht, aber jetzt ist es für mich so unerträglich, daß ich mich erleichtert fühlen würde, wenn ich Lucrezia [George Sand] verfluchen könnte.«[185] Auch George Sand kommt in ihrer *Histoire de ma vie* noch einmal auf Chopin zurück. Sie äußert sich in ihrer gewohnten Art, formuliert aber zumindest in einem Punkt nicht nur schön, sondern auch glaubwürdig: »Chopins Freundschaft war in traurigen Stunden niemals eine Zuflucht für mich; er hatte mehr als genug an seinen eigenen Schmerzen zu tragen. Die meinen würden ihn erdrückt haben.«[186]

»ADIEU MON AMI ...«

Es ist merkwürdig, daß sich ausgerechnet die vermutlich erste (vgl. S. 164) und letzte Nachricht George Sands an Chopin erhalten haben, während fast die gesamte übrige Korrespondenz nicht mehr existiert. 1851 nahm Alexandre Dumas d. J. an der polnischen Grenze George Sands Briefe an den Komponisten an sich, die dessen Schwester Ludwika auf der Rückreise von Paris dort bei Freunden hinterlegt hatte, und übergab sie später George Sand. »Sie wissen jetzt, welch mütterliche Zärtlichkeit neun Jahre meines Lebens erfüllt hat. Sicherlich, darin liegt kein Geheimnis, und ich müßte mich eher rühmen als erröten, daß ich dieses edle und unheilbare Herz wie mein Kind gepflegt und getröstet habe«, schreibt sie am 7. Oktober 1851 an Dumas, und verbrannte die Briefe.

George Sands letzter Brief an Chopin (Nohant, 28. Juli 1847):
»Mittwoch
Gestern hatte ich die Postpferde bestellt und wollte bei diesem abscheulichen Wetter, obwohl ich selbst krank bin, im Cabriolet nach Paris fahren und dort einen Tag bleiben, um mich nach Ihrem Befinden zu erkundigen. Ihr Schweigen hatte mich beunruhigt hinsichtlich Ihrer Gesundheit. Währenddessen nahmen Sie sich die Zeit, um nachzudenken, und Ihre Antwort ist äußerst gelassen. Das ist gut so, mein Freund, handeln Sie so, wie es Ihnen Ihr Herz nun befiehlt, und halten Sie die Sprache Ihres Herzens für die Sprache Ihres Gewissens. Ich verstehe vollkommen.
Was meine Tochter betrifft, so ist deren Erkrankung nicht beunruhigender als diejenige im vergangenen Jahr; weder meine Beflissenheit noch meine Fürsorge, meine Befehle oder Bitten konnten sie je daran hindern, ihre Lebensgewohnheiten zu ändern und sich nicht wie jemand zu benehmen, dem es Spaß macht, sich selber krank zu machen. Es zeugt von schlechtem Benehmen zu sagen, daß sie die Liebe zu einer Mutter braucht, einer Mutter, die sie nicht ausstehen kann, über die sie Unwahrheiten verbreitet und deren heiligste Handlungen und deren Haus sie durch abscheuliches Geschwätz besudelt. Sie sind geneigt, auf all das zu hören, vielleicht sogar, es zu glauben. Ich möchte es auf keine Auseinandersetzung dieser Art ankommen lassen, es schaudert mich davor. Lieber sehe ich Sie zum Feind überlaufen, als daß ich mich gegen einen Feind verteidige, der aus meinem Schoß hervorgegangen ist und den ich mit meiner Milch genährt habe.
Seien Sie um sie besorgt, da Sie nun einmal glauben, sich um sie kümmern zu müssen. Ich bin Ihnen deshalb nicht böse, aber Sie werden verstehen, daß ich mich in meiner Rolle als eine mit Füßen getretene Mutter zurückziehe, und niemand darf von nun an meine Autorität und meine Würde antasten. Es ist genug, die Betrogene und die Geopferte zu sein. Ich verzeihe Ihnen und werde Ihnen künftig nie irgendeinen Vorwurf machen, da Ihre Haltung aufrichtig ist. Diese Haltung erstaunt mich ein wenig, aber wenn Sie sich auf diese Weise freier und wohler fühlen, so werde ich unter dieser befremdlichen Kehrtwendung nicht leiden.
Adieu, mein Freund, ich wünsche Ihnen, daß Sie bald von allen Leiden geheilt sind, und ich hoffe darauf (und ich habe meine Gründe dafür); und ich werde Gott danken für dieses bizarre Ende einer neun Jahre dauernden ausschließlichen Freundschaft. Geben Sie mir zuweilen Nachricht über Ihr Befinden. Es ist unnötig, auf das Übrige jemals zurückzukommen.«[187]

1847

WERKE

MELODIA E-MOLL, OP. 74 NR. 9 (POSTHUM). Lied für Singstimme mit Klavierbegleitung. Ersch.: Berlin (A.M. Schlesinger) 1857, Warschau (Gebethner & Wolff) 1859, London (Lucas, Weber & Co.) 1874, Paris (Hamelle) 1879.
PŁOTNO (LEINEN), SYSTEM FILOZOFICZNY PODSTAROŚCIEGO (PHILOSOPHIE EINES ALTEN), ŻE BÓG EST (DASS GOTT IST), O NIE MÓW (O SAG NICHT). Lieder. Entstehungsjahr nicht bekannt, möglicherweise um 1847. Die Handschriften befanden sich einst im Besitz von Chopins Schülerin Jane Stirling. Verschollen.
NOTICES POUR LA MÉTHODE DES MÉTHODES. Handschriftliche Entwürfe Chopins für seine geplante, jedoch unausgeführt gebliebene Klavierschule; möglicherweise um 1847. Chopins Schwester Ludwika schenkte diese Aufzeichnungen der Fürstin Marcelina Czartoryska, von 1936 bis 1962 waren sie im Besitz Alfred Cortots, heute befinden sie sich in der Sammlung R.O. Lehmann, New York. Vgl. Abb. 628.

660 *Letzte Seite von George Sands Abschiedsbrief an Chopin im Original.*

661 *George Sands Boudoir im Schloß Nohant. Photographie, 1988.*
An diesem Sekretär schrieb George Sand ihren ersten Roman *Indiana*, möglicherweise schrieb sie hier auch ihren letzten Brief an Chopin. Da es sich um ein in eine Wand eingebautes Möbel handelt, pflegte sie zu sagen »ich schreibe sozusagen mit der Nase in einem Schrank«. Daneben hatte sie eine Hängematte angebracht, in der sie schlief. Die Befestigungshaken sind heute noch zu sehen, ebenso wie die Bleistiftstriche im Türrahmen, die die jeweilige Größe ihrer Enkelkinder angaben.

1847

662 *Eugène Delacroix' Atelier in der Rue Notre-Dame-de-Lorette No 58. In der Bildmitte (mit Farbpalette in der Hand) der Maler selbst. Xylographie, 1852.*
Delacroix arbeitete in diesem Atelier von 1844 bis Ende 1857. (Um 1880 bezog es der Maler Elie Delaunay.) Chopin, der ab 1842 ganz in der Nähe wohnte (Square d'Orléans No 9), war hier oft zu Besuch, so am 26. Mai und 10. Juli 1847.

663 *Maurice Sands Marionettentheater. Xylographie, um 1850.*
Unmittelbar nach Chopins Trennung von George Sand erfuhr Nohant einige bauliche Veränderungen. Chopins Zimmer (vgl. Abb. 465 und 469) wurde neu gestaltet, und Maurice Sand eröffnete 1847 ein Marionettentheater. (Die Premiere war bereits im Dezember 1846.) Er hatte dieses Theater zusammen mit seinem Freund, dem Maler Eugène Lambert, gebaut, der ebenso wie Maurice in Delacroix' Atelier arbeitete und der ab 1847 regelmäßig Gast in Nohant war.
Schon *vor* 1847, also noch zur Zeit von Chopins Aufenthalten in Nohant, spielte man dort häufig mit Marionetten, wofür man im Salon eine provisorische Bühne aufbaute.

1847

664 *Das Marionettentheater in Nohant.* Photographie, 1988.
Maurice Sand entwarf über 200 Theaterstücke, und George Sand stellte die Kostüme für die etwa 100 von Maurice aus Lindenholz geschnitzten Figuren her. Das Marionettentheater in Nohant war von 1847 bis 1882 in Betrieb. 1854 wurde es in dem Raum installiert, in dem es auch heute noch zu besichtigen ist. Vgl. Abb. 464.

665 *Das große Theater in Nohant.* Photographie, 1988.
Im großen Theater, das einige Jahre nach dem Marionettentheater entstand, führten die Hausbewohner und deren Gäste bekannte Werke auf oder improvisierten eine Darbietung. George Sand erprobte dort ihre eigenen Stücke, ehe sie sie in Paris anbot. Unter den Zuschauern befanden sich gelegentlich die Bauern aus der Umgebung.

1847

666 Der Flügel, den die Firma Broadwood Chopin für seinen England-Aufenthalt 1848 zur Verfügung stellte. Photographie, um 1980.

667 Der Pleyel-Flügel, den Chopin von 1847 bis an sein Lebensende benutzte. Photographie, um 1980.
Chopin bevorzugte die Pleyelschen Instrumente vor allen anderen. Die Firma Pleyel stellte ihm ab 1831 ihre Instrumente zur Verfügung, sowohl für seine Pariser Wohnungen als auch für seine Aufenthalte in Nohant und Valldemosa, selbstverständlich auch für seine Konzerte. Äußerst selten spielte Chopin auf anderen Instrumenten, etwa auf einem Flügel von Broadwood (den er immerhin den »wahrhaftigen Londoner Pleyel« nannte[188]) oder auf Erard-Flügeln, für die Liszt bekanntlich eine so große Vorliebe hatte.

1847

668 *Frédéric Chopin. Ölgemälde, 1847, von Ary Scheffer.*

669 *Frédéric Chopin (?). Ölgemälde, um 1847, von Gustave Courbet.*
Der an der französisch-schweizerischen Grenze geborene Courbet, ein Begründer des Naturalismus, eine schockierende Gestalt für die Konservativen und ein Abgott für die aufsässige Kunstjugend, lebte ab 1840 in Paris, und es ist gut möglich, daß er dort Chopin, der zu einer Berühmtheit geworden war, malte.

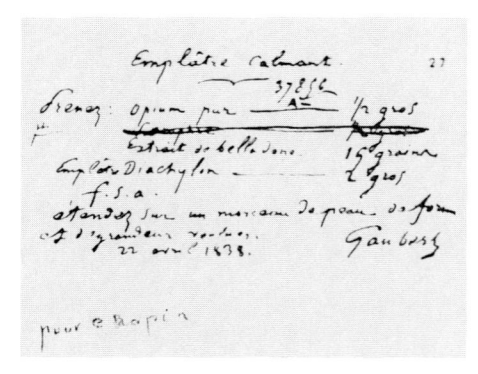

670 *Rezept für Chopin, ausgestellt am 22. April 1838 vom Pariser Arzt Pierre-Marcel Gaubert (1796–1839).*

CHOPINS KRANKHEIT

»Chopins Erscheinung bot zu jener Zeit [1847] einen peinlichen Anblick; er war das Bild der Erschöpfung – der Rücken gekrümmt, der Kopf vorwärts gebeugt«, berichtet sein Schüler Georges Mathias und fügt noch hinzu: »aber immer war er liebenswürdig und von feinstem Benehmen«.[189] Ein anderer erinnert sich: »Wenn man ihn sah, so dürftig, schmächtig und bleich, dann hielt man ihn längere Zeit für einen Todeskandidaten, bis man sich endlich an den Gedanken gewöhnt hatte, er könne immer so leben.«[190]

Spätestens nach seiner Rückkehr aus Mallorca war Chopin ein schwerkranker Mann. »Er lebte noch zehn Jahre, zehn Wunderjahre, mit einem Atem, der bereit war, davonzufliegen«, schreibt Jules Janin in seinem Chopin-Nekrolog. Es ist wichtig, auf diese Krankheit näher einzugehen, etwa beim Vergleich von Chopins Produktivität mit derjenigen anderer Komponisten; sie gibt uns die Antwort auf die Frage, weshalb Chopin nach 1845 keine größeren Werke mehr schuf. (Sein letztes umfangreiches, bedeutendes Werk, die *Cello-Sonate op. 65*, entstand Ende 1845/Anfang 1846, also annähernd vier Jahre vor seinem Tod.) Abgesehen davon, daß Chopin durch die Trennung von George Sand (Juli 1847) völlig aus der Bahn geworfen wurde, war die fortschreitende Krankheit daran schuld, daß der dürftige Ertrag seiner beiden letzten Lebensjahre nur aus zwei Mazurken, einem Walzer und einigen Liedern bestand.

Chopin litt an einer fortschreitenden kavernösen Lungentuberkulose. Sie war, neben der sie begleitenden Kehlkopftuberkulose, auch die Todesursache. Gegen die Tuberkulose gab es zu seiner Zeit keine wirksame Therapie. (Erst seit 1865 weiß man – durch Villemin –, daß sie übertragbar ist, 1882 entdeckten Robert Koch das Tuberkelbakterium und 1895 Conrad Röntgen mit der Erfindung der Röntgenstrahlen die Möglichkeit der Röntgendiagnostik.) Wann sich Chopin infiziert hatte, läßt sich schwerlich sagen. Bereits in seiner Jugend war er von äußerst labiler Gesundheit. In seinen Briefen ist oft von »katarrhalischen Affektionen« oder »geschwollenen Drüsen« die Rede.[191] Möglicherweise infizierte er sich an seiner Schwester Emilia, die als Vierzehnjährige ebenfalls an Lungentuberkulose starb, oder an seinem Freund Jan Matuszyński, der in Paris zeitweise bei ihm wohnte und im Alter von 33 Jahren der gleichen Krankheit erlag, oder aber an dem ständig Blut hustenden Wilhelm Würfel, mit dem er in Wien häufig zusammen war und der 1832 an derselben Krankheit starb. »Auf Verordnung von Malcz [Hausarzt der Familie Chopin] trinke ich brechmittelhaltige Wasser und verschlinge Haferbrei wie ein Pferd«, schreibt er im Jahre 1826.[192] Als Chopin im November 1830 seine Heimat verließ (»… ich denke, daß ich abreise um zu sterben«[193]), wurde die Krankheit zu seinem ständigen Gefährten. Er konnte oft tagelang nicht arbeiten, dann ging es ihm wieder für kurze Zeit erstaunlich gut. »Heute war er krank und morgen konnte man ihn in einem leichten Rock auf dem Boulevard treffen«, berichtet der Pianist Stephen Heller.[194] Auch der Husten verließ ihn nie. (Marie d'Agoult an George Sand, 26. März bzw. 8. April 1837: »Chopin hustet mit unendlicher Anmut«[69] und »Chopin ist unwiderstehlich, nur hustet er ständig«[70]; George Sand, 1841: »Chopin hustet so vor sich hin«; Chopin selbst: »Ehe ich mich morgens aushuste, ist es bereits 10 Uhr«.[195]) Ein ständiger Kräfteverfall setzte ein, und bereits 1843 mußte er sich manchmal die Treppen hinauftragen lassen. Bei Verlagsangelegenheiten blieb er meist, in seinen Mantel gehüllt, in der Kutsche sitzen und ließ seine Gesprächspartner zu sich bitten. Sowohl von Stephen Heller als auch von Cyprian Kamil Norwid wissen wir, daß der Komponist gegen Ende seines Lebens an geschwollenen Beinen litt (vgl. S. 320). Diese Ödeme dürften die Folge einer Schwäche der rechten Herzkammer gewesen sein. Chopin wurde von sehr vielen Ärzten behandelt (allein 33 von ihnen sind namentlich bekannt), unter ihnen die namhaftesten ihrer Zeit wie Pierre-Charles-Alexandre Louis, Jean-Gaston-Marie Blache, Léon-François-Adolphe Simon, Jean-Ferdinand Koreff, Jean Cruveilhier oder Johann von Malfatti, Arzt Beethovens und kaiserlicher Hofarzt in Wien, oder James Clark, der Leibarzt Königin Victorias von England.

Daß sich Chopins Kampf gegen die Tuberkulose immerhin über mehr als zehn, möglicherweise sogar zwanzig Jahre hinzog, ist auf eine – nach dem Stand der damaligen medizinischen Kenntnisse – relativ sorgfältige ärztliche Betreuung zurückzuführen. Von der unsinnigen, weit verbreiteten Praktik des Aderlasses sah man ab. Man verordnete Diät, Medikamente (vorwiegend homöopathischer Art, die Homöopathie war eben in Mode gekommen) und vor allem Ruhe. Doch es war ein aussichtsloser Kampf, und wenige Monate vor seinem Tod verlor Chopin auch das Vertrauen zu seinen Ärzten: »Sie tasten an mir herum und verschaffen mir keine Erleichterung. Darüber sind sich alle einig: gutes Klima – Stille – Ruhe. Ruhe werde ich eines Tages haben, aber ohne sie –.«[196]

Rechte Seite:
671 *Frédéric Chopin (?). Ölgemälde, um 1847, von Thomas Couture.*
Couture, der Lehrer Edouard Manets, gehörte zum Freundeskreis George Sands und somit kannte er wahrscheinlich auch Chopin näher. Da er George Sand zeichnete (vgl. Abb. 347), ist es naheliegend, daß er auch Chopin porträtierte.

1847

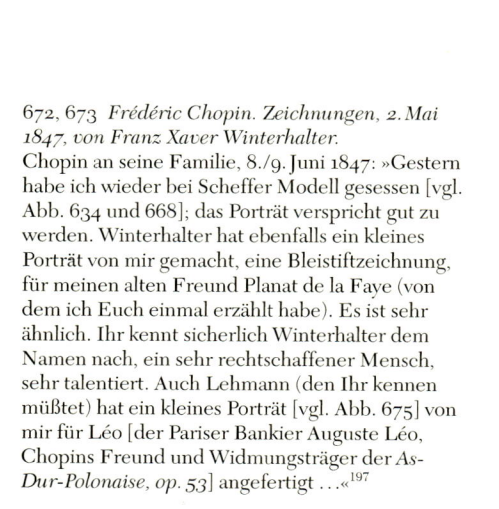

672, 673 *Frédéric Chopin. Zeichnungen, 2. Mai 1847, von Franz Xaver Winterhalter.*
Chopin an seine Familie, 8./9. Juni 1847: »Gestern habe ich wieder bei Scheffer Modell gesessen [vgl. Abb. 634 und 668]; das Porträt verspricht gut zu werden. Winterhalter hat ebenfalls ein kleines Porträt von mir gemacht, eine Bleistiftzeichnung, für meinen alten Freund Planat de la Faye (von dem ich Euch einmal erzählt habe). Es ist sehr ähnlich. Ihr kennt sicherlich Winterhalter dem Namen nach, ein sehr rechtschaffener Mensch, sehr talentiert. Auch Lehmann (den Ihr kennen müßtet) hat ein kleines Porträt [vgl. Abb. 675] von mir für Léo [der Pariser Bankier Auguste Léo, Chopins Freund und Widmungsträger der *As-Dur-Polonaise, op. 53*] angefertigt …«[197]

674 *Frédéric Chopin. Bleistiftzeichnung, 19. April 1847, von Rudolf Lehmann.*
Rudolf Lehmann, ein Bruder des ungleich bedeutenderen Malers Henri Lehmann (vgl. Abb. 209, 214 und 675), beschreibt in seinen *Erinnerungen eines Künstlers* (Berlin 1896) den Komponisten: »Chopin war eine fast ätherische, zarte Erscheinung. Seine feinen, schmächtigen Züge, mit bedeutender gebogener Nase, waren von einer Masse blonder Locken überschattet. Sein zu hagerer schlanker Körper ließ die grausame Krankheit ahnen, die ihn seinen Freunden und der Welt so früh entreißen sollte. Wenn er spielte, wozu er in intimem Freundeskreis leicht zu bewegen war, glaubte man märchenhafte Traum-Harmonien aus einer anderen Welt zu hören. Seine zarten Finger schienen über den Tasten zu schweben.«

675 *Frédéric Chopin. Bleistiftzeichnung, stellenweise mit Gouache-Farben, 19. April 1847, von Henri Lehmann.*

Rechte Seite:
676 *Frédéric Chopin. Anonymes, undatiertes Ölgemälde.*
Das Bild ist im Stil der Chopin-Porträts von Ary Scheffer (vgl. Abb. 634 und 668). Möglicherweise handelt es sich um eine (spätere?) Kopie. Es ist aber nicht auszuschließen, daß das Gemälde von Scheffer selbst stammt.

1847

677 *Frédéric Chopin. Elfenbeinminiatur, undatiert, signiert »Stieler«. Erstveröffentlichung.*
Eine Begegnung zwischen Chopin und Joseph Stieler ist nicht nachzuweisen. Chopin hatte zur Zeit seines Aufenthaltes in München (August 1831) ein wesentlich anderes Aussehen. Die Signatur ist vermutlich gefälscht, möglicherweise handelt es sich um eine (nicht zeitgenössische?) Kopie des Gemäldes von Ary Scheffer (vgl. Abb. 668).

678, 679 *Erste und letzte Seite eines Briefes Chopins vom 31. Dezember 1847 an George Sands Tochter Solange.*
»Es ist dunkel … ich ersticke«, in dieser Stimmung verbringt der von Hustenanfällen gequälte Chopin den letzten Tag des Jahres 1847, des Jahres der endgültigen Trennung von Georg Sand. Übersetzung der abgebildeten Briefseiten: »Ich danke Ihnen aufrichtig für Ihr liebes Gedenken. – Ich brauche Ihnen wohl nicht zu sagen, daß ich Ihnen viel Glück für das nun beginnende Jahr wünsche. Ich habe Ihrem Mann – der, wie er mir sagte, morgen zu Ihnen reisen will – sofort Ihren Brief gebracht. Er hat viel an seinen Skulpturen für die Ausstellung gearbeitet, was ihn daran hinderte, Paris früher zu verlassen. – Herrn de Larac [nicht abgebildet: wurde die Wohnung von No 5 und auch diejenige von Maurice gekündigt (…) Ich huste und widme mich ganz meinen Unterrichtsstunden. – Es ist kalt – ich gehe selten aus], denn dafür ist es zu kalt. Schonen Sie sich – und kommen Sie beide bald und gesund zurück. Das Jahr ist ziemlich geräuschvoll – die Nationalgarde hat ihre übliche Serenade am Square [d'Orléans, wo Chopin wohnte] gegeben. – Im Hôtel Lambert habe ich Verschiedenes für mein Patentöchterchen gekauft, – bis gestern hat der Verkauf fast 20tausend Francs erbracht. – Es gab dort sehr schöne Sachen. – Ihr Mann hatte ein kleines Aquarell geschickt, das sehr willkommen war. – Delacroix hat einen kleinen Christus angefertigt, der sehr bewundert wird. – Gudin, Lehmann und andere haben ebenfalls eigene Zeichnungen gespendet. – Ich sehe fast nichts mehr, es schneit, es ist dunkel. – Madame Adélaide [Schwester des Königs Louis-Philippe] ist tot – für zwei Monate herrscht tiefe Trauer. – Ich ersticke, und ich wünsche Ihnen alles erdenklich Gute.
Ihr ergebener Ch.«

680 *Paris, Place de la Bourse.* Ölgemälde, 1830, von *Giuseppe Canella.*
Am Börsenplatz befand sich das Hauptpostamt, wo Chopin gewöhnlich seine Briefe aufgab. Chopin an George Sand, 5. Dezember 1844: »Ich werde wie immer ausgehen, um diesen Brief nach der Bourse zu bringen...«[198]

681 *Paris, Rue de la Paix.* Ölgemälde, 1830, von *Giuseppe Canella.*
Im Hintergrund die *Colonne de la Grande Armée* auf der Place Vendôme, wo Chopins letzte Pariser Wohnung lag.
Die beiden Gemälde, abgebildet in Originalgröße, wurden am 17. Juni 1989 in München versteigert.

1848

LEBEN

JANUAR BIS APRIL: in Paris, APRIL BIS NOVEMBER: in England und Schottland, DEZEMBER: in Paris.
MITTE FEBRUAR: Chopin und Konstanty Gaszyński dinieren bei Delfina Potocka; Chopin spielt.
16. FEBRUAR: Konzert Chopins in den *Salons Pleyel*. Rezension: *Revue et Gazette musicale* (20. Februar 1848, vgl. S. 304).
22. FEBRUAR: Ausbruch der Revolution.
28. FEBRUAR: Geburt von Solanges Tochter Jeanne-Gabrielle; sie stirbt am 6. März 1848.
4. MÄRZ: Letzte Begegnung von Frédéric Chopin und George Sand. Vgl. S. 307.
29. MÄRZ: Rezension von *op. 63, 64, 65*. Vgl. S. 275.
19. APRIL: Chopin reist per Bahn nach England.
20. APRIL–23. NOVEMBER: Chopin in England und Schottland.
ANFANG MAI: Chopin spielt bei Lady Gainsborough.
12. MAI: Diner mit Jenny Lind. Vgl. Abb. 192.
15. MAI: Chopin spielt bei der Herzogin von Sutherland in Stafford House (vgl. Abb. 697). Rezension: *Illustrated London News* (20. Mai 1848).
23. JUNI: Chopin spielt bei Adelaide Sartoris-Kemble (99, Eaton Place). Rezensionen: *Illustrated London News* (1. Juli 1848), *Athenaeum* (1. Juli 1848), *Examiner* (8. Juli 1848).
7. JULI: Chopin konzertiert beim Earl of Falmouth (vgl. Abb. 696). Rezensionen: *John Bull* (8. Juli 1848), *London Daily News* (10. Juli 1848, vgl. S. 318), *Athenaeum* (15. Juli 1848), *Illustrated London News* (15. Juli 1848).
5. AUGUST: Abreise nach Edinburgh. Vgl. Abb. 701.
8.–25. AUGUST: Aufenthalt in Calder House (vgl. Abb. 706) bei Lord Torphichen.
28. AUGUST: Konzert in Manchester (vgl. S. 316). Rezensionen: *Manchester Courier* (30. August 1848), *Manchester Guardian* (30. August 1848, vgl. S. 318), *Manchester Examiner* (5. September 1848), *The Musical World* (9. September 1848). – Einige Tage Aufenthalt bei Salis Schwabe in Edinburgh.
ANFANG SEPTEMBER: In Johnstone Castle. Vgl. Abb. 711.
27. SEPTEMBER: Chopin konzertiert in Glasgow (vgl. S. 318). Rezensionen: *Glasgow Courier* (28. September 1848), *Glasgow Herald* (29. September 1848). Anschließend wieder nach Johnstone Castle.
ENDE SEPTEMBER/ANFANG OKTOBER: In Keir Castle. Vgl. Abb. 712.
4. OKTOBER: Konzert in Edinburgh (Hopetoun Rooms, 70, Queen Street); es war das einzige Konzert in Chopins Leben, in dem er alleine auftrat (vgl. Abb. 701). Rezensionen: *Edinburgh Advertiser* (6. Oktober 1848), *Edinburgh Evening Courant* (7. Oktober 1848, vgl. S. 318), *The Scotsman* (7. Oktober 1848), *Caledonian Mercury* (12. Oktober 1848), *The Musical World* (14. Oktober 1848). – Von Edinburgh Reise nach Calder House, dann wieder nach Edinburgh. Besuch in Wishaw und Hamilton Palace, von dort wieder zu Dr. Lyszczyński in Edinburgh. Chopin fühlt sich sehr krank. »Wo ist meine Kunst? [...] Diese Welt entflieht mir [...] ich habe keine Kraft.«[199]
31. OKTOBER: Rückreise nach London (4, St. James Place). Zwei Wochen krank zu Bett.
16. NOVEMBER: Konzert in der Guild Hall (vgl. Abb. 716). Rezensionen: *London Times* (17. November 1848), *Illustrated London News* (18. November 1848).
23. NOVEMBER: Rückreise von London nach Paris. Leonard Niedźwiecki und ein Diener begleiten den kranken Chopin; am 24. November Ankunft in Paris.
DEZEMBER: Chopin gibt keinen Unterricht mehr.

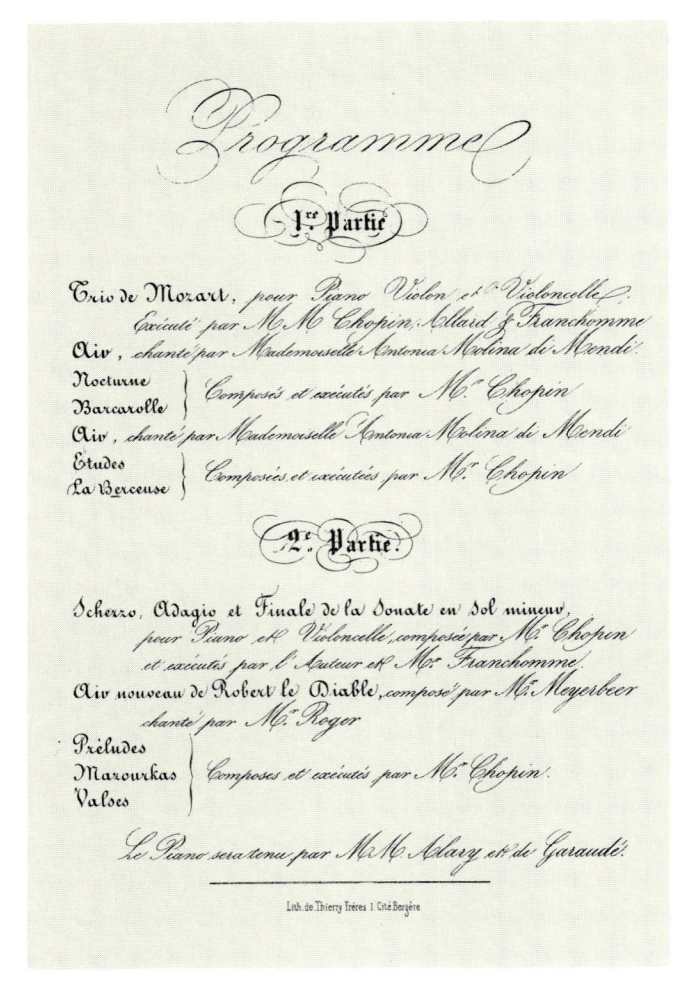

Am 16. Februar 1848 verabschiedet sich Frédéric Chopin für immer von seinem Pariser Publikum. »Meine Freunde kamen eines Morgens zu mir und sagten mir, daß ich ein Konzert geben müsse. Ich bräuchte mich um nichts zu kümmern, habe mich nur hinzusetzen und zu spielen. – Seit einer Woche gibt es keine Karten mehr, und die Billets sind alle zu 20 Fr. Das Publikum läßt sich für das zweite vormerken – an das ich überhaupt nicht denke«, schreibt Chopin an seine Familie.[200]

Kritik von Chopins Konzert am 16. Februar 1848 in der »Revue et Gazette musicale« vom 20. Februar 1848:

»Ein Konzert des *Ariel* unter den Pianisten ist etwas zu Seltenes, als daß man, wie bei anderen Konzerten, die Türen für all diejenigen weit geöffnet hätte, die dabei sein wollten. Für dieses hier wurde eine Liste angelegt: jeder trug seinen Namen ein; aber nicht jeder war sicher, ob er die kostbare Eintrittskarte auch erhalten würde: man brauchte Beziehungen, um in das Allerheiligste zu kommen, um die Gunst zu erlangen, seinen Obolus zu entrichten, und immerhin betrug dieser Obolus einen Louisdor; wer aber hätte nicht einen Louisdor zuviel in seiner Börse, wenn es darum geht, Chopin zu hören?
Selbstverständlich folgt aus all dem, daß die vornehmsten Damen der Blüte der Aristokratie, die elegantesten Toiletten am Mittwoch die Salons von Pleyel füllten. Auch die Aristokratie der Künstler und der Amateure war anwesend, glücklich, diesen musikalischen Sylphen im Flug zu erhaschen, welcher gestattet hatte, sich ihm zu nähern, ihn zu sehen und zu hören, zufällig einmal, und sogar einige Stunden hindurch.

Der Sylphe hat Wort gehalten – und mit welchem Erfolg, mit welcher Begeisterung! Es ist leichter, die Aufnahme, die er fand, das Entzücken, das er hervorrief, zu schildern als die Geheimnisse einer Interpretation zu beschreiben, zu analysieren und auszubreiten, die auf dieser Welt nicht ihresgleichen hat. Hätten wir die Feder zur Verfügung, welche die zarten Wunder der Königin Mab, nicht größer als der Achat, der am Finger eines englischen Ratsherren glänzt, ihren zierlichen Wagen mit durchsichtiger Bespannung, gezeichnet hat, so würden wir doch nicht weiter kommen, als die Vorstellung zu vermitteln von einem einzigartigen idealen Talent, losgelöst von jeglicher Materie. Zum Verständnis Chopins kann uns nur Chopin selbst führen: alle, die das Konzert am Mittwoch hörten, sind davon ebenso überzeugt wie wir.
Das Programm kündigte zunächst ein Trio von Mozart an, das Chopin, Alard und Franchomme in einer Weise vortrugen, daß man bei dem Gedanken, es nie wieder so vollendet zu hören, verzweifelt. Dann spielte Chopin Etüden, Préludes, Mazurken, Walzer; später auch, mit Franchomme, seine schöne Sonate. Man frage uns nicht, wie all diese kleinen und großen Meisterwerke wiedergegeben wurden. Wir haben darauf verzichtet, die abertausend Nuancen dieses außergewöhnlichen Genies, dem eine Organisation von gleicher Bedeutung zur Verfügung steht, zu beschreiben. Wir erwähnen nur noch, daß der Zauber seine Wirkung auf die Zuhörer nicht einen Augenblick verlor und nach Beendigung des Konzertes noch andauerte. [...] M. S.« – Die Kritik umfaßt zehn weitere Zeilen, in denen von den mitbeteiligten Sängern und von der Möglichkeit, Frédéric Chopin werde am 10. März ein zweites Konzert geben, die Rede ist.

1848

WERKE

WALZER H-DUR (OHNE OPUSZAHL). Auf der Rückseite des in einer Londoner Privatsammlung befindlichen Manuskriptes: »Valse pour Madame Erskine/F. Chopin«. Auf dem Einband: »F. Chopin/Valse en si majeur/(pour Madame Erskine)/12 Octobre 1848«. Unveröffentlicht.

684 *Pariser Salon. Aquarellskizze, 1845, von Eugène Lami.*
Soweit sein Gesundheitszustand es erlaubte, besuchte Chopin gerne die Salons der vornehmen Pariser Gesellschaft. Hier, vor einem kleinen Zuhörerkreis, setzte er sich auch gelegentlich an den Flügel, in großen Konzertsälen trat er nur widerwillig auf.
Die Darstellung zeigt in der Bildmitte Delacroix, neben ihm (sitzend) seinen Vetter Pierre-Antoine Berryer. Am Kamin George Sands ehemaliger Geliebter Alfred de Musset, über den Delacroix einmal bemerkte: »Er ist ein blasser Dichter. Er führt die Feder wie ein Kupferstecher; mit ihr ritzt er die Herzen der Menschen. [...] Ich bevorzuge klaffende Wunden und helles Blutrot.«[201]

685 *Fassade der »Salons Pleyel«. Xylographie, um 1850, nach einer Zeichnung von Ed. Renard.*
Hier fand Chopins Konzert am 16. Februar 1848 statt.

Linke Seite:
682 *Programm von Chopins Konzert am 16. Februar 1848 in den »Salons Pleyel«.*

683 *Rezension von Chopins Konzert. »Revue et Gazette musicale (de Paris)« vom 20. Februar 1848.*

305

686, 687 *Brief Chopins vom 5. März 1848 an Solange Sand-Clésinger.* Der Komponist berichtet über seine letzte Begegnung mit George Sand.

»Paris, 5. März, Sonntag
Gestern war ich bei Frau Marliani und beim Hinausgehen begegnete ich an der Türe des Vorzimmers Ihrer Frau Mutter, die mit Lambert[202] hereinkam. – Ich sagte Ihrer Frau Mutter guten Tag, und mein zweites Wort war, ob es schon lange her sei, daß sie eine Nachricht von Ihnen erhalten habe. ›Vor einer Woche‹, antwortete sie mir. – ›Hatten Sie gestern, vorgestern keine?‹ – ›Nein,‹ – ›Nun, so teile ich Ihnen mit, daß Sie Großmutter geworden sind, Solange hat ein Töchterchen – und ich freue mich sehr, Ihnen diese Nachricht als erster bringen zu können. [‹] Ich grüßte und ging die Treppe hinunter – Combes, der Abessinier[203] (der aus Marokko hier direkt in die Revolution hineingeraten ist) begleitete mich, – und da ich vergessen hatte zu sagen, daß es Ihnen gut gehe, eine für eine Mutter besonders wichtige Sache (wie Sie jetzt leicht verstehen werden, Mutter Solange) – bat ich Combes, wieder hinaufzugehen, da ich selbst nicht hinaufsteigen konnte, und zu sagen, daß es Ihnen *gut gehe* und dem Kind ebenfalls. – Ich wartete unten auf den Abessinier, da kam Ihre Frau Mutter gleichzeitig mit ihm herunter und fragte mich mit großem Interesse nach Ihrem Befinden. Ich antwortete ihr, daß Sie mir einen Tag nach der Geburt Ihres Kindes *selbst* einige Worte *mit Bleistift* geschrieben hätten, – daß Sie viel gelitten hätten, daß der Anblick Ihres Töchterchens Sie jedoch alles habe vergessen lassen. Sie fragte mich, ob Ihr Mann bei Ihnen gewesen sei, ich antwortete, daß die Adresse Ihres Briefes von seiner Hand geschrieben zu sein scheint. Sie fragte mich nach meinem Befinden, ich antwortete, daß es mir gut gehe – und ließ mir vom Portier die Türe öffnen. Ich grüßte und begab mich in Begleitung des Abessiniers zu Fuß zum Square d'Orléans. – Ihre Frau Mutter ist seit einigen Tagen hier, wie Bocage[204] [ala] Grzym.[ala] mitgeteilt hat. – Sie wohnt bei Maurice, Rue Condé No 8. In der Nähe des [Palais du] Luxembourg. Sie speist bei *Pinson* (das Restaurant, in dem wir einmal mit Delatouche waren) – dort empfängt sie auch, dorthin hat sie gestern Combes eingeladen, sie zu besuchen und dabei ihre baldige Abreise nach Nohant erwähnt. Ich vermute, daß sie in Nohant ein Brief von Ihnen erwartet. Gesundheitlich schien sie mir wohlauf. – Ich glaube, daß sie über den Triumph der republikanischen Ideen glücklich ist – und daß die Nachricht, die ich ihr gestern übermittelte, ihr Glück noch vergrößert hat. –
Achten Sie auf sich, achten Sie alle drei auf sich –
Ihr ergebener Ch.

Die Ruhe hält an – Mallefille [vgl. S. 175, wurde 1848 von einer provisorischen Regierung nach Versailles delegiert] ist nicht mehr in Versailles – er hat nicht mehr als 3 Tage regiert.«

1848

Am 4. März 1848 gibt es zwischen Frédéric Chopin und George Sand in der Wohnung von Charlotte Marliani, Paris, Rue de la Ville-l'Evêque No 18, ein zufälliges Wiedersehen. Das Paar hatte sich im Juli 1847 getrennt. Chopin schildert in einer bewegend schlichten Art diese unverhoffte und zugleich letzte Begegnung mit der Schriftstellerin. Sein Bericht klingt unbedingt glaubwürdig. Hinter den sachlich klingenden Worten können sich Chopins Emotionen jedoch nur mühsam verbergen. Vgl. S. 306.

George Sand hinterließ fünf Jahre nach Chopins Tod in ihrer *Histoire de ma vie* ebenfalls eine Schilderung. Bei ihrem Bericht wird man das Gefühl nicht los, daß es ihr hauptsächlich darum ging, sich zu rechtfertigen und poetisch zu formulieren: »Ich sah ihn im März 1848 für einen Augenblick wieder. Ich drückte seine zitternde, eisige Hand. Ich wollte mit ihm sprechen, aber er wandte sich ab. Es war nun an mir zu sagen, daß er mich nicht mehr liebe. Ich habe ihm diesen Schmerz erspart und alles in die Hände der Zukunft und der Vorsehung gelegt. Ich sollte Chopin nicht mehr wiedersehen. [...] Man hat mir mitgeteilt, daß er mich bis zuletzt kindlich geliebt hat, die Trennung beklagte und nach mir rief. Man glaubte, mir dies bis jetzt verhehlen zu müssen. Man glaubt auch, ihm verhehlen zu müssen, daß ich bereit war, zu ihm zu eilen. Daran tat man gut, wenn die Erregung des Wiedersehens sein Leben um einen Tag oder auch nur um eine Stunde verkürzt hätte. Ich gehöre nicht zu denen, die da glauben, daß alle Dinge in dieser Welt schon ihre Lösung finden. Sie fangen hier vielleicht an, aber – und das ist gewiß – sie enden hier nicht.«[205]

688 *George Sand. Undatierte Photographie von P. Verdot, Châteauroux.*

Der nebenstehend abgebildete Brief, Übersetzung aus dem Polnischen:

(Die Hinweise auf Frédérics Geburtstag und die Rückkehr Kazimierz Werniks sowie die Erwähnung Werniks in einem Brief Chopins vom 11. Februar 1848 ermöglichen es, das vorliegende Schreiben auf Februar 1848 zu datieren.)

»Lieber Frédéric, was soll ich Dir zu Deinem Geburts- und Namenstag sagen, als immer das eine, daß ich Dich Gottes Vorsehung empfehle und ihn täglich um seinen Segen anflehe für das Heil Deiner Seele und Deines Leibes, denn ohne das ist alles nichts. Ich bin gesund, dank der Gnade des Allmächtigen, nur beunruhigen mich die mit dem Alter zusammenhängenden Eigentümlichkeiten, das alles sehe ich anders als die Jungen, aber was ist da zu machen! Wernik kehrt zurück, die glückliche Mutter ist ihm am Sonntag nach Dresden entgegengefahren und wird dort auf ihn warten, um mit ihm zurückzukehren; er hat oft an sie geschrieben und hatte von ihr den Auftrag, [ab hier nicht mehr abgebildet:] in jedem Brief über Deine Gesundheit zu berichten, jetzt hat auch das aufgehört; ich war ruhig, obgleich ich von Dir im Laufe des Jahres nur drei Briefe erhalten habe; bessere Dich, liebes Kind, schreibe doch öfter, nimm Rücksicht auf mein Alter und unsere Anhänglichkeit an Dich, denn obgleich ich nicht daran zweifle, daß Dein Herz für uns schlägt, so hast doch Du eine Beschäftigung, die Dir die Zeit verkürzt, ich hingegen nicht, ich lebe nur für Euch. Leb wohl, ich küsse Dich, mein Liebster, Gott schenke Dir Gesundheit und alles Wohlergehen, dies wünscht Dir   Deine Mutter. –«

689 *Erste Seite eines Briefes aus dem Jahr 1848 von Chopins Mutter an ihren Sohn Frédéric.*

690, 691 *Brief vom 11. März 1848 an Solange.* Der Komponist schrieb ihr in jenen Tagen fast täglich. Am 7. März teilt ihm Solange mit: »Armer Chopin. Ihr Brief mit den Glückwünschen [wahrscheinlich der auf S. 306 abgebildete Brief] traf in einem Augenblick ein, als mein teures Töchterchen[206] den letzten Atemzug tat.«

»Samstag, 11. März
Mut und Ruhe. Schonen Sie sich für diejenigen, die geblieben sind. – Ich habe eben Ihren Gatten gesehen; er ist wohlauf, voller Mut und Hoffnung. – Gestern und vorgestern habe ich ihm bei der Arbeit zu seiner Freiheitsbüste[207] zugesehen; – die Büste ist heute fertig – und alle Thorés[208] von Paris finden sie prächtig. Morgen bringt man sie ins Hôtel de Ville. Marrast[209] ist jetzt Bürgermeister von Paris (Herr Bascans[210] wird jetzt nützlich sein). – Ihr Gatte kennt Herrn Caussidière[211], der der Polizei vorsteht und der die Büste von der Nationalgarde eskortieren lassen wird. Er bat mich, Ihnen auszurichten, daß er heute zu viele Lauferreien habe, um Ihnen schreiben zu können – er wird Ihnen morgen nach dem Transport *der Büste* schreiben – der gegen 7 Uhr stattfinden dürfte. Seien Sie also wegen seiner Gesundheit unbesorgt – Sie sehen, daß er sein Möglichstes tut – daß er nicht mutlos wird – und achten Sie indessen auf Ihre Rekonvaleszenz, um für Euch beide die Trennung [Chopin meint den Verlust der Tochter] erträglich zu machen. *Ruhe also*, um Himmels willen *Ruhe*. – Dank der Fürsorge Ihres Vaters und der Luce[212] (die ich immer schon für Ihre sehr anhängliche und gute Luce hielt) werden Sie wieder gesund werden und ein neues Glück wird beginnen. – Man sagte mir, daß Ihre Frau Mutter Paris verlassen habe. – Ich habe sie seit meinem Besuch bei Frau Marliani [vgl. S. 306] nicht mehr gesehen. Sie wird Ihre Briefe in Nohant erhalten haben. Sie ist zu bedauern, es war ein schwerer Schlag für sie – dessen bin ich sicher – und ich zweifle nicht, daß sie alles für Sie tun wird, was in ihrer Macht liegt. – Also *Mut* und *Ruhe*. Ich lasse alle Kondolenzen beiseite – angesichts Ihres großen Schmerzes erscheinen sie mir nichtig.

Ihr ergebener Ch.

Ich werde Ihnen oft schreiben. Machen Sie sich wegen Ihres Gatten keine Sorge.«

1848

692 *Proklamation der II. Republik am Peristyl des »Palais de l'Assemblée Nationale« am Quai d'Orsay, gegenüber der Place de la Concorde. Ölgemälde, 1848, von Champin.*
Am 22./23. Februar 1848 kam die Revolution zum Ausbruch. König Louis-Philippe dankte am 24. Februar ab, Louis-Napoléon Bonaparte kehrte vier Tage später aus London nach Paris zurück. Eine provisorische Regierung mit Mitgliedern aus dem Freundeskreis von Nohant (z. B. Arago, Mallefille, Louis Blanc) wurde gebildet, George Sand nahm regen Anteil, sie redigierte das *Bulletin de la République*.
Chopin hatte wenige Tage vorher sein letztes Pariser Konzert gegeben. Obwohl er gewöhnlich an Politik wenig Interesse zeigte, äußert er sich in seinen Briefen erstaunlich oft über die politischen Ereignisse jener Tage.

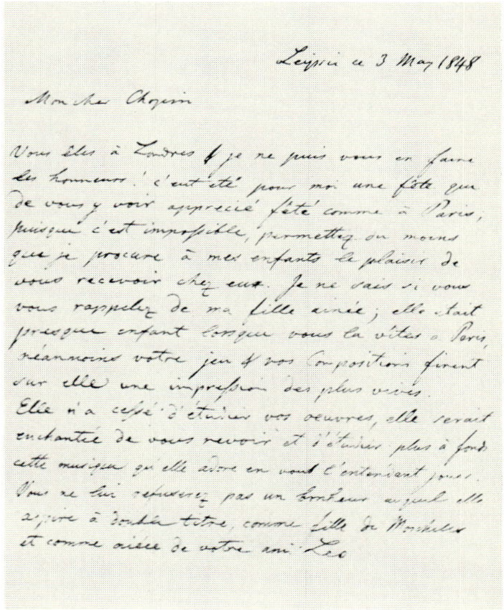

693 *Erste Seite eines Briefes Moscheles' vom 3. Mai 1848 an Chopin.*
»Mein lieber Chopin.
Sie sind in London, und ich kann Ihnen dort nicht die Honneurs machen! Es wäre ein Fest für mich gewesen, Sie dort anerkannt und gefeiert zu sehen wie in Paris; da es unmöglich ist, gestatten Sie mir wenigstens, daß ich meinen Kindern die Freude verschaffe, Sie bei sich zu empfangen. Ich weiß nicht, ob Sie sich an meine älteste Tochter erinnern; sie war fast noch ein Kind, als Sie sie in Paris sahen, dessenungeachtet hatten Ihr Spiel und Ihre Kompositionen einen sehr starken Eindruck auf sie gemacht.
Sie hat nicht aufgehört, Ihre Werke zu studieren und wäre glücklich, könnte sie Sie wiedersehen und diese von ihr abgöttisch geliebte Musik noch genauer studieren, indem sie Sie spielen hört. Sie werden ihr nicht ein Glück versagen, auf das sie mit doppeltem Anrecht hofft, als Tochter von Moscheles und als Nichte ihres Freundes Léo.«

CHOPINS REISE NACH ENGLAND UND SCHOTTLAND

»Mr. Chopin wird erwartet, wenn er nicht schon hier ist – man fügt sogar hinzu: um in England zu bleiben«, ist im Londoner *Athenaeum* vom 8. April 1848 zu lesen. Sollte sich der Vermerk seines Wiener Reisepasses vom Juli 1831 »auf der Durchreise nach London« (vgl. S. 72) nunmehr nach 17 Jahren bewahrheiten?
Was waren die Gründe, die den todgeweihten Komponisten veranlaßten, diese Reise zu unternehmen, die sich als ebenso verhängnisvoll erweisen sollte wie die Reise 1838 nach Mallorca; denn wie damals die mallorquinischen Regenfälle waren es diesmal die schottischen Nebel, die seiner angegriffenen Gesundheit schließlich den Todesstoß versetzten. Es ist kaum anzunehmen, daß er sich aufgrund der Februarrevolution von 1848 mit dem Gedanken trug, Paris für immer zu verlassen, obwohl man in der Tatsache, daß er auch am Vorabend der Warschauer Revolution von 1830 seine Heimat für immer verlassen hatte, eine Parallele sehen könnte. Aber die Revolution von 1848 hatte immerhin viele seiner Freunde und Schüler aus Paris vertrieben. Chopin war einsam, krank und unglücklich. George Sand und die Sommer von Nohant gab es für ihn nicht mehr. »Ich zweifle, ob ich den kommenden Sommer so wie den diesjährigen in Paris aushalten werde«[213], schreibt er in einem Brief vom 11. Februar 1848. Und dann waren da vor allem Jane Stirling (vgl. S. 313) und auch deren Schwester Catherine Erskine, die ihn herzlichst einluden und die ihn später mit solcher Aufmerksamkeit umhegten, daß er bei seiner Ankunft in London am 20. April 1848 sogar ein Briefpapier mit seinen Initialen vorfand.[214]

694 *Frédéric Chopin. Ölgemälde, 1848, von Antoni Kolberg.*
Auf der Rückseite der Vermerk »Porträt Frédéric Chopins. Originalbild nach der Natur gemalt in Paris im Jahre 1848 von Anton Kolberg«.
Das Gemälde wurde während des Krieges 1944 vernichtet. 1945 entdeckte man in Warschau eine 1902 von Kazimierz Mordasewicz angefertigte Kopie. Die vermutlich einzige Farbaufnahme des Originals, photographiert um 1930, war als Vorlage für eine Abbildung in Farbe unbrauchbar.

695 *London Bridge. Stahlstich, 1831, von T. A. Prior nach einem Gemälde von C. Stanfield.* Chopin hielt sich vom 20. April bis 5. August 1848 sowie vom 31. Oktober bis 23. November 1848 in London auf.
Die Abbildung zeigt die Einweihung der Brücke am 1. August 1831, die in Anwesenheit von König William IV. und Königin Adelaide stattfand.
Die von Sir John Rennie erbaute London Bridge wurde 1967 abgebrochen und nach Amerika transportiert; sie steht heute in Lake Havasu City, Arizona(!).

696 *Programm eines Konzertes am 7. Juli 1848 in London.*

697 *London, Stafford House. Photographie, 1980.*
Das in der Nähe des Buckingham Palastes gelegene, zwischen 1825 und 1840 errichtete Gebäude heißt heute Lancaster House und steht für internationale Konferenzen und Banketts zur Verfügung. Chopin konzertierte hier am 15. Mai 1848 in Anwesenheit von Königin Victoria, die übrigens von dem wegen seiner prächtigen Inneneinrichtung berühmten Stafford House zu den damaligen Besitzern, dem Herzog und der Herzogin von Sutherland, einmal äußerte: »Ich bin von meinem Haus zu Ihrem Palast gegangen.«
Franz Liszt spielte hier am 5. Juni 1841 in einem Wohltätigkeitskonzert für Chopins Landsleute.

1848

Harriet Wyndham am Klavier.

Madame Dulcken, Pianistin der Königin von England.

698 *Englische Salonszene. Kolorierte Xylographie, um 1848.*
Ähnlich wie in Paris spielte Chopin auch in London häufig in den Salons der Aristokratie.

Madame Dulcken.

Zu den beliebtesten Künstlerinnen, welche Deutschland entsprossen sind und das kunstarme England aufgesucht haben, um dort ihre Errungenschaft mit Gold aufwiegen zu lassen, zählt die allerdings ausgezeichnete Madame Dulcken, Pianistin der Königin von England. Sie gehört zu einer wahren Künstlerfamilie; denn ihr Bruder David, Concertmeister in Leipzig, zählt unstreitig unter den ersten Violinisten unserer Zeit, und ihre Schwester, Fräulein David, verspricht eine gefährliche Nebenbuhlerin ihrer ältern Schwester auf dem Pianoforte zu werden. Es liegt ein großer Reiz darin, wenn man sieht, daß eine Künstlerin ein wahres inneres Wohlgefallen an dem findet, was sie leistet; und ein gutmüthigeres, lieblicheres Gesicht lächelte in der That noch nicht so wohlgefällig über die Fertigkeit ihrer Finger, als Madame Dulcken, die sich zugleich des Beifalls ihrer Zuhörer und ihres eignen freut. Sie behandelt jeden Styl mit gleicher Leichtigkeit, von der ernsten Erhabenheit Händel's herab bis zu der anmuthigen Leichtigkeit Chopin's. Wenn sie ein Solo spielt, ist sie entzückend, aber erst im Kampfe mit dem Orchester zeigt sich die Kraft der schönen Künstlerin im vollen Glanze. Es begeistert, sie in einem Concertante mit der Kraft und Eleganz eines Liszt oder Thalberg, oder mit der rubigen Grazie eines Cramer oder Benedict wetteifern zu hören. Ihre Finger gleichen dem süßen Süd: sie rauben und geben zu gleicher Zeit würzige Düfte und verleihen Allem, was sie berühren, neue Schönheit.

Ihre Abendgesellschaften sind deshalb wahre Genüsse und zugleich die besten Lehrstunden für alle Liebhaber des Instrumentes, dessen Königin sie in England genannt wird; und als ein nicht geringes Verdienst um die Kunst ihres Vaterlandes muß es bezeichnet werden, daß sie vorzugsweise die minder bekannten vortrefflichen Compositionen von Mozart, Weber, Beethoven und Mendelssohn-Bartholdy spielt und so der deutschen Musik in England zu immer größerer Verbreitung hilft.

699 *Der zur Xylographie gehörende Artikel.*

700 *Luise Dulcken am Klavier. Kolorierte Xylographie, um 1848.*
Chopin berichtet am 19. August 1848 seiner Familie in Warschau, daß »Frau Dulcken, eine berühmte Pianistin«, 1847 in London eines seiner Klavierkonzerte aufgeführt habe.[215]

1848

701 *Edinburgh, rechts im Bild die Highstreet. Stahlstich, um 1845.*
Am 5. August 1848 reist Chopin von London nach Edinburgh. Chopin an seine Familie: »In Edinburgh, wo man mir im ersten Hotel (Douglas' Hotel) ein Logis bestellt hatte, bin ich abgestiegen, um mich eineinhalb Tage auszuruhen. – Ich habe diese herrliche Stadt besichtigt ...«[216]
Am 4. Oktober 1848 gab er in Edinburgh ein Konzert, in dem er seine *Berceuse*, die *F-Dur-Ballade*, das *Andante* aus *op. 22*, einige *Préludes*, *Nocturnes*, *Walzer* und *Mazurken*, das *Fis-Dur-Impromptu* sowie die *Etüden op. 25 Nr. 1, 2* und *7* spielte.

702 *Bahnhofsszene in England. Stahlstich, um 1845.*
Chopin, der selten mit der Eisenbahn gereist war, drückt in mehreren Briefen aus Schottland sein Erstaunen über diese schnelle Beförderungsart aus. »Ich habe 407 englische Meilen von London nach Edinburgh über Birmingham und Carlisle in 12 Stunden *par express train* (das ist ein Zug, der äußerst selten hält) zurückgelegt.«[217]

1848

703 *Stirling Castle, Schottland. Stahlstich, um 1845, von R. Wallis, nach einer Zeichnung von G. B. Campion.*
Chopin an Grzymała: »Heute bin ich wieder bedrückt – dieser Nebel! Obwohl ich vom Fenster, an dem ich Dir schreibe, den herrlichsten Ausblick *unter meiner Nase* habe, hinüber nach *Stirling Castle* (jenes Schloß vor der Stadt Stirling, dasselbe wie im *Robert Bruce* [Roman von Walter Scott], in der Nacht, auf dem Felsen, erinnerst Du Dich?), und Berge und Seen, und einen wundervollen Park, mit einem Wort, eine der bekannten, sehr berühmten schottischen Ansichten, sehe ich dennoch *davon nichts*, nur manchmal, wenn es dem Nebel geruht, für ein paar Minuten der Sonne Platz zu machen, die ihn aber dazu nicht übermäßig bedrängt.«[218]

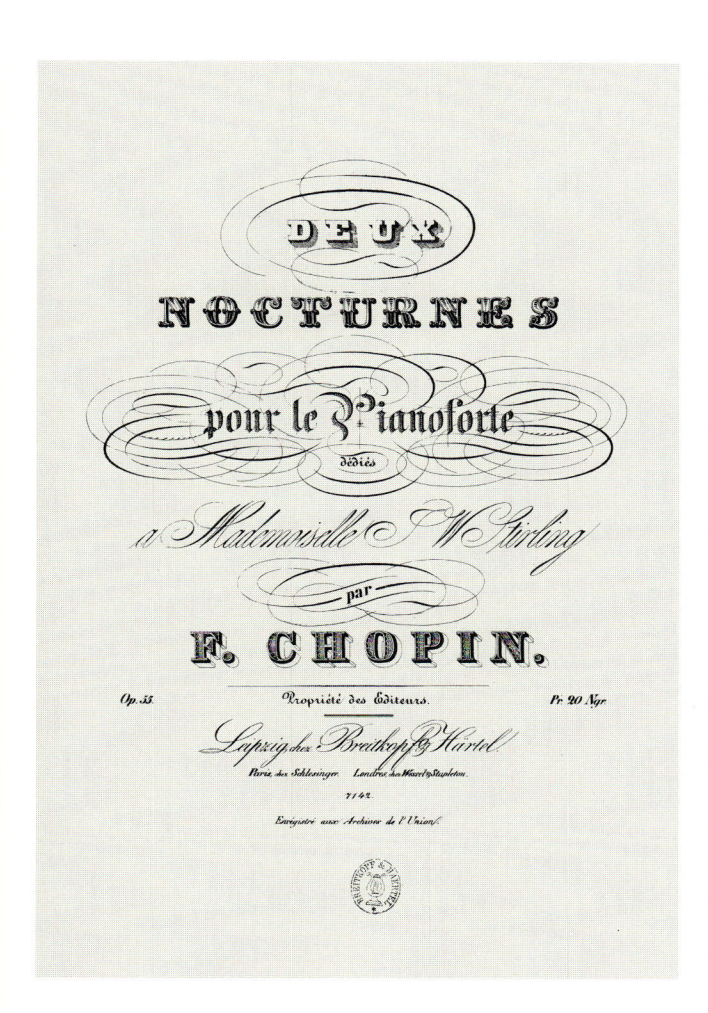

704 *Titelblatt der deutschen Erstausgabe, 1844, von Chopins »Nocturnes op. 55«.*
Die *Nocturnes* sind Jane Stirling gewidmet.

705 *Jane Wilhelmina Stirling (1804–1859). Lithographie, um 1842, nach einer Zeichnung von Eichens.*
Jane Stirling, auf deren Initiative Chopin 1848 England und Schottland besuchte, wird häufig die »letzte Liebe« Chopins, dessen Schülerin sie von 1843 oder 1844 bis 1849 war, genannt. Sie war aufopfernd um ihren Meister besorgt, in den sie wahrscheinlich auch verliebt war. Verschiedenen Äußerungen Chopins und auch seiner Freunde ist zu entnehmen, daß diese Liebe nicht erwidert wurde. Jane Stirling und ihre Schwester schenkten dem Komponisten im Sommer 1849 ca. 25 000 Francs, die auf abenteuerliche Weise in dessen Hände gelangten:
Der Betrag war bereits längere Zeit abgegeben, als Chopin über Geldmangel klagte. Auf die Einwände Franchommes, der von dem Geschenk wußte, äußerte er, nichts erhalten zu haben. Der bekannte Pariser Wahrsager Alexis erteilte die Auskunft, das Geldpäckchen befände sich in der Wanduhr (nach Franchommes Angaben hinter dem Spiegel im Pförtnerzimmer), wo man es auch tatsächlich fand. Die Pförtnerin rechtfertigte sich damit, sie habe vergessen, es auszuhändigen. Die Chopin-Schülerin Vera Rubio, nach deren Vermutung die Pförtnerin angenommen hatte, Chopin werde bald sterben und sie könne das Geld dann an sich nehmen, berichtet, der Komponist habe nur 1000 Francs (Franchomme spricht von 12 000 Francs) behalten und den Rest an Jane Stirling zurückgegeben.

313

706 *Calder House, in der Nähe von Edinburgh. Photographie, um 1930.*
Chopin lebte hier im August 1848 zwei Wochen als Gast Lord Torphichens. Auch Mitte Oktober verbrachte er dort einige Tage.

Rechte Seite:
707 *Frédéric Chopin. Anonymes Ölgemälde, um 1848.*
Dieses bisher unbekannte, hier zum erstenmal veröffentlichte Porträt entstand vermutlich während Chopins Aufenthalt in England oder Schottland. Auf dem Notenblatt der Anfang seines *G-Dur-Nocturne, op. 37 Nr. 2.*

Briefe aus Schottland

Chopin war im Vergleich zu anderen Komponisten kein eifriger Briefschreiber. Er schrieb eigentlich nur von Zeit zu Zeit seinen Angehörigen in Warschau und seinen engsten Freunden. Ein Grund für diese Zurückhaltung könnte gewesen sein, daß er das Französische hinsichtlich Orthographie und sprachlicher Gewandtheit nicht in letzter Perfektion beherrschte. Chopin schrieb überwiegend polnisch. Am mitteilungsfreudigsten war er unterwegs, und somit existieren von seinen Reisen nach Wien und Mallorca mehrere, von seinen Aufenthalten 1848 in England und Schottland verhältnismäßig viele und vor allem ausführliche Briefe. Der Komponist erweist sich darin als feinsinniger Beobachter. Die gelegentlich anklingende Resignation wegen seines elenden Zustands ist überlegen und erhaben, niemals wehleidig. Obwohl sich Chopin spätestens damals darüber im klaren gewesen sein muß, daß seine Tage gezählt waren, sind diese Briefe bisweilen humorvoll, manchmal sogar von bissiger Ironie.

Keir (vgl. Abb. 712), 1. Oktober 1848. An Wojciech Grzymała:
»... Den ganzen Morgen, ja sogar bis zwei Uhr, bin ich augenblicklich zu nichts fähig; später, wenn ich mich angekleidet habe, geniert mich alles, und so keuche ich bis zum Mittagessen, nach welchem man mit den Männern bei Tisch sitzen und *zusehen* muß, was sie reden, und *zuhören*, was sie trinken. Zu Tode gelangweilt (da ich an etwas ganz anderes denke als sie, trotz aller Höflichkeit und französischer Zwischenbemerkungen an jenem Tisch) begebe ich mich in den Salon, wo es der ganzen Seelenkraft bedarf, um etwas aufzuleben, denn dann sind sie gewöhnlich begierig, mich zu hören. Anschließend trägt mich mein braver Daniel [Chopins Diener] die Treppe hinauf ins Schlafzimmer (das, wie Du weißt, bei ihnen immer im Obergeschoß ist), entkleidet mich, legt mich ins Bett, läßt die Kerze brennen, und ich darf bis zu dem Zeitpunkt wieder keuchen und träumen, wo dasselbe von neuem beginnt. Und wenn ich mich irgendwo schon ein bißchen eingewöhnt habe, muß ich woanders hinfahren, weil mir meine Schottinnen keine Ruhe lassen und mich entweder abholen oder mich ihren Familien präsentieren (nota bene die sich selbst auch immer einladen lassen). Sie werden mich aus *Höflichkeit* erdrücken, und ich werde ihnen das aus *Höflichkeit* nicht verwehren.«[219]

Calder House (vgl. Abb. 706), 16. Oktober 1848. An Adolf Gutmann:
»... Ich schreibe Dir aus dem Hause von Lord Torphichen. Hier, über dem Zimmer, das ich bewohne, hat John Knox, der schottische Reformator, zum erstenmal die Kommunion ausgeteilt. Alles regt die Phantasie an – ein Park mit uralten Bäumen, Abgründe, die Ruinen der alten Schlösser, endlose Korridore mit unzähligen Ahnenporträts. Es gibt hier sogar eine sogenannte Rotkappe, die um Mitternacht umherwandelt. *Ich* wandle indessen mit meiner Ungewißheit umher ...«[220]

Edinburgh, 30. Oktober 1848. An Wojciech Grzymała:
»... Meine braven Schottinnen, die ich schon einige Zeit nicht gesehen habe, werden heute hier sein. [...] Täglich erhalte ich Briefe von ihnen, beantworte keinen, und wenn ich irgendwo hinfahre, folgen sie mir sogleich, wenn sie nur irgendwie können. Dies hat vielleicht jemanden auf den Gedanken gebracht, daß ich heirate; aber man braucht doch ein gewisses physisches *attrait* [Neigung], jene indes, die ledig ist [Jane Stirling], ähnelt mir zu sehr. Wie soll man sich selbst umarmen! [...] Somit erkläre ich Dir, daß ich dem Sarge näher bin als dem Ehebett ...«[221]

1848

1848

708 *Manchester um die Zeit von Chopins Aufenthalt. Stahlstich, um 1845.*

709 *George Alexander Osborne (1806–1893). Lithographie, um 1840, von Achille Deveria.*
Der irische Pianist hatte schon zwischen 1832 und 1835 gelegentlich mit Chopin in Paris konzertiert (vgl. Abb. 162). 1843 ließ er sich für immer in London nieder.
Als Chopin bei seinem Konzert am 28. August 1848 in Manchester aufs Podium ging, bat er Osborne, der bei diesem Konzert einige Gesangsnummern begleitete, den Saal zu verlassen: »Bewahren Sie sich, der Sie mich so oft in Paris gehört haben, diese Erinnerungen. Mein Spiel wird sich in so einem großen Saal verlieren und meine Werke werden keinen Eindruck hinterlassen. Ihre Anwesenheit wäre für beide von uns peinlich.« Osborne kam diesem Wunsch nicht nach: »Trotz dieser Bitte blieb ich ohne sein Wissen in einem entfernten Winkel des Saales, wo ich mithalf, ihn zu ermuntern und ihm zu applaudieren. Es war das letztemal, daß ich ihn hörte, und ich muß sagen, sein Gefühl hatte ihn nicht betrogen: sein Spiel war allzu zart, um Begeisterung auszulösen, und er tat mir von Herzen leid.«[222]

710 *Programm von Chopins Konzert am 28. August 1848 in Manchester.*

1848

711 *Johnstone Castle bei Glasgow. Photographie, um 1930.*
Chopin bewohnte dieses im Besitz von Verwandten Jane Stirlings befindliche Schloß im September 1848 als Gast Mrs. Houstons.

712 *Keir Castle (Grafschaft Perth Shire), in der Nähe von Stirling Castle. Photographie, um 1930.*
Chopin verbrachte hier bei einem Cousin Jane Stirlings Ende September/Anfang Oktober 1848 einige Tage.

713 *Die »Merchants' Hall« in Glasgow. Lithographie, um 1845.*
In diesem Haus fand Chopins Konzert am 27. September 1848 statt.

714 *Programm von Chopins Konzert am 27. September 1848 in Glasgow.*
Ähnlich dem nachfolgenden Auftritt Chopins am 4. Oktober 1848 in Edinburgh, bei dem Jane Stirling etwa hundert Eintrittskarten erwarb und an Freunde verteilte, war auch Chopins Konzert in Glasgow schwach besucht. Unter den Zuhörern waren die Herzogin von Argyll und Lady Blantyre, Fürstin Marcelina Czartoryska und Fürst Aleksander Czartoryski.

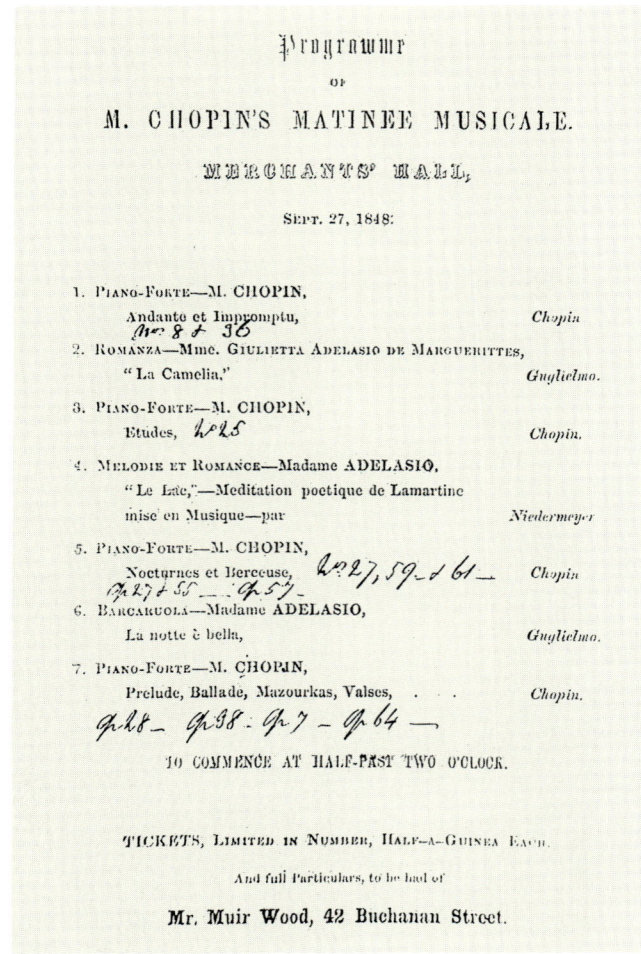

In den Zeitungsberichten über Chopins letzte öffentliche Auftritte herrscht weitgehend Übereinstimmung. Dem Künstler fehlen Bravour und Brillanz, sein zartes Spiel, dessen Nuancen sich zwischen *mezzoforte* und *pianissimo* bewegen, ist von unendlicher Poesie, gezeichnet von den Schatten der Krankheit, ja, des nahen Todes.

London Daily News (10. Juli 1848):
»... Herr Chopin trachtet nicht danach, durch Klangstärke oder mechanische Gewandtheit zu überraschen. Er überwindet extreme Schwierigkeiten, jedoch mit derartiger Ruhe und Geschmeidigkeit, mit einer solchen fortwährenden Zartheit und Feinheit, daß der Zuhörer deren wirkliches Ausmaß gar nicht wahrnimmt...«

Manchester Guardian (30. August 1848):
»... Er [Chopin] scheint etwa 30 Jahre alt zu sein [Chopin war damals 38]. Sein Körperbau ist sehr schmächtig, und in seiner Erscheinung und in seinem Gang ist ein fast schmerzlicher Ausdruck von Schwäche. Dies verschwindet, wenn er sich ans Instrument setzt, wo er augenblicklich völlig entrückt scheint. Chopins Musik und sein Vortrag besitzen ein gemeinsames Merkmal: mehr Feinheit als Kraft, mehr zarte sorgfältige Ausarbeitung als nur das Erfassen des Zusammenhangs, ein mehr eleganter, behender Anschlag als ein kräftiges Angehen des Instrumentes...«

Edinburgh Evening Courant (7. Oktober 1848):
»... Über sein [Chopins] Spiel brauchen wir nicht mehr zu sagen, als daß es das vollendetste ist, das wir je gehört haben. Er besitzt weder die Wucht noch die Fingerkraft eines Mendelssohn, Thalberg oder Liszt; sein Vortrag wird folglich in einem großen Raum weniger Wirkung haben, aber als Kammerpianist ist er unerreicht...«

1848

715 *London, Trafalgar Square zur Zeit von Chopins Aufenthalt. Stahlstich, um 1845.*
Am 31. Oktober 1848 kehrte Chopin aus Schottland nach London zurück. Am 23. November trat er schließlich von hier aus die Rückreise nach Paris an.

716 *Die »Guildhall« in London. Lithographie, um 1840.*
Am 16. November 1848 spielte Chopin anläßlich einer Veranstaltung zugunsten polnischer Emigranten in der altehrwürdigen *Guildhall* (1411 erbaut, nach einem Brand wiedererrichtet im 17. Jahrhundert). Es war der letzte öffentliche Auftritt seines Lebens. Anschließend hatte er eine schlaflose Nacht mit Kopfschmerzen, Hustenanfällen und Atemnot.

LEBEN

Chopins Gesundheitszustand verschlechtert sich zunehmend; er komponiert und unterrichtet nicht mehr.

29. JANUAR: Tagebucheintrag Delacroix': »Am Abend besuchte ich Chopin. [...] Was Chopin betrifft, so hindert ihn sein Leiden, an irgendetwas Anteil zu nehmen, geschweige denn zu arbeiten.«[94] Vgl. S. 190.

2. FEBRUAR: Begegnung mit Delacroix, Grzymała und Alkan.

9. FEBRUAR: Tagebucheintrag Delacroix': »Abends [bei] Chopin, gleich nach dem Diner. Er empört sich darüber, wie die Mittelmäßigkeit sich die Erfindungen der Meister aneignet, um sie zu verderben oder sie einem zu verleiden ...«[94]

2. MÄRZ: Delacroix am Abend bei Chopin.

8. MÄRZ: Delacroix besucht Chopin und trifft dort einen Arzt aus Quimper an, der den Komponisten kurieren will.

30. MÄRZ: Delfina Potocka, Marie Kalergis und Delacroix bei Chopin (vgl. S. 54 und S. 277).

7. APRIL: Alkan und Delacroix bei Chopin (vgl. Abb. 539 und S. 328).

11. APRIL: Delfina Potocka und Delacroix bei Chopin.

14. APRIL: Tagebucheintrag Delacroix': »Abends bei Chopin; ich fand ihn sehr geschwächt, er atmete kaum. [...] Er sagte mir, der *ennui* quäle ihn am meisten.«[94]

22. APRIL: Tagebucheintrag Delacroix': »Nach dem Diner bei Chopin, einem Auserwählten für das Herz, und – ich brauche es nicht zu sagen – für den Geist. [...] Er hatte sich in die Premiere des *Propheten* [von Meyerbeer] geschleppt. Sein Abscheu für dieses Flickwerk.«[94]

10. MAI: Geburt von Solanges Tochter »Nini«.

17. MAI: Marie Kalergis und Delacroix bei Chopin.

ENDE MAI/ANFANG JUNI: Letzte Begegnung von Delacroix und Chopin. Delacroix an Juliette Forget: »Ich verließ Paris, besorgt um meinen teuren Chopin. Ich habe es betrübt, ihn in diesem Zustand zurückzulassen.«[85]

JUNI: Umzug in die Rue de Chaillot No 74. Die Mutter schickt Chopin 1200 Francs; auch Jane Stirling und Fürstin Obreskow unterstützen ihn.

22. JUNI: Chopin hat nachts zwei Blutstürze; sein Zustand verschlechtert sich immer mehr. Solange Sand-Clésinger: »Die Abende bei ihm waren herzzerreißend. Sein keuchender Atem war nur noch ein röchelndes und jammervolles Schreien, ein gräßliches Schluchzen.«[223]

25. JUNI: Chopin, wohl in Todesahnung, bittet seine Angehörigen zu kommen (vgl. S. 322).

10. JULI: Chopin an Grzymała: »Ich spiele immer weniger; schreiben kann ich nicht.«[224]

9. AUGUST: Ankunft von Chopins Schwester Ludwika mit ihrem Gatten und ihrem Töchterchen.

14. AUGUST: Chopin an Marie de Rozières: »Ich fühle mich so schwach wie noch nie.«[225]

MITTE SEPTEMBER: Letzter Besuch Norwids bei Chopin (vgl. S. 320); gegen Ende September Umzug an die Place Vendôme (vgl. S. 325, 327 und 344).

17. SEPTEMBER: Chopins Brief an Franchomme (S. 324).

OKTOBER: Chopin ist sich seiner hoffnungslosen Lage bewußt; er ordnet angeblich an, seine unveröffentlichten und unvollendeten Manuskripte zu verbrennen.[226]

15. OKTOBER: Besuch Delfina Potockas (vgl. Abb. 735).

16. OKTOBER: Chopins Freunde beim sterbenden Komponisten. Der Priester gibt die Letzte Ölung.

17. OKTOBER: Frédéric Chopin stirbt gegen zwei Uhr morgens.

Der polnische Dichter, Dramatiker, Maler (vgl. Abb. 652) und Bildhauer Cyprian Kamil Norwid (1821–1883) lebte seit 1849 in Paris, wo er mehrere Begegnungen mit Chopin hatte. Norwid über seine vorliegende Schilderung: »Die hier beschriebenen Dinge nenne ich *Schwarze Blumen*, authentisch wie die Unterschriften von Zeugen, die nicht schreiben können und mit ungelenk gemalten Kreuzen unterzeichnen ...«

Aus »Czarne kwiaty« (»Schwarze Blumen«) (1856):[227]

»... Es war später, sehr viel später [1849] in Paris. Fryderyk Chopin wohnte in der Rue de Chaillot, wenn man von den Champs-Elysées hügelauf geht in der linken Häuserzeile, in der ersten Etage, seine Fenster gingen zu den Gärten hinaus, auf die Kuppel des Panthéon und ganz Paris ... der einzige Punkt, von dem aus sich Panoramen bilden, die denen in Rom ein wenig vergleichbar sind. Chopin hatte eine Wohnung mit solch einer Aussicht. Den Hauptteil der Wohnung bildete ein großer Salon mit zwei Fenstern [der Salon besaß in Wirklichkeit drei Fenster]; hier stand sein unsterbliches Pianoforte, das keineswegs luxuriös aussah – es glich einem Schrank oder einer Kommode, aber war wunderbar verziert wie die modernen Pianofortes, nur war es dreieckig, lang, auf drei Beinen – eines, wie man es heute, glaube ich, in den eleganten Wohnungen kaum noch vorfindet. In diesem Salon pflegte Chopin auch zu speisen, gegen fünf; später stieg er dann so gut er konnte die Treppen hinab und fuhr zum Bois de Boulogne, und nachdem er von dort wieder zurückgekehrt war, wurde er die Treppen hinaufgetragen, da er nicht mehr imstande war, Treppen zu steigen. – So speiste ich oftmals mit ihm und fuhr mit ihm zusammen aus, auch einmal zu Bohdan Zaleski [polnischer Dichter, Freund Chopins], der damals in Passy wohnte; wir schauten bei ihm vorbei, gingen aber nicht nach oben in die Wohnung, weil niemand da war, der Chopin hinauftragen konnte. Wir blieben im Vorgarten, wo der damals noch recht kleine Sohn des Dichters auf dem Rasen spielte ...

Nach diesem Ereignis verging viel Zeit, in der ich Chopin nicht aufsuchte; allerdings wußte ich stets, wie es ihm ging und auch, daß seine Schwester aus Polen eingetroffen war. Endlich wollte ich ihm eines Tages wieder einen Besuch abstatten. Die Dienerin, eine Französin, sagte mir, er schliefe. Ich hinterließ meine Visitenkarte, dämpfte meine Schritte, und ging wieder. – Kaum war ich ein paar Stufen hinabgestiegen, kam die Dienerin hinter mir hergelaufen und meldete, daß Chopin, nachdem er erfahren hatte, wer der Besucher sei, mich zu sich bitten ließ – mit einem Wort, daß er nicht geschlafen hatte, sondern niemanden empfangen wollte. Sehr dankbar dafür, daß er mich sehen wollte, ging ich also in das an den Salon angrenzende Zimmer, in dem Chopin zu schlafen pflegte. Ich traf ihn angezogen, jedoch auf dem Bett liegend an. Seine Beine waren geschwollen, was einem sofort ins Auge fiel, da er Schuhe und Strümpfe trug. Bei ihm saß die Schwester des Künstlers, ihm im Profil seltsam ähnlich ... Er ruhte im Dunkel des tiefen Betts mit seinen Vorhängen, halb aufgerichtet gegen Kissen gelehnt, hatte einen Schal um sich geschlungen und war sehr schön wie immer. Seine alltäglichsten Bewegungen hatten etwas Vollendetes, etwas, das sich in seinen Konturen scharf abzeichnete, das in der herrlichsten Epoche der griechischen Kultur für die Aristokraten Athens Religion sein mochte oder das ein genialer dramatischer Künstler z.B. in den klassischen französischen Tragödien zur Darstellung bringt, die zwar durch ihre theoretische Geschliffenheit grundverschieden sind von denen der antiken Welt, die aber ein Genie wie z.B. Rachel natürlich zu gestalten, wahrscheinlich zu machen und in der Tat klassisch umzusetzen versteht ... Eine solche apotheotische Vollkommenheit der Gesten besaß auch Chopin, gleich wo und wann ich ihn traf ...

Nun – er begann, unterbrochen von Husten und Würgen, mir vorzuwerfen, daß ich ihn so lange nicht besucht hätte; dann scherzte er ein wenig und zieh mich auf die unschuldigste Art und Weise des Mystizismus, was ich, um ihm eine Freude zu bereiten, zuließ. Dann sprach ich mit seiner Schwester, dann gab es ein paar Unterbrechungen durch seinen Husten, dann kam der Moment, in dem ich ihn in Ruhe lassen mußte, also verabschiedete ich mich, und während er meine Hand drückte, warf er sich die Haare aus der Stirn zurück und sprach: ›Ich schnüre mein Bündel!‹ ... und begann wieder zu husten. Ich widersprach dem vehement, weil ich wußte, daß es seinen Nerven von Zeit zu Zeit gut tat, wenn man etwas sehr heftig bestritt; also benutzte ich jenen künstlichen Ton, küßte ihn auf den Arm und sprach, so wie man zu einer kräftigen und tapferen Person spricht: ›... So schnürst Du Dein Bündel schon jedes Jahr ... und doch sehen wir Dich, Gott sei Dank, am Leben‹. Doch Chopin griff den vom Husten unterbrochenen Satz wieder auf und sagte: ›Ich sage Dir, daß ich mein Bündel schnüre und zur Place Vendôme ziehe.‹

Das war mein letztes Gespräch mit ihm; bald darauf zog er zur Place Vendôme, wo er auch starb – aber ich sah ihn nach jener Visite in der Rue de Chaillot nicht mehr ...

Noch vor dem Tode Chopins ging ich eines Tages die in der Nähe der Champs-Elysées gelegene Rue de Ponthieu entlang zu einem Haus, wo der Portier höflich Auskunft gab, so oft ihn jemand, der gerade vorbeikam, fragte, wie es Monsieur Jules gehe [Juliusz Słowacki, polnischer Dichter, vgl. Abb. 170] ...

Dort in der obersten Etage gab es ein Zimmerchen, das äußerst bescheiden möbliert war. Von seinen Fenstern hatte man einen weiten Blick, wie immer aus der Höhe, hier nur dadurch noch verschönt, daß die rote Sonne des Westens ihre Strahlen zu den Scheiben herübersandte. Einige Blumentöpfe standen in niedrigen Gittern vor den Fenstern, und die durch den Bewohner ermutigten Spatzen versammelten sich dort zwitschernd. Daneben befand sich noch ein weiteres winziges Zimmerchen – das Schlafzimmer.

Es war am Nachmittag so um die fünfte Stunde, als ich das vorletzte Mal bei Juliusz Słowacki war, der gerade sein Mittagessen beendete, das aus Suppe und einem gebratenen Huhn bestand. Słowacki saß an einem runden Tisch mitten im Zimmer, bekleidet mit einem langen verschlissenen Paletot und einer amarantroten, ausgeblichenen viereckigen Mütze, die er betont lässig aufgesetzt hatte. Wir sprachen über Rom, von wo ich vor nicht allzulanger Zeit nach Paris gekommen war, über einige Bekannte und Freunde, über meinen Bruder Ludwik, den der selige Juliusz aufrichtig liebte, über die *Ungöttliche Komödie*, die er sehr schätzte, über die *Morgendämmerung*, die für ihn eine glückliche Kindheit darstellte ... Wir redeten über die Kunst, die in Routine verfallen sei, und über Chopin (der noch lebte), von dem Juliusz hüstelnd sagte: ›Noch vor ein paar Monaten habe ich diesen Todgeweihten getroffen ...‹ Doch er ging noch eher als Fryderyk Chopin aus der sichtbaren Welt in die Welt des Todes ein.«

1849

WERKE

MAZURKA G-MOLL, OP. 67 NR. 2 (POSTHUM). Ersch.: Berlin (A.M. Schlesinger) 1855, Paris (Meissonnier) 1855.
MAZURKA F-MOLL, OP. 68 NR. 4 (POSTHUM). Nach Mitteilung von Chopins Freund Fontana das letzte eigenhändig niedergeschriebene Werk des Komponisten. Ersch.: Berlin (A.M. Schlesinger, Titel »Dernière Pensée Mazurka«) 1852, Paris (Meissonnier) 1855.
Möglicherweise entstanden diese beiden Mazurken bereits 1848.

717 *Blick auf Paris von Chaillot aus. Ölgemälde, um 1845, von Mozin.*
Dieser Blick bot sich Chopin von seiner Wohnung, die er im Juni 1849 in der Rue de Chaillot No 74 bezog. (Das Haus existiert heute nicht mehr.) Einige Gebäude, die er in seinem Brief vom 25. und 26. Juni 1849 (vgl. S. 322) beschreibt, sind auf dem Bild zu erkennen.

718 *Bois de Boulogne, gezeichnet und lithographiert von Eug. Ciceri, Figuren von Guérard, Mitte 19. Jahrhundert.*
Die Ansicht zeigt den großen See mit seinen Wasserfällen. »Ich gehe nicht aus, nur manchmal in den Bois de Boulogne. Ich fühle mich besser, weil ich tüchtig gegessen und die Medikamente nicht genommen habe, aber ich keuche und huste wie gewöhnlich, nur ertrage ich es jetzt leichter...« (Chopin an Grzymała, 18. Juni 1849[228]). Auch Cyprian Kamil Norwid beschreibt Chopins Ausflüge in den Bois de Boulogne, ebenso wie er den in Abb. 717 gezeigten Blick von Chopins Wohnung erwähnt (vgl. S. 320).

719 Brief Chopins vom 25./26. Juni 1849 an seine Schwester Ludwika.

Übersetzung aus dem Polnischen:

»Montag, 25. Juni 1849

Mein Leben – Wenn Ihr könnt, dann kommt. Ich bin schwach, und kein Doktor vermag mir so zu helfen wie Ihr. – Wenn Euch das Geld dazu fehlt, so leiht es Euch – sobald ich mich besser fühle, werde ich es leicht verdienen und es demjenigen zurückgeben, der es Euch leihen wird – doch jetzt bin ich zu blank, um Euch etwas schicken zu können. Meine Wohnung hier in Chaillot ist geräumig genug, um Euch auch mit 2 Kindern aufzunehmen. – Die kleine Ludka [Tochter von Chopins Schwester Ludwika] würde in jeder Hinsicht profitieren. – Papa Kalasanty [Gatte von Chopin Schwester Ludwika] könnte den ganzen Tag umherlaufen. Die landwirtschaftliche Ausstellung ist gleich nebenan – kurz, er hätte mehr freie Zeit für sich als früher, denn ich fühle mich schwächer und werde mit Ludwika viel öfter zu Hause sitzen. – Meine Freunde und mir wohlwollende Personen – halten Ludwikas Ankunft für die beste Arznei für mich – wie Ludwika sicher aus dem Brief von Frau Ob.[reskow] erfahren wird. – Bemüht Euch also um einen Paß. – Wie mir heute zwei Personen, eine aus dem Norden, die andere aus dem Süden, sagten – Personen, die Ludw. nicht kennen –, würde es nicht nur mir, sondern auch der Schwester gut bekommen.

[Die Rückseiten, hier nicht abgebildet, enthalten u.a. folgende Passagen:]

Das gäbe erst ein allgemeines Umarmen, wie ich das schon geschrieben habe – aber noch ohne Perücken und mit Zähnen im Munde ... Heute ist schönes Wetter, ich sitze im Salon und bewundere meine Aussicht auf ganz Paris: den Turm, die Tuilerien, die Kammer, St. Germain-L'Auxerrois, St. Etienne du Mont, Notre Dame, das Pantheon, St. Sulpice, Val-de-Grâce, den Invalidendom – aus fünf Fenstern, und lauter Gärten [ab hier wieder abgebildet:] zwischen uns. – Wenn Ihr kommt, werdet Ihr es sehen. Jetzt den Paß und das Geld. – Kümmert Euch darum, rasch aber vorsichtig. Schreibt mir gleich ein Wort. – Auch Zypressen haben ja ihre Capricen. – Meine Caprice ist heute, Euch hier zu sehen – Vielleicht erlaubt es Gott, daß es gut wird – und wenn nicht, dann tut wenigstens so, als hätte es Gott gestattet. – Ich bin guter Hoffnung, weil ich selten viel verlange – und ich hätte auch dies unterlassen, wäre ich nicht von allen dazu gedrängt worden, die mir Gutes wünschen. – Rühr Dich, Herr Kalasanty – dann bekommst Du eine ausgezeichnete große Zigarre von mir dafür – ich kenne jemanden, der vorzügliche raucht, n.b. im Garten. – Ich hoffe, daß mein Brief zu Mamachens Namenstag angekommen ist und ich beim Fest nicht gefehlt habe – ich will an dies gar nicht denken, weil mich dann gar das Fieber packt, und ich habe, Gott sei Dank, kein Fieber, was alle erfahrenen Ärzte außer Fassung bringt und ärgert.

Euer anhänglicher, doch schwacher Bruder

Ch.«

1849

720 Frédéric Chopin. Daguerreotypie, wahrscheinlich aus dem Jahr 1849, von L. A. Bisson, aufgenommen in der Wohnung des Pariser Musikverlegers Maurice Schlesinger.

Neben der Daguerreotypie um 1846 (Abb. 637) ist dies die einzige bekannte verbürgte photographische Aufnahme des Komponisten. Abgesehen davon, daß Chopin von seiner Krankheit gezeichnet ist, muß man in Betracht ziehen, daß diese Art der photographischen Technik noch nicht allzulange erfunden war. Fast hat man den Eindruck, als ob der Blick des Dargestellten Skepsis oder gar Abwehr gegenüber diesem neuartigen Verfahren ausdrücke. Trotz allem ist dieses nicht idealisierende Bildnis das wichtigste Dokument von Chopins Aussehen und das interessanteste aller Chopin-Porträts. Nur dem großartigen Gemälde von Delacroix (Abb. 365) kommt ähnliche Bedeutung zu. Manches, was die Photographie aussagt – Anzeichen von Müdigkeit, Resignation, Argwohn, Verkrampfung –, findet sich auch in Delacroix' Bild, Merkmale, die anderen Chopin-Porträtisten entgangen sind.

Bisson war einer der bedeutendsten Pariser Daguerreotypisten; er verfertigte um 1850 auch bereits Papierbilder. Im vorliegenden Fall handelte es sich aber um eine Daguerreotypie, deren Original verschollen ist. (Alle langjährigen Bemühungen des Verf., es aufzufinden, blieben ohne Erfolg.) Chopins photographische Darstellung wird meistens sehr enttäuschend abgebildet. Die vorliegende Reproduktion stammt von einem jener äußerst seltenen Papierbilder, die – vermutlich noch von Bisson selbst – vom Original angefertigt wurden. Im doppellinigen Kreis des Passepartouts, das Bisson um seine Daguerreotypie legte, die weiß gestanzten (und daher kaum zu erkennenden) Initialen des Photographen: L[ouis] A[uguste] B[isson].

721–723 Brief Chopins, 17. September 1849, an Auguste Franchomme; es ist der letzte bekannte Brief des Komponisten. Chopin starb am 17. Oktober 1849, genau einen Monat später.

»17. Sept. Montag
Lieber Freund, es grämt mich, daß Ihr in Le Mans zu leiden hattet. – Doch nun seid Ihr endlich wieder in der Touraine, deren Himmel günstiger für Euch sein wird. Ich fühle mich eher schlechter denn besser. – Die Herren Cruveilhier, Louis und Blache haben in einer Beratung beschlossen, daß ich jetzt keine Reise unternehmen darf, sondern vielmehr eine Wohnung nach Süden nehmen und in Paris bleiben sollte. Nach längerem Suchen hat man eine sehr teure Wohnung gefunden, die alle gewünschten Bedingungen vereint – Place Vendôme No 12. – Albrecht hat dort gegenwärtig seine Büros, Meara war mir bei der Wohnungssuche eine große Hilfe. – Endlich werde ich Euch alle wiedersehen, im kommenden Winter – und in guter Unterkunft. Meine Schwester bleibt bei mir, es sei denn, daß man sie zu Hause dringend brauchen sollte.
Ich liebe Dich, und das ist alles, was ich Dir sagen kann, denn ich falle um vor Schläfrigkeit und Schwäche.
Meine Schwester freut sich, Madame Franchomme wiedersehen zu können – wie auch ich mich aufrichtig darüber freue. – Gottes Wille geschehe. – Viele herzliche Grüße an Monsieur und Madame Forest – wie gern würde ich einige Tage mit Euch verbringen. – Ist Madame de Lauvergeat ebenfalls im Seebad? – Vergiß nicht, sie, wie auch M. Lauvergeat, von mir zu grüßen. Umarme die Kleinen. Schreib mir ein paar Zeilen.
g.d.D.Ch. [ganz der Deine. Chopin.]
Meine Schwester umarmt Mme. Franchomme.«

(Zu den im Brief erwähnten Personen vgl. Quellenverzeichnis Nr. 229.)

Rechte Seite:
724 Paris, Place Vendôme. Photographie, 1867.
Im Rückgebäude des Hauses Place Vendôme No 12 starb Frédéric Chopin am 17. Oktober 1849 gegen zwei Uhr morgens.
Die Säule in der Bildmitte ist die Colonne de la Grande Armée, die aus der Bronze der in der Schlacht bei Austerlitz erbeuteten Kanonen angefertigt wurde. Die spiralenförmig aneinandergereihten Säulenreliefs stammen von dem David-Schüler Bergeret; sie schildern die berühmtesten Feldzüge Napoleons von 1805 bis 1807. Auf der Säulenspitze eine Figur Napoleons in Caesarenhaltung.

324

1849

1849

725, 726 *Zwei Taschenkalender aus Chopins letzten Lebensjahren.*
Der eine Kalender mit der Namensprägung »F. Chopin« stammt aus dem Jahr 1848 und enthält hauptsächlich Notizen Chopins über seine Aufenthalte in England und Schottland.
Die aufgeschlagene Seite zeigt unter dem 1. Juli den Vermerk »Ersk. 5«, womit Chopin wahrscheinlich eine Verabredung mit seiner schottischen Schülerin Catherine Erskine, einer Schwester Jane Stirlings, meint. Auf die gegenüberliegende Seite zeichnete er, wohl in Todesahnung, ein Grab – ein erschütterndes Dokument seiner damaligen Verfassung. Im rechten Seitenfach des Kalenders liegt eine Visitenkarte seiner Schwester Ludwika, im linken das hier abgebildete Brokattäschchen mit einer Haarlocke George Sands. Auf der Rückseite trägt das Täschchen die Initialen »GF« (George/Frédéric), vermutlich ein Geschenk George Sands aus glücklichen Tagen.
Der zweite Kalender ist von 1849; er enthält sporadische Eintragungen Chopins über Klavierstunden, Arztbesuche, Geldangelegenheiten etc.
Die aufgeschlagene Seite vermerkt unter dem 3. Oktober, also zwei Wochen vor Chopins Tod, die Namen »Delarac« (Edouard de Larac war Verwalter von Chopins Appartement am Square d'Orléans) und »Bascans«. (Gemeint ist entweder der Journalist Bertrand-Auguste-Ferdinand Bascans oder – mit größerer Wahrscheinlichkeit – dessen Gattin Sophie-Victoire, geb. Lagut, die mit George Sand und deren Tochter Solange gut befreundet war.) Möglicherweise hängt dieser Eintrag mit dem eben vollzogenen Umzug Chopins von der Rue de Chaillot No 74 an die Place Vendôme zusammen. Mme Bascans war Lehrerin an einem Pensionat in der Rue de Chaillot No 70.
Die aufgeschlagene Seite zeigt Chopins letzten Eintrag. Es ist nicht auszuschließen, daß es die letzten Worte waren, die der Komponist schrieb. (Chopins angeblich letzte Zeilen mit der Bitte, ihn vor dem Lebendigbegrabenwerden zu bewahren, sind nicht authentisch; sie stammen wahrscheinlich von seinem Vater.) Erstveröffentlichung.

727 Paris, Place Vendôme. Farbige Lithographie, Mitte 19. Jahrhundert, von Deroy.
Ende September 1849 übersiedelte Frédéric Chopin an die Place Vendôme. Hier starb er wenige Wochen später.

728 Der Salon Chopins an der Place Vendôme No 12. Aquarell, 1849, von Teofil Kwiatkowski.

729, 730, 731 Bleistiftzeichnungen, zum Teil aquarelliert, um 1849, von Teofil Kwiatkowski.
Von dem mit Chopin befreundeten Kwiatkowski gibt es noch weitere Bilder ähnlicher Art; sie tragen großteils die Datierung »17. Oktober 1849«, sind aber keinesfalls an diesem Tag, Chopins Todestag, entstanden. Der Maler hat sie wahrscheinlich erst später mit diesem Datum versehen oder möglicherweise erst nach dem Tode des Komponisten angefertigt.

Tagebucheintrag Delacroix' (7. April 1849):
»... Im Laufe des Tages sprach er [Chopin] mit mir über Musik, was ihn belebte. Ich fragte ihn, was die Logik in der Musik bewirke. Er hat mir klargemacht, was Harmonie und Kontrapunkt sind, weshalb die Fuge so etwas wie die reine Logik in der Musik sei, und, daß in der Fuge bewandert zu sein, soviel bedeute, wie das Element aller Vernunft und aller Folgerichtigkeit in der Musik zu kennen. Ich dachte, wie glücklich ich gewesen wäre, mich über all dies zu informieren, was die gewöhnlichen Musiker nur zur Verzweiflung treibt. Dieses Gefühl hat mir eine Vorstellung von dem Vergnügen gegeben, das die Gelehrten, die dieses Namens würdig sind, in der Wissenschaft finden. Denn die wahre Wissenschaft ist nicht das, was man gewöhnlich unter diesem Wort versteht, nämlich ein Teilgebiet nur des Wissens, das von der Kunst verschieden wäre. Nein, die Wissenschaft, so gesehen und von einem Manne wie Chopin erklärt, ist die Kunst selbst, und die Kunst wiederum ist dann nicht mehr das, wofür man sie landläufig hält, nämlich eine Art von Inspiration, die wer weiß woher kommt, die aufs Geratewohl vorgeht und nur das pittoreske Äußere der Dinge darstellt. Sie ist die Vernunft selbst, vom Genie gekrönt, doch folgt sie einem notwendigen Weg und wird durch höhere Gesetze gehalten. Das führt mich zum Unterschied zwischen Mozart und Beethoven. ›Dort‹, sagte er [Chopin] mir, ›wo dieser dunkel ist und ihm die Geschlossenheit zu mangeln scheint, ist nicht seine vorgebliche, etwas milde Originalität, um deretwillen man ihn rühmt, der Grund; dieser liegt vielmehr darin, daß er ewigen Prinzipien den Rücken kehrt. Mozart niemals. Jede der Stimmen geht ihren Weg und bildet, ganz im Zusammenklang mit den anderen, ein Thema, dem sie durchaus folgt; das ist der Kontrapunkt, *punto contra punto*‹. Er hat mir gesagt, man habe die Angewohnheit, die Akkorde vor dem Kontrapunkt zu lernen, das heißt die Notenfolge, die doch erst zum Akkord führt. Berlioz setzt Akkorde hin und füllt die Intervalle aus, so gut er kann.«[94]

732 *Pariser Soirée. Bleistiftzeichnung, um 1849, von Cyprian Kamil Norwid.*
Rechts im Bild Frédéric Chopin, links am Klavier sein Schüler, der norwegische Komponist und Pianist Thomas Tellefsen, daneben Chopins Freunde Grzymała und (im Hintergrund) Szumlański. Diese Darstellung wurde mit »Paris, 1847« datiert. Sie entstand aber wahrscheinlich erst kurz nach Chopins Tod zur Erinnerung an eine Soirée aus dem Jahr 1847.

733 *Frédéric Chopin. Bleistiftzeichnung, um 1849, von Teofil Kwiatkowski.*

734 *Frédéric Chopin. Aquarellierte Bleistiftzeichnung, um 1849, von Teofil Kwiatkowski.*

1849

735 *Gräfin Delfina Potocka singt am Bett des todkranken Chopin. Ölgemälde, 1885, von Félix Barrias.*
Obwohl diese Gemälde erst nach Chopins Tod entstand und somit kein zeitgenössisches Dokument ist, wird es hier abgebildet. Abgesehen von der etwas pathetischen Darstellung könnte sich die Begebenheit mit Delfina Potocka auf ähnliche Weise zugetragen haben. Die Sängerin war, als sie vom Zustand des Komponisten hörte, von Nizza nach Paris gereist. Sie sang ihm auf seine Bitte hin vor.
Ludwika, die Schwester Chopins, hält die Hand ihres Bruders, davor George Sands Tochter Solange (es könnte sich auch um die Chopin-Schülerin Elise Gavard handeln) im Schoß einer Krankenschwester. Franchomme(?) und Fürstin Marcelina Czartoryska knien am Boden, daneben der Maler Kwiatkowski und (im Hintergrund) Grzymała.

736 *Chopins Schwester Ludwika am Bett ihres Bruders an der Place Vendôme No 12. Ölgemälde, 1849, von Teofil Kwiatkowski.*
Diese Szene vermittelt den gleichen Eindruck, den der Dichter Norwid beschreibt, als er Chopin in der Rue de Chaillot besuchte. Vgl. S. 320.

1849

737 *Die letzte Stunde Frédéric Chopins. Ölgemälde, 1849, von Teofil Kwiatkowski.*
Neben dem Bett steht Fürstin Marcelina Czartoryska, rechts von ihr sitzt Grzymała, hinter ihm Kwiatkowski, der Maler dieses Bildes; ganz links Abbé Jełowicki, vor ihm Chopins Schwester Ludwika.

738 *Chopins letzte Stunde. Ölgemälde, um 1849, von Teofil Kwiatkowski.*
Im Unterschied zu Abb. 737 fehlt hier unter den Dargestellten Abbé Jełowicki, außerdem befinden sich auf dem Tisch verschiedene Gegenstände. Kwiatkowski hat dieses Bild wahrscheinlich nach Chopins Tod im Auftrag Jane Stirlings angefertigt.

Chopin's Tod.

Aus den Briefen von Alexander Jełowiecki.

Alexander Jełowiecki, der Seelsorger der polnischen Emigration in Paris, ein ebenso gewandter Kanzelredner als um die polnische Literatur hochverdienter Schriftsteller, der vor Kurzem gestorben ist, berichtet in seinen Briefen als Augen- und Gewissenszeuge folgendermaßen über die letzten Augenblicke des großen Tonkünstlers Chopin, welcher von den Koryphäen der Musik mit Recht zu den Klassikern gerechnet wird:

Noch unter dem tiefen Eindrucke, den der Tod Chopin's auf mich ausgeübt, schreibe ich diese Worte.

Er starb am 17. Oktober 1849 um 2 Uhr Morgens.

Seit mehreren Jahren hing das Leben Chopin's, wie man zu sagen pflegt, an einem Härchen. Sein Körper, stets schwach und hinfällig, verzehrte sich selbst durch das Feuer seines Genie's. Alle wunderten sich, daß in einem solch' entkräfteten Leibe noch eine Seele wohnen und nichts an Schärfe der Besinnung, an Güte des Herzens verlieren könne. Sein Antlitz war wie Alabaster, so kalt, weiß und durchsichtig; seine Augen, für gewöhnlich wie durch einen Nebel verschleiert, blitzten zuweilen in ungewöhnlichem Glanze auf. Stets hingebend, liebenswürdig und sprudelnd von Witz und überaus gefühlvoll, schien er kaum mehr dieser Welt anzugehören. Aber leider — an den Himmel dachte er nicht. Er hatte nur wenig gute Freunde; desto mehr aber böse, d. h. ungläubige. Seine Triumphe in der Tonkunst erstickten leider in seinem Herzen die Eingebungen des heiligen Geistes. Die Frömmigkeit, welche er vom polnischen Mutterschooße geerbt, war ihm nur als Jugenderinnerung bekannt. Die Glaubenslosigkeit seiner Gefährten und Freundinnen faßte in den letzten Jahren immer tiefer Wurzel in seinem reizbaren Gemüthe und wie eine bleierne Wolke lagerte der Zweifel auf seiner Seele. Es war seinem edlen Geschmack und seinen feinen Umgangston nur zuzuschreiben, daß er nicht laut über heilige Gegenstände lachte und spöttelte.

In diesem so traurigen Zustande bekam er eine tödtliche Brustkrankheit. Bei meiner Rückkehr von Rom nach Paris erfuhr ich die Nachricht von dem bevorstehenden Tode Chopin's. Sogleich eilte ich zu dem mir von Jugend auf so lieben Freunde, dessen Seele mir um so theurer war. Wir umarmten uns und unsere beiderseitigen Thränen bestärkten meine Befürchtung, daß sein Ende bevorstand. Er siechte und schwand immer mehr dahin; und doch weinte er nicht über seinen Zustand, sondern über mich, der den Tod meines Bruders Eduard tief beklagte, den er ebenfalls sehr liebte. Ich benützte dieses Mitgefühl, um ihn an seine Mutter zu erinnern und durch die Erinnerung an sie den Glauben in ihm zu erwecken, welchen sie ihn gelehrt hatte. „Ach, ich verstehe Dich," sprach er, „ich möchte nicht ohne die heiligen Sakramente sterben, um meine geliebte Mutter nicht zu betrüben; aber ich kann sie nicht empfangen, weil ich ihre Bedeutung nicht mehr kenne. Die Nützlichkeit der Beichte verstehe ich wohl, da sie mit unserem Anvertrauen einem Freunde gegenüber in sich schließt; aber als Sakrament geht sie über meinen Begriff. Wenn Du willst, so beichte ich Dir um unserer Freundschaft willen, sonst aber nicht." — Mein Herz betrübte sich sehr über diese und ähnliche Worte Chopin's und ich mußte weinen. Es that mir um seine Seele so leid, so unendlich leid. Ich tröstete ihn, so gut ich konnte, indem ich auf den Heiland, die Muttergottes und die ergreifendsten Bilder der Barmherzigkeit Gottes hinwies. Es half nichts. Ich erbot mich, ihm denjenigen Beichtvater zu besorgen, welchen er sich nur wünschen würde. Er aber sprach: „Wenn ich überhaupt beichte, dann nur Dir." Dieses aber befürchtete ich am meisten, nach dem, was ich vorher von ihm gehört hatte.

In welchem Zustande ich hierauf die Nacht zubrachte, kann sich kein Mensch vorstellen. Des Morgens darauf hatten wir den Tag des heil. Eduard, des Patrons meines geliebten Bruders. Ich opferte die heilige Messe für sein Seelenheil und betete zu Gott: „O Allbarmherziger! Wenn Dir die Seele meines Eduard genehm ist, so schenke mir heute die Seele Friedrich's" (der Vorname Chopin's).

Meine Angst verdoppelte sich, als ich zu Chopin ging. Ich traf ihn beim Frühstück, zu welchem er mich einlud. Doch ich antwortete: „Mein theuerster Freund, heute ist der Namenstag meines Bruders Eduard." — Chopin seufzte — und ich fuhr fort: „An diesem Festtage meines Bruders gewähre mir eine Bitte." — „Was Du immer verlangen solltest, es sei Dir gewährt," sprach Chopin und ich entgegnete darauf: „Schenke mir Deine Seele!" — „Ich verstehe Dich, nimm sie," antwortete Chopin, indem er sich auf's Bett setzte.

Da ergriff mich unaussprechliche Freude, doch auch unsägliche Angst. Wie sollte ich diese liebe Seele empfangen, um sie Gott zu übergeben? — Ich fiel auf die Kniee und rief im Geiste zu Gott: „Nimm Du sie allein, o Gott!" Und ich reichte Chopin das Bild des gekreuzigten Heilandes, indem ich das Crucifix stillschweigend in seine Hände drückte. Aus beiden Augen entquollen ihm Thränen.

„Glaubst Du?" fragte ich ihn. „Ich glaube," antwortete er.

„Glaubst Du so, wie es Dich Deine Mutter gelehrt hat?"

„So wie es mich die Mutter gelehrt hat," antwortete er. Und den Blick auf das Bild des gekreuzigten Heilandes richtend, beichtete er und unter einem Strome von Thränen. Hierauf empfing er die heilige Wegzehrung und das Sakrament der letzten Oelung, um welche er selbst bat. — Nach einer Weile ließ er dem Küster wohl zwanzig Mal so viel reichen, als man gewöhnlich zu geben pflegte. Ich machte ihn aufmerksam, daß es zu viel wäre. „O nein," sagte er, „es ist nicht zu viel; denn was ich empfangen habe, ist ja unschätzbar, übersteigt ja jeden Preis." — Von diesem Augenblick an war er durch die Gnade Gottes oder vielmehr durch Gott selbst, den er empfangen, ein ganz anderer, man möchte beinahe sagen, heiliger Mensch geworden.

An diesem Tage noch begann der Todeskampf, welcher vier Tage und Nächte dauerte. Seine Geduld und freudige Fügung in den Willen Gottes verließen ihn nicht bis zum letzten Augenblick. Während der größten Schmerzen dankte er Gott, pries seine Liebe und drückte das Verlangen aus, sich nun bald mit Ihm zu vereinen. Er erzählte von seinem Glück seinen Freunden, welche kamen, um von ihm Abschied zu nehmen, und in den Nebenzimmern wachten. — Schon schien der Athem zu stocken, schon schien Chopin zu verscheiden, da er keinen Laut mehr von sich gab und die Besinnung ihn verlassen hatte. In größter Angst stürzten Alle in sein Zimmer, den letzten Augenblick erwartend. Da öffnete Chopin die Augen, und die Anwesenden überblickend, fragte er: „Was macht Ihr hier? Warum betet Ihr nicht?" Und mit mir fielen alle Anwesenden auf die Kniee und ich betete laut die Litanei zu allen Heiligen, welche sogar die Protestanten mitbeteten.

Tag und Nacht hindurch hielt er beinahe fortwährend meine Hände krampfhaft umfaßt. „In dem entscheidenden Augenblick wirst Du mich doch nicht verlassen?" sprach er und drückte sich sanft an mich, so wie ein Kind sich an die Mutter drückt, wenn ihm Gefahr droht. Alle Augenblicke rief er: „Jesus, Maria!" Alle Augenblicke küßte er das Crucifix, seinen Glauben, seine Hoffnung und Liebe dadurch bekennend. Zuweilen sprach er zu den Anwesenden mit großer Rührung: „Ich liebe Gott, ich liebe die Menschen. — Es ist gut, daß ich so sterbe. — Meine liebe, gute Schwester, weine doch nicht; — auch Ihr, meine Freunde, weinet nicht. — Ich bin ja so glücklich. Ich fühle, daß ich sterbe. — Betet für mich. — Im Himmel sehen wir uns wieder!"

Zu den Aerzten, welche sich bemühten, das Leben in ihm zu erhalten, sagte er: „Lasset mich doch ruhig sterben. Gott hat mir in Gnaden vergeben; schon ruft er mich! Lasset mich — ich möchte so gerne sterben!" Nach einer Weile fuhr er fort: „O eine schöne Wissenschaft das, die Leiden zu verlängern. Wenn man dieses noch thäte, um etwas Gutes vollenden, um ein Opfer vollbringen zu können; aber um mich und die mich Liebenden zu quälen und zu foltern — eine schöne Wissenschaft!" Nach einer kleinen Pause: „Ihr verursacht mir umsonst Leiden, fürchterliche Leiden. Ihr habt Euch vielleicht geirrt — Gott aber hat sich nicht geirrt. — Er prüft mich. — O wie gut ist Gott!"

Zuletzt nahm er, der doch stets so gewählt sprach, keinen Anstand zu sagen: „Ohne Dich, mein Theurer, wäre ich wie ein Sch.... verendet." Er wollte mir dadurch seine ganze Dankbarkeit ausdrücken, so wie auch das Unglück derjenigen bezeichnen, welche ohne die heiligen Sakramente dahinsterben.

Im letzten Moment wiederholte er nochmal die heiligen Namen: Jesus, Maria und Joseph, drückte das Crucifix an seinen Mund und an sein Herz und mit dem letzten Athemzuge entschlüpften ihm die Worte: „Ich bin jetzt an der Quelle des Glücks." — Dieses sagend, verschied er.

So starb Chopin! —   A. R.

---

739 *Chopins Tod. Erinnerungen des Abbé Jełowicki, veröffentlicht 1877 im »Deutschen Hausschatz«.*
Jełowicki war in der Todesstunde anwesend; von ihm erhielt Chopin die Letzte Ölung.
Der Bericht ist hier nur der Kuriosität halber wiedergegeben, er klingt – abgesehen von seiner unsäglichen Rührseligkeit – unglaubwürdig und weicht entschieden von den übrigen Augenzeugenberichten ab. Die Urform dieser Schilderung ist ein Brief, den Jełowicki kurze Zeit nach Chopins Tod an Ksawera Grocholska schrieb.

740 *George Sand vor einer Treppe. Ölgemälde, 1849, von Napoléon Illakowicz.*
Dieses kaum bekannte Bild (aus dem Besitz Karol Mikulis) zeigt George Sand im Todesjahr Chopins.
Franchomme berichtet, Chopin habe ihm zwei Tage vor seinem Tode George Sands Worte »Elle m'avait dit que je ne mourrais que dans ses bras« (»Sie hat mir gesagt, daß ich nur in ihren Armen sterben werde«) anvertraut.[230]
Adolf Gutmann hinterließ die zweifelhafte Geschichte, George Sand sei damals mit der Bitte, den Sterbenden noch einmal zu sehen, an die Place Vendôme gekommen; er habe sie jedoch an der Treppe abgewiesen mit der Begründung, dies würde Chopin zu sehr aufregen.[231] (Aus George Sands Korrespondenz[232] läßt sich rekonstruieren, daß dieser Bericht eine Erfindung Gutmanns ist.)
Diese Geschichte ergänzt zusammen mit den Erinnerungen Jełowickis, der abenteuerlichen Darstellung auf der gegenüberliegenden Seite und den verschiedenen Versionen der Todesstunde die Legenden, die sich um Chopins Tod ranken.

1849

741 Chopins letzte Stunden.
Xylographie, 1882, aus
»Das Buch für Alle«.

1849

742 *Chopin auf dem Totenbett. Aquarell, 17. Oktober 1849, von Teofil Kwiatkowski.*
Kwiatkowski fertigte eine größere Anzahl von untereinander kaum abweichenden Zeichnungen bzw. Aquarellen an, die Chopin auf dem Totenbett zeigen. Die meisten tragen das Datum »17. Oktober 1849«; fast alle entstanden jedoch nach dem Tode des Komponisten. Der Maler lieferte sie häufig auf Wunsch seiner Freunde oder auf Wunsch von Chopins Freunden und Schülern. Das hier abgebildete Aquarell war bis zum Tode Kwiatkowskis in dessen Besitz; vermutlich ist es das authentischste von allen. Es entstand mit größter Wahrscheinlichkeit noch an Chopins Todestag und dürfte ähnlichen Darstellungen als Vorlage gedient haben.

743 *Chopin auf dem Totenbett. Aquarell, um 1849, von Teofil Kwiatkowski.*
Rechts unten »17. Octobre 1849«, die Signatur des Malers und (auf der Abb. nicht zu sehen) »à Paris No 65 rue de Rennes«.

744 *Chopin auf dem Totenbett. Bleistiftzeichnung, weiß gehöht und mit Gouachefarben, um 1849, von Teofil Kwiatkowski.*
Rechts unten der Vermerk des Malers »17.8^{bre} [17.Oktober] 1849. Paris.« und eine Widmung.

745 *Chopin auf dem Totenbett. Gouachemalerei, um 1849, von Teofil Kwiatkowski.*

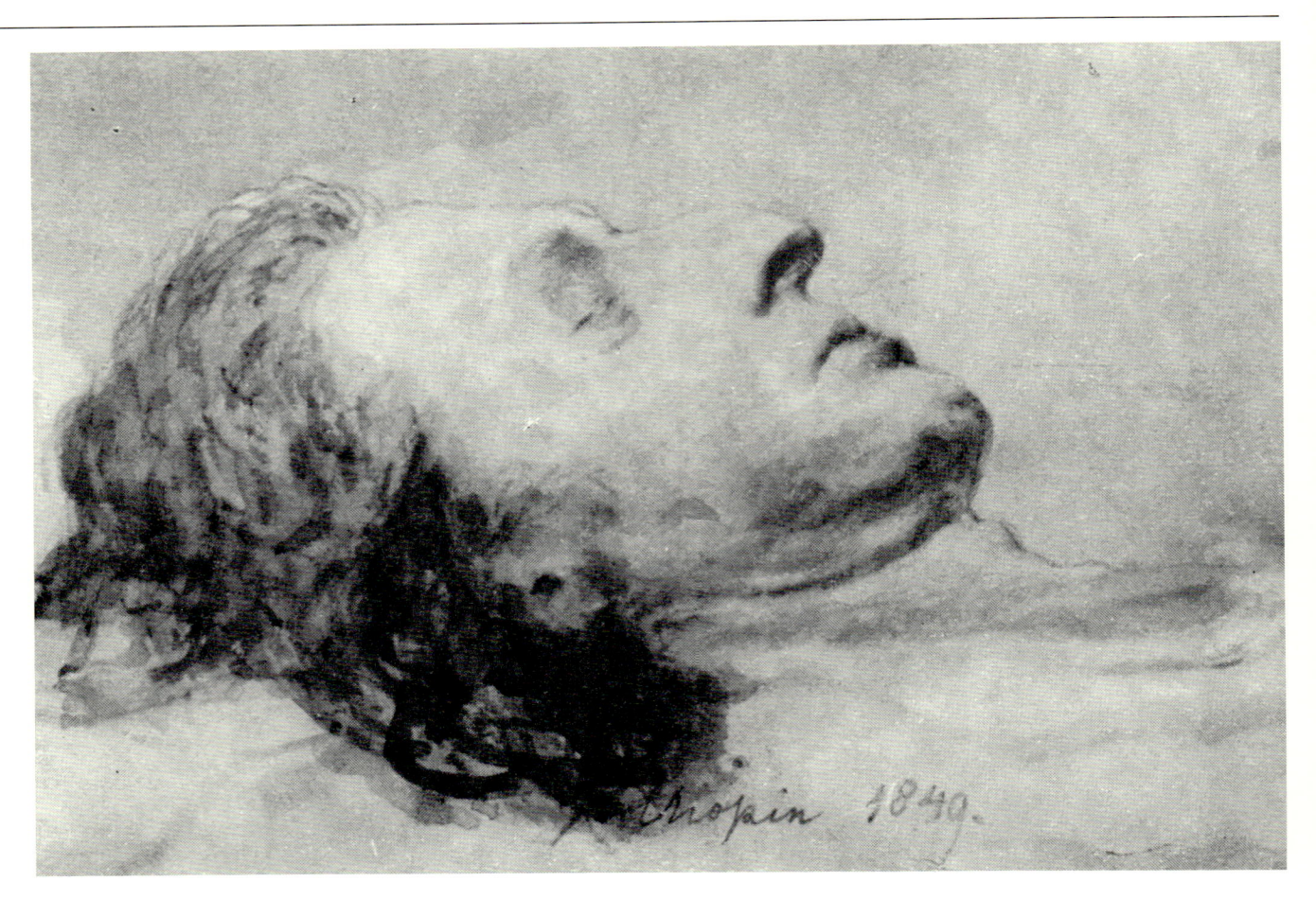

746 Chopin auf dem Totenbett. Aquarell, datiert »1849«, von Theofil Kwiatkowski.
Im Gegensatz zu den auf den vorhergehenden Seiten gezeigten Darstellungen ist dieses Aquarell weitgehend unbekannt.

SOLANGE SAND-CLÉSINGER: CHOPINS LETZTE STUNDEN

»… Mehr tot als lebendig brachte man ihn [Chopin] zur Place Vendôme. Manchmal gab er sich Illusionen über seinen Zustand hin und äußerte sich über seine künstlerischen Projekte und die Pläne, seine Wohnung für Kammerkonzerte einzurichten. Prinzessin Marcelina Czartoryska und Gräfin Potocka, geb. Komar, kamen zu ihm. Ein junger polnischer Geistlicher [Jełowicki] besuchte ihn, beklagte ihn und erschlich sich sein Vertrauen, indem er ihm emsig Gesellschaft leistete. Dr. Cruveilhier kümmerte sich um ihn. Aber die Kehlkopftuberkulose vollendete ihr unerbittliches Werk. Das Opfer konnte sich nicht mehr im Bett aufrichten, es aß nicht mehr, es schlief nicht mehr. Eines Abends im Oktober 1849, am 16., warteten an die zwanzig Personen ängstlich im Salon; sie wagten nicht zu sprechen, denn die rückwärtige Türe führte zum Zimmer des Kranken. Chopin ließ fragen, ob die Gräfin Potocka da sei und ob sie nicht singen wolle. Man rollte das Klavier zur Tür, öffnete deren beide Flügel, und die schöne Gräfin sang, wobei sie sich selbst begleitete. Sie sang zerrissenen Herzens und mit tränenerfüllter Stimme. [In Wirklichkeit sang die Gräfin Potocka bereits am 15. Oktober für Chopin.] Die Anwesenden fielen auf die Knie und unterdrückten ihr Schluchzen. Nun trat der polnische Priester ans Bett und spendete ihm in kirchlicher und trostloser Stille die Sakramente. Als er ihm gerade die Letzte Ölung gegeben hatte, erschien Dr. Cruveilhier, und da er alle im Gebet fand, näherte er sich dem Sterbenden und nahm dessen Hand. – ›Nun, mein lieber Chopin‹, redete er ihn an, ›lassen Sie sich durch diese rührende Zeremonie nicht verwirren! Trotz allem, schaden kann sie nicht. Morgen wird es Ihnen besser gehen! – ›Ja, ja‹, flüsterte der Meister, ›morgen werde ich nicht mehr leiden. Sie werden sich nicht mehr zu mir bemühen müssen!‹ Man richtete ihn auf, und wir entfernten uns. Gutmann etablierte sich im Salon mit einem armen Polen [Kwiatkowski], der sich nicht abweisen ließ, Zeichnungen vom Sterbenden anzufertigen. Die Schwester, zerschlagen von Müdigkeit und Erregung, ging weg und warf sich auf ein Bett. Die Türen wurden wieder geschlossen. Der junge Priester und Mme Clésinger [gemeint ist Solange, die Autorin dieses Berichtes] blieben. Die eine saß am Bett und stützte den mit dem Tode Ringenden mit ihren Armen und mit der Schulter; der andere, der Priester, wärmte mit heißen Tüchern dessen arme geschwollene Beine. Die Füße waren bereits eiskalt. Gegen 2 Uhr, am Morgen des 17., sah er kaum noch, war aber noch klar bei Verstand. Er hob den Kopf und sagte zu Mme Clésinger: ›Bleib nicht hier. Es wird abscheulich werden. Du mußt das nicht sehen.‹ Seine Stirn fiel noch schwerer auf die Schulter der Freundin. Die junge Frau hatte noch nie jemanden sterben sehen. Sie bekam Angst und rief nach Gutmann. Groß und stark, nahm der damals schon berühmte Pianist seinen Meister in seine festen Arme, um ihn vor dem Ersticken zu bewahren. – ›Wer ist da?‹ fragte Chopin. Er sah nichts mehr! – ›Ihr Schüler.‹ – ›Ich habe Durst. Gib mir zu trinken.‹ Mme Clésinger reichte ihm ein Glas Wasser, vermischt mit etwas Rotwein; er nahm einen Schluck davon. Der Kopf fiel nach hinten. Gutmann hielt ihn fest. Dann verschleierte sich sein auf Solange gerichteter Blick ganz und erlosch …«[223]

747 *Chopin auf dem Totenbett. Bleistiftzeichnung, 19. Oktober 1849, von Albert Graefle mit dem Vermerk »fait d'après nature [nach der Natur angefertigt]«.*
Diese Darstellung entstand zwei Tage nach Chopins Tod, als der Komponist – nachdem er am 18. Oktober seziert und einbalsamiert worden war – wieder in das Haus Place Vendôme No 12 gebracht und inmitten von Blumen aufgebahrt wurde.

CHOPINS TOD

Selten ist über die letzten Stunden eines berühmten Mannes dermaßen fabuliert worden wie über das Hinscheiden Frédéric Chopins. Als um die Mitte des 19. Jahrhunderts seine Musik immer populärer wurde, häuften sich auch die »Augenzeugenberichte« über seine Todesstunde. Turgenjew sprach einmal von dem »halben Hundert Gräfinnen in Europa«, die behaupteten, Chopin sei in ihren Armen gestorben. Um das Ausmaß an Verwirrung voll zu machen, weichen auch die Schilderungen der damals tatsächlich Anwesenden entscheidend voneinander ab. So sollen (laut Franchomme, der anwesend war) Chopins letzte Worte gewesen sein »Matka, moja biedna matka« (»Mutter, meine arme Mutter«). Gutmann hingegen behauptete, der Komponist sei in seinen Armen gestorben, seine letzten Worte – zu ihm gewandt – seien gewesen »Cher ami«.[233] Das Glas mit den Spuren von Chopins Lippen, in dem er dem Sterbenden angeblich kurz zuvor mit Wasser vermischten Wein gereicht hatte, bewahrte er bis an sein Lebensende auf. Eine weitere, märchenhafte Version lieferte der (damals anwesende) Abbé Jełowicki (vgl. S. 332).

Wer war nun wirklich beim sterbenden Chopin, was ist überhaupt glaubwürdig? Zunächst einmal steht fest, daß ihm Gräfin Delfina Potocka nicht kurz vor dem Tod, sondern bereits am 15. Oktober 1849 vorsang (vgl. Abb. 735). Mit Sicherheit waren in den letzten Stunden zugegen: Chopins Schwester Ludwika, Fürstin Marcelina Czartoryska, George Sands Tochter Solange, Charles und Elise Gavard, Franchomme, Grzymała, Abbé Jełowicki, Dr. Cruveilhier, ein weiterer Arzt und Gutmann. Gutmanns Anwesenheit wird von Solange (vgl. S. 336), Charles Gavard, Grzymała und Pauline Viardot bestätigt.[234] Seltsamerweise versicherte Chopins Nichte Ludwika Ciechomska, die am 17. Oktober 1849 in Paris war, im Jahre 1892 dem *Warschauer Kurier,* Gutmann sei damals *nicht* zugegen gewesen. Er sei erst später nach Paris gekommen, um ihrer Mutter, die er bei dieser Gelegenheit erst kennengelernt habe, zu kondolieren (!).

Möglicherweise anwesend waren noch: Chopins damals vierzehnjährige Nichte Ludwika, Chopins Diener, Delfina Potocka, Jane Stirling (die dem Toten angeblich die Augen schloß) und – mit großer Wahrscheinlichkeit – der Maler Kwiatkowski, der aber auch erst in den Morgenstunden des 17. Oktobers eingetroffen sein könnte. Weitgehende Übereinstimmung herrscht darin, daß Chopin sehr litt und alles (laut Marcelina Czartoryska) »mit engelhafter Geduld und Resignation« ertrug.[235] Dabei sei er sehr gefaßt gewesen und habe für viele, die um ihn waren, noch ein tröstendes Wort gehabt. Außerdem soll er bis zum Schluß bei vollem Bewußtsein gewesen sein.[236] Alles andere kann heute, nach 140 Jahren, nicht mehr geklärt werden. So muß auch angezweifelt werden, daß er den unmittelbaren Augenblick des Todes mit den Worten »maintenant j'entre en agonie« kommentierte und sich dabei für die Gnade, ihn bewußt erleben zu dürfen, bedankte.[237] Am glaubwürdigsten klingt die (hier gekürzte) Schilderung Charles Gavards:[238] »Der ganze Abend des 16. Oktober verstrich unter Wechselgebeten, wir gaben die Respons, Chopin blieb stumm. Nur an den Beklemmungen seiner Brust konnte man erkennen, daß er noch lebte. Einmal, als sein Atem so ruhig wurde, daß wir glaubten, es sei zu Ende, nahm Dr. Cruveilhier ein Licht und hielt es an das von den Erstickungsanfällen fast schwärzlich gewordene Gesicht Chopins, wobei er bemerkte, daß dessen Geist nunmehr aufgehört habe zu arbeiten. Als er Chopin jedoch fragte, ob er sehr leide, hörten wir deutlich dessen letztes Wort ›Plus‹ [›Nicht mehr‹]. Kurz darauf atmete er zum letzten Mal.«

748 *Chopins Totenmaske, 1. Version.* Vgl. S. 340.
Diese erste, unretuschierte Totenmaske des Komponisten blieb mehr als 130 Jahre unentdeckt und ist auch heute selbst sogenannten »Chopin-Spezialisten« kaum bekannt. Es handelt sich um das Positiv des ersten Gipsabgusses, den Jean-Baptiste Clésinger wahrscheinlich am Morgen oder Vormittag des 17. Oktober 1849 anfertigte. Das Negativ ist verschollen, vermutlich vernichtete es Clésinger, mit dem Ergebnis seiner Arbeit selbst nicht zufrieden, wie er dies öfters bei mißglückten Werken tat. Wie erklären sich die auffallenden Unterschiede zur 2. Version (Abb. 749)?
1. Clésinger hatte mit der Abnahme von Totenmasken vermutlich wenig Erfahrung, andere Totenmasken aus seiner Hand sind nicht bekannt. Im Januar 1850 äußerte er zu Jane Stirling, daß er diese Arbeit nicht mochte.
2. Seit den frühen Morgenstunden des 17. Oktobers 1849 kamen unaufhörlich Freunde und Bekannte Chopins an das Totenbett. Clésinger hatte für seine komplizierte Arbeit folglich nicht die notwendige Ruhe, er konnte wahrscheinlich weder sein Arbeitsmaterial noch den Toten, den die Besucher ein letztes Mal sehen wollten, ungestört vorbereiten. (Die kleinen Löcher und Unregelmäßigkeiten des Gipses, die man an dieser Maske feststellen kann, dürften ein Beweis für diese Annahme sein.) Als er das vorliegende erste – und mit großer Wahrscheinlichkeit einzige angefertigte – Positiv hergestellt hatte, war er vermutlich unzufrieden und entschloß sich zu einem zweiten Abguß, der dann die Grundlage für die bekannt gewordene Totenmaske (Abb. 749) wurde.
An der 1. Version sind als entstellend anzusehen: das verbogene Nasenbein, die etwas abfallende Wange und – wohl als Folge davon – der verschobene, eingefallene Mund mit der umgelegten Lippe, die herabgedrückte Augenbraue bzw. nicht entfernte Gipsreste, Blutbahnen auf der Stirne (vgl. Halbfrontalansicht S. 340), die vermutlich wegen des zu großen Druckes der aufgelegten Gipsmasse entstanden, und die fehlende Behaarung infolge Umwicklung mit einem Tuch, die besonders befremdend wirkt, da Chopin in Wirklichkeit schönes, volles Haar besaß.
Trotz aller Mängel ist diese Maske von großer Aussagekraft. Krankheit und Tod sprechen eine erschütternde Sprache. Da jegliche Spuren von Retusche fehlen, ist sie der 2. Version an informativem und dokumentarischem Wert zumindest ebenbürtig, wenn nicht sogar überlegen.

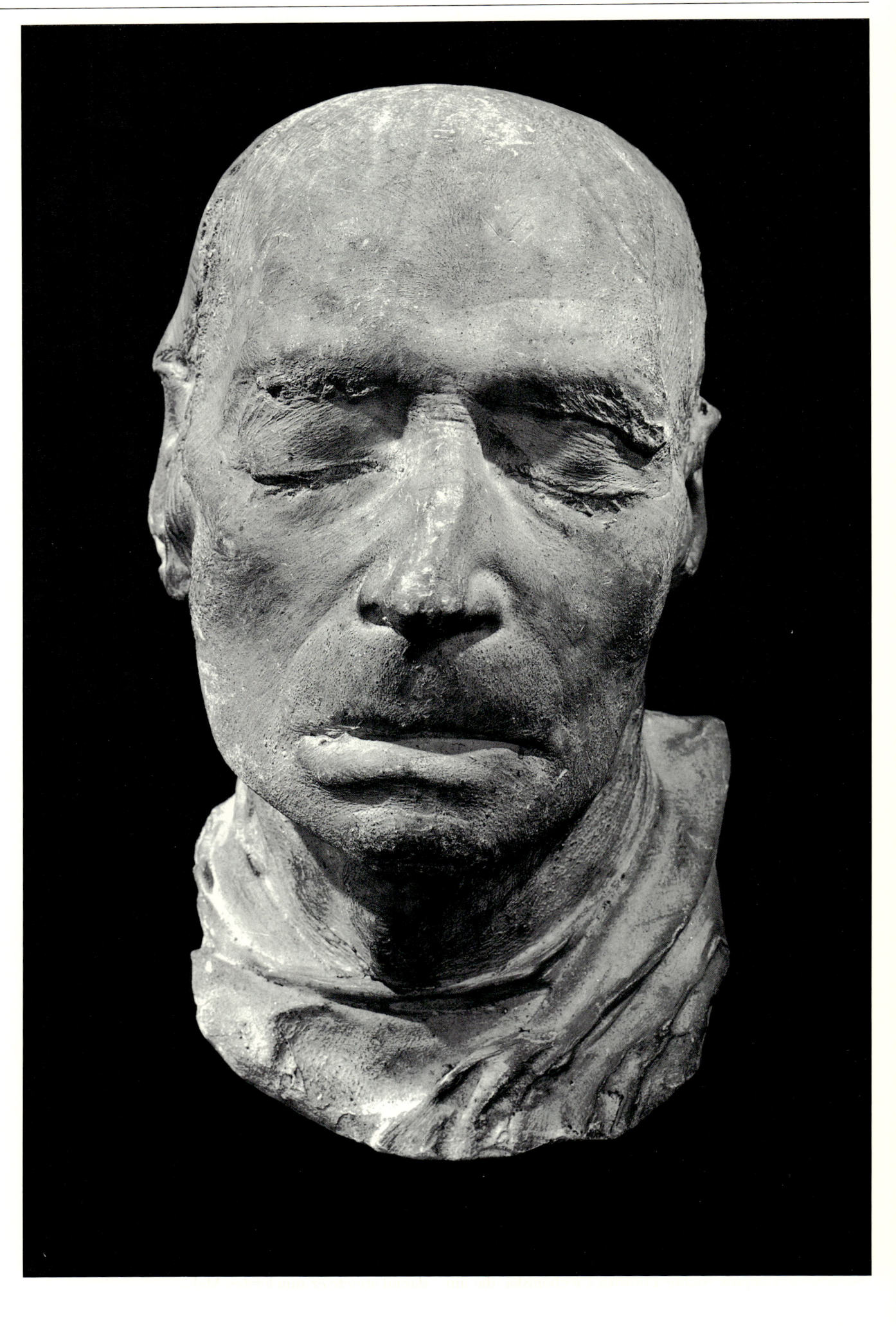

749 *Chopins Totenmaske, 2. Version. Vgl. S. 341.*
Beim Anblick dieser Maske hat man das Gefühl, einen Schlafenden zu betrachten. Chopins Gesicht sieht jünger, beinahe etwas statuenhaft aus; es hat die Anzeichen von Krankheit und Tod fast verloren. Man darf annehmen, daß Clésinger, der auch der Autor *dieser* Maske ist, Mittel der Retusche, wenn nicht sogar der Stilisierung anwandte. Er hatte vermutlich aus seinen Erfahrungen mit der 1. Version die Lehre gezogen und konnte beim zweitenmal unter anderen Verhältnissen, mit anderer Technik und vor allem in Ruhe arbeiten und sowohl den Toten als auch die plastische Masse entsprechend vorbereiten. Die Haare dürften vor Auflegen der Gipsmasse gefettet und gekämmt worden sein, außerdem zeigen alle von Clésinger selbst angefertigten Positive die Spuren feiner Drähte.

In Anbetracht des Zeitaufwandes und der äußeren Umstände darf man davon ausgehen, daß Clésinger zwar die 1. Version am 17. Oktober 1849 anfertigen konnte, nicht aber auch noch die 2. Version. Nachdem das Negativ der 1. Version hergestellt und der Gips gehärtet waren, ging Clésinger wohl in sein Atelier und hatte etwa am Nachmittag des 17. Oktober das erste Positiv vor sich. Daß er dann nochmals zum toten Chopin eilte, um den 2. Abguß vorzunehmen, ist unwahrscheinlich, zumal dort, abgesehen vom ständigen Besucherandrang, auch die Vertreter des Gerichts anwesend waren (nachweislich von Mittag bis sieben Uhr abends). Daß er die Arbeit dann abends bei Kerzenlicht anfertigte, ist auszuschließen. Am 18. Oktober war der Leichnam im anatomischen Institut von Dr. Cruveilhier, am 19. Oktober lag er einbalsamiert und inmitten von Blumen aufgebahrt wieder im Sterbehaus an der Place Vendôme No 12. Somit ist anzunehmen, daß die Herstellung des 2. Abgusses am 20. oder 21. Oktober 1849 erfolgte, kurz bevor der Verstorbene in die Krypta der Kirche *La Madeleine* gebracht wurde.

Das Original-Negativ der 2. Version blieb etwa ein Jahr lang in Paris und kam dann zu Chopins Familie nach Warschau. Noch bevor des dort eintraf, benachrichtigte Jane Stirling die Mutter des Komponisten, daß sich darin sehr viele Haare des Toten befänden. 1922 wurde es von Maria Ciechomska dem Warschauer Nationalmuseum übergeben, seit dem Zweiten Weltkrieg ist es verschollen.

Als Originale, die Clésinger selbst noch von diesem Negativ hergestellt hatte, können mit Sicherheit genannt werden:

1. das *Manchester-Positiv*. Es gehörte Jane Stirling (die testamentarisch verfügte, davon keine Kopien anzufertigen) und kam 1859 in den Besitz eines Bibliothekars namens Scott, dessen Tochter es 1910 den Staatlichen Sammlungen in Manchester übergab. Heute verwahrt es das *Royal Manchester College of Music*.

2. das relativ wenig bekannte, schöne *Pariser-Positiv* (S. 339 und 341), ein Geschenk Clésingers an Adam Mickiewicz. Dessen Sohn Władysław vermachte es der Société Historique et Littéraire Polonaise in Paris.

3. das *Krakauer-Positiv*, ein Geschenk der Fürstin Czartoryska an das Krakauer Nationalmuseum.

4. das *Warschauer-Positiv*. Es hat die gleiche Vorgeschichte wie das Negativ, ging aber nicht verloren, sondern befindet sich seit 1975 als Depositum des Warschauer Nationalmuseums bei der Chopin-Gesellschaft in Warschau.

5. das Positiv, das seit 1891 aus dem Nachlaß von Chopins Klavierstimmer Jean-Jacques Herbault im Besitz des Pariser *Conservatoire* ist.[239]

1849

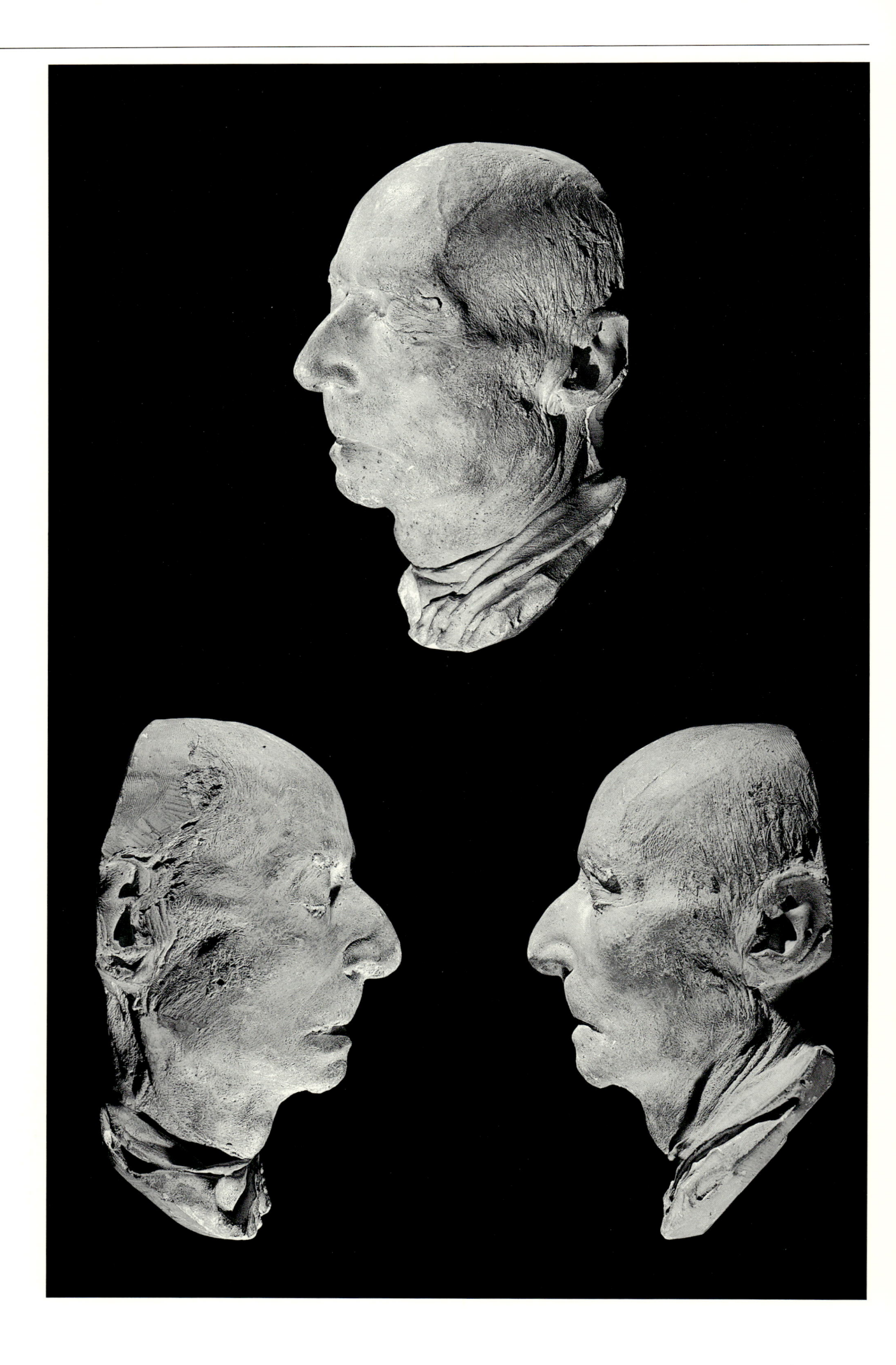

750, 751, 752 *Drei weitere Ansichten der 1. Version von Chopins Totenmaske (vgl. S. 338).*

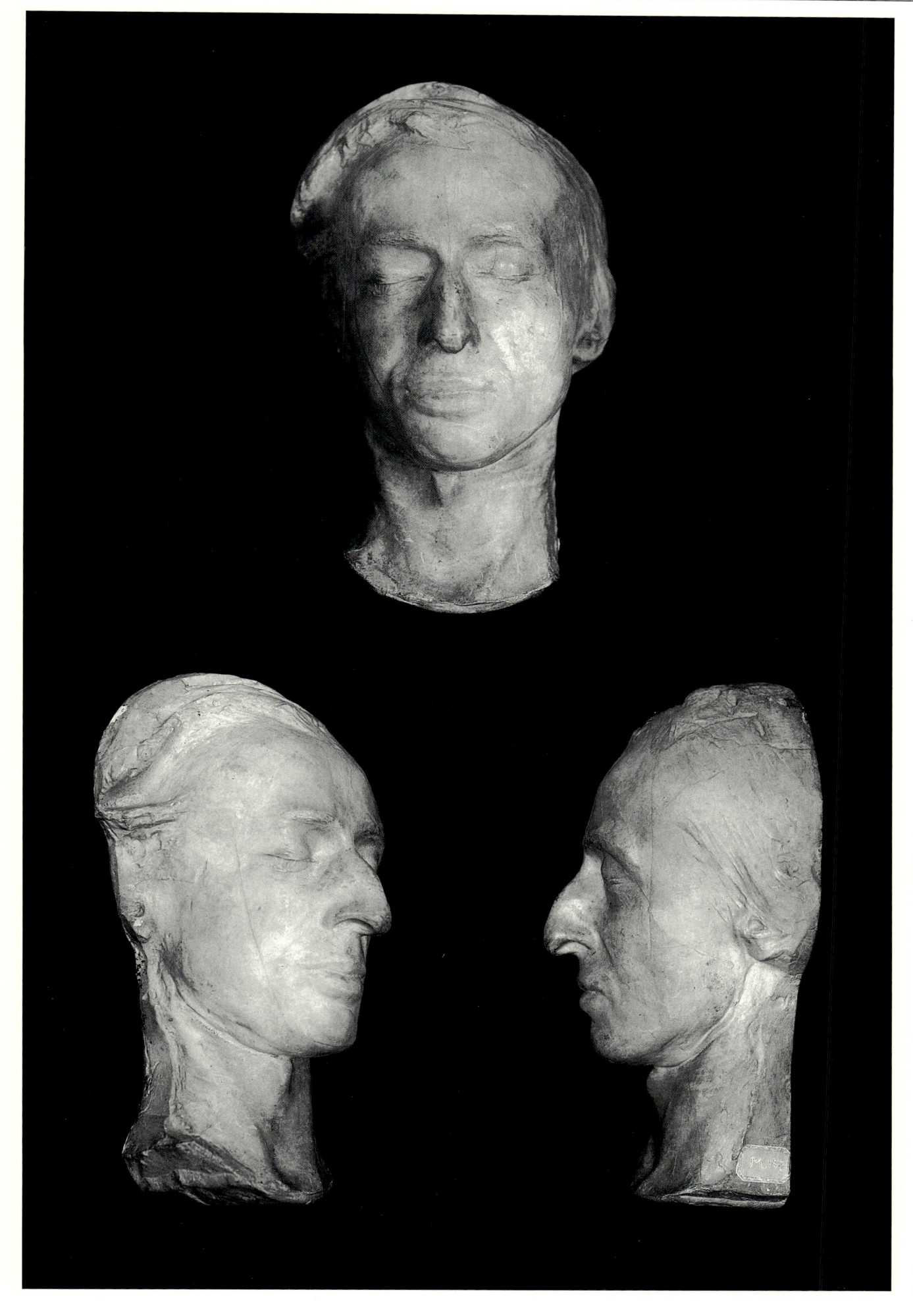

1849

753, 754, 755 *Drei weitere Ansichten der 2. Version von Chopins Totenmaske (vgl. S. 339).*

1849

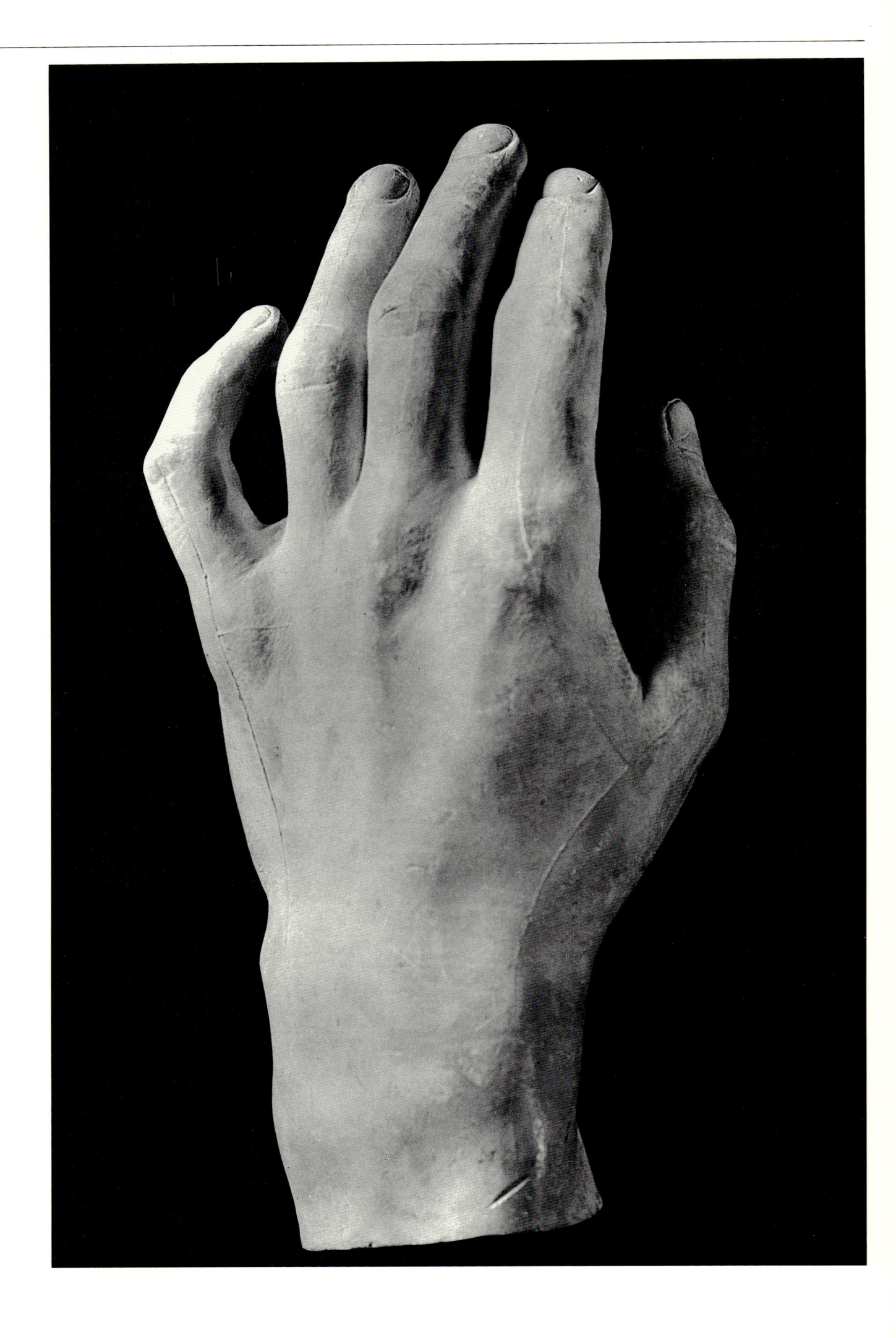

1849

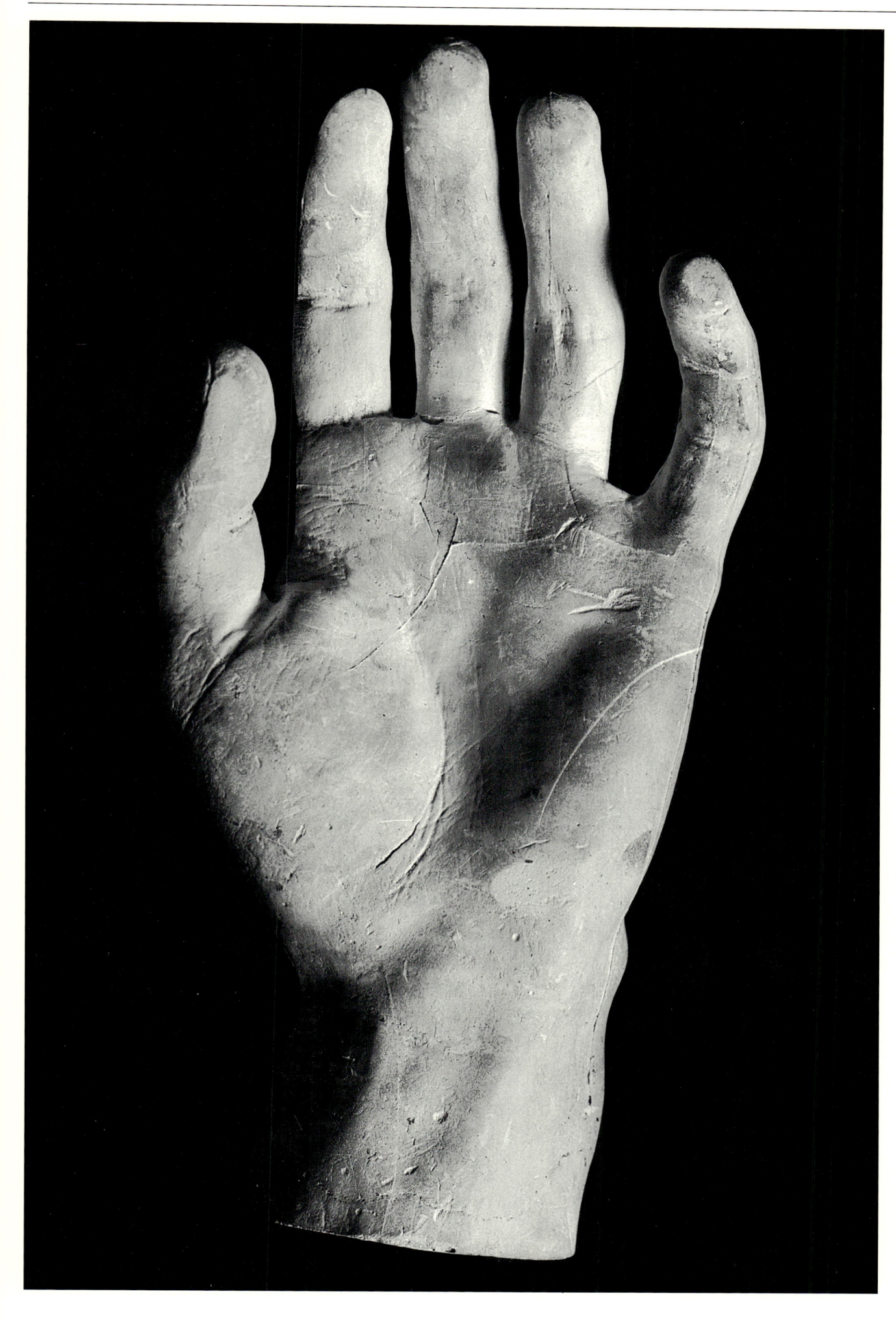

756, 757 *Abguß von Chopins linker Hand, angefertigt von Jean-Baptiste Clésinger kurz nach dem Tode des Komponisten.*
Die in vielen Büchern und an einigen Chopin-Gedenkstätten gezeigten Abgüsse, die eine feminine, extrem schmalfingrige Hand präsentieren, sind idealisierende Darstellungen, die nicht der Wirklichkeit entsprechen. Vgl. Abb. 589.

1849

758 *Paris, Place Vendôme No 12, Detail der Fassade des Vordergebäudes. Photographie, 1970.*
Die Gedenktafel trägt die Inschrift: »Frédéric François Chopin, geboren am 22. Februar 1810 in Żelazowa-Wola (Polen), starb am 17. Oktober 1849 in diesem Haus«.

759 *Place Vendôme No 12 (Rückgebäude). Photographie, 1978.*
Hinter einem der Fenster des Zwischengeschoßes (2. Fensterreihe von unten, vermutlich rechte Hälfte) starb Chopin.

760 *Brief Eugène Delacroix' vom 2. November 1849 an Chopins Schwester Ludwika.*
»Madame,
ich fühlte mich gestern zu jener Stunde, zu der Sie mir die Ehre erwiesen, mich zu erwarten, völlig unwohl. Heute morgen muß ich abreisen, wobei ich bedauere, daß ich Sie nicht sehen konnte, und Sie bitte, mich zu entschuldigen. Sollte ich in der glücklichen Lage sein, Sie bei meiner Rückkehr nach Paris noch anzutreffen, wird es mir vielleicht möglich sein, dies wieder gutzumachen und Sie nochmals der tiefen Verehrung zu versichern, die ich für die Schwester des engelhaften Freundes empfinde, den wir beweinen.

Eug. Delacroix«

761 *Chopins Schwester Ludwika. Daguerreotypie, Paris 1849, abgebildet in der naturgetreuen Position; das Original ist seitenverkehrt.*
Die Daguerreotypie hat eine auffallende Ähnlichkeit mit der auf S. 330, 331 gezeigten Haltung der Dargestellten. Die Aufnahme könnte in Chopins Sterbezimmer an der Place Vendôme entstanden sein. Es ist sehr wahrscheinlich, daß sich damals ein Daguerreotypist bemühte, im Sterbezimmer zu photographieren(!). Pauline Viardot-Garcia in einem Brief an George Sand, Oktober 1849:
»… als ein Daguerreotypist das Bett ans Fenster rücken wollte, damit der Sterbende im Sonnenlicht läge, wies der brave Gutmann all diesen Herrschaften die Tür.«[233]

762 *Tagebucheintrag, 20. Oktober 1849, von Eugène Delacroix.*
»Samstag, 20. – Nach dem Mittagessen erfuhr ich vom Tod des armen Chopin. Eigenartig, am Morgen, ehe ich aufstand, ging mir dieser Gedanke durch den Kopf. Wieder einmal mehr, daß ich diese Art von Vorahnungen hatte. Welch ein Verlust! Wieviele elende Lumpen wimmeln auf den Straßen – und diese schöne Seele muß verlöschen!«[94]

763 *Ein Leichenbegängnis auf dem Pariser Père-Lachaise. Stahlstich, um 1850, nach einer Zeichnung von C. Reiss.*

CHOPINS BEGRÄBNIS

Der Leichnam Chopins lag in der Krypta der Kirche *La Madeleine* aufgebahrt (vgl. Abb. 536). Da Mozarts *Requiem* aufgeführt werden sollte – ob auf Chopins ausdrücklichen Wunsch, ist umstritten –, aber die Mitwirkung weiblicher Solisten der Kirchenordnung widersprach, mußte der Trauergottesdienst um mehrere Tage verschoben werden. Abbé Deguerry, der Vikar der Madeleine und ein Bewunderer Chopins, erwirkte schließlich die Erlaubnis. Am 30. Oktober, um 11 Uhr, wurden endlich die Kirchentore geöffnet, die mit schwarzen Draperien, die Chopins Initialen trugen, behangen waren. Um die Mittagsstunde, als der Gottesdienst begann, füllten etwa 3000 Besucher die Kirche; in deren Mitte stand ein hoher Katafalk mit dem Bahrtuch, das in Silber mit »F.C.« bestickt war. Dorthin wurde unter den Klängen von Chopins *Trauermarsch* – von Henri Reber aus diesem Anlaß instrumentiert – der Sarg gebracht, worauf Mozarts *Requiem* erklang. Chor und Orchester des *Conservatoire* mit dem Dirigenten Narcisse Girard, unter dessen Leitung Chopin früher einige Male sein *e-Moll-Konzert* gespielt hatte, sowie die Gesangssolisten befanden sich am äußersten Kirchenende hinter einem schwarzen Vorhang, der nur den Anblick der männlichen Mitwirkenden gestattete. Die Solostimmen waren mit den damals berühmten Sängerinnen Pauline Viardot-Garcia und Jeanne Castellan, dem bekannten Tenoristen Alexis Dupont und mit Luigi Lablache besetzt, der schon bei Beethovens Totenfeier gesungen hatte und der als größter Bassist seiner Zeit galt. Während der Zeremonie spielte Lefebure-Wely, der Organist der *Madeleine*, Chopins *4.* und *6. Prélude* auf der Orgel. Danach setzte sich der Trauerzug, angeführt von Meyerbeer und Fürst Adam Czartoryski, über die großen Boulevards, vorbei an Chopins erster Pariser Wohnung (Boulevard Poissonnière No 27) in Richtung Père-Lachaise in Bewegung. Delacroix, Franchomme, Fürst Aleksander Czartoryski und Camille Pleyel (oder Adolf Gutmann?) hielten das Bahrtuch. In größter Stille, ohne Rede, ohne Musik, wurde der Sarg ins Grab gesenkt. Bevor der Totengräber an die Arbeit ging, warf jemand eine Handvoll polnischer Erde auf den Sarg.

764 *Einladung zu Chopins Begräbnisfeier.*
»Tribüne (rechte Seite). (Eintritt durch die Türe vom Blumenmarkt.)
Sie werden gebeten, am Trauerzug, am Gottesdienst und an der Beerdigung des Herrn *Frédéric Chopin*, verstorben am 17. dieses Monats, welche am kommenden Dienstag, 30. Oktober, um 11 Uhr vormittags in der Kirche La Madeleine stattfinden werden, teilzunehmen.
Man bittet, sich direkt zur Kirche zu begeben.
Im Namen von Mme Jędrzejewicz (geb. Chopin), seiner Schwester.«

1849

765 *Das Grab Frédéric Chopins auf dem Père-Lachaise. Photographie, 1978.*
Auf Anregung Camille Pleyels und Jane Stirlings und unter dem Vorsitz von Delacroix bildete sich nach Chopins Tod ein Komitee mit dem Ziel, dem Komponisten ein würdiges Grabmal zu errichten. Mit der Ausführung des Monumentes wurde Jean-Baptiste Clésinger beauftragt. Delacroix äußerte sich anerkennend über die Arbeit Clésingers. Am 17. Oktober 1850 wurde im Anschluß an eine Gedenkmesse in der Friedhofskapelle der Grabstein enthüllt.
Chopins Herz überführte man 1850 in die Heiligkreuz-Kirche von Warschau.

Urteile über Chopin

Théophile Gautier (Schlußsatz eines Nachrufs auf Chopin in »Feuilleton de la Presse« vom 5. November 1849):
Ruhe in Frieden, große Seele, edler Künstler! Für Dich hat die Unsterblichkeit begonnen, und Du weißt nach dem traurigen irdischen Leben besser als wir, die hohen Pläne und großen Gedanken wiederzufinden.

George Sands Tochter Solange (1895[223]):
Chopin! Auserwählte Seele, entzückender Esprit, zum Scherzen bereit in den Stunden, in denen ihm die körperlichen Qualen ein wenig Ruhe gönnten. Angeborenes vornehmes Wesen, exquisite Manieren. Sublimes und melancholisches Genie! Reinste Redlichkeit und Ehrlichkeit, feinstes Zartgefühl. Die Bescheidenheit des guten Geschmackes, Uneigennützigkeit, Freigebigkeit, unwandelbare Ergebenheit.
Eine Engelsseele, auf die Erde geworfen in einen gemarterten Körper, um hier eine geheimnisvolle Erlösung zu vollenden. Ist sein Leben von neununddreißig Jahren der Agonie der Grund dafür, daß seine Musik so erhaben, so anmutig, so erlesen ist? …

Friedrich Nietzsche (»Menschliches, Allzumenschliches« II, 1877–1879):
Der letzte der neueren Musiker, der die Schönheit geschaut und angebetet hat, gleich Leopardi, der Pole Chopin, der Unnachahmliche – alle vor ihm und nach ihm Gekommenen haben auf dies Beiwort kein Anrecht – Chopin hatte dieselbe fürstliche Vornehmheit der Konvention, welche Raffael im Gebrauche der herkömmlichsten einfachsten Farben zeigt, – aber nicht in bezug auf Farben, sondern auf die melodischen und rhythmischen Herkömmlichkeiten. Diese ließ er gelten, als *geboren in der Etikette*, aber wie der freieste und anmutigste Geist in diesen Fesseln spielend und tanzend – und zwar *ohne* sie zu verhöhnen.
(»Ecce homo«, 1888):
… Ich selbst bin immer noch Pole genug, um gegen Chopin den Rest der Musik hinzugeben …

Robert Schumann (»Neue Zeitschrift für Musik«, 22. April 1836):
Chopins Werke sind unter Blumen eingesenkte Kanonen. In dieser seiner Herkunft, im Schicksale seines Landes, ruht so die Erklärung seiner Vorzüge, wie auch die seiner Fehler. Wenn von Schwärmerei, Grazie, Sinnesfreiheit, wenn von Geistesgegenwart, Gluth und Adel die Rede ist, wer dächte da nicht an ihn, aber wer auch nicht, wenn von Wunderlichkeit, kranker Excentricität, ja von Haß und Wildheit!

Claude Debussy (»La Revue blanche«, 1901):
Gewiß, Chopins Nervosität wußte sich schlecht in die Geduld zu schicken, die man zur Ausführung einer Sonate braucht; er gab denn auch nur sehr weit fortgeschrittene »Skizzen« davon. Man kann aber trotzdem sagen, daß er eine ganz persönliche Art fand, diese Form zu behandeln, ganz zu schweigen von der herrlichen Musikalität, die er dabei entwickelte. Er war ein Mann von großzügigen, sich oftmals wandelnden Ideen, ohne daß er darum jene hundertprozentige Anerkennung gefordert hätte, die für etliche unserer Meister den höchsten Ruhm bedeutet.

Alexander Skrjabin (in einem Interview am 28. März 1910[240]):
Chopin ist ungemein musikalisch, und darin ist er all seinen Zeitgenossen voraus. Er hätte mit seiner Begabung zum größten Komponisten der Welt werden können; aber leider entsprach sein Intellekt nicht seinen musikalischen Qualitäten. […] Merkwürdigerweise hat sich Chopin als Komponist so gut wie überhaupt nicht entwickelt. Fast vom ersten Opus an steht er als fertiger Komponist da, mit einer deutlich abgegrenzten Individualität.

Anton Rubinstein (»Die Musik und ihre Meister«, 1891):
Alle bisher Genannten [aufgeführt waren u.a. Mozart, Beethoven, Schubert, Weber, Schumann, Mendelssohn] haben ihr Intimstes, ja, ich möchte beinahe sagen ihr Schönstes dem Clavier anvertraut, – aber der Clavier-Barde, der Clavier-Rhapsode, der Clavier-Geist, die Clavier-Seele ist *Chopin*. – Ob dieses Instrument ihm, oder er diesem Instrument eingehaucht hat, wie er dafür schrieb, weiß ich nicht, aber nur ein gänzliches In-einander-Aufgehen konnte solche Compositionen ins Leben rufen. Tragik, Romantik, Lyrik, Heroik, Dramatik, Phantastik, Seelisches, Herzliches, Träumerisches, Glänzendes, Großartiges, Einfaches, überhaupt alle möglichen Ausdrücke finden sich in seinen Compositionen für dieses Instrument und alles Das erklingt bei ihm auf diesem Instrument in schönster Äußerung.

Alfred Brendel (an den Verfasser, Dezember 1988):
Chopin ist der seltene Fall des reinen Klavierkomponisten. Wo die anderen großen Beiträge zur Klavierliteratur immer wieder auf latente musikalische Möglichkeiten hinweisen – auf das Orchester, den Sänger, kammermusikalische Kombinationen, den Chor, die Orgel –, schöpft Chopin primär aus seinem Instrument. Mit dieser exklusiven Verfeinerung und unendlich noblen Beschränkung des Klanges geht ein Vortragsstil einher, der die festen rhythmischen Bindungen des Ensemblemusizierens hinter sich zurückgelassen hat. Wie kein zweiter Komponist frißt Chopin seinen Interpreten auf, zwingt oder verführt ihn zur Spezialisierung: Nicht umsonst war »der Chopinspieler« lange Zeit ein Pianistentypus, der sich vom Exponenten des großen mitteleuropäischen Repertoires abhob wie ein exotischer Vogel.

Ferruccio Busoni (Vorwort zu Bachs »Wohltemperiertem Klavier«, 1894):
Chopins hochgeniale Begabung rang sich durch den Sumpf weichlich-melodiöser Phrasenhaftigkeit und klangblendenden Virtuosentums zur ausgeprägten Individualität empor. In harmonischer Intelligenz rückt er dem mächtigen Sebastian [Bach] um eine gute Spanne näher.
(aus »Zürcher Programme«, 1916):
Chopins Persönlichkeit repräsentiert das Ideal der Balzacschen Romanfigur der 30er Jahre: des blassen, interessanten, mysteriösen, vornehmen Fremden in Paris. Durch das Zusammentreffen dieser Bedingungen erklärt sich die durchschlagende Wirkung von Chopins Erscheinung, der eine starke Musikalität das *Beständige* verleiht.

Franz Liszt (in seiner Chopin-Biographie, 1851):
Indem Chopin sich ausschließlich auf den Bereich des Klaviers beschränkte, bewies er eine der wertvollsten Eigenschaften des Komponisten: die richtige Erkenntnis der Form, in der er berufen ist, Hervorragendes zu leisten. […] Wohl schwerlich hätte ein anderer im Besitz gleich hoher melodischer und harmonischer Fähigkeiten der Versuchung widerstanden, alle Kräfte des Orchesters zu entfesseln. […] Welch reifer Erkenntnis bedurfte es nicht, um sich auf einem dem Anschein nach unfruchtbaren Kreis zu begrenzen, den er gleichwohl durch sein Genie und seine Kraft mit Werken schmückte, die, oberflächlich betrachtet, einen anderen Boden zu fordern schienen, um ihre ganze Blütenpracht zu entfalten! Welchen Scharfblick verrät er nicht in dieser Ausschließlichkeit, indem er gewisse Orchestereffekte ihrer eigentlichen Domäne entriß und sie in eine engumgrenztere, aber idealere Sphäre übertrug! Welch zuversichtliches Bewußtsein der künftigen Ausdrucksmöglichkeiten seines Instrumentes mußte nicht dem freiwilligen Verzicht auf seine Behandlungsweise vorausgegangen sein, die so verbreitet ist, daß andere es wahrscheinlich als Widersinn betrachtet hätten, so bedeutende Gedanken ihren gewohnten Interpreten zu entziehen! Wir müssen in Wahrheit diese seltene Hingabe an das Schöne um seiner selbst willen an Chopin bewundern, die ihn der herkömmlichen Neigung, jedes Körnchen Melodie zwischen hundert Orchesterpulte zu verteilen, entsagen ließ und ihm gestattete, die Mittel seiner Kunst zu bereichern, indem er lehrte, dieselben auf den geringsten Raum zu konzentrieren.

Wenn auch diese Blätter nicht ausreichen, von Chopin so zu reden, wie es unseren Wünschen entsprechen würde, so hoffen wir doch, daß der Zauber, den sein Name mit vollem Recht ausübt, all das hinzufügen wird, was unseren Worten fehlt. Chopin erlosch, indem er sich allmählich in seiner eigenen Glut verzehrte. Sein Leben, das sich fern von allen öffentlichen Ereignissen abspielte, war gleichsam ein körperloses Etwas, das sich nur in den Spuren offenbart, die er uns in seinen musikalischen Werken hinterlassen hat. Er hat sein Leben in einem fremden Lande ausgehaucht, das ihm nie zu einer neuen Heimat wurde; er hielt seinem ewig verwaisten Vaterland die Treue. Er war ein Dichter mit einer von Geheimnissen erfüllten und von Schmerzen durchwühlten Seele.

1849

FR. CHOPIN.

Geb. d. 1ᵗᵉⁿ März in Zelazowa-Wola bei Warschau im Jahre 1809. Gest. in Paris d. 17ᵗᵉⁿ Octbr. 1849.

766 *Frédéric Chopin. Lithographie nach dem Gemälde von Ary Scheffer* (vgl. Abb. 634). Diese Lithographie entstand einige Jahre nach Chopins Tod. Unter dem Porträt der Anfang des *H-Dur-Nocturne, op. 62 Nr. 1* in der Handschrift des Komponisten.

QUELLENVERZEICHNIS · ANMERKUNGEN

Die wesentlichen Quellen waren die Korrespondenz Chopins und George Sands, die zeitgenössische Presse, Briefe und Erinnerungen von Freunden und Schülern Chopins sowie auch von anderen Personen aus seinem Umkreis.

Bronisław E. Sydow veröffentlichte Chopins Korrespondenz in polnischer Sprache (*Korespondencja Fryderyka Chopina*, 2 Bände, Panstwowy Instytut Wydawnicy, Warschau 1955); für die vorliegende Dokumentation wurde Sydows französische Ausgabe verwendet (*Correspondance de Frédéric Chopin*, 3 Bände, Richard-Masse, Paris 1953–1960). Nur etwa die Hälfte von Chopins Briefwechsel liegt bisher in einer deutschen Übersetzung vor, herausgegeben von M. Karasowski (Dresden 1877, ²1881), B. Scharlitt (Leipzig 1911), A. von Guttry (München 1928) und K. Kobylańska (Berlin/DDR 1983 und Frankfurt a. M. 1984). George Sands Korrespondenz, insgesamt etwa 25 000 (!) Briefe, erscheint, von Georges Lubin vorbildlich ediert und kommentiert, seit 1964 (*George Sand, Correspondance*, Garnier Frères, Paris). Zitate aus George Sands *Histoire de ma vie* und *Un hiver à Majorque* stammen aus der Edition von Georges Lubin (*George Sand. Œuvres autobiographiques*, Gallimard, 2 Bände, Paris 1970/1971).

Maßgebliche Werkverzeichnisse verfaßten Maurice J. E. Brown (Macmillan, London und Basingstoke 1960, ²1972) und Krystyna Kobylańska (Henle, München 1979). Franz Liszts Chopin-Biographie (Erscheinungsjahre vgl. S. 98) ist eine schön empfundene psychologische Studie; als biographische Quelle hinsichtlich Fakten und Daten (auf die Liszt keinen Wert legte) ist sie unbrauchbar. Friedrich Niecks' vielbeachtetes Werk *Friedrich Chopin als Mensch und als Musiker* (2 Bände, Leipzig 1890) hält einer kritischen Überprüfung nicht stand, es ist jedoch dort von großem Wert, wo Niecks damals noch lebende Freunde Chopins befragte (z. B. Franchomme, Gutmann, Liszt, Hiller oder Osborne), deren Aussagen wichtige Zeugnisse sind; nur in solchen Fällen wird Niecks' Buch zitiert. Werke in polnischer Sprache kann der Verf. nicht beurteilen. Als bedeutende Chopin-Forscher unserer Zeit schätzt der Verf. Jean-Jacques Eigeldinger (z. B. *Chopin, vu par ses élèves*, Neuchâtel 1979) und Krystyna Kobylańska, deren Bücher zum Teil auch in deutscher Sprache erschienen sind. Dalila Turlo gilt als Autorität hinsichtlich der Publikationen von Chopins Werken. Eine der besten Arbeiten über Chopin ist das kleine Buch *Fryderyk Chopin* von Józef M. Chomiński (dt. Leipzig 1980). Chomiński ist einer der seltenen Autoren, die sich in sachkundiger und instruktiver Weise über Chopins Schaffen äußern. William G. Atwoods *Fryderyk Chopin, Pianist from Warsaw* (New York 1987) darf nicht unerwähnt bleiben. – Gerade über Chopin gibt es viele unbrauchbare und romanhafte »Biographien«; es wird davon abgesehen, deren Verfasser zu nennen.

Einzelne Quellen, hauptsächlich diejenigen der Zitate, sind im folgenden aufgeführt. Römische Ziffern verweisen auf die Bandnummer, arabische auf die Seitenzahl. Die vorangestellten Nummern beziehen sich auf die kleinen hochgestellten Zahlen in Text, »Leben«, »Werke« und Bildlegenden.

Abkürzungen und Siegel für häufig benutzte Quellen:

Corr. = *Correspondance de Frédéric Chopin*
Corr. G. S. = *George Sand, Correspondance*
G. S. OA = *George Sand, Œuvres autobiographiques*
F. N. = *Friedrich Niecks, Friedrich Chopin*

1 Vgl. L. Binental, *Chopin. W 120 rocznice urodzin* (Warschau 1930).
2 *Pamiętniki Fryderyka Hrabiego Skarbka* (Posen 1878).
3 *Corr. II*, S. 177, Fußnote Nr. 181.
4 Vgl. Hellmuth Hecker, *Pole oder Franzose? – Die Staatsangehörigkeit Friedrich Chopins* (*Neue Juristische Wochenschrift*, 1988, Heft 6, S. 314f.).
5 *Corr. I*, S. 6ff.
6 *Corr. I*, S. 47ff.
7 *Corr. I*, S. 56f.
8 *Corr. I*, S. 68.
9 *Corr. I*, S. 71.
10 *Corr. I*, S. 87.
11 *Corr. I*, S. 113.
12 *Corr. I*, S. 128.
13 *Corr. I*, S. 94ff.
14 *Corr. I*, S. 104f.
15 *Corr. III*, S. 207.
16 *Corr. III*, S. 265.
17 Hector Berlioz, *Memoiren* (München 1979), S. 435.
18 *Neue Zeitschrift für Musik*, 22. April 1836.
19 *Corr. I*, S. 140.
20 *Corr. I*, S. 169f.
21 *The Musical World*, 28. Oktober 1841.
22 *Corr. I*, S. 132.
23 *Corr. I*, S. 237.
24 *Corr. I*, S. 251ff. In der vorliegenden Ausgabe wurde der Brief mit »29. Januar« (anstelle »26.«) datiert.
25 *Corr. I*, S. 263.
26 *Corr. I*, S. 269.
27 *Corr. I*, S. 232f.
28 *Corr. I*, S. 245f.
29 *Corr. I*, S. 234.
30 *Corr. I*, S. 231f.
31 *Corr. I*, S. 241.
32 *Corr. I*, S. 246f.
33 Weitere Briefe Bems an Chopin: *Corr. II*, S. 139 und 194.
34 *Corr. I*, S. 278ff. Das Original des Notizbuches ist verschollen; es existiert eine Photokopie.
35 *Corr. II*, S. 75.
36 *Corr. II*, S. 56f.
37 *Corr. II*, S. 16.
38 *Polen im Exil*, herausgegeben von Krzysztof Dybciak (Frankfurt a. M. 1988), Klappentext.
39 Julius Słowacki, *Briefe an die Mutter*, herausgegeben von Alois Hermann, übersetzt von Roswitha Matwin-Buschmann (Berlin o. J.), S. 96ff.
40 Aus: Julius Słowacki, *Briefe an die Mutter*, (vgl. Nr. 39).
41 *Corr. III*, S. 186.
42 *Corr. II*, S. 44.
43 *Corr. II*, S. 40.
44 Robert Schumann, *Gesammelte Schriften über Musik und Musiker* (Leipzig 1888/1889), I, S. 174.
45 *Corr. II*, S. 49f.
46 *Corr. Liszt/d'Agoult* (Paris 1933), I, S. 313.
47 *Corr. III*, S. 371.
48 *Corr. II*, S. 54.
49 *Corr. II*, S. 45.
50 *Franz Liszts Briefe* (Leipzig 1893), II, S. 258.
51 *F. N. II*, S. 186, Fußnote 2.
52 *F. N. II*, S. 186.
53 *F. N. II*, S. 186.
54 *Corr. II*, S. 93.
55 *F. N. II*, S. 186.
56 Originalgröße (ohne Rahmen): 14,5 × 9,5 cm.
57 *F. N. I*, S. 273.
58 *Corr. II*, S. 129.
59 *Corr. II*, S. 127.
60 Es ist nicht auszuschließen, daß dieses Konzert erst am 5. April stattfand; es gibt widersprüchliche Pressemeldungen. *Journal des Débats* (Samstag [!], 4. April 1838): »Das Konzert […] wird morgen, Samstag [!], 20 Uhr stattfinden.« *Le National* (28. März 1835) und *Journal de Paris* (28. März 1835): »Das Konzert […] wird am 4. April stattfinden.«
61 *Neue Zeitschrift für Musik*, 2. November 1841 (über die F-Dur-Ballade) bzw. 18. November 1842 (über die As-Dur-Ballade).
62 *F. N. II*, S. 124.
63 Vgl. Robert Schumann, *Tagebücher*, herausgegeben von Gerd Nauhaus (Leipzig 1987), II, S. 107 bzw. S. 25.
64 *Aus Moscheles' Leben. Nach Briefen und Tagebüchern herausgegeben von seiner Frau* (Leipzig 1872), II, S. 294.
65 Anton Rubinstein, *Die Meister des Klaviers. Musikalische Vorträge über die Entwicklung der Klavier-Komposition, gehalten zu St. Petersburg im Saal des Konservatoriums 1888–1889* (Berlin 1899), S. 71f.
66 *Life and letters of Sir Charles Hallé*, herausgegeben von C. E. und Marie Hallé (London 1896), S. 224ff.
67 *Life and letters of Sir Charles Hallé* (vgl. Nr. 66), S. 34.
68 *Entretiens Journaliers, G. S. OA II*, S. 980.
69 *Corr. II*, S. 216.
70 *Corr. II*, S. 217.
71 *F. N. II*, S. 367.
72 *F. N. II*, S. 368.
73 Hector Berlioz, *Memoiren* (München 1979), S. 435.
74 J. Wasielewski, *Robert Schumann* (Dresden 1858), S. 361.
75 *Aus Moscheles' Leben. Nach Briefen und Tagebüchern herausgegeben von seiner Frau* (Leipzig 1873), II, S. 39.
76 Amédée de Méreaux, *Monument à la mémoire de Chopin* (*Journal de Rouen*, 1. Dezember 1849).
77 *Corr. G. S. IV*, S. 395.
78 *Corr. G. S. IV*, Fußnote S. 403f.
79 *Corr. II*, S. 218.
80 *Corr. G. S. IV*, S. 428ff.
81 *Corr. G. S. IV*, S. 482f.
82 *Corr. III*, S. 278 und *Corr. G. S. VII*, S. 700f.
83 André Maurois, *Dunkle Sehnsucht* (München 1956), S. 439.
84 George Sand, *Impressions et souvenirs* (Paris 1873).
85 Eugène Delacroix, *Correspondance générale*, 5 Bände (Paris 1935/38).
86 *Un hiver à Majorque, G. S. OA, II*, S. 1159.
87 *Histoire de ma vie, G. S. OA, II*, S. 423.
88 *Un hiver à Majorque, G. S. OA, II*, S. 1060f.
89 *Un hiver à Majorque, G. S. OA, II*, S. 1066.
90 Die Datierung in *Corr. II*, S. 265 ist nicht authentisch.
91 *Corr. G. S. IV*, S. 522.
92 *Corr. G. S. IV*, S. 512.
93 *Histoire de ma vie, G. S. OA, II*, S. 424.
94 Eugène Delacroix, *Journal*, 3 Bände (Paris 1932).
95 *Un hiver à Majorque, G. S. OA, II*, S. 1130.
96 *Un hiver à Majorque, G. S. OA, II*, S. 1168.
97 *Un hiver à Majorque, G. S. OA, II*, S. 1122.
98 *Un hiver à Majorque, G. S. OA, II*, S. 1122f.
99 *Un hiver à Majorque, G. S. OA, II*, S. 1121.
100 *Histoire de ma vie, G. S. OA, II*, S. 420f.
101 *Corr. II*, S. 319f.
102 *Corr. II*, S. 305.
103 *Corr. G. S. IV*, S. 646.
104 *Histoire de ma vie, G. S. OA, II*, S. 441.
105 *Entretiens journaliers, G. S. OA, II*, S. 980.
106 *Corr. G. S. VII*, S. 439.
107 *Corr. II*, S. 345.
108 *Histoire de ma vie, G. S. OA, II*, S. 446f.
109 *Corr. II*, S. 348.
110 Charles Didier, *Journal intime* (Paris 1959).
111 *Corr. Liszt/d'Agoult* (Paris 1933), I, S. 369.
112 *Corr. III*, S. 125.
113 *Corr. I*, S. 136f.
114 Franz Liszt, *Frédéric Chopin* (Leipzig 1880), S. 134.
115 *F. N. II*, S. 121.
116 *F. N. II*, S. 121f.
117 *F. N. II*, S. 122.
118 *F. N. II*, S. 118.
119 Aus einem Tagebuch Friederike Müller-Streichers. Vgl. *F. N. II*, S. 367.

Quellenverzeichnis · Anmerkungen

120 Franz Liszt, *Frédéric Chopin* (Leipzig 1880), S. 136.
121 Franz Liszt, *Frédéric Chopin* (Leipzig 1880), S. 134 und S. 136.
122 *Corr. II*, S. 45.
123 *F. N. II*, S. 120.
124 *F. N. II*, S. 123.
125 *F. N. II*, S. 208.
126 *Corr. G. S. V*, S. 316.
127 *Korespondencja Fryderyka Chopina* (Warschau 1955) II, S. 45. Der Brief ist in der französischen Ausgabe von Chopins Briefen nicht enthalten.
128 *Corr. II*, S. 359 ff.
129 Władysław Mickiewicz, *Żywot Adama Mickiewicza* (Posen 1894) III, S. 23.
130 *Z epoki emigracyjnej 1833–1841* (»Lamus« 1909, Heft III), S. 440–469.
131 Das Original dieser Zeichnung ging im Zweiten Weltkrieg verloren; es wurde – wahrscheinlich noch zu Chopins Lebzeiten – eine Daguerreotypie des Bildes angefertigt, die heute in Krakau aufbewahrt wird.
132 Vgl. *Corr. III*, S. 287.
133 Chopin (August 1841): »Schick meine kleine Büste bitte nicht nach Hause [nach Warschau], laß sie im Schrank, man könnte dort erschrecken.« (*Corr. III*, S. 62.)
134 Arthur Hedley, *Selected Correspondence of Fryderyk Chopin* (London 1962).
135 *Corr. III*, S. 125.
136 Honoré de Balzac, *Ursule Mirouët* (*La Comédie humaine*, III, S. 384, Paris 1935–1937).
137 Die Daguerreotypie (Originalgröße 3 × 4 cm) hat eine verblüffende Ähnlichkeit mit dem Mendelssohn-Porträt aus dem Jahre 1845 von Eduard Magnus. Ein genauer Vergleich zeigt jedoch, daß es sich kaum um eine Photographie des Gemäldes handelt (Unterschiede an den Haaren und an der Halsbinde). Möglicherweise benutzte der Maler die Photographie als Vorbild oder zur Ausarbeitung. Es ist auch nicht zu klären, ob es sich wirklich um eine originale Daguerreotypie Mendelssohns handelt; sollte dies zutreffen, so ist das vorliegende Bild die bisher einzige bekannte photographische Darstellung des Komponisten.
138 Mendelssohn am 23. Mai 1834 an seine Mutter. Vgl. Ferdinand Hiller, *Felix Mendelssohn Bartholdy, Briefe und Erinnerungen* (Köln 1874) S. 31.
139 Leopold Binental (*Chopin*, Paris 1934, Abb. XV) hielt Chopin selbst für den Autor dieser Karikatur.
140 *Corr. G. S. V*, S. 799.
141 *Neue Berliner Musikzeitung*, 11. September 1872, S. 290.
142 *Neue Zeitschrift für Musik*, 12. Mai 1835.
143 *Neue Zeitschrift für Musik*, 4. Dezember 1838.
144 Anton Rubinstein, *Die Meister des Klaviers* (vgl. Nr. 65), S. 74 ff.
145 Anton Rubinstein, *Die Musik und ihre Meister. Eine Unterredung* (Leipzig 1891), S. 76.
146 Franz Liszt, *Frédéric Chopin* (Leipzig 1880), S. 38 ff.
147 Vgl. Ludwig Kusche, *Frédéric Chopin* (München 1960), S. 30 f.
148 *Histoire de ma vie*, G. S. OA, II, S. 446.
149 *Corr. II*, S. 39.
150 *Corr. II*, S. 316.
151 *Corr. I*, S. 243.
152 Vgl. Alfred Cortot, *Chopin, Wesen und Gestalt* (Zürich 1954), S. 21 f.
153 *Corr. III*, S. 210.
154 *Histoire de ma vie*, G. S. OA, II, S. 442.
155 Anton Rubinstein, *Die Meister des Klaviers* (vgl. Nr. 65), S. 79.
156 Einen bemerkenswerten, sachkundigen Artikel »Chopin und die Sonate« schrieb Joachim Kaiser in *Musik-Konzepte 45, Fryderyk Chopin* (München 1985), S. 3 ff.
157 George Sand an Pauline Viardot (20. April 1841). Vgl. *Lettres inédites de George Sand et de Pauline Viardot* (Paris 1959), S. 109.
158 Franz Liszt, *Frédéric Chopin* (Leipzig 1880), S. 123.
159 *Corr. G. S. VII*, S. 379.
160 Delacroix an Jean-Baptiste Pierret (22. Juni 1842). Vgl. Nr. 85; ebenso in *Corr. III*, S. 113.
161 *Histoire de ma vie*, G. S. OA, II, S. 442.
162 *Corr. III*, S. 202. Der Brief wurde an mehreren Tagen (zwischen dem 16. und 20. Juli) geschrieben; am Schluß gibt Chopin das Datum »20. Juli 1845« an.
163 *Corr. G. S. VII*, S. 97.
164 *Corr. III*, S. 218 f.
165 *Corr. III*, S. 225.
166 *Corr. III*, S. 227 f.
167 *Corr. III*, S. 231.
168 W. von Lenz, *Die großen Pianoforte-Virtuosen unserer Zeit aus persönlicher Bekanntschaft. Liszt-Chopin-Tausig-Henselt* (Berlin 1872), S. 65.
169 *Corr. III*, S. 251.
170 Berthold Litzmann, *Clara Schumann. Ein Künstlerleben. Nach Briefen und Tagebüchern* (Leipzig 1906), I, S. 302.
171 W. von Lenz, *Die großen Pianoforte-Virtuosen unserer Zeit* (vgl. Nr. 168), S. 36.
172 Vgl. *F. N. II*, S. 199 ff.
173 *Corr. I*, S. 141.
174 *Corr. III*, S. 311 f.
175 Vgl. *F. N. II*, S. 366 ff.
176 *Corr. III*, S. 236.
177 *Corr. III*, S. 237.
178 *Neue Zeitschrift für Musik*, 2. Nov. 1841.
179 Der folgende Absatz wurde aus Józef M. Chomiński *Fryderyk Chopin* (Leipzig 1980), S. 85 f. übernommen.
180 *Neue Zeitschrift für Musik*, 2. November 1841.
181 *Neue Zeitschrift für Musik*, 18. November 1842.
182 Vgl. Casimir Carrère, *George Sand* (Paris 1967) nach der deutschen Ausgabe (Bergisch Gladbach 1979), S. 289 f.
183 *Corr. G. S. VII*, S. 661.
184 *Corr. G. S. VII*, S. 12.
185 *Corr. III*, S. 400. Chopin datiert diesen Brief irrtümlich mit »17. und 18. Okt.«. Aus dem Inhalt (Chopin erwähnt sein Konzert »gestern« in der Guildhall und seine Unterkunft in 4, St. James Place) geht einwandfrei hervor, daß es »17. und 18. November« heißen muß.
186 *Histoire de ma vie*, G. S. OA, II, S. 447.
187 *Corr. G. S. VIII*, S. 54 f.
188 *Corr. III*, S. 373.
189 *F. N. II*, S. 337.
190 *F. N. II*, S. 336.
191 Vgl. *Corr. I*, S. 49 f.
192 *Corr. I*, S. 68.
193 *Corr. I*, S. 185.
194 *F. N. II*, S. 336.
195 *Corr. III*, S. 221.
196 *Corr. III*, S. 407.
197 *Corr. III*, S. 287.
198 *Corr. III*, S. 183.
199 *Corr. III*, S. 397 f.
200 *Corr. III*, S. 322.
201 Vgl. Tom Prideaux, *Delacroix und seine Zeit* (Time-Life International, Amsterdam 1971), S. 92.
202 Eugène Lambert (1825–1900), bekannter Maler (vor allem von Tieren), ein Freund von Maurice Sand, den er 1844 für einen Monat in Nohant besuchte, wo er sich daraufhin über zwölf Jahre aufhielt.
203 Edmond Combes (1812–1848), Vizekonsul in Damaskus, verfaßte Bücher über Abessinien und Ägypten, daher sein Beiname »Abessinier«.
204 Pierre François Touzé (1799–1862), bekannter Schauspieler, Freund George Sands.
205 *Histoire de ma vie*, G. S. OA II, S. 448 f.
206 Jeanne-Gabrielle Clésinger (22. Februar–6. März 1848).
207 Jean-Baptiste Clésinger (1814–1883), der später Chopins Totenmaske anfertigte, vollendete damals eine große Freiheitsstatue.
208 Théophile Thoré (1807–1869), Pseudonym William Bürger, einer der bedeutenden Kunstkritiker des 19. Jahrhunderts.
209 Armand Marrast (1801–1852), Publizist, Vorsitzender der Nationalversammlung.
210 Ferdinand Bascans (1801–1861), Journalist, Professor für Literatur und Geschichte.
211 Marc Caussidière (1808–1861), französischer Politiker.
212 Luce Caillaud, eine Freundin Solanges.
213 *Corr. III*, S. 323.
214 *Corr. III*, S. 338.
215 *Corr. III*, S. 368.
216 *Corr. III*, S. 374.
217 *Corr. III*, S. 374.
218 *Corr. III*, S. 388.
219 *Corr. III*, S. 389 f.
220 *Corr. III*, S. 393 f.
221 *Corr. III*, S. 397 f.
222 George Alexander Osborne, *Reminiscences*, S. 101.
223 Der Bericht entstammt den kaum bekannten Aufzeichnungen von George Sands Tochter Solange Clésinger, die im Jahre 1895 gebeten wurde, etwas über Chopin zu schreiben. Das Manuskript befindet sich in der Bibliothèque Nationale, Paris.
Der Originaltext des Berichtes (S. 336) schließt: »[und erlosch] in einer Umarmung dessen, was ein Teilchen der großen …« Der Rest des Satzes wurde von George Sands Enkelin Aurore getilgt. Vermutlich war hier von George Sand die Rede. Aurore hat im Manuskript alle Passagen, in denen George Sand erwähnt war – vermutlich negativ, denn Solange war mit ihrer Mutter verfeindet –, herausgeschnitten.
224 *Corr. III*, S. 423.
225 *Corr. III*, S. 435.
226 Hierüber gibt es keine verläßlichen Quellen.
227 Vgl. *Polen im Exil* (vgl. Nr. 38), S. 128 f.
228 *Corr. III*, S. 413 f.
229 Die im Brief erwähnten Personen: Jean B. Cruveilhier – sein Atlas der pathologischen Anatomie gilt noch heute als hochbedeutendes Werk – war seit 1836 erster Professor der pathologischen Anatomie in Paris; Chateaubriand und Talleyrand gehörten zu seinen Patienten. Er war auch bei Chopins Tod anwesend und entnahm dem Leichnam des Komponisten das Herz. *Pierre Ch. A. Louis*, ein Reformator der französischen Medizin, war Arzt, Homöopath und Spezialist für Tuberkulose. *Jean G. M. Blache*, Professor an der medizinischen Fakultät, galt als Kapazität für Tuberkuloseerkrankungen. *Thomas Albrecht*, Sekretär der sächsischen Botschaft in Paris, war ein Freund Chopins, der ihm sein h-Moll-Scherzo widmete. *O'Meara*, ein irischer Arzt, war der Vater von Chopins Schülerin Camille, der späteren Mme Dubois. *Jules Forest* war ein mit Chopin und Franchomme befreundeter Advokat aus Tours. Bei Familie *Lauverjat* handelt es sich um in der Touraine lebende Verwandte Franchommes.
230 *F. N. II*, S. 346.
231 *F. N. II*, S. 347.
232 Vgl. *Corr. G. S. IX*, S. 292–299.
233 *Corr. III*, S. 451.
234 *Corr. III*, S. 443 und 451, *F. N. II*, S. 347.
235 *Corr. III*, S. 440.
236 *Corr. III*, S. 442.
237 *F. N. II*, S. 346.
238 *F. N. II*, S. 350.
239 Vgl. Czesław Sieluzycki, *Prace chopinowskie rzeźbiarza Jean-Baptiste-Auguste Clésingera* (*Rocznik Chopinowski*, Warschau 1984), S. 119 ff.
240 Faubion Bowers, *Scriabin, A Biography of the Russian Composer* (Tokyo und Palo Alto 1969), II, S. 213.

BILDNACHWEIS

Viele Dokumente des vorliegenden Buches sind zum erstenmal bzw. zum erstenmal in Farbe abgebildet, wobei nur in wesentlichen Fällen auf Erstveröffentlichungen hingewiesen wurde.
Die Reproduktionsrechte liegen bei den jeweiligen Bildbesitzern.
Die Reihenfolge des Bildnachweises orientiert sich an der Zahl der zur Verfügung gestellten Bilddokumente.

Sammlung des Autors: 6, 12, 13, 16, 17, 18, 19, 20, 21, 25, 27, 28, 32, 34, 35, 36, 37, 38, 39, 41, 48, 49, 50, 57, 61, 66, 67, 70, 76, 87, 90, 91, 96, 97, 104, 113, 114, 115, 116, 118, 119, 129, 130, 131, 132, 134, 140, 141, 142, 143, 145, 151, 153, 154, 155, 165, 166, 167, 169, 182, 185, 186, 187, 188, 189, 190, 191, 192, 194, 195, 196, 207, 208, 211, 215, 216, 218, 219, 234, 235, 239, 240, 241, 242, 245, 247, 248, 250, 254, 255, 256, 270, 271, 276, 278, 284, 291, 295, 296, 316, 320, 326, 327, 328, 329, 336, 337, 342, 343, 348, 350, 373, 380, 392, 393, 395, 396, 399, 401, 403, 408, 446, 463, 464, 465, 466, 467, 468, 469, 470, 471, 472, 473, 474, 475, 484, 486, 493, 494, 496, 524, 525, 527, 528, 529, 536, 537, 538, 539, 540, 542, 543, 552, 553, 554, 558, 560, 561, 575, 581, 582, 584, 585, 586, 587, 591, 592, 597, 598, 600, 601, 609, 612, 613, 614, 636, 661, 663, 664, 665, 677, 683, 685, 688, 695, 698, 699, 700, 701, 702, 703, 704, 707, 708, 709, 716, 718, 724, 727, 739, 741, 758, 765, 766

Bayerische Staatsbibliothek, München: 52, 71, 72, 73, 78, 93, 94, 95, 108, 109, 110, 111, 112, 121, 122, 123, 124, 125, 126, 144, 149, 150, 174, 199, 220, 221, 223, 224, 227, 228, 229, 238, 246, 260, 261, 262, 263, 267, 268, 274, 313, 314, 331, 523, 526, 566, 568, 579, 599, 615, 617, 618, 619, 622, 629, 630, 631, 632, 646, 647, 648, 649

Archiv Gabriel Quetglas: 244, 366, 367, 368, 369, 374, 375, 376, 377, 384, 417, 418, 419, 420, 421, 422, 435, 436, 437, 438, 439, 444, 447, 448, 449, 450, 451, 452, 454, 460, 498, 499, 500, 501, 502, 503, 504, 505, 506, 507, 508, 509, 715, 763

»Sammlung ›Ana Maria Boutroux de Ferrà‹, aufbewahrt in der Zelle F. Chopin - G. Sand Nr. 2 der Kartause von Valldemossa. Eigentum von Margarita Ferrà Boutroux, photographiert von Joan M. Ferrà« [diese Formulierung wurde vom Bildbesitzer gewünscht]: 9, 127, 128, 307, 308, 371, 372, 378, 379, 381, 385, 391, 394, 397, 398, 400, 408, 409, 410, 411, 413, 414, 415, 416, 440, 441, 442, 445, 461, 462, 482, 487, 488, 489, 490, 491, 492, 495, 650, 676

Bildnachweis

Leopold Binental, *Chopin. W 120 rocznice urodzin. Dokumenty i Pamiątki* (Warschau 1930): 4, 5, 47, 56, 62, 82, 86, 99, 100, 156, 197, 202, 232, 233, 253, 288, 293, 294, 301, 317, 318, 354, 453, 595, 596, 621, 627, 689, 693, 728, 738, 742, 760

Société Historique et Littéraire Polonaise, Paris: 7, 53, 77, 152, 169, 170, 172, 173, 175, 176, 178, 257, 321, 322, 548, 565, 589, 639, 640, 641, 642, 643, 651, 654, 656, 659, 740, 749, 753, 754, 755, 764

Chopin-Gesellschaft, Warschau: 8, 24, 26, 29, 43, 44, 45, 85, 92, 101, 102, 135, 138, 147, 306, 323, 324, 325, 334, 382, 383, 611, 667, 678, 679, 719, 725, 726, 729, 737, 743

Sammlung van Hoboken: 22, 23, 51, 55, 212, 222, 225, 230, 264, 265, 266, 302, 521, 522, 562, 563, 564, 607, 608

Musée Carnavalet, Paris: 214, 231, 344, 345, 347, 352, 407, 476, 477, 478, 533, 534, 535, 594, 674, 692, 717, 756, 757

Sammlung Alfred Cortot (Farbaufnahmen von Jacqueline Hyde): 80, 81, 184, 203, 204, 292, 333, 387, 388, 431, 432, 433, 434, 580, 606, 744

Bibliothèque Nationale, Paris: 107, 163, 193, 217, 300, 319, 339, 358, 559, 578, 620, 638, 660, 662, 670

The Pierpont Morgan Library, New York, Deposit Flagler Cary: 251, 520, 569, 570, 571, 572, 573, 574; Deposit R. O. Lehmann: 79, 200, 201, 457, 458, 628; Heinemann-Stiftung: 567

Sammlung Simone André-Maurois: 183, 315, 406, 412, 456, 459, 602, 604, 644, 682, 721, 722, 723

Nationalbibliothek, Warschau: 159, 160, 258, 426, 427, 428, 429, 480, 610, 734

Sammlung Paul Niggl: 88, 89, 510–515

Robert-Schumann-Haus, Zwickau: 290, 303, 304, 544, 550, 551, 616

Hans Schneider: 63 (1985), 65 (1986), 386, 516, 517, 745 (1984)

Institut de France, Paris: 179, 338, 360, 423, 455, 479

Nationalmuseum, Warschau: 1, 33, 60, 117, 299

Leopold Binental, *Chopin* (Paris 1934): 10, 83, 84, 555, 557

Ehemalige Sammlung Edouard Ganche: 133, 298, 706, 711, 712

Ehemalige Sammlung André Meyer: 335, 353, 497, 519, 731

Nationale Forschungs- und Gedenkstätten der klassischen deutschen Literatur in Weimar: 171, 210, 213, 588

Jean René Bory: 205, 206, 236, 237

Conservatoire, Paris: 275, 277, 485, 735

Louvre, Paris: 356, 359, 362, 365

Ministère de la Culture, en dépôt à la Bibliothèque Nationale, Département de la Musique: 748, 750, 751, 752

Pfarrei St. Rochus, Brochów: 11, 14, 15

Bibliothek der Warschauer Musik-Gesellschaft: 30, 46, 64

Nationalmuseum, Krakau: 103, 481, 603

Bild-Archiv der Österreichischen Nationalbibliothek, Wien: 139, 145, 623

Archiv Pleyel, Paris: 162, 164, 556

Bibliothèque de l'Opéra, Paris: 243, 249, 305

Gregor Piatigorsky: 269, 272, 273

Johannes Bröckl: 281, 282, 283

Sotheby's: 287 (Mai 1988), 680, 681 (Juni 1989)

Stargardt: 577 (Dez. 1988), 686, 687 (März 1988)

Stadtmuseum, München: 31, 289

Schloß Mariemont, Belgien: 58, 59

Österreichische Nationalbibliothek Wien, Musiksammlung: 68, 69

Stiftung zur Förderung der Musikkultur, Stockholm: 120, 158

Schloß Versailles: 161, 671

Conservatoire, Genf: 198, 226

Sammlung Sirot: 349, 351

Schloß Nohant: 404, 405

The British Library, London: 424, 425

Duchesse de Maillé: 624, 625

Audrey Evelyn Bone, *Jane Wilhelmina Stirling* (Chipstead 1960): 657, 705

Samuel Rocheblave: 690, 691

M. Percy School, Montreux: 696, 710

M. D.-C. Parker, Glasgow: 713, 714

Standesamt Izbica Kujawska: 2

Archives du Département des Vosges, Épinal: 3

Stadtmuseum Radom: 40

Hugo Leichtentritt, *Chopin* (Berlin 1904): 42

Schlesisches Museum, Wrocław (Breslau): 54

Archiv für Kunst und Geschichte, Berlin: 105

Stiftung Kościuszko, New York: 137

Bibliothek des Prager Konservatoriums: 146

Historisches Museum, Warschau: 157

Staatsbibliothek Preußischer Kulturbesitz, Mendelssohn-Archiv, Berlin: 259

Alfred Brendel: 332

Madame Pillaut: 355

Ordrupgaard-Museum, Kopenhagen: 361

Alfred Robaut: 363

Archivo del Reino de Mallorca, Palma: 370

Helmut v. Haase: 430

Estanislao Pellicer, *Chopin en Mallorca* (Barcelona 1945): 443

Musée de Besançon: 483

Bibliothèque historique de la ville de Paris: 532

Museum für Kunst und Gewerbe, Hamburg: 545

Musée Balzac, Paris: 547

Zdzisław Jachimecki: 576

Bildarchiv Preußischer Kulturbesitz, Berlin: 593

León Kostecki: 605

J. L. Vaudoyer: 626

Artur Rubinstein: 635 (1966)

Echo Muzyczne, Teatralne i Artystyczne, 20. März (1. April) 1899: 658

Broadwood & Sons, London: 666

Dordrechts Museum, Dordrecht: 668

Museum von Stockholm: 669

Museum der Jagellonenuniversität, Krakau: 672

François Léo: 675

Gerry Keeling: 697

Wł. J. Hellier: 746

Emmanuel Fabius: 747; Institut d'Art et d'Archéologie, Paris: 762

Privatbesitz (ungenannt) oder verschollen: 74, 75, 98, 106, 136, 180, 209, 252, 279, 280, 285, 286, 297, 309, 310, 311, 312, 330, 340, 341, 346, 357, 364, 389, 390, 518, 530, 531, 541, 546, 549, 583, 590, 633, 634, 637, 645, 652, 653, 655, 673, 684, 694, 720, 730, 732, 733, 736, 759, 761

REGISTER

PERSONEN

Adam, Louis 82
Addinson, s. Cramer, Addinson & Beale
Adelaide, Königin von England 310
d'Agoult, Marie Gräfin 85, 98, 101, 102, 104, 138, 151, 152, 168, 214, 226, 236, 244, 263, 298
Ajasson de Grandsagne, Étienne (»Stéphane«): 190
Alard, Delphin 85, 150, 304
d'Albert, Eugen 276
Albrecht, Thomas 185, 324
Alexander I. (Zar) 16, 28
Alexis (Hellseher) 313
Alkan (Morhange), Charles-Henri-Valentin 56, 85, 119, 162, 247, 258, 264, 292, 320
Allart, Hortense 88
Alophe, Marie Alexandre 92
Amélie (Dienstmädchen) 175, 176
Apponyi, Anton Graf 82
Apponyi, Thérèse Gräfin 82, 278
Arago, Emmanuel 186, 284, 292, 309
Argyll, Herzogin von 318
Arienti, Carlo 109
Arnould-Plessy, Jeanne 212
d'Arpentigny, Stanislas 284
Artaria (Verlag) 71
Aschenberg (Verlag) 57
Aspasia (Gattin des Perikles) 243
Auber, Daniel François Esprit 85, 91, 207, 247, 258
Aubrun, Roger-Ernest 104
August (der Starke), Kurfürst von Sachsen und König von Polen 164
Aurora von Königsmark, Gräfin 164
d'Aure, Antoine 284
d'Ayamans, Gräfin 179

Bach, Joseph Gustav 109
Bach, Johann Sebastian 104, 230, 231, 234, 251, 278, 348
Baillot, Pierre 70, 82, 93, 104, 118, 128, 138
Balakirew, Milij 11
Ballanche, Pierre-Simon 138
Balzac, Honoré de 91, 108, 151, 154, 168, 172, 212, 245, 254, 270
Barbançois, Fam. 262
Barcińska, s. Chopin, Izabela
Barciński, Antoni 53
Barrias, Félix 330
Barthélemy, François Marquis de 264
Bascans, Ferdinand 308, 326
Bascans, Sophie-Victoire (geb. Lagut) 326
Bastida, Graf La 176
Baudelaire, Charles 171
Bayot, Adolphe Jean-Baptiste 227
Bazin, Charles-Louis 90
Beale, s. Cramer & Beale
Beatrice (Geliebte Dantes) 151
Beethoven, Ludwig van 19, 27, 44, 54, 72, 82, 94, 95, 119, 121, 139, 150, 162, 214, 230, 239, 248, 251, 278, 298, 328, 346, 348

Belgiojoso, Christina Fürstin 85, 156
Belleville-Oury, Caroline de 242
Bellini, Vincenzo 95, 109, 118, 128, 153, 156, 230, 231
Bem, Joseph General 76
Bénard, Auguste Sebastién 92
Benoist, Philippe 227
Bentkowski, Feliks Jan 32
Berger (Pianist) 26
Bergeret, Pierre-Nolasque 324
Bergmann, Oscar 231
Beriot, Charles-Auguste de 93, 95
Berlioz, Hector 27, 54, 82, 85, 91, 104, 108, 109, 118, 126, 127, 162, 207, 226, 239, 289, 328
Berner, Friedrich Wilhelm 34
Berryer, Pierre-Antoine 305
Bertini, Henri 118
Better (Pianist) 26
Białobłocki, Jan 29, 32, 44
Bianchi, Antonia 28
Bichebois, Louis Pierre Alphonse 205
Billing, Camilla 242, 292
Binental, Leopold 47
Bisenius (Lithograph) 50
Bisson, Louis Auguste 285, 323
Blache, Jean-Gaston-Marie 298, 326
Blaize, Candide 166
Blanc, Charles 170
Blanc, Louis 284, 309
Blantyre, Lady 318
Bocage, Pierre-François (Touzé) 242, 306
Bock, s. Bote & Bock
Bocklet, Karl Maria von 72
Bogacka, s. Kunicka
Bonaparte, Louis-Napoléon 309
Bonnard, Pierre 171
Bonnechose, Gaston de 226
Borie, Victor 292
Bote & Bock (Verlag) 227
Bourbone Parma, Fam. 285
Bourges, Michel de 168, 219, 242
Bovy, Antoine 49, 154, 158, 159, 270
Brahms, Johannes 222
Brame (Antiquar) 172
Brandus (Verlag) 273, 285
Brault, Augustine 212, 272, 284, 292
Breitkopf & Härtel (Verlag) 33, 39, 49, 57, 71, 83, 98, 105, 119, 129, 139, 153, 163, 187, 199, 200, 227, 233, 234, 243, 254, 255, 264, 265, 273, 284, 285
Brendel, Alfred 348
Broadwood, James 152, 296
Brodziński, Kazimierz 32
Bruch, Max 150
Brunner, Witalis 32
Brzezina (Verlag) 28, 29, 33
Brzezińska (Café-Inhaberin) 60
Brzowsky, Józef 152, 154
Buchholtz, Friedrich 44
Buffords, J. H. (Lithograph) 94
Bülow, Hans von 234, 276
Bury, Thomas Talbot 117

Busoni, Ferruccio 234, 348
Byron, George Gordon Noel Lord 248, 263

Caillaud, Luce 308
Calamatta, Lina 190, 212, 215, 255
Calamatta, Luigi 166, 190, 220, 227
Campe, s. Hoffmann und Campe
Campion, George B. 104, 313
Canella, Giuseppe 263, 303
Canut, Fam. 176, 179
Canut, Ernest (Bazile?) 179, 202, 207
Caqué, »C« (Augustin) 231
Cardona, Marquis de 176, 179
Carreño, Teresa 276
Castellan, Jeanne 346
Catalani, Angelica 16, 18, 19
Catelin (Verlag) 163
Caussidière, Marc 308
Cauvière, François 206, 209
Cézanne, Paul 171
Chaberski (Verlag) 49
Champin, Jean Jacques 309
Charpentier, Auguste 168, 178, 190, 215, 219
Chateaubriand, François René Vicomte de 91
Chatelet, Marquis du 280
Chatiron, Hippolyte 262, 272
Chéramy (Kunstsammler) 172
Cherubini, Luigi 27, 70, 105, 110, 119
Chopin, Emilia 9, 10, 26, 28, 32, 38, 53, 78, 298
Chopin, François 8
Chopin, Izabel(l)a 9, 10, 26, 28, 38, 53, 283
Chopin, Ludwika (Louise) 9, 12, 16, 19, 26, 27, 28, 32, 33, 38, 39, 45, 49, 53, 66, 264, 272, 279, 293, 320, 322, 324, 330, 331, 336, 337, 345, 346
Chopin, Nicolas (Mikołaj) 8, 9, 10,12, 13, 14, 16, 132, 135, 260, 264, 326
Chopin, Tekla Justyna 8, 9, 10, 12, 13, 14, 132, 307
Chopin, Thérèse 8
Chotek, Karel Burggraf 128
Choussat, Elena 178, 179, 182
Ciceri, Eugène 227, 321
Ciechomska, Ludwika, s. Jędrzejewicz, Ludwika
Ciechomska, Maria 339
Cimarosa, Domenico 44
Clark, James 298
Clementi, Muzio 44, 145, 230, 276, 278, 289
Clésinger, Jean-Baptiste-Auguste 292, 308, 338, 339, 343, 347
Clésinger, Jeanne-Gabrielle 304
Clésinger, Jeanne-Gabrielle (»Nini«) 320
Clésinger, Solange s. Sand, Solange
Cocks (Verlag) 39, 45
Colfs, Albert 11
Collière, Lucienne 136
Combes, Edmond 306
Cortot, Alfred 97, 234, 270, 279, 293
Cortot, Jean 257
Cossmann, Herman-Maurice 276
Cotta (Verlag) 158
Courbet, Gustave 298
Courbonne, Camilla de, s. Billing, Camilla

Couture, Thomas 166, 298
Cramer, Addison & Beale (Verlag) 105
Cramer & Beale (Verlag) 285
Cramer & Co. (Verlag) 153
Cramer, Johann Baptist 19, 44, 145, 258, 276, 278
Crémieux, Adolphe 118
Cruveilhier, Jean 298, 324, 336, 337, 339
Custine, Astolphe Graf de 85, 128, 152, 162, 186, 226
Cybulski (Verlag) 16, 17
Czartoryska, Marcelina Fürstin 244, 276, 281, 283, 287, 293, 318, 330, 331, 336, 337, 339
Czartoryska-Württemberg, Maria Fürstin von 292
Czartoryski, Adam Fürst 280, 284, 286, 287, 346
Czartoryski, Adam Konstanty Fürst 277
Czartoryski, Aleksander Fürst 318, 346
Czartoryski, Fam. 16, 85, 242, 284
Czerny, Carl 44, 56, 70, 153
Czetwertyńska, Fam. 16
Czosnowska, Laura 284

Damska, s. Skarbek, Justyna Gräfin
Danhauser, Josef 263
Dantan, Jean-Pierre (»Dantan jeune«) 85, 108, 151, 241, 247
Dante Alighieri 151, 170, 243
Dantès, Edmond 211
Daudet, Alphonse 85
David, Jacques-Louis 91, 243, 324
Day, s. Francis, Day & Hunter
Debussy, Claude 145, 348
Decaisne, Henri 95
Decazes, Herzog 138
Decker, Georg 258
Deflin, Jean Nicolas 8
Deflin, Marguerite 8
Degas, Edgar 254
Deguerry, Abbé 346
Delacroix, Eugène 54, 84, 91, 138, 153, 162, 166, 168, 170, 171, 172, 190, 212, 213, 216, 218, 226, 230, 242, 243, 245, 247, 254, 264, 270, 272, 277, 284, 292, 294, 302, 305, 320, 323, 328, 345, 346, 347
Delarac, s. Larac, Edouard de
Delaroche 85, 91
Delarue, Fortuné 91
Delauney, Elie 294
Delpech, François Séraphin 109
Dembrowski, Carlos 186
Denoyers, Fam. 184, 200
Deroy, Laurent 163, 221, 243, 327
Dessauer, Joseph 119, 128, 232
Deveria, Achille 95, 164, 316
Devezeau, Charles de 232
Devrient, s. Schröder, Wilhelmine
Diabelli, Antonio 56
Diakow, General 56
Didier, Charles 168, 219, 226
Dieffenbach, Johann Friedrich 145
Dietrich, Anton 263
Dietrich, Friedrich Christoph 21, 24, 38, 60
Dietz, Johann Christian 84, 118

354

Personenregister

Dilger, Johann Baptist 74
Diller de Pereira, Catherine Baronin 128
Döhler, Theodor (von) 93
Don Carlos (Sohn König Karls IV. von Spanien) 209
Donizetti, Gaëtano 94, 95, 145
Dorn, Heinrich 162
Dorus, s. Steenkiste, Vincent Joseph
Dorval, Marie 85, 162, 164, 247
Dostojewski, Fjodor Michajlowitsch 164
Dreyschock, Alexander 93
Dubois, s. O'Meara, Camille
Dubufe, Claude Marie 85, 247
Dubufe, Edouard 85, 247
Duchnowski, Jan 13
Dudevant, Amantine-Aurore-Lucile Baronin, s. Sand, George
Dudevant, François (»Casimir«) Baron 164, 236
Dudevant, Maurice Baron, s. Sand, Maurice
Dudevant, Solange Baronin, s. Sand, Solange
Dulcken, Luise 311
Dumas, Alexandre (Vater) 85, 91, 153, 211, 247, 263, 264
Dumas, Alexandre (Sohn) 85, 212, 293
Dumesnil, Alfred 236
Dupin, Amantine-Aurore-Lucile, s. Sand, George
Dupin, Claude 280
Dupont, Alexis 346
Duport, Jean Louis 82, 92
Duvernet, Charles 247, 284
Duvernet, Fam. 284
Dziewanowska, Honorata 26
Dziewanowska, Ludwika 26
Dziewanowski, Dominik 26
Dziewanowski, Juliusz 26

Eichens, Hermann 313
d'Eichthal, Fam. Baron 119
d'Eichthal, Louis Baron 82, 85, 138, 150, 236
Einsle, Anton 69
Ekier, Jan 33
Elsner, Józef 22, 27, 32, 33, 35, 38, 44, 56, 70, 118, 251, 254, 260
Engelmann, Gottfried 115
Erard, Sébastien 84, 117, 128, 131, 152, 154, 254, 276, 278, 296
Ernemann, Moritz 44
Ernst, Heinrich Wilhelm 93, 126, 130, 232
Erskine, Catherine 291, 305, 309, 324
Escherich, Katharina 44
Escudier (Verlag) 98
d'Est, Fam. Baron 119
Estade, José 206
Ewer & Co. (Verlag) 119

Faber, s. Karl und Faber
Fagnani, Giuseppe 268
Fajans, Maksymilian 10
Falcon, Cornélie 130
Falmouth, George Henry Boscawen, Earl of 304
Farrenc, Jacques-Hippolyte Aristide 56
Félix, Dina 113
Félix, Elisa (»Rachel«) 113, 226, 264, 320
Feodorowna, s. Teodorowna, Maria
Fesch, Joseph Cardinal 82
Fétis, François 10, 44, 56, 82, 83, 104, 152, 222
Field, John 82, 230, 258, 289
Filtsch, Carl 242, 254, 272, 276
Filtsch, Józef 242
Fink, Gottfried Wilhelm 58, 265
Flaubert, Gustave 91, 164, 168, 212
Flury, Pierre-Hippolyte 162, 176, 179
Fontana, Julian 19, 38, 44, 85, 88, 90, 152, 182, 184, 185, 186, 198, 199, 200, 202, 206, 220, 232, 254, 290, 321
Forest, Fam. 284, 292, 324
Forget, Juliette 320
Franchomme, Auguste 83, 85, 92, 104, 150, 230, 245, 264, 284, 287, 292, 304, 313, 320, 324, 330, 332, 337, 346

Francis, Day & Hunter (Verlag) 227
Franck, Hermann 85, 104, 247
Freppa, Lina 118
Frépillon (Daguerreotypist) 171
Friedheim, Arthur 234
Frommel, Carl Ludwig 121
Frontera (»Valldemosa«), Francisco 175

Gaillard, Emile 254
Gainsborough, Lady 304
Gallait, Louis 257
Garate, Roger de 234
Garcia, Pauline s. Viardot-Garcia, Pauline
Garcia-Vestris (Sängerin) 70
Garneray, Louis 174, 206
Gaszyński, Konstanty 304
Gatti, Giovanni Battista 48
Gaubert, Paul 85, 227
Gaubert, Pierre-Marcel 298
Gautier, Théophile 91, 348
Gavard, Charles 337
Gavard, Elise 330, 337
Gavard, Fam. 292
Gebethner & Wolff (Verlag) 21, 49, 57, 71, 119, 139, 153, 233, 272, 293
Geering, Rudolf 119
Gerson, Wojciech 68
Geszt, Fryderyk 13
Giacometti, Giovanni 171
Gins (Verlag) 163
Girard, Narcisse 56, 346
Girardin, Delphine de 154
Gładkowska, Konstancja 48, 54, 68, 71, 78, 140, 291
Goethe, Johann Wolfgang von 55, 89, 171
Goetzenberger, Jakob 162
Gogh, Vincent van 171
Gomez (Mallorquiner) 181
Gottschalk, Louis Moreau 258
Goya, Francisco 194
Grabowski, Józef 68
Gradoli (Mallorquinerin) 179
Gräfe, Karl Ferdinand von 145
Graefle, Albert 337
Granados, Enrique 54
Grandsire, Pierre Eugène 218
Grandville, Jean Ignace Hugo Isidore 154
Grashof, Otto 260
Gre(m)becki, Franciszek 12, 14
Grevedon, Henri 110
Grieg, Edvard 145
Grisar, Albert 221
Grisi, Giulia 82, 95, 254
Grocholska, Ksawera 332
Grote, Harriet 94
Grotkowski, Stefan 272
Grzymała, Wojciech (Albert) 85, 88, 90, 154, 162, 168, 182, 186, 210, 214, 226, 232, 246, 284, 290, 306, 313, 314, 320, 321, 329, 330, 331, 337
Gudin, Théodore 232, 302
Guémer, A. (Journalist) 118
Guérard, Bernard 321
Guillaumot (Zeichner) 16
Guillemard, Anton 231
Gugel, H. (Graveur) 75
Gutmann, Adolf 85, 109, 128, 143, 162, 220, 230, 258, 276, 314, 332, 336, 337, 345, 346
Gyrowetz, Adalbert 16, 48, 50, 128

Habeneck, François Antoine 56, 93, 130, 131, 264
Händel, Georg Friedrich 44, 121, 139
Härtel, s. Breitkopf & Härtel
Härtel, Raimund 119
Halévy, Jacques Fromental 104, 107, 108, 109, 264
Hallé, Charles 138, 150, 151
Hamelle (Verlag) 49, 57, 71, 129, 139, 153, 163, 233, 273, 293
Hanfstaengl, Franz (von) 136, 286
Hansen, Wilhelm 172

Hanska, Eveline von 254
Haslinger (Verlag) 39, 40, 42, 45, 48, 153
Haumann, Théodore 93
Haydn, Joseph 44, 72, 251, 272, 292
Hedley, Arthur 39
Heilbuth, Herman 172
Heine, Heinrich 85, 87, 91, 107, 158, 162, 164, 257
Heinefetter, Maria 94
Heinefetter, Sabine 72, 94, 126
Heise, Johann Gustav Heinrich 143
Heller, Stephen 85, 87, 136, 148, 149, 186, 298
Henke, Karol 12
Henselt, Adolf (von) 93
Herbault, Jean-Jacques 339
Herbault, Marquis d' 232
Héreau, Michelle Rabusson 226
Hérold, Louis-Joseph-Ferdinand 91, 107
Herz, Henri 56, 82, 85, 92, 104, 110, 118, 128, 153, 258
Herz, Jacques 104, 110, 258
Hesse, Adolf Friedrich 70
Hetzel, Pierre-Jules 292
Hildebrandt, Ferdinand Theodor 122
Hiller, Ferdinand 85, 82, 104, 108, 118, 119, 121, 125, 128, 130, 131, 278, 286
Hoffmann, Aleksander 104
Hoffmann, Jakob Friedrich 32
Hoffman-Tańska, Klementyna 264
Hoffman und Campe (Verlag) 158, 257
Hofmeister (Verlag) 29, 33
Homer (Dichter) 170
Hopwood, James 89
Houdon, Jean-Antoine 214
Houston, Ann 317
Hugo, Victor 91, 108, 154, 162, 263, 264
Humboldt, Alexander von 44, 55
Hummel, Eugen 50, 72
Hummel, Johann Nepomuk 24, 44, 70, 72, 82, 119, 230, 231, 234, 258, 278
Hunter, s. Francis, Day & Hunter
Hye (Haye) Madame de la 126

Illakowicz, Napoléon 332
Ingres, Jean-Dominique 91, 264
Isler, Luigi 161

Jacottet, Jean 227
Janin, Jules 154, 162, 298
Januszkiewicz, Eustachy 138, 236
Jarocki, Feliks 44
Jawurek, Józef 24
Jeanne d'Arc 263
Jędrzejewicz, Józef Kalasanty 12, 53, 83, 264, 320, 322
Jędrzejewicz, Ludwika, s. Chopin, Ludwika
Jędrzejewicz, Ludwika (Chopins Nichte) 320, 322, 337
Jełowicki, Aleksander 331, 332, 333, 336, 337
Julien, Bernard Romain 91, 109

Kalergis, s. Mouchanow, Marie von
Kalkbrenner, Arthur 276
Kalkbrenner, Friedrich 26, 56, 70, 82, 85, 92, 104, 110, 128, 129, 150, 201, 232, 242, 247, 258, 276
Karl und Faber (Auktionshaus) 284
Kaufmann (Verlag) 23, 45, 57, 105
Keller, Franz 75
Kemble, s. Sartoris, Adelaide
Kessler, Joseph Christoph 198
Kicka, Teresa 44
Kistner (Verlag) 45, 49, 54, 56, 57
Klukowski (Verlag) 57
Kniaziewicz, Karol Otton General 138, 286
Knorr, Julius 70
Knox, John 314
Koch, Robert 298
Kocipiński (Verlag) 49, 57
Koczalski, Raoul von 183
Kokular, Aleksander 138

Kolberg, Antoni 38, 309
Kolberg, Oskar 33
Kolberg, Wilhelm 33
Komar, s. Potocka, Delfina
Ko(r?)nowski, Mateusz 8
Konstanty, Großfürst 17
Kopernikus (Coppernicus), Nikolaus 28
Koptiajew, Aleksander 27
Koreff, Jean-Ferdinand 298
Kościuszko, Tadeusz 286
Kossuth, Ludwig (Lajos) 76
Koźmian, Stanisław Egbert 152
Krägen C. (Musikpädagoge) 142
Krasiński, Zygmunt 292
Kresner, Otto 28
Kreutzer, Conradin 50
Kriehuber, Josef 44, 95
Krüdener, Maria 242
Krzyżanowska, Antonia 8
Krzyżanowska, Tekla, s. Chopin, Tekla Justyna
Krzyżanowski, Jakub 8
Krzyżanowski, Mateusz 8
Krzyżanowski (Verlag) 17
Kumelski, Norbert Alfons 70
Kunnicka-Bogacka, Jadwiga 20
Kurowski, Józef Szymon 89, 286
Kurpiński, Karol 56, 251
Kwiatkowski, Teofil 250, 268, 270, 292, 327, 328, 329, 330, 331, 334, 335, 336, 337

Lablache, Luigi 91, 226, 254, 346
Lacauchie, Alexandre 94
Lachmanowicz, Baronin 71
Lachner, Franz 48, 50
Łączyńska, Starostin 9
Lafont, Charles-Philippe 104
Laforteza, Don Juan Burgues 179
Lagowska (Pianistin) 26
Lagut, s. Bascans, Sophie-Victoire
Lamartine, Alphonse de 91, 238, 264
Lambert, Eugène 272, 294, 306
Lamennais, Félicité-Robert de 226
Lami, Eugène 305
Langlumé (Lithograph) 131
Lanner, Joseph Franz Karl 70
Larac (Delarac), Edouard de 302, 326
Lassalle, Emile 16
Latouche (Delatouche), Hyacinthe de 264, 306
Latte (Verlag) 153
Latzel (Bekannter Józef Elsners) 34
Laube, Heinrich 229
Lauth, s. Sand-Lauth, Aurore
Lauverjat, Madame de 324
Leclerc P. (Pfarrer) 8
Lefébure-Wély, Louis-James-Alfred 346
Legouillou (Le Guillou), Jenny 170
Legouvé, Ernest 162, 163, 239
Lehmann, Henri 91, 101, 156, 240, 292, 300, 302
Lehmann, Robert Owen 97, 279, 293
Lehmann, Rudolf 300
Leidenfrost (Kriminalbeamter) 72
Leitch, William 121
Leitgeber (Verlag) 33, 57
Lemercier, Charles Nicolas 110, 151, 287
Lenau, Nikolaus 95
Lenz, Wilhelm von 230, 248
Léo, Auguste 82, 185, 264, 292, 300, 309
Leopardi, Giacomo Graf 348
Leszczyński, Stanisław König 9
Levi, D. (Bekannter Chopins) 138
Lewald, August 158
Lewicki, Jan Nepomuk 287
Lind, Jenny 94, 244, 304
Linde, Samuel Bogumił 25
Lipiński, Charles 138
Liszt, Franz 24, 49, 75, 82, 85, 91, 92, 93, 95, 98, 100, 101, 102, 104, 108, 110, 116, 118, 126, 127, 128, 129, 130, 131, 138, 143, 145, 147, 150, 151, 152, 153, 154, 156, 158, 162, 163, 168, 212, 213,

355

Personenregister

214, 222, 226, 230, 232, 234, 236, 238, 239, 245, 251, 254, 258, 260, 263, 264, 268, 270, 272, 276, 278, 286, 287, 296, 310, 318, 348
Louis, Pierre-Charles-Alexandre 298, 324
Louis-Philippe, König 18, 162, 220, 221, 302, 309
Louis XVI., König 212, 214, 215
Lubecci, Fam. 16
Lubieńska, Paulina Gräfin 27
Lubin, Georges 164
Lucas & Weber (Verlag) 49, 57, 71, 129, 139, 153, 163, 233, 272, 293
Lyszczyński, Adam 304

Maillé, Duchesse de 277
Malcz, Wilhelm 298
Malewski (Bekannter Juliusz Słowackis) 88
Malfatti, Johann von 70, 72, 298
Malibran, Maria Felicità 95, 212, 217
Mallefille, Félicien 168, 175, 219, 306, 309
Manet, Edouard 85, 298
Maria Antonia (Hausmeisterin) 192
Maria T(F)eodorowna Zarin 16, 17
Marie-Aurora von Sachsen 212, 214
Mario, Giuseppe 254
Marliani, Charlotte 85, 138, 162, 182, 183, 186, 206, 226, 247, 284, 306, 307, 308
Marliani Manoël 175, 226, 247
Marmontel, Antoine-François 85, 172, 247
Marrast, Armand 308
Maryański, Ignacy 12
Marylski, Eustachy 26
Masson, Jean Auguste 92
Mathias, Georges 270, 276, 298
Matisse, Henri 171
Mattis D. (Tänzer) 70
Matuszyński, Jan (Jaś) 26, 72, 85, 88, 90, 118, 119, 138, 182, 185, 232, 242, 290, 298
Maurin, Nicolas 75, 93
Maximilian I., König 74
Mazerolle, Alexis Joseph 131
Mechetti (Verlag) 49, 71, 227, 233
Medinas, Gabriel 204, 206
Meinert, Józef 27
Meissonnier (Verlag) 33, 39, 45, 49, 105, 119, 129, 233, 255, 265, 285, 321
Mendelssohn Bartholdy, Felix 44, 56, 82, 85, 92, 96, 118, 119, 121, 122, 126, 128, 136, 139, 142, 143, 162, 222, 230, 236, 245, 248, 264, 272, 278, 318, 348
Mendizábal, Juan de 175, 183, 185, 254
Menut, s. Alophe, Marie Alexandre
Méreaux, Amédée le Froid de 56, 104
Merk, Joseph 72
Metternich, Klemens Lothar Wenzel Fürst 140
Metzler (Verlag) 227
Metzmacher, Pierre Guillaume 91
Meyer, Carl 258
Meyer, Veith 121
Meyerbeer, Giacomo 27, 70, 83, 85, 104, 107, 109, 138, 145, 150, 230, 231, 320, 346
Michelangelo Buonarroti 270
Mickiewicz, Adam 88, 89, 129, 138, 232, 236, 242, 245, 286, 339
Mickiewicz, Władysław 339
Mieczkowski, Jan 11
Mieroszewski, Ambroży 9, 20, 53, 132
Mikuli, Karol 183, 230, 276, 332
Milanollo, Teresa 232
Mochnacki, Maurycy 89
Moke, s. Pleyel, Marie
Molière (Poquelin), Jean-Baptiste 194
Molin, Jean-Jacques 254, 264, 272
Monge, Gaspard 27
Morawski, Józef 14
Mordasewicz, Kazimierz 309
Morgan, Michèle 280
Moritz von Sachsen 164
Moscheles, Ignaz 18, 28, 92, 118, 126, 138, 145, 162, 186, 220, 221, 222, 230, 258, 278, 309

Moskawa, Joseph Napoléon Ney Prinz von 82
Mouchanow(ff)-Kalergis, Marie von 244, 277, 320
Mozart, Franz Xaver Wolfgang 278
Mozart, Wolfgang Amadeus 39, 40, 41, 44, 51, 54, 72, 82, 113, 121, 149, 221, 226, 230, 231, 265, 272, 284, 292, 304, 328, 346, 348
Mozin, Charles Louis 321
Müller, Friederike 72, 186, 226, 230, 278
Mugnerot (Bankier) 202
Musset, Alfred de 85, 91, 164, 168, 210, 212, 305

Nadar, Gaspard Félix 164, 167, 171, 190, 258
Napoleon I., Kaiser 23, 226, 227, 243, 286, 324
Napoleon, Jérôme Prinz 212
Nerval, Gérard de 206
Nesselrode, s. Mouchanow, Marie von
Nidecki, Napoleon Thomasz 72
Niedźwiecki, Leonard 254, 281, 304
Niemcewicz, Julian-Ursyn 138, 162, 286
Nietzsche, Friedrich 348
Norblin, Louis 70
Nordheim (Graveur) 76
Norwid, Cyprian Kamil 38, 286, 290, 298, 320, 321, 329, 330
Norwid, Ludwik 320
Nourrit, Adolphe 130, 186
Nowakowski, Józef 143
Nowakowski, Tadeusz 88

Obreskow(ff), Natalia Fürstin 320, 322
Ogiński, Michał Kleofas Graf 251
Oleszczyński, Antoni 89
Oleszczyński, Władysław 90
Olivier, Caroline 242
O'Meara, Camille 230, 276, 292
O'Meara (Camilles Vater) 324
Onslow, Georges 44, 85, 104
Orda, Napoleon 10
Orléans, Ferdinand Herzog von 94
Orłowski, Antoni 56, 115, 162, 163
Orpiszewski, Władysław 140
d'Ortigue, Joseph-Louis 85, 247
Osborne, George Alexander 82, 128, 316
Oury, s. Belleville, Caroline de

Pacini (Verlag) 227
Paër, Ferdinando 68, 70, 110
Paganini, Achille 28
Paganini, Niccolò 28, 48, 49, 72, 82, 83, 108, 245, 263
Pagello, Pietro 168
Panofka, Heinrich (Henri) 93, 139, 259
Panseron, Auguste 85
Pape, Jean-Henri 84, 162, 179
Papet, Gustave 186, 226, 232, 242, 264, 272
Parcerisa, Francisco X. 176, 194, 204
Paskewitsch, s. Paszkiewicz, Iwan F.
Pasta, Giuditta (Maria Costanza) 91, 95
Paszkiewicz, Iwan F. 76, 78
Pereira, s. Diller de Pereira, Catherine Baronin
Périca de Pier Bruno, s. Pier Bruno
Persiani, Fanny 94
Perthuis, Emilie de 292
Perthuis, Fam. de 85
Peters (Verlag) 105
Peuvrier (Medailleur) 231
Philippe, Isidore 276
Pier (Per) Bruno, Périca de Can' 192
Pierret, Jean-Baptiste 172, 242
Piwarski, Jan Feliks 16
Pixis, Francilla 92
Pixis, Johann Peter 82, 92, 104, 153
Planat de la Faye 300
Plater, Fam. Graf 119
Plater, Ludwik Graf 286
Plater, Maria Anna Gräfin 82
Plater, Paulina Gräfin 286
Pleyel, Camille 56, 82, 84, 92, 117, 128, 131, 152, 179, 182, 184, 185, 186, 197, 198, 200, 201, 202,

206, 207, 232, 238, 242, 248, 264, 296, 304, 305, 346
Pleyel, Ignaz 201
Pleyel, Marie (»Camilla«) 92, 200
Plessy, s. Arnould-Plessy, Jeanne
Pol, Wincenty 286
Poliński, Aleksander 11
Potocka, Claudine Gräfin 286
Potocka, Delfina Gräfin 54, 85, 140, 291, 292, 304, 320, 330, 336, 337
Prangey, Girault de 205
Préaulx, Fernand de 284, 292
Prilipp et Cie (Verlag) 105
Prinzhofer, August 109
Prior, Thomas Abiel 310
Probst, Heinrich 198, 199, 200, 206
Proust, Marcel 164
Prudent, Emile Racine Gaultier 258
Pruszak, Konstantin 44
Pugno, Raoul 276
Puiggari (Lithograph) 204

Quetglas, Fam. 202

Rachel, s. Félix, Elisa
Raczyński, Anastase 32
Radziwiłł, Antoni Fürst 32, 44, 55, 57, 277
Radziwiłł, Eliza Prinzessin 7, 32, 37, 53, 55, 277
Radziwiłł, Fam. 16
Radziwiłł, Wanda Prinzessin 277
Radziwiłł-Grabowska, Izabela 27
Raimbeaux (Sängerin) 91
Ramberg, Arthur 121
Ramorino, Girolamo 76, 87
Raphael (Raffaello Santi) 348
Raunheim, Hermann 268
Ravel, Maurice 54
Reber, Henri 346
Reeves (Verlag) 98
Reiss C. (Graveur) 174, 346
Rellstab, Ludwig 45, 57, 64, 65, 98, 105, 106, 124, 145, 186
Remisa, Gaspar 179
Renard, Édouard 305
Renard, M. (Mallorquiner) 179
Reni, Guido 277
Rennie, Sir John 310
Resek, Jacob 231
Richault (Verlag) 39, 45, 49
Riemann, Hugo 110
Ries, Ferdinand 24, 119, 121
Rigo (Lithograph) 94
Rilke, Rainer Maria
Riotord, Francisco 185
Robault, Alfred 172
Röntgen, Conrad 298
Rojas, Felipe Gonzales 183
Rollinat, François 208
Rollinat, Marie-Louise-Julie (»Tempête«) 209
Ronchaud, Louis de 226
Rosengardt, Zofia 89, 284, 285
Rosenhain, Jacob 93
Rosmäs(ß)ler, Johann 34
Rossini, Gioacchino 28, 29, 32, 44, 70, 82, 91, 108, 110, 145, 263
Rothschild, Fam. 236, 252, 280, 292
Rothschild, James 82, 242, 254
Rouargue, Adolphe 210
Rozières, Marie de 85, 232, 242, 270, 284, 292, 320
Rubens, Peter Paul 194, 270, 277
Rubini, Giovanni Battista 82, 91
Rubinstein, Anton 145, 150, 232, 251, 258, 265, 348
Rubinstein, Artur 284
Rubio, Luigi 270
Rubio, Vera 313

Sabatier, François 95
Saint-Saëns, Camille 142, 145

Sainte-Beuve, Charles Augustin de 91
Sand, George 54, 84, 89, 90, 91, 95, 98, 138, 140, 151, 152, 154, 161, 162, 163, 166, 167, 168, 170, 172, 174, 175, 176, 177, 178, 179, 180, 181, 182, 183, 186, 187, 189, 190, 192, 194, 196, 203, 204, 205, 206, 207, 208, 209, 210, 211, 212, 213, 214, 215, 216, 217, 218, 219, 226, 227, 229, 232, 234, 236, 237, 240, 242, 243, 246, 247, 254, 255, 262, 263, 264, 270, 272, 280, 284, 285, 287, 291, 292, 293, 294, 295, 298, 302, 303, 304, 305, 306, 307, 309, 324, 330, 332, 337, 345, 347, 348
Sand, Maurice 151, 168, 175, 176, 177, 179, 180, 181, 182, 183, 188, 189, 190, 192, 193, 203, 208, 209, 210, 211, 212, 213, 214, 215, 216, 217, 218, 219, 226, 233, 237, 242, 246, 247, 254, 255, 262, 264, 272, 284, 292, 294, 295, 302, 306
Sand, Solange 168, 175, 176, 179, 186, 190, 192, 209, 210, 212, 213, 214, 215, 226, 242, 254, 264, 270, 272, 284, 292, 293, 302, 304, 306, 308, 320, 330, 336, 337, 347, 348
Sand-Lauth, Aurore 212, 215, 217, 234, 255
Sandeau, Jules 91, 168, 213
Sandmann, Franz Xaver 71, 72, 133
Sandoz, Auguste 287
Santaolaria, V. (Maler) 217
Sapieha, Anna Fürstin 284
Sapieha, Fam. 16
Sartoris-Kemble, Adelaide 304
Scheffer, Ary 81, 85, 91, 101, 240, 283, 292, 296, 300, 302, 349
Schinkel, Karl Friedrich 32
Schlesinger, Adolph Martin 29, 33, 39, 45, 49, 57, 71, 83, 105, 119, 129, 139, 153, 163, 187, 233, 272, 285, 293, 321
Schlesinger, Maurice 29, 39, 45, 49, 54, 57, 71, 83, 85, 105, 110, 118, 119, 129, 138, 139, 153, 162, 163, 168, 187, 206, 222, 227, 233, 243, 255, 323
Schmeller, Jean-Joseph 89
Schmidtner, Leonhard 31
Schnabel, Joseph Ignaz 34, 56
Schneider, Hans 39, 40
Schonenberger (Verlag) 33, 206
Schott (Verlag) 33, 45, 57, 105, 227
Schröder-Devrient, Wilhelmine 94
Schubert, Franz 130, 214, 222, 230, 231, 248, 251, 284, 348
Schuberth (Verlag) 233
Schumann, Clara, s. Wieck, Clara
Schumann, Marie 244
Schumann, Robert 43, 49, 54, 64, 65, 70, 92, 107, 128, 129, 134, 136, 138, 139, 142, 143, 148, 152, 155, 198, 230, 232, 234, 245, 248, 265, 266, 284, 288, 289, 348
Schunke, Ludwig 118, 138
Schuppanzigh, Ignaz 48, 50
Schwabe, Salis 304
Scott, Walter 339
Scott (Bibliothekar) 339
Siemiradzki, Henryk 55
Simon, Léon-François-Adolphe 298
Siquier, Leonardo 205
Skarbek, Anna Gräfin 14
Skarbek, Eugeniusz Graf 8
Skarbek, Fam. 10
Skarbek, Fryderyk Graf 9
Skarbek, Józef Graf 140
Skarbek, Justyna Gräfin 8
Skarbek, Ludwika Gräfin 9
Skrjabin, Alexander 348
Slavik, Josef 70, 72, 133
Słowacki, Juliusz 88, 89, 140, 320
Smithson, Harriet 104
Śniadecki, Jan 88
Soliva, Carlo 32
Sontag, Henriette 56, 61
Sotheby's (Auktionshaus) 122, 135, 234
Soulié, Frédéric 154
Sowiński, Wojciech 44, 78, 118, 290
Sparmann, Karl Christian 138

Spohr, Louis 138
Spontini, Gasparo 44
Stadler, Maximilian 72
Stamaty, Camille 82, 128, 131
Staël (Holstein), Germaine Baronne de 91
Stanfield, Clarkson 310
Stargardt (Auktionshaus) 255
Starling, M. J. (Graveur) 121
Staszic (Stasich), Stanisław 32
Stattler, Stanisław 283
Steenkiste, Vincent Joseph 130
Stéfani, Józef 24
Stein, Julius 264
Steinböck, Oswald 259
Stern, Daniel, s. Agoult, Marie d'
Stern (Verlag) 273
Stieler, Joseph 302
Stirling, Jane 10, 140, 291, 293, 309, 313, 314, 317, 318, 320, 324, 331, 337, 338, 339, 347
Stockhausen, Nathaniel Baron 119, 242, 254
Stoepel, François 84, 118, 126, 127
Straszewicz, Józef 88
Strauß, Johann 70
Strauss, Mme Karl Hans 233
Streicher, Friederike, s. Müller, Friederike
Streicher, Johann Baptist 72, 277
Stuckhart, Ferenc 231
Stuntz, Joseph 56
Sumner, Charles 272
Sumner, George 272
Sutherland, Harriet Herzogin von 304, 310
Sutherland, Herzog von 310
Szaniawski, Józef Kalasanty 72
Szanioso, s. Szaniawski
Szeremetiew, Anna 252
Szop, Mikołaj 9
Szulc, Marceli Antoni 33
Szumlański (Bekannter Chopins) 329
Szymanowska, Celina 89
Szymanowska, Maria 38, 89

Taglioni, Maria 85, 244, 247
Talleyrand, Charles Maurice de 171
Tamburini, Antonio 82
Tańska, s. Hoffman – Tańska, Klementyna
Tarczyński, Kazimierz 29
Tastu, Amable 88
Tausig, Carl 54, 272, 276
Tautenhayn, Josef 231
Tellefsen, Thomas 56, 276, 329
Tempête, s. Rollinat, Marie-Louise-Julie
Testard, Jacques 104
Thalberg, Sigismond 70, 72, 92, 93, 145, 153, 156, 163, 258, 259, 278, 318
Thomas, Ambroise 254
Thoré, Théophile 308
Thun, Franz Anton Graf 128, 133
Thun, Graf (Sohn Graf Franz Anton Thuns) 128
Tingle, James 117
Torphichen, James Sandislands Lord 304, 314
Torres, Raphaël 192, 193
Traversier, Hyacinthe 16
Troupenas (Verlag) 139, 163, 187, 227, 233
Tulou, Jean Louis 130
Turgenjew, Iwan 168, 212, 337
Twarocki, Marcin 75

Unger-Sabatier, Karoline 95
Uschakow (Uszakowa?) (Bekannte Chopins) 71

Valldemosa, s. Frontera, Francisco
Verdot, P. (Photograph aus Châteauroux) 307
Vergil(ius), Publius Maro 170
Verlaine, Paul 2
Vernet, Horace 91
Vestris, s. Garcia-Vestris
Viardot, Louis 226, 232, 242, 254
Viardot-Garcia, Pauline 85, 95, 212, 226, 232, 233, 240, 242, 254, 264, 268, 272, 284, 337, 345, 346

Viau, Georges 172
Victoria (I.), Alexandrina, Königin von Großbritannien und Irland 298, 310
Vieuxtemps, Henri 292
Vigneron, Pierre Roche 110, 115
Vigny, Alfred de 91, 108, 168
Villain, François le 90, 110, 286
Villemin, Jean Antoine 298
Villeneuve, Gaston de 272
Vogel, Zygmunt 21, 24, 61
Voigt, Henriette 143
Voltaire (= Aronet, François-Marie) 280

Wagner, Richard 54, 94, 113
Walewska, Maria 9, 23
Wallis, Robert 313
Watteau, Antoine 243
Weber, Carl Maria von 32, 44, 94, 230, 251, 284, 348
Weber (Verlag), s. Lucas & Weber
Wernik, Kazimierz 307
Wessel (Verlag) 29, 33, 39, 45, 49, 57, 71, 83, 105, 119, 129, 139, 153, 163, 187, 200, 227, 233, 243, 255, 265, 273, 285
Wieck, Friedrich 43, 143
Wieck (Schumann), Clara 82, 92, 104, 118, 128, 134, 136, 138, 162, 232, 244, 258, 276
Wiesiołowski, Fam. 38, 48
Wild, Franz 72
Wilde, Oscar 164
Wildt (Verlag) 49
Wilhelm I., König von Preußen 277
William IV., König von England 310
Wimpfen, Victor Graf de 284
Wincengerod (Wintzingerod, Ferdynanda?) (Bekannte Chopins) 44
Winkler, H. (Graveur) 121
Winter, Peter von 44
Winterhalter, Franz Xaver 240, 292, 300
Witwicki, Stefan 70, 88, 90, 242, 264
Wodzińska, Maria 54, 89, 128, 134, 139, 140, 146, 147, 152, 168, 291
Wodzińska, Teresa 152
Wodzińska, T(h)eresa 140
Wodziński, Antoni 232, 270
Wodziński, Fam. 128, 138, 152
Wolff, Pierre-Etienne 93
Wolff (Verlag), s. Gebethner & Wolff
Wolicki, Teofil Erzbischof 44
Worringen, Ferdinand von 122
Woyciechowski, Tytus 37, 38, 56, 57, 61, 78, 87, 152, 277
Würfel, Wilhelm 22, 48, 298
Württemberg, s. Czartoryska-Württemberg, Maria Fürstin
Wunner, Johannes 188
Wyon B. (Medailleur) 19
Wyrzykowski, Józef 13

Zaleska, Marcjanna 8
Zaleski, Józef Bohdan 89, 264, 284, 285, 320
Zamoyska, Zofia Gräfin 16
Zamoyski, Stanisław Graf 24
Zannoni, Rizzi 15
Zelter, Carl Friedrich 44
Zimmerman(n), Pierre Joseph 85, 162, 247, 258
Zupański (Verlag) 57
Żywny, Wojciech (Albert) 16, 20, 22, 56

WERKE

Erstreckt sich die Komposition eines Werkes auf mehrere Jahre, oder ist das Entstehungsjahr nicht eindeutig, so ist sie in der Chronik der »Werke« jeweils im frühest wahrscheinlichen Entstehungsjahr aufgeführt.

Da es sich bei Chopins Œuvre fast ausschließlich um Klavierwerke handelt, wurde auf den Vermerk »für Klavier« verzichtet. In den seltenen Fällen, in denen Chopin für andere Instrumente komponierte, wird darauf hingewiesen.
Die französischen Titel, die sich eingebürgert haben, wurden beibehalten (z. B. »Préludes«, »Nocturnes«, »Barcarolle«).
Die Werkgattungen sind alphabetisch geordnet, die einzelnen Stücke daraus in der Reihenfolge der Opuszahlen, daran anschließend nach Tonarten alphabetisch die Stücke ohne Opuszahlen, danach die verschollenen Werke. Kompositionen, deren Authentizität zweifelhaft ist, Skizzen und Fragmente wurden nicht berücksichtigt.

Äolopantaleon, 2 Stücke für (verschollen) 29
Albumblatt E-Dur, s. Moderato
Allegro de Concert op. 46, As-Dur 233, 242, 278
Andante dolente b-Moll (verschollen) 39
Andante spianato und Grande Polonaise Brillante op. 22, Es-Dur für Klavier und Orchester 56, 57, 119, 128, 131, 152, 162, 250, 251, 278, 312

Balladen 129
  op. 23, g-Moll 71, 128, 129, 143, 196, 242
  op. 38, F-Dur 129, 139, 142, 143, 187, 196, 198, 200, 226, 232, 246, 312, 316, 318
  op. 47, As-Dur 129, 227, 242
  op. 57, f-Moll 129, 243, 249, 254, 265
Barcarolle op. 60, Fis-Dur 272, 273, 274, 284, 292, 304
Berceuse op. 57, Des-Dur 196, 254, 255, 264, 272, 275, 304, 312, 316, 318
Bolero op. 19, C-Dur 105, 128, 196
Bourrées
  G-Dur 285
  A-Dur 285

Cantabile, B-Dur 119

Dumka, s. Lieder
Duo Concertant, s. Grand Duo Concertant

Ecossaisen
  op. 72 Nr. 3,1, D-Dur 33
  op. 72 Nr. 3,2, G-Dur 33
  op. 72 Nr. 3,3, Des-Dur 33
  Es-Dur (verschollen) 33
  B-Dur (verschollen) 39
Etüden op. 10 48, 49, 54, 98, 101, 102, 104, 118, 145, 222, 260
  op. 10 Nr. 1, C-Dur 48, 49, 56, 57, 143
  op. 10 Nr. 2, a-Moll 48, 49, 56, 57, 114, 115
  op. 10 Nr. 3, E-Dur 49, 83, 97, 145
  op. 10 Nr. 4, cis-Moll 49, 83, 145
  op. 10 Nr. 5, Ges-Dur 49, 69, 145
  op. 10 Nr. 6, es-Moll 49, 145
  op. 10 Nr. 7, Es-Dur 49, 145, 152
  op. 10 Nr. 8, F-Dur 49
  op. 10 Nr. 9, f-Moll 49, 98, 144, 145
  op. 10 Nr. 10, As-Dur 49, 68
  op. 10 Nr. 11, Es-Dur 49, 145, 152
  op. 10 Nr. 12, c-Moll 49, 71, 77, 79, 145, 152
Etüden op. 25 98, 101, 102, 105, 131, 138, 145, 148, 149, 152, 154, 162, 186, 222, 260
  op. 25 Nr. 1, As-Dur 105, 143, 146, 147, 148, 152, 312
  op. 25 Nr. 2, f-Moll 105, 140, 143, 145, 147, 148, 149, 152, 312
  op. 25 Nr. 3, F-Dur 105, 148
  op. 25 Nr. 4, a-Moll 105, 144, 148, 149, 196
  op. 25 Nr. 5, e-Moll 105, 143, 148, 149
  op. 25 Nr. 6, gis-Moll 105
  op. 25 Nr. 7, cis-Moll 105, 148, 149, 272, 312
  op. 25 Nr. 8, Des-Dur 105, 122
  op. 25 Nr. 9, Ges-Dur 105
  op. 25 Nr. 10, h-Moll 105
  op. 25 Nr. 11, a-Moll 105
  op. 25 Nr. 12, c-Moll 105, 143, 148
Etüden (Trois nouvelles Etudes) 187, 222, 232
  f-Moll 187, 222, 223
  As-Dur 187, 222, 224
  Des-Dur 187, 222, 225

Fantaisie op. 49, f-Moll 232, 233, 242, 265
Fantaisie-Impromptu, s. Impromptu op. 66
Fantasie über polnische Themen für Klavier und Orchester op. 13, A-Dur 45, 56, 61, 74, 92, 118
Fugen
  a-Moll 227
  a-Moll 105
  F-Dur 105
  d-Moll 105

Galopp As-Dur 285
Grand Duo Concertant für Klavier und Violoncello E-Dur 83, 92, 107

Hexameron, s. Variation über einen Marsch aus Bellinis Oper I Puritani

Impromptus
  op. 29, As-Dur 152, 153, 155, 162
  op. 36, Fis-Dur 163, 312, 318
  op. 51, Ges-Dur 243, 254
  op. 66, cis-Moll (Fantaisie-Impromptu) 119, 230
Introduktion und Polonaise für Klavier und Violoncello op. 3, C-Dur 49, 56, 57, 72, 251

Klaviertrio, s. Trio
Konzerte für Klavier und Orchester 54, 56
  op. 11, e-Moll 44, 54, 56, 57, 61, 70, 72, 74, 82, 83, 92, 104, 118, 126, 128, 130, 131, 162, 163, 242, 254, 267, 276, 346
  op. 21, f-Moll 48, 49, 54, 56, 57, 58, 59, 61, 62, 64, 68, 83, 126, 138, 226, 232, 278
Krakowiak für Klavier und Orchester op. 14, F-Dur 44, 45, 48, 50, 51, 56, 61, 118, 125, 128

Largo Es-Dur 83
Lento con gran espressione, s. Nocturne cis-Moll
Lieder 55, 90, 272
  op. 74 Nr. 1, G-Dur (Mädchens Wunsch) 49, 55
  op. 74 Nr. 2, g-Moll (Frühling) 163, 264, 284
  op. 74 Nr. 3, fis-Moll (Trübe Wellen) 71
  op. 74 Nr. 4, C-Dur (Bacchanal) 57
  op. 74 Nr. 5, A-Dur (Was ein junges Mädchen liebt) 49
  op. 74 Nr. 6, f-Moll (Mir aus den Augen) 39, 57
  op. 74 Nr. 7, D-Dur (Der Bote) 57
  op. 74 Nr. 8, D-Dur (Mein Geliebter) 233
  op. 74 Nr. 9, e-Moll (Melodie) 293
  op. 74 Nr. 10, As-Dur (Der Reiter vor der Schlacht) 57
  op. 74 Nr. 11, d-Moll (Zwei Leichen) 273
  op. 74 Nr. 12, Ges-Dur (Meine Freuden) 153
  op. 74 Nr. 13, a-Moll (Melancholie) 273
  op. 74 Nr. 14, Es-Dur (Das Ringlein) 139
  op. 74 Nr. 15, c-Moll (Die Heimkehr) 71
  op. 74 Nr. 16, F-Dur (Litauisches Lied) 71
  op. 74 Nr. 17, es-Moll (Polens Grabgesang) 129
  Dumka, a-Moll 227
  Welche Blumen, welche Kränze, G-Dur 49
  Zauber, d-Moll 57

Werkregister

Daß Gott ist (verschollen) 293
Geistliche Lieder, zwei (eines davon ein *Veni creator*) (verschollen) 285
Leinen (verschollen) 293
O sag nicht (verschollen) 293
Philosophie eines Alten (verschollen) 293

Märsche
  b-Moll (verschollen) 19
  f-Moll (verschollen) 19
  Tonart unbekannt (verschollen) 19
  Tonart unbekannt, s. Militärmarsch
Marche funèbre, b-Moll, s. Sonate op. 35, b-Moll
Marche funèbre, c-Moll, s. Trauermarsch c-Moll
Mazurken 62, 238, 239
  op. 6 Nr. 1, fis-Moll 57, 64, 104, 106, 286
  op. 6 Nr. 2, cis-Moll 57, 64, 104, 106, 286
  op. 6 Nr. 3, E-Dur 57, 64, 104, 106, 286
  op. 6 Nr. 4, es-Moll 57, 64, 104, 106, 286
  op. 7 Nr. 1, B-Dur 57, 62, 104, 143, 318
  op. 7 Nr. 2, a-Moll 49, 57, 62
  op. 7 Nr. 3, f-Moll 57, 62, 63
  op. 7 Nr. 4, As-Dur 27, 57, 62
  op. 7 Nr. 5, C-Dur 57, 62
  op. 17 Nr. 1, B-Dur 65, 71, 118, 125, 128
  op. 17 Nr. 2, e-Moll 65, 71, 118, 125, 128
  op. 17 Nr. 3, As-Dur 65, 71, 118, 125, 128
  op. 17 Nr. 4, a-Moll 27, 65, 71, 118, 125, 128
  op. 24 Nr. 1, g-Moll 119
  op. 24 Nr. 2, C-Dur 119
  op. 24 Nr. 3, As-Dur 119
  op. 24 Nr. 4, b-Moll 119
  op. 30 Nr. 1, c-Moll 65, 139, 162
  op. 30 Nr. 2, h-Moll 65, 139, 162
  op. 30 Nr. 3, Des-Dur 65, 139, 162
  op. 30 Nr. 4, cis-Moll 65, 139, 162
  op. 33 Nr. 1, gis-Moll 153, 162, 186
  op. 33 Nr. 2, C-Dur 153, 162, 186
  op. 33 Nr. 3, D-Dur 153, 162, 186
  op. 33 Nr. 4, h-Moll 153, 162, 186
  op. 41 Nr. 1, e-Moll 62, 162, 163, 187, 196, 226, 232
  op. 41 Nr. 2, H-Dur 62, 187, 212, 226, 232
  op. 41 Nr. 3, As-Dur 62, 187, 212, 226, 232
  op. 41 Nr. 4, cis-Moll 62, 187, 212, 226, 232
  op. 50 Nr. 1, G-Dur 65, 233, 242, 249, 254
  op. 50 Nr. 2, As-Dur 65, 233, 242, 249, 254
  op. 50 Nr. 3, cis-Moll 65, 233, 242, 249, 254
  op. 56 Nr. 1, H-Dur 64, 255, 264
  op. 56 Nr. 2, C-Dur 64, 255, 264
  op. 56 Nr. 3, c-Moll 64, 255, 264
  op. 59 Nr. 1, a-Moll 272, 273, 275
  op. 59 Nr. 2, As-Dur 272, 273, 275
  op. 59 Nr. 3, fis-Moll 272, 273, 275
  op. 63 Nr. 1, H-Dur 275, 284, 285, 292, 304
  op. 63 Nr. 2, f-Moll 275, 284, 285, 292, 304
  op. 63 Nr. 3, cis-Moll 275, 284, 285, 292, 304
  op. 67 Nr. 1, G-Dur 129
  op. 67 Nr. 2, g-Moll 321
  op. 67 Nr. 3, C-Dur 129
  op. 67 Nr. 4, a-Moll 285
  op. 68 Nr. 1, C-Dur 49
  op. 68 Nr. 2, a-Moll 33
  op. 68 Nr. 3, F-Dur 49
  op. 68 Nr. 4, f-Moll 321
  a-Moll₁ 227
  a-Moll₂ 227
  As-Dur 119, 122
  B-Dur 33
  B-Dur 83
  B-Dur (Mazurka?) 129
  C-Dur 105
  D-Dur 33, 83
  G-Dur 33
  Tonart unbekannt (verschollen) 83
  Tonart unbekannt (verschollen) 83
Militärmarsch (verschollen) 17
Moderato (Albumblatt) E-Dur 254, 255

Nocturnes 230, 289
  op. 9 Nr. 1, b-Moll 49, 92, 104, 105
  op. 9 Nr. 2, Es-Dur 49, 92, 104, 105, 134
  op. 9 Nr. 3, H-Dur 49, 92, 104, 105
  op. 15 Nr. 1, F-Dur 57, 115, 118, 124, 125, 288
  op. 15 Nr. 2, Fis-Dur 57, 115, 118, 124, 125, 230
  op. 15 Nr. 3, g-Moll 57, 105, 115, 118, 124, 125, 196, 288
  op. 27 Nr. 1, cis-Moll 119, 138, 288
  op. 27 Nr. 2, Des-Dur 119, 138, 143, 230, 288
  op. 32 Nr. 1, H-Dur 139, 152, 242
  op. 32 Nr. 2, As-Dur 139, 152, 186, 242
  op. 37 Nr. 1, g-Moll 163, 196, 232, 289
  op. 37 Nr. 2, G-Dur 163, 187, 212, 232, 289, 314
  op. 48 Nr. 1, c-Moll 196, 233, 242, 289
  op. 48 Nr. 2, fis-Moll 233, 242, 289
  op. 55 Nr. 1, f-Moll 64, 255, 264, 288, 313
  op. 55 Nr. 2, Es-Dur 64, 255, 264, 288, 313
  op. 62 Nr. 1, H-Dur 274, 284, 285, 289, 292, 349
  op. 62 Nr. 2, E-Dur 274, 284, 285, 292
  op. 72 Nr. 1, e-Moll 39
  c-Moll 153
  cis-Moll (Lento con gran espressione) 57, 66, 67

Polonaisen 251
  op. 3, C-Dur, s. Introduktion und Polonaise
  op. 22, Es-Dur, s. Andante spianato
  op. 26 Nr. 1, cis-Moll 119, 152, 251, 252
  op. 26 Nr. 2, es-Moll 119, 152, 251, 252, 253
  op. 40 Nr. 1, A-Dur 163, 196, 197, 198, 200, 226, 232, 251
  op. 40 Nr. 2, c-Moll 163, 196, 197, 198, 200, 226, 251
  op. 44, fis-Moll 227, 242, 251
  op. 53, As-Dur 98, 185, 196, 243, 249, 251, 254, 300
  op. 61, As-Dur (Polonaise-Fantaisie) 251, 272, 273, 274, 284, 292
  op. 71 Nr. 1, d-Moll 39
  op. 71 Nr. 2, B-Dur 45
  op. 71 Nr. 3, f-Moll 45
  As-Dur 20, 21
  B-Dur 17
  b-Moll 32, 33
  g-Moll 16, 17
  Ges-Dur 45
  gis-Moll 23
  über Themen aus Rossinis *Barbier von Sevilla* (verschollen) 29
  Tonart unbekannt (verschollen) 71
  Tonart unbekannt (verschollen) 83
Préludes op. 28 182, 185, 186, 196, 198, 199, 200, 201, 234, 238, 239
  op. 28 Nr. 1, C-Dur 163, 198, 234
  op. 28 Nr. 2, a-Moll 163, 196, 198, 234
  op. 28 Nr. 3, G-Dur 163, 196, 198, 234
  op. 28 Nr. 4, e-Moll 163, 198, 234, 347
  op. 28 Nr. 5, D-Dur 163, 234
  op. 28 Nr. 6, h-Moll 163, 196, 198, 234, 272, 347
  op. 28 Nr. 7, A-Dur 163, 234
  op. 28 Nr. 8, fis-Moll 163, 198, 234
  op. 28 Nr. 9, E-Dur 163, 196, 234
  op. 28 Nr. 10, cis-Moll 163, 234
  op. 28 Nr. 11, H-Dur 163, 234
  op. 28 Nr. 12, gis-Moll 163, 234
  op. 28 Nr. 13, Fis-Dur 163, 234
  op. 28 Nr. 14, es-Moll 163, 234
  op. 28 Nr. 15, Des-Dur 163, 196, 198, 234
  op. 28 Nr. 16, b-Moll 163, 196, 234
  op. 28 Nr. 17, As-Dur 163, 234
  op. 28 Nr. 18, f-Moll 163, 234
  op. 28 Nr. 19, Es-Dur 163, 196, 234
  op. 28 Nr. 20, c-Moll 163, 196, 234
  op. 28 Nr. 21, B-Dur 163, 234
  op. 28 Nr. 22, g-Moll 163, 234
  op. 28 Nr. 23, F-Dur 163, 196, 234
  op. 28 Nr. 24, d-Moll 79, 163, 234
  op. 45, cis-Moll 233, 234, 242
  As-Dur 119

Rondeau à la Mazur op. 5, F-Dur 33, 44
Rondos
  op. 1, c-Moll 28, 29
  op. 1, c-Moll (vierhändige Fassung) 29
  op. 16, Es-Dur 83, 118, 124, 125
  op. 73, C-Dur 44, 45
  op. 73, C-Dur (für 2 Klaviere) 44, 45

Scherzi 248
  op. 20, h-Moll 71, 128, 185, 248
  op. 31, b-Moll 152, 153, 162, 248
  op. 39, cis-Moll 163, 196, 200, 226, 232, 248
  op. 54, E-Dur 243, 248, 249, 254
Sonaten 265, 348
  op. 4, c-Moll 39, 45, 265
  op. 35, b-Moll 152, 153, 186, 187, 196, 212, 220, 226, 230, 265, 266, 346
  op. 58, h-Moll 264, 265, 267, 272, 276, 284
  für Klavier und Violoncello op. 65, g-Moll 92, 265, 272, 273, 275, 284, 292, 298, 304
  für Klavier vierhändig (verschollen) 129

Sostenuto, Es-Dur (im Walzerstil) 227
Souvenir de Paganini A-Dur, s. Variationen

Tarantella op. 43, As-Dur 196, 233, 242, 254
Trauermarsch aus op. 35, s. Sonate op. 35, b-Moll
Trauermarsch op. 72 Nr. 2, c-Moll 38, 39
Trio für Klavier, Violine und Violoncello op. 8, g-Moll 44, 45, 55, 56, 104, 106, 292

Variationen
  op. 2, B-Dur über *Là ci darem la mano* aus Mozarts Oper *Don Giovanni* für Klavier und Orchester 39, 40, 41, 42, 43, 48, 50, 51, 56, 61, 70, 71, 82, 83, 104, 118
  op. 12, B-Dur über das Rondo *Je vends des scapulaires* aus Halévys Oper *Ludovic* 104, 105, 107, 118
  über ein Thema von Paganini A-Dur (*Souvenir de Paganini*) 49
  über ein italienisches Lied (gleiches Thema wie im *Souvenir de Paganini*) für Klavier vierhändig D-Dur 33
  über einen Marsch aus Bellinis Oper *I Puritani* (Variation für das *Hexameron*) E-Dur 153, 156
  über das Lied *Der Schweizerbub* E-Dur 39
  F-Dur für Klavier vierhändig (verschollen) 39
  über eine ukrainische Dumka für Singstimme, Klavierbegleitung von Chopin ausgearbeitet, Tonart unbekannt (verschollen) 57
  Tonart unbekannt (verschollen) 17
Veni creator, s. Lieder

Walzer 284
  op. 18, Es-Dur 57, 118, 128, 138
  op. 34 Nr. 1, As-Dur 129, 133, 162, 186
  op. 34 Nr. 2, a-Moll 71, 162, 186
  op. 34 Nr. 3, F-Dur 162, 163, 186
  op. 42, As-Dur 226, 227, 232, 284
  op. 64 Nr. 1, Des-Dur 275, 284, 285, 292, 304
  op. 64 Nr. 2, cis-Moll 275, 284, 285, 292, 304
  op. 69 Nr. 1, As-Dur 129, 134, 140, 284
  op. 69 Nr. 2, h-Moll 49, 284
  op. 70 Nr. 1, Ges-Dur 105
  op. 70 Nr. 2, f-Moll 233, 242
  op. 70 Nr. 3, Des-Dur 48, 49, 68
  a-Moll 25
  As-Dur 39
  E-Dur 49
  e-Moll 57
  Es-Dur 39
  Es-Dur, s. Sostenuto
  H-Dur (unveröffentlicht) 305
  a-Moll (verschollen) 27
  As-Dur (verschollen) 39
  As-Dur (verschollen) 49
  C-Dur (verschollen) 27
  C-Dur (verschollen) 33
  d-Moll (verschollen) 45
  Es-Dur (verschollen) 49
  Tonart unbekannt (verschollen) 83